끌림 이미지의 상징학

끌림 이미지의 상징학

초판 인쇄 2018년 8월 25일
초판 발행 2018년 8월 30일

지은이   전기순
교정교열   정난진
펴낸이   이찬규
펴낸곳   북코리아
등록번호   제03-01240호
주소   13209 경기도 성남시 중원구 사기막골로 45번길 14
            우림2차 A동 1007호
전화   02-704-7840
팩스   02-704-7848
이메일   sunhaksa@korea.com
홈페이지   www.북코리아.kr
ISBN   978-89-6324-600-0 (93680)

값 39,000원

* 이 저서는 2014년 정부(교육부)의 재원으로 한국연구재단의 지원을 받아 수행된 연구임
  (NRF-2014S1A6A4027073)

끌림 이미지의 상징학

전기순 지음

북코리아

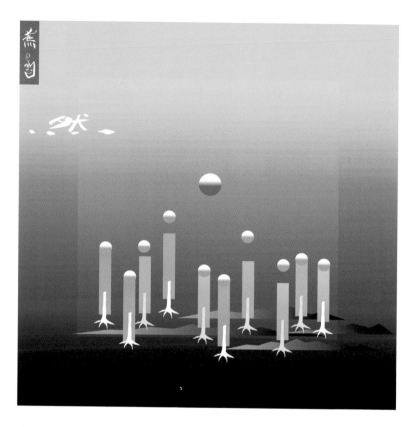

리듬성: 'Inner-tree'/ Illustrator, 전기순 作.

나무의 직선은 성장을 의미하지만, 이른 아침 일출의 순간포착에서 볼 수 있는 나무들의 탄소동화작용과 호흡작용을 통해 끝없이 흐르는 시간의식의 리듬 반복을 이해하게 된다.

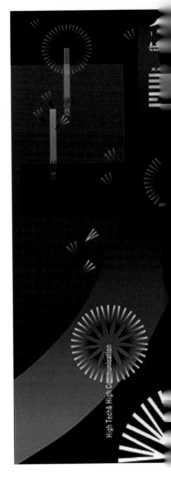

삼차성: 'Change'/ Illustrator, 전기순 作.
『주역』의 64괘 가운데 하나인 산풍고(山風蠱)를 형상화한 작품이다.
해석체로서 삼차성은 '주역'이라는 정신문화를 의미한다. 새의
형상과 '風'이라는 한자 그리고 배경은 일차성의 도식과 이차성의
언어적인 의미를 동시에 지니고 있어 삼차성의 주역으로 나아가는
데는 작가 자신의 주관적인 해석에 따라 바뀜을 알 수 있다. 따라서
해석체의 삼차성은 소비자 주체의 사회체계와 생활환경, 문화에 따라
다르게 해석될 개연성을 늘 지니고 있다.

**'겹침-두께'에 의한
끌림: 'inner nature'/
Illustrator, 전기순 作.**
'겹침-두께'는 의미와 물질적
대상의 겹침, 의식의 환경에
의한 겹침에 따라 서로 다른
두께의 끌림 홀을 지니게 된다.

끌림 융합을 통한 해석의 예: 'Change'/ Illustrator, 전기순 作.
바람과 함께 씨앗은 융합된 끌림 괘상을 만들어 낸다. AI(Attractive
Intention): 주역의 변용에 따른 끌림, E(Environment): 생활세계,
S(Subjective): 소비자, O(Object): 주역의 풍수환(風水煥),
AE1(Attractive Energy1): 바람 1, AE2(Attractive Energy2): 물
2, ai(attractive intention): 바람과 물의 지향성

끌림 감: 'Moment'/ Illustrator, 전기순 作.

끌림 감은 끌림 각이 끌림의 순간성에 의해 나타날 때 뒤따라오는 초월론적인 감각장이다. 끌림 감은 대상과의 감응성에 따라 바깥의식의 세계로 나아가기 위한 적응을 위해 끌개의 구성적 역할을 한다.

끌림 각: 'Moment'/ Illustrator, 전기순 作.

깨달음은 곧 '알아 챙김'을 의미하는 내적 끌림의 움직임으로서 선험성이 포착되는 통찰의 장이다. 끌림 각은 대상과의 감응성에 따라 내적 의식의 적응을 위해 끌개의 구성적 역할을 한다.

'나타나고-사라짐'에 의한 끌림: 'inner-nature'/Illustrator, 전기순 作.

'나타나고-사라짐'은 낮과 밤, 봄·여름·가을·겨울 등의 계절이 지니고 있는 변화 속에서 이뤄진다. 이 과정에서 인간 역시 이 굴레를 벗어날 수 없는 환경에 존재함을 자각하는 순간 끌림 홀의 '나타나고-사라짐'을 깨닫게 된다.

끌림체계를 통한 해석의 예: 'Mute'/ Illustrator, 전기순 作.

물고기가 설산을 바라다보며 숨쉬고 있는 끌림이미지. AS(Attractive System): Mute, O(Object): 물고기와 설산, AVC(Advertising & Visual Creator): 독창성, CSP(Consumer Subject Personality): 대기 환경에 관한 관심, V(Value): 청정하고 맑은 환경, AV(Attractive Value): 각종 환경 및 대기오염에 대한 경각심

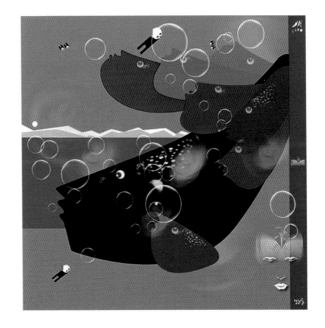

살갗-끌림: 'Inner-Eye'/ Illustrator, 전기순 作.
'살갗-끌림'은 살갗이 지니고 있는 피부색에 따른 끌림과 신체가 지니고 있는 기능적인 요소인 '세계-속의-몸'에 의해 소비자 주체마다의 고유한 끌림을 함축하고 있다.

끌림 형상성을 통한 해석의 예: 'Inner-Tree'/ Illustrator, 전기순 作.
인간과 자연의 순수함을 간절한 손짓으로 표현한 이미지.
AF(Attractive Figurative): 손의 형상을 지닌 나무, E(Environment): 숲, S(Subject): 인간 내면의 나무, O(Object): 나무, 손, 달, Act(Noesis): 달빛을 향한 손놀림, N(Noema): 순수 자연을 향한 기도, af(attractive figure): 간절한 손짓에 나타난 순수한 바람

조형 통합 끌림: 'Nothing'/
Illustrator, 전기순 作.
조형 통합 끌림(FIA)은 전경(F)의
조형성(Shape)과 추상성(Abstract),
구상성(Concrete)과 형상성(Figure),
배경(B)의 색채(colour),
재질(texture) 등 최종적으로
점(point), 선(line)의 통합 끌림에
의해 압축, 확산으로 나타난다.
조형이 지니고 있는 비물질적인
끌림체는 생명체로부터 어떠한 시선을
수용하느냐에 따라 끌림의 구성성분이
바뀌어 해석될 수 있음을 보여주고
있다.

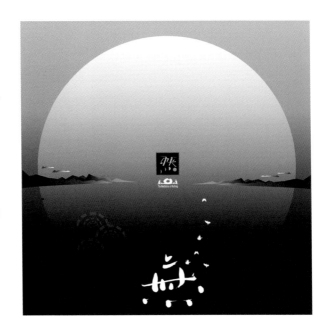

'지금-순간'에 의한 끌림:
'Nothing'/Illustrator,
전기순 作.
끌림 이미지의 '지금-순간'은
시간의식에서 생성 · 소멸하는 가치와
영감에 따른 끌림 패턴의 변화가
나타난다.

끌림 리듬을 통한 해석의 예: 'Tree'/ Illustrator, 전기순 作.

겨울의 순수성에 대한 끌림을 순간적인 터치로 표현한 이미지. AR(Attractive Rhythm): 순간적인 드로잉, M(Marketing): 겨울의 순수성, Cs(Consumer subject): 순수지향, Ai(Advertising image): 때묻지 않은 자연의 포근함, IR(Identity Rhythm): 나무와 터치의 조화, Li(Language image): 캘리그래피에 의한 순간성, Vi(Visual image): 눈에 덮인 나무와 캘리그래피의 리듬, ir(intention rhythm): 눈 덮인 겨울자연과 동화

끌림 융합을 통한 해석의 예: 'Bird'/ Illustrator, 전기순 作.

카메라에 찍힌 나무의 형상과 드로잉에 의한 새의 형상을 융합하고자 하는 끌림이미지. AC(Attractive Convergence): 나무와 새, S(Subjective): 일상탈출, O1(Object1): 초라한 나뭇가지 1, O2(Object2): 새 2, V1(Value1): 나뭇가지의 바람 1, V2(Value2): 새를 통한 바람 2, vc(value convergence): 지루한 일상에서의 탈출을 흔히 볼 수 있는 나뭇가지와 새를 통한 환영적인 표현

끌림 자리를 통한 해석의 예: 'awaken'/ Illustrator, 전기순 作.
흰 여백의 자리에서 차림의 타이포그래피, 그리고 새의 대비를 통한 긴장된 끌림이미지.
AS(Attractive Space): 차림의 헤드라인과 캐릭터, 새, 얼굴을 제외한 흰 여백,
AI(Advertising Image): 차림의 헤드라인과 새의 도약과 캐릭터, 흰 여백 그리고 보디카피와
얼굴, F(Foreground): 새와 캐릭터, 헤드라인 차림, B(Background): 흰 여백과 얼굴 이미지
보디카피, AS1(Attractive Space1): 새의 전경 1, AS2(Attractive Space2): 흰 여백의 배경
2, se(space energe): 대비에 의한 에너지

몸채-의미: '그러함'/ Illustrator, 전기순 作.

자연이라는 의미를 어느 공간에서 해석하느냐에 따라 전혀 다른 몸채의 의미공간을 형성한다.

몸채의 끌림 홀: '그러함'/ Illustrator, 전기순 作.

추상적인 두 가지 형상이 하나의 형상으로 융합이 이뤄지는 과정에서 색상, 형상, 전경과 배경과의 순간적인 끌림 홀이 몸채의 순간성, 역동성, 투과성에 따라 다양하게 해석된다.

'접점-크기'에 의한 끌림: 'inner light'/Illustrator, 전기순 作.
끌림 이미지의 '접점-크기'는 객체 간의 주름 간격이 동일하게 이뤄질 때 순간 강력한 끌림 접점이 발생하며, 접점의 크기는 주름의 교차점에 의해 결정된다.

'차이-운동'에 의한 끌림: 'inner nature'/Illustrator, 전기순 作.
'차이-운동'은 모든 생명체가 지니고 있는 순수지향성의 창의적인 몸채다.

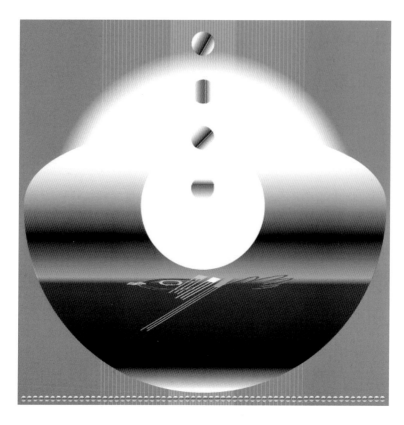

몸채-해석자: 'Inner Voice'/ Illustrator, 전기순 作.

성악이 자신의 신체에 따라 다르게 소리가 형성되듯이 내면의 소리는 해석자인 몸채에 따라
다르게 표현된다. 마찬가지로 동일한 대상도 몸채의 해석적 질료에 따라 다르게 해석된다.

차례

서문

최근 첨단과학의 눈부신 발전으로 최첨단의 다양한 매체가 등장하게 되었으며, 그에 따른 소비자의 감성적인 끌림 욕구는 매체가 지니고 있는 물질 혹은 비물질적인 속성에 따라 다양하게 표출되고 있다. 불과 몇 년 전만 하더라도 신문이나 TV 등의 제한된 대중매체에 의한 일방적인 메시지 역시 VR, 스마트폰, 각종 SNS 영상 등 첨단매체를 활용하기만 해도 끌림 이미지가 되기에 충분했다.

과거 소비자 개성이 별로 나타나지 않았던 시대에서 이제는 최첨단 IT 과학의 발달로 개인 간, 기업 간, 기업과 개인 등의 자유로운 네트워크가 가능해짐에 따라 개성적인 끌림 공간이 뚜렷한 차이를 지니며 폭발적으로 늘어나게 되었다. 따라서 동일한 물리적 공간의 직접적인 소통보다는 소셜 네트워크 서비스(SNS, Social Network Service/Sites)의 개성적인 끌림 공간이 끌림 매체[1] 중심의 자유로운 대화에 익숙한 사회문화적 개성 중심의 끌림 소통[2] 시대로 바뀌어가고 있다.

즉 소비자 개성에 따른 미적 끌림, 소비자의 다양한 라이프 스타일,[3] 상호 커뮤니케이션 의식[4]이 새롭게 증폭적으로 생성되는 시대적 변화는 이를 해석하기 위한 새로운 인식적 개념의 감성적인 끌림체계[5]를 요구하게 되었다. 대중적 시선 끌기에서 개성적 끌림의 신념(Belief), 태도(Attitude), 의도(Intention) 그리고 행동(Behavior)[6]으로의 전환이 서서히 진행되고 있음에도 아직까지 대중매체 및 TV, 인쇄매체에 의한 자극—성적 유혹, 빅 모델, 정서적인 설득, 실험적인 방법 등—인 상업적인 포퓰리즘(Populism)

이 여전히 제 기능을 하고 있다는 점은 소비자의 가장 기본적인 욕구에 충실한 결과라고 볼 수 있다.

하지만 스마트폰이라는 첨단적인 소통 매체의 등장은 소비자 개성과 맞물려 자신만의 고유한 폭발적인 끌림 이미지가 증가하고 있으며, 그에 따른 끌림 자체가 지니고 있는 포퓰리즘의 근본적인 질문에 가속도가 더해지고 있다. 또한 소비자 주체의 기본적인 끌림 욕구가 점차적으로 세분화 및 확장되고 있는 현실적인 면을 감안한다면, 단순히 대중적인 인기 영합에 의한 광고 및 시각적인 표현전략은 이제 아무런 설득력이 없는 메시지로 외면당하고 있다.

스마트폰의 등장으로 지금까지 신문, 라디오, TV, 방송, 언어, 문자, 영상 등을 따로 접하던 방식이 단 하나의 매체를 통해 손바닥에서 파악할 수 있게 되었으며, 전 세계의 기상천외한 아이디어를 쉽게 공유할 수 있는 현실을 바탕으로 소비자 주체는 더더욱 자신만의 고유한 끌림을 갈구하게 되었다. 이로 인해 지역의 문화성에 따라 변화를 추구하던 다양한 이미지는 이제 무미건조한 감각으로 받아들여지며, 스마트폰, 아이패드, 영상그래픽스 등 최첨단 매체를 조작함으로써 지구 반대편의 다양한 끌림 이미지를 매 순간 흡수 · 통합하여 고유한 자신의 끌림으로 조작할 수 있게 되었다.

특히 지역적인 문화 및 종교의 닫힌 공간에서 나타나는 양태성은 실시간으로 접하는 스마트폰의 다양한 열린 정보에 의한 지적 끌림으로 인해 소비자 주체가 지니고 있는 끌림의 양태성이 한층 높아지게 되어 더욱 차별화된 소비자 주체로서의 독창적인 끌림체를 생산하게 되었다. 즉, 대중적인 광고 이미지에 대한 수용은 비판적인 수용의 대상으로 파악하여 대상에 대한 미의식을 소비자 주체의 끌림체를 통해 재정립한다는 점이다.

지금까지 사회적 · 문화적 · 대중적 미적 판단에 근거를 둔 광고 및 시각디자인에 대한 차별화 전략이 아무런 끌림이 없는 형식적인 전체성의 절차였다면, 계층적 · 개성적 독창성에 바탕을 둔 스마트폰과 각종 첨단매체의 등장은 다양한 미적 판단을 수용할 수 있는 개별성 · 주체성 · 독립성의 끌림으로 차별화가 진행되고 있다. 즉, 조사에 기초한 광고 핵심소비자

(Core Target)를 위한 광고 및 시각 이미지의 집단적인 차별화에서 개개인의 직접적인 소통에 의한 소비자 주체로서 개별적인 차별화로 나아가고 있다고 할 수 있다.[7]

이미 표현영역에서는 현대과학의 첨단 그래픽 도구들(포토샵, 일러스트레이터, 인디자인, 마야, 맥스, 프리미어 등)의 지속적인 성장으로 소비자가 직접 다양하고 쉬운 표현조작으로 독창적인 자신만의 끌림 이미지를 만들 수 있게 되었으며, 그에 따른 소비자 주체로서 고유한 끌림 포지셔닝(Attractive Positioning)을 파악하게 되었다. 이러한 시대적인 변화로 과거에는 소수 전문가에 의해 미적 이론 정립이 가능했으나 이제는 소비자 주체 스스로 원하는 끌림에 따라 자유로운 미적 이론을 정립할 수 있게 되었다. 이로 인해 끌림에 대한 독립적인 이론으로 오랜 기간 동안 기득권을 유지하던 지각장 이론[8] 및 미술과 시지각은 더 이상 가치를 지닐 수 없게 되었다.

이제는 시지각의 이론과학에 기초한 전체성은 곧장 소비자 주체의 고유한 독립적인 끌림체계로 흡수되어 끌림을 위한 확장적인 미적 개념의 끌림체에 대한 이론적 요구가 많아지는 현실이 되었다.[9] 시지각이 지닌 전체성의 지각장 이론에서는 전혀 어울리지 않는 탈형식·탈문화·탈의식이 팽배한 소비자 주체의 개성적인 끌림의 확장성을 하나의 전체성으로 흡수 또는 통합할 수 없게 되었다.

따라서 확장성에 의한 시각세계의 다양성을 해석할 수 있는 새로운 이론 정립의 필요성은 시대적인 요구가 되었으며, 이 책에서는 이론을 정립하기 위한 단초가 될 독자적인 견해를 밝히고자 했다. 즉 보이는 동일한 대상에 대해 소비자 주체는 제각기 서로 다른 개성적인 끌림체를 지니고 있으며, 어떠한 것에도 양보하지 않는 본인 자신의 고유한 미적 끌림을 소유 또는 표현하고자 하는 의식을 지니고 있다. 현대는 제각기 서로 다른 소비자의 심미적인 의식 수준에서 서로 다른 끌림 이미지가 생성됨을 근간으로한 메타적 감성 끌림의 시대라 할 수 있다.[10]

미의식에 대한 트렌드의 변화는 광고 및 시각디자이너에게 새로운 도전임과 동시에 소비자의 서로 다른 심미적인 감성에 대한 타당성 있는 설득을 위해 맞춤형의 미적 메타이론이 절실하게 필요하다는 것을 느끼게 된다. 맞춤형의 미적 메타이론은 광의의 차원에서는 전체성에 의한 지각 이론과는 대치되는 탈 전체성의 의식에서 생성된 개체이론[11]으로서 끌림 이론[필자는 '몸채 이론(The Theory of Body Lighting)'이라 했다]이며, 협의의 차원에서는 첨단매체에 의해 생성된 미적 추구에 대한 끌림 개체이론으로서 이 책에서는 소비자 주체의 '끌림체'를 의미한다.

맞춤형의 미적 메타이론을 통해 각종 광고 및 시각 이미지는 다수를 위한 공통 감각(Common Sense)으로서 이미지 추구가 아닌 소비자 주체의 차별화를 위한 단일 끌림체를 발견한다. 루만이 자기 관계적(Autopoiesis) 체계[12]를 통해 개체로서의 차별성을 강조한 간주관적(Inter-subjective)인 커뮤니케이션을 주장했듯이 모든 첨단매체의 끌림 이미지에 대한 미의식 역시 전적으로 맞춤형 끌림에 의한 자기 관계적인 이해와 설득이 이뤄져야 한다. 따라서 대상에 의한 끌림체는 어디까지나 소비자 주체 자신의 개성적인 끌림에 의해 생성하는 감성체로서, 끌림체의 구성요소 가운데 최소 단위인 '몸채'[13]로 통합되어 나타난다.

지금까지 제품이 지닌 이점에 대한 정보만 담은 이미지에서 아무런 끌림을 느끼지 못하는 이유도 바로 자기 맞춤형 몸채의 자기 관계적인 개별성 때문이라 하겠다. 대중매체 및 각종 전문채널, 전문지 혹은 스마트폰을 통한 기업과 소비자, 소비자와 소비자, 또는 기업 간의 간접 커뮤니케이션의 제반 활동에 노출되는 모든 공통감각을 지향하는 이미지가 아무런 설득력 있는 끌림을 제공받지 못하는 것도 몸채 특유의 독립적인 자유분방함에 있다.

첨단매체가 지니고 있는 시각적인 특성 역시 소비자 주체의 중심에 따라 모든 이미지는 조작되며, 소비자 주체가 선호하는 끌림 이미지로서 표현 기법과 아이디어가 맞춤형으로 이뤄지는 것은 끌림 개체[素子][14]의 구성이 단순히 외적 전체성의 끌림 요인에 의한 것이 아닌 소비자 주체마다 지니고 있는 내적 끌림체[15]의 모나드,[16] 즉 몸채를 수용하기 때문이라고 단정할 수 있다. 즉 동일한 매체의 경우 동일한 이미지의 시선 끌기에 대한 분석이 물질적인 신체적 눈을 통해 지각장에 의한 부분과 전체, 전체와 부분의 시지각적인 관점에 의한 차이 분석에 앞서 소비자 주체의 내적·비물질적 신체의 눈을 통한 '끌림체'[17]의 주름[18]에 대한 개별적인 연구가 선행해야 한다고 보기 때문이다.

시선 끌기의 대표적인 역할을 한 지각장 이론은 그래픽디자인, 정보디자인, 심벌디자인, 편집디자인, 제품디자인, 웹디자인, 일러스트 등 시각디자인 영역은 물론 시각디자이너로서 시각디자인[19]의 제작과정과 설득에서 가장 핵심적인 이론으로 자리 잡고 있었지만, 컴퓨터 및 스마트폰의 등장으로 소비자 주체가 직접 참여하는 맞춤형 끌림이 확산됨에 따라 '지각-자리'의 전체성을 전제로 한 획일적인 지각장 이론의 미의식은 상대적으로 그 기능이 차츰 줄어들게 되었다.

이제 다양한 매체를 통한 소비자 주체의 개인영상 및 방송국, 가상적인 시뮬레이션과 증강현실, 그리고 착시효과 등에 의한 폭발적인 첨단 영상의 지속적인 성장은 소비자 중심의 메타 이미지를 해석할 수 있는 비물질적 신체로서 끌림체 이론을 도입해야 하는 시대적인 요청이 아닐 수 없다. 또한 끌림체 이론, 즉 소비자 중심의 지각장 이론을 근간으로 이뤄진 갖가지 형태론[20]과 달리 첨단매체에 따른 소비자 주체로서 개성적인 맞춤형으로 재구축한다는 것은 일종의 모험이며 흥미로운 일이 아닐 수 없다.[21]

지각장 이론이 지니고 있는 물질적 차원의 전체성은 '소비자 주체'라는 개체적인 가상 끌림이 지향하는 비물질적인 끌림에 대한 미의식을 포기함과 동시에 이미 조작된 대상에 대한 수동적인 '심미적인 해석'으로 의식을 바꾸라고 강요하는 것을 망설이지 않는다. 이로써 소비자 주체의 독자적인 순수 개성을 저버리는 가운데 물질적인 전체성의 미적 관점에 영향을 주게 된 것이다. 또한 소수의 의식 있는 시각디자이너 혹은 화가에 의해 표출된 테크닉을 활용한 끌림의 미의식은 고급과 저급의 미적 가치에 대한 키치[22]적 차원으로 전락시켜 소비자 개성의 끌림체와 대상 간의 주관적인 판단으로 폄하했다.

이 책은 전체성에 반하는 소비자 주체의 독자적인 개성으로 미의식에 초점을 맞춘 맞춤형 끌림으로서 기존의 미적인 접근과는 전적으로 다른 이미지의 비물질적 끌림 차원의 메타로서 조작될 것이다. 또한 끌림 이론 역시 저자의 지극히 독자적인 끌림체에 의한 조작적인 이론이며, 어떠한 끌림체의 주체로부터 조작되는 것을 망설이지 않는다. 왜냐하면 소비자 주체에 따른 맞춤형의 끌림 이론이기 때문이다.

먼저 이 책에서 소비자 주체와 광고디자이너, 또는 시각디자이너 그리고 시각 이미지와의 기호 삼각형[23]은 맞춤형 끌림의 미적 이론에 대한 당위성을 제공하는 단서임과 동시에 미적 관점에 대한 해석적인 차원을 새롭게 정립해야 하는 인식론의 사변적인 뿌리임을 강조한다. 하지만 플라톤의 이데아에서 유물론적 세계관에 이르기까지 개념을 통한 논리적인 체계가 인간 이성의 방대한 구축이었다는 점을 감안하면 현대의 다양한 시각적인 매체에 의한 끌림 변형체에 대한 추적은 소비자 주체의 개성적인 끌림체계에 의한 맞춤형 메타임을 발견하기 위한 모험이며, 소비자 주체로서의 끌림체에 대한 지적 호기심이라 할 수 있다.

특히 현대에 와서 화이트헤드의 저서 『과정과 실재』를 통한 유기체적 세계관을 통해 지금까지의 정적인 개념에서 탈피하여 진행과정을 강조한 동적인 유물론적인 양태성의 정의가[24] 후설 이후의 정신적인 시간개념 철학에 도입됨으로써 좀 더 동적인 양태가 지니고 있는 단자(單子)로서 정신적 끌림의 순간을 추출할 수 있도록 했다. 끌림은 이러한 정태적인 인식의 범주에서 벗어난 동태로서 흐름 자체에 대한 인식적인 개념에 관심을 가짐으로써 기존의 인식에 대한 방법론을 새롭게 접근했다.

끌림체의 동태적 몸채를 설득할 근간으로서 메를로퐁티의 현상학적인 세계관을 소개했으며, 끌림체의 전체적인 흐름을 제공하는 데 촉매적인 역할을 했다고 보겠다. "존재를 주어진 환경에 의해 이뤄지는 고정적인 실체가 아니라 환경에 따라 변화가 이뤄지는 실체로 파악하여 내면의 정적인 본질직관의 실체를 만나는 것은 불가능하다"[25]고 한 메를로퐁티의 존재관을 통해 끌림체의 존재성과 매 순간의 현상적 절대직관만이 시간의 흐름을 지켜볼 수 있는 선험적인 끌림체의 빛 에너지로서 몸채의 개별적인 자아가 형성됨을 주장하게 되었다.

극단적인 주관주의와 극단적인 객관주의를 부정한 채 늘 그 사이에서 사태에 대한 합리적인 개념을 결합하여 파악하려고 한 점이 현상학이 지향하는 과정이라고 본다면, 끌림 홀은 주체와 대상이 융합하는 과정에서 발현되는 자기장과도 같은 동태적인 양극성에 의한 에너지의 미적 현상이라고 할 수 있다. 끌림 자체가 지니고 있는 언어적인 양태가 자석 같은 물리적인 '끌리는 힘' 정도에서 머무는 차원의 무미건조한 언어라면 광고디자이너, 시각디자이너 또는 화가가 느끼는 심미 차원의 끌림에 대한 미적 단서는 영원히 발견할 수 없는 느낌으로 간주하게 될 것이다.

또한 끌림을 하나의 개념체가 아닌 순간 나타났다가 사라지는 빛 에너지(몸채)에 의한 미의식을 지니지 못하는 일회성의 무미건조한 기능적인 해석 언어로 간주하게 될 것이다. 하지만 이 책을 통해 끌림이 비물질적인 신체인 끌림체로서 하나의 끌림 대상에 대한 메타 차원의 미적 체계로 완성된다면 이때부터 끌림은 새로운 동태적인 현상의 미적 체계로서 인정받게 된다. 그렇다면 광고 및 시각 이미지에서 끌림에 대한 미적 감성체를 구성하기 위해 어떠한 필요충분조건이 요구되는가? 각종 이미지의 주변에는 심리, 소비자, 행동이론 등 다양하고도 많은 설득적인 이론이 없는 것은 아니지만 정작 미적 끌림 차원의 이미지를 중심으로 하는 감성이론을 위한 구성요소를 발견한다는 것은 단순하지 않다.

이미지가 지니고 있는 감성요소는 언어와 시각적인 요소로 배치되어 있지만, 의미론적인 차원에서 보면 그보다 선행하는 그 무엇이 있음을 알 수 있다.[26] 광고카피와 비주얼은 끌림을 위한 의미 또는 시각의 기능적인 요소일 뿐이며, 끌림에 대한 체계를 위해 선행하는 것은 주체로서 시각디자이너, 제품의 특·장점, 소비자 개성이 지니고 있는 이미지로서 닮음(likeness), 유사(resemblance), 상사(similitude)의 이미지에 의한 것이라 할 수 있다.[27] 이 세 부분이 지니고 있는 주체적인 영역에서 끌림체가 형성되며, 매 순간 끌림이 지니고 있는 새로움을 발견하기 위해 끝없이 동태적인 끌림 상황으로 변형되고 조작된다. 즉 3가지 영역의 회전축 속에서 하나의 거대한 시지각적·인식론적·언어적·미적으로 나뉘는 가운데 형성되는 이러한 끌림체는 시각디자이너, 제품, 소비자 개성에 의한 소비자 주체의 물질적인 신체를 닮은 비물질적인 신체로서 메타적인 미적 에너지라 할 수 있다.[28]

특히 현대 소비사회에서 추구하는 소비자 개성 중심으로의 전환이 급속도로 진행하고 있는 현실을 감안한다면 소비자 주체의 비물질적인 신체로서 끌림체에 대한 미적 감성체에 대한 파악은 반드시 이뤄져야 한다.

비트겐슈타인은 3가지 이유를 들어 다음과 같이 언어를 통해 존재를 구별한다. 첫째는 '외적인 보여줌'이다. 예를 들어, 한 문장은 일정한 의미를 가진 언어의 기술적 내용을 보여줄 수 있다. 이때 '그것은 말해질 수 있다'. 이것은 명제 의미에 대한 그림이론(Picture Theory)의 기초가 된다. 둘째는 '내적인 보여줌'이다. 언어의 내적 구조는 실재의 내적 구조에 상응하는데, '이것은 더 이상 문장을 통해 말해질 수 없다'. 이 두 번째 보여줌은 존재론적 모사이론의 기초가 된다. 세 번째는 '신비적 보여줌'인데, 우리는 이것을 문장을 통해 말할 수도 없으며 보여줄 수도 없다. 이 세 번째 나타냄은 표현이 불가능하다.[29] 소비자 주체로서 시각디자이너, 제품의 특·장점, 소비자 개성의 구성적인 요소를 통한 끌림체의 존재개념을 확보하기 위한 도구인 차원으로서의 언어는 그 자체가 완벽하지 못함을 비트겐슈타인의 3가지 언어가 지닌 특성에서 알 수 있다.[30]

끌림 자체의 이미지를 분석하기 위한 해석자적인 역할로서 끌림체를 구축하는 것은 과학적인 추론방식에서는 타당하다고 볼 수 있으나, 존재론적인 시각에서는 과연 그러한 끌림체가 있느냐에 대한 회의가 앞서는 점이 바로 언어의 불완전성에 기인한다. 하지만 이 책에서는 끌림체의 존재론에 대한 부분을 시작점으로 하여 구체화하기로 한다. 비트겐슈타인의 이러한 견해는 끌림 언어가 지니고 있는 표현의 한계성을 명확히 함과 아울러 언어에 대한 해석을 하는 데 중요한 기초가 되었다. 특히 시각 이미지에서 가장 매력을 끄는 부분은 바로 세 번째의 '신비적 보여줌'이다. 언어로 표현될 수 없는 부분을 시각 이미지로 나타낼 때 발현되는 신비감은 매력적인 끌림 이미지로 재현된다. '외적인 보여줌'과 '내적인 보여줌'은 기호학에서 자주 사용되는 기표와 기의의 의미영역이라 할 수 있으며, 이것은 얼마든지 객관적인 의미로서 상호 커뮤니케이션이 가능하나, '신비적 보여줌'이 지니고 있는 표현 불가능한 영역에서의 선험적인 언어는 비물질적인 신체로서 끌림체가 지닌 주변의 무한 에너지를 담은 저장고라 할 수 있다.[31]

또한 실제 이미지로부터 모사된 이미지에서 느끼는 환영의 존재에 대한 연구는 오랜 시간 동안 모사이론과 관습 주의로 바뀌어 서로 분리되어 진행되어온 점을 감안한다면, 끌림체의 실체는 끌림 자체를 분석함으로써 나타난다고 볼 수 있다. 즉, "예술작품에 대한 분석은 미학이라고 할 수 없다"고 한 볼츠의 미학적인 관점을 받아들이면서 필자는 시각 이미지에 대한 미적인 파악을 수용자의 역동적인 끌림체의 구성성분이 지니고 있는 생명 에너지[32]의 강도 차이에서 시작한다.

들뢰즈가 자신의 저서『차이와 반복』을 통해 역동적인 생명 에너지의 흐름을 통찰[33]했듯이 끌림체는 시각디자이너의 제작과정에서 나타나는 역동적인 '끌림 홀'의 차이를 확인할 수 있다. 이러한 차이의 연속적인 끌림 과정은 곧 수많은 소비자 주체의 소비자 개성이 머릿속을 스쳐 지나가는 점의 연속인 끌림 홀의 '끌림 리듬'에 의한 주름[34]이라 할 수 있다. 이것은 그동안 존재론적인 차원의 정의를 통해 세계를 바라보려고 한 단자(單子)적인 인식적 개념에서 벗어나 동태성의 끌림 개념을 통해 끌림체의 역동적인 '끌림 홀'의 향연임을 강조하고자 한다. 이로 인해 소비자 주체가 내재하고 있는 정적이며 고정적인 실체는 없으며, 세계에 대한 동적인 끌림 홀의 역동적인 빛 에너지를 통해 우주는 과정적인 차원으로 끊임없이 변형하는 것으로 실존할 뿐 고정적인 실체는 없다고 파악한다.[35]

소비자 주체의 본질적인 질문에서 볼 때 끌림은 대상, 즉 물 자체에 대한 순수직관 또는 경험 직관적 판단을 위해 개념화하는 가운데 나타나는 동적인 끌림 홀의 빛 에너지이며, 후설의 노에시스에서 노에마[36]로 움직이는 과정은 끌림체의 차성인 '끌림-자리'에서 생성하여 새로운 차성으로 나아간다. 노에시스가 지니고 있는 의미작용은 그 자체로 끌림 홀[37]로 변형되어 노에마인 끌림 대상을 지향하게 된다. 끌림 홀에 의해 생성된 회오리의 순간의식이 나타나고 사라지는 현상은 단순히 노에마에 의한 이성적인 지향이 아니라 시각디자이너의 창작행위가 움직일 때 나타나는 순간의식이 지닌 메타로서의 끌림 지향이다.

기호학적인 차원에서 보면 끌림은 지시대상(Referent)에 대한 기호화 과정(Semiosis)에서 발생하는 끌림 회오리이며, 해석체의 끌림체에 따라 변형되어 드러난다고 볼 수 있다. 이 책에서는 비물질적인 신체로서 '끌림체'의 질료가 '몸채', 즉 직관적 착상에 의한 빛 에너지의 순수성[38]으로 구성되어 있음을 밝히며, 몸채 또한 노에시스로 변형되기 전에는 늘 순수성의 빛 에너지 자체로 끌림체에 머물다가 지향성에 의한 끌림 홀이 생성된다.

몸채가 지닌 빛 에너지는 굿맨이 열거한 '미적인 징후' 또는 벤야민이 주장한 '아우라'의 개념에 가까이 간다고 볼 수 있다.[39] 끌림체는 평상시 고요한 가운데 소비자 주체의 물질적인 신체와 주위 공간을 둘러싸고 있다. 이제부터 창의 주체는 비물질적인 신체로서 끌림체인 '몸채'를 통해 실제적인 끌림 대상에 나타난 다양한 끌림 홀을 분석할 수 있는 귀납적인 접근 방식의 끌림 이론을 제공한다.

마지막으로 이 책의 출판을 기꺼이 승낙해주신 북코리아 이찬규 사장님과 편집부 직원들께 진심으로 감사의 말씀을 전한다. 그리고 마지막까지 오자 확인을 도와준 강원대학교 멀티디자인학과 학생인 강혜민, 백가윤, 이경아, 이유정, 임경원, 전진아, 최지연, 허지선, 홍진희의 순수한 도움에 다시 한 번 고마운 마음을 전한다. 끝으로 3년간의 긴 집필과정을 말없이 뒷바라지해준 아내와 '아빠! 사랑해요'를 외쳐준 아들 세준과 딸 연정에게 진심으로 사랑하는 마음을 전한다.

2018년 8월
서달산 자락에서
전기순

1 매체란 신체 바깥에서 상호 커뮤니케이션을 위한 각종 중간자의 역할을 하는 물질·비물질의 객체적인 소자(素子) 또는 단자(單子)를 의미한다. 여기에서는 첨단매체로 제한하여 설명하고 있지만, 이 책의 중반부에서는 매체를 신체 바깥의 객체로서뿐만 아니라 소비자 주체로서 신체 내부의 끌림 이미지와 비물질적인 신체로서 '끌림체' 역시 매체적인 성격을 지니고 있음을 밝히고자 한다.

2 John Hartley (2002), *Communication, Cultural and Media Studies*, Routledge, p. 35.

3 Ibid., p. 135.

4 Fishbein, Martin (1967), "A Behavior Theory Approach to the Relations Between Beliefs about an Object and the Attitude toward the Object," in Readings in Attitude Theory and Measurement, M. Fishbein, ed., New York: John Wiley & Sons.

5 Lewis H. Lapham (1994), *Understanding Media*, The MITMedia, p. 53.

6 Fishbein, Martin and Icek Aizen (1975), *Belief, Attitude, Intention, and Behavior, Reading*, MA: Addison-Wesley.

7 야마다 리에이(1999), 유진형 옮김, 『광고 표현의 과학화』, 한언.

8 '게슈탈트 이론'이라고도 하며, 1910년 베르트하이머, 코프카, 퀼러에 의해 불연속적인 시각 자극이 연속운동으로 지각된다는 사실을 발견하고 이에 대해 이론적으로 체계를 정립했다. 부분과 전체, 전체와 부분에 대한 모든 시각경험은 현실존재의 물리적인 자태가 아니라 보이는 자태를 의미한다고 하여 보이는 대상에 대한 보는 방법에 따라 전체가 될 수 있고 부분이 될 수도 있음을 강조했다. 이후 게슈탈트 심리학자들에 의해 형태지각에 대해 부분과 전체로 체계화하여 인식한다는 것을 발견하게 되었다.

9 Jean Umiker-Sebeok (1987), *Marketing and Semiotics*, Mouton de Gruyter: Berlin · New York · Amsterdam.

10 Ibid., p. 76.

11 이 책에서는 개체를 공점, 끌림점, 지향점, 단자, 끌림소 등 단원의 성격에 맞추어 다양하게 표현하고 있다. 소비자 주체의 심미적 끌림체가 지니고 있는 끌림 홀로서 모든 개체적인 성격이 바뀌어 나타나는 것은 해석체의 차이에 따른 결과라고 할 수 있다. 특히, 이것은 소비자 주체의 물질적인 신체에 따라 다르게 나타나는 순간적인 빛에너지로서 '몸채(Body Lighting)'라는 점에 주목하고자 한다.

12 김성재(2001), 『체계이론과 커뮤니케이션』, 커뮤니케이션북스, pp. 136-148.

13 몸채(Body Lighting)는 비물질적인 신체인 끌림체를 구성하는 빛의 인자로서 자아, 대인 커뮤니케이션 등 사회에서 이뤄지는 미적 커뮤니케이션의 주체다. 이것은 스스로 주체와 객체 사이에서 이뤄지는 끌림에 의해 생성·소멸하는 공주체성 체계를 지니고 있다. 주체와 객체, 대상과 대상, 주체와 주체의 관계는 곧 상호 간의 공통인자를 통해 '객체-느낌'이라는 실제적인 끌림이 느껴진다. 따라서 물질적인 신체에서 느껴지는 모든 미적 감각은 주체로서 몸채의 공주체성에 의해 구성되고 해체된다.

14 후설(1997), 카를 슈만 편집, 최경호 옮김, 『순수현상학과 현상학적 철학의 이념들』, 문학과 지성사, p. 89.

15 끌림체는 소비자 주체의 물질적인 신체를 그대로 닮은 비물질적 신체로서 물질적 신체가 지니고 있는 쾌(快)의 느낌이 발생하기 전에 선행하는 빛에너지로서 몸채의 심미적인 융합체다. 동일한 대상도 소비자 주체마다 제각기 다른 '끌림'이 생성하는 것은 눈에 보이지 않는 빛의 다양한 결집으로서 형성된 끌림 회오리인 몸채의 동태성에서 출발한다.

16 이 용어는 피타고라스학파에서 유래하며, 그리

스 말로 '단위(unite)' 또는 '통일체'를 의미한다. 라이프니츠는 "복합물 속에 들어 있는 부분 없는 단순한 실체"를 언급하여 모나드를 이층집 구조에 비유하며, 원자도 아니고, 시작도 끝도 없고, 창조되는 것도 없고, 없어지는 것도 없으며, 심지어 변화되는 것도 없는 정태성의 통일체다. 필자가 강조하는 몸채와 공통적인 개체적 개념을 지니고 있지만, 몸채는 순간적으로 사라졌다가 나타나는 오직 비물질적인 신체인 끌림체를 통해 움직이는 동태성이라는 큰 차이점을 지니고 있다.

17 전기순(2002), 「광고 표현의 '끌림'」, 한국광고학회.

18 질 들뢰즈(2004), 이찬웅 옮김, 『주름/라이프니츠와 바로크』, 문학과 지성사, pp. 167-180.

19 시각디자인을 할 때 레이아웃(lay-out) 및 표현방법에서 지각의 전체성 이론이 많이 적용된 것은 사실이다.

20 김경희(2000), 『게슈탈트 심리학』, 학지사, pp. 55-70.

21 Mcluhan, Herbert Marshall (1961), "Inside the Five Sense Sensorium," in *Canadian Architect*, Vol. 6, No. 6, June, p. 40.

22 1910년대에 접어들어 "낡은 가구를 주워 모아 새로운 가구를 만들다"라는 의미로 출발했다. 한때는 예술과 문학에서 고급과 저급으로 나누는 차원에서 저급 문화의 한 장르로 파악하기도 했다. 21세기 이후 키치란 인간이 사물과 맺는 관계의 한 유형으로서 하나의 구체적인 사물에 대한 관계 또는 양식으로 이해하기보다는 주체와 대상을 하나의 존재양식으로 수용한다.

23 퍼스(Peirce, Charles Sanders)는 기호 삼각형을 해석체(Interpretant), 지시체(Represe ntmem), 기호체(Object)라는 요소로 만들어 모든 존재를 규정했다. 또한 기호를 도상기호, 지표기호, 상징기호로 구분하여 이미지 연구에 많은 시사점을 제공했다.

24 화이트헤드(1991), 오영환 옮김, 『과정과 실제』, 민음사, pp. 382-387.

25 메를로퐁티(2003), 류의근 옮김, 『지각의 현상학』, 문학과 지성사, pp. 78-91.

26 그레마스(2002), 김성도 옮김, 『의미에 관하여』, 인간사랑, p. 433.

27 유평근·진형준(2002), 『이미지』, 살림.

28 W. J. T. 미첼(2005), 임산 옮김, 『아이코놀로지』, 시지락, pp. 23-33.

29 비트겐슈타인은 '그림이론' 외에도 '언어놀이이론'을 언급하고 있다. 즉 언어란 놀이와 같은 것인데, 가족유사성으로서 서로 유사한 것끼리 얽히고 설켜 있다고 보고 있듯이 이 책에서 저자는 끌림체 역시 끌림의 가족유사성을 지니고 있어서 소비자 주체의 개성에 따라 끌림의 동일성과 통일성이 유기적으로 변형하며 끌림 놀이를 하고 있다고 본다.

30 비트겐슈타인(2006), 이영철 옮김, 『논리철학 논고』, 책세상.

31 루돌프 아른하임(1995), 정용도 옮김, 『중심의 힘』, 눈빛, pp. 80-82.

32 철학아카데미(2002), 『기호학과 철학 그리고 예술』, 소명출판, p. 192.

33 질 들뢰즈(2004), 김상환 옮김, 『차이와 반복』, 민음사, pp. 47-56.

34 라이프니츠는 모나드의 유기적 조직에 관해 함축[im-pli(주름)-cation]이라는 의미를 갖고 있는 것은 하나의 경험이 집약된 기억으로 본다. 이때 집약된 기억을 형상의 깊숙한 곳과 같은 것으로 보고 '주름'이라 했다. 이 책에서 필자는 라이프니츠가 말한 모나드의 주름과 같이 '끌림-리듬'에도 소비자 주체의 끌림체에 따라 갖가지 끌림 회오리에 의한 끌림 주름이 있다고 파악하고 있다.

35 김성도(2007), 『기호·리듬·우주』, 인간사랑, pp. 88-93.

36 노에마/노에시스: 후설에 따르면 순수의식의 대

상은 질료, 그리고 노에마와 노에시스를 통한 '구성'에 의해 이뤄진다. 이 가운데 질료는 우리 감각에 주어지는 감각들의 여건이다. 노에시스는 이 질료에 의미를 부여함으로써 대상 형성을 성립케 하는 지향작용이며, 노에마는 노에시스의 지향작용에 의해 형성된 대상 그 자체다.

37 리처드 레니건(1988), 박기순 · 이두원 공역, 『커뮤니케이션 현상학』, 나남출판, pp. 99-107.
38 김치수 외 3인(2002), 『현대 기호학의 발전』, 서울대 출판부, p. 16.
39 W. J. T. 미첼(2005), 임산 옮김, 『아이코놀로지』, 시지락, p. 209.

제1부 끌림 이미지의 상징학

1 문제 제기와 연구문제

1) 문제의식 및 필요성

각종 매체에 의해 드러난 광고 및 시각 이미지에서 소비자 주체는 이미지가 지닌 제품정보 이외의 또 다른 자기 자신만의 독특한 개성으로 상징되길 원한다.[1] 제품, 인기모델, 형, 형태, 레이아웃, 질감, 색 등으로 구성된 시각 이미지의 전체적인 인상이 소비자 주체로서 자기 자신과 동일한 취향 또는 필요한 제품이거나 소유하고 싶은 욕구가 생기면 그 즉시 시각 이미지와 관련된 제품을 구매하고자 하는 적극적인 태도로 바뀐다.[2]

현대시장의 소비자 개성은 마케팅의 다양하고 거대한 생활세계 속에서 시각 이미지에 대한 상징성 및 상징작용과 함께 표출되고 있으며, 결국 시각디자이너에게 통합마케팅 커뮤니케이션(IMC)의 최종적인 성공캠페인[3]은 시각 이미지가 주는 상징적 가치에 있음을 파악하게 되었다. 이러한 관점은 "소비자의 행동방식(Life Style)과 욕구(Need), 소비자의 구매행동 근거는 생활필수품으로서의 단순제품구매에 앞서서 제품 자체가 지니고 있는 상징성을 통해 나타나며, 소비자 스스로 사회적 위치(Positioning) 및 품격을 높이기 위한 수단으로 제품에 대한 상징구매가 이뤄진다"고 언급한 롤랑 바르트(Barthes, R.)의 주장과 같다고 하겠다.

따라서 소비자 주체는 시장세분화에 따른 다양한 시각 이미지 속에서 상품이 지닌 상징가치에 대한 정신적 소유라는 기본적인 소비 욕구를 가지고 있다. 이제 시각 이미지가 지닌 끌림 이미지의 상징성을 통한 구매 욕구는 소비자의 생활세계 중의 브랜드문화임과 동시에 소비자 자신의 개성 창출에서 빼놓을 수 없는 자연스러운 현상이 되었다.[4]

이처럼 끌림 이미지를 지닌 광고 표현의 상징에 대한 일반적인 개념은 다른 어떤 것을 지시(Referent)하며, 공시 · 통시 · 해석 · 연상 등을 통해 소비자의 구매 욕구에 대한 태도형성에 기여한다. 또한 상징은 건축, 미디어, 조형물 등에서 다양한 형태로 나타나며, 각 분야에 따른 독특한 상징적 의미를 함축한다. 하지만 중요한 사실은 이러한 상징이 결코 시각 이미지와 무관하지 않다는 점이다. 시장세분화는 동종의 다양한 경쟁 제품을 생산하게 만들었으며, 이는 시각 이미지를 단순한 상품 및 다양한 시각 커뮤니케이션 전달의 수단에서 더 나은 차별적인 차원을 요구하도록 했다.

또한 광고 표현의 경우 마케팅에서 자사 상품의 차별적 우위를 위해 "광고는 곧 상징이다"라는 점을 강조하는 소비자 개성 중심의 '상징 상품화' 시대가 되도록 만들었다. 시장세분화에 의한 시각 이미지의 상징은 곧 새로운 의미의 창출이며, 이는 과거의 단순한 상품 편익(Benefit)에 대한 소구(Appeal)에서 벗어나 소비자의 내면적 욕구의 하나인 신화(Myth)를 만족시키는 제품브랜드의 상징(Symbolism)으로 바뀌게 되었다.

동일한 시각 이미지의 상징형식 또는 상징대상이 어떤 문화영역에서는 단지 시각 이미지의 수사학 또는 은유의 의미만을 지니는 반면에, 다른 문화영역에서는 매우 다른 의미를 지닐 수 있다. 이러한 차이는 상징형식 또는 상징대상이 문화영역에 따라 완전히 다른 의미로 전달되기 때문에 제품 구매에 결정적인 영향을 미친다고 할 수 있다.[5]

상징(Symbolism)이라는 낱말에는 문화영역에 따라 많은 의미 차이가 있어 그 낱말에 새로운 의미를 첨가하는 것은 언어에 모욕이 될 것이라는 퍼스의 언급에서 미루어 짐작하듯이 소비자의 삶을 이해하는 데 합리적 측면과 비합리적 측면을 포괄적으로 고려해야 한다는 문제의식에서 상징에 관심을 갖게 되었다.[6]

상징이 소비자의 삶에 뿌리 깊게 스며들고 있음에도 광고 및 마케팅전략을 위한 시각디자인이라는 지극히 소극적인 기능성의 범주에서 벗어나지 못하고 있다. 이는 다양한 사회조사 및 소비심리를 통한 소비자의 라이프 스타일을 분석하는 통계적 연구 성과로 인해 마케팅에 관한 방법론이 많이 축적되어 있는 반면에 광고 및 시각 미의식에 대한 다학제적인 이론적 체계는 매우 일천하기 때문이라고 할 수 있다.

2) 연구목적

광고 및 시각 이미지가 '소비자에게 무엇을 제공하는가?' 또는 '문화적 가치들의 나눔'과 관계한다고 하자. 이때 소비자 주체로부터 받아들여지는 '그 무엇'은 광고 및 시각 이미지가 지닌 어떤 특별한 '끌림(Attraction Image)'이다. 이러한 끌림은 시각 이미지가 지닌 영역 가운데 이미지의 영역에 해당하며, 이는 소비자로부터 구매할 수 있는 태도를 적극 변경하도록 만든다.[7]

그렇다면, 태도에 대한 변경과정은 어떠한 끌림을 통해 일어나는가? 이것은 객관적 시각 이미지에 대한 소비자의 주관적 재구성 과정에서 성립되며, 이 주관적 끌림 과정에서 발현되는 상징화가 결정적인 제품을 선택한다고 볼 수 있다. 마케팅은 시장의 흐름을 이해하고, 경우에 따라서는 시각 이미지의 끌림을 이용하여 자사 제품의 선점을 지속 및 확대하기 위해 '주어진 시장적 환경'에서 새로운 문화적 가치를 재생산하게 만든다.

'시장적 환경'에 대한 재생산이 필요한 이유는 소비자 주체 스스로 '시장적 환경'을 그대로 받아들이는 것이 아니라 소비자 개성의 시각에서 재생산하며, 소비자의 생활세계에서 발생하는 사회적인 다양한 관계를 시장적 환경의 자연적인 공유가 아닌 자신의 독특한 끌림 이미지에 따라 형성된 상징적 관계성의 결과에 따르기 때문이다.[8] 이로써 일반적인 시장적 환경에서 상징적 시장 환경으로 바뀌게 되는 단서를 제공하게 된다.

따라서 소비자 주체는 자연스럽게 상징적 시장 환경에 노출된다. 이러한 입장은 사실상 기호학의 분야에서 퍼스가 강조한 삼부 이론,[9] 화이트헤드의 상징작용(Symbolic Interaction)[10]을 상당 부분 수용하면서 이 책에서 다루는 끌림 이미지의 상징성에 새로운 '끌림체계'를 확립시켰다. 퍼스는 "소비자를 상징적 시장 환경 및 조건에 직접적으로 반응하는 존재로 이해하지 않고, 환경이 주는 것(Sign, Index)을 인지한 다음 자신의 주관적 판단(Interpretant)에 따라 이해한 뒤에 이미지를 형상화(Referent, Symbol)하고, 반응 및 행위 하는 존재로 파악"하고 있다. 즉, 소비자 주체는 시장적 환경에 대해서가 아니라 그 자신이 상징적 시장 환경을 창출할 능력을 가진 존재라는 의미가 성립한다.

　화이트헤드의 관점에서 볼 때, '시각 이미지는 제작과정에 관련된 시각디자이너들이 만들어낸 상징물'이며, 각 표현의 의미는 '소비자의 상황과 이 상황들을 지시하고 해석하는' 상징적 지시관계(Symbolic Reference)에 달려 있다고 볼 수 있다. 시각 이미지에서 끌림, 특별한 문화가치 생성, 제품구매 등은 일정 기간의 이미지 기법 및 상징화를 통해 나타난다. 본 연구에서는 상징(기호)과 시각 이미지에 나타난 끌림 이미지 사이의 다양한 관계성(Relevance)을 토대로 이러한 상징(기호)화 과정(Semiosis)이 존재성(Ontolology)과 정체성(Identity)으로서 소비자 주체의 끌림체, 즉 몸채에서 어떠한 상징체계(Symbolic system)로 매 순간 재구성하고 있는가를 논의하려 한다.

2　끌림 이미지의 제반 문제

1) 끌림체계성(AS; Attractive System)

지금까지 광고 및 시각 이미지[11]에 관한 연구는 끌림 이미지의 상징적 차원이 아닌 시각디자인의 '자극-반응'[12] 차원의 선형적이며 객관적인 차원이 주류를 이뤘다. 이러한 객관적인 해석은 실증적인 정성적·정량적 사회과학의 방법론으로 도입되어 좀 더 정량적인 통계이론으로 발전하게 되었다. 이와 같은 방법론이 성공을 거둔 이유는 불확실한 시장경쟁 속에서 시각디자인 이론이 객관적이며 사회조사 통계결과에 대한 실증적인 확신을 제공한다는 점에서 긍정적인 평가를 갖고 있기 때문이다.[13]

　그러나 광고디자인을 직접 제작해본 경험을 지니고 있는 광고디자이너(아트디렉터 혹은 시각디자이너)의 경우에는 이러한 정성적·정량적 사회과학적인 방법론에 앞서서 무엇보다 인문과학의 감성적인 부분에 대한 미적 체계가 빠져 있다는 점을 직감하면서도 이렇다 할 설득적인 이론이 없는 데 대해 늘 아쉬워하고 있다.

　특히 광고마케팅이 지닌 소비자의 라이프 스타일과 사회조사를 통한 통계[14] 등의 제반 과학적인 활동의 주도적인 연구는 현실적인 생산성이 없는 순수한 감성 차원의 미적 체계이론에 대해 소극적이다. 이 책은 실증과학 중심의 광고마케팅에 소속되어 있는 각 학문영역 가운데 시각 이미지 영역만큼은 적어도 미적 감성이 이성적인 논리보다 선행해서 연구되어야 함을 강조하고자 한다.

[도표 1] 시각디자인의 끌림체계성

AS(Attractive System): 끌림체계, O(Object): 시각 이미지, AVC(Advertising & Visual Creator): 시각디자이너, CSP(Consumer Subject Personality): 소비자 주체개성, v(value): 가치, AV(Attractive Value): 끌림 가치

　끌림체계는 시각디자이너, 소비자 주체개성, 대상인 시각 이미지의 융합적인 간주관성으로 구성되며, 공통감의 끌림 가치를 생성한다. 끌림 가치는 소비자 주체의 생활환경에 노출된 제품과 함께 시각 이미지에 의해 끌림 이미지로 표상(Representation)된다.

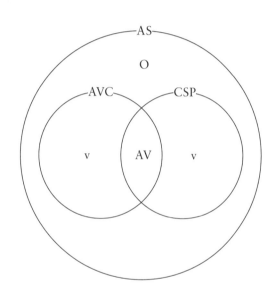

　따라서 이러한 감성적인 미적 체계이론에서 출발하기 위해 인문과학의 핵심인 기호학과 철학 그리고 미학적인 접근에 근간을 두었으며, 연구의 핵심 언어인 '끌림'을 도입하여 인식론적인 개념정립을 통해 시각 이미지가 객체로서 계량적인 차원의 실험물이라는 인식에 앞서서 미적 차원의 끌림 이미지로서 상징체계가 있음을 보여주고자 한다.

　지금까지 끌림이 지닌 일상적인 언어는 '사람이나 그 마음, 관심이 대상에 기울거나 쏠리게 되는 경우'에 '~에 끌리다'로 순수하게 언어 자체가

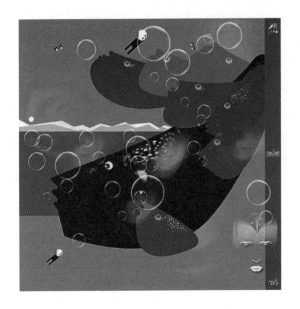

[그림 1] 도표 1의 끌림체계를 통한 해석의
예: 'Mute'/ Illustrator, 전기순 作.
AS(Attractive System): Mute,
O(Object): 물고기와 설산,
AVC(Advertising & Visual Creator):
독창성, CSP(Consumer Subject
Personality): 대기 환경에 관한
관심, V(Value): 청정하고 맑은 환경,
AV(Attractive Value): 각종 환경 및
대기오염에 대한 경각심

지니고 있는 의미를 전달하는 정도의 언어적 어휘 정도로 받아들여지고
있다. 끌림이 지니고 있는 언어적인 성격은 계량적 통계 차원의 이성보다
는 미학적인 감성에서 널리 활용되고 있다. 아직까지 소비자 주체 내면에
움직이고 있는 다양한 미적 끌림에서 외부대상(시각 이미지, 심벌, 사인물,
영상물 등 각종 시각 매체들)의 이미지와 융합이 이뤄져 관련된 제품을 구
매 혹은 소유할 때까지의 전 과정에 대한 '끌림 간 커뮤니케이션(AIC, At-
traction Interactive Communication)'[15]이 없다는 점은 21세기에 아쉬운
부분이라 할 수 있다.

　'끌림' 자체에 대한 깊이 있는 기호학적 · 철학적 · 언어학적 성찰이 없
는 가운데 사용되는 일반적인 끌림의 언어적인 느낌을 그대로 방치하고 있
는 현시점에서 시각 이미지가 구성하고 있는 다양한 조형적 요소, 즉 타이
포그래피, 사진, 일러스트, 전경, 배경 등의 다양한 느낌을 끌림 융합으로
체계화하여 재구성하고자 한다. 이를 위해 끌림 융합은 언어로 담을 수 없
는 소비자 주체의 신체에 복합적으로 나타나는 느낌이며, 이를 단적으로
표현하려면 유기체마다의 고유한 의식체와 감성체의 성정(性情)에 대한 기

질(氣質) 또는 질성(質性)에 대한 연구가 선행되어야 한다.

　의식체와 감성체의 끌림 융합은 결코 하나의 물리적인 느낌을 떼어내어 관찰하지 못하며, 소비자 주체의 복합적인 '끌림체'에 숨어 있는 거대한 물질적인 신체의 기질 속에서 생성된 메타 차원의 '몸채'라 할 수 있다. 현대 시각 이미지의 이성적이며 계량적인 접근을 통한 소비자 주체에 대한 기능적이고 물질적인 판단은 이제 다품종 소량 생산이라는 소비자 개성 중심의 시장에서는 차츰 그 위상이 축소되고 있는 반면, '끌림 간 커뮤니케이션(AIC)' 감성을 통해 브랜드 가치 및 충성도를 높이는 데 초점을 맞추고 있다.

　최근 동종제품으로서 아무런 기능적인 우위점이 발견되지 않을 때는 제품의 차별화를 미학적, 감성마케팅을 통해 찾고자 노력하는 것과 마찬가지로 이 책에서 강조하는 시각디자이너 자신의 내면에 도사리고 있는 '끌림 간 커뮤니케이션(AIC)'을 '끌림체'인 '몸채'에서 찾으려고 한 점은 동일한 미적 커뮤니케이션의 새로운 블루오션으로 이러한 사실을 뒷받침하고 있다.

　비물질적인 신체인 끌림체를 구성하고 있는 빛의 끌림 인자로서 몸채는 자아, 대인 커뮤니케이션 등 사회에서 이뤄지는 미적 커뮤니케이션의 주체라 할 수 있다. 스스로 주체와 객체 사이에서 이뤄지는 끌림에 의해 생성·소멸하는 공주체성의 체계를 지니고 있으며 주체와 객체, 대상과 대상, 주체와 주체의 관계는 곧 상호 간의 공통인자를 통해 '객체-느낌'이라는 실제적인 끌림이 느껴진다. 따라서 시각디자이너의 '몸채'는 시각 이미지의 경쟁력을 위한 하나의 미적 커뮤니케이션의 결정적인 메타적 감성요소이며, 동시에 시각디자이너와 소비자 주체, 그리고 제품에 대한 간주관적인 '끌림 간 커뮤니케이션(AIC)'이 지니고 있는 끌림 융합 문화를 통해 독창적인 끌림 이미지를 창출할 수 있다.

　이미 시각 이미지에 나타난 끌림 이미지를 마케팅의 각 영역에서 가장 중요하게 판단하여 이곳에 집중적인 투자를 하고 있는 것은 소비자가 제품 구매 시 단순히 제품의 필요성에 의한 구입이 아닌 끌림 결합의 브랜드문화적 가치를 소비한다는 점이다. 제품의 첨단화·세분화·다각화는 시각 이미지의 끌림에 의한 상징적인 메시지를 브랜드언어 또는 미적 감성언어 계발을 통해 더욱 독창적이길 요구하고 있다. 이러한 광고 및 시각 이미지의 인식확장은 마케팅 활동을 통한 차별적인 이미지의 한계성에 의한 자연스러운 현상이라고 할 수 있다.

결국 현대 시각 이미지는 제품의 감성영역 확장을 요구하는 상징적 감성 이미지로 나아가고 있으며, 그 가운데 이 책에서는 '끌림'이라는 일반적인 감성언어를 통해 인식적인 개념체로 전환하여 하나의 끌림 간의 결합으로서 독특한 '끌림체'를 완성하고자 한다. 이로써 완성된 끌림체의 해석체를 통해 시각 이미지에 나타난 제반 끌림 이미지를 분석하여 현대 경쟁시장이 요구하는 개념적인 미의식에 대한 부가가치를 높이게 될 것이다. 즉 전혀 다른 '존재의식'의 차성인 메타로서 '나 여기 있음'에 관한 다양한 질문인 몸의 현상,[16] 차연,[17] 차이,[18] 시뮬라시옹,[19] 해체, 해석체, 상징, 이미지, 기(氣), 공성(空性), 유식(唯識), 주역(周易) 등 눈에 보이지 않는 세계를 탐구하는 데서 끌림 원형의 존재적인 몸채가 나타남과 동시에 의식하는 '나 여기 있음'을 자각하는 순간 '끌림 존재'는 사라지게 된다.

생활세계에서의 일반적인 대화의 끌림은 끌림체계가 요구하는 목표에 우선하기보다는 혈연, 학연, 지연 등이 만들어놓은 현실적인 가치지향의 공통감에서 이뤄진다. 그 가운데 사랑과 우정을 통한 만남은 다른 어떤 만남보다 '순수 끌림'에 의한 자연스러운 만남이다. 그냥 만나서 서로 기분이 좋고 안정되며, 서로 지치지도 않고 서로 요구하지 않으며, 단지 같이 있는 그 자체로 행복해하는 경우다. 이러한 순수 끌림은 어릴 적 또래 친구들과 어울릴 때 가장 많이 느끼는 다정한 끌림이다. 순수하고 상대방 눈빛만 봐도 무슨 뜻인 줄 금방 알아차리게 되며, 헤어질 때의 아쉬움과 그리움은 늘 순수 끌림의 만남 이후에 남아 있는 순수 에너지의 '떨림'에서 생성하는 지극히 자연스러운 현상이다.

끌림의 세계에서 순수 끌림의 색조는 그 자체로 담백한 미색이며, 향기로움은 매혹적인 향기가 아닌 청아하고 상큼한 향기다. 현대생활 속에서 순수 끌림을 경험할 수 있는 대상을 찾아낸다는 것은 그리 쉽지 않다. 하지만 간혹 광고나 시각 이미지에서 오랫동안 잊고 살아왔던 과거의 순수한 끌림을 회상하는 경우가 있다. 사회체계가 추구하는 세계 속에서 바쁘게 살아가고 있는 현대인에게 순수 끌림에 관해 회상하는 것 자체만으로 몸의 끌림 결합구조가 순식간 바뀌게 되는 자신을 발견하고 놀라는 경우도 있다. 의식하기도 전에 몸이 스스로 바뀌는 이유는 몸이 세포의 연합으로 이뤄졌기 때문이다. 의식은 세포가 변하기 전까지 늘 종전의 끌림 의식 상태에 있으며, 세포 환경이 완전히 바뀌게 되는 순간 끌림 의식에 전달하게 된다.[20]

이와 같은 끌림체계의 변화과정은 순식간에 이뤄지며, 감각훈련이 잘된 '끌림체'일수록 빠르게 움직인다. 순수 끌림이 지닌 에너지는 흔히 사회에 때묻지 않은 상태의 에너지를 의미한다. 10대에서 30대까지 자주 드러나는 순수 끌림이 지니고 있는 에너지는 오로지 몸에서 발산하는 열정적인 에너지의 충만 자체에서 용기와 격려, 힘을 얻는다. 젊음이 지니고 있는 특권 가운데 하나인 정열, 도전과 의미의 장은 그야말로 용광로의 불꽃이 튀는 모습과 같이 아름답다. 주체 자신의 꿈을 향한 열정과 도전은 다른 어떠한 의미보다 가슴 설레게 만든다. 이를 소재로 한 광고 또는 시각 이미지는 제품광고를 통해 다양하게 노출되어 있으며, 이러한 의미생성은 끌림 간의 복합체인 끌림체로 전달되어 구매 욕구를 강화시킨다.

제품을 구매하는 순간 소비자 주체는 그 어떠한 것과도 견줄 수 없는 끌림의 강한 힘을 느낀다. 밤늦게까지 주어진 일을 열심히 하는 부하직원에게 "수고한다"는 말과 함께 박카스를 건네는 직장상사의 해맑은 미소는 내면에서 솟아오르는 깊은 '순수 끌림'의 가슴 진한 감동을 불러일으킨다. 이렇듯 박카스 광고가 전해주는 끌림에 대한 이미지는 젊은이의 꿈을 향한 도전, 열정에 대한 조력자라고 볼 수 있다. 박카스가 지닌 도전, 열정이라는 일차성의 의미는 기표-기의, 시니피앙-시니피에, 표현면-내용면, 내용-실질, 체-용 등의 기호학적인 해석체 측면을 통해[21] 누구나 쉽게 이해할 수 있다. 박카스 광고의 예에서 소비자의 생활세계에는 끌림의 세계가 다양하게 존재하고, 또한 주제의 내용에 따라 끌림의 다양한 느낌을 만들어 내며, 동일한 주제라도 기법과 매체(TV, 잡지, 신문, 컴퓨터, 영상 등)에 따라 끌림의 전반적인 분위기도 조금씩 다르게 전달되는 경우를 종종 목격한다.[22]

끌림의 생활세계는 실제로 소비자가 주어진 생물학적 신체의 6가지 기능을 통해 감각, 지각, 판단, 의식의 과정을 거쳐 훌륭한 끌림 결합의 다양한 교감을 할 수 있다. '일반적인 생활의식의 세계를 떠난 이미지의 세계인 상상계는 어떠한 신체와의 교감에서 만날 수 있을까?', '흔히 우주의식의 통찰을 통해 나타나는 시각적인 표현, 문학과 시 등에 나타나는 상징성의 본질적인 의미[23]는 오직 생물학적인 신체활동에서 체화되는 몽환적인 발상인가?'라는 근본적인 질문을 던질 수밖에 없다.

흔히 보이는 대상이 자연적이며 실제적인 것이라면 첨단과학의 힘으로 모든 궁금증을 해소할 수 있을 것이다. 철저한 유물론적인 관점이라면 세계는 더 이상 의문을 가져야 할 아무런 이유가 없다. 왜냐하면 거시와 미시를 통한 첨단과학으로 눈에 보이는 참된 진리를 끝없이 추구할 것이기 때문이다. 아직까지 발견하지 못한 눈에 보이지 않는 세계는 무엇으로 해결할 것인가? 예를 들면, 미래·과거·현재시간을 극복하는 방법, 현실과 가상의 세계를 극복하는 방법, 순간이동을 위한 물리적 신체의 극복 등 다양한 의문은 여전히 현대과학으로도 풀지 못한 수수께끼로 남아 있다.

일반적으로 현실에 안주하지 않고 호기심 많은 소비자의 끌림이 지향하는 곳이 현실세계가 아닌 눈에 보이지 않는 세계라고 한다면 주어진 현실세계는 늘 미지의 세계를 향하기 위한 디딤돌임과 동시에 아쉬움의 장소로 간주될 것이다. 눈에 보이지 않는 세계를 향한 끌림은 주체 자신에게 익숙한 사변적인 의식구조에 대한 확고한 신념을 거부하는 데서 출발한다. 끝없이 흐르는 의식의 흐름을 차단함과 동시에 순간 새로운 아프리오리(a priori)의 세계로 전환하고자 하는 힘은 끌림이 지니고 있는 상징성의 원초적인 힘에 의한 것이라 할 수 있다.

스스로 상징성의 초월론적 의식세계로 전환할 수 있다는 것은 곧 끌림이 지니고 있는 통찰에 대한 체계정립을 의미하며, 시각 이미지의 순간 포착을 통해 생활세계를 더욱 윤택하게 하겠다는 의지의 시작임과 동시에 주체 자신의 내면 깊숙이 자리 잡고 있는 '끌림의 초월론적인 상징성'에 대한 과학적인 체계구축에 있다고 하겠다.

2) 끌림 다의성(AS, Attractive Polysemy)

시각 이미지는 끌림을 적용할 수 있는 대표적인 시각 매체이며, 간혹 주관성이 강한 예술작품과는 달리 어느 정도 객관성을 갖추고 있는 다양하고 풍부한 감성언어를 지니고 있다. 언어학적인 차원에서 '끌림'이 적용되는 범위에 따라 다의적인 의미를 함축하고 있다.

[도표 2] 시각디자인의 끌림 다의성

AP(Attractive Polysemy): 끌림 다의성,
E(Environment): 환경, IB(Inner Body):
내적 지향, OB(Outer Body): 외적 지향,
O(Ontology): 존재성, I(Identity): 문화성,
ap(attractive center): 끌림 중심

　　소비자 주체 스스로 의미론적인 차원과 존재론적인 차원에서 서로 다른 끌림에 대한 다의적인 의미를 생성한다. 끌림은 각 시각디자이너, 소비자 주체의 간주관적인 내적 지향과 외적 지향의 끝없는 반목 속에서 결집되어 거대한 끌림체를 형성하며 주체 스스로 끌림의 다의성 가운데 하나의 중심을 찾으려고 한다.

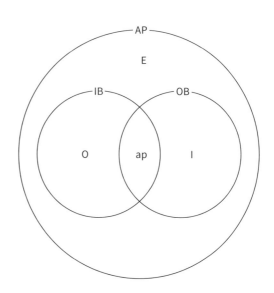

　　이 책에서 주로 다루는 시각 이미지는 필자가 수년 동안 제출한 초대 작품 및 개인전으로 제한하여 소비자 주체의 끌림 이미지는 곧 크리에이터의 개성적 창의성과 동일한 선상에서 해석될 수 있음을 강조하여 예제가

지니고 있는 다의적인 해석에 대한 오류를 최대한 줄이고자 했다. 따라서 작품을 제작한 크리에이터의 끌림체와 소비자 주체의 끌림체에 대한 차이를 최대한 좁혀 소비자 주체의 개성적인 끌림 차원에 더욱 깊이[24]를 주고자 했다는 점이다. 특히 시각 이미지에서 느껴지는 끌림이 전적으로 소비자 주체에 의한 개성적인 판단에서 이뤄진다는 점을 전제로 할 때 모든 예제는 필자가 오랫동안 연구해온 작품을 소비자 주체의 시각에서 새롭게 재조명할 수 있다는 점에 의의를 두고자 한다.

생활세계에서 소비자 주체의 신체 내부 혹은 신체 외부라는 구분에 의한 파악은 메를로퐁티가 『신체의 현상학』에서 주장한 몸의 현상 속에서 끌림을 파악하는 것이 일차적인 순서라 할 수 있다. 즉, 소비자 주체의 끌림은 일차적으로 자신의 몸에 대한 끌림이 어떻게 일어나는가에 대해 면밀한 파악을 선행해야만 시각 이미지라는 자극물에 대한 끌림 작용을 이해할 수 있다고 본다. 일방적인 시각 이미지에 따라 끌림을 파악하면 파악 주체의 끌림에 대한 차이에 앞서 동질성을 인정하는 셈이 되며, 이는 곧 소비자 개성에 의한 다양한 끌림을 부인하는 오류를 피할 수 없게 된다.

퍼스는 자신의 해석체 이론을 통해 해석체(Interpretant)에 따라 보이는 기호(Sign)는 지시(Referent)되는 대상(Stand for)의 차이가 있음을 이미 밝힌 바 있다.[25] 소비자 주체로서 몸 내부와 몸 외부가 지닌 감각 끌림에 차이가 있으며, 차이가 많을수록 '살'을 통해 갈등적인 에너지가 표출된다. 여기에서 몸 내부에서의 끌림은 주체 자신의 존재성(Ontology)에 대한 끌림을 의미한다. 존재에 관한 질문은 '소비자 주체 있음' 그 자체의 끌림을 의미하며, 소비자 주체 개성으로서 세계관을 보는 끌림체의 복합적인 다의성의 끌림이라고 할 수 있다. 몸 내부의 존재에 대한 끌림 지향이 강할수록 몸 바깥에서 일어나는 모든 끌림 현상에 대해 관망적이며 자신의 가치관과 관련된 것에만 관심을 갖는 소비자 주체로서 개성적인 생활이 이뤄진다. 주체로서의 삶을 지향하는 가운데 이뤄지는 모든 소비생활은 단지 몸 내부의 지향성에 의한 존재 끌림이라 할 수 있다.

이와 같은 삶은 소비자 주체가 만족을 느끼는 소비중독에 의한 끌림이 아닌 주체로서 자신의 정체성(Identity)에 대한 진지한 질문을 던지는 끌림 대상을 향한 의식적인 끌림이 있는가 하면, 비물질적인 신체로서 끌림체의 원형에 의한 무의식적으로 끌리는 순수 끌림이 있다. 또한 일반적인 상상이 만들어낸 감각질(感覺質)에 끌리는 감각 끌림이 있다. 흔히 아름다운 음악이나 자신이 좋아하는 스타일의 그림이나 사진을 통한 취향 끌림, 또는 유명한 작가의 소설이나 수필 등 한번 끌리면 영원히 빠지게 하는 환상적 끌림 역시 상상에 의한 감각 끌림에 해당한다. 이와 반대로 자신의 삶을 돌이켜볼 수 없는 바쁜 도시 생활에서 오는 몸 바깥의 외부 끌림은 지극히 즉흥적이며 자극-반응의 반복적인 끌림에 의해 움직이는 지각 끌림이다. 이것은 주로 눈, 코, 입, 살갗, 생각 등 몸이 지닌 시지각질(視知覺質)의 지각작용에 의해 나타난다.

흔히 시각 이미지에서 유명배우나 탤런트가 자주 등장하는 것은 소비자 주체 자신이 지닌 다양한 해석적인 지각작용을 동시에 빠지게 하는 끌림을 갖고 있기 때문이다. 마찬가지로 이성, 의리, 사랑, 우정, 행복, 안정, 평화, 소망, 희망, 만족, 희생, 봉사, 즐거움, 권위, 명예, 순수, 영원, 도전 등의 의미에 의한 끌림은 의식질(意識質)[26]을 통한 의미작용으로서 의미 끌림으로 간주할 수 있다.

이와 같은 순수 끌림, 감각 끌림, 지각 끌림, 의식 끌림에 따라 시각 이미지에서 끌림 이미지가 어떻게 생성되는지에 대한 과정적인 연구는 소비자 주체의 몸 내부 끌림이 이뤄지고 있는 제반적인 현상에 대한 끌림체계를 구체화할 때 가능하다고 할 수 있다. 그렇지 않은 가운데 외부 끌림의 실체만을 분석한다는 것은 분석하는 주체 끌림의 주관적인 차이를 간과한 데서 오는 해석적인 오류를 범하게 된다. 즉, 소비자 주체의 몸 내부(Ontology)와 몸 바깥(Identity)에서 일어나는 끌림 정체성과 문화성(Ontology, Identity)은 서로 다른 갈등적인 지향구조를 통해 동일한 대상도 다의적(Polysemy)인 끌림을 생성하게 된다.

특히 주어진 소비자 주체의 환경적인 차원은 몸 내부와 외부의 끌림에 절대적인 영향력을 지닌 문화적인 요소임과 아울러 끌림 자체의 정체성에

[그림 2] 도표 2의 끌림 다의성을 통한 해석의 예: 'Moonlight'/ Illustrator, 전기순 作.
AP(Attractive Polysemy): 초승달, 낙엽, 노을 등, E(Environment): 환경, IB(Inner Body): 고요, 평온, OB(Outer Body): 계절의 변화, O(Ontology): 자연 곧 인간, I(Identity): 계절의 순환, ap(attractive center): 변화를 통찰하려는 중관론

위의 해석은 시각 이미지에서 끌림 이미지로 전환되어가는 과정에서 발생한 순수, 감각, 지각, 의식 끌림의 다의성 가운데 단 하나의 해석적 관점이라고 볼 수 있다.

대한 실질적인 자극체로서 시간의 흐름 속에서 끝없이 의미생성(Semiosis)을 한다.[27] 가령 '사랑'이라는 언어는 이성 간의 사랑, 부모와 자식 간의 사랑, 종교적인 사랑, 자기 내면적인 사랑, 이웃 간의 사랑, 희생에 의한 사랑, 직업에 대한 사랑 등 다양한 의미를 지니고 있으며, 또한 이성 간의 사랑에서도 더 세분화되어 사랑의 발생 원인을 소비자 주체마다 다르게 생성하듯이 끌림의 미미한 발생적인 차원은 언어가 지닌 한계성을 뛰어넘어야 하는 그 무엇이 있음을 직감한다.

예를 들면, 전혀 관심을 두지 않았던 서랍 속의 조그마한 몽당연필에 어느 순간부터 애착을 갖게 되었다면, 어떠한 끌림이 그렇게 만들었을까? 그동안 몽당연필은 분명히 사랑스러운 연필이 아니라 더 이상 사용할 수 없는 의미 없는 도구적 성격을 지닌 채 서랍 속에 방치되었을 것이다. 이때 몽당연필은 어떠한 끌림이 없는 무관심의 대상이었으며, 고이 간직해야겠다는 의미부여가 발생하는 순간부터 정성스럽게 몽당연필을 어루만지게 되는 것은 어떠한 끌림에 의한 것일까? 이러한 끌림은 단순한 회상에 의한

애착이 아닌 내적 지향과 외적 지향이 움직이는 소비자 주체의 신체적인 조건과 여건, 환경적인 상황이 순간적인 다의성적 끌림 결합에 의해 몽당연필에 대한 애착으로 귀결된 것이라고 파악한다면 억측일까? 이때 이 애착을 '사랑'의 범주에서 파악하고 대수롭지 않게 여긴다면 몽당연필에 대한 순간적인 끌림의 순수성은 순간 어디론가 자취를 감추고 만다. 애착이 끌림인가, 사랑인가?

마찬가지로 언어가 지닌 명사, 형용사 등의 의미단어는 끌림의 미미한 다의적인 성격을 해체시켜버린다. 언어가 생성되기 전의 느낌에 대한 확실한 규명이 없는 가운데 끌림의 다의성을 해석한다는 것은 매우 어려운 여정이 될 것이다. 언어로 표현할 수 없는 영역으로서 끌림의 다의성은 순간적인 기질에 의한 판단으로 나아가는 기나긴 작업이 될 것이기 때문이다.

끌림의 정체성을 찾으려고 하는 순간, 이 책을 쓰고 있는 나의 의식과 글자와의 교감에서 느낄 수 있는 미미한 끌림(?)이 책을 쓰게끔 만드는 것은 어떤 끌림의 기질인가? 학문적인 호기심에 의한 끌림인가? 호흡을 가다듬고 있는 이 순간, 순간 사라져버리는 끌림의 거취는 물질적인 신체 내부에 있는가? 아니면 신체 바깥의 '몽당연필'에 숨어 있다가 나타나는 다의성의 유기체인가? 이제 끌림은 어떠한 대상과 결합되는 순간 순수성이 사라지고 순간 의미의 영역으로 바뀌어 나타나는 변화무쌍한 다의성을 지니고 있음을 알 수 있다. 인위적인 환경과 자연적인 환경을 보는 해석적인 차원은 개성적인 소비자 주체의 '끌림체'에 따라 제각기 다른 의미의 차이를 지닌다.

3) 끌림 형상성(AF, Attractive Figurative)

다음 [도표 3]의 내용에서 끌림 이미지는 끌림체의 지향작용이 생성되는 순간 해당하는 지향대상이 순간적으로 끌림 형상으로 나타난다. 주체와 대상 사이를 왕래하는 끌림은 후설의 지향성에 의해 충분히 설명할 수 있는 위치에 놓여 있다. 실제로 끌림 자체가 지닌 위상은 지향성이 지닌 지향작용(Noesis)과 지향대상(Noema)의 중간자(中間子)로서 매체적인 역할을 하고 있다.

일반적인 매체는 정보전달 기능을 갖고 있지만, 끌림이 지닌 매체는 기능적 차원의 의미전달이 아닌 잉여성의 끌림 에너지에 대한 양극성의 차이를 극복하는 가운데 있다. 양극성은 이미지의 형상적 차이에 의해 나타나는 이질적(Multiple Interpretant)인 끌림을 의미한다.[28] 이 차이는 소비자 주체의 끌림체의 지향성, 즉 지향대상인 시각 이미지에 대한 성적인 형상, 도전적인 형상, 즐거운 형상, 평화로운 형상 등에 대해 형상적 노출을 함으로써 형성되는 일반적인 끌림 작용이라고 할 수 있다.

소비자 주체의 지향성에 대한 감응의 문제는 시각 이미지에 대한 끌림 질(質)에 따른 차이의 감각적인 반응과 관련이 있다. 끌림 형상성은 이러한 차이와 동일성의 다양한 끌림의 교집합 가운데 소비자 주체의 끌림 질과 시각 이미지가 함의하고 있는 끌림 질과의 감응 속에서 나타나는 동일성의 공통된 부분이며, 이 부분에서 끌림 형상의 창의적인 끌림 이미지가 생성된다.

공통집합이 지닌 동일성의 끌림 질은 소비자 주체가 가진 끌림 질의 강도에 따라 전혀 다른 끌림의 감응으로 나타난다. 가령 의자의 경우 '앉다'라는 의미를 지님으로써 다른 물질 대상과는 전혀 다른 형상을 갖고 있으므로 차이를 나타내지만, 동일한 의자 모양이나 생김새의 차이에 의한 형상은 단지 '앉다'라는 언어적인 의미로 단정하기에는 구분되지 않는 시각적인 끌림 질을 지닌다고 할 수 있다. 동일한 의미를 지닌 시각 이미지도 소비자 주체의 감각 질에 따라 차이를 보이는 것은 끌림 질에 의한 감각원형에서 비롯됨을 알 수 있다.

사실 끌림이 이뤄지는 현상은 소비자 주체 혹은 보이는 대상에서 찾으려고 하지만, 실제로는 두 영역에서 발견할 수 없는 중간자로서 유기체와 유기체, 또는 유기체와 대상 간의 선택적 지향에 의해 나타났다가 사라지는 '텅 빈 공간'에 있다. 끌림 질은 소비자 주체와 시각 이미지 사이에서 이

[도표 3] 시각디자인의 끌림 형상성

AF(Attractive Figurative): 끌림 형상성,
E(Environment): 환경, S(Subject): 주체,
O(Object): 대상, Act(Noesis): 지향작용,
N(Noema): 지향대상, af(attractive figure):
끌림 형상

    소비자 주체는 끌림체의 지향작용에 의해
파악된 지향대상에 따라 끌림 형상이 주어진다.
끌림 형상은 몸채의 끌림 에너지 강도에 의해
다양한 끌림 이미지로 구체화한다.

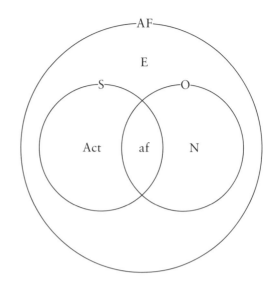

뤄지는 또 다른 차원의 비물질적인 신체로서 신체 피부의 바깥 혹은 텅 빈
공간에 살아 숨 쉬는 끌림체의 원형으로 간주해야 한다. 단순히 끌림을 두
유기체의 영역이 지닌 대상과 대상 '사이[間]'에서 발생하는 공통감의 끌림
질로 단정하기 전에 소비자 주체와 시각 이미지 간의 눈에는 드러나지 않
지만 끌림의 다양한 빛 에너지를 느낄 수 있는 후설의 시간과 물리적인 공
간을 넘어선 초월론적 끌림까지 확산해야 한다.

    끌림이 살아 숨 쉬는 사이는 대상과 대상, 주체와 대상, 주체와 주체
사이를 의미하며, 이것은 지금까지 학문적인 관심에 따라 차이, 간격, 틈,
빈 공간, 여백 등으로 표현되어 독자적인 미학체계를 만들었다. 이 책에서
는 두 객체 간에 이뤄놓은 물리적·정신적 간격에 따른 공간에 대한 수학
적·물리적 자연과학을 논의하는 것이 아닌, 사이에서 발생하는 '끌림'의
중간자에 대한 미적 체계를 확립하는 데 있다. 객체 간의 거리[間隙]에 따
라 끌림의 강도가 달라지며, 동일한 대상 간에서도 끌림 차이가 나타나는
모든 현상은 대상이 지닌 물질적인 성분 혹은 소비자 주체 양식이 가진 구
성적 요소에 따라 끌림 형상이 왜곡되며, 지향대상(Noema)에 대한 지향
작용(Noesis)에 다양한 형상을 지닌 끌림 작용을 만들어낸다.

[그림 3] 도표 3의 끌림 형상성을 통한 해석의 예:
'Inner-Tree'/ Illustrator, 전기순 作.
AF(Attractive Figurative): 손의 형상을
지닌 나무, E(Environment): 숲, S(Subject):
인간 내면의 나무, O(Object): 나무, 손, 달,
Act(Noesis): 달빛을 향한 손놀림, N(Noema):
순수 자연을 향한 기도, af(attractive figure):
간절한 손짓에 나타난 순수한 바람

　　끌림 사이에서 일어날 수 있는 많은 끌림 현상이 동일한 대상에 대한 다른 견해를 내세우는 해석적인 자료로서의 역할을 할 수 있을 것이다. 이미 필자의 논문[29]에서 시각 이미지에 대한 끌림 작용에 스며들어가는 형상에 차이가 있음을 밝힌 바와 같이 끌림 역시 소비자 끌림체의 질적인 형상에 의해 '끌림 회오리'[30]의 다양성이 강조된다. 두 객체 사이에서 발생하는 비물질적인 끌림체의 형상성은 작게는 눈에 띄지 않는 미립자 세계와 넓게는 우주와 우주의 세계를 공유한다. 또한 소비자 주체로서 초월론적인 세계와 해석학적인 세계와의 공유 속에서 끌림체의 형상성은 수시로 변형이 이뤄져 끌림 질의 순간적인 차이를 만들어낸다.

　　끌림은 "세계는 내가 법칙을 갖고 구성하는 자의 끌림체의 질에 의한 에너지 장(場)이다"라고 한 메를로퐁티의 현상학적인 차원에서 보면 존재에 대한 관념론과 유물론적 실재와는 완전히 다른 '살'의 이미지 차원에서 실존적인 주체의 현존을 강조한 점과 동일한 접근이라고 할 수 있다. 즉 이 세계는 유물론적·관념론적 차원으로 구성된 것이 아니며, 주체를 현실과 자아의식에 기반을 둔 교착과 융합에 서로 상응하는 '살의 텍스트'다. 살이 지닌 소비자 주체의 지각은 퍼스의 해석체로서의 몸이 가진 주체의식

의 지각과 바깥 세상의 끌림 대상이 서로 끊임없이 살의 교착을 통해 소통한다.

현상학이 사건에 대한 자극-반응의 선형적인 신경생리학자의 인식에서 출발하는 의식이 아닌 사건이 끝났을 때 시작하는 지각이라면 끌림 현상은 대상 사이에서 발생한 '함 없음[無爲]', '함 있음[有爲]' 또는 '의식', '무의식' 속의 관계가 시작되기 전에 생성하는 느낌이다. 의식은 주체마다의 세계 내에서 탄생하고, 지각은 저마다 의식의 새로운 탄생이다. 끌림의 시작은 물질적 신체 가운데 바깥 세상과 최전선에서 방어 혹은 교환하는 살갗의 비물질적인 끌림체에서 이뤄지며, 의식이 이뤄져 지각과 동시에 융합되어 인식하는 경우에는 이미 다양한 의식체가 함의된 끌림의 형상으로 표출된다.

최초 끌림 현상은 물질적인 신체의 살갗과 바깥세계와의 무한한 경계를 자유롭게 드나드는 부정형의 움직임 가운데 홀연히 나타난다. 즉, 공간이라는 물리적인 차성을 무시한 가운데 우주를 관통하고 있다가 소비자 주체의 의식이 살아나는 순간 흩어져 있던 무개성적 끌림체의 끌림 에너지는 소비자 주체의 개성적인 의식과 지각 속에서 하나의 끌림 형상성을 지닌 가운데 바깥 혹은 내면의 세계를 지향하게 된다. 이 순간부터 초월론적인 현상이 지닌 비현실적인 끌림 지향의 비물질적인 형상에서 물질적인 신체의 지각 끌림의 차성이 지닌 이성과 감성, 주관과 객관, 유물과 유심, 형식과 실질, 정신과 물질의 끌림 형상으로 나아가게 된다. 즉, 선험적인 느낌과 현실적인 느낌의 과정적인 절차 속에서 끌림은 새롭게 정립되고 형상적인 끌림으로 구체화된다.

주체와 대상 간의 수평 에너지와 초월성과 실재성의 수직적인 에너지는 끌림 회오리의 다양한 형상을 만들어 소비자 주체의 물질적인 신체 주위를 감싸고 있다. 마찬가지로 끌림 회오리의 이와 같은 끌림 형상성은 책을 기술하고 있는 이 순간에도 필자와 대상인 노트북과의 수평 에너지와 선험과 현실의 차성을 넘나드는 수직적인 끌림 에너지에 의해 매 순간 다양한 끌림 회오리의 형상을 만들어내며, 끌림 대상과의 지속적인 공통관계를 포착하여 머물게 한다.

4) 끌림 매체성(AM, Attractive Media)

현실사회에서 드러나는 최첨단과학에 의해 만들어진 물질적인 매체는 이미 그 자체가 하나의 미적 끌림 대상이 되었으며, 어떤 첨단매체[31]를 적극적으로 집중 운용·활용하느냐에 따라 주체로서 끌림체의 질적 이미지가 결정된다. 소비자 주체의 개성이 중요시되는 현실적인 차원에서 차츰 매체 활용의 내용에 따른 차이가 두드러지게 나타나고 있다. 매체는 소비자 생활세계의 의식을 넘어선 초월적인 자아가 살아 숨 쉬는 공간임과 동시에 생활세계와 밀접한 시각, 영상물, 언어를 통한 대인 커뮤니케이션의 공간으로 생활 속 깊숙이 뿌리내리고 있다.

이러한 첨단과학에 의해 만들어진 매체에 대한 끌림은 생물학적인 감각, 지각, 의식의 영역이 아닌 선험적인 감각, 지각, 초월적인 의식의 세계를 동시에 연결시켜주는 대상 끌림체다. 이제 생활세계와 전혀 다른 감각세계는 물리적인 공간과 달리 저 멀리 있는 것이 아닌 현실 속 의식의 차성 속에 첨단 끌림 매체들로 자리 잡고 있다. 첨단매체들의 등장으로 소비자 주체의 끌림에 대한 지각은 또다시 새로운 변혁을 낳게 한다.

하지만 이러한 첨단매체의 화려한 등장에도 데리다의 '차연'과 메를로퐁티의 '신체 현상'에서 주장한 바와 같이 물질적인 신체는 제한된 장소를 만들며, 신체 고유의 선험적 몸의 체험은 저 멀리 북극이나 남극에서 체화되는 것이 아닌 생물학적인 신체의 몸에서 나타났다가 사라지는 의식의 차성이 수시로 왕래하며 바뀌어간다. 첨단매체의 등장에 의한 신체적인 변화는 일시적인 환경의 변화를 줄 뿐 끌림 자체가 지니고 있는 순간성의 매체가 지닌 초월론적인 특성은 그 자체로 영원성을 갖는다. 순간성은 시간의 흐름 가운데 찰나의 어느 한순간을 의미하며, 이러한 시간의식 속의 끌림 대상의 영원성은 소비자 주체가 지니고 있는 끌림체의 순수성을 변

끌림 이미지의 상징학

[도표 4] 시각디자인의 끌림 매체성

AM(Attractive Media): 끌림 매체성,
E(Environment): 환경, S(Subject): 주체,
O(Object): 대상, T(Time): 순간, Q(Quality):
끌림 질, am(attractive media): 끌림 매체

　　소비자 주체는 끌림 매체가 포착되는 순간적인 특성에 따라 끌림 질의 변형이 이뤄진다. 끌림체 그 자체는 늘 머물러 있지 않으며, 어떠한 끌림 매체를 선택했느냐에 따라 전혀 다른 끌림 질의 개성적인 몸채를 지니게 된다.

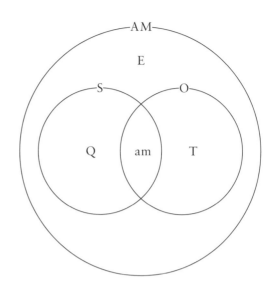

　　형하거나 조작한다.

　　이 책에서 시간은 후설이 주장하는 대상으로서 객체적인 인식 가운데 나타나는 시간지각(Time Perception)[32]으로 제한한다. 후설은 지향적인 체험으로서 의식의 다층적인 표상(지각, 판단), 정서, 의지의 영역으로 구분하고, 이 가운데 각 영역에 공통적으로 포함된 표상작용을 가장 기본적인 지향작용으로 간주하여 의식대상(노에마: Noema)에 대한 의식작용(노에시스: Noesis)[33]으로 구분하여 분석했다. 여기에서 의식에 내재하는 의식작용은 후설의 시간의식에서 언급한 지향성의 연속성을 배제할 수 없는 가운데 판단할 수 있는 소비자 주체의 끌림에 의한 판단지각으로 간주한다. 의식작용은 소비자 개성이 지닌 기억, 상상, 추억 등으로 변화하는 가운데 드러나며, 의식대상에 대한 끌림 매체에 따라 긍정, 부정, 회의, 추측 등 다양한 형태의 신념체계가 형성되어 소비자의 내적 시간의식에 머무르게 된다.

　　[도표 5]에서 의식의 흐름은 '지금 이 순간'(A, B, C의 끌림 매체)이 과거로부터 미래로 이어지는 계열인 가로 방향의 지향성과 '지금 이 순간'이 과거의 순간으로 지나가면서 흔적도 없이 사라진 것이 아니라 A′, B′의 끌

[그림 4] 도표 4의 끌림 매체성을 통한 해석의 예:
'Inner-Tree'/ Illustrator, 전기순 作.
AM(Attractive Media): 나무가족,
E(Environment): 숲, S(Subject): 나무사람,
O(Object): 가족, T(Time): 행복, Q(Quality):
가족의 행복, am(attractive media): 영원성의
나무가족

림 매체로 바뀌면서 가라앉은 채 유지되는 계열인 세로 방향의 지향성으로 이중의 연속성을 지닌다.[34] 이러한 연속성으로 인해 의식의 흐름은 방금 전에 체험한 끌림 매체를 현재화하여 의식하는 일차적 기억으로서의 과거지향(Retention)과 '지금 이 순간'의 '살아있는 현재', 그리고 미래의 끌림 매체적인 계기를 '지금 이 순간'에 직관적으로 예상하는 '미래지향(Protention)'으로 연결되어 통일체를 이루고 있다.[35] 한 장소에서 오랫동안 동일한 선험적인 자아에 의한 끌림을 지속한다는 것은 그야말로 불가능에 가깝다.

　신부, 요가 수행자, 선승의 깊이 있는 기도, 명상, 좌선을 통한 묵상이 의식의 흐름 속에서 새로운 영적 차성의 빛으로서 몸채를 지향한다면 의식은 늘 현실 속에서 움직이는 물질적인 신체의 요구에 의한 지향임을 알아차릴 수 있다. 여기에서 정신과 물질이 지니고 있는 의식의 빛, 즉 몸채의 차이에 대한 알아차림은 또 다른 정신성의 차성으로서 고양된 끌림체의 매체라 할 수 있다.

　현대 물질문명에 노출된 일반인의 경우에는 일반적인 생활 속에서의 제품 편익(Benefic)에 의한 소유욕, 시각, 감촉, 청각물질을 통한 쾌락 추구

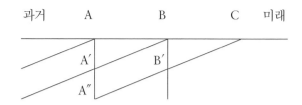

[도표 5] 후설의 '시간지각'의 순간 매체
지평선: '지금 이 순간'의 계열
사선: 나중의 '지금 이 순간'에서 파악된
　　　동일한 '지금 이 순간'의 흔적들
수직선: 바로 '지금 이 순간'의 계속적 흔적들

등 신체가 지닌 다양한 본능적인 끌림 매체에 충실한 것으로 만족한다. 신체가 지닌 선험적인 신체의 나타남과 사라짐의 현상적인 매체 끌림에 대해서는 전혀 낯설게만 느껴진다. 인체의 세포가 지닌 뉴런의 신체감각 자극 반응에 충실할 뿐 세포연합으로 발현되는 에너지의 다채로운 힘, 즉 통찰, 직관, 예감, 영감, 기 등 눈에 보이지 않는 정신에 대해서는 아직도 끊임없는 시간의식 속에서 생성되는 끌림 매체로서 신비성을 지니고 있다. 그 가운데 신체와 정신 사이에 이뤄지는 다양한 매체 끌림이라는 정체성에 대한 이미지를 끄집어내는 일은 매우 흥미로운 일이 아닐 수 없다.

누구나 어릴 적 밤하늘의 반짝거리는 별을 보고 나름대로 아름다운 추억을 갖고 있을 것이다. 여기에서 반짝거리는 별을 바라보게끔 한 힘은 무엇일까? 별은 신체에 실질적인 본능적 욕구를 충족시켜주는 아무런 역할을 하지 못함에도 우리는 자신의 물질적인 신체 주위를 맴돌고 있는 끌림체의 고양된 빛 에너지의 질성(質成)을 파악하지 못한 가운데 단순히 순간적인 끌림 매체에 함몰되어 판타지에 빠져든다.

자연은 아무런 대가를 원하지 않는 가운데 무수히 많은 끌림 매체를 제공해준다. 단지 그것을 얼마만큼 받아들이고 수용하는가는 전적으로 주체 자신의 의식 상태에 따라 다르게 발현되는 끌림체에 달려 있다. 물질적 욕구에 가득 찬 경우이거나, 물질적 풍요와 첨단적인 생활세계에 둘러싸여 더 나은 물질적 쾌락에 관련된 정보에 만족하는 현대 소비자 주체의 의식 상태에서 이처럼 한가하게 별을 쳐다보면서 환상적인 유토피아에 빠져드는 것은 현실도피적인 낭만적인 사람으로 간주될 것이다.

주어진 생활환경이 만들어낸 인위적인 공간에서 살아가는 인간이 별, 구름, 나무, 꽃 등 자연 속에서 끌림 매체를 소유한다는 것은 하늘의 별따

기만큼 힘든 일이 될 것이다. 마찬가지로 일상생활 속에서 사랑, 우정, 존경이라는 순수 매체 끌림의 장이 금전, 권력, 명예로 인한 사회적인 이해관계로 전락하는 경우에는 차츰 순수한 우정과 사랑이 갖는 에너지의 순수한 끌림의 장이 사라지고 전혀 다른 경쟁 또는 원한관계 감정의 장으로 바뀌어 나타난다.

처음 느꼈던 순수한 끌림은 사라지고 전혀 다른 의식의 장으로 바뀌는 것은 대상의 변질에 의해 주체의식에 영향을 미쳤기 때문이다. 여기에서 신체 바깥에 있는 모든 대상 끌림은 늘 변하는 것임을 알 수 있으며, 그에 따라 주체 끌림은 상대적으로 자기 관계적인 체계를 지니고 있음을 알수 있다. 여기에서 주체가 매 순간 바뀌어가는 대상이 변화되고 있는 흐름을 지속적으로 관찰한다면 '끌림 매체'의 강도에도 차이가 있음을 알 수 있다. 끌림 강도는 또한 모든 시각예술의 지향점인 표현하고자 하는 대상에 대한 조형요소의 구성적인 조화에서 자신의 미적 감각을 끄집어낼 때서로 다른 차이를 보여주는 주된 요소다.

직선적인 끌림, 곡선적인 끌림, 장단 끌림, 고저 끌림, 균형 끌림, 대칭끌림, 대비 끌림 등의 감각적 끌림은 제작과정에서 자연스럽게 나타나는끌림 매체의 현상적 느낌이다. 모든 예술의 영역에서 강조하는 점은 작가자신의 내면에서 일어나는 끌림 매체에 의한 순수한 표현을 하는 데 있으며, 그것이 관람객에게 어떻게 보일 것인가에 대한 부가적인 문제는 전혀신경을 쓰지 않는다.

또한 평론 및 비평가에 의해 자신의 작품이 어떻게 평가될 것인가의문제는 전혀 다른 영역의 차원이며, 작품에 대한 창작과정에서는 어떠한구분도 허용하지 않는다. 간혹 금전적인 문제 또는 자신의 외부적인 관계에 의해 어쩔 수 없이 사전 협상에 의해 진행되는 작품은 예술성보다는 상업예술의 차원으로 전락하기도 한다.

예술작품이 지니고 있는 감동이 전적으로 관객을 위한 것으로 중심이동이 이뤄지게 되면 이것은 작가 자신의 내면적인 울림에 앞서 보여주기위함의 이율배반적인 행위가 이뤄진 것이다. 작가 자신이 지니고 있는 화려한 테크닉이나 표현력이 지닌 손재주는 작가 자신의 내면적인 순수한 끌림 매체를 저버리게 되는 동기부여가 되기에 충분하다. 화려한 테크닉이나 표현력의 반복적인 행위는 작가 자신의 내면에 지닌 생명력의 근원적인 힘에 서서히 기만적 행위로 나타나기 때문이다.

예술행위가 지닌 모든 과정에서 가장 필요로 하는 근원적인 생명감은 일정한 테크닉이나 표현력에 안주하지 않는 끊임없이 새로운 스타일을 추구하는 '창작'의 끌림 매체이며, 이것이 작가 자신의 내면에서 일어나는 예술혼의 끌림 현상이라 할 수 있다. 특히 현대는 사회 중심의 작품이 아닌 순수한 작가 자신의 독자적인 세계에 좀 더 가치를 두고 있으며, 사회 전반의 시각예술 흐름에 오히려 역행하거나 또는 전혀 다른 차원으로 돌출되어 보이는 것으로 창의성을 모색하고 있다. 간혹 소수의 비평가에 의해 아직도 시각예술의 장르를 구분 짓는 것은 오히려 과거로의 회귀로 빠져드는 느낌이 강하게 나타나기도 하지만, 현대세계 곳곳에서 새롭게 나타나는 시각예술의 표현과 기법의 다양성은 끌림 매체의 다양성을 대표한다.

현대는 특정한 예술가의 손에서 움직이는 예술품이 아닌 일반인의 손에서도 쉽게 예술작품을 만들어내는 환경에 놓여 있다. 컴퓨터 및 스마트폰에 장착된 카메라 및 첨단 그림도구들은 과거 시각예술에 대한 관점을 완전히 뒤바꿨다. 어린아이부터 노인에 이르기까지 누구나 손쉽게 접할 수 있는 최첨단매체의 시각적 예술표현을 위한 도구는 예술에 대한 관념을 새롭게 정립하고 있다. 손으로 직접 해야 했던 과거의 모든 시각예술품이 이제는 컴퓨터의 각종 프로그램을 통해 제작 및 출력이 가능하며, 현대사회의 수많은 시각예술품은 이러한 생산과정 속에서 이뤄지고 있다.

이러한 컴퓨터가 지니고 있는 엄청난 양의 정보와 상호관계는 이미 국제사회에서 정해진 장소에서만 직접 느낄 수 있는 각종 정보와 예술작품을 공유하게 만든다. 이제 장소와 시간, 공간과 관계없이 스마트폰을 통해 손 안에서 쉽게 이뤄지는 현실이 되었다. 작품에 대한 생산과정도 주문생산이 가능한 시대가 되었으며, 단지 소비자 자신의 느낌만 전달하면 멀리 떨어져 있는 작가와 쉽게 대화를 통해 구입할 수 있게 되었다. 이러한 과학적인 첨단매체는 끌림 매체로서 살아 숨 쉬는 순간적인 정신성의 직관과 통찰, 그리고 영적인 교감에 깊이를 더해준다.

현대 시각 이미지는 이러한 현대예술이 지니고 있는 물질적 캔버스의 울타리를 벗어나도록 종용하고 있다. 첨단과학을 통한 시대적인 요구는 예술에 대한 인식의 변화가 개인의 개성적인 울타리로 점점 바뀌어가고 있다. 이러한 변화는 현대 생활인의 미적 가치에 대한 기준이 바뀌어가고 있음을 의미한다. 고급예술과 저급예술을 구분하던 과거의 예술사조에서 현대사회가 지닌 보편적인 규범가치와 종교가 지닌 미적 가치로 이동하는 현시점에서 끌림 매체는 물질과 정신을 자유롭게 소유할 수 있는 소비자 주체의 끌림체에서 그 뿌리의 다양성을 내리고 있다.

5) 끌림 리듬성(AR, Attractive Rhythm)

시각 이미지에서 중요하게 다루는 조형 감각 가운데 리듬은 그 자체로 다양하고 독창적인 시각예술로 표출된다. 시각적인 리듬에는 부드러운 리듬과 강한 리듬이 있으며, 조용하고 아늑한 리듬이 있는가 하면 거친 리듬도 있다. 리듬에 따라 제각각의 개성적인 차이를 나타내며, 리듬표현은 전적으로 시각디자이너의 손길에 달려 있다. 리듬에는 율동, 장단, 고저, 균형, 대칭, 대비 등의 조형적인 끌림이 있으며, 이를 통해 어떠한 형상에서도 독특하고 구성적인 느낌을 자아낸다. 제각기 고유한 율동과 속도, 장단 등은 리듬의 개성적 차성을 의미한다.

시각 이미지를 직접 제작하는 시각디자이너는 소비자의 개성에 따른 개성적인 리듬을 수용할 수 있는 리듬을 발견하여 모든 리듬의 끌림을 통제할 수 있어야 한다. 이유는 소비자 주체의 작은 리듬을 느낄 수 있는 감각 속에서 어떠한 리듬이든 받아들일 수 있는 끌림 이미지가 요구되기 때문이다. 앞서 언급한 바대로 리듬이 단지 시각 커뮤니케이션 차원만이 아니라 끌림 자체가 지닌 눈에는 보이지 않는 작은 리듬, 큰 리듬, 강한 리듬,

[도표 6] 시각디자인의 끌림 리듬

AR(Attractive Rhythm): 끌림 리듬,
M(Marketing): 마케팅, Cs(Consumer
subject): 소비자 주체, Ai(Advertising image):
광고 이미지, IR(Identity Rhythm): 리듬 정체성,
Li(Language image): 언어 이미지, Vi(Visual
image): 시각 이미지, ir(intention rhythm):
의도적인 리듬

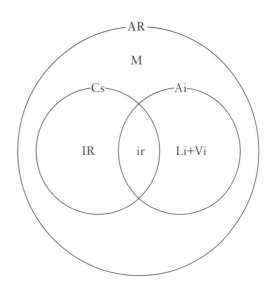

　　소비자 주체의 끌림체가 형성되는 과정에서
리듬은 끌림 질을 설명하는 데 매우 중요한
요소다. 끌림이 포착되는 순간 나타나는 주체와
대상 간은 주체 의지와 상관없이 다양한 리듬으로
끌림체에 스며든다. 끌림 리듬은 주변 환경에 의한
순수 끌림 리듬과 목적 끌림 리듬의 양극성에 의해
자연스럽게 끌림 회오리를 만들어낸다.

약한 리듬, 빠른 리듬, 느린 리듬, 여린 리듬, 가느다란 리듬, 굵은 리듬, 거친 리듬, 점점 커지는 리듬, 점점 작아지는 리듬 등 무한한 끌림 리듬이 있으며, 그 종류에 따라 소비자 주체의 끌림 선호가 달라질 수 있음을 강조한다.

생활세계 속에서 생활리듬이 갖는 비언어적인 끌림은 시각디자인이 갖는 조형적인 리듬과는 불가분의 상호관계 속에서 만들어진다. 하버마스의 생활세계[36]에서 접하는 다양한 문화는 주체 자신의 의지와는 상관없이 오감을 통해 리듬으로 수용한다. 특히 인위환경이 아닌 자연환경에서 느껴지는 봄의 생동감, 여름의 역동성, 가을의 결실, 겨울의 안정적인 리듬이 주는 다양한 감성적인 리듬은 주체 의지와는 관계없이 끌림체에 자연스럽게 저장된다.

이처럼 리듬은 바람이나 향기 따위의 기(氣)[37]가 몸속으로 배어들 때 사용되는 친숙한 끌림의 동태적인 양태를 보여준다. 예를 들면, 시골 초가집 굴뚝에서 피어오르는 연기내음이 허기진 나그네의 마음을 '맛의 리듬'으로 이끌어 길 가던 걸음을 멈추게 했다. 이른 아침 창가에 붉게 떠오르고 있는 해오름의 밝은 빛이 방안 가득 '햇살 리듬'으로 조화를 이뤘다. 향

내음이 그윽한 가운데 명상을 하니 어느새 스며든 '향기 리듬'이 때묻은 마음을 맑게 씻어 내렸다.

이와 같이 '리듬'은 순수한 자연환경에서 받은 청량한 기가 많으면 '끌림 리듬'의 순수성을 몸소 체험할 수 있고, 순수하고 바른 덕을 갖고 있으면 지극한 덕을 소유한 인간이 된다고 한 왕충의 기론에서 언급한 바와 같이 자연적 환경은 아무런 조건 없는 리듬을 제공한다. 천지자연 스스로 그러하며 의도적으로 함이 없다. 깊은 산속에 있다 보면 맑은 공기, 새소리, 물소리, 바람소리, 산나물과 꽃의 향기, 소나무 향기가 주체의 지향성과는 전혀 관계없이 몸속으로 깊이 스며든다. 자연 그대로의 깨끗하고 순수성을 지니고 있는 무위(無爲)로서 무목적의 끌림리듬과 사회가 요구하는 유위(有爲)의 목적에 의한 끌림리듬이 지니고 있는 상반된 극성에 의해 보다 강력한 끌림 회오리를 생성하게 된다.

다양한 끌림 리듬이 물질적인 신체에 스며드는 과정에서 대표적인 구성 리듬은 오랜 전통문화의 누적에 의한 리듬 끌림임을 쉽게 알 수 있다. 예를 들면 시골에서 한적하게 농업, 축산, 어업 등을 통해 자연과 순응하면서 살아가는 소비자 주체의 자연 친화성의 문화적인 리듬과 바쁜 일상 속 경쟁에서 살아남기 위해 매 순간 긴장을 멈추지 않는 도시 생활의 이성 중심의 문화적인 리듬의 차이가 대조적인 곡선과 직선의 리듬으로 조형화하는 것은 당연한 결과라 할 수 있다.

마찬가지로 소비자 자신만의 호흡이나 심장박동에 따라 시각 이미지를 바라보는 동일한 대상도 선호의 차이 리듬을 느낄 수 있다. 소비자의 라이프 스타일 역시 일상의 생활리듬이며, 반복에 의한 생활습관은 일정한 리듬의 반복을 보여준다. 반면 불규칙적인 생활습관은 규칙적이지 않은 리듬을 통해 시각 이미지의 대상에 대한 불안한 느낌을 제공한다. 이처럼 리듬은 소비자 생활 전반에 살아 숨 쉬고 있으며, 이러한 소비자 개성의 생활리듬이 주어진 시각 이미지와 우연히 일치할 때 오는 감동은 소비자 주체 자신만의 고유한 끌림 리듬이 된다.

생활세계에서 소비자 주체의 고유한 끌림 리듬이 없으면 음악이라는 장르가 지닌 소리의 세계는 거친 소음으로밖에 들리지 않을 것이다. 마찬가지로 시각적으로 표현되는 모든 시각 이미지에서 여백 없이 꽉 찬 글씨로 정보를 제공하는 광고물 가운데 보이는 흰 바탕의 여유로움은 여백[38]을 통한 대자연의 맑은 기운이 살아 숨 쉬는 저장고임에도 자칫 내용이 없는 광고이거나 혹은 의미 없는 공간으로 받아들이게 된다.

시각적인 끌림 리듬 역시 소비자 주체의 생활세계에서 접할 수 있는 리듬이어야 하며, 아무런 연관성이 없거나 이해되지 않는 끌림 리듬은 시각 이미지에 나타난 어떠한 점, 선, 면이 시각의 영역에서 감동을 주는 조형요소라 하더라도 끌림 리듬을 증폭시켜주지 못하게 된다. 점, 선, 면, 율동, 리듬, 장단, 고저, 균형, 대칭, 대비 등의 모든 시각적인 조형요소 자체에서 느껴지는 리듬의 아름다움은 단순히 시각적 표현을 위한 단위적인 표현이며, 동시에 조형이라는 단위 리듬에 닫혀 있는 끌림 리듬으로 전락한다.

따라서 루돌프 아른하임이 제시한 미술과 시지각에서 나타나는 모든 조형요소가 마치 현대 예술 및 시각디자인에서 없어서는 안 될 중요한 조형감각으로 여겨지고 있는 것은 그 자체가 이미 닫힌 리듬 공간이며, 현대 창의성이 근간을 이루고 있는 미술의 전반적인 흐름에 역행하는 결과를 초래하고 있다고 보아도 지나치지 않을 것이다. 시대적인 차원으로서 미술과 시지각이 지닌 당시의 미술사조에 대한 전반적인 성격을 조형적인 차원에서 분석한 점은 높게 평가하지만, 창조경제를 중요시하는 현시점에서는 오히려 창의성의 넓은 문턱을 좁게 만드는 결과를 초래한다.

어떠한 창의성도 모방이 아닌 순수한 새로움에서 오는 내면의 끌림에 의한 울림에서 비롯되는 것이며, 간혹 만들어놓은 자신의 작품이 기존의 것과 흡사하다고 해서 작가 자신의 창의성이 없다고 말하는 외부의 언사에 집착할 필요는 없다. 단지 중요한 점은 시각디자이너의 시각 이미지가 얼마만큼 자신의 미적 감성에서 내면적인 끌림 요소인 리듬에 어떻게 울림을 주었느냐가 선행되어야 한다. 즉, 지금까지의 모든 시각예술이 지니고 있는 역사적인 흐름에서 내면적인 고유리듬을 성찰하기 위한 예술적 차원의 승화가 아닌 도제형식이 매우 강하게 표현되고 있는 모습은 시대적인

**[그림 5] 도표 6의 끌림 리듬을 통한 해석의 예:
'Tree'/ Illustrator, 전기순 作.**
AR(Attractive Rhythm): 순간적인 드로잉,
M(Marketing): 겨울의 순수성, Cs(Consumer
subject): 순수지향, Ai(Advertising image):
때묻지 않은 자연의 포근함, IR(Identity
Rhythm): 나무와 터치의 조화, Li(Language
image): 캘리그래피에 의한 순간성, Vi(Visual
image): 눈에 덮인 나무와 캘리그래피의 리듬,
ir(intention rhythm): 눈 덮인 겨울자연과 동화

권력 또는 종교적인 사회체계 혹은 생활환경에 의해 주어진 능동이 아닌 외부적인 요인이 강하게 반영되어 있음을 알 수 있다.

현대사회에서 찾아볼 수 없는 거대한 그림이나 건축물 등은 권력을 상징하는 대표적인 예술작품임을 쉽게 알 수 있다. 유럽의 중세에서 근대 그리고 현대로 넘어오는 과정에서 커다란 차이는 권력 중심의 작품에서 벗어나 자신의 내면적인 고유리듬의 성찰로 서서히 그 깊이를 더해가고 있음을 알 수 있다. 아름다움에 대한 기준은 철저하게 개인의 삶과 연결시키려고 한 고유리듬에서 시작한다.

끌림 리듬은 개인 각자가 지닌 철저히 개성중심의 생활에서 출발한 리듬가치이며, 현대 소비자가 지향하는 시각 이미지에 대한 다각적인 리듬예술이다. 시각 이미지에 나타나는 언어영역 역시 시각과 동일한 리듬을 지니고 있으며, 시각과 언어의 리듬 만남은 새로운 형상을 지닌 끌림 이미지를 잉태한다. 이러한 끌림 이미지와 소비자 개성에 의한 문화적인 정체성

과의 만남은 끌림 리듬을 지향하는 새로운 리듬형상을 만드는 세계를 지향하게 된다.

6) 끌림 융합성(AC, Attraction Convergence)

[도표 7] 시각디자인의 끌림 융합
AC(Attractive Convergence): 끌림 융합성,
S(Subjective): 소비자 주체, O1(Object1):
대상1, O2(Object2): 대상 2, V1(Value1):
가치 1, V2(Value2): 가치 2, vc(value
convergence): 가치융합

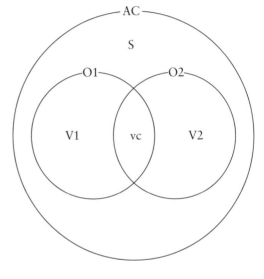

소비자 주체의 끌림체는 주체와 대상 간의 결합 속에 만들어진 가치융합이다. 끌림은 가치와의 충돌 혹은 융합에서 생성되는 끌림 회오리다. 양극성의 대상 속에 숨어 있는 가치는 곧 새로운 소비자 주체의 끌림체를 구성한다.

바쁜 현대인은 눈에 보이는 대상 속에서 자신의 가치를 드러내고자 한다. 고층빌딩과 현란한 네온사인, 그리고 밀려오는 파도처럼 쏟아지는 수많은 신제품의 시각 이미지는 마치 소비자 주체에게 '가치'라는 무형의 옷을 제공하는 것처럼 보인다. 그래서인지 첨단 제품으로 둘러싸인 백화점 혹은 대형 전자상가에서 종종 목격되는 개성에 맞는 '가치'의 발견은 바쁜 현대인에게 일종의 즐거운 모험이 아닐 수 없다.

제품, 제품브랜드, 포장디자인, 심벌, 색채 등 각 대상 자체의 고유한 가치와 또 다른 대상의 가치가 융합될 때 가치는 소비자 주체의 고유한 가치융합으로 스며든다. 소비자 자신의 사회적인 위치가 제품이 지닌 가치를 소유함으로써 만족하는 소비자의 끌림 융합에 의한 만족은 시골보다는 대도시에서 특히 강하다. 소비자 주체의 물질적 신체가 요구하는 가치와 대상과의 가치융합은 그 자체가 끌림 회오리의 동태적인 움직임을 통해 제품이 지니고 있는 브랜드 가치의 품격을 소유함으로써 정신적 내면가치에 대한 아름다움을 대신한다.

이와 같은 가치들의 융합 속에서 이뤄지는 대상 간의 끌림은 시각 이미지에서 쉽게 드러나며, 소비자 주체의 내면적인 욕구를 유혹한다. 소유를 통한 물질적인 쾌가 도시사회의 모든 사회적 기능을 대신하는 것처럼 여겨질 정도로 소비자는 스스로 물질을 소유함으로써 자신의 가치가 상승되기를 갈망한다. 소비자의 소유의식은 점차 눈에 보이는 물질적 욕구 충족에 의한 '쾌 의식'의 끌림 이미지와 마주하게 된다.

시각 이미지는 이미 제품브랜드가 지니고 있는 물질적 가치를 지향하는 소비사회에서 이뤄진 판매촉진을 위한 활동 가운데 하나다. 시각 이미지의 끌림 이미지는 제품가치를 통해 소비자를 자극한다. 이것은 가치가 지닌 눈에 보이지 않는 소비자 개성의 존재의식에 힘을 불어넣는 다양한 끌림 이미지라고 할 수 있다. 또한 제품의 가치소유에 따른 즉흥적인 소유를 통한 쾌 감각은 소유하는 순간 사라지는 순간적인 끌림이다. 물질적인 소유를 통한 끌림 가치에 대한 끝없는 '쾌' 추구는 소비자가 해결할 수 없는 영원한 갈증이다.

현대 소비자에게 "소유냐!" 또는 "존재냐!"[39]라는 근원적인 가치질문에 답할 수 있는 것은 소유를 통한 존재적인 가치를 느끼는 데 있으며, 존재, 소유라는 단 하나의 가치를 지향하는 어리석은 행위는 하지 않는다. 여기에서 시각 이미지가 내세우는 것은 제품브랜드에서 무형적인 정신적 가치를 어떻게 하면 소비자 개성에 적합한 끌림 이미지로 접근할 수 있는가에 초점을 맞추고 있다. 우리의 신체는 세포로 구성된 연합체다.

[그림 6] 도표 7의 끌림 융합을 통한 해석의 예:
'Bird'/ Illustrator, 전기순 作.
AC(Attractive Convergence): 나무와 새,
S(Subjective): 일상탈출, O1(Object1): 초라한
나뭇가지 1, O2(Object2): 새 2, V1(Value1):
나뭇가지의 바람 1, V2(Value2): 새를 통한
바람2, vc(value convergence): 지루한
일상에서의 탈출을 흔히 볼 수 있는 나뭇가지와
새를 통한 환영적인 표현

1980년에 마투라나와 바렐라(Maturana & Varela)는 "세포 자신은 자기와 직접적으로 관계된 대상과 어울리며 그렇지 않은 대상은 철저히 배격하는 자기 관계적 체계(Autopoiesis)[40]를 지니고 있다"고 주장했다. 세포 자신의 움직임은 생명존속을 위해 본능적으로 이끌린다. 주변 세포에 의한 수동적 움직임이건 스스로의 생존을 위한 적극적인 움직임이건 간에 아무런 구속을 받지 않고 일정한 위치에서 자신의 역할을 수행한다. 이러한 세포의 움직임은 주체 자신의 의식을 통한 통제된 움직임이 아니며, 주체 자신도 모르는 가운데 세포는 주어진 삶의 기간 동안 자신의 역할에 최선을 다하며 살아간다.

몸의 연합체로서 세포가 지닌 힘은 실로 엄청나다. 특히 몸을 감싸고 있는 피부세포의 역할은 바깥세계와 내부세계를 경계 지어줌과 동시에 주체 자신의 몸을 외부로부터 보호하는 역할을 하고 있다. 동시에 내부의 장기가 바깥으로 노출되는 것을 막아주는 역할도 하며, 촉감을 통해 외부대상의 변화를 주체의식이 느끼기 전에 먼저 감지하여 뇌에 전달해준다. 생

존 욕구에 의한 끌림, 명예 욕구에 의한 끌림, 사랑을 느끼고 싶은 욕구에
의한 끌림 등의 일반적인 '끌림'은 새로운 학문적 언어로 주체와 대상을 융
합하고자 한다. 주체와 대상 사이에는 자연, 사회, 인문, 예술 등의 관심주
제에 따라 다양한 해석과 판단이 따른다. 가령, 사회구성원의 가장 작은
단위인 가족은 주체와 객체에 대한 구분보다는 사랑과 존경, 그리고 책임
과 의무라는 거대한 믿음 끌림체로 단단히 결속되어 있는 대표적인 사례
라 하겠다.

　　이러한 끌림체는 자연에서는 물질적인 대상체로 존재하며, 사회관계
에서는 상호 커뮤니케이션을 위한 객체로서 존립한다. 끌림이 지닌 감각소
여(sense data, 인상)를 통해 서로 자기 관계적인 커뮤니케이션 체계의 흐
름에 대한 이미지를 이해할 수 있다. 끌림을 통한 커뮤니케이션은 보는 주
체의 지향성에 따라 동일한 대상체에 대한 분위기인 이미지가 달라진다.
특히 현대 최첨단 시장경쟁체제에서 언어, 인문, 철학, 미학, 디자인, 기호
학, 상징 등의 사회 커뮤니케이션이 융합적으로 드러나고 있는 시각디자인
은 마케팅에서 빼놓을 수 없는 분야로 각광받고 있다. 다양한 미학적인 감
성언어 가운데 끌림을 채택한 이유 중의 하나는 소비자를 감동시킬 수 있
는 대표적인 언어라는 점, 소비자는 제품을 구입할 때 소비자 자신의 개성
창출을 위한 점과 자신만의 끌림이라는 감성적 에너지를 통해 대상과의
차이를 만들고자 한다.

　　마찬가지로 '끌림'이라는 단어도 일반인이면 쉽게 접근할 수 있는 쉬
운 언어이지만, 아직까지 인문학적인 측면에서 새로운 감성적 인식체계를
구축하지 않은 것으로 볼 때 '그 무엇(?)'에 대해 설명할 수 있는 차이언어
로 사용할 수 있을 것이다. 소비자 주체가 원하는 대상에서 끌리는 '그 무
엇(?)'이 없어지면 그 대상은 즉시 소멸되거나 기억 저 너머로 사라지게 된
다. 또한 SNS를 통한 깊이 있는 의사소통도 소통미디어가 지닌 특징인 자
신만의 비밀공간의 만남이라는 짜릿한 끌림이 사라지면 금방 이성적인 만
남으로 전환된다.

　　이렇듯 시각 또는 대인 커뮤니케이션의 대화공간은 눈에 직접적으로

들어오지 않는 배경적인 역할을 하지만, 커뮤니케이션 사회에서는 매우 중요한 주변적인 끌림 역할을 한다. 어떠한 광고물이나 시각물도 먼저 소비자로부터 끌림이 있어야 한다. 지금까지 끌림에 대한 질문에 앞서 임팩트, 포지셔닝, 관여도 등으로 소비자의 마음을 움직이려고 했으나 광범위한 인식 범주를 지니고 있는 소비자의 마음을 움직인다는 것은 그야말로 하늘의 별 따기만큼 쉬운 일이 아닐 것이다. 임팩트는 소비자의 눈길을 어떻게 하면 단 몇 초 동안이라도 잡을 수 있을까에 대한 질문에서 출발했으나, 마케팅에서 명확한 답을 얻진 못했다.

끌림은 지금까지 어떻게 하면 대상인 상품 혹은 광고에 끌리게 할 것인가에 초점을 맞췄다. 소비자 욕구에 대한 무거운 몸의 요구가 아닌 가벼운 끌림이 이뤄지는 끌림체가 지닌 다양한 끌림체계가 실제 시각디자인을 진행하는 과정에 살아있다. 즉 소비자에 대한 기존의 소비자 행동, 소비자 심리 등의 과학적인 방식에서 벗어나 새로운 차원의 프레임에서 소비자 끌림이 갖는 끌림체와 시각 이미지와의 접점을 새롭게 발견한다는 것은 기존의 시각디자인 과정에서 새로운 인식체계로 만들 가능성을 제시할 수 있을 것이다.

7) 끌림 작용성(AI, Attraction Intention)

끌림 작용은 대상 혹은 주체가 지니고 있는 서로 다른 혹은 유사한 상관관계에서 형성된 끌림 에너지의 결합과정에서 나타난다. 시각 이미지의 경우, 언어와 시각적 사고의 과정적인 '끌림 작용' 혹은 언어의 수사적인 기법과 비주얼의 배치 차이에 따른 사고의 차이에 의한 작용은 대상 자체가 지니고 있는 순수, 감각, 시각, 지각, 의식의 끌림 지평에 의해 각자 다른 끌림 에너지를 생성한다.

또한 가전제품, 기업, 금융, 화장품, 자동차, 전자제품, 통신, 가구 등 제품 유형에 따른 끌림 에너지와 시각 이미지에서 생성되는 언어적 사고와 시각적 사고에 의한 끌림 에너지의 차이 역시 서로 간에 다양한 끌림 작용을 만들어낸다.

특히 제품과 시각 이미지의 끌림 작용은 끌림 이미지가 지닌 공통점인 제작기법이나 언어의 수사법에 따라 천차만별인 '떠오름'의 다양한 끌림 에너지를 생성하게 한다. 떠오름은 끌림 이미지의 모태적 성격을 지닌 하향지향과 정반대인 상향지향을 지닌 끌림으로서 시각 이미지 주체 자신이 지닌 정신적인 에너지와 끌림 작용이 이뤄질 때 나타나는 상승적 끌림이다.

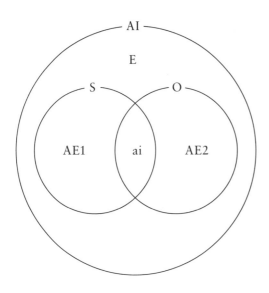

[도표 8] 시각디자인의 끌림 작용
AI(Attractive Intention): 끌림 작용, E(Environment): 환경, S(Subjective): 주체, O(Object): 대상, AE1(Attractive Energy1): 끌림 에너지 1, AE2(Attractive Energy2): 끌림 에너지 2, ai(attractive intention): 끌림 작용
　　소비자 주체의 끌림 작용은 주체와 대상 간의 결합과정 속에 형성된 끌림 에너지의 차이에서 비롯된다. 끌림 에너지의 차이는 순수, 감각, 시각, 지각, 의식의 끌림 지평에 의해 나타난다.

또한 작품제작을 위해 디자인을 진행하다가도 또 다른 감각, 지각, 의식 및 문화 차원의 아트워크 단계에서 자신도 모르는 가운데 작품에 빠져드는 경우가 있다. 점, 선, 면 또는 컬러에서의 조형적인 느낌을 일반적인 미적 조형감각이라고 한다면, 이를 통한 아트디렉터의 또 다른 인식 차원인 문화적인 도상감각은 정체성에 의한 미적 끌림 지향이다. 시지각적으로 끌려들어가는 이미지를 바라보는 소비자, 즉 주체와 도상적인 차원으로서 대상의 현상과 주고받는 상호관계, 원형, 자연에 대한 각종 상징성은 늘 새로운 문화지향의 끌림 회오리를 지닌다.

필자는 이와 같이 주체 느낌의 영감, 시각, 지각, 판단, 의식, 초월론적인 현상의 장까지 드러나는 미적 이미지 현상을 '끌림 지향'이라는 언어를 통해 구분할 수 있다. 이것은 후설의 세계 속의 몸이 만들어놓은 해석학적 현상과 '끌림체'의 세계라는 초월론적 현상학의 인식론이 구축하는 근간은 정태적인 몸을 기준으로 인식한 내용이 주류를 이루고 있다. 정태적인 상태에서의 느낌은 그대로 정적이며, 설레는 가운데 움직이는 동적인 에너지의 느낌과는 차이가 있다. 설렘은 방향성을 지닌 '끌림 지향'이며, 대상에 따라 지향적인 차이를 보이게 된다. 그러나 끌림이 단지 '설렘'이라는 내적 움직임만을 지칭하지 않는 좀 더 포괄적인 이미지가 있음을 강조한다.

이러한 끌림은 '제작과정'이라는 동적이며 '대상언어(對象言語)'로 구성되어 있는 고정된 정적 차원의 미적 판단으로는 부족한 느낌을 받고 있음을 알 수 있다. 끌림은 고정된 실체의 정적인 요소에만 제한하지 않은 동적인 제작과정을 간과한 데서 오는 시행착오라 할 수 있다. 시각 이미지 역

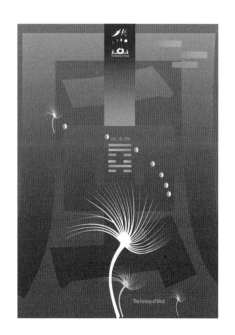

[그림 7] 도표 8의 끌림 융합을 통한 해석의 예: 'Change'/ Illustrator, 전기순 作.

AI(Attractive Intention): 주역의 변용에
따른 끌림, E(Environment): 생활세계,
S(Subjective): 소비자, O(Object): 주역의
풍수환(風水煥), AE1(Attractive Energy1):
바람 1, AE2(Attractive Energy2): 물 2,
ai(attractive intention): 바람과 물의 지향성

시 편집과정에서 다양한 끌림이 이뤄지며, 심벌을 제작하는 경우에도 점, 선, 면의 단순화과정에 끌림 지향의 동태적인 감각이 숨어 있다. 이 과정은 언어적 사고(Verbal Thinking)와 시각적 사고(Visual Thinking)가 시간적 간극과 공간적인 자리의 차이를 지니면서 상호 간의 공유 및 융합을 통해 움직이는 인식의 동태적인 끌림 지향의 장이라 할 수 있다.

언어적 사고에서 시각적 사고, 또는 시각적 사고에서 언어적 사고로 바꾸는 과정의 동적인 변화는 대표적인 주체 내면의 끌림 지향으로서 개성적인 끌림 회오리의 다양성을 창발하게 된다. 따라서 이제 끌림은 창작활동의 새로운 미적 인식의 장에서 발생함과 동시에 시각디자인 사회에서 새로운 구심점을 만들어내는 창조융합의 장임을 강조하고자 한다.

언어적 사고와 시각적 사고가 동시에 움직이는 인식의 지평은 끌림의 공간임과 동시에 창의성이 유발되는 끌림 에너지의 공간이다. 두 사고가 지닌 완전히 다른 질료적인 인식차성에 대해 혹자는 이성과 감성이 서로 만날 수 없는 물과 기름의 양극성을 지니고 있다고 주장하기도 한다. 이성적인 사고의 언어와 감성적인 사고의 반복에 의한 끌림 지향은 서로 다른 차성의 음양의 극점을 형성하고 있다. 이 양 극점은 서로 당기면서도 절대 합칠 수 없는 차성을 지니고 있으므로 늘 새로운 에너지를 발생시키는 동적인 끌림 장이다.

이러한 음과 양의 회오리 속에서 끌림 지향의 근원적인 힘을 지닌다. 에너지의 종류와 지향대상에 따라 제각기 끌림 회오리를 통한 다양한 끌림 홀을 만들며, 이러한 끌림 홀은 결국 언어와 시각의 만남을 통한 새로운 끌림 이미지를 만들게 된다. 끌림 이미지가 만들어놓은 다양한 상징의 이면에 숨어 있는 의미는 관념적인 세계를 향한 이정표이며, 지향적인 메시지다. 바깥 세상에 드러난 어떠한 이미지도 내면의 이미지에 대한 표상적인 반영이며 깃발일 뿐 이미지 자체가 지닌 화려한 이미지는 단지 주체 내면의 끌림을 위한 수단으로서의 역할을 한다. 보이지 않는 세계의 무한한 영감을 지닌 끌림 에너지는 바깥 세상에 나타난 모든 이미지에 대해 늘 아쉬워한다.

사각형의 프레임에서 이뤄지는 오브제의 겹침은 이미지의 새로운 가능성을 한껏 발견할 수 있음을 시사하며, 끌림의 창의를 위한 지향이라고 할 수 있다. 종교개혁 이후 과학의 눈부신 발전은 종교 및 다양한 문화적 상징에 대한 의미를 폄하하기 시작했으며, 결국 상징은 어떠한 본질적인 요소를 지니고 있지 않다고 확신하게 되었다.

21세기 현대과학이 눈부시게 발전하고 있는 현실에서 끌림은 전체성으로서의 사회성을 지닌 적극적 상징에 의한 끌림이 아닌 주체 개인의 정체성과 문화성에 의한 지극히 소극적인 사회성으로 옮겨지게 되었다. 특히, 자유경쟁체제의 자본주의에서의 끌림은 종교적인 차원의 숭고함이 아닌 상품과 직결되는 소비자의 필요에 의한 매력적인 끌림으로 바뀌게 되었다. 이제는 저 높은 성전에서나 볼 수 있는 거룩한 끌림이 아닌 우리 생활 주변에 행동과 함께 숨 쉬는 지극히 소박한 생동감이 넘치는 에너지다.

끌림이 지닌 다양한 작용은 그 본질적인 단위적 요소를 발견할 수 없으며, 나타났다가 사라지는 단지 생명현상의 지향성으로 파악된다. 지향성은 주체 내면에 도사리고 있는 정적인 성질의 이성적인 지향을 의미하며, 끌림은 주체와 주체의 인력(引力)에 의한 동태적인 에너지의 감성적인 지향을 의미한다. 지향성은 주체 의지에 의한 독립적인 방향성을 의미하지만, 끌림은 반드시 주체와 타자, 주체와 대상, 주체와 자아의 상대성에 의해 발생하는 역동적인 에너지다. 지향성이 개별자들의 행위에 대한 능동적이며 적극적인 능력이라면, 끌림은 대상에 의해 어쩔 수 없이 끌려들어가는 신비로우며 수동적·소극적 에너지다.

이렇듯 근본적으로 지향성이 지닌 의미는 자기주도적인 의지를 통해 세계를 표상하는가 하면 끌림이 지닌 의미는 타자의 신비로운 힘에 의한 세계를 표상한다. 지향과 끌림이 상존하는 현실 속에서 많은 주체는 자신의 의지를 통한 세계 지향을 표방하는가 하면, 대상의 신비로움 혹은 절대적인 힘에 의지하여 세계를 해석한다. 지향성이 지닌 철학적 의미가 이미 주체 자신이 품은 믿음, 소망에 의한 심적 상태들에서 출발하여 지각을 통해 행동으로 나아가는 근본적인 마음이라고 판단한다면, 끌림은 이러한 지향적인 마음에서 부가적으로 나타나는 에너지의 본능적인 느낌이다. 아무런 끌림이 없는 지향성이란 황량한 사막을 횡단하는 지극히 기계적인 동적 과정이다.

현대 시각디자인 이론이 가진 '자극-반응'의 선형적인 논리체계는 매우 기계적이며, 신경생리학과 동일한 의식[41]의 시작점에서 출발하는 기능적인 면에 초점을 맞춘 실증과학이다. 지금까지 철학 및 미학이 가진 '이것'의 존재성과 이미지에 관한 인식적인 저변을 현상학적인 차원으로 확대할 때 시각 및 광고 커뮤니케이션 사회에서의 일반적인 접근은 '자극-반응'의 실증과학을 중심으로 한 지극히 단층적인 측면에 대한 깊이에 계량적인 마케팅을 접목하고 있는 실정이다.

또한 첨단과학과 수많은 상품이 진열되어 소비자를 유혹하는 현실세계에서 아무런 영향력을 줄 수 없는 철학과 미학 그리고 다문화의 공존에 의한 소비생활은 점점 다양한 소비문화에 초점을 맞춘 이론이 아닌 대상과 주체에 대한 수학적 실증과학으로 치닫고 있다. 최첨단 시장경쟁체제에서 오랫동안 축적된 소비자조사, 소비자 행동론 등의 현실적인 통계적 사회과학이 깊숙이 뿌리내린 현시점에서 현대철학과 미학, 기호학이 지니고 있는 현상학적 사변구조를 핵심으로 하는 인문사회과학을 현대 커뮤니케이션 분야에 도입하고자 하는 것은 일종의 시대적 흐름에 역행하는 모험이라고 할 수 있다.

하지만 직접 현업에서 시각디자인을 오랫동안 경험해온 필자는 지금까지 사회조사를 통한 통계적인 정량적·정성적 체계를 매개로 한 방법론에 앞서 늘 선행해야 하는 무엇(?)에 이끌려왔음을 지울 수 없다. 그것은 통계에 의한 일반적인 판단이 아닌 '주체'와 '대상' 사이에서 끊임없이 반복적으로 끌고 당기는 눈에 보이지 않는 힘(끌림, Energy)이 작용하는 것이었음을 부인할 수 없다. 이것은 물리적인 힘이나 화학적인 공식으로 해결할 수 없는 소비자 개성의 순수한 감성영역임을 강조하고자 한다.

마케팅영역에서는 이를 흔히 '제품관여도에 따른 소비자의 구매 욕구에 따른 심리적 갈등'이라고 쉽게 판단할 수 있지만, 이것 역시 감성적인 끌림에 비춰볼 때 이성적인 논리가 수반된 영역이므로 끌림이 지니고 있는 미의 현상적 감성과는 거리가 멀다고 할 수 있다. 끌림은 제품과 소비자의 직접적인 구매 욕구와 관련된 소유의식이 발생하기 전에 나타나는 주체와 대상과의 더욱 넓은 범위에서 느낄 수 있는 미적 감성을 지칭한다.

특히 끌림은 제품에 대한 구입 이전의 시각 이미지와 연결되어 있으며, 이것은 소비자 자신이 지니고 있는 미적 판단에 선행되는 작용이다. 미적 판단은 대상에 따라 천차만별의 끌림 작용을 지닌 소비자 개성의 주관적인 끌림체에 의해 생성된다. 오랫동안 광고로 노출된 시각 이미지는 커뮤니케이션을 통해 어느 정도 긍정적인 공감대를 형성할 수는 있지만, 최종적인 끌림 작용은 소비자 자신의 선택이며 미적 작용이다. 이렇듯 끌림 작용은 시각 이미지의 상상력이 만들어낸 소비자의 구매결정을 위한 선행 요건이다.

끌림이 이뤄지는 곳은 시각물인 건축, 자동차, 사인물, 인테리어, 조각, 예술품, 가전제품 등 눈에 보이는 것에서부터 정서, 의식, 우정, 사랑 등 눈에 보이지 않는 것까지 작용한다. 이렇듯 끌림 작용은 어떤 한 권력의 수직적인 전유물이 아닌 소비자 주체에 의한 수평적 끌림이 되었으며, 구매 욕구 역시 대량생산에 의한 획일적인 끌림이 아닌 개성 중심의 맞춤형으로 바뀌게 되었다. 이와 같은 끌림 작용은 이제 공공장소 또는 백화점, 회의 장소에서 주어지는 거대한 구조물, 인테리어 환경에서 오는 공간 끌림이 아닌 안방, 카페 등 앉을 수 있는 공간이면 어디에서나 가능한 스마트폰 등의 첨단매체를 통한 소비자 개인의 개성적인 공간 끌림으로 나아가게 되었다.

이러한 현실적인 소비자 의식의 끌림 세분화는 이제 맞춤디자인이라는 말이 새삼 어색하지 않은 단어로 상용되어가고 있다. 끌림 작용은 소비자 삶의 주변에서 늘 나타났다가 사라지는 비본질적인 구성요소를 지니고 있다. 즉, 도시 생활을 하는 소비자의 경우 백화점에서 느낄 수 있는 끌림 작용이 학교생활 또는 직장생활에서 동일한 끌림 작용을 하지 않는다는 사실이 끌림 작용의 피상적인 비본질적인 성분을 증명한다. 장소에 따라 끌림 작용이 차이를 갖는 것은 끌림이 지닌 느낌의 감각적인 직관이 다르다는 것을 의미한다. 따라서 끌림에 대한 비본질적인 성분을 물리적인 힘 또는 화학적인 반응으로 분석하는 것은 불가능하게 느껴진다. 끌림에 대해 더 깊이 있는 차원으로 접근해보면, 어떤 의미에서 인위적인 조작에 의한 것이지만 이것 없이는 소비자 개인이 생활할 수 없다.

최근 들어 일상적인 대화에서 중요한 커뮤니케이션 수단인 카카오톡, 페이스북을 통한 글쓰기나 사진, 동영상 등은 의사소통의 수단으로 작용한다. 특히 언어는 모든 첨단매체에 사용되는 없어서는 안 될 중요한 끌림의 수단이 되었다. 이제 언어는 소통을 위한 수단이며, 끌림이기 이전에 당연한 소유물로 파악하는 시대가 되었다.

끌림 작용에서 언어는 시각 이미지에서도 나타난다. 언어가 이미지로 옮겨가기 전까지 끌림 작용은 지속적으로 소비자 개성을 자극한다. 언어가 지니고 있는 낱말은 하나의 끌림이다. '끌림'이라는 단어 역시 끌림 작용을 하는 언어 가운데 대표적인 역할을 한다. 각 낱말은 제각각의 끌림을 지니고 있다. 어떠한 수사법을 통해 표현해도 낱말 그 자체가 지니고 있는 의미는 개성적인 끌림을 지닌다. 그리고 낱말의 대표성, 즉 중요성은 소비자 개성의 취향에 따라 다르게 구성된다. 구어체는 시각 이미지에 자주 등장하는 문장이다. 이것이 지닌 끌림 작용은 소비자 자신이 직접 이야기하고 있다는 점에서 자주 쓰인다. 좀 더 가까이 소비자에게 다가가고자 하는 시각디자이너의 의도가 숨어 있다는 것을 알 수 있다.

반면 문어체의 경우 정언적인 명령 혹은 권위를 통해 소비자를 복종하게 하는 끌림을 지닌다. 이와 같이 언어가 지니고 있는 근본적인 끌림 작용은 시각 이미지에서 빼놓을 수 없는 분야임과 동시에 연구영역이다. 언어가 어떻게 쓰이고 디자인되어 표현되는가는 끌림 작용의 두 단계에서 나타난다. 첫 번째 단계는 언어 그 자체가 오랜 기간 동안 상용되고 있는 의미에 의한 끌림이며, 의미 끌림은 소비자 개성에 따라 그 언어 자체가 지닌 관념과 이미지, 감정적인 요소로 구성된다. 광고 헤드라인의 경우 이러한 언어가 지닌 구성적인 끌림 작용에 의해 나타나는 감성적인 표현이다.

이제는 누구나 개인용 컴퓨터를 소유하고 있는 시대를 살고 있다. 컴퓨터가 가진 또 다른 언어체계는 대수학의 수학적인 기호로 구성되어 있다. 여러 가지 측면에서 점점 발달되어가고 있는 이러한 언어는 눈에는 보이지 않지만 일정한 규칙을 갖고 있어 추론을 가능하게 해준다. 대수학의 기호 조작은 우리가 대수학의 기초를 지키는 범위에서 과학적인 규칙을 통해 예측이 가능하게 만들어준다.

이러한 끌림 작용은 인문학적인 끌림이 아닌 기능적이며 통합 차원의 과학이다. 이들 기호는 일상 언어의 기호와는 전혀 다른 차원의 끌림체계를 지닌다. 컴퓨터 언어로 시작한 모든 대수학의 언어는 이미 일정한 규칙 속에서 이뤄지는 완벽한 기능적 체계로 미래예측과 추론이 가능한 반면, 구어체를 통한 일상 언어의 경우에는 그렇지 않다. 각기 언어가 지니고 있는 의미는 소비자 개성에 따라 다르게 구성되며, 단순한 문장구조가 지닌 의미로는 소비자에게 동일한 끌림 작용이 이뤄진다고 보기 어렵다.

현대사회가 만들어놓은 시장경쟁체제 속에서 동일 언어의 단어가 지역과 환경, 공간, 문화에 따라 끌림 작용이 전혀 다른 구성으로 나아갈 수 있다. 아무튼 일상 언어와 컴퓨터의 대수학을 통한 언어의 차이는 시각 이미지를 연구하는 데, 통계를 통한 연구와 인문과학을 통한 연구가 근본적인 끌림 작용을 구성하는 데 전혀 다른 유형으로 나아갈 수 있다고 생각한다. 앞서 언급한 시각 이미지에서 나타나는 언어의 끌림 작용보다 좀 더 근본적인 또 하나가 여전히 존재한다. 시각 이미지의 시각적인 측면이다. 시각은 눈을 통해 지각하는 총체적인 의미를 지칭한다. 눈에 들어오는 시각 이미지인 헤드라인, 사진, 일러스트, 레이아웃 등은 시각요소에 해당하는 끌림 요소다.

이러한 끌림 요소가 가진 것들을 어떻게 배치하느냐에 따라 분위기가 달라지는 것은 당연한 일이다. 신문광고에서 바탕색을 예로 들어보면, 일반적으로 시각디자인의 경우 광고주의 주문에 따라 전단, 10단, 5단의 흰 바탕에 헤드라인과 기타 필요한 사진을 광고의도에 따라 배치한다. 기업로고와 슬로건, 보디카피 등은 광고제작을 오랫동안 경험한 디자이너의 경우 어떻게 놓을지 이미 머릿속에 그려져 있다. 배치를 위한 다른 시각적인 요소는 제쳐두고서라도 흰 바탕을 어떻게 대하느냐는 전적으로 디자이너의 시각적인 끌림 작용에 달려 있다.

8) 끌림 자리(場)[AS, Attractive Space]

일반적으로 우리가 보는 것은 단순히 아무것도 없는 흰 종이일 뿐이다. 만일 시각디자이너라면 단순히 흰 종이라고 생각하기 전에 아무것도 배치하지 않은 흰 바탕에서 전혀 다른 생각을 하고 있을지 모른다. 즉, 흰 바탕이지닌 공간을 하나의 '쉼 공간'으로 받아들일 수도 있다. 흰 바탕에서 무한한 여백의 아름다움을 느끼며 한동안 흰 종이를 바라볼 수도 있다.[42] 순간적으로 떠오르는 흰 공간은 태고적의 기운(氣運)[43]이 살아 숨 쉬는 "고요하여 움직이지 않다가 감응하여 천하의 이치에 소통한다(肅然不動, 感而遂通天下之故, 周易, 繫辭上)"라고 하는 동양철학의 한 영역으로 여유롭게 거닐 수 있는 장소로 파악하기도 한다.[44]

특히 현실적인 스트레스로 피곤해졌을 때 흰 바탕은 현란하게 구성된각종 시각디자인에서 벗어난 쉼터의 여유 공간으로 자리 잡을 수도 있을것이다. 그래서 시각디자이너는 여백의 아름다움을 느끼고 배치를 최대한간결하게 하여 흰 바탕을 많이 보여주려고 한다. 이것은 흰 바탕에서 감지한 한 광고디자이너의 끈질긴 감성적 끌림에 대한 표현이라고 할 수 있다.만일 눈에 보이는 흰 바탕에 아무런 영감을 주지 못했다면 원초적인 신비가 살아 숨 쉬는 상징적인 통로로서 신성한 공간[45]은 눈에 보이지 않을 것임이 명확하며, 오히려 흰 공간에서 일종의 허전한 느낌을 갖게 되어 물질적인 차원의 제품특징(Benefit)에 관련된 어떠한 내용이라도 채워 넣으려고 노력할 것이다.

시각디자이너가 아닌 일반소비자의 경우에는 흰 종이의 기능성에 좀더 초점을 맞추어 흰 종이 위에 메모하거나 낙서하는 용도로 해석한다. 흰 종이의 기능성, 유용성, 생활정서 또는 소비자 개성에 따른 상상의 방식으로 나아가기가 용이하다. 이러한 추론적인 접근방식은 실험물을 통한 조작, 관찰을 통한 논리적인 이론을 매개로 해서 얼마든지 쉽게 설명할 수 있다. 이때 우리는 흰 종이가 지닌 흰 바탕의 앞선 의식의 판단을 추론하여 흰 종이에 대한 개연적인 결론을 끄집어낸다. 여기에서 흰 바탕으로부터 흰 종이에 도달하기까지 요구된다는 고도의 심미적인 직관적인 통찰에 의한 끌림 작용은 일반인의 경우에는 매우 어려운 단계라고 볼 수 있다. 흔히 보이는 흰 종이에서 태허(太虛)와 무위(無爲)의 원형적인 아름다움[46]은 오랫동안 숙련된 시각디자이너가 배치와 분위기에 대한 감각 훈련 속에서 습득한 경지에서만 느낄 수 있다.

이러한 끌림 작용이 일반화로 상용되기에는 바쁘게 생활하는 소비자에게 그야말로 회의적인 느낌이 든다. 시각적인 어떤(?) 끌림을 얻기 위해 고도의 훈련을 받아야 한다면 소비자는 오히려 저항하려고 할 것이다. 단지 제품구매를 통해 이러한 시각디자인이 지니고 있는 흰 바탕의 끌림 작용이 있다는 막연한 느낌을 이해하는 것으로 만족한다. 또 다른 차원에서

[도표 9] 시각디자인의 끌림 자리[場]
AS(Attractive Space): 끌림 자리,
AI(Advertising Image): 광고 이미지,
F(Foreground): 전경, B(Background):
배경, AS1(Attractive Space1): 끌림 자리1,
AS2(Attractive Space2): 끌림 자리 2,
se(space energe): 장 에너지

소비자 주체의 끌림 자리는 주체와 대상 간의 전경과 배경에 나타난다. 전경과 배경은 각각의 끌림 에너지를 갖고 있으면서 서로 간의 끌림 장이 동태적으로 바뀌어 드러난다.

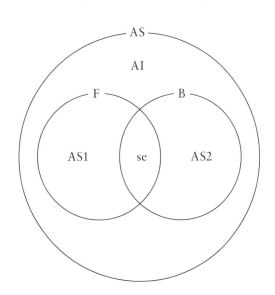

이러한 고도의 끌림 작용에 대한 회의적인 시각은 만일 광고디자이너와 함께 애완용 고양이가 있다면 그 고양이는 자신의 놀이터마냥 흰 종이 위에서 뒹굴거나 종이를 물어 찢기라도 했을 것이다. 그리고 만일 고양이가 그러한 행동을 하지 않았다면 잘 훈련된 고양이일 것이다.

따라서 흰 종이가 지니고 있는 여백의 끌림 작용과는 아무런 관계없이 종이라는 기능성, 유용성 등의 다양한 목적에 따라 이용될 수 있는 대상으로서의 의식 끌림은 매우 자연스러운 현상이다. 이러한 의식 끌림은 대상의 일반적인 흐름에 의한 끌림이며, 시각디자이너가 지닌 고도의 훈련을 통한 미적 끌림 작용으로 판단하는 것은 부적절하다. 따라서 흰 바탕을 통해 여백이라는 여유 공간의 의미는 일반적인 경험에서는 어떤 다른 요소의 끌림인 것 같이 느껴진다.

눈에 보이는 대상이 지닌 일반적인 의미는 소비자 욕구에 의한 의식 끌림이며, 이외의 끌림 작용은 시각디자이너 고유의 미적 의식에 의한 끌림 작용이다. 또한 시각디자인은 늘 사각형이라는 프레임 속에서 글과 그림이라는 두 가지 시각적인 요소를 통해 이미지를 형상화한다.[47] 사각형이 지닌 흰 바탕은 그 놓이는 위치에 따라 눈에 띄지 않는 표면장력이 움직이고 있음을 자각하지 않은 채 소비자는 늘 자신이 필요로 하는 정보에만 관심을 갖는다. 사각형의 각 모서리에서 대각선을 그으면 화면 중심으로부터 펼쳐지는 힘, 중심으로 향하는 힘, 그리고 각 모서리로 향하는 힘에 대한 표면적인 힘은 헤드라인이나 이미지와 무관하게 느끼지만, 실은 광고디자이너에게는 배치할 때 느껴지는 미적 의식의 또 다른 끌림 작용이다.

따라서 흰 바탕이 지닌 전혀 다른 두 가지 미적 의식은 융합되어 디자인이 이뤄지거나 각자의 미적 인식을 토대로 다른 형태의 배치를 갖게 만든다. 이러한 일련의 미적 관점에 의한 끌림 작용은 흰 종이에 대한 새로운 관점을 불러일으킴과 아울러 기능성과는 완전히 다른 의미를 창출하게 만든다. 시각디자이너의 감각으로 이뤄진 다양한 미적 끌림 작용은 헤드라인과 이미지 배치를 전혀 다른 차원으로 교묘하게 바꾸어놓아 소비자를 유혹하기도 한다. 이것은 미적 의식을 겉으로 끄집어내는 물리적인 제시,

[그림 8] 도표 9의 끌림 자리를 통한 해석의 예:
'awaken'/ Illustrator, 전기순 作.
AS(Attractive Space): 차림의 헤드라인과
캐릭터, 새, 얼굴을 제외한 흰 여백,
AI(Advertising Image): 차림의 헤드라인과
새의 도약과 캐릭터, 흰 여백 그리고 보디카피와
얼굴, F(Foreground): 새와 캐릭터, 헤드라인
차림, B(Background): 흰 여백과 얼굴 이미지
보디카피, AS1(Attractive Space1): 새의 전경1,
AS2(Attractive Space2): 흰 여백의 배경 2,
se(space energe): 대비에 의한 에너지

즉 광고 표현과정에서 생기는 광범위한 끌림 작용이다.

대상에 의한 일반적인 의식 끌림은 쉽게 그 의미가 파악되어 정보적인 차원으로 치환이 가능하다면, 시각디자이너의 미적 의식에 의한 끌림 작용은 쉽게 그 의미가 파악되지 않는 상징적인 차원으로서 여운을 지니게 된다. 광고디자이너의 감각적인 느낌으로부터 최종적인 광고 표현이 이뤄질 때까지 상징작용은 단일적 또는 융합적인 미적 끌림 작용에 의해 지속적·포괄적으로 나타난다.

결국 상징작용은 광고디자이너가 지닌 미적 감각에 의한 끌림 작용으로 배치된 광고 표현에서 드러난다. 눈에 보이는 모든 대상은 주체로부터 인식되는 순간부터 상징화가 이뤄진다. 특히, 자본주의의 시장자유경쟁체제에서는 상품이 곧 하나의 상징이 되었으며, 누가 무엇을 소유했느냐에 따라 다양한 상징적 정체성에 머무르게 된다. 상징이 의미하는 다양한 해석은 그 시대의 문화와 가치, 생활습관에 따라 다양하게 표현된다. 동일한 색과 형태도 그것을 사용하는 주체의 문화적인 습관과 해석에 따라 상이한 판단을 함과 동시에 긍정 혹은 부정적인 반응을 나타낸다.

빨간색을 예로 들면, 중국에서는 권력과 행복, 돈을 의미하며, 화재를

진압하는 소방관에게는 불을 의미함과 동시에 위험의 메시지를 갖고 있다. 또한 장미꽃의 빨간색은 정열을 의미하며, 카네이션의 빨강은 사랑과 존경의 의미를 지니고 있다. 이렇듯 동일한 빨간색이라도 어떠한 지역, 문화, 형태 및 크기에 따라 다양한 상징적인 의미를 지니고 있음을 알 수 있다. 여기에서 빨간색을 사용하는 주체가 누구냐에 따라 의미해석이 달라질 수 있음을 알 수 있다. 즉 사용자의 문화적인 습관과 나이, 학력, 생활습관, 라이프 스타일, 직업, 종교, 성별 등에 따라 차이가 있다.

동일한 언어와 생활환경에서도 빨간색에 대한 개인의 가치와 상징적인 의미에 차이가 나는 것은 전통에 익숙한 상징적 가치의 비중보다는 새로운 상징적 가치에 더 큰 매력을 지니고 있다고 보겠다. 제품이 홍수처럼 쏟아지고 있는 현대사회에서 과연 얼마만큼 전통적인 관습 혹은 문화성이 존속하여 유지되는지는 아무런 정답을 찾을 수 없다.

간혹 바쁜 일상생활 속에서 정신없이 반복적인 생활을 하다 보면 자신도 모르게 어느 문화, 가치에 빠져 있음을 발견한다. 그것이 어떠한 준거기준에 의해 형성되었건 간에 문제는 자신이 빠져들어 가고 있다는 점을 판단하고 자각할 수 있다는 대전제 속에서 가치를 발견할 수 있을 것이다. 이미 소비자는 자신이 빠져 있는 다양한 문화영역에 대해 깊이 있는 성찰과는 아무런 관계없이 자신의 문화적인 정체성에 맞는 기호적인 상품을 구입하며, 동시에 소유적인 행복을 만끽한다.

문화는 오랜 기간 익숙해져온 이미지의 누적에 의한 굳어짐을 의미한다. 굳어지는 과정에는 마치 문화가 나무 수종(樹種)에 따라 껍질의 두께가 달리 나타나는 것과 같다. 껍질의 두께와 형태는 문화형성과정의 '끌림 두께'를 설명해준다. 이제 끌림은 소비자 주체를 배제한 상태에서는 논의할 수 없다. 현대사회가 복잡해지고 전문화되어가고 있는 시점에서 소비자 개성은 오로지 자신의 기호적인 특성이나 대상을 찾아 이미지를 구체화한다.

넬슨 굿맨이 언급한 예술이론의 상징에 대한 총체성은 현대 소비문화가 지향하는 끌림 두께에 맞추어 나아간다고 한다면, 대상의 공통성을 찾아서 설득한다는 것은 현대 소비문화의 개성창출에서는 완전히 다른 미적 기반을 의미함과 아울러 전혀 어울리지 않는 전체적인 상징에 초점을 맞춘 전근대적인 사고에 기반을 둔 이미지라 하겠다.

끌림은 전체성에서 개성적인 이미지에 좀 더 초점을 맞춘 소비문화의 절대적인 이미지임과 동시에 더욱 세분화되고 차별화를 추구하는 현대사회에서 새롭게 학문적으로 접근해야 하는 신개념이다. 시각 이미지들은 더 많은 종류의 끌림 상징으로 유혹하며, 이제는 소비자 자신이 끌림체로 전이되어 수동적이던 자신의 몸에 대해 더욱 적극적인 태도로 바뀌게 되었다. 제품마다 완전히 다른 광고 표현을 하는 창의적인 아이디어는 소비자에게 마치 예술적 체험 같은 판타지를 제공한다. 이러한 환경에 의한 환상적 체험은 오랫동안 한 장소에서 이뤄지는 것이 아니라 일상생활을 하면서 스쳐 지나가는 순간 체험하는 끌림 작용이다. 잠깐 동안 느껴진 광고물의 임팩트는 기본적으로 시각적인 요소들로 구성되어 있음에도 마치 살이 지니고 있는 끌림 감각이 직접 체험한 듯한 착각을 불러일으킨다.

주체와 대상 사이에 구축된 실제적인 접촉점을 위해 후설 이후의 현상학은 관념과 실재의 융합과정을 전개했다. 메를로퐁티의 지각 현상에서의 융합과정은 정태적인 개념에 의한 만남이며, 동태적인 힘에 의한 만남이 아닌 경계적인 차원으로서 '살'의 개념을 통해 눈에 보이는 부분과 보이는 않는 부분과의 절묘한 만남을 주장했다.[48] 이러한 일련의 접촉점의 만남에는 끌고 당기는 눈에 보이지 않는 끌림의 강한 장력(張力)이 작용한다. 끌림 과정은 현대과학의 신개념이 지속적으로 나타나는 가운데 새로운 차원의 인식개념을 의미한다.

지금까지의 인식이 정태적인 차원의 개념적인 차원에서 세계를 조망했다면 이에 반해 끌림은 완전히 다른 인식 차원의 현존재에 대한 질문이며, 정적이며 개념적인 이성 차원의 과학적 이해과정을 떠나 늘 나타나고 사라지는, 끌리고 끌어당기는 에너지로서 감싸는 역동적인 그 무엇(?)의 동태적인 것을 의미한다. 에너지가 지니고 있는 형과 색채 그리고 크기, 온도에 따라 냉정한 느낌, 온화한 느낌, 즐거운 느낌 등의 끌림으로 몸에 체화된다. 일반적인 에너지의 힘은 전기를 만들어 실제 생활에 유익한 용도로 사용하지만, 느낌에 의한 에너지의 체감은 그와 다른 차원의 에너지라 할 수 있다.

몸에서 흐르는 따뜻한 기운은 일반적으로 체온이 아닌 외부 혹은 내부의 자극으로 화학적인 반응에 의해 일어나는 일시적인 무성, 무색, 무온, 무취, 무감의 느낌 현상이라고 단정할 수 있다. 하지만 끌림이라는 감성적인 차원에서의 에너지는 단순한 화학적인 반응에 의한 조건 혹은 무조건 반사가 아닌 눈에 보이지 않는 이미지에 대한 신체 감응에 나타나는 에너지다. 이것은 물리적인 차원으로 해석할 수 없는 에너지임과 동시에 끌림이 지니고 있는 순간에너지다.[49]

예를 들면, 자석은 서로 상반된(음, 양) 극을 지니고 있을 때 나타나는 힘이 자석에너지의 고유한 힘이라고 할 수 있다. 자석이 지닌 끌림 작용은 지극히 물질적인 차원으로서 음극, 양극의 극점을 통한 끌어당김이며, 그 강도에 따라 끌림과 끌어당김에 차이가 나타난다. 또한 끌리는 에너지의 모양도 말굽자석, 막대자석 등 자석의 형태에 따라 달리 나타나는 것은 어릴 적 자석놀이를 한 경험을 돌이켜보면 누구나 쉽게 이해할 수 있다. 자석이 지니고 있는 자성에 따라 달라붙는 쇠붙이의 자성이 바뀌는 것을 알 수 있다. 전혀 자성이 없던 쇠붙이에 자성이 발생하면서 움직이는 쇠붙이의 움직임은 살아 숨 쉬는 생명체의 동적인 움직임을 닮아 있다.

여기에서 알 수 있는 것은 유기체적 존재 역시 저마다의 자성을 지니고 있으며, 만약 없는 경우 쇠붙이는 외적 강압이 없는 가운데 줄곧 정적인 상태로 지속된다. 이러한 상태는 생활세계와 같은 무미건조한 정태적인 생활을 의미하게 된다. 반면 유기체의 외적 혹은 내적 자성에 의해 쇠붙이에 자성이 발생할 때는 다양한 형태의 동태성을 지니게 된다. 이때 생성되는 활발한 움직임은 그 자체가 곧 끌림에 의한 생동감 넘치는 에너지라 할 수 있다. 이제 자성은 내부 또는 외부에서 오는 어떤(?) 힘이며 끌림의 메시지다. 이와 같이 끌림이 없는 삶이라는 대전제는 피주체로서 개인의 반복적인 행위에 의한 기계론적인 생활이며, 어딘가에서부터 나타난 끌림 에너

지에 의한 삶의 역동적인 행위는 그 자체로 지속 가능한 진실한 주체의 삶
이라고 볼 수 있다.

철학에서 논하는 인식에 대한 새로움의 창출은 늘 인식에 대한 정적
인 차원의 편에 선 '나 생각함'의 갈래치기이며, 살아 숨 쉬는 주체에게 직
감에 의한 감동을 주지 못한다. 인식의 지평 저 건너편에 도사리고 있는 역
동적인 끌림의 힘에 대한 자각은 누구나 공유하면서도 인식개념에 학문적
인 영역으로 끄집어내오는 것은 그 자체가 의미 있는 모험이 된다. 동양철
학에서는 이러한 대자연의 순환적인 변화의 끌림을 『주역』을 통해 정리했
다. 이로써 주체이성은 한낱 자연의 일부이며, 그 이상의 의미를 지니고 있
지 않음을 자연의 섭리를 통해 철저하게 깨닫게 했다. 음, 양과 목, 화, 토,
금, 수가 지닌 음양오행 역시 예외가 아닌 끌림의 법칙이며, 이것의 사변적
인 구조는 '변화'라고 하는 시간 속의 흐름을 설명하려고 한 '끌림 자리'의
예라 하겠다.

이러한 동양철학의 인식론은 일반적인 생활세계에서는 드러나지 않는
자연현상에 대해 생각하는 방식에 관한 경계이론[50]이며, 이를 실제생활에
접목시켜 생활한다는 것은 소비자 주체로서 바쁜 일상생활과 물질적인 쾌
(快)에 초점을 맞추어 생활하는 생활인에게는 수용하기 힘든 '끌림 자리'
라 할 수 있다.

9) 끌림 차이(AD, Attractive Difference)

차이에 의한 끌림 작용은 단순히 시각 이미지가 요구하는 지향성과 같이
자연스러운 의미를 지니고 있지 않다. 왜냐하면 바쁜 현대인의 소비자 주
체나 이웃집 고양이가 느끼는 바와 같이 시각 이미지에 대한 기능성 혹은
유용성 또는 심미적인 정서에 대한 관심조차 갖지 않는 경우가 허다하기
때문이다.

또한 시각 이미지가 지닌 제품의 선호에 따라 소비자에게는 최소한의

감각적인 느낌만을 제시하기 때문이다. 감각적인 느낌에 의한 끌림 작용은 주로 고도의 미적 감각을 지니고 있는 시각디자이너이거나 예술의 영역에서 오랫동안 종사한 예술가에게서 나타나는 특징이기는 하지만, 여기에서는 모든 소비자의 인과적인 유효성에 따라 그들의 기능이 환경에 의해 조건화된 경험 가운데 나타난다는 전제하에 전개해나갈 것이다.

사실 끌림이라는 것은 현대사회에서는 미적 감성영역에서 발견할 수 있지만, 과거 원시적인 삶에서의 끌림은 원초적인 본능에 의해 움직이는 것으로 판단한다. 자연의 경이로움과 불안, 두려움은 점차적으로 완벽한 신을 창조했으며, 신을 향한 초월론적인 끌림을 당연하게 여기던 시대도 있었다. 물질문명과 이성에 의한 인간중심의 사회에서 느껴지는 끌림은 소비자 개성을 위한 창의 끌림이며, 본능이 지닌 불완전하고 감정적인 행동으로 드러나는 현실적인 불안과 두려움에 대해 늘 완전한 대상을 동경하는 가운데 생성된 것이라 하겠다. 현대사회체계의 시장세분화는 서로 다른 영역에 따른 차이 끌림에 의한 대상을 추구하고 있다.

이렇듯 생활 가운데 느끼는 다양한 끌림은 차이를 통한 소유, 창의, 가치, 믿음, 동경의 행복추구라 할 수 있다. 특히 시각 이미지에서 끌리는 것은 언어적인 사고와 시각적인 사고가 지닌 이성과 감성의 차이 끌림이라 할 수 있다. 이러한 이성과 감성, 즐거움과 괴로움, 직선적인 것과 곡선적인 것, 강한 것과 약한 것, 가벼운 것과 무거운 것, 아름다운 것과 추한 것, 좋은 것과 나쁜 것, 높은 것과 낮은 것, 전경과 배경 등 양과 음이 지닌 대립적인 공주체성에서 새로운 창의 끌림이 있다.

또한 서로 동일한 성정(性情)을 지닌 개체에서도 창의를 위한 차이 끌림이 생성된다. 차이 끌림의 공주체성이 어떠한 이미지로 지향하는가에 따라 시각 이미지가 지니고 있는 끌림 이미지의 성정을 파악할 수 있다. 차이 끌림이 지닌 순수한 끌림 작용은 소비자 개성이 지향하는 차이를 위해 상당히 포괄적으로 관여하고 있다. 따라서 '시각 이미지'라는 전문적인 영역에서 언급하고자 하는 끌림 작용은 지적수준이 높은 유기체 가운데 소비자와의 설득적인 커뮤니케이션을 위한 범위이므로 차이에 의한 끌림 작

[도표 10] 시각디자인의 끌림 차이

AD(Attractive Difference): 끌림 차이,
E(Environment): 끌림 환경, N(Nature): 자연,
C(Culture): 문화, P(Pure): 순수성, M(matter):
물질성, ad(attractive difference): 끌림 차이
　　소비자 주체의 끌림 차이는 대상의 자연과
문화라는 거대한 범주에서 순수성과 물질성으로
기투(棄妬)하는 가운데 나타난다.

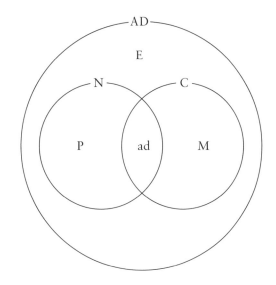

용을 인간의 삶 가운데 소비자 개성에 제한하여 다루고자 한다.

　　느낌에 의한 감성은 의식이 이뤄지기 전 단계의 감각이며, 직관(Intuition)이라 할 수 있다. 이러한 느낌에 의한 직관적인 부분은 소수 전문가의 전유물이 아닌 첨단매체를 통해 각종 지식을 공유하는 소비자에게로 옮겨 가고 있는 현실에서 차이 끌림은 소비자 개성의 미적 감성체계임을 강조하고자 한다.

　　이미 데리다(Jacques Derrida, 1930~2004)가 주장한 해체(Deconstruction) 내용 가운데 하나로서 이항대립(Binary Opposition)을 사용했다. 즉 육체/정신, 남자/여자, 백인/흑인, 신/인간 등 앞서 언급한 차이 끌림의 예에서와 같이 두 요소를 대립시키면서 정의하고, 질서를 잡고, 규칙을 세우려고 했다. 데리다의 입장은 이러한 양자대립의 이항대립구조가 실제로 매우 복잡한 현실상황을 지나치게 단순화할 위험이 있고, 또한 양자대립을 수평적이 아닌 수직적으로 비교하는 것은 근거 없는 잘못이라고 지적하면서 자신의 해체를 주장했다. 수직적인 비교는 육체와 정신의 경우 육체는 정신에 비해 낮고 열등한 것이며, 동시에 정신은 우월하다고 보는 시각이다.

[그림 9] 도표 10의 끌림 차이를 통한 해석의 예: 'Nothing'/ Illustrator, 전기순 作.
AD(Attractive Difference): 없음의 차이, E(Environment): 나무와 인간, N(Nature): 나무, C(Culture): 동양의 정신문화, P(Pure): 나무명상, M(matter): 나무와 인간의 물질, ad(attractive difference): 나무와 인간의 물질성과 '없음'의 정신성에 대한 차이를 표현함

　또한 남자와 여자를 비교할 경우 남자는 탁월하고 여자는 열등한 것으로, 서양과 동양을 비교하면서도 서양은 뛰어나고 동양은 후진적이라는 식인데, 수직적인 상대를 지닌 것들 간에는 아무런 우열적인 근거를 찾을 수 없다. 이러한 이항대립이 지닌 고정관념에 관한 해체는 시각 이미지의 창의에서는 매우 혁명적인 결과를 낳았다. 수직에 의한 경직된 사고는 시각 이미지에서 적극적으로 해체했으며, 수직에서 수평적인 차이 끌림 이미지로 전환이 가능하게 했다.

　정신과 육체의 관계도 이미 뇌생리학의 발전과 함께 과학적으로 증명된 바와 같이 수직적인 대립관계를 서서히 벗어나고 있다. 즉, 정신과 육체가 별도로 존재하는 것이 아니라 정신이 육체에 크게 의존하고 있다는 것이 밝혀졌다. 현대에 와서 이러한 이항대립을 통한 수직적인 질서가 무너짐에 따라 차이가 지닌 끌림 이미지는 소비자에게 창의에서 매력적인 존재로 다가가고 있다.

　일상생활 속에서 눈에 보이는 대상 또는 눈에 보이지 않는 대상에 대한 쌍방향, 대인, 자아 커뮤니케이션을 하는 것만으로도 끌림(Attraction)에 대한 각 주체의 태도에는 커다란 차이가 있음을 알 수 있다. 흔히 쌍방

향 커뮤니케이션일 경우, 토론 주제가 매력적이거나 자기 자신에게 중요한 논제인 경우에는 끊임없는 열정을 발휘해 해답을 찾으려고 할 것이다.

또한 눈에 보이지 않는 대상에 대한 열정적인 질문은 주체 자신이 그 대상에 대한 어떠한 끌림(?)이 없다면 지속적인 관계를 형성한다는 것은 불가능해 보일 것이다. 이렇듯 어떠한 해체적인 끌림이 없는 가운데 이뤄지는 대인 커뮤니케이션은 지극히 기계적이거나 수동적임과 동시에 사회적인 역할에 따른 형식적인 과정이며, 대상과의 끌림에 의한 자연스러운 지속성을 기대할 수 없는 것은 당연한 결과라고 볼 수 있다. 눈에 보이지 않는 끌림의 지속적인 재생산의 장을 발견한다는 것은 대상과의 끝없는 끌림의 향연으로 이어짐과 동시에 존재의 무한한 에너지인 '생기 넘침'을 접할 수 있다. 이렇듯 생기 넘침의 활동성은 곧 주체와 대상 간의 차이극복을 위한 에너지의 발현이라고 볼 수 있으며, 차이극복에서 나타나는 에너지의 끌림 양상에서 긴장, 야망, 욕구, 소유, 사랑, 평화, 정의 등 다양한 이성 혹은 감성적인 단어로 해체되어 재해석된다.

차이가 지닌 철학적인 사변구조는 일찍이 유물론적인 구체성, 동일성의 개념과 밀접한 관련이 있다. 각각의 대상, 체계 등은 상대적으로 안정된 대상이나 체계로서, 그리고 자체에서 일어나는 변화의 주체로서 자기 자신과 동일하다. 동시에 운동과 변화의 과정 속에서, 또한 복잡한 구조를 토대로 차별적인 규정을 보여준다. 이러한 점에서 동일성과 차이의 통일이다. 운동하는 물질은 질적·양적으로 상이한 존재 형태, 구조 형태, 운동 형태, 발전 형태를 갖고 무한히 다양하게 존재한다.[51]

위에서 언급한 유물론적 차이의 내면에 숨어 있는 운동물질은 지극히 순수한 끌림 에너지의 현상이며, 끌림의 형태는 존재 형태, 구조 형태, 운동 형태에 따라 자연스러운 '끌림체'가 다양하게 발생한다. 만약 이 에너지가 개념화된 대상 간 끌림에 의한 에너지가 아니라 수동적이거나 개념의 조작에 따른 에너지의 형태를 지닌 것이라면, 운동의 영속성은 기대할 수 없는 조작적인 끌림체가 될 것이다. 이로써 순수 자연에 위배되는 주체의 물질적 욕구를 위한 조작적인 행위가 이뤄진다. 대상을 향한 순수 차이에 의한 인식은 레비나스의 '타자'를 통해 새롭게 조명할 수 있다. "타자는 절대 이해할 수 없으며, 소유할 수 없는 그래서 타자를 향해 끝없이 욕망한다"고 한 레비나스의 주장에서처럼 타자와 일반적인 대상과의 차이 속에서 무한한 욕망을 불러일으킨다.

타자는 이해되지 않는다. 혹은 이해를 통해 완전히 음미할 수 없다. 이해가 앎을 통한 소유를 음미한다면, 타자는 소유되지 않는다. 나는 나와는 완전히 다른 것 혹은 절대적으로 격리되어 있는 것을 소유할 수 없다. 타자란 우선 나와 절대적으로 격리되어 있는 것, 나와의 절대적인 차이, 즉 나와는 전적으로 다른 것을 의미한다. 타자가 나와의 차이인 한 "타자는 타자에 관해 내가 가질 수 있는 모든 관념에서 언제나 흘러넘친다."[52]

타자에 대한 끝없는 지적 탐구에 대한 호기심은 무한한 소유에 대한 끌림이자 도전이다. 첨단과학과 시장의 세분화는 커뮤니케이션 사회의 다양한 생활세계와 사회체계의 끝없는 차이에 의한 갈등을 조장함과 아울러 소비자에게 다양한 형태의 끌림 형태를 지니도록 요구하고 있다. 끌림의 순수성은 본질과 현상의 차이, 해석체에 따른 대상 인식의 차이에서 구조형태의 대상 끌림이 발생한다.

또한 언어로 말할 수 없는 것을 그림이나 영상물로 표현할 때 본질에 대한 몸의 수용적 느낌에 대한 차이에서 존재 형태의 주체 끌림이 발생한다. 운동 형태는 끌림 자체가 지니고 있는 양극성의 끌림 회오리를 의미하며, 차이에 의한 행복, 긴장, 소유, 욕구 등의 개념적 끌림 자리가 지닌 다양한 차성에서 직선, 곡선, 나선 등 운동 형태의 간주관적인 끌림 회오리가 발생한다. 각종 커뮤니케이션에서 끝없이 변화·재생산하고 있는 가운데 대상 간 차이극복을 위한 과정 속에서 발생하는 끌림 에너지는 대상과 동일성을 이루게 되면 더 이상의 끌림이 발생하지 않고 통일된 지향점으로 나아가게 된다.

물질의 존재방식으로서 운동과 변화는 이러한 차이의 끝없는 지양과 생산이며, 차별적인 다양성이 통일로 바뀌어나가면서 끌림의 체계가 확립된다. 이와 같이 끌림의 최종적인 지향점은 주체와 대상 간의 통일인 동일성의 회복에 기인한다. 동일성의 지속성은 물질세계가 지니고 있는 대상과 체계의 끝없는 '차이'의 내재적인 발생으로 인해, 동일성은 또다시 주체의 '본질'과 '현상'의 차이로 인해 간극이 발생하며 항상성의 끌림 에너지가 생성된다.

지금까지 존재에 대한 철학적 인식의 전반적인 흐름은 불완전한 인간의 존재성에 대한 정태적인 사변적 구조의 갈래치기를 통한 정체성(Ontology) 확립이었다. 결국 현대철학의 전반적인 흐름은 존재에 대한 직접적인 해답보다는 데리다의 '해체'를 통한 인식의 반성적 차원으로 환원시키고자 했으며, 들뢰즈의 '차이'를 통한 근원적 존재 자아에 대한 영원회귀를 주장하게 되었다. 존재에 대한 질문에서 철학적 체계의 공통분모는 '해체'를 통해 사라지게 되었으며, 근대 철학의 모더니즘 이후 관심의 대상에서 벗어나게 되었다.

이제는 근본적인 존재에 대한 접근을 해석학적인 차원, 환경적인 차원, 현상학적인 차원 등으로 제각기 존재에 대한 관심의 대상을 구조주의 사변을 통해 본질적으로 접근하기보다는 자연 혹은 사회과학을 통한 현상적인 차원에서 본질을 발견하고자 했다. 들뢰즈의 '차이'와 데리다의 '차연', 퍼스의 '해석체', 메를로퐁티의 '지각의 현상학'을 통한 '자아의 영원회귀' 등 현대 포스트모던철학이 이를 증명하고 있다.

끌림이 이러한 거대한 인식의 사변적 구조와 호흡을 같이한다는 것은 불가능해 보인다. 왜냐하면 끌림이 의미하는 근본적인 질료는 개념체가 아닌 인간의 내면에 살아있는 순수한 생명 에너지이기 때문이다. 아직 정설로 받아들이지는 않고 있지만, '신의 입자'라고 불리는 힉스 입자[53]는 전자와 물질 등 기본입자들과의 상호작용을 통해 질량을 부여하는 입자로 알려져 있다. 이와 똑같은 입자가 우주공간에 늘 산재되어 있다면 인간의 몸뿐만 아니라 살아있는 모든 생명체에도 생명의 공존을 위해 힉스 입자가 활발히 활동하고 있는 셈이다. 단지 인식을 통한 일반적인 정태적 개념으로는 밝히지 못했을 뿐이다.

과학적으로 힉스 입자의 존재가 확인되면, 그동안 일상적으로 사용된 평범한 언어인 '끌림'이 그와 같은 전자적인 차원의 에너지 입자로 사용되어온 것이 판명될 것이다. 누구에게나 느껴진 대상 혹은 존재의 끌림 현상에 대한 깊이 있는 사색은 철학의 흐름 속에서는 찾을 수 없었으며, 데리다의 해체 이후 들뢰즈의 차이를 통한 인간의 개별적 존재의 존엄성에 대한 사회적 분위기가 확산되면서 새로운 차원의 세계관이 등장하게 되었다.

이 가운데 끌림은 텍스트로서의 기계론적이며 구조적인 그리고 현상학적인 차원의 인식 차원이 아닌 실제 현실에서 느낄 수 있는 다양한 끌림을 통해 그 끌림의 근원적인 에너지를 발견하고자 한다. 이 책에서는 끌림이 지닌 실체가 피할 수 없이 체계화되겠지만, 어디까지나 독자가 느끼는 끌림은 제각각 다르게 현실 속에서 구현된다는 점을 강조하고자 한다.

따라서 이러한 속성을 통해 근본적인 속성을 지닌 채 인식의 거대한 정적인 체계에 '끼어들기'를 한다는 것은 오히려 끌림이 지니고 있는 순수한 에너지의 질료를 흐리게 할 수 있다고 판단하고 독자적인 사변적 인식구조를 발견하고자 했다. 또한 현대 커뮤니케이션 사회에서 강조하는 차이를 위한 마케팅전략을 통해 자사 상품의 우위점을 찾기 위해 경주하고 있는 현실적인 점을 감안할 때, 인식의 사변적 인식구조보다는 현실에 쉽게 적용 가능하며 차이를 발견할 수 있는 새로운 체계를 구축한다면 시각디자인에 종사하는 전문 디자이너들에게 도움을 줄 수 있으리라 판단한다.

그렇지만 끌림이 일반적으로 상용되는 평범한 단어로서 인식의 범위가 아닌 철학적 개념으로 인식을 확장하는 것은 끌림이 존재 자체와 절대적으로 상관관계가 있다는 점을 강조하는 데 있다. 현대사회의 다양한 제품생산과 짧은 제품수명주기는 그만큼 문화가 빠르게 변화하고 있음을 의미하며, 그와 동시에 차이를 위한 상품 끌림에 대한 소비자의 의식수준이 급변하고 있음을 자각해야 하기 때문이다. 먼저, 끌림체의 근본적인 질료는 에너지임을 밝혀둔다. 이 에너지는 대상 간의 차이(Different)에서 발현하며, 간주관적(Intersubjective)인 차연이 지니고 있는 시간, 공간의 '떠오름'에서 발현한다.

메를로퐁티의 '살'에서 나타나는 주체의 내면세계와 외부세계가 만나는 표피에서 발현한다. 이처럼 끌림의 제반 현상은 주체 내부와 외부 자신, 주체와 대상, 자연과 문화 등 이항대립(Binary Opposition)이 이뤄지는 곳이면 시간, 공간의 차성에 관계없이 발현되는 에너지로서의 '체'다. 끌림 에너지로서의 체는 정적인 개념체가 아니며, 주체와 대상 간의 긴장, 성장, 중심, 균형, 형, 안정, 열정 등의 차이에 따라 순간적으로 발생하는 동적인 개념체다.

끌림은 상당히 다이내믹하고, 흩어졌다가 나타나는 어떤 에너지다. 따라서 이것은 주관적이며 소비자 주체마다 다양한 에너지의 강/약, 장/단의 리듬을 지니고 있다. 또한 끌림은 의식의 흐름 가운데 발생하는 에너지임과 동시에 의식 전체를 장악한다. 그렇다면 주체와 대상 사이에서 발생하는 끌림의 정체성은 어떠한 것인가? 끌림 그 자체는 아무런 차성을 지니지 않은 존재이며, 주체와 주체, 주체와 대상, 대상과 대상 등 다양한 형태와 형상, 태도 등의 커뮤니케이션에서 끌림 차성이 갑자기 나타났다가 아무런 끌림 작용이 없을 때 자연스럽게 사라진다.

인식할 수 있는 어떠한 개념에는 반드시 끌림체의 근간인 몸채(끌림소)가 수반된다. 시각적인 요소, 조형적인 요소, 언어적인 요소 등 커뮤니케이션을 위한 어떠한 미디어에도 그에 따른 동일한 차성의 끌림 에너지가 존재하며, 그 끌림을 어떻게 운용하느냐는 해석체의 관점과 관련되어 있다. 니체의 관점은 개별자의 차이를 인정하는 것이며, 이것은 후설의 현상학 이후 메를로퐁티, 퍼스, 들뢰즈, 데리다의 포스트모던 철학사상에 지대한 영향을 끼쳤다.

특히 '차이'의 철학자 데리다와 들뢰즈는 표상과 개념이라는 대전제에 갇혀서 기계적인 체계로 전락한 세계를 다양성을 지닌 세계로 회복하고자 '차이'를 말했다. 이를 위해 '차이'를 전적으로 무시하고 동일성을 우선시한 플라톤 이후의 관념론과 실재론의 첨예한 주장을 펼친 모든 철학자를 비판하며, 이들은 현실의 모든 존재에게 있는 다양하고 독특한 차이성에 주목한다. 들뢰즈의 차이는 유아기 때의 기억처럼 경험으로 환원되지 않으면서도 경험적인 개념, 유사성 같은 관계를 연결하는 '어두운 전조'를 의미한다. 이 어두운 전조는 어떤 대상이 아니라 차이를 '차이'로 만드는 분화소를 의미한다.

　마찬가지로 들뢰즈가 언급한 존재의 인식적 분화 가운데 발생하는 어두운 전조가 갖는 장소에서 차이를 지니듯이 끌림이 갖는 존재의 인식을 만들어가는 과정 속에 만들어지는 장 에너지다. 끌림이 발생하는 곳에 존재 인식의 차이가 함께 드러나며, 그에 따른 새로운 차성의 끌림소가 탄생한다. 들뢰즈의 '차이'가 있고 데리다의 '차연'이 서서히 드러나는 시간과 공간이 주어지는 곳에서 언제나 끌림은 동시에 차이의 장력으로 눈에 보이지 않게 나타난다.

10) 끌림 두께(AT: Attraction Thickness)

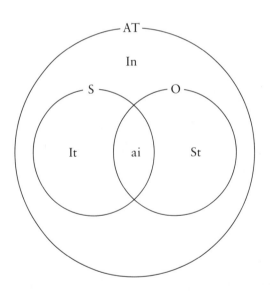

[도표 11] 시각 이미지의 끌림 두께
AT(Attractive Thickness): 끌림 두께,
In(Intuition): 직관, S(Subject): 주체,
O(Object): 대상, It(Interpretant Thickness):
해석체 두께, St(Symbolism Thickness): 상징
두께, ai(attraction image): 끌림 이미지
　소비자 주체의 끌림 이미지는 주체와 대상
간의 직관적인 파악을 하는 해석체에서 비롯된다.
해석체는 물질성과 정신성의 두 범주를 포괄하는
개념적인 요소이며 이 요소의 상징성, 즉 끌림
두께에 따라 끌림 이미지가 서로 다르게 형성된다.

이미지의 직접적인 어원인 이마고(imago)는 '유령' 혹은 '밀랍으로 된 조상의 초상화'이며, 현관홀이나 장례식장 입구에 놓아둔 죽은 자의 마스크로서 죽은 자의 세계와 살아있는 자의 세계 사이에서 물리적이고 지표적인 끈이다. 베르낭(Jean-Pierre Vernant)에 의하면 고대 그리스에서 이미지는 꿈속의 이미지, 신이 불러낸 환영, 고인의 영혼을 포괄하는 의미를 지닌다.

여기에서 이미지는 죽은 자에 대한 기억, 회상을 할 수 있도록 만든 실제적인 조상 혹은 시각적 대리물이라고 볼 수 있다. 이것은 인간 삶의 필요에 의해 만들어진 인위적인 것임을 알 수 있다. 현대에 와서 이미지는 단순한 의례적 형식을 위한 이미지보다 창의적이며, 분야별 세분화된 이미지로 활용되고 있다. 이것은 말(언어), 시각 등 이미지의 복잡성과 아울러 여러 계층적인 수평·수직 구조의 두께를 암시하고 있다.

거리의 사인 이미지, 도로표지판, 건물명, 기업브랜드, 제품브랜드 등 다양한 시각 이미지는 현대 커뮤니케이션 사회에서는 없어서는 안 될 매우 중요한 역할을 하고 있다. 이미지는 현대생활에서 소통을 위한 필수적인 언어로 정착하고 있으며, 죽은 자와 산 자의 연결수단으로서의 단순한 의식을 위한 이미지가 아닌 소비자의 일상생활 편익을 위해 산소 같은 중요한 요소로 정착되었다. 생활세계에서 수많은 이미지의 현란함은 단선적인 이미지의 떠오름이 아닌 다양한 선의 중첩에 의한 두께로 더욱 다양한 의미를 형성하게 되었다.

이러한 이미지를 통한 주체 대상의 바라봄은 지역과 환경에 따라 서로 다른 자연관과 세계관을 지니고 있으며, 특히 현대에 들어와서는 시각 이미지에 의해 새롭게 변화되어가고 있다. 다각적으로 첨단화되어가고 있는 정보시스템을 통해 전해지는 소비대상에 대한 끌림 이미지는 점점 그 속도가 빠르게 생성·소멸됨과 동시에 제각기 첨예한 차이를 통해 소비자를 강하게 끌어당기고 있다. 소비대상이 상품에 따라 제각기 강한 차이를 보여주는 것은 주체가 바라보는 세계에 대한 양태성의 끌림 두께에 기초한다고 볼 수 있다. 양태성의 두께는 시대의 환경과 제도에 따른 상징 또는 기호라는 언어를 통해 대상이 지니고 있는 본질적인 끌림의 의미가 전이된 것이며, 눈에 보이지 않는 시대적 정신이 만들어낸 세계관의 구조적인 판타지라 할 수 있다.

그 한 예로 중세유럽의 끌림은 지배적인 수동형이었으며, 믿음을 통한

[그림 10] 도표 11의 끌림 이미지를 통한 해석의 예: 'Nothing'/ Illustrator, 전기순 作.
AT(Attractive Thickness): 달과 새 그리고 없음[無], In(Intuition): 달, 새, 없음, S(Subject): 달과 새를 통한 무위체험, O(Object): 달과 새, It(Interpretant thickness): 무위의 동양사상, St(Symbolism thickness): 달과 새의 두께에 의한 체험, ai(attractive image): 달빛을 향한 새의 여정

충성이 본질이었다. 중세 건축물의 크기와 장엄함은 바로 믿음 에너지를 통한 끌림이었으며, 의식(儀式)과 문장(紋章)이 지니고 있는 이미지의 엄격함은 바로 주체 내면에 있는 믿음 에너지의 두께를 통한 지배적인 끌림이다. 따라서 주체의 능동적이고 적극적인 태도에서 나타나는 끌림이 아닌 권력, 믿음에 의한 수직적인 이끌림이었으며, 이러한 이끌림을 더욱 강력하게 만들기 위해 사용한 도구로 대상에 대한 상징적 끌림 이미지를 표현했다.

이렇듯 끌림 이미지가 지니고 있는 다양한 통로에는 눈에 보이지 않는 권력 또는 믿음에 의한 강한 끌림이 살아있다. 따라서 모든 이미지의 상징 형식은 곧 끌림을 위한 환상적인 두께이며, 이미지다. 이미지 두께는 무한 상상의 겹침에서 오며, 이미지가 구체화되기 전까지 이뤄지는 과정적인 실재다. 사진, 영상은 어디까지나 실제적인 대상으로 드러난 바깥 층위의 얇은 이미지일 뿐이다.

소비자 주체의 대부분은 바쁜 도시 생활로 인해 사진의 얇은 표층의 이미지에서 자기 자신이 실재적인 끌림 두께에 있음을 자각하지 못한다. 따라서 끌림 두께에 대한 깊이 있는 자각이 없는 가운데 시각 이미지의 무

조건적인 수용은 일차적인 표층으로 보이는 층위의 상상계로 만족되기를 주저하지 않는다. 더욱이 최첨단 과학은 점차 이러한 표층의 의미를 더욱 확장적인 해석으로 가속화하여 실제 대상보다 더 리얼한 느낌의 영상물로 소비자 주체를 유혹하며, 많은 소비자는 끌림 두께가 지니고 있는 정신성의 깊이를 시각이 지닌 표층적인 얇은 두께에 스스로 안주한다.

사실 이미지의 실제는 눈에 드러나는 이전의 끌림 두께에 있는 것임을 자각하지 못하는 가운데 일차적인 시각적 이미지의 판타지에 그대로 빠져 있기를 좋아한다. 끌림 이미지는 어디까지나 소비자 주체의 내면에 있는 정신성의 상상계에 기반을 둔 끌림 두께의 다양한 계층적인 구조에 의해 실재 존재하며, 이러한 끌림 이미지를 첨단매체를 통해 구현하는 것은 매우 얇은 두께의 층위인 표층적 이미지만 재현하고 있다.

일반적인 시각 이미지를 현실적인 판타지의 표층세계에서 바라보면 이차성의 심층영역이며, 이 부분에서 실제적인 끌림 이미지의 두께가 드러난다. 끌림 이미지의 두께는 고정적인 실체성이 없는 가운데 서로가 교착·분리·융합하면서 매 순간 변화를 생성하며 조작하기를 멈추지 않는다. 어느 순간 튀어나오는 하나의 끌림은 파도의 포말과 같이 순간 물질적인 현실 속으로 드러나다가 다시금 바다라는 거대한 해면으로 사라진다. 시각적 대리물, 영상, 영화 등 다양한 매체에 의해 드러나는 일차적인 이미지는 커뮤니케이션을 위해 꼼꼼하게 모든 영역에서 객관적인 분석이 가능하지만, 이차적인 이미지가 가진 잠재적 현상이 지니고 있는 거대한 바다 물결의 소용돌이에 대한 것은 좀처럼 파악하기 어려우며 단지 표층에 드러난 끌림 두께의 해석적인 범주에서 끌림 이미지의 차성이 있는 것으로 만족해야 한다.

감각 끌림이 지니고 있는 생물학적인 차원은 시각, 후각, 미각, 청각, 촉각, 생각[54]이라는 신체 감각에 의해 끌리는 지극히 본능적 끌림을 의미한다. 어린아이에게서 느껴지는 감각 끌림과 성인에서 느껴지는 감각 끌림의 차이가 나타나는 것은 당연하다고 보겠다. 또한 신체가 지닌 지각 끌림이 주체 자신이 가진 이성과 감성에 의한 지식에 따라 끌림 양태가 달라지는 것은 주체 개성의 두께가 지닌 항상성의 결과라 할 수 있다. 반복에 의한 습관, 행동이 문화적인 차원으로 주체의식을 정당화하여 결국에는 주체 자신의 절대적인 '의식 끌림' 또는 '문화 끌림'으로 진화한다. 동일한 대상이 다양한 주체의식의 구조에 따라 수용적인 태도에 차이가 있는 것은 바로 주체 자신이 지닌 '자유'라는 독립적인 생활 욕구와 정신적인 항상성을 고집하는 현대인에게 필연적으로 드러나는 현상이다.

이와 같이 끌림은 대상에 대한 끌림 감(감각 끌림), 끌림 시(시각 끌림), 끌림 지(지각 끌림), 끌림 식(의식 끌림)이라는 과정을 통해 주체 자신의 정체적인 끌림 항상성의 두께를 확인한다. 신체에 의한 욕구적인 끌림은 일상생활 가운데 자연스럽게 사용되는 끌림의 표층적인 단서로서 얇은 두께이며, 자신이 직접 경험하지 못해도 상대방의 끌림에 대해 누구나 쉽게 이해할 수 있다. 왜냐하면 누구나 신체라고 하는 공통적인 것을 갖고 있기 때문이다. 단지 성별과 나이, 환경과 공간, 그리고 시간과 외부적인 요인에 의한 차별만 갖추고 있을 뿐이다.

하지만 끌림이 지니고 있는 다양한 현상에 대해 몸의 욕구에 의한 아무런 지각이 없는 가운데 끌리는 초월론적인 끌림 판단에 앞서 끌림 두께에 대한 끌림체계의 또 다른 영역을 발견하는 것도 매우 흥미로울 것이다. 끌림을 영적 느낌, 육감, 직관, 통찰 등을 통해 파악하는 것은 기존의 실재론 혹은 관념론에 기반을 둔 주체의식이 강한 의미를 끌림 대상에 대한 영적 끌림(끌림 영), 육감 끌림(끌림 육), 직관 끌림(끌림 관), 통찰 끌림(끌림 통)으로 재해석하여 초월론적인 현상 차원에서 더 깊이 다뤄야 끌림체계를 명확히 설명할 수 있다.

주체와 대상에 대한 끝없는 관심, 흥미, 상호, 상보, 의존관계를 통한 반복적인 커뮤니케이션 속에서 나타나는 상대적인 힘에서 주체의 항상성, 즉 끌림 두께의 생명력이 나타난다. 끌림 이미지는 어디까지나 객체로서의 대상이며, 대상에 아무런 끌림이 없다면 주체의 생명력을 존속시키는 힘의 근원적인 창고인 끌림 두께와는 아무런 관련이 없는 무의미한 대상이 된다. 특히 시각영상물의 경우에는 영상물이 주는 첫인상에서 이미지가 주어지며, 차츰 분석에 따른 이해로 전개될수록 최초의 신선한 이미지가 지닌 끌림 두께의 항상성이 가진 내면의 상징적인 에너지는 곧장 문을 닫아버리게 된다.

따라서 끌림은 이미지가 지닌 의미가 발생하기 전의 순수한 항상성의 끌림 두께를 지칭한다. 끌림 두께의 항상성은 스스로 지향성을 지니고 있는 의식상태가 아닌 공적한 상태의 생명력을 지칭하며, 끌림이라는 에너지가 발생하는 또 다른 깊이의 끌림 홀로서 차연(差淵)이라 할 수 있다. 이에 대한 각각의 '끌림체' 두께의 구체적인 발현 현상을 단원별로 구체화할 것이다. 즉 주체로서의 끌림, 대상으로서의 끌림, 떠오름으로서의 끌림, 원형적인 문화로서의 끌림, 자연으로서의 끌림, 상호주관적으로서의 끌림으로 전반적인 끌림의 상징적인 두께를 만들 것이다.

동일성인 존재에 대한 답을 끌림 자체의 단순한 언어적인 추상명사로서 쉽게 넘어가기에는 간과할 수 없는 인식론적인 광범위한 체계가 있음을 알 수 있다. 어린아이가 태어나자마자 '으앙' 하고 울부짖는 소리는 실로 장쾌하다. 아기가 내뱉는 소리가 어떠한 의미를 지니고 있는지는 아직도 과학적으로는 수수께끼다.

새로운 광명의 세계에 태어난 것에 대한 감동의 환희가 눈물과 뒤섞이며 소리를 내는 것인지, 탯줄이 잘리는 데서 오는 고통의 소리인지, 조용히 숨 쉬고 있던 장소에서 갑자기 새로운 공기를 받아들이는 순간 놀라서 우는 소리인지 전혀 헤아릴 수 없는 울음의 총체에서 산모는 고통 가운데 아기에 대한 무한한 끌림의 에너지가 주위를 온통 겹겹이 둘러싼 채 조용히 아기를 감싸 안고 달래주기를 주저하지 않는다.

어머니의 엄청난 끌림 에너지로 인해 어느새 어린 아기는 주변 환경과는 아무런 상관없이 어머니의 품안에서 포근히 잠든다. 이것을 윤리적인 차원에서 볼 때 자식에 대한 어머니의 무한한 사랑이라고 말한다. 10개월간 산모의 배 속에서 자라는 동안 무언의 대화를 나눴던 것과 지극한 정성으로 배 속의 아기를 돌보며 지나온 과정을 생각하면 아무래도 끌림이라는 단어는 당연하게 받아들여진다. 이후 성장하면서 차츰 아기의 천진스러운 모습은 사라지고 언어습득과 생활환경에 의해 아기 고유의 가치관이 정립된다.

성인이 되면서부터는 그동안 쌓아올린 자신의 지식적 인식범주를 주체의 정체성으로 인정함과 동시에 세계를 바라보는 정당성을 주장하려는 오류에 빠져든다. 이때부터 발생하는 끌림이 지닌 에너지는 태어날 때 아기의 순수몸짓에 의한 우렁찬 자연 끌림의 주체차성이 아닌 생활세계와 사회체계가 낳은 인위 끌림의 의식차성으로 바뀌어 나타난다.

인위 끌림의 의식차성 영역은 해석체에 따라 동일한 대상도 다르게 분절되어 나타나는 작용과 불가분하다고 한 니체의 관점(Perspective)을 대신한다. 즉 인간의 경우 다른 생명체와 동일하게 몸으로 세계에 적응하기 위해 존재 자신의 생존 방식을 지니고 있을 뿐만 아니라, 그로써 만들어진 사고의 인식과정이라는 관점을 지니고 있다는 점이다. 이로써 즉자로서 주체 자신뿐만 아니라 대자로서 자신과 대치하는 '대상'으로서 표상하고, 나아가 그것과 끌림의 관계성을 통해 더욱 적극적으로 세계에서 일어나는 사태 또는 사건과 조우하면서 주체 자신의 인위 끌림의 표피의 두께를 더욱 굳건히 하여 인식적 저변을 확장시켜나간다.

현대과학의 눈부신 발전과 마케팅의 세분화로 인해 시장경제의 다양성은 최초 자연 끌림체의 본연지성이 사라지고 인위적인 끌림체 관점의 인식확대로 인해 주체개성의 차이가 점점 확대되어갔다. 이처럼 끌림은 주체 가까이에서 느낄 수 있는 자연스러운 현상이다. 잠시 새들의 소리에 주체 자신이 끌려서 빠져 있는 것을 뒤늦게야 알아차리고 자신이 잠시 아침의 새소리에 빠져 있는 것을 발견한다.

끌림의 두께는 가까운 자연에서 발견하는가 하면, 바쁘게 움직이는 생활인에게는 자신의 직업이나 관심에 따라 의식적으로 끌리는 경우가 많다. 소비자는 다양한 의식에 의한 끌림에 따라 움직인다. 눈에 보이지 않는 대상, 눈에 보이는 대상에 대한 관심이 소비자의 취향과 관심에 따라 차이를 주는 것은 지극히 당연하다.

이렇듯 끌림 두께는 머리에 의한 '이성적인 끌림'이 있는가 하면, 마음에 의한 '인간적인 끌림'으로 구분될 수 있다. 또한 자연의 경이에 의한 '자연 끌림'이 있는가 하면, 제품의 기호와 첨단과학에 의한 '인위 끌림'이 있다. 남성과 여성의 '성적인 끌림'이 있는가 하면, 권력과 존경에 의한 '계층적인 끌림'이 있다. '종교적인 끌림'이 있는가 하면, 주체 자신의 전공에 의한 '직업 끌림'이 있다. 재화에 의한 '재화 끌림'이 있는가 하면, 검소에 의한 '청렴 끌림'이 있다. 생활 가운데 필요한 욕구충족을 위한 '소유 끌림'이 있는가 하면, 살아있음 그 자체에 만족하는 '존재 끌림'이 있다. 가족구성원을 통해 행복을 추구하는 '가족 끌림'이 있는가 하면, 홀로 사는 것을 행복으로 생각하는 '자유 끌림'이 있다. 신체적 아름다움을 추구하기 위한 '성형 끌림'이 있는가 하면, 자신의 몸에 대한 감사함으로 살아가는 '만족 끌림'이 있다. 신체적인 건강을 최고로 생각하는 '장수 끌림'이 있는가 하면, 이데올로기를 최고선으로 생각하는 '사상 끌림'이 있다. 매 순간 새로움을 추구하는 '창의 끌림'이 있는가 하면, 선조의 지혜에서 삶의 여유를 추구하는 '순종 끌림'이 있다.

소비자 주체는 사회가 지니고 있는 거대한 체계에 따른 다양한 끌림 가운데 끌림을 선택하거나 이끌림에 의해 살고 있다. 이러한 다양한 끌림의 두께 양상들은 주체행동에 나타나는 코키토의 개념적인 의식에 의한 끌림이며, 끌림이 지니고 있는 해석체로서 차이를 지니는 눈에 보이지 않는 존재성의 발현을 위한 근원적 에너지인 무의식적 끌림은 아니다. 여기에서 대상이 주는 이미지는 고정적인 전통적 이미지가 아니며, 대상을 보는 주체의 정체성에 의해 새롭게 태어난다. 대상 이미지의 원형이 지닌 본질적 두께에 따라 이미지의 변형은 서서히 혹은 빠르게 나타난다.

오랜 시간의 영속성에서 자주 출몰하거나 가까이에서 접한 대상일수록 이미지에 대한 변형이 쉽게 이뤄지지 않는 것은 대상에 대한 주체인식의 고정적인 관념이 고착되었기 때문이다. 가령 우리는 음식문화의 경우 젓가락으로 반찬을 선택하거나 또는 숟가락으로 국을 먹을 때 젓가락이 지니고 있는 고정적인 이미지에 따라 매우 자연스러운 행동으로 거리낌 없이 받아들인다. 그 대신 젓가락 없이 손으로 음식을 먹는 경우를 상상하면 그에 대한 이미지는 자기 자신의 이미지의 두께에 의한 아무런 갈등 없이 전혀 다른 이미지로 형상화되어 나타난다.

이와 같이 젓가락이 주는 이미지의 두께는 오랫동안 전통에 의해 저절로 형성된 고착적인 이미지임과 동시에 두께가 주는 믿음에 부합한다. 두께 믿음은 앞서 언급한 나무껍질의 두께 형태로 구체화된다. 두께 형태를 통해 수종을 파악할 수 있으나 두께 믿음의 다양성에 따라 두께 모양의 구체화를 정립하기란 쉽지 않다. 현대사회가 지니고 있는 문화융합과 다문화의 수용은 믿음 두께에 따른 형태의 다양성을 더욱 촉진시킨다.

이렇듯 이미지의 새로움을 위한 과정은 믿음과정의 차이에서 출발한다. 흔히 시간과 환경이라는 공시적이며 통시적인 시각에서 믿음 두께의 껍질을 하나씩 벗겨낼 수 있지만, 문제는 동일한 환경 가운데도 개성적인 두께 믿음이 생성되는 것은 주체의 믿음형성과정의 차이에 의한 결과라고 할 수 있다. 동일한 대상에 대한 반응이 처음에는 같더라도 대상과의 관계가 더욱 깊이 설정되면 서로 상이한 차이를 나타내는 것은 대상에 대한 믿음 두께가 다르기 때문이다. 예를 들면, 물질적인 차원으로서 브랜드가 지니고 있는 가치는 오랫동안 동일 브랜드를 사용해온 소비자의 믿음에 의해 결정되며 그로 인해 그 브랜드에 대한 믿음 두께, 즉 충성도가 두터워진 것을 알 수 있다.

마찬가지로 정신적인 차원으로서 대상에 대한 소비자의 믿음 두께는 그 대상과의 오랜 관계를 통해 긍정 혹은 부정적인 믿음 두께를 지니고 있다고 할 수 있다. 이때 대상은 현대사회에서 많이 노출되어 있는 이미지이며, 각 이미지를 구성하고 있는 각종 시각, 문자 및 영상언어는 소비자의 개성에 따라 제각기 믿음 두께를 통해 판단하고 있음을 알 수 있다. 간혹 제품브랜드의 충성도가 지니고 있는 힘에 의해 동일한 이미지라도 소비자에게 긍정, 부정, 과장적인 이미지로 영향을 주는 것은 브랜드의 신뢰성에 의한 끌림 두께에 영향을 주기 때문이다.

시각 이미지에 나타난 언어와 시각 이미지가 주는 내용이 얼마만큼의 끌림 두께를 지니고 있는가는 소비자 개성에 의한 끌림 형성에 좌우된다.

끌림이 일어나는 힘은 시각 이미지에 있으며, 이것은 오랫동안 형성된 기업과 제품의 신뢰성에 기반을 둔 다양한 끌림 두께에 의한 이미지임을 알 수 있다.

3 연구방법론 고찰

이 책에서는 광고 및 시각 커뮤니케이션의 성공적인 캠페인을 위한 하나의 인식적 방법론을 마련하고자 한다. 즉 광고 및 시각디자인을 하는 크리에이터의 과정 또는 이미 진행된 시각대상에서 느껴지는 다양한 미적 관점을 현상학, 미학, 기호학의 다학제적 융합을 통해 '끌림'에 대한 새로운 인식론적 체계를 모색한다. '끌림'과 '이미지'의 관계성과 차이에 대한 연구는 마케팅전략의 단위적인 끌림에 대한 인식확장과 학문적 깊이를 더하는 측면에서 실제로 중요한 의의를 갖는다. 본 연구에서는 끌림에 대한 해석체계를 위해 끌림이 지니고 있는 본질적인 미적 체계를 구축할 필요가 있다는 전제 아래 다음과 같이 정리했다.

첫째, 시각 이미지를 직접 만들어내는 크리에이터의 창의적인 능력에 대한 폭넓은 이해가 필요하다. 따라서 발신자로서 크리에이터의 즉자(卽自)적인 끌림에 의한 창의적 상징성(Creative Symbolism)의 이미지다. 둘째, 소비자 주체는 스스로 상징적 인간이므로 상징을 만들어내는 주체, 즉 소비자 개성에 대한 포괄적인 이해가 필요하다. 따라서 수신자로서 소비자 주체의 끌림에 의한 개성적 상징성(Personal Symbolism)의 이미지다. 셋째, 제품 자체의 특징에 의한 기법, 매체, 과정이 상징(화)과 어떻게 관계되어 있는가를 고찰할 필요가 있다. 따라서 대상 자체의 끌림에 의한 대상적 상징성(Object Symbolism)의 이미지다. 넷째, 광고 및 시각대상을 둘러싼 자연환경에서 끌림의 의미를 부각시킬 수 있는 상징성의 이미지에 대한 연구를 포함할 필요가 있다. 이것은 제품과 소비자 주체의 개성에서 만나는 환경적인 자연스러움이라 할 수 있다. 자연 및 도시환경에 의한 끌림이 포함된 자연적 상징성(Nature Symbolism)의 이미지다. 다섯째, 제품의 근원적인 원형에서 시각 이미지의 의미를 부각시킬 수 있는 상징성에 대한 연구를 포함할 필요가 있다. 따라서 이것은 소비자 주체로서 크리에이터와 제품 사이에서 발생하는 동일성의 원형적인 끌림에 의한 원형적 상징성(Archetype Symbolism)의 이미지다. 여섯째, 소비사회에서 최소단위인 크리에이터와 소비자의 간주관적 커뮤니케이션의 상징성이다. 따라서 대자(對自)로서의 끌림에 의한 간주관적 상징성(Inter-subjective Symbolism)의 이미지다.

이제 광고 및 시각 커뮤니케이션에서 '소비자 주체에게 어떠한 끌림을 추구하는가?' 또는 '대상에 대한 여러 가치의 공통적인 교감'과 관계성을 갖고 있다면, 이는 특정한 끌림에 의한 독자적인 상징성이 발생하게 된다. 또한 끌림 이미지에 의한 성공적인 캠페인이 되기 위해 적어도 생산자는 소비자를 설득할 수 있는 상징적 끌림체계를 구축해야 한다. 이로써 시각 이미지는 소비자에게 어떠한 끌림 이미지를 심어주어 하나의 독창적인 상징체계를 생산해냈으며, 신뢰를 획득했는가? 나아가 이를 토대로 또한 어떠한 끌림체계를 지속적으로 창출해냈는가?

이러한 차원에서 본 연구가 연구목적을 위해 접근하려고 하는 연구주제 및 내용은 다음과 같다. 첫째, 시각물은 커뮤니케이션 영역에서의 시각 이미지 자체의 끌림을 유지 및 확대 재생산하기 위해 어떠한 끌림체계들을 활용했는가? 둘째, 처음의 끌림체계 활용과정에서 문화, 생활세계, 사회체계 등의 영역에서 행해진 상징화 과정은 구체적으로 어떠한 것들이 있으며, 특정한 사상은 어떠한 끌림체계로 접목되어 소비자에게 인지되는가? 셋째, 이러한 끌림 과정은 특정한 상징적 환경을 통해(시각 이미지의 안정과 신뢰의 수용) 대상에 신뢰를 구축했는가? 넷째, 시각 이미지의 상징적 구축은 앞서 언급한 바와 같이 객관적 상황에 대한 주관적 판단에 의한 끌림 과정이며, 이 과정에서 소비자 주체는 특정한 끌림 이미지를 수용하고, 이에 의거하여 특정한 행위를 하게 되는가? 된다면 어떠한 시각디자인이 소비자 주체를 매료하고 있는가? 다섯째, 대상으로서의 시각 이미지는 그 자체로 끌림체계가 성립 가능한가? 가능하다면 커뮤니케이션 사회에서 소비자 주체는 누구이며, 어떠한 관계로 유지되는가?

끌림체계는 시각 이미지의 상징이 나타내는 일련의 의미들을 자각하고 이를 통해 변화가 일어나는 잠재력을 판단하는 데 있다. 즉, 시각 이미지의 끌림은 어떤 연구자가 사실, 진리 혹은 과학적으로 발견함으로써 나타나는 것이 아니다. 예를 들면, 위의 5가지 질문에 대해 과학적 발견으로 시각 이미지를 통해 답을 찾는다면 첫째와 둘째 항목은 처음 접하는 시각 이미지에서 자주 나타나는 현상이다. 셋째는 잘 알려진 시각 이미지의 경우 지속성을 위한 끌림체계이며, 넷째는 시각 이미지의 일반적인 의미에서 벗어난 지극히 주관적이며 창의성이 풍부한 작품에 해당한다. 다섯째는 특정한 개성을 추구하는 소비자 주체를 대상으로 하는 끌림체계다.

특히 이 논의에서 조심스러운 점은 실증성, 확증적인 대답을 하기 위한 연구가 초래할 수 있는 확실성보다는 불확실성, 즉 다양한 사회적 환경들이 지니고 있는 시각 이미지에 대한 반응의 다양성과 다의적 응답 속에 시각 이미지의 끌림이 잠재되어 있다. 왜냐하면, 끌림 과정을 통한 상징적 환경의 창출은 단지 과학적인 지식의 산물이 아니기 때문이다. 마셜 맥클루언의 지적처럼 대중매체가 발전한 오늘날의 상황에 비춰볼 때, "시각 이미지는 사람들이 직접적으로 관찰하고 경험한 세계가 아니라 희망과 꿈을 자아내는 과장되고, 다양한 매체 속에서 발생하는 판타지다"라고 지적한 바와 같이 본 연구는 이러한 시각 이미지의 끌림이 어떻게 각색되어 소비자에게 인지되는가를 분석하고자 한다.

지금까지의 요약을 통해 본 연구는 끌림이 시각 이미지 및 자연, 환경 요인에 의해 발현되는 점을 기호구조적인 차원에서 분석되었음을 알 수 있다.[55] 이러한 연구는 커뮤니케이션 사회에서 소비자가 선택한 대상(기호)들에 대해 서로 다른 관점(지시체계)을 가질 때 나타나는 자의적이며 감성주관적인 사고를 극복하게 해주며, 시각 이미지에 대해 가능한 한 복합적(다의성) 인식이 가능하다는 점을 보여줌으로써 광고 및 시각 이미지 분야에 새로운 인식적 패러다임을 제공할 것으로 보인다.

위의 문제 제기를 통한 연구 방법은 시각 이미지가 지닌 끌림의 인식적인 영역확보를 위해 기존의 다양한 인식론적 기반을 토대로 '끌림체계'를 정립하여 귀납적인 방식으로 전개한다. 즉 이 책은 끌림이 지니고 있는 광범위한 접근 가운데 시각 이미지에 제한을 두며, 시각 이미지에 나타나는 끌림의 제반 현상이 크리에이터, 소비자 주체의 개성, 대상 이미지의 특징 및 장점에서 나타나고 있음을 제안한다.

[도표 12] 연구방법론의 귀납적 다이어그램

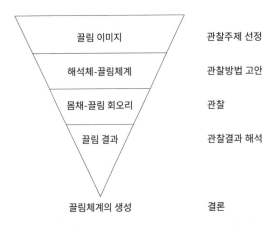

끌림 이미지	관찰주제 선정
해석체-끌림체계	관찰방법 고안
몸채-끌림 회오리	관찰
끌림 결과	관찰결과 해석
끌림체계의 생성	결론

이 세 영역이 지니고 있는 인식론적인 문제에 대한 견해 및 해석, 그리고 인식론적인 물음에 대한 대답은 해당 분야의 세계관적인 기본입장을 준수한다. 즉 다른 무엇보다 철학의 근본 문제에 대해, 또 그와 더불어 세계의 인식 가능성 문제에 대해 유물론적인 대답을 하느냐 관념론적으로 대답하느냐에 따라 규정된다. 끌림이 지니고 있는 광범위한 인식적 범위를 어떻게 소화할 것인가에 대한 질문은 결국 해당 분야의 문화적·사회적 환경 등의 여러 영역에서 확연한 차이를 보이는 것이 당연하다고 볼 수 있다.

끌림 이미지에 대한 이번 연구의 범위를 그동안 개인전, 초대전에 출품한 필자 자신의 작품에 제한을 두는 것은 시각 이미지에 대한 크리에이터 및 소비자 주체로서의 역할에 따른 인식에 대한 더욱 철저한 설득적·이론적 이해관계와 연결되어 있기 때문이다. 특히 필자의 작품 영역에서 보이는 끌림체계에 대한 설득적인 내용을 더욱 정확하게 설명할 수 있다는 점이다.

4 이 책의 구성 – 크리에이터, 소비자 주체, 대상 이미지의 특징과 장점

광고 및 시각 크리에이터와 소비자 주체의 끌림체계는 주체 자신의 몸을 보호하는 살(피부)에서 세계를 지향할 때 나타나는 아프리오리[56]의 감각에 의존한다. 실제 외부대상과 만나기 전의 아프리오리는 주체 내부에 있었으며, 끌림은 단지 내부대상과 바깥대상이 서로 만났을 때 비로소 실제적인 끌림 에너지로 구체화된다. 만약, 주체 내부의 끌림체계에 앞서 바깥대상에 의한 이미지가 소비자 주체를 끌어당긴다면 이것은 순수한 바깥대상의 끌림에 해당하는 객체적 기능성으로서 미적 감각에 구속받게 된다. 즉 끌림은 이러한 사회와 생활세계의 구속적인 기능성의 속박에서 벗어나 주체의 존재론적인 인식 차원에서부터 정치, 사회, 여러 영역의 특성에 따른 객체로서의 기능적인 끌림에 차이가 있음을 설명함과 동시에 끌림 이미지가 지닌 다양한 모든 관점을 필자 자신의 끌림체계에 제한하여 기술할 것이다.

특히, 모든 끌림이 갖고 있는 예제는 오랫동안 끌림 이미지를 연구해온 필자의 작품을 통해 최대한 간략하게 설명할 것이다. 왜냐하면, 퍼스의 해석체 이론에 따르면 보이는 모든 대상은 저마다의 해석적인 범주에 따라 차이를 나타낸다는 지극히 사실적인 지각에서 '확실치 않은 예제'를 제시한다는 것은 그 자체가 끌림체계가 지니고 있는 주관적인 차원의 이미지에 대한 경험을 제공하지 못하기 때문이다. 만약 대상적 이미지가 나타나 보일 때 그것은 이해를 통한 데이터들의 총합이고,[57] 미적 끌림에 의한 이미지가 아닌 일반적인 기능에 의한 끌림체계로 바뀌게 되며, 이러한 시각 이미지의 해석적인 기능적 차이를 극복하기 위해 끌림에 대한 첫 번째에 해당하는 크리에이터이자 소비자 주체로서 그동안 축적한 필자 스스로의 작품을 최대한 예제로 첨부하여 설명했다.

이 책의 구성내용에서 크리에이터의 주체 끌림은 시각디자이너, 화가, 작가 등 직접 새로운 세계를 창출하는 주체에 의해 만들어진다. 이러한 끌림 현상은 새로운 대상을 만들어갈 때 나타나는 창의적인 끌림이며, 소비자 주체의 개성적 끌림과는 철저하게 구분되는 끌림이다.[58] 일반적으로 창의적인 끌림 과정은 이미 작가 자신의 주체 내부에 있는 아프리오리의 느낌을 토대로 하여 구현하는 것으로 이해하는 경우가 대부분인데, 이러한 이해는 직접 창작활동을 하지 않는 사람들이 받아들이는 통상적인 판단이다.

그러나 그리기나 디자인을 통해 전혀 생각지도 않은 대상에 대한 새로움을 발견하는 경우를 종종 목격한다. 주체 자신이 앞서 생각했던 아프리오리의 주체 끌림도 만드는 과정 속에서 새로운 끌림체를 발견할 때 정작 작가 자신이 놀라는 경우가 나타난다. 이때는 새로운 것을 만들고 있는 주체 자신의 손에서 끌림체를 생성하는 곳으로 착각하는 경우도 있다. 일상적으로 차를 마실 때, 물건을 들어 올릴 때, 음식을 먹을 때 등 손의 도구적인 성격으로 머물고 있을 때는 끌림이라는 것이 주체 내부의 끌림체에 의한 수동적인 역할을 하지만 새로운 것을 만들어가는 역할로 전환되는 경우의 손은 그 자체가 끌림체의 역할을 한다.

그래서 손을 통한 창작활동을 하는 많은 분야의 종사자들은 이러한 손의 능동적인 끌림체의 발현에 대해 늘 고마움을 느낀다. 손에 의한 이러한 끌림체의 현상을 느끼기 위해서는 오랜 숙련된 과정이 선행해야 체험할 수 있다. 디자인 작품, 화가 작품 등 대상적인 끌림 현상이 나타나기 전에 이미 그 대상을 제작한 창의적인 끌림이 있었다는 점이 특이하다 하겠다. 이러한 끌림에 대한 분절적인 인식이 없는 가운데 끌림에 대한 출현을 판단한다는 것은 끌림에 대한 일방적인 주체 끌림으로 해석될 것이다.

시각디자인 사회에서 시각디자이너, 화가 등 창작활동을 하는 모든 사람은 그것을 애용하는 독자를 의식하지 않을 수 없으며, 이 과정 속에서 아프리오리의 끌림체가 발현된다. 이것을 흔히 '공주체성'이라 하며, 이때 공주체적인 끌림체가 생성된다. 끌림체는 주체, 대상, 창의성과는 완전히 다른 문화적인 원형에 의한 끌림이다. 시간과 공간의 개념이 끌림체에 포함되어 있다. 마지막으로 원시자연에 의한 순수 끌림이다. 앞서 언급한 공주체성은 문화성의 공통점을 지니고 있는 가운데 서로 다른 객체의 공주체성임에 반해 원시자연의 공주체성은 의식 이전의 선험적인 자리에서 순간 나타났다가 사라지는 객체와 주체의 초월론적인 몸채로서 인위적인 흔적을 전혀 찾아볼 수 없는 끌림이다. 후자는 시각디자이너에게 초월론적인 창의적 활동을 제공하는 끌림 에너지의 저장고로 작용한다고 볼 수 있다.

소비자 주체 개성에 의한 끌림은 대량생산과 대량소비의 전통적인 미적 방식이 지니고 있는 기능주의적 인식에 근거를 둔 미의식에서 주문생산을 통한 소비자 주체 중심의 지향에 좀 더 비중을 지닌 끌림 의식이다. 끌림의 방법론은 크리에이터 및 소비자 자신이 직접 참여할 수 있도록 체계를 갖췄으며, 크리에이터와 소비자 간의 간주관적인 끌림체계를 통해 얼마든지 자신의 미적 관점을 수시로 바꿀 수 있음을 강조했다. 특히, 시각 이미지는 소비자 주체에게 늘 새로운 부분을 보여줌으로써 개성적 끌림을 유도한다. 소비자 주체의 개성은 생활세계와 환경에 의해 지배되며, 한편으로는 모든 체계가 해체되어 재정립되기를 원한다. 즉, 매 순간 변화하는 신제품의 등장과 시장의 세분화가 첨단화되는 이유는 이러한 소비자 주체의 해체를 통한 새로움의 욕구충족에 대한 '채워줌'의 대표적인 예라 할 수 있다.

시장경쟁체제의 국제화로 다문화가 자연스럽게 확대되고 있으며, 또한 소비자 주체 개성에 의한 끌림은 동일 문화 속의 차이 발견이 아닌 문화차이의 새로운 융합, 즉 시각 이미지에서 다문화의 원형을 요구하고 있다. 대상 이미지의 특징 및 장점 끌림은 대상이 지니고 있는 새로움에 대한 소유 끌림을 자극하여 구매만족을 느끼도록 한다. 현대사회에 접어들면서 다양한 시각 이미지의 핵심적 원동력은 대상이 지니고 있는 정신적 가치 또는 물질적 첨단화에 촉매 역할을 한다.

지금까지 끌림 현상이 지니고 있는 크리에이터, 소비자 개성 내부의 인식론적인 발생에서부터 제품의 대상 끌림에 대한 본질적인 체계구성을 위해 기존의 현상학, 미학, 예술학, 기호학이 지닌 인식적 하부구조와 분석 기제를 최대한 활용했으며, 특히 퍼스의 해석체 이론과 메를로퐁티의 신체의 현상학에 더욱 초점을 맞추어 전반적인 끌림에 관한 이론적 뒷받침을 제공했다.

또한 시각 이미지에 나타난 끌림의 다의적인 의미는 시각디자이너와 소비자 개성에 따른 해석의 차이에 의한 것이며, 이러한 시각디자이너와 소비자 간의 간주관적인 끌림소(素)를 '몸채(彩)' 또는 '몸빛(BLS, Body Lighting Spirit)'이라 했다. 몸채는 시각 이미지의 기본구조를 이루고 있는 제품의 특징 및 장점,[59] 시각디자이너, 소비자 개성이 하나로 융합된 끌림 에너지로서 미적 지향성이자 순간 반짝이는 창의성이라 할 수 있다.

이 책에서의 몸채는 필자 자신의 순수한 창의성을 위한 미의식이며 아프리오리의 직관이다. 또한 루만의 체계이론과 후설 및 메를로퐁티의 현상학을 기초로 하여 끌림이 갖는 각종 체계를 구축하여 단순히 차이를 위한 차이의 끌림이라는 저급한 시각 이미지에서 벗어나 시각디자이너 자신의 미적 체계를 통해 끌림 이미지가 나타남을 보여줄 것이다.

특히 시각 이미지를 직접 제작하는 시각디자이너의 경우에는 자신만의 순수한 미적 감수성을 고집하는 것이 아닌 수시로 변화하는 소비자 개성을 위한 고객 맞춤형의 다양한 문화와 창의를 소화·흡수할 수 있는 새로운 끌림체계를 갖춰야 한다. 제작과정은 대상의 특징 및 장점과 시각디자이너, 그리고 소비자 개성이 서로 만나는 간주관적인 끌림에 의한 것이며, '좋다'는 느낌이 전해져올 때마다 설득을 위한 미적 끌림 이론의 필요성을 절실히 느끼게 한다. 왜냐하면 제작과정에서 오는 이러한 미적 끌림은 신체 바깥의 외부가 아닌 신체 내부에서 일어나는 전적으로 주관적인 끌림이다.

이와 같은 시각디자이너 자신의 내적인 미적 끌림을 직접 제작에 참여하지 않는 마케터 혹은 기타 광고기획 및 클라이언트, 소비자를 설득한다는 것은 매우 어려운 과정임을 누구나 공감하는 사실이다. 단순히 '느낌이 좋다'거나 '레이아웃 감각이 훌륭하다'는 짤막한 문장으로 창작물을 판단한다는 것은 매우 곤혹스러운 당혹감을 감출 수 없다. 동일한 광고크리에이티브 콘셉트도 누가 어떻게 끌림의 재해석을 통해 표현하느냐에 따라 전혀 다른 느낌을 주는 것은 직접 광고제작을 해본 사람이면 누구나 공감하는 말일 것이다. 동일한 사진 이미지와 헤드라인을 통해 디자인할 때마다 동일한 레이아웃이 나올 수 없는 것은 시각디자이너의 미적 끌림에 대한 해석적인 차이에 의한 결과다.

이와 같은 끌림의 해석적인 차이는 들뢰즈의 차이에서 언급한 바와 같이 주체 자신의 끌림 차이이며, 생명리듬의 차이를 인정하는 좋은 사례라고 볼 수 있다. 시각디자이너의 창의적인 생명력은 차이가 지니고 있는 심미적인 끌림 감각에서 발현된다. 대상의 특징 및 장점, 그리고 시각디자이너와 소비자의 간주관적인 끌림 장에서 각 영역에 대한 깊이를 수용하는 가운데 나타나는 갈등적인 태도는 차이라는 역동적인 에너지로서 새로운 끌림 홀로 바뀌어간다.

'끌림 홀'은 끌림의 요소를 제각각 걸러내는 기능으로서 '채'가 능동적으로 나타나 각 영역이 지닌 끌림 차이에 대한 수용 여부를 결정한다. 이것은 끌림 이미지를 만들기 위한 제작과정에 나타나는 제반적인 현상이라 할 수 있다. 지금까지 시각디자이너의 독창성이 현존하는 미적 기준에 의해 잠식되는 현실적인 측면을 침묵으로 일관해온 점은 '몸채'라고 하는 광고제작과정의 설득적인 미적 끌림체계이론이 없었기 때문이다.

이 책에서 언급하고 있는 '몸채'는 상징대상에 대한 미적 관점을 시각디자이너와 소비자 개성의 간주관적인 갈등구조에 의한 끌림체계임과 동시에 끌림 자체의 근본적인 느낌을 던지는 지향성 가운데 하나임을 강조한다. 과거 수세기 전의 미의 관점은 작품, 화가, 권력자와의 간주관적인

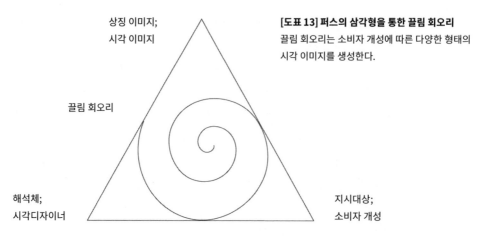

상징 이미지;
시각 이미지

끌림 회오리

해석체;
시각디자이너

지시대상;
소비자 개성

[도표 13] 퍼스의 삼각형을 통한 끌림 회오리
끌림 회오리는 소비자 개성에 따른 다양한 형태의
시각 이미지를 생성한다.

끌림 구조에 의한 강제력에 따른 어쩔 수 없는 수직지향의 권위 끌림이었으며, 모든 예술가들의 능동적이 아닌 수동적인 정신에 의한 종속적인 끌림이었다.

하지만 현대예술이 추구하고 있는 모든 예술은 과거 역사가 증명하듯이 절대권력에 의한 숭고한 아름다움이 지닌 수직적인 권위에 의한 복종이라는 끌림 지향에서 이제 누구나 공유할 수 있으며, 일상생활에서도 가까이 접할 수 있는 수평적인 평등에 의한 개성적인 자유라는 끌림 지향으로 나아가고 있다. 특히 시각 이미지는 현대 시장경쟁체제가 지향하는 제품의 특징 및 장점에 대한 개성창출이며, 자유분방한 개성의 수평적인 끌림 이미지다.

이제 끌림에 대한 미적 관점은 시각디자이너의 권위에 의해 주어지는 특권이 아닌 누구에게나 열려 있는 소비자 개성의 수평적인 끌림으로 나아가고 있다.

"이제 몸채는 상품 특징 및 장점, 주체로서 시각디자이너, 수용자로서 소비자 개성의 간주관적인 끌림 홀의 끝없는 갈등구조 속에서 발생하는 생명리듬이며, 동시에 끌림 이미지에 대한 해석체임을 알 수 있다. 몸채가 지닌 상품, 시각디자이너, 소비자 개성과의 간주관적인 소통의 장에서 접하게 되는 다양한 생명리듬의 갈등 회오리 속에서 끌림 홀이 만들어지며, 시각 이미지가 끌림 이미지로 성공을 기대하는 현실사회에서 끌림 홀이 갖는 참된 의미가 무엇인지를 발견하고 이를 통해 몸채에 대한 학문적인 고찰은 매우 유용할 것이다."

현업에 종사하고 있는 시각디자이너들의 감성주체로서 자신의 감성 끌림에 대한 설득적 이론은 동종 제품의 치열한 경쟁으로 인해 그 필요성이 절실히 요구되었다. 제작과정에 나타난 어떤 느낌이 시간의 흐름과 더불어 강하게 끌리는 현상은 실제 제작에 임해본 디자이너라면 '이런 것이 미적 감각이구나?'라고 할 정도로 심미안에 빠져드는 자신을 발견한다. 그와 동시에 이런 느낌을 어떻게 언어나 말로 표현할 것인가에 대한 고민은 늘 필자의 머리를 떠나지 않았다. 내적으로 움직이는 느낌과 외부에서 오는 느낌을 설명하려고 하면 늘 부딪치는 부분이 있다. 이에 대한 부분을 단순히 느낌, 감각, 직감, 직관, 통찰이라는 정적인 언어를 통해 대상에 대한 미적 감각으로 일축한다. 동양미학의 경우 기, 여백, 기운생동 등 많지 않은 단어로 압축하여 작품에 대한 평가와 더불어 예술성을 판단하려한다.

실제 시각디자이너나 화가, 광고디자이너, 아트디렉터 등 다양한 영역의 아티스트들의 역할에는 미적 감각에 대한 훈련을 통해 다양한 표현을 자유자재로 구사하는 것을 어렵지 않게 생각한다. 손에 의한 테크닉과 그에 따른 자신만의 표현에서 그들은 자기 자신의 고유한 끌림에 따라 제작한다. 제작한 광고물 등의 예술작품들은 시각디자이너 자신의 고유한 미적 끌림에 의한 표현이다. 단지 상업성을 지닌 의도적인 끌림에 의한 상업예술인지 아니면 순수한 자신의 내적 끌림에 의한 순수예술인지에 대한 차이에 대한 구분은 팝아트 이후 사라진 지 오래되었다. 즉 현대 소비사회의 개성문화는 이미 자유경쟁시장체제가 도입된 이후 줄곧 진행되어왔으며, 소비자 개성은 제각기 고유한 끌림이 있다는 점을 암시하고 있다. 결국 소비자는 자신만의 끌림 구조 속에서 시각 이미지를 해석하고 구체화한다.

이렇듯 끌림 구조는 하나의 인식구조에서 끌리는 것이 아닌 소비자의 다양한 개성을 통해 자신의 끌림 이미지를 유지하고 있음을 제시한다. 끌림 이미지가 현대 시장경쟁체제에서 얼마만큼의 비중을 지니고 있는가에 대한 필요성과 끌림 이미지를 창출하는 시각디자이너로서 새로운 끌림 구조의 발견은 매우 중요한 일이 되었다. 현대에 와서 시지각이라는 거대한 하나의 미적 이론에 의해 지배받고 있는 시각 이미지의 획일적인 표현에서 '몸채'는 가변적이며, 상품, 시각디자이너, 소비자 개성의 갈등관계를 통해 이뤄지는 끌림 홀 이론이다.

이 책은 지금까지의 이론서에서 보이는 선형적인 접근방식과는 달리 필자 자신이 느끼는 끌림 홀로 빠져드는 곡선적인 접근방식을 채택했다. 곡선적인 접근방식은 대상, 시각디자이너, 소비자 개성이라는 3가지 축이 끌림 이미지를 개발하는 과정에서 발생하는 다양한 끌림 차이에 의한 갈등을 의미한다. 끌림 갈등의 회오리는 3가지 축이 지니고 있는 끌림 구조에 따라 다양한 현상을 나타내며 끌림 홀로 빠져들어 간다. 3가지 축에 의한 끌림 회전은 깔때기 모양의 끌림 홀을 만들어내어 최종적인 끌림 이미지를 창출한다고 볼 수 있다.

이 책은 몸채를 통해 분석하는 방법론에서 그치는 것이 아닌, 몸채가 필자 자신의 순간적인 끌림체계를 의미하듯 모든 소비자 주체는 개성을 위한 자신만의 독특한 끌림체계가 있음을 강조한다. 지금까지의 내용에서 제1부는 시각 이미지의 끌림이 시각디자이너, 소비자 주체, 대상에서 생성하는 해석체로서 순간적인 몸채(몸빛 에너지)의 결과임을 소개했다. 이 책에서 '몸채'의 의식영역은 순전히 필자의 실제적·초월론적 현상 가운데 생성된 끌림을 의미하며, 이 사실로 인해 또 다른 차원의 수많은 끌림체계가 만들어질 수 있음을 제시함으로써 미적 체계의 감성이 이성적인 동일성의 느낌만으로 정립할 수 없음을 강조했다.

제2부에서는 주체로서 시각디자이너의 끌림에 대한 제반적인 해석적인 느낌을 현상학·기호학·미학적 관점을 통해 이론적인 접근을 시도할

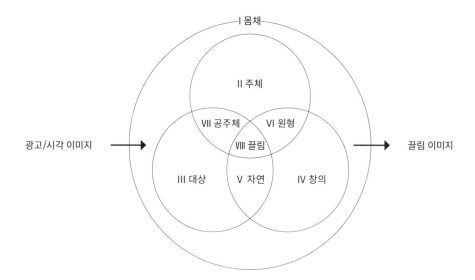

[도표 14] 광고 및 시각 이미지에 나타난 몸채(彩)의 미적 끌림체계
이 책의 각 단원은 몸채가 지니고 있는 끌림 이미지를 설명하고 있다. Ⅰ 몸채(BLS, Body Lighting Spirit, 해석체),
Ⅱ 주체, 시각디자이너(CD, Creative Director), Ⅲ 대상-소비자 개성(CP, Consumer Personality), Ⅳ 창의(USP,
Unique Selling Proposition-제품), Ⅴ 자연-문화(NC, Nature Culture), Ⅵ 원형-가치(AV, Archetype Value), Ⅶ
공주체적(Inter-subjective, 상호주관적), Ⅷ 끌림(ALH, Attractive Lighting Hall-끌림 홀)

것이다. 이를 통해 모든 상징대상은 시각디자이너의 존재론적인 차원의 미적 끌림에서 생성됨을 주장한다. 주체로서 시각디자이너의 다양한 끌림 현상을 몸이 지닌 감각구조에서 활동적이며 생동감 있는 인자임을 강조할 것이다. 이제 끌림은 신체의 현상학 가운데 새로운 인식분야로 자리 잡을 것이다. 감각, 지각, 의식에는 각각의 끌림 구조가 있음을 보여줄 것이며 각 인식영역에 따라 끌림의 장이 다르게 나타남을 기술할 것이다.

제3부에서는 객체로서 소비자 개성이 느끼는 끌림 이미지를 소개한다. 소비자의 주체, 지향성, 상호주관성에 따른 다양한 차이를 해석체로 하여 창의적인 상징성에 대한 끌림 현상을 분석한다. 제4부에서는 시각 이미지가 지니고 있는 대상으로서 특징과 장점을 통한 끌림 이미지를 소개한다. 이를 해석체로 하여 창의적인 상징성에 대한 끌림 현상을 분석한다. 제

5부에서는 시각 이미지가 지닌 자연적인 상징성에 대한 끌림 이미지를 소개한다. 자연이 인위의 문화 속으로 들어올 때 이미 자연은 의미생성의 일차단계다.

자연 끌림은 소비자 개성과 상징대상이 지니고 있는 특징 및 장점이 일치할 때 이뤄지는 자연스러운 끌림 현상이다. 자연 끌림 자체가 변형된 의미를 갖고 있으며, 새로운 문화의 한 유형으로 조작된다. 이를 몸채에서 소비자 개성과 상징대상이 융합한 것을 해석체로 하여 끌림 이미지를 분석한다. 제6부에서는 시각 이미지가 지니고 있는 원형적인 상징성에 대한 끌림 이미지를 소개한다. 조형이 지니고 있는 원형은 그 자체가 문화의 시작점이자 상징이다. 원형 끌림은 주체의 존재적인 질문과 상품 특징 및 장점이 지닌 문화적인 가치에서 만날 때 일어나며, 원시의 신선한 이미지를 다양하게 제공해준다. 이를 몸채에 있는 주체와 상품 특징 및 장점을 해석체로 하여 끌림 이미지를 분석한다.

제7부에서는 시각 이미지가 지닌 간주관적인 상징성을 통해 끌림 이미지를 소개한다. 공주체적인 끌림은 주체의 존재성과 소비자 개성의 문화적인 정체성이 만날 때 나타난다. 시각디자인 사회의 간주관적인 환경과 체계에 따른 다양한 간주관적인 끌림을 발견한다. 이를 몸채에 있는 주체와 소비자 개성을 해석체로 하여 끌림 이미지를 분석한다. 제8부에서는 시각 이미지가 지니고 있는 몸채의 '끌림 홀'을 소개한다. 끌림 홀은 상품 특징과 장점, 주체, 소비자 개성이 서로 하나의 축을 통해 갈등적인 에너지가 발생할 때 나타난다. 커뮤니케이션 사회의 선형적이며 직선적인 사고가 지배적인 현실에서 곡선적인 사고를 통한 상징대상이 있음을 소개하며, 주체와 소비자 개성을 해석체로 한 끌림 홀에 대한 끌림체계를 적극적으로 고찰한다.

1 질베르 뒤랑(1998), 진형준 옮김, 『상징적 상상력』, 문학과 지성사, p. 12.

2 Krugman, Herbert E. (1966/67), *The measurement of advertising involvement*, Public Opinion Quarterly, 30(4).

3 이두희(2004), 『광고론』, 박영사, pp. 169-171.

4 송효섭(1996), 『문화기호학』, 아르케, pp. 81-86.

5 화이트헤드(2001), 정영홍 옮김, 『상징작용』, 서광사, pp. 34-40.

6 Peirce (1931~1935), *Charles Sanders, Collected Papers of Charles Sanders Peirce*, Cambridge: Harvard University Press.

7 Dyer, G. (1982), *Advertising as Communication*, London, Methuen.

8 Mcluhan, Herbert Marshall (1960), with E. S. Carpenter, *Explorations in Communication* (Boston: Bescon Press).

9 Charles Sanders Peirce (1991), *Peirce on SIGNS*, The University of North Carolina Press.

10 화이트헤드(2001), 정영홍 옮김, 『상징작용』, 서광사.

11 광고 및 시각디자인의 구분에 대한 해석적인 차원은 비중에 따라 차이를 두고 있다. 이 책에서는 두 가지 해석적인 차원을 융합하여 한쪽으로 치우친 이미지의 판단을 최대한 줄이고자 겹처서 사용하고자 한다.

12 광고효과이론 가운데 대표적인 주류는 '자극-반응'이론으로서 유기체 내부에서 일어나는 모든 상태를 고려하지 않는다는 대전제 속에서 구축된 이론이다. 스키너와 파블로프가 대표적인 학자이며, 행동주의이론, 강화이론, 조건반사이론, 광고태도이론, 정교화가능성이론 등 다양한 이론이 커뮤니케이션학, 광고학, 디자인학, 심리학, 사회학 등 각 분야에 적용되고 있다.

13 W. Lawrence Neuman (2003), *Social Research Method*, University of Wisconsin at white water print, pp. 9-14.

14 Anthony M. Graziano, Michael L. Raulin (2000), *Research Methods*, Allyn and Bacon, pp. 7-15.

15 지금까지 시각디자인이 마케팅 위주의 정량적인 커뮤니케이션 체제로 발전해온 점을 감안한다면, '끌림' 언어의 느낌과 관련한 융합적인 광고, 시각, 대인 커뮤니케이션 체계는 미미한 실정이다. 끌림의 일관성 없는 느낌을 포착하여 감성체계를 구축하는 것 자체도 어렵지만, 현대 첨단경쟁시장이 지향하는 수익창출과는 직접적인 연관이 없다고 보기 때문이다. 하지만 '미학마케팅'을 통해 현대 경쟁시장에서 활발하게 적용하고 있는 현시점에서 '끌림' 언어의 감성적인 도구를 통해 새롭게 끌림 융합 커뮤니케이션(AIC)의 미적 체계를 구축하는 것은 시의적절한 연구라 하겠다.

16 메를로퐁티의 저서 『신체의 현상학』에서 신체는 순수객관적인 몸이 아니며, 몸 자체는 이미 살을 통해 세계와 교감하는 주관과 객관이 없는 살의 현상학을 주장했다. 즉, 살은 물질도 아니고 정신도 아닌 살이라는 하나의 원소로 되어 있다. 살이 지닌 감각의 끌림 에너지가 있음을 알 수 있다.

17 데리다의 저서 『해체』에서 차연(diffe′rance)은 소쉬르와 달리 기호가 고정된 것이 아니라 자신의 흔적(trace)만을 담고 있다. 이러한 흔적은 늘 끝없이 변화하는 차이를 통해서만 볼 수 있다. 즉, 데리다에게 기호란 차이를 통해 끝없이 자신의 흔적을 드러냄과 동시에 자신을 지연하고 유보하는 '차연'의 표현이다. 차연이 지니고 있는 이러한 지연 과정은 기호 자체에 스스로 차이를 나타내려고 하지 않는 느림의 끌림 에너지가 있음을 알 수 있다.

18 들뢰즈의 저서 『차이와 반복』에서 "세상에 존재하는 모든 것은 하나의 단일한 체계로 규정될 수 없다"고 하여 표상과 개념 아래 함몰되어온 지금

까지의 획일화된 체계로부터 주체의 다양성을 회복함과 동시에 세계와의 풍부함을 되찾고자 '차이'를 주장했다. 지금까지의 기계론적이고 강제성을 지닌 체계에서 차이를 통해 일탈과 독자적인 체계의 가능성을 포함하는 '리좀'의 체계를 주장했다. 여기에서 '차이 그 자체'가 지니는 다양성과 잠재성을 끄집어내기 위한 끌림 에너지가 있음을 알 수 있다.

19 장 보드리야르(1927~2007)의 저서『시뮬라크르(Simulacre)와 시뮬라시옹(Simulation)』에서 "모사된 이미지가 현실을 대체한다"는 시뮬라시옹 이론을 주장하여 더 이상 모사할 실재가 없어지게 되면서 실재가 더 실재 같은 하이퍼리얼리티(초과실재)가 생산된다고 했다. 끌림은 이러한 모사할 실재가 없을 때까지 나타나는 눈에 보이지 않는 환상적 에너지다.

20 Rodrigo Magalhaes (2009), *Autopoiesis in Organization Theory and Practice*, Emerald, pp. 31-34.

21 W. Lawrence Neuman (2003), *Social Research Method*, University of Wisconsin at white water print, p. 75.

22 Lewis H. Lapham (1994), *Understanding Media*, The MITMedia, pp. 285-330.

23 Rodolphe Rapetti (1990), *Symbolism*, Flammarion, pp. 7-14.

24 Charles R. Taylor (2007), *New Directions in International Advertising Research*, JAI. pp. 87-90.

25 Gerard Deledalle (2000), *Charles Peirce's Philosophy of Sign*, Indiana Press, pp. 51-53.

26 의식의 질성은 소비자 주체마다 다양한 의식수준을 지니고 있다. 이러한 질성적인 차원을 데이비드 호킨스는 자신의 저서『의식수준』에서 "주체마다 잠재되어 있는 힘을 에너지 수준에 따른 인간의 의식수준"이라 하여 평상시 보이는 소비자 주체의 의식개념인 '무기력', '용기', '분노', '사랑' 등의 느낌을 수치화하여 정리했다. 이 책에서 끌림은 '몸채'라는 끌림 에너지의 강도에 의해 움직여지기 때문에 몸채를 간직하고 있는 "끌림체는 소비자 주체의 의식수준, 의식질의 강도에 따라 끌림 회오리에 차이를 줄 것이다"라는 점을 전제로 인용했다. 마찬가지로 순수질(純粹質), 감각질(感覺質), 시지각질(視知覺質) 역시 동일한 시각의 관점에도 몸채의 '에너지 강도'에 따라 끌림이 지닌 질적 차이를 보이게 된다.

27 Gerard Deledalle (2000), *Charles Peirce's Philosophy of Sign*, Indiana Press, p. 49.

28 Gerard Deledalle (2000), *Charles Peirce's Philosophy of Sign*, Indiana Press, p. 48.

29 광고 표현의 '스며듦'은 동양철학의 사유구조의 하나인 '함 없음[無爲]'과 '함 있음[有爲]'의 순수감성과 목적감성에 의해 주어진 대상을 수용한다고 보고, 수용할 때 나타나는 다양한 느낌에 따른 스며드는 현상을 조작적으로 구체화하여 차이를 분석했다.

30 끌림 회오리는 이 책의 전체적인 흐름을 잡아주는 대상 간 끌림 에너지의 형상으로서, 각 끌림체의 질적인 차이에 의해 다양한 끌림 이미지를 만들어낸다. 이와 같은 끌림 회오리가 형성되기 위한 비물질적인 신체로서 구성된 끌림체의 실체는 끌림 에너지, 즉 '몸채-빛 에너지'다.

31 21세기의 대표적인 매체는 스마트폰, 템플릿, 개인용 컴퓨터, 신문, TV, 각종 영상매체라 할 수 있다. 이 가운데 스마트폰을 통한 네트워크, 교통, 전기, 호텔, 여행 등의 정보교환과 생활 주변의 전자기기 및 주택, 자동차, 가전제품 통제 및 감시 기능 등 앱(App)의 지속적인 성장은 소비자 생활에 커다란 변화를 가져오고 있다.

32 후설(1998), 이종훈 옮김,『시간의식』, 한길사.

33 후설(1997), 최경호 옮김,『순수현상학과 현상학적 철학의 이념들』, 문학과 지성사.

34 M. Merleau-Ponty (2002), 류의근 옮김,『신체의 현상학』, 문학과 지성사, p. 20.

35 후설(1998), 이종훈 옮김, 『시간의식』, 한길사, pp. 99-100.

36 한국현상학회 편(1999), 『문화와 생활세계』, 철학과 현실사.

37 張立文(2004), 김교빈 옮김, 『기의 철학』, 예문서원.

38 전기순(2004), 「광고유형별 여백디자인에 관한 연구」, 한국방송광고공사. 여백은 동양예술에서 빼놓을 수 없는 핵심 언어다. 여백 속에 있는 기운생동, 운기, 순수 자연은 그 자체가 동양철학이 추구하는 자연합일을 통한 생활 속 끌림 리듬이라 할 수 있다.

39 에리히 프롬은 자신의 저서 『소유냐 존재냐』를 통해 인간주체의 삶에서 정신적인 측면과 물질적인 측면에 대한 선택은 매 순간 일어나며, 이 선택은 정신적인 삶을 통한 쾌에서 물질적인 쾌가 점차 증대하고 있는 현대 소비생활에서 소비자 주체에게 주는 청량제와 같은 메시지로 받아들여진다.

40 자기 자신과 직접적으로 관계되는 대상에게 문을 열어주고 그렇지 않은 경우 스스로 문을 닫는 단일 세포활동을 그대로 인간생활에 적용하여 만들어진 체계다. 실제 소비생활도 대량의 소비를 하는 것처럼 보이지만, 실제 소비자 주체는 자기 자신에게 필요한 가치와의 관계 속에서 소비활동을 한다.

41 『철학대사전』, p. 1016. 의식은 모든 감성적 형태의 반영과 이성적 형태의 반영뿐만 아니라 인간의 감정 영역과 이성 영역을 포괄한다. 즉, 의식은 인간의 모든 심리적 활동을 포괄한다. 개성이 존중되는 현대 생활의 다양성 속에서 동일한 의식을 유지한다는 것은 지극히 전근대적인 유물론적 사고의 기계적이며 목적론적인 기능에 기초한 주관적 해석이 강하다고 볼 수 있다.

42 최상진 외(2001), 『동양심리학』, 지식산업사.

43 柳華陽(1991), 이윤회 옮김, 『慧命經』, 여강출판사.

44 금장태(2003), 『한국유학의 심설』, 서울대학교 출판부.

45 M. 엘리아데(2005), 박규태 옮김, 『상징 신성 예술』, 서광사.

46 금장태(1994), 『유교사상과 종교문화』, 서울대학교 출판부, p. 171.

47 장 보드리야르(2000), 하태환 옮김, 『시뮬라시옹』, 민음사, p. 69.

48 메를로퐁티(2003), 류의근 옮김, 『지각의 현상학』, 문학과 지성사, pp. 165-234.

49 이상우(1999), 『동양미학론』, 시공사, p. 109.

50 Ibid., p. 20.

51 『철학대사전』, p. 1237.

52 타자에 대한 의미는 과거 중세부터 현대에 이르기까지 많이 바뀌어오고 있다. 타자를 바라보는 경이, 신비 등의 원형적인 신비는 현대 첨단 물질문명에서는 또 다른 차원의 타자로서 차이와 동일성을 구분하는 가운데 해체되어야 한다. 이 해체되는 과정에서 주체와 타자가 지니고 있는 양극성의 끌림 차이에 의한 끌림 회오리가 생성된다.

53 2013년 7월 유럽입자물리연구소(CERN)에서 검출된 소립자로서 '힉스 입자' 또는 일명 '신이 숨겨놓은 입자'로 불리고 있다. 1964년 영국의 물리학자 피터 힉스가 그 존재를 예언했지만, 현재까지 물질을 구성하는 기본 입자 중에서 유일하게 관측되지 않은 가상의 입자다.

54 '생각'이라는 단어는 철학적인 인식개념으로, 사고가 바뀌기 전의 생물학적인 감각에 의해 발생하는 일상적인 판단을 의미한다.

55 소두영(1996), 『기호학』, 인간사랑.

56 아프리오리(a priori): 일반적으로 '선험적'이라고 옮겨지는 아프리오리는 본래 아포스테리오리(a posteriori)에 대립하여 사용되는 인식론적 용어다. 특히, 라이프니츠에서 아프리오리는 경험에 선행하여 그것과는 독립적인 '인식'이라는 의미가 확립되었다. 이후 현대 현상학에서는 감성적인 소여에 선행하여 주어지는 것으로 이해되었

다. 이 책에서 '끌림'은 감성 이전의 선험적인 직관, 통찰을 통해 섭렵되는 끌림체가 머무는 자리로 해석한다.

57 헤르만 파레트(1995), 김성도 옮김, 『현대기호학의 흐름』, 이론과 실천, p. 103.

58 Rudolf Arnheim (1954), *Art and Visual Perception*, California Press, p. 437.

59 USP, Unique Selling Proposition.

제2부 끌림 이미지의 개성적 상징성

제1장 끌림과 소비자 주체

1 끌림과 소비자 개성

1) 끌림 존재

⑴ 배경의식의 장

소비자 주체로서 끌림은 신체의 살갗(내피, 외피)에서부터 감각, 시각, 지각, 의식 등에서 발생한다. 이러한 끌림이 일어나는 현상을 체계적으로 정립한다는 것은 매우 흥미로운 일이 아닐 수 없다. 메를로퐁티[1]는 신체의 현상을 파악하는 데 크게 해석학적 현상과 초월론적 현상의 두 가지 위치에서 시작했다. 해석학적 현상은 신체가 지니고 있는 감각영역에서 의식영역까지 해석이 가능한 범주의 제반적인 현상을 다루는 반면, 초월론적 현상은 순수감각으로서 전혀 해석이 가능하지 않은 질료적인 범주의 제반적인 현상을 지칭하고 있다.[2]

해석학적인 범주는 이미 사회·문화·심리 등 제각기 필요한 과학영역에서 수차례 연구방법을 논의하여 상당히 깊이 있는 인간에 대한 인식방법론을 제시하지만, 초월론적인 영역에 대한 연구는 신지학 또는 초자연적인 비과학이라 단정하고 검증 가능한 객관적인 과학의 학문영역으로 받아들이는 것 자체를 거부했다.[3]

하지만 메를로퐁티는 자신의 저서에서 신체 이외의 초월론적 감각에 대한 범주를 연구할 수 있는 기초를 만들어 구성적인 토대를 정립했다는 점에서 높게 평가할 수 있다고 보겠다. 그의 초월론적 현상학은 지극히 주관적인 입장에서 객관적인 판단을 해야 하는 입장을 내세우고 있다. "나는 인과관계에 의해 연결된 과정 또는 사물의 총합으로서의 나 자신을 구별시킨 이 세계를 '나 자신 속에서' 나의 모든 사고작용의 영원한 지평으로서 세계 및 세계 내의 대상은 부단히 구성작용을 수행하는 초월론적 주관에 의존해 있다"고[4] 언급한 그의 주장은 초월론적인 현상적 사유에 대한 영역을 확장했다고 볼 수 있다.

> "초월론적인 구성작용(Constitution)[5]은 나름대로 고유한 의미를 가진 일체의 대상에 대한 경험의 가능근거로서, 그 어떤 대상도 이러한 구성작용 없이는 우리에게 그러한 의미를 지닌 것으로서 경험될 수 없으며, 따라서 이러한 구성작용이 없다면 우리는 그 어떤 대상에 대해 논하거나 학적으로 탐구할 수도 없다."

여기에서 알 수 있는 것은 초월론적인 구성작용은 실제 선험적인 순수 감각의 장이며, 여기에는 혼돈으로 이뤄진 그래서 어떠한 것과도 구성이 이뤄질 수 있는 근거를 제공한 것이다.

데리다는 해석학적인 의식의 영역에서 이뤄진 어떠한 의미구성도 환경에 따라 다르게 판단한다. 따라서 모든 의미구성의 명증성을 위해 의미를 해체한다.[6] 해체는 기존의 고정적인 인식의 영역을 확장한 경우와 마찬가지로 초월론적인 구성작용에 따른 해석학적인 끌림에 대한 고정적인 관념 역시 해체해야 한다. 따라서 해체로서의 초월론적인 구성작용을 수용하지 않는다면 소비자 주체의 감각, 지각, 기억, 예상 등 다양한 유형의 내부지각의 대상에 대한 어떠한 끌림도 탐구할 수 없게 된다.

이 책의 끌림이 지니고 있는 언어학적인 측면 이외에도 철학과 미학적인 탐구영역에서 충분히 위치를 확보할 수 있는 것은 메를로퐁티의 초월론적 현상학이 지니고 있는 구성작용의 뿌리가 있기 때문이다. 따라서 끌림이 지니고 있는 일체의 대상은 초월론적인 구성작용에서 그 근원적인 뿌리를 발견하는 것이 끌림 이미지의 미학적인 기초를 다룰 수 있다고 본다. 그렇다면 끌림의 초월론적인 구성작용은 어떻게 이뤄져야 할까?

이에 대한 본격적인 연구에 앞서 구성작용에 관한 것부터 언급하면, 후설은 외부지각에서 확인할 수 있는 바, 실제 주어진 것보다 더 많이 사념하는 의식작용, 혹은 더 높은 단계의 새로운 의미를 지향하면서 파악하는 작용을 '구성작용'이라고 한다. 예를 들면, 우리는 사진 속의 이미지를 통해 일차적으로 사진 인물이 누구인가를 지각하는 경우가 있는데, 사진에 대한 지각작용은 기호학적인 차원에서는 바르트의 기표와 기의, 퍼스의 해석체 이론으로 나누어 의미작용을 분석할 수 있다.

또한 사진이 지니고 있는 종이의 특징과 인물의 위치, 배경, 레이아웃은 장 마리 플로슈(Jean Marie Floch)[7]의 저서인 『조형기호학』에 나와 있는 표현면, 내용면의 분석 방법을 통해 의미작용을 확인할 수 있다. 일련의 이러한 분석과정은 어디까지나 해석학적인 차원에서 바라보는 현상에 대한 분석을 의미하며, 간혹 퍼스의 해석체이론[8]은 이러한 제한된 범주를 일차성, 이차성, 삼차성을 통해 극복하려는 움직임을 확인할 수 있다.

하지만 사진의 인물을 통해 과거의 생활과 동시에 옛 친구를 떠올릴 수 있는 경우에는 기호로서 사진의 의미 분석이 지니고 있는 객관적인 과학적 범주에서 무시되는 언어의 잉여성[9]으로 다뤄졌지만, 사진이 지니고 있는 주관적인 다양한 떠올림은 시간이라는 물리적인 흐름 가운데 구성적인 이미지를 지니고 있기 때문에 구성작용이라고 할 수 있다. 사진 지각은 일차적이고 직접적으로 주어진 외부적인 구성작용보다 '더 많이 사유함'이라는 특성을 지니고 있으며, 그러한 면에서 내부에 더 복잡한 구성작용이 있음을 알 수 있다.

시각 이미지는 해석학적 현상에 대한 외적인 구성작용이 내적인 초월론적인 구성작용으로 환원이 이뤄지지 않는 이상 시각 이미지가 지니고 있는 끌림의 구성작용을 이해할 수 없다. 이것은 이미 메를로퐁티가 "초월론적 끌림은 우리에게 자신의 모습을 조금 드러낼 때도 대부분의 경우 우리는 초월론적 끌림이 우리에게 자신의 모습을 부분적으로 드러낼 수 있다.

그러나 대부분 이러한 초월론적인 끌림이 세계 구성적 기능을 지니며 세계 및 세계 내 대상이 초월론적 끌림의 구성작용에 의존해 있다는 사실을 진정으로 깨닫지 못하고 다시 소비자의 생활세계로 돌아가 우리의 일상적인 삶으로 살아간다"고 언급한 바와 같이 초월론적인 끌림에 의한 주관은 생활세계에서 일상적으로 살아가는 우리에게 자신의 모습을 드러내기를 거부하거나 전혀 의식하지 못하는 가운데 살아간다.

이처럼 초월론적인 끌림을 포착하고 그 구조를 체계적으로 해명하기 위해서는 특정한 방법이 필요한데, 이 방법이 바로 초월론적인 환원을 통한 파악에 있다. 초월론적인 환원은 현대 심리학의 원인과 결과에 대한 판단중지와 자연적인 태도의 일반정립에 있다. 판단중지와 자연적인 태도의 일반정립에 대한 올바른 이해가 없는 한 끌림이 지닌 지향성에 대한 세계의 한 부분으로서 소비자 개성에 대한 의식의 지향성만을 파악할 수 있을 뿐이다.

따라서 소비자 개성에 의한 의식의 지향성이 지닌 이러한 초월론적인 끌림을 포착하기 위해 우리는 세계가 존재하는 모든 것의 총체라고 하는 자연적인 태도의 일반정립에 대한 판단중지를 해야만 가능하다. 후설은 이러한 판단중지를 '초월론적인 판단중지'라 하여 세계의 일반정립에 대한 모든 의심과 호기심이 단절된 가운데 나타나는 지평이라 할 수 있다.

이 장에서는 끌림이 지닌 존재적인 지평에 관한 내용을 다루고 있는데, 지금까지 세계의 일반정립이라는 인식의 프레임에서 벗어난 상태를 의미하는 순수감각이라고 했다. 아무런 의심과 질문이 없는 가운데 현현하는 지평은 수용 그 자체의 의미를 지니고 있으며, 어떠한 의식에 의한 지향성이 살아 숨 쉬지 않는 고요한 정적인 상태를 의미하는 것이라 할 수 있다. 흔히 참선이나 명상수행을 오래 하면 나타난다는 공성의 상태라 할 수 있으며, 판단중지는 이러한 상태로 나아가기 위한 방법론으로 외부와 내부의 세계에 대한 통제를 위한 처치라고 볼 수 있다. 만약 판단중지가 철저하게 이뤄지지 않은 상태에서 의식의 지향성(s, s1, s2)이 지닌 초월론적인 구성작용은 더 이상의 초월론적인 구성작용, 즉 끌림(p1-p2) 구성작용으로 파악되지 않고 세계의 일반정립과 동일한 의식 끌림(p-p1)의 한 부분으로 파악되고 만다.

후설은 『위기』에서 "판단중지와 더불어 철학자의 시선이 실제로 해방된다. 무엇보다 가장 강력하고 가장 보편적이며, 따라서 가장 은밀하고도 내적인 속박인, 앞서 주어진 세계의 속박으로부터 해방된다"고 말하면서 초월론적인 판단중지에 대해 해방적인 성격을 강조하고 있다. 판단중지는 지금까지 사회체계 및 생활세계가 만들어온 의식의 속박에 대한 해탈을 의미하는 것이며, 흔히 불교에서 말하는 돈오돈수(頓悟頓修)의 견성 또는 해탈의 경지에 이르기 위해 즉각적으로 깨닫는 것을 의미한다고 할 수 있다. 끌림이 지닌 초월론적인 순수 끌림을 파악하기 위해서는 이러한 깨달음의 경지에 머물지 않는 한 소비자 주체 자신이 가진 의식 끌림의 한 부분이 된다.

[도표 15] 주의판단의 의식장(p-p1)과 발생론적 배경의식 장(p2)의 연결로서 몸채(p1-p2)의 위상
p: 순수감각, n: 감각상태,
a, a1, a2: 끌림 지향성(Noema),
s, s1, s2: 순수감각(sense Data),
n, n1, n2: 지향작용(Noesis),
p-p1: 의식 장, p1-p2: 몸채(끌림체),
p2: 배경의식 장, x: 주의 겹침,
x1: 끌림 두께, x2: 끌림 두께의 장

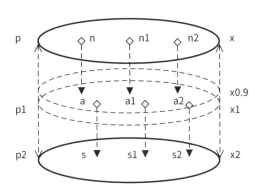

판단중지에 의한 초월론적인 끌림이 지닌 구성근거인 초월론적 주관의 영역으로 들어가 초월론적 구성기능을 지닌 다양한 유형의 끌림 지향성이 어떤 식으로 서로 결합하면서 다양한 유형의 끌림 및 세계를 구성하는지 분석할 수 있다. 이 책은 초월론적인 환원의 다양한 접근방법 가운데 끌림이 지니고 있는 존재적인 개념으로서 초월론적 현상의 환원을 따르기

로 한다. 끌림은 이미 그 자체가 하나의 사태로서 성격을 지닌 지향성이다. 정적인 끌림이 아닌 동적인 끌림으로서 하나의 발생학적 현상이며, 어디까지나 방향(Vector)의 지향성을 함축하고 있다.

끌림을 주제화할 경우 끌림이 지니고 있는 발생태(發生態), 즉 초월론적인 차원으로서 근원적인 뿌리에 대한 모든 것을 주제화할 수 있어야 한다. 이것은 어떤 특정한 존재자 범주에 특정한 전제를 통해 한 단면을 연구하는 개별적인 과학탐구와 달리 철학이 지닌 "모든 것의 뿌리", "모든 것의 학"이라는 사실에 주목해야 한다. 결국 이러한 전체 뿌리를 탐구할 수 있는 영역은 의식 활동 이전의 영혼, 의식, 정신, 삶, 종교 등 끌림 존재자의 심리활동이라 할 수 있다.

하지만 심리학은 범주의 단면을 통한 원인과 결과를 통한 의식 끌림의 제한적인 연구라는 점에서 초월론적인 현상적 파악과는 거리를 둔다. 초월론적인 끌림의 구성작용은 앞서 선행한 의식의 삶, 정신, 삶의 다양한 영혼활동에 대한 반성적인 환원이 이뤄져야 함과 아울러 일련의 모든 의식이 지닌 정신활동에 대해 자기 자신을 반성적으로 돌이켜볼 수 있어야 한다. 이를 위해 본질 직관, 논리적 추론, 수학적 사유, 과학적 탐구, 예술적 감각, 도덕적 심성에서 각성, 감각, 시각, 지각, 의식이 지닌 감정, 욕구, 기분, 본능, 충동에 대한 일체의 영혼활동에 대해 통찰(通察, Insight)할 수 있는 힘이 있어야 한다.

따라서 초월론적인 끌림의 존재론적인 차원의 구성작용은 결국 의식을 통한 의미를 통해 의식의 본질적인 특성을 살펴볼 수 있음을 후설은 '지향성'이라는 단어를 통해 정리했다. 의식이 가진 본질적인 속성을 나타내는 "의식은 언제나 의미를 지닌 그 무엇과 관련을 맺고 있다"라는 개념이다. '무엇에 관한 의식'이라는 지향성에서 끌림은 선행하는 감각의 영역이다. 지향성이 의도적인 방향성을 지닌 이성적인 것이라면, 끌림은 비의도적인 감성적인 방향성을 지니고 있다. 이러한 차이는 서로 동조적으로 같은 방향으로 진행하기도 하지만, 반드시 그렇지만은 않다. 지향이 지닌 양자관계, 즉 '의식'과 '무엇'은 존재자로서 무관하게 존재하는 것이 아니라 양자 간에는 본질구조에서 독특한 상관관계가 존재한다.

특히 상관관계는 '끌림'이라는 초월론적인 차원에서 볼 때도 동일하게 이뤄진다. 즉, '순수감각'과 '무엇'은 의도적인 의식이 이뤄지기 전 단계에서 발생하는 끌림이다. 지향과 끌림이 지닌 상관관계는 이성과 감성의 방향과 동일한 움직임을 나타내고 있다고 보면 쉽게 이해할 수 있다. 끌림 지향성은 후설이 주장하는 지향성이 직선적인 방향성을 지니고 있다면 끌림은 곡선이며 대상에 따라 다양한 끌림 리듬을 나타낸다.

또한 끌림의 감성적인 영역은 생활환경과 사회체계에 따라 민감하게 반응하며 동화한다. 끌림 지향성에 대한 논의에 앞서 지향이 이뤄지기 위한 인식 지평을 먼저 생각하면 끌림 지향은 후설의 지향성과 마찬가지로 '파악'을 통한 '주의'와 '판단'이라는 바탕 가운데 일어나는 제반 현상이다. 파악은 후설의 『논리연구』에서 이미 밝힌 개념이며, '파악작용-감각내용'의 도식을 기초로 '자기 동일성의 대상'에 대한 '배경의식'과 관련한 복잡한 전체 현상을 총체적으로 파악할 수 없음을 인정했지만, 사태에 대한 파악작용을 정의한 그의 말에서 끌림이 지닌 순수감각의 존재적인 위상을 알 수 있다.

"우리가 파악한 것처럼 이처럼 막연하고 포괄적으로 이해된 지향성 개념은 현상학에서 꼭 필요한 분석을 위한 도구이며, 개념의 근본원형이라 할 수 있다. 이 개념이 지칭하는 가장 일반적인 것은 자세한 탐구가 있기 전에는 매우 막연한 것일 수도 있다. 그것은 본질적으로 서로 다른, 매우 다양한 형태 속에서 살아날 수 있다."

여기에서 지향성이 가진 막연한 개념은 지향성의 일반적인 형상이 이뤄지기 전까지는 다양한 배경의식에 의해 바뀔 수 있음을 암시한다. 끌림의식은 '파악작용-자기동일성 대상'이라는 도식에서 이뤄지는 배경의식 속에서 움직이는 감성적인 지향성이라 할 수 있다. 배경의식에는 주체의 비지향적 체험으로서의 감각내용과 지평의식 및 세계의식, 대상화적 작용에 토대를 두지 않은 비대상화적 작용 등이 살아 숨 쉬고 있다. 배경의식이 지향적 체험인가 아닌가에 대해서는 두 가지 상반된 해석을 할 수 있다. 배경의식이 '자기동일성 대상'을 향해 있지 않을 경우와 그렇다고 해서 전혀 향하지 않는다고 보는 의식적인 관계다.

예를 들면, 광고 표현에 나타난 인기모델의 이미지를 떠올려보자. 이 모델은 소비자 주체에게 '자기동일성 대상'이며, 따라서 그에 대한 지각작용은 일종의 지향적 체험이라 할 수 있다. 그러나 이 경우 소비자 주체의 시선에 들어오는 것은 모델만이 아니다. 비록 소비자 주체의 시선이 의식적으로 이 모델을 향해 있음에도 소비자 주체는 이 모델 주변에 있는 다른 소품과 의복, 또는 더 나아가 모델이 말하고 있는 상징적 대상에 대해서도 불투명한 양상에서나마 의식하고 있는 것이 사실이다.

이처럼 배경을 향하고 있는 의식이 지향적인 체험인가 아닌가 하는 점이 매우 불투명한 이유는 앞서 언급한 두 가지 끌림의 지향성이 상존하고 있기 때문이다. 모델에 대한 자기동일성 대상에 대한 끌림은 소비자 주체의 의식을 통한 의식 끌림이며, 배경이 가진 끌림은 순수감각에 의한 끌림이라 할 수 있다. 주의는 파악작용을 기반으로 하는 자연스러운 관심이다. 주의는 언제나 의식의 내용에 무차별적으로 향할 수 있다는 의미에서 일반적이고도 무제약적인 능력이다. 주의는 산만한 마음을 한곳에 집중하는 의도적인 것과는 다른 생활세계에서 다뤄지는 자연스러운 관심을 말한다. 주의가 지니고 있는 관심이 내적 연관, 외적 연관의 비중에 따라 궁극적으로 합리주의와 경험주의가 다르게 나타난다.

또한 한 번 주의를 갖는다 함은 이미 선험적으로 판단한 여러 대상의 바탕인 느낌인자(sense Data, s, s1, s2)를 더 많은 것으로 밝혀줄 뿐만 아니라 그 바탕을 하나의 고정관념으로 한 뒤 또 다른 바탕에 대한 판단을 찾으려 한다는 점이다. 따라서 주의는 소비자 개성시대에서 소비자가 몸담고 있는 생활세계의 보편적인 관심을 의미한다고 할 수 있다. 가령, 여름에 필요한 에어컨을 구입할 때 소비자는 자신의 경제적인 면, 환경적인 면, 집의 크기 등 다양한 필요조건에 맞추어 구입한다.

생각들의 구성은 주변여건의 당연한 관심영역의 표상에 따른 의식을 통한 주의라 할 수 있다. 주의는 생활세계에서 소비자 자신이 갖추고 있는 여건과 환경 속에서 나타난다. 또한 소비자 개성에 따라 제각기 다른 양상을 나타내며, 따라서 동일한 에어컨도 주의의 관심내용에 따라 다르게 인상(s)된다. 이러한 인상은 곧 감성적인 지향이라 할 수 있는 끌림(a)에 의한 것이다. 느낌인자는 소비자 주체로서 자신의 주의에 의해 이뤄지는 무목적의 순수감각(p) 끌림이다.

흄은 느낌인자를 '인상(Impression)'이라고 하여 이성적인 접근보다는 감성적인 느낌으로 판단하고자 했다. 생리학적인 측면, 신경학적인 측면의 접근은 느낌에 대한 인상에서는 어떠한 과학적인 설득도 뒷받침할 수 없음을 강조하고 있다. 따라서 느낌인자가 가진 단자(單子)는 아무런 인상을 드러내지 않은 물리학적인 단위소로서 느낌을 대변할 수 없는 한계성을 지니고 있다.

이 단원은 끌림이 지닌 총체적인 느낌을 존재론적으로 구성하여 주의와 판단 그리고 인상을 통해 끌림의 위상($p1-p2$)인 몸채를 드러내고자 한다. 주의는 관심에 의한 의식적인 자각을 수반하는 일련의 의지가 포함된 자의적인 움직임이다. 소비자 개성으로서 주의는 전문가적인 입장으로서 자신의 분야에 대한 집중이 아닌 일상생활 가운데 자연스럽게 접하는 관심영역을 의미하며, 주의를 통한 또 다른 생활세계에 자연스럽게 겹치게 된다. 이를 '주의 겹침($x-x1$)'이라고 한다. 주의에 의해 겹치는 과정과 내용이 오랫동안 반복될수록 주의 겹침($x-x1$)은 소비자의 개성을 더욱 강화시키는 역할을 함과 동시에 자기주장이 강한 판단으로 진행한다. 주의 겹침이 이뤄지는 가운데 소비자는 자신의 생활공간을 끝없이 확장하고 시간적으로 이미 구축된 세계를 의식한다.

어떤 물건을 보고, 만지고, 듣는 모든 행위는 소비자의 경험 겹침($x0.9$) 속에 각인되어 주의 겹침($x-x0.9$)이 이뤄진다. 이와 반대로 어떠한 공간을 차지하고 있는 대상, 즉 광고 표현은 소비자 자신이 특별히 관심을 갖고 주목하거나 또는 고찰하여 생각하고, 느끼고, 사고 싶다는 욕구를 가지는 등 관계를 맺고 있든지 혹은 아니든지 간에 소비자 자신에 대해 단지 거기에 있으며, 언어적인 차원에서 말하자면 '앞에 주어져 있는 것'이다. 오히려 광고 표현의 이미지보다는 자신이 좋아하는 다른 신문기사에 관심을 보인다.

간혹 한가한 소비자는 자신 앞에 펼쳐져 있는 광고 표현에 대해 아무런 목적 없이 물끄러미 쳐다보며, 광고 표현의 헤드라인과 이미지가 지닌 내용을 보고 어떤 종류의 상품을 광고하는지, 자신과 관련이 있는 상품광고인지, 또는 시각 이미지가 무엇을 표현하려고 하는지 생각에 잠기기도 한다. 이 순간 시각 이미지가 소비자와 직접적으로 관련이 없는 상품이라 하더라도 소비자 자신의 순수감각의 장 속에서 시각 이미지가 실제세계로 주어져 있다.

그러나 그 광고 표현이 주의 겹침의 대상으로서 소비자 자신의 의식 장 속에 들어와 있을 필요는 없다. 단지 주어진 주위환경이 물끄러미 광고 표현에 시선이 갔을 뿐 소비자 자신의 개성을 위한 주의 겹침은 아니다. 단지 인지된 정도로서 '거기에 주어져 있는 것'을 확인하는 정도에서 광고 표현은 주위의 배경적인 요소와 동일하게 자리를 잡고 있다. 이때 순수감각에 의해 이뤄지는 끌림이 주는 어떤 요소(s)가 대상에 있을 때는 소비자 자신에게 광고 표현은 주의 겹침에 의한 끌림이 아닌 주위배경의 초월론적인 순수 끌림에 의한 것이다.

후설은 『논리연구』에서 순수감각은 지향적 체험의 질료에 해당하는 것으로 간주했다. 왜냐하면 지향적인 체험이 존재할 수 있기 위해서는 그것의 재료로서 비지향적인 체험이 우선적으로 주어져야 하며, 이러한 비지향적인 체험인 순수감각을 토대로 지향적인 체험이 발생하기 때문이다.

따라서 시각 이미지가 주는 자기동일성 대상에 대한 지향적 체험이 현실적인 의식 끌림이라고 한다면, 지향적 체험의 질료에 해당하는 순수감각은 잠재적 의식, 즉 '배경의식'이라 할 수 있다. 배경의식에는 수많은 순수감각이 놓여 있다. 소비자 주체가 놓여 있는 환경은 주체 끌림의 감각상태를 만들어놓는 역할을 한다. 시각, 촉감 등 신체의 살을 통해 직접 경험할 수 있는 감각과 더불어 전파, 소리, 냄새, 의식 등 눈으로 확인되지 않는 감각은 소비자 개성으로서 근간이 되는 감각상태에 영향을 주는 것이라 할 수 있다.

　환경이 주는 배경의식은 소비자 주체로서 자기동일성 대상과 직접적인 지향성에 영향을 미치는 지각대상과 '앞서 주어지는 것'으로서 규정되어 있다. 마찬가지로 주체 자신 앞에 놓여 있는 테이블에서 꽃병으로, 연필꽂이로 등 직접적으로 의식이 이뤄지는 환경 속의 배경은 그때 그 당시에 내가 알고 있는—그 안에 개념적인 사유를 전혀 갖고 있지 않은 그러한 앎, 그리고 소비자 자신의 주의시선이 그다지 끌림으로 느껴지지 않은 앎—모든 대상으로 옮아갈 수 있다.

　이처럼 소비자 자신에게 주어져 있는 주위환경은 직관적으로 명료하게 드러나거나 매 순간 '앞에 주어져 있는 대상, 즉 광고 표현'이 완전하게 드러나 보이는 것은 아니다. 생활세계는 오히려 소비자 개성의 고정된 주의로 인한 관심에 따라 동일한 주위환경도 왜곡된 질서 속에서 무한히 펼쳐져 있다. 마침내 현재 주어진 지각장과의 연관이 이뤄진 주의 겹침은 주위환경의 무관심적인 실재적 양태에 의해 철저하게 구분된다. 무관심에 의한 주위배경은 소비자 개성에 직접적인 영향을 주진 못하더라도 순수감각의 발생학적 배경의식으로서 '앞서 주어지는 것'으로서 끌림을 지닌다.

　간혹 소비자 개성이 배경이 주는 희미한 순수감각에 의해 뚜렷한 전경으로서 주의 겹침이 이뤄지게 될 때, 순수감각의 끌림은 자기동일성 대상인 지향성(Noema, a, a1, a2)으로 바뀌게 된다. 주의 겹침에 의한 의식의 깨어남은 내용적인 변화에 따라 소비자 개성이 수시로 변하지만, 동일하게 지속적으로 세계와 관계를 맺고 있는 것은 주의 겹침(x-x1)이 지닌 지향작용(Noesis, n, n1, n2)에 의해서다. 이로써 세계는 언제나 소비자 개성에 의한 의식의 지향성으로서 '거기 주어져 있음'이며, 순수감각의 끌림체인 '몸채'가 거기에 동참한다.

　게다가 끌림체는 소비자 개성에 의해 '거기-있음'의 자기동일성 대상 끌림으로서 존재가 아닌 직접성으로서 가치세계, 상품세계, 행동적인 세계의 배경의식을 통해 발생한다. 이러한 몸채의 발생학적인 지향성은 소비자 개성에게 즉각적으로 대상, 즉 시각 이미지가 지닌 것으로 아름답거나 추한, 마음에 들거나 마음에 들지 않는, 유쾌하거나 유쾌하지 않은, 귀엽거나 귀엽지 않은 등의 가치 특성을 지니고 있는 끌림으로 나타난다.

따라서 주의작용을 통한 이러한 배경의식의 겹침은 주의의 지속적인 판단과정에서 새로움을 찾으려 하며, 이미 대상에 대한 의식이 작용하는 가운데 판단하는 발생학적 끌림이다. 이러한 인식이 발생하기 전의 움직임은 순수감각의 초월론적인 무목적인 영역으로 환원된다. 여기에서 순수감각은 주의 너머에 있는 끌림 에너지로서 배경의식의 장이다.

메를로퐁티의 주의는 철저한 의식 차원에서 접근한 살의 현상학을 의미하며, 끌림은 주의의식의 차원을 떠난 초월 및 발생에 의한 현상학적 차원에서 그 인식의 지평을 바탕으로 한다. 메를로퐁티의 초월론적인 현상학은 주의가 지닌 살의 현상학을 넘어선 주체 내부의 선험적인 현상학을 의미하며, 그곳에는 선험적인 주의에 대한 학문적인 구분은 이뤄져 있으나 초월론적인 현상에서 발생적인 현상의 연속적인 매듭을 이어주는 끌림 부분은 그대로 미개척의 자리로 남아 있다. 이 책에서는 이러한 미확정인 부분을 끌림체인 몸채의 에너지 장으로 새롭게 강조하고자 한다.

(2) 순수감각의 장

이제 소비자 주체는 시각 이미지가 갖는 자기동일성 대상 이외의 배경에서 선험적인 끌림이 존재함을 확인했다. '배경의식이 전적으로 대상과 함께 지향성을 지니고 있는 발생적 끌림인가?' 아니면 '정적이면서 대상과는 아무런 관계가 없는 끌림인가?'에 대한 논의는 매우 중요한 논의의 대상이 아닐 수 없다. 만일 아무런 영향을 미치지 않는다면 순수의식이 지니고 있는 것은 오로지 자기동일성 대상에만 해당하는 수학적이고 기능적인 지향성으로서 소비자 주체를 판단할 수 있다.

이러한 판단은 인간이 곧 기계적인 코드로서 충분히 조작 가능한 존재임을 암시하는 결과를 낳게 된다. 하지만 위의 배경의식에서 배경이 지닌 다양한 환경적인 차원이 의식에 앞선 지향적인 끌림이라는 점이 파악된 이상, 모든 지향성에는 배경의식이라는 거대한 발생적 차원의 초월론적인 끌림이 존재함을 알 수 있다.

따라서 배경의식은 자기동일성 대상을 둘러싼 주위의 사물 환경을 향한 의식으로 간주할 수 있다. 이미 후설은 이러한 대상을 둘러싼 환경이 지닌 의식을 '지평'이라 하여 초월론적 현상학의 핵심적인 개념으로 자리 잡게 했다. 특히 대상을 해석적인 현상에 기초를 둔 실재로서 외적 지평이라 한다면, 대상의 개념과 배경은 내적 지평으로서 초월론적인 현상에 기초를 둔다.

예를 들면, 책상 위에 흰색의 커피 잔이 놓여 있고, 내가 이 흰색의 커피 잔을 지각하기 시작했으며, 이 커피 잔을 지각하는 초기 단계에 내가 이 커피 잔을 '흰색의 커피 잔'으로 경험했다고 가정하자. 더 나아가 시간이 지나면서 이 커피 잔을 다시 살피고 난 뒤 나는 이 커피 잔이 '연한 회색빛을 지닌 흰색'임을 확인하게 되었다고 가정하자. 이 흰색의 커피 잔이 시간의 흐름 속에서 지각되는 구체적인 의미 끌림을 다음과 같은 두 가지 측면으로 파악할 수 있다. 첫째, 흰색의 커피 잔으로 파악할 당시 주위에 있는 다양한 색을 지니고 있는 대상들과의 관계 속에서 '색'이라는 관점을 선택하면서 이 커피 잔을 비롯하여 이 커피 잔 주위에 있는 모든 대상의 색들을 구체적인 어떠한 색으로 자각해야 한다. 다른 사물들의 색을 한꺼번에 조망할 수 있도록 '색'이라는 관점을 취하는 순간, '색'이라는 관점을 매개로 하여 이 커피 잔과 이 커피 잔의 주위에 있는 다른 사물들 사이에 어떤 의미의 연관이 선행적으로 형성되지 않으면 나는 이 커피 잔을 '흰색의 커피 잔'으로 파악할 수 없다.

선행적으로 이뤄지는 색을 통한 의미의 연관은 이 커피 잔이 흰색의 커피 잔이라는 의미가 솟아날 수 있는 '의미의 터'로서 지칭할 수 있다. 이러한 '의미의 터'를 그 '사물의 지평'이라고 부른다. 이러한 지평적인 사고는 조형적인 면에서 시각 착시에 의한 상호관계에 따라 동일한 대상이 다른 이미지로 보이게 되는 경우가 있는 것도 동일한 조형요소의 지평이 같이 만난 결과라 볼 수 있다. 이와 같이 외적인 색, 모양, 촉감, 소리 등의 동일 매개에 의해 함께 존재하는 것을 '외적 지평'이라 한다.

후설은 초월론적 현상학에서 "이와 같이 현상하는 모든 것은 지향적인 빈 지평 속으로 빠져들어 가 있거나 빈 지평에 둘러싸여 있음으로써 사물현상이 구축된다"고 하여 다양한 외적 지평이 이뤄진 가운데 대상이 지각됨을 강조했다. 이 지평은 단순히 비어 있는 무가 아니라 채워질 수 있는 비어 있음을 의미하는 규정이 가능한 비규정의 끌림 지평이다. 또한 대상에 의한 지평인 외적 지평뿐만 아니라 둘째로는 커피 잔이 지니고 있는 다양한 의미의 터가 '내부에서' 형성되는 지평이므로 '내적 지평'이라고 주장하고 있다.

책상 위의 커피 잔을 눈으로 직접 지각하기 전에 커피 향을 통해 맑은 가을 하늘의 상큼한 꽃향기를 느꼈다면, 나아가 커피 향의 '상큼함'이라는 의미의 매개를 통해 코스모스, 장미, 향수, 사과, 포도 등 다양한 종류의 상큼하고 싱그러움의 대상을 느꼈다면 이것은 텅 빈 공간의 비규정에 의한 내적 끌림 지평이라 할 수 있다. 지평이 지니고 있는 다양한 의미는 이 두 가지 현상학적인 시각에 의한 지평 이외에도 다양하게 접근할 수 있다.

소비자 개성에 따른 주체적 가치에 의한 가치지평, 또는 보는 주체의 시야 한계를 가늠하는 한계지평 등 보편적인 지평을 향해 움직이는 경우 이를 '지평 지향성'이라고 한다. 이러는 가운데 끌림이라는 대전제가 받쳐 주지 않으면 지향성이 지니고 있는 순수지향은 사라짐과 동시에 의도하는 지극히 실제적 목적에 기반을 둔 목적지향성의 끌림이라 할 수 있다. 대상적인 끌림이 시각 이미지에서 주는 것은 바로 목적에 기반을 둔 순수 끌림이라 할 수 있다.

시각 이미지의 지평이 지닌 상징은 목적에 따라 다르게 파악되며, 이를 위해 대상에 대한 지평적인 활동은 순수한 가치지평을 통해 설득하는 가운데 이뤄지는 끌림 지평이다. 이제 시각 이미지에서 느껴지는 끌림 지평은 상품 의도에 따라 소비자 주체의 외적 지평과 내적 지평이라는 배경의식에서 먼저 느껴지게 하는 순수감각임을 알 수 있다. 잠깐 동안 눈을 감고 있으면 대상을 향해 주위에 둘러싸고 있는 순수감각은 어떠한 느낌에 대한 지평을 지니고 있지 않으며, 몸 바깥의 객관적인 세계에 대한 어떠한 지향성을 지니고 있지 않은 듯이 텅 빈 상태가 된다.

하지만 이것은 오랜 반복에 의한 습관 또는 가치, 문화, 환경에 의해 조작된 것을 드러내지 않은 무정형의 순수감각인 끌림 지평이다. 이러한 순수감각에 의한 느낌을 체험할 수 있다면, 현재 느껴지는 감각이 얼마만큼 순수감각으로부터 떨어져 있는가를 알 수 있다. 순수감각을 'P', 감각상태를 'N', 끌림을 'A'로 본다면 다음과 같은 등식을 통해 끌림의 지향성을 파악할 수 있다. P=N인 경우 A는 아무런 지향을 지니고 있지 않은 상태에 머무르고 있다고 볼 수 있다.

감각이 지닌 모든 상태는 열려 있으며, 주체와 객체에 대해 아무런 구분이 없는 상태이고, 끌림 역시 아무런 동요가 없는 가운데 드러나지 않고 있다. 이렇게 되면 어떠한 감각도 나와는 무관하며, 질적인 차원, 양적인 차원, 좋고 나쁨에 대한 구분이 없는 가운데 늘 깨어 있는 상태라고 할 수 있다. 색채로 말하자면 모든 색을 수용하는 밝은 흰색의 상태다. 빨간색, 파란색에 대한 구분은 할 수 있지만 어느 한쪽 색에 기울지 않은 상태이므로 밝은 흰색을 지니고 있다고 할 수 있다.

P<N인 경우 주체가 순수감각을 지닌 상태가 아닌 감각상태를 의미한다. N은 환경과 양식, 전통과 가치, 의식수준 등에 따라 완전히 다른 감각상태를 지니고 있다. 이러한 감각상태는 나이와 성별에 따라 다르게 나타나는 또 다른 감각상태라 할 수 있다. 소비자 개성이 강하게 드러나고 있는 현대사회는 대체로 이와 같은 감각상태를 지니고 있다고 볼 수 있다.

이미 내면적으로 밝은 흰색을 지닌 상태가 아닌 빨간색, 검은색, 핑크색, 노란색, 파란색, 주황색 등의 색으로 자신의 개성을 뚜렷하게 표현한다. 끌림은 메를로퐁티가 언급한 주의와 같이 몸이라는 신체에 있으며, 그곳에서 살아 숨 쉬는 에너지라 할 수 있다. 주의를 통한 끌림은 의도(intention)라는 지향성을 지닌 끌림이며, 이것은 끌림 식(識)에 의해 한정된다. 끌림 식 이전에 나타나는 끌림 현상이 최종적으로 귀착되는 곳은 결국 끌

①

②

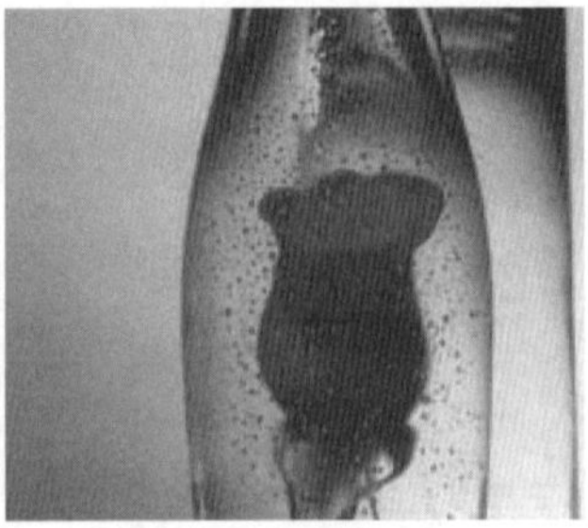

③

[그림 11] 도표 15의 의식 장(p-p1)과 발생론적 배경의식 장(p2)의 연결로서 몸채(p1-p2)의 예: 'Flower'/ Illustrator, 전기순 作.
p: 순수감각; 순수 자연, n: 감각상태; 꽃의 교감, a, a1, a2: 자연의 배경색과 꽃의 신비, s, s1, s2: 순수감각(sense Data); 꽃과 배경색, n, n1, n2: 색, 꽃의 형상과 색의 조화, 이슬방울, 투명비닐, 빛의 리듬, p-p1: 순수 자연, p1-p2: 투명이슬과 꽃의 연합, p2: 배경의식 장; 투명, 깨끗함, 순수, x: 꽃의 형상, 색, 빛의 강도, x1-x2: 꽃과 빛, 물방울 등의 감각자료에 머무는 정도, x2: 끌림두께의 장

림 식이라는 주의영역인 의식의 장이다. 의식이 이뤄지기 전 단계는 따로 구분할 수 없는 체험의 영역이며 이것을 끌림 각(覺), 끌림 감(感), 끌림 시(視), 끌림 지(知)로 분류한다. 물론 이러한 범주에 대한 판단은 끌림이 지닌 제반적인 현상을 구체화하기 위한 분석 가능한 방법이며, 모든 끌림이 이와 같은 과정을 통해 나타난다고 단정하지는 않는다.

메를로퐁티는 의식 이전의 단계를 초월론적이라고 하여 감각소여(s)에 대한 질료적인 면에 대한 연구를 강조했다. 동일한 대상에 대한 지향성이 주체마다 다른 차이를 보여주는 것은 감각소여(s)에 대한 질료가 다르기 때문이다. 따라서 감각소여(s)가 지닌 질료에 대한 연구의 필요성을 강조했다. 질료는 어떤 형상이 이뤄지기 전 단계의 카오스를 의미하며, 아리스토텔레스는 아무런 형상도 갖추지 않은 형상 자체를 '순수질료'라고 했다. 카오스는 무정형, 즉 아무런 형태나 본성도 갖추지 않은 상태를 의미하며 이것은 모든 존재의 원형이다. 이러한 원형 상태는 오직 주의를 통한 직관에 의해 판단할 수 있다.

우리가 흔히 사물을 인식한다고 할 때 그 인식의 대상은 그 사물의 형상이지 질료가 아니다. 예를 들면, "이 화분은 점성이 강한 흙이라는 질료로 되어 있다"고 할 때 '점성이 강한 흙'이라는 형상을 인식해서 '화분의 형상'에 덧붙인다. 질료를 재료라고 하고 그 재료가 무엇인지를 아는 것은 그 질료가 무엇인지를 아는 것이 아니다. 즉 하나의 물건이 어떤 재료로 되어 있는지, 그리고 그 재료가 근본적인 어떤 재료로 되어 있는지를 알게 된다면 그 재료에 대한 인식은 그 재료의 형상에 관한 것일 뿐 결코 그 재료의 질료에 대한 것이 아니다. 따라서 '형상과 질료'라고 할 때 그 질료는 재료가 아닌 순수질료를 의미하는 형상 이전의 카오스다.

이처럼 아무런 형상이 없는 상태를 주의직관을 통해 머물러 있을 때 순수감각이 나타난다. 순수감각은 형상이 아닌 끌림 지평과 지속적인 감각상태가 이뤄질 때 나타나는 감각자료의 장이다. 끌림 지평이 지니고 있는 카오스적인 혼돈상태는 형상이라는 인식 이전의 감각이 살아있는 상태다. 이러한 감각상태가 순수감각자료 가운데 어떠한 것(감각소여, s)과 접촉되는가는 절대적인 느낌에 의한 끌림이다.

감각자료에서 또 하나 주의할 것은 물건이라는 형상을 지니기 위해 그 형상이 가진 감각자료가 어떤 재료로 만들어졌는가와 어떻게 사용되는가다. 책상이 물로 만들어졌다는 것은 있을 수 없다. 물이라고 하는 형상이 견고한 책상을 만든다는 것이 불가능하게 보이는 것은 재료의 형상과 물건의 형상이 서로 밀접한 관계를 유지하고 있음을 암시하는 예라 할 수 있다.

끌개/구성작용	끌림 각	끌림 감(느낌)	끌림 시(대상)	끌림 지(앎)	끌림 식(체계)
[그림 11] ①	3	1	2	4	3124
[그림 11] ②	1	2	3	4	1234
[그림 11] ③	2	3	1	4	2314

마찬가지로 주의지평에 의한 순수감각은 형상이 지닌 구성적인 요소인 다양한 감각상태와 밀접한 관계 속에서 이뤄지는 끌림 지평이라고 볼

수 있다. [그림 11]의 예를 들면, ①은 끌림 감-끌림 시-끌림 각-끌림 지, ②는 끌림 각-끌림 감-끌림 시-끌림 지, ③은 끌림 시-끌림 각-끌림 감-끌림 지의 순서로 주의 판단이 나타나 끌림의 구성작용이 다르게 생성됨을 알 수 있다.

소비자 개성이 지닌 가치, 문화, 관습 등은 질료의 카오스 속에서 현실적인 감각상태로 끄집어내는 선택의 과정이며, 끌림이 지니고 있는 감각적인 끌개에 의해 변형이 이뤄진다. 책상이라는 사물이 지닌 형상이 물을 재료로 사용하지 않는 것은 끌림에서 소비자 개성과 관계없는 재료, 즉 질료 감각에 끌림이 일어나지 않는 것과 같다고 볼 수 있다.

이와 같이 끌림 지평은 주의를 통한 가운데 나타나는 순수감각이며, 감각지표와 직관에 의한 감각상태가 일정하게 접촉하는 순간 끌림 각, 끌림 감, 끌림 시, 끌림 지, 끌림 식에 의한 일정한 끌림 지평 과정을 통해 의식의 영역으로 빠져나오게 된다.

2) 끌림 구조

(1) 지향성

지향성 개념은 적어도 아리스토텔레스에서 시작하여 중세 스콜라철학의 인식론까지 이어진다. 근대에 들어와서 '지향성'이라는 용어는 브렌타노에서 다시 이어진다. 브렌타노는 자신의 영향력 있는 저서인 『경험적 관점에서 본 심리학』에서 심리학과 자연과학의 영역에 대한 명확한 경계를 수립하려고 노력했다. 그의 심리학은 정신적(psychical) 현상들에 대한 연구이며, 자연과학은 물리적(physical) 현상들에 대한 연구다.[10] 이 두 분야가 지니고 있는 현상 간의 차이는 무엇인가?

모든 심적 현상의 특징은 대상의 지향적(또는 심적) 내존재(inexistence)라고 할 수 있다. 그리고 우리는 그 내용을 지시하는 것, 대상(object)으로 향하는 것, 또는 내재적 대상성이라 부를 수 있을 것이다. 모든 심적

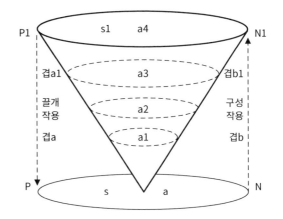

[도표 16] 순수감각의 주의지평에서 끌림
지향이 이뤄지는 구성적 판단작용
P(Purity-Plain): 순수 지평, N(Noema):
감각상태, a(attraction): 끌림 각,
 a1: 끌림 감, a2: 끌림 시, a3: 끌림 지,
a4: 끌림 식, s, s1(sense-data): 감각자료,
겹a: 끌개작용에 의한 끌림,
겹b: 구성작용에 의한 끌림,
P-P1: 주의지평에 의한 순수감각,
N-N1: 판단에 의한 감각상태

현상은 그 자체 내에 대상으로서의 어떤 것을 포함하고 있다. 표상함에서
는 어떤 것이 표상되고, 판단함에서는 어떤 것이 긍정되거나 부정되고, 사
랑함에서는 어떤 것이 사랑받고, 미워함에서는 어떤 것이 미움을 받고, 욕
구함에서는 어떤 것이 욕구된다는 등. 지향적 내재는 오직 심적 현상만을
특징짓는다. 물질적 현상에서는 이와 같은 내용이 어디에도 나타나지 않
는다. 그러므로 우리는 심적 현상이 가진 지향적 대상을 그 자체 내에 포함
되어 있는 현상들이라고 정의할 수 있다.[11]

브렌타노에 따르면, 지향성이 심적인 것이라고 주장하며 모든 정신적
곧 심적 현상에는 지향성이 있지만, 현대 물질문명이 가진 다양한 상징대
상의 지향성은 어디까지나 심적인 차원의 움직이는 대상으로 파악하여 철
저히 자기통제적 관점의 유심론(唯心論)적인 사고방식에 근거를 둔 사상
이라 할 수 있다.[12] 즉, 물질 자체가 지니고 있는 지향성과 그에 따른 심리적
인 지향성에 대한 언급은 전혀 하지 않았다.

현대 물질문명의 다양한 상징대상은 자기통제가 가능한 대상이 아니
며, '지향성'이 주체의 심리적인 차원에만 있는 것이 아니라 외부 객체의 지
향성에 의해 최초로 마음에도 없는 지향성이 생성되어 주체를 감응하게
한다는 점을 간과한 것이라 할 수 있다. 즉 어떠한 자기통제도 결국에는 현
대 물질문명이 제공한 상징대상에 의해 끌림을 생성하며, 이때 생성한 끌

림 조각은 존재적인 차원의 심리 지향성이 아닌 물질적인 매체[13]가 제공한 끌림 지향성이라 할 수 있다.

이러한 끌림의 지향성은 현상학적 의미에서 [도표 16]에서 보는 바와 같이 주체와 주체, 주체와 객체, 객체와 객체의 끌림 조각으로서 순수감각의 주의지평인 끌림 각, 끌림 감, 끌림 시, 끌림 지, 끌림 식의 끌개작용에 의해 새롭게 생성된 소비자 주체의 '끌림체계'라 할 수 있다. 즉, '지향성'(이 말은 과녁을 향해 활을 당겨서 겨누는 일과 유사하게 특정한 방향으로 겨눈다는 것을 뜻하는 라틴어 intendere에서 온 것이다)은 우리가 지각하거나 판단하거나 느끼거나 생각할 때 우리의 심적 상태는 어떤 것에 관한 것 또는 어떤 객체에 대한 것이라는 사실과 관계가 있다.[14]

그의 구분론적인 지향적 개념이 정신상태에서 정적이라면, 끌림의 지향은 대상의 믿음이나 바람에 의한 주체 내부에서 발생한 움직임이 바깥의 물질적인 행위로 표출되는 동적이라고 할 수 있다. 특히, 자신이 이끌리는 이성, 동성, 혹은 복수의 성 또는 젠더를 통해 이뤄지는 성적인 취향은 주체 내부의 깊은 욕구(사랑, 애착, 친밀감)를 충족시키기 위한 친밀한 개인관계와 연결된다. 이러한 긴밀한 유대관계는 점차 다양한 지향성의 끌개작용과 얽혀 더욱 복잡하고 다양한 지향적인 의미를 통한 관계로 발전한다. 가령, 남녀가 처음 만나서 이뤄진 최소단위의 사회인 '가족'이라는 의미는 성적 끌림에 의한 남녀의 끌림이 자녀의 수가 늘어남에 따라 최초의 성적 끌림이 아닌 다른 차성의 목표와 가치의 공유, 인정 등으로 진화하는 것과 같다고 볼 수 있다.

이렇듯 끌림의 지향성이 지니고 있는 방향성은 많은 심적 상태 혹은 심적 사건의 속성으로서 그로 인해 바깥 세상의 어떠한 대상 혹은 사태로 향하는 속성을 의미하지만, 끌림은 더욱 적극적인 동태성(動態性)으로 대상에게 다가간다. 브렌타노는 지향성을 물질적인 개체에는 나타나지 않은 오직 정신성의 영역에만 있는 속성으로 판단하지만, 이 책에서 끌림은 정신성의 정태적인 지향이 갑자기 내적 혹은 외적 대상에 집중되어 동태적인 물질적인 만남으로 체화되는 것을 의미한다.[15]

[그림 12] 지향성: 'Inner-tree'/ Illustrator, 전기순 作.
시각디자인 또는 예술작품은 작가에 따라 서로 다른 가치, 물질, 정신, 문화, 종교에 따른 차이의 지향성을 지닌다.

즉 현대 첨단과학에 의해 제작된 시각디자인의 역동적인 모습, 동영상, CF 등의 지향성이 정신에만 있는 것이 아닌 첨단매체에 의한 물질적인 객체의 지향성과 함께 공유하는 시대에 있음으로써 끌림이 더욱 생생하고 역동적으로 진화되고 있다. 물질적인 속성을 지니고 있는 개체성은 그 자체의 고유한 매체로서 미적인 지향성을 띠고 있으며, 이러한 지향성은 소비자 주체를 끌리게 하는 동태적인 특성을 지니고 있다. 예를 들면, 첨단매체인 컴퓨터, TV, 스마트폰 등의 미디어는 리모컨이나 음성조작으로 원하는 채널에서 확인할 수 있다. 또한 일반적인 가전제품, 주방용품 등의 물질적인 편익을 통해 제각기의 소비자 생활을 더욱 윤택하게 만들기 위한 물질 매체로서 끌림 동태의 특성을 지니고 있다.[16]

정신성에서만 찾을 수 있는 지향성의 정태성이 첨단과학에 의한 물질적인 상품 편익에 따른 동태적인 매체 지향성으로 새롭게 탄생하고 있으며, 더욱 세분화되고 첨단화된 상징대상의 끌림에 대한 새로운 해석은 시대적인 요구라 할 수 있다. 이와 같은 물질적 지향성이 지니고 있는 편익(benefit)은 소비자 주체를 최대한 강하게 소구(appeal)하여 대상(Core Target)인 소비자에게 최고 혹은 최첨단의 물질적인 감응을 일으키게 하여 구매 욕구를 자극한다. 모든 기업이 물질적 지향에 의한 다양한 가치 및 믿음을 체계적으로 구축하여 끌림이 지향하는 최종적인 판매목적에 도달하려고 하지만, 아직까지 믿음과 가치가 전적으로 실현되지 않는 이유는 소비자 주체의 물질적인 소유에 의한 만족에 앞서 또 다른 정신적인 가치관, 생활습관, 문화양식에 의한 끌림 의식이 반영되기 때문이다.[17]

이 책에서 필자는 이렇듯 브렌타노의 지향성이 지닌 정신성과 물질성의 이원론적인 사고방식을 끌림 지향성의 차원에서 새롭게 정립해서 설명할 수 있을 것이다. 첫째, 끌림은 물질적인 소유 욕구에 의한 만족과 달리 또 다른 차원의 정신적인 존재 욕구에 의한 역동적인 지향성을 지니고 있다. 위에서 말한 가치관, 생활습관, 문화에 의한 라이프 스타일이 일정하게 주어진 소비자에게 어떤 끌림 반응이 일어난다는 것은 흔하지 않다. 왜냐하면, 안정된 심적 상태를 유지하는 가운데 생활하기 때문이다.

따라서 끌림이라는 것은 단지 물질적인 소유에 의해서가 아니라 가치관에 대한 믿음이 강하게 작용하기 때문에 정신성의 지향에 우선순위를 두어 선택한다는 점이다. 상징대상이 지니고 있는 물질적 우위에 앞서서 브랜드 가치에 우선적인 끌림이 나타난다고 볼 수 있다. 믿음, 희망, 가치, 도전 등은 지향성을 지닌 단어이자 내면에서 움직이는 정신적인 끌림이며, 이러한 끌림이 브랜드에서 되살아날 때 소비자 주체는 주저하지 않고 브랜드 가치를 위해 상징적 끌림 대상을 구매한다. 또한 정신적인 끌림의 지향성은 주체 자신이 지니고 있는 대상의 신념 정도에 따라 차이가 나타난다.

모든 행동은 믿음의 정도에 따라 지향성의 강도를 결정하며, 끌림은 오랫동안의 믿음 가운데 번쩍거리는 빛의 생명 에너지로서 순간적으로 이동한다.[18] 주체의 믿음이나 바람은 언제나 그 무엇인가에 관한 목적성을 지닌 것이어야 한다. 믿음은 나 자신의 건강에서부터 물질적인 풍요, 권력, 자아완성, 종교적 믿음 등 다양한 목적을 지니고 있다. 이러한 목적을 위한 믿음은 곧 강한 끌림이 작용하며, 처음에는 작게 이뤄진 끌림의 개체가 차츰 크게 성장하여 주체 자신의 정체성에도 영향을 미치게 된다.

목적에 대한 강한 신념을 지닌 주체일수록 끌림의 지향성이 강하며,

그에 따른 신체의 문화성에도 영향을 준다. 만약 주체 내부의 지향적인 끌림 에너지가 없는 경우에는 평화롭고 안정적인 생활을 하고 있는 듯하지만, 결국에는 생명 에너지가 희미해지는 우울함으로 전락할 수 있다. 주체 내면에 늘 도사리고 있는 막연한 불안감, 두려움, 거만함 등은 목적성이 없는 상태에서 발생하는 정태적인 상황이라고 볼 수 있다. 이러한 정태적인 심적 상태는 늘 불안하고, 평화롭지 못하며, 스스로 늘 주체 내부에 대한 지향성을 만들고자 수행하거나 자기통제를 한다.

이와 같은 일련의 상황은 끌림이라는 지향성 스스로 정태적인 상황을 제어하는 기능으로서 역할을 하게 된다. 희망, 소원, 도전, 열정 등이 지닌 궁극적인 목표는 목적달성 후에 이뤄지는 주체 내면의 강한 끌림으로서 성취감과 행복, 환희, 기쁨이 주어짐과 동시에 안정과 평화를 누릴 수 있는 축복을 갖게 된다.[19] 이처럼 끌림 에너지는 내면의 어둡고 무거운 감정 덩어리를 믿음의 지향성을 통해 밝고 가벼운 감정으로 전환하게 하는 생명 에너지의 역할을 한다. 가치가 지니고 있는 지향성 역시 믿음을 통해 일어나며, 이것 역시 끌림이라는 생명 에너지의 순수한 감정적 설렘이 없으면 아무런 의미를 지니지 못하는 지향성으로 전락한다. 현대 소비시장이 지향하는 첨단제품과 각종 가전제품, 기타 서비스 및 각종 생산품은 소비자의 생활을 더욱 편리하고 윤택하게 할 목적으로 생산된다.

그러나 이러한 물질적 풍요는 소비자 주체의 의지와 자기통제가 상실됨과 동시에 물질적 매체가 지니고 있는 미적 가치의 무조건적인 수용으로 인해 소유 차원의 향락주의로 빠져들게 된다.[20] 이는 아프리오리(a priori)의 선험적 존재-끌림이 낳은 내적 순수성이 배제된 가운데 이뤄진 매체 가치 중심의 물질적인 쾌(快)의 의식상태가 낳은 지향성[21]의 결과다. 둘째, 끌림과 지향성이 똑같은 질료(質料)는 아니다. 지향성이 지닌 의식적인 상태들은 모든 부분이 가치 중심적인 지향이며, 믿음에 의한 지향이 대부분이다.

하지만 끌림 자체는 의식적 지향이라기보다는 선험적 자아의 지향성이며, 가치와 믿음에 앞서 선행하는 그 무엇(?)의 초월론적 지향성이다.[22]

흔히 이것을 오랜 통찰력에 의한 지향성이라고 주장할 수 있지만, 순간 번쩍거리는 빛의 직감이 지니고 있는 끌림은 어떤 곳(?)에 몰두했을 때 일어나는 선험적인 체험을 우선한다.[23] 따라서 아무런 본능적 직감이 없는 어린아이에게도 이러한 끌림 현상이 자연스럽게 나타난다. 대상을 바라보는 어린아이의 순수한 시각은 오히려 사회적인 믿음, 가치 등을 벗어난 상태에서의 순수 본능에 의한 지향이며, 이것은 어떠한 사회적인 규범 가운데 이뤄진 목적론적 가치지향의 끌림이 아니다. 단지 순수성에 의한 본능적인 끌림에 의한 반향(反響)이며, 초월론적인 지향이다. 다른 사람이 판단할 때 전혀 관심이 없는 대상도 자기 자신에게는 매우 친숙한 대상으로 보이는 것이 이러한 현상에 기초를 둔 점이라 할 수 있다.

또한 지향(intention)이 의도적인 성향이 강한 방향성을 지니고 있는 의식의 영역이라면, 끌림(attraction)은 아무런 의도가 없는 무의식적 순수 끌림이라고 볼 수 있다. 끌림이 내재하고 있는 순수한 생명적 에너지가 차츰 사라지는 이유는 가치지향의 형식적인 판단을 선행하는 것을 인정하는 '수용-지향' 커뮤니케이션 문화가 지배하고 있기 때문이다.[24] 끌림이 지닌 선험적인 판단에 대한 지향은 자칫 무모하고 바람직하지 못한 방향으로 나아갈 수 있는 가능성을 배제하지 않는 이상 끌림에 대한 긍정적인 평가를 기대한다는 것은 어려울 수 있다. 하지만 이성적인 기능에 의한 사회적인 가치가 만들어놓은 것이 전체성을 위한 지향임을 감안할 때,[25] 이제 소비자 개성 중심의 순수지향을 위한 차원으로서 끌림의 지향성에 대한 부분은 현대사회에서 새롭게 조명되어야 한다.

최근 시각디자인 영역에서 다루는 창의성이 과거의 전체적인 시각에서 이뤄진 창의성이 아닌 소비자 개성 중심의 시각디자인으로 나아가고 있다. 이러한 전체성의 가치지향에서 소비자 개성을 위한 가치지향으로 바뀌어가고 있음은 부인할 수 없는 사실이 되었다. 따라서 기존의 전체성을 위한 의도적인 이미지는 그 자체로 충분한 의무를 수행하고는 있지만, 자연스러운 끌림이 지니고 있는 소비자 중심의 순수성에는 도달하지 못하는 아쉬움을 자아내고 있다.

현대 시장경쟁체제가 지니고 있는 모든 상징대상이 늘 신제품에 의해 교체되는 이유 중의 하나는 이러한 창의성이라는 순수 끌림의 선험적인 통찰에 의해 이뤄진다고 할 수 있다. 의도 이전의 무의식적인 끌림을 끄집어내는 시각디자이너라면 반드시 갖춰야 할 직관이다. 셋째, 끌림은 정신과 물질의 경계가 없는 의식 이전의 선험에 의한 지향성이다. 일반적으로 지향하는 모든 것은 의식을 수반하는 가운데 이뤄진다.

현상학에 따르면 의식작용이 일어나는 상태와 일어나는 대상을 의식대상(Noesis), 의식작용(Noema)으로 구분하여 단순히 보이는 대상에 대한 구체적인 자료를 파악하는 데 만족하지 않았다.[26] 지각장이론이 지향하는 대상에 대한 구체적인 파악은 바로 대상을 보는 주체 내면의 의식에 대한 고려를 하지 않았다는 점이 드러나게 된다.[27] 동일한 대상도 주체의식의 흐름에 따라 다르게 읽히며 판단한다. 이것은 대상이 지니고 있는 개체로서의 명증성을 부정하는 것이 되며, 특히 순수 자연과학의 영역이 아닌 이미지, 즉 시각디자인의 영역에서는 시각디자이너와 클라이언트, 소비자와 소비자, 시각디자이너와 소비자 등의 상호작용에 따라 전혀 다른 결과를 낳게 되는 이유가 바로 여기에 있다.

결국 끌림은 대상으로서 과학적인 명증이 이뤄지는 것이 아닌 상호작용에 의한 무의식적인 상승적 감각 작용에 의해 나타난다.[28] 따라서 시각이미지가 만들어놓은 모든 끌림 현상은 주체의 순수한 의미영역으로서의 감각 작용이다. 어떤 것을 봄으로써 끌리는 작용은 그 어떤 것에 대한 의미를 판단하기 이전의 선험적인 지향이며, 결국 시간이라는 흐름으로 전개되어갈 때 그 봄에 대한 새로운 의미로 확대되어간다. 시간의 흐름 속에서 이뤄지는 대상에 대한 봄은 구체성을 지닌 주체의식의 영역에 귀결된다.[29]

봄에 대한 일련의 진행 과정을 다음과 같이 설명할 수 있을 것이다. 바라봄-끌림-상상함-기억함-익숙함-예견함이거나, 또는 끌림-바라봄-상상함-기억함-익숙함-예견함으로 진행하는 것을 알 수 있다. 처음의 바라봄에서 끌림은 의식의 진행이 이뤄지기 전의 물끄러미 바라봄을 의미하며, 주체 내면의 지향적인 단서를 아무것도 발견하지 못한 경우라고 보겠다.[30]

끌림-바라봄은 몸이 지니고 있는 다양한 공감각의 끌림에 의해 주체 자신도 모르게 대상을 흘끗 바라보는 감각 작용이 선행하는 경우를 의미한다. 이 두 가지 지각작용은 '바라봄' 끌림의 지각작용으로서 끌림 작용이다. 또한 끌림 작용이 '보여진-끌림-상상됨-기억됨-익숙한-예견된'이거나, 또는 '끌림-보여진-상상됨-기억됨-익숙한-예견된'으로 수반되는 상징작용의 지향성을 지니게 된다.

화이트헤드는 모든 시각적인 경험은 이미 의식의 지향성을 지니고 있으며, 그 자체를 넘어선 것(즉, 초월적인 상태에서 시작된 상징작용인 것)임을 강조하듯이 끌림 작용은 상징에 의한 이미지에 따라 일어나는 현상이라 할 수 있다.[31] 후설이 자신의 초월론적인 현상학에서 지적하고 있는 것처럼 의식이 이 세계를 구현했다는 점에서 한 단계 넘어선 의식은 초월에 의해 나타난 다양한 의식작용의 집합체로 파악하고 있듯이 끌림은 상징작용과 의식작용에 의한 역동적인 빛 에너지[32]의 응결체로서 지향체, 즉 끌림체라 할 수 있다.

끌림은 이러한 초월에서 의식의 장으로 진행할 때 이뤄지는 '초월적-끌림 현상-상징작용'에 의한 상징성이라 할 수 있다. 곧 "주체 자신의 절대적 체험의 무한의 장"이라고 언급한 후설의 『이념들 I』에서 주장한 바와 같이 모든 '의식의 장' 이면에는 주체 자신만이 느낄 수 있는 근본적인 빛 에너지의 상징성에서 끌림 작용이 나타난다고 볼 수 있다.[33] 이것이 끌림으로 전개되어 나타났을 때는 이미 의식의 장으로 확산된 상태이며, 의식의 장에 진입이 이뤄지는 순간부터 의도적인 끌림 대상에 대한 끌림 작용이 구축된다.

메를로퐁티의 지각의 현상학을 초월론적인 현상학으로 규정할 수 있는 이유는 그의 저서 전반이 지향성에 대한 일반적인 구조들을 경험의 필연적·초월론적 조건에 의한 결과로서 해명하려고 했다는 점에서 알 수 있다. 즉 주체 개인이 지니고 있는 끌림체는 이미 주체 자신이 갖추고 있는 오랫동안 누적된 빛 에너지의 끌림체로서 성정(性情)이라고 할 수 있으며, 이러한 끌림 성정의 차이로 인해 동일한 끌림 대상에 대한 끌림 작용의 강도와 반응이 제각기 다르게 나타난다고 하겠다.

　이러한 이론적인 접근은 철저하게 의도적인 의미를 파악하기 위한 기본적인 구조로서 어떠한 지향성도 이러한 끌림의 장이 지닌 자리의 범주를 벗어나지 못한다. 하지만 외부의 빛이 신체에 접촉할 때 느껴지는 감각은 의식작용이 일어나기 전 끌림 장의 몸채이며, 이러한 몸채의 의식적인 끌림 작용으로 바뀌는 순간은 끌림의 장에서 의식의 장으로 바뀌게 되어 아프리오리의 신체 감각이 지니고 있는 순수한 빛의 몸채는 사라지게 된다.[34]

　감각에 의한 느낌은 의식 이전의 끌림의 장이 지니고 있는 지향성이다. 이러한 지향성은 몸이라는 주어진 상황에 따라 달리 나타날 수 있으며, 이것은 실존적인 차원으로서 끌림 지향을 뜻한다. 하지만 어떠한 환경이라도 감각에 의한 느낌이 몸에 의한 감각이 아닌 다른 차원의 느낌으로 변형되어 나타날 때도 있다. 이것은 몸의 실존적인 차원에서 드러나는 지향성이 아닌 초월론적인 차원의 끌림 지향성이라 할 수 있다.

　생명체가 지니고 있는 몸의 감각세포에 의한 지향성은 순수 본능에 가까운 끌림이며, 이러한 끌림은 생존을 위한 무의식적인 끌림의 장에 더 많은 영향을 받는 지향이라고 할 수 있다. 예를 들면, 지진이 일어날 때 미리 대피하는 날짐승과 들짐승의 움직임에서 쉽게 알 수 있다. 현대인에게서 이러한 감각에 의한 본능적인 끌림이 거의 사라진 이유는 첨단과학에 의한 물질문명의 편리에 의해 선험적인 끌림의 정신적인 영적 지향이 아닌 쾌락에 의한 물질적인 지향에 더 많은 의식이 집중되어 있기 때문이다. 따라서 몸이라는 선험적인 끌림이 지니고 있는 직관은 점차 사라지고 물질문명이 제공하는 편익에 안주한 나머지 영적 끌림에 대한 감응은 전혀 찾을 수 없는 현실이 되고 말았다.

　(2) 공간성
공간의 크기와 폭, 그리고 정적인 환경은 끌림에 영향을 미친다. 일상생활이 쾌적한 환경이라면 그 생활의 끌림은 쾌적한 끌림으로 이어질 것이 분명하다. 마찬가지로 환경 자체가 열악하고 불충분하게 주어져 있는 곳이면 그 생활의 끌림은 개선하기 전의 불만족으로 가득 차게 될 것이다. 주어진 공간은 주체와는 어떠한 관계가 없는 가운데 주어진 물리적 공간을 의미 하며, 그 공간에 인위적 혹은 자연적인 어떤 물건이 놓이는 순간 그 공간은 텅 빈 물리적인 공간이 아닌 의미공간이 이뤄진다. 의미공간은 소비자 주체 가 체험한 공간으로서 물리적인 공간과 동일한 것이 아니다.[35] 이미 소비생 활의 공간으로서 질적 특성을 지닌 공간임과 동시에 현상적인 지향공간이 된다. 그 안에서 몸을 가진 주체는 의미공간에서 대상과의 관계를 의식적 혹은 무의식적으로 신체와 더불어 다양한 의식의 질적 체험을 하게 된다.

이렇듯 공간은 생명체가 살아 숨 쉬는 공간으로서 물리적 공간이 의미 공간으로 전환되는 순간부터 끌림 환경이 되며, 끌림이라는 원초적인 지 향 감각이 움직이게 된다. 초월론적인 현상으로서 존재에 대한 질료, 즉 심 적 상태가 이러한 공간의 크기와 폭, 그리고 환경적인 요소에 영향을 받게 되는 것은 당연하다고 할 수 있다.[36] 지구라고 하는 커다란 공간에서 오랜 세월을 지내오는 동안 반복된 익숙함은 최첨단의 시각디자인 매체인 언어 와 각종 매체를 탄생시켰다. 공간성은 이미 주어진 환경이며, 이 환경이 어 떻게 전이되어 변천하는가는 주체의 끌림과는 완전히 다른 차원으로서 '자연공간'이다. 자연공간은 인위적으로 바꿀 수 없으며, 끌림은 자연공간 에 대해 수동적인 상태를 보인다.

따라서 어떠한 주체의 끌림도 이러한 수동적인 끌림에서 벗어날 수 없 으며, 단지 능동적으로 전환할 수 있을 때는 주체 자신에게 주어진 공간인 내면의식에 의해 이뤄지게 된다. 내면의식에 있는 주체의 공간은 제한된 공간이며, 여기에는 주체마다 다른 차원의 '시간공간'이 자리 잡고 있다. 즉, 주체 자신의 고유한 '시간공간' 안에 보존되고 있는 심적 상태가 처음 으로 방향성을 나타낼 때 끌림의 지향적인 상태로 바뀌게 된다.

시간공간은 주체마다 다양한 시간과 그에 따른 공간을 내면에 지니고 있다. 이러한 시간공간이 자연공간과 일치한다면 어떠한 내면적인 의식적 끌림이라는 현상은 나타나지 않는다고 할 수 있다. 자연이 지닌 공간과 주

[그림 13] 공간성: 'Inner-tree'/Illustrator, 전기순 作.
하얀 바탕이 지니고 있는 것은 단순한 빈 공간으로 보이는 것이 아니라 가운데에 있는 인도의 보리수나무에서 명상에 잠겨 있는 모습을 더욱 강하게 만들기 위한 의미공간으로 확장된다.

체 자신이 지닌 공간이 동일한 크기와 폭 그리고 형태를 갖는다면, 이미 존재하고 있는 주체 자신의 시간공간이 동일 공간이기 때문에 어떠한 에너지에 의한 역학적인 끌림이 이뤄진다는 것은 불가능하다. 즉 자연공간을 'n', 시간공간을 't'로 보면, n=t, n<t, n>t의 역학적인 공간 환경을 고려해 볼 수 있다. n=t는 주체가 움직이는 시간공간이 우주가 움직이는 자연공간과 일치하는 경우라고 할 수 있다.

이와 같은 경우는 주체 스스로 우주 같은 평정심을 이룬 상태가 아니면 그 접점을 발견하기란 매우 어려우며, 또한 어떠한 끌림 지향성이 없는 상태로 머무르게 된다. 주체의 평정심은 바로 우주공간과 시간공간이 만나는 출발점이며, 주체의 몸과 마음이 하나로 이뤄진 상태에서 자연공간과 하나로 체화될 때 나타난다. 흔히 이러한 경지를 동양에서는 무소부재(無所不在), 물아일체(物我一體), 적연부동(寂然不動), 무위자연(無爲自然) 등의 사자성어로 대신하고 있다. 외부대상과 주체가 없는 상태의 경지는 시간공간과 자연공간이 하나가 되었음을 의미하며, 아무런 움직임 없이 적막하고 고요한 상태, 아무런 인위적인 움직임이 없는 자연 그대로의 함이 없는 상태 역시 시간공간과 자연공간이 하나의 공간으로 성립되지 않으면 느낄 수 없는 차원이다.[37]

이러한 차원에서는 물리적인 작위(作爲)에 의한 의식적인 끌림이 아닌, 메를로퐁티의 질료를 기초로 하는 초월론적인 현상에 대한 끌림이 발생한다. 끌림의 현상은 의식적인 상태의 끌림이 아닌 초자연적인 끌림이며, 주체 의지와는 전혀 관계가 없는 제법무아(諸法無我)의 끌림 현상이 몸의 내부와 외부에서 일어나는 것을 직접 체험하게 된다.[38] 전광석화(電光石火)와 같은 밝은 빛의 움직임과 갑자기 나타나 몸 내부의 이곳저곳을 돌아다니다가 사라지는 현상은 주체 의지로 통제되지 않는 그야말로 자유분방한 초자연적인 중화(中和)현상이라고 할 수 있다.[39]

자연공간과 시간공간의 일치 속에서 이뤄지는 이러한 초자연적인 중화현상은 신체가 지니고 있는 초월론적인 질료에 의한 순수 끌림의 하나이며, 필자는 '몸채'라고 새롭게 정의한다.[40] 몸채는 중화 가운데 생성하는 원기(元氣)이며 역동적인 생명 에너지라 할 수 있다.[41] 소비자의 주체 의지와는 상관없는 빛 에너지에 의한 초월론적인 끌림 현상이며, 순간 '여기 있음'의 존재감에 대한 넘치는 기쁨을 느끼게 된다.[42] $n<t$는 시간공간이 자연공간보다 큰 경우라고 할 수 있다. 이것은 주체 자신의 내면 끌림에 더 큰 관심을 갖게 될 때 나타나는 현상이다. 즉, 유아론(唯我論)적인 정체성에 대한 동양적 사고가 여기에 해당한다.

물질적인 가치에 비중을 둘 경우에는 소유욕이 강한 내면적인 끌림으로 지향한다. 소비자 주체의 정신과 물질의 불균형적인 끌림은 시간공간과 자연공간의 균형이 잡힐 때까지 나타나는 자연스러운 현상이다. 시간공간은 자연공간이 주는 시간의 흐름을 인위적으로 조작하여 나타나는 공간이며, 이러한 시간공간은 유물론적인 작위(作爲)에 의한 의식적인 끌림의 지향이 발생한다. 왜냐하면 의식흐름의 내적 경험 속에서 시점이 상대화되어버리기 때문이다.

따라서 시간공간에 의한 끌림은 주체의 의식적인 끌림이라 할 수 있다. 시간공간에 의한 신체는 주체 의지에 의한 능동적인 끌림이다. $n>t$는 주체의 시간공간이 자연공간에 의해 축소되어 나타나는 경우이며, 이는 주체 스스로 주체가 없는 무아(無我)의 상태, 즉 자연공간의 기운에 의해 움직인다. 자연공간에 의한 끌림은 주체 스스로 자연공간에 순응하기 위한 상태를 지향한다. n=t, n<t, n>t의 역학적인 공간 환경은 주체의 끌림 지향성에 따라 수시로 변하며, 일정한 관계를 유지한다는 것은 창의적인 변화를 추구하는 현대과학문명의 소비생활에서는 쉽지 않다.

또한 끌림에서 뫼비우스의 띠 같은 시간공간과 자연공간이 갖는 일반적인 관념을 벗어난 공간에 대한 '리듬-주름'은 끌림의 장에서는 언제든지 이뤄질 수 있으며, 몸채 같은 초월론적인 현상은 시간공간과 자연공간이 지니고 있는 공통적인 관계에서 이뤄지는 창의의 공간이라고 볼 수 있다.[43] 예를 들면, 시간공간이 지니고 있는 과거의 끌림은 '지금-여기'에 의한 직접적인 끌림이 아닌 반성적인 차원의 끌림이거나, 또는 과거의 아름다움을 '지금-여기'에 옮기고자 하는 시간의 뒤틀림 가운데 나타나는 환상적 끌림이다. 소비자의 개성에 따라 다양한 기억의 떠올림을 통해 상품을 구매하는 이유는 바로 '지금-여기'에 대한 과거와 현실이 다른 차원의 것이 아닌 동일한 시간공간에 의해 이뤄질 수 있음을 보여주는 것이라 할 수 있다.

마찬가지로 지난 광고 내용을 통해 눈앞에 있는 상품을 구입하고자 하는 욕구가 생긴 것은 시간공간의 현실과 과거가 동시에 상존하는 소비자 자신만의 체험을 통해 이뤄진 행동이라 할 수 있다. 이와 같은 현상은 상품이 진열되어 있는 백화점뿐만 아니라 소비자의 라이프 스타일과 밀접한 공간일수록 강하게 나타난다. 소비자 자신이 살아온 공간에서 이뤄지는 이와 같은 시간공간의 뒤틀림에 의한 사고는 현대사회를 바쁘게 움직이는 소비자에게 자주 일어날 수 있는 환상적인 공간이라 할 수 있다.

미래를 향한 시간공간 역시 빠르게 변화하는 개발공간일수록 시간의 뒤틀림이 지속적으로 일어날 수 있는 이유가 여기에 있다. '지금-여기'라는 실존적인 차원의 자연공간은 도시공간에서 쉽게 찾아볼 수 없으며, 모든 도시공간에는 소비자 자신만이 느끼는 시간공간에서 대상을 보고 판단하며 상품을 구매하며 생활하는 데 익숙한 삶이 되었다.

따라서 눈부시게 빠르게 변화하는 도시공간은 이제 그 변화의 정도에 따라 지역적인 시간공간의 뒤틀림이 나타나는 것이 당연한 현상이라 할 수 있다. 시간은 소비자의 라이프 스타일, 성별, 나이, 직업의 성격, 가치 등에 따라 다양하게 주어진다. 바쁘게 사는 사람에게는 하루가 짧게 느껴지는 반면, 여유롭게 사는 사람에게는 하루가 길게 느껴지는 것은 시간공간이라는 소비자 개성에 따라 나타나는 전형적인 현대인의 끌림 공간이다. 소비자 끌림은 자신의 시간공간에서 만들어지는 인위적인 자연공간이라 할 수 있다. 소비자마다 차이를 나타내고 있는 시간공간을 동일한 자연공간에서도 발견할 수 있는 이유는 소비자의 개성에 따라 과거·현재·미래에 대한 시간공간의 뒤틀림이 매 순간 지속적으로 나타나기 때문이다.

결국 간주관적인 상호 커뮤니케이션을 위해 매 순간 뒤틀려지는 시간공간을 펼쳐야 한다. 인위에 의한 자연공간과 시간공간의 펼침은 상호 커뮤니케이션의 소통적 역할을 한다. 펼침이 이뤄진 인위에 의한 자연공간은 이제 소통공간으로서 활발한 교류와 지속성을 갖추어 새로운 시간공간의 장으로 나타난다. 모든 도시공간의 뒤틀림은 각종 펼침과 접힘 그리고 겹침 등의 불규칙적인 형태를 지닌 상태에서 지속적인 변화를 추구하고 있다. 현대 도시공간에서 가장 큰 비중을 차지하고 있는 건물의 양식들은 외관의 모양과 내부의 실내 공간이 획일적인 모습에서 제각각의 개성적인 모습으로 진화하고 있다.

이러한 도시건축물의 외관과 실내 공간의 차이를 위한 개성적인 표출은 수동적으로 소비자의 개성적인 취향을 바뀌게 한다. 특히 건축물 내부 공간의 개성적인 연출은 소비자 개성과 같은 인위적인 자연공간이 펼쳐짐과 동시에 새로운 시간공간으로 재생산된다. 결국 모든 공간은 의미를 재생산하는 소비자의 개성을 위해 펼쳐지게 된다. 도시공간이 지니고 있는 각종 빌딩과 도로, 공원, 조형물, 광고물 등의 개성적인 시간공간과의 겹침은 또 다른 의미공간을 만들어 새로운 공간 끌림을 유혹하고 있다.

(3) 리듬성
끌림은 리듬을 지니고 있다. 강직한 직선의 끌림이 있는가 하면, 부드러운 곡선의 우아한 끌림이 있다. 마찬가지로 수직·수평의 종적·횡적 시간과 공간의 끌림이 있으며, 들숨과 날숨의 일정한 반복에 의한 끌림이 있다. 현대과학에서는 이러한 리듬의 객관적인 체계를 통해 주체의 리듬을 파악하고 그에 따른 처방을 내려준다. 현대과학의 객관성을 도입하여 인체가 지니고 있는 각종 신경체계, 혈액형, 나이, 성별 등을 통해 리듬을 측정하고 있으며, 간혹 『주역』을 통해 자신의 생년월일시로 운세를 파악한다.

이러한 리듬은 독자적인 신체에 관한 리듬이며, 현대과학이 만들어낸 삶의 공간(즉, 환경)과는 근본적으로 독립적인 것으로 판단한다. 또한 현대 첨단도시사회는 시각, 음악, 각종 SNS 언어를 통한 융합 커뮤니케이션이다. 커뮤니케이션을 위한 모든 매체는 제각기 고유한 리듬을 지니고 있다. 광고영상물은 환상적 이미지를 통해 상품의 특징 및 장점을 보여주는 방사선형 리듬이 있는가 하면, 개인용 컴퓨터나 스마트폰의 조그마한 공간을 통해 정보를 교류하는 SNS의 쌍방향 곡선적 리듬이 있다.

또한 메시지 혹은 메일을 통한 일방향의 직선적 리듬은 쌍방향의 곡선적인 리듬보다는 수신자에게 머무는 시간이 길다. 개인과 개인, 조직과 개인 등의 직접적인 만남을 통한 커뮤니케이션은 개인과 조직이 지니고 있는 문화성에 의해 리듬이 형성된다. 예를 들면, 군사조직의 수직적인 리듬은 융통성이 없는 경직된 커뮤니케이션 체제이며, 각종 동호회를 통한 쌍방향 커뮤니케이션은 부드럽고 섬세한 곡선적인 리듬이 주변을 감싼다. 스포츠, 음악, 식품, 가전, 게임 등 각종 상품 커뮤니케이션을 위한 매체적 성격은 리듬을 형성하는 데 중요한 역할을 하고 있다.

골프를 통한 팀 구성원이 팀의 분위기 리듬을 형성하는 데 영향을 미치듯 어떠한 조직 또는 단체, 동호회, 개인은 리듬을 생산하는 개체성을 지니고 있다. 각종 네온사인과 옥외광고 그리고 건축양식들은 제각기 마음껏 리듬을 표출하고 있다. 도시의 바쁜 일상 속에서도 눈에 띄지 않는 다양한 리듬이 도시 전체를 감싸고 있다. 이러한 리듬들의 총합체인 거대한 첨단도시사회는 매 순간 리듬을 생성하는 공업단지와도 같은 기능을 수행하고 있다. 이 가운데 눈에 보이지 않는 온갖 정보통신과 대기, 광물, 식물,

[그림 14] 리듬성: 'Inner-tree'/ Illustrator, 전기순 作.
나무의 직선은 성장을 의미하지만, 이른 아침 일출의 순간포착에서 볼 수 있는 나무들의 탄소동화작용과 호흡작용을 통해 끝없이 흐르는 시간의식의 리듬 반복을 이해하게 된다.

동물 등이 방사하는 단파, 장파, 고주파, 저주파 같은 파도 리듬 역시 주변 공간에 산재해 있다.

감각적인 느낌은 매체가 지닌 특성에 따라 곧 자석과 같은 음극과 양극의 극성 끌림의 일정한 리듬이 숨어 있으며, 어떠한 대상이든 나름대로 자기 자신만의 고유한 리듬 속에서 연속성을 유지한다. 리듬은 '음악'이라고 하는 소리와 율동을 통해 느끼는 것만이 아닌 상품 또는 생명체, 무생물 등 개념으로 떠오르는 어떠한 이미지에도 일정한 리듬을 지니고 있다.

또한 끌림이 주는 지향성은 선형적인 방향성만 있는 것이 아니라 다채로운 리듬의 지향성을 지니고 있다. 예를 들면, 자동차를 구매하고자 했을 때와 화장지를 구매하고자 했을 때 소비자의 구매 욕구는 제품 자체가 지니고 있는 관여도에 끌림 리듬의 차이가 생성한다. 필요에 의한 간단한 구매, 또는 오랜 시간을 두고 심사숙고한 가운데 구매하는 이성·감성에 의한 사고의 흐름은 그 자체가 끌림 대상에 대한 주체 내부와의 눈에 보이지 않는 '리듬-끌림'이며, 소비자 욕구와 상징대상과의 상호 리듬이 서로 일치했을 때 나타나는 음극과 양극의 상반된 극성에 의한 에너지의 끌림이라고 볼 수 있다. 양극성의 차이에 의한 에너지의 끌림 리듬은 남과 여, 하늘과 땅, 나뭇가지와 뿌리, 낮과 밤, 팽창과 수축, 확장과 축소, 펼침과 접힘, 긴장과 이완 등의 이항대립구조에서 쉽게 이해할 수 있으며, 특히 상징대상의 특징과 종류에 따라 서로 다른 끌림 리듬을 지니고 있다.

여성용품, 남성용품의 일반적인 상징대상에서도 나타나는 자성적인 특징은 쉽게 눈에 드러나는 소비자 몸의 정서적인 불균형에 의해 일어나는 무의식적인 끌림이라고 할 수 있다. 몸의 욕구는 의지의 힘에 따라 통제되지만, 몸의 불균형에 대한 자연스러운 균형을 회복하기 위해 소비자는 적합한 상징대상을 직접구매 및 소유함으로써 스스로 균형적인 리듬상태로 유지한다.[44] 균형적인 리듬은 불규칙적이고 불협화음으로 이뤄진 리듬을 조정하는 몸의 자성리듬이다.

이렇듯 소비자 몸과 상징대상과의 상호관계는 선형적인 것과 순환적인 것, 차이와 반복, 상호작용과 구성, 빈도와 박자, 구매와 욕구, 상품과 욕망, 사랑과 증오, 믿음과 불신 등 제각각의 상호 리듬이 발생하는 불균형 상태를 의미하며, 이때 발생하는 모든 끌림 리듬은 균형적인 끌림 리듬을 반복한다. 반복은 순환적인 과정과 동시에 균형적인 끌림으로 나아가고자 하는 역동적인 에너지이며, 소비자 주체의 개성적인 균형을 지향하는 가운데 나타나는 끌림 리듬이다. 흔히 우리 삶의 주변에는 수많은 리듬을 통해 원하는 음악 혹은 뉴스 또는 드라마를 볼 수 있다. 주파수는 도시 생활에 유용하고 편리한 것이 있는가 하면 아직 인간이 헤아리지 못한 주파수가 대자연 속에 산재하고 있다.

로버트 콜리어는 자신의 저서 『파워(power)』에서 모든 단어, 모든 소리, 모든 나무, 모든 식물, 모든 광물, 모든 물체에 리듬이 있다고 주장하고 있다. 모든 종류의 음식과 음료에도 리듬이 있다. 모든 장소, 모든 도시, 모든 국가에도 리듬이 있다. 모든 사건, 상황, 조건에도 리듬이 있다. 심지어 "당신의 이름과 당신의 감정 등 모든 것에는 리듬이 있다"고 한 점에서 알 수 있듯이 끌림 역시 리듬에 의한 끌림이며, 일정한 리듬은 제각기 독특한 폭과 길이를 지니고 있다.

리듬의 폭과 길이는 동시에 주름을 갖게 된다. 주름의 깊이는 리듬의 종류와 특징에 따라 다르게 나타나며, 동시에 주름이 갖는 결에 따라 끌림의 양상이 다르게 나타난다. 리듬의 다양한 주름은 곧 일정한 리듬을 지니고 있음을 의미하며, 동시에 '반복'이라는 피할 수 없는 과정을 경험하게 된다. 일정하게 주어진 주름의 반복에 시간이 도입되면 반복이 주는 항상성에서 늘 차이를 지니게 되는 주름리듬이 주어진다.

따라서 주름의 반복은 차이를 추구하는 '리듬-끌림'이 된다. 하루를 얼마만큼 소중하게 그리고 행복하게 다루는가는 소비자 주체의 의지이며, 그와 동시에 울려 퍼지는 리듬 끌림은 내부에서 시작되어 바깥으로 퍼져 나간다. 이것은 외부세계에 가득 찬 리듬 가운데 행복에 관련된 리듬대상과 끌림이 이뤄준다. 현대사회가 지향하는 첨단과학문명의 혜택에는 그에 맞는 '리듬-끌림'이 형성되어 있다. 도시 생활에 익숙한 라이프 스타일은 이미 고정적인 '리듬-끌림'에 의해 일정한 공통감이 형성되어 있다.

이러한 공통감에 의한 '리듬-끌림'이 상호관계를 통해 확인 가능한 것은 상징대상에 의한 리듬이 일치하기 때문이다. 눈앞에 보이는 광고, 영상물, 시각매체, 컴퓨터 소통매체, 책, 음식물, 사인물, 색상, 의복, 소리, 물체 등은 이미 소비자 주체와 동일한 '리듬-끌림'이며, 생활세계에 나타나고 있는 주변의 '리듬-끌림', 그리고 현재와 동떨어진 이질적인 문화를 떠올린다면, '지금-여기' 주체의 '리듬-끌림'을 이해할 수 있을 것이다.

인도인이 지니고 있는 문화의 이질성—사리, 터번, 향신료, 식문화, 종교관, 요가, 의복, 장신구 등—은 현대 첨단과학 속 편리를 추구하는 현대인의 삶에서 그들만의 독특한 '리듬-끌림'의 차이를 이해할 수 있다. 채식과 육식에 대한 엄격한 규율, 명상에 의한 해결, 탄트릭의 종교관, 카스트의 위계질서, 점성술의 신앙관, 신 중심의 내세관, 가부장적인 권위 등의 생소한 생활문화는 인도인에게는 자연스러운 '리듬-끌림'이며, 오랜 기간 동안 형성된 고유한 균형리듬이라 할 수 있다.[45]

리듬의 종류에 따라 생성된 주름은 오랫동안의 리듬습관이 만들어 낸 생명체의 '균형-끌림'이며, 대상과의 상호관계에 의해 누적된 소비자 주체의 정신과 신체 속에 깊이 묻혀 있는 항상성의 끌림 지평이다. 일반적으로 행복을 추구하는 패턴에 따라 끌림 리듬이 생성하듯이 누적된 끌림 지평의 항상성은 스스로 '리듬-끌림'을 생성하여 자신의 삶 가운데 깊이 스며들어 있다. 일상생활에서 느껴지는 '리듬-끌림'의 교차는 새로운 리듬을 형성하기도 하지만, 소비자 주체에게는 대상에 대한 관념적인 고정된 시선에서 새로운 끌림을 만들기도 한다. 교차적인 것의 연속과 차이에 관한 반복은 이미 다른 장소 혹은 환경에서 익숙하게 진행되어온 것으로 판단할 수 있다.

예를 들면, 책상에 놓여 있는 화분을 옆으로 이동시켰을 때 이 화분이 지켜왔던 이전의 공간에서 느껴진 화분 고유의 리듬과 공간이 바뀌면서 드러나는 뒤틀리는 리듬의 교차가 발생한다. 이러한 교차적인 리듬의 형성에 따른 익숙함은 생활세계 속에서 늘 나타났다가 사라진다. 특히, 이사철에 움직이는 각종 가전제품과 소품의 공간이동은 새로운 교차에 의한 '리듬-끌림'을 발생한다. 새로운 건축물의 생성과 그에 따른 주변의 조형물, 각종 교통표지판 생성 등은 이전 공간이 지니고 있던 대상과 공간의 리듬과 교차 끌림이다.

또한 '지금-여기'의 존재적인 바탕에서 보이는 공간에서는 찾아볼 수 없는 '지금-부재'의 강력한 리듬을 통한 교차도 있다. 창문을 열면 보이는 눈앞의 건물과 나무는 '지금-여기' 공간 속의 대상에 대한 '리듬-끌림'으로 쉽게 받아들여진다. 눈에 보이지 않는 가운데 서울이라는 현재 속에서 부재하는 서울이 느껴지는 것은 교차리듬이 발생한 것을 의미하며, 동일한 공간에서도 소비자 개성에 따라 다른 교차리듬을 경험하는 이유는 보편적인 생활의식 저 너머에 또 다른 의미공간이 자리를 차지하고 있기 때문이다.

마찬가지로 의식이 지니고 있는 의식 덩어리, 즉 노에마에는 또 다른 노에마가 늘 일정하게 리듬을 유지하고 있다가 언제든지 교차적인 '리듬-끌림'의 변형이 일어날 수 있는 잠재적인 상태로 늘 남아 있게 된다. 이와 같이 '리듬-끌림'은 생활세계뿐만 아니라 사회체계 또는 각종 매체에 깊숙이 뿌리내리고 있으며, 이러한 리듬은 언제든지 하나 혹은 둘, 그 이상의 다양한 리듬이 동시에 교차로 발생하게 된다. 전 세계의 모든 도시는 제각각의 개성적인 '리듬-끌림'의 교차가 매 순간 발생하는 시간공간이다. 서로 다른 두 시간성 사이에 '동일 리듬성'이 존재한다면 둘의 '리듬-끌림'은 서로 일치함으로써 동일성의 '리듬-끌림'을 낳는다.

하지만 비동일성의 리듬 사이에 교차가 이뤄지면 차이의 리듬이 발생하거나 또는 강한 쪽의 리듬으로 흡수 또는 병합이 이뤄진다. 이러한 시간 공간 가운데 서로 병합과 동일성을 통한 조화리듬은 긍정적인 '리듬-끌림'으로 진행해나가는 반면, 서로의 리듬이 달라진 가운데 이뤄지는 차이 끌림은 변형과 분리, 일탈적인 방식을 통해 부정적인 '리듬-끌림'으로 진행한다. 이러한 진행 과정으로 전체성의 '리듬-끌림'이 구체화되어간다.

이러한 리듬이 발생하고 있는 근원적인 출발은 의식뿐만 아니라 의식을 통제하고 있는 신체라는 다양한 조직에 의해 생성된다. 신경계통, 각 장기의 기능, 피부와 근육의 섬유질, 혈관과 뇌의 활동 등은 조화를 통한 리듬의 진원지이고, 건강한 신체라면 조화리듬성이 이뤄지며, 그렇지 않은 경우 부정적인 리듬으로 인해 병에 걸리거나 부조화로 인해 신경질적으로 바뀌게 된다. 인체가 하나의 소우주라고 하는 이유가 바로 여기에 있다.

조화리듬성은 흔히 오케스트라의 하모니와 오페라 무대의 조화에서 쉽게 이해할 수 있다. 즉, 지휘자의 움직임이라는 하나의 리듬은 다른 악기를 다루는 연주자의 리듬으로 옮겨간다. 교차리듬이 갖는 조화로운 '리듬-끌림'의 대표적인 예라 할 수 있다. 동일리듬성은 리듬이 서로 일치할 때를 의미하며, 조화리듬성은 서로의 리듬이 일치하지 않더라도 서로의 상보적인 리듬이 없으면 오케스트라의 조화로운 연주가 발생하지 않는다. 즉, 인체의 경우에도 각 장기가 지닌 리듬-균형이 사라지면 부조화로 인해 각종 질병이 나타나는 것과 같다. 단순히 동일리듬성이라고 해서 결코 끌림 리듬을 지니는 것이 아니며, 오히려 끌림 리듬은 서로 차이를 인정하고 받아들이는 가운데 발생하는 조화리듬성에서 발생한다.

부정적인 리듬성은 서로 간의 리듬성에 대한 차이를 인정하지 않는 가운데 발생하는 잡음(noise)리듬이다. 분쟁과 분열, 갈등적 리듬은 늘 부정적 시각의 리듬을 발산함으로써 시간공간과 자연공간이 지닌 뒤틀림의 전개과정에서 조화가 아닌 분열을 초래한다. 힘에 의한 상호관계는 결코 조화를 갖출 수 없으며, 단일리듬의 소리를 종용한다.

　이러한 힘에 의한 리듬이 도시공간에서 지속적으로 생기게 되면 결국 획일적인 도시공간으로 채워져 소비자 개성을 위한 공간은 사라지게 될 것이다. 현대시장이 추구하는 동종 상품의 대량생산을 통한 경쟁은 차이리듬의 수용적인 태도와 시간공간의 조화라는 '리듬-끌림'을 추구한다. 브랜드는 의미를 말해주지만, 시간의 흐름 속에서 브랜드가 지니고 있는 상징적인 의미는 약해지며, 시각 이미지가 만들어놓은 브랜드의 인상은 '리듬-끌림'으로 소비자 몸속 깊숙이 스며들어 자취를 감추고 만다.

　상징대상은 곧 브랜드가 지니고 있는 환상적인 끌림 리듬이 곧 소비자의 몸과 하나가 되는 만족감으로 전환된다. 리듬이 스며드는 과정에는 이미지의 채색과정이 화려하게 혹은 즐겁게, 또는 아름답게, 흔히 말하는 감동적인 흥분을 만들어낸다. 브랜드이미지의 내용은 소비자 개성에 의한 끌림 리듬이다. 그러나 브랜드에 대한 이미지나 리듬에 의한 아무런 끌림이 없다면, 상징대상이 지니고 있는 마력과도 같은 힘은 효력을 발휘하지 못한다. 또한 끌림 리듬은 소비자 자신의 호흡, 혈액순환, 심장박동, 말의 속도 등을 기준으로 삼는다. 그러나 리듬들을 인지하기 위해 선택한 감각 중 특정 감각에 우위를 부여하지는 않는다.

　소비자 개성의 '리듬-끌림'은 추상이 아니라 자신의 몸과 체험된 시간성 속에서 나타나고 사라진다. 소비자가 움직일 때 달라지는 심장박동수와 나이에 따른 신체리듬은 곧 브랜드에 대한 끌림 리듬에 영향을 주며, 특히 촉각과 후각, 향기에 의한 끌림에 대해서는 소홀히 하지 않는다. 아이들에게 이와 같은 끌림 현상이 줄어드는 까닭은 아이들만을 위한 공간이 성인에 비해 턱없이 부족하므로 끌림 대상에 대해 위축되거나 무감각해지고 만다.

　대도시에서 느껴지는 시각적인 끌림은 젊은층, 성인층에 집중해 있으며, 어린아이와 노년층을 위한 공간은 제한된 공간에서만 한정되어 있어 늘 안타까운 현실을 맞이한다. 간혹 아침과 저녁, 햇살이 창밖에서 들어올 때와 비가 올 때 느껴지는 자연 속의 향기는 제각각의 끌림 리듬을 지니고 있다. 이것은 남녀노소 누구나 느낄 수 있는 자연의 '리듬-끌림'이다. 바쁜 일상생활 속에서 이러한 자연 끌림이 무감각, 무색, 무취한 것에 익숙한 현대인에게 아무런 감동을 주지 못하는 것은 존재의 '나 있음'에 대한 강한 감동이 살아나지 못하기 때문이다.

리듬을 포착하려는 노력은 시각디자이너 혹은 시각디자이너의 창의성을 위한 미적인 열정에서 발견할 수 있다. 일반적인 리듬은 누구나 느낄 수 있는 대화 또는 특정모임을 통해 느낄 수 있지만 리듬들의 뒤얽힘과 상호작용의 배후에서 이 리듬, 저 리듬을 포착하고 파악하는 노력이 끝없이 요구된다. 따라서 세분화된 리듬의 운율에 대한 파악작용이 일어나기도 전에 한데 묶은 리듬에 대한 관계들만을 구성하려고 한다. 리듬이 지닌 순수한 끌림 리듬에 대한 청아함은 사라지고 둔탁한 리듬만이 가득 찬 소리로 다가오는 잡음에 의한 리듬의 뒤섞임은 설렘과 감동이 아닌 경련, 고통, 헐떡임으로 다가오게 된다.

이렇듯 실타래처럼 얽혀 있는 리듬의 소음 가운데 하나의 특정한 리듬을 발견해나가는 것은 거리의 네온사인이나 심벌을 통해 느낄 수 있는 어떤 특정한 끌림을 다른 상징, 네온사인의 현란한 뒤섞임으로 인해 제대로 파악하지 못하는 가운데 끌림 리듬을 찾는 것과 같다. 결국 하나의 리듬은 전체의 리듬 가운데서 골라내며, 전체 범주는 늘 어디에서나 발견할 수 있는 개성적인 환경이 된다. 소비자 개성의 지식과 인식이 지니고 있는 문화적인 범주 역시 이러한 리듬의 성분을 발견할 수 있는 전체 성격을 지니고 있는 환경적인 요소다. 모든 환경적인 요소에는 자연과 사회적인 공간에 의한 범주 이외의 환경이 만들어놓은 사회구성원의 이데올로기, 해석, 사변적인 구성에 대한 인식을 피해가는 것이 불가능하다.

따라서 어떠한 끌림 리듬도 브랜드 이미지뿐만 아니라 소비자 개성에 대한 엄밀한 환경적인 파악이 무엇보다 우선되어야 한다. 끌림 리듬에 대한 관찰적인 행위는 철학, 미학, 심리학, 사회학, 민족학, 생물학, 심지어 물리학과 수학 등 모든 정보를 동원해야 하며, 어느 한정된 영역으로 연구한다는 것은 끌림이 지니고 있는 다양한 리듬에 대한 부정적이고 편중된 결과만을 초래할 뿐이다. 따라서 광범위한 학제적인 결과를 통해 끌림 리듬에 대한 철저한 해답을 발견할 수 있을 것이다.

음악에서 흔히 '악보'라고 하는 것은 소리의 리듬을 발견하기 위한 기초적인 작업으로 당연시해왔다. 훌륭한 작곡가가 만든 악보는 그 자체가 자연과 우주의 소리를 들을 수 있도록 했으며, 많은 청중에게 끌림 리듬의 매력을 온몸으로 받아들이도록 했다. 음악에는 박자와 음악 기보뿐만 아니라 시간의 지배가 포함되어 있다. 작곡가 자신이 만든 음악 기보는 다양한 리듬을 만들어낸다. 마찬가지로 오선 위의 음표를 기입하는 방식은 화음과의 관계로 이어진다. 음악리듬을 위한 시간의 시각화와 공간화는 어느 정도까지는 정의된 기보이론[46]을 통해 가능하지만, 박자의 경우는 기보법보다 먼저 생성한 가운데 더욱 엄격한 규칙을 요구했다.

장-자크 루소는 당시 일반적으로 사용하던 '운지표'보다 더 합리적인 기보'체계'를 고안하기 위해 고심했다. 문자가 말에 영향을 미쳤듯이 음악 기보이론은 연주뿐만 아니라 작곡에도 상당한 영향을 미쳤다. 그의 노력으로 현대에 와서는 오선지를 통한 음표를 이용하는 것이 보편화되었다. 마치 언어의 운율을 통해 시의 장르가 만들어지듯이 음악은 창의, 기보, 박자, 템포, 감정의 증폭 등을 향한 길을 제시해주고 있다.

이러한 오선지의 규칙이 만들어짐으로써 진보와 창조로 수용되던 즉흥성의 상실과 다양성의 리듬이 대폭 감소되어 음악의 일정한 양식만이 리듬으로 인정된 채 성장하고 있다. 음악의 리듬이 오선지에서 제한을 받고 있는 것과 마찬가지로 시각 및 광고 커뮤니케이션은 리듬을 위한 기보적인 운지표의 다양성이 여전히 아쉬운 과제로 남아 있다. 아이디어 스케치 혹은 점·선·면 등의 시각요소를 통해 감각적인 리듬만을 표현하는 데 그치는 것일 뿐 시간성을 지니고 있는 리듬의 운율을 표현하기 위한 기보적인 역할로서의 '리듬-끌림' 디자인이 부재하는 것은 종이 한 장에서 확장성의 시각 커뮤니케이션이 이뤄지기 때문이다.

영상물에서 시간성을 지니고 있는 경우 리듬의 운율을 실제로 확인하기 전에 기보적인 형태로 바꾸어 설득하기 위해서는 일정한 시각적인 리듬

규칙을 만들어야 하며, 시각요소에 대한 엄중한 양식적인 범주를 지니고 있어야 한다. 물론 제작과정에서 일어나는 시간이라는 운율을 포착하는 것조차 가능하도록 만들어야 한다. 광고 표현 혹은 시각디자인에서 나타난 시간의 흐름 과정을 파악하는 것은 거꾸로 기보적인 상태를 확인할 수 있지만, 기보가 주는 이미지는 고스란히 시각에 의한 끌림 리듬으로 소비자의 내면에 스며들게 된다. 즉 하나의 브랜드, 광고 표현, 상징, 시각디자인은 그 자체가 끌림 리듬을 소비자 몸에 스며들게 하는 기보다. 결국 눈에 보이는 모든 시각대상물에는 기보로서 제각기의 끌림 리듬이 있으며, 그 기보를 바라보는 소비자 개성의 내면적인 리듬과 서로 맞물려 조화롭게 이뤄질 때 '리듬-끌림'이 나타나게 된다.

(4) 감응성

지나가는 길에 우연히 어떤 상징대상을 보았을 때, 그 이미지에서 어떤 하나의 특징적인 시각적인 요소가 순간적으로 눈에 띄는 경험을 한 번쯤은 했을 것이다. 이 요소에 의해 현실적인 차원이 아닌 주체가 바라보는 다른 내적 지평의 차원에서 생기는 또 다른 이미지가 순간 나타났다가 사라지는 현상을 체험하게 된다. 사인물의 전체적인 이미지에 대한 파악을 이해하기에 앞서 나타나는 내적 지평의 상태는 일반적인 감응에는 주어져 있지 않지만, 새로운 지각적인 나타남에 의해 사인물이 지니고 있는 구성요소들은 희미하게 보이는 현상을 자각하게 된다. 사인물이 뚜렷하게 보이는 과정에서 경험하는 주체의 주관적인 현상은 직면하는 지각적인 '보여짐'에 대해 가장 분명하고 명확하게 강조함은 물론, 적어도 그 과정 이전보다 더 분명하고 또렷하게 체험하고자 이 시각적인 요소를 강화한다.

요즈음 가장 많이 다루고 있는 스마트폰을 하나의 통신수단으로 지각할 때의 반성적인 태도 속에서 지각과 이에 상응하는 지각의 노에마(Noema)에 대한 분석을 시작할 수 있다. 즉, 노에마의 구성요소—앱, 사진, 메시지 등—를 떼어내어 그것의 지각작용을 통해 나타나는 그대로 간주되는 역할을 피력할 수 있다.

[그림 15] 감응성: '무제'/ Illustrator, 전기순 作.
선에 의해 만들어진 공간은 작가의 내적 지평과
외부대상인 자연과의 '동시감응'이 이뤄지는 순간
표현되는 순수몸채디자인이라 할 수 있다.

　　이러한 구성요소들은 필요에 따라 확대 또는 축소되거나 희미하게 혹
은 또렷하게 나타나며, 그 가운데 통신수단으로서 지각되는 스마트폰의
일정한 도구성이 의존하는 기능적인 특성들은 더 이상 통신수단으로서의
스마트폰이라는 점을 회피하고자 한다. 즉, 스마트폰의 기능성이 드러나
는 행위의 상황에 대한 이미지를 떠올릴 수 있다. 즉 전화하는 장면이나 전
화벨이 울리는 소리, 카카오톡, 밴드, 페이스북, 인터넷, 쇼핑, 사진, 동영상
등의 SNS를 통한 커뮤니케이션 기능은 더 이상 통신수단이 아닌 정보 및
저장 기능으로서 쌍방향의 목적성을 강화하고 있다.

　　여기에서 스마트폰이 통신수단의 기능성으로서가 아닌 카메라를 통
한 스틸사진 또는 동영상을 제작하는 도구성의 의미를 지닌 도구로서 지
각된다면 그것은 분석적으로 뚜렷하게 보이는 과정에 앞서서 또는 그 과정
과는 독립적으로 지각된다. 이제는 스마트폰을 사용하는 주체의 목적성에
따라 상품 이미지가 뚜렷하게 바뀌게 되어 자신만의 고정적인 끌림 감응
을 지니게 된다. 이와 마찬가지로 사인물의 특징적인 시각적인 요소와 관
련된 이미지 혹은 전혀 다른 이미지를 떠올리는 것은 상징대상을 바라보

는 소비자 주체의 지향작용에 의한 개별적인 감응으로 받아들여야 한다.

우리가 일상적으로 생활하는 공간에서 흔히 바라다볼 수 있는 사무실이나 거실 창을 통해 창밖에 있는 빌딩을 지각할 때 주어지는 지각적인 나타남은 실제적인 바라봄에서 주어지는 것 이상의 것을 포함하고 있다. 보이지 않는 구성요소들이 본질적인 방식으로 지각의 의미—이것을 '끌림의 감응'이라고 한다—를 결정하는 데 기여하고 있다. 결국 보이는 대상에 대한 이미지는 스타우트가 자신의『분석심리학(Analytic Psychology)』에서 "이미지 없이 떠오르는 전체의 주어짐이 주변의식으로서의 감각적인 나타남에 합쳐지기 때문이다"라고 언급한 바와 같이 주체의 보이지 않는 심적인 주변의식(Fringe)의 견지에서 바라보는 물체의 지각으로 해석될 수 있다.

그러나 '눈에 들어옴'이 단순히 주변의식에 의한 감각적인 나타남이라면 그 이상의 끌림에 의한 이미지는 나타나지 않을 것이다. 주변의식에 의한 제한된 범주에서의 의식이라면 초월론적인 내적 지평에서 나타나는 이미지에 대한 '끌림-감응'은 설명할 길이 없다. 물체의 지각은 일반적으로 규범적인 태도, 추상적인 태도, 개념적인 태도, 구체적인 태도에 따라 서로 다른 지각의 양상과 감응이 다르게 나타난다. 주체 내부의 인식 지평에 따라 차이를 갖는 이유는 오랜 시간과 공간 그리고 환경에 의한 몸의 질적 자료에 차이를 두고 있기 때문이다.

끌림이 지니고 있는 감응은 그 자체로 객관적인 '바라봄'의 동일성에서 독특한 차이를 지니고 있다. 동일한 대상에서 바라보는 지각은 이미 감각, 시각이라는 과정적인 끌림체로서 몸채의 '끌개'에 의해 차이를 만들며, 이것이 조직화·구체화되어 뚜렷하게 보이는 것은 주체 몸의 끌개의 과정적 절차에 의한 개성적인 차이에 기인한다. 대상을 유형성 속에서 지각하는 것과 지각된 사물을 그 유형의 표현으로서 파악하는 것의 차이는 후설이 감각적인 혹은 성질적인 동질성과 범주적인 동등성 사이를 구별한 것과 더욱 감각적인 통일성의 형식과 범주적인 통일성의 형식 사이를 구별한 것과 매우 유사하다고 볼 수 있다.

끌림 현상은 대상의 유형성 속에서 지각하는 것과 지각된 사물을 그 유형의 표현으로서 파악하기 전에 이뤄지는 선험적인 감응성이다. 따라서 끌림 현상에 대한 감응은 눈에 뚜렷하게 드러나는 과정에서 일어나는 눈에 보이지 않은 규범적·조직적·추상적·개념적 구성 속에서 이뤄지는 정태적인 양태의 내적 지평이 아닌 메를로퐁티의 신체로서 초월론적인 감응이다. 어떻게 보면 눈에 보이는 대상은 눈에 보이지 않는 대상을 보기 위한 보조적인 수단이며, 순간 끌린 대상에 대한 감응은 신체고유의 순수감각에 최우선적으로 의존해야 느낄 수 있다.

스마트폰이 단지 통신수단 혹은 카메라라는 도구적인 성격을 지니고 있다고 지각하는 순간은 이미 눈에 보이는 대상에 대한 의식 가운데 이뤄지는 의식적인 지각 끌림이며, 이러한 생각이 이뤄지기 전에 나타나는 대상에 대한 끌림은 대상의 구체성을 지각하기 전에 이뤄지는 느낌이다. 이것은 대상과 무관하게 나타날 수도 있지만, 반드시 그 대상과 아무런 상관관계가 없다고 할 수 없다. 이러한 끌림 감응은 해석학적인 범주 속에서 이뤄지는 존재론적인 차원이 아닌 초월론적인 차원의 끌림이라고 할 수 있다.

이후 이뤄지는 대상에 대한 초월론적인 끌림 감응에 대해 원인을 분석할수록 이미 지각 끌림으로 변질되어가는 것을 자각할 수 있다. 의식 속에서 이뤄지는 모든 끌림은 지각 끌림이며, 그에 따른 감응은 지각 끌림 감응으로 해석과 아울러 분석이 이뤄질 수 있다. 하지만 초월론적인 '끌림-감응'에 대한 해석학적인 판단은 이미 양태의 변이로 인해 근원적인 '끌림-감응'에 대한 파악으로서 모호한 결과를 초래할 뿐이다.

'끌림-감응'은 철저하게 객관적인 신체의 조건을 넘어선 끌림체로서 몸채가 이뤄질 때 나타나는 초월론적인 감응이다. 인식 너머의 내적 지평이 제각기의 성질을 지니고 있는 현실의 소비자 개성은 '끌림-감응'에 대한 모호성을 지니고 있는 것만은 확실하다. 끌림의 장이 초월론적인 영역, 의식의 영역, 감각의 영역, 시각의 영역이든 간에 끌림의 감응은 소비자 자신이 지니고 있는 끌림 감각의 내적 지평에 따라 상이하게 나타나는 것만은 확실하다.

2 끌림과 소비자 기호

1) 퍼스(Charles Sanders Peirce)의 해석체

(1) 일차성

이 책에서는 퍼스가 만들어놓은 삼부이론 가운데 해석체를 강조한다. 해석체는 어디까지나 현실적인 대상에 근거를 둔 삼차성이지만, 현상학적인 즉자(卽子)에서는 일차성(Firstness)이 질료에 해당하는 초월론적인 차성으로 볼 수 있다. 왜냐하면 현실 의식의 장에서 끄집어낼 수 있는 개념은 이미 그 자체로 독립성과 관계성을 지니게 되어 이차성 혹은 삼차성에 머물게 되기 때문이다.[47]

메를로퐁티의 초월론적인 현상학은 해석학적인 현상학과 구분되는 차성의 현상을 의미하는 선험적인 차성이다. 즉자적인 상태에서 해석이 가능한 범위는 신체가 지니고 있는 실재적인 차원의 현상이다. 초월론적인 현상의 장에서 해석학적인 현상의 장으로 지향하는 에너지는 곧 내면의 잠재적인 세계에서 바깥 세상을 향한 지향성을 지닌 끌림 에너지라고 할 수 있다.

들뢰즈는 바깥세계의 지향성을 자신의 잠재적인 것들의 실재로서 재현된 판타지임을 강조했다.[48] 따라서 현실적으로 연장된 세계가 접속과 변이들의 잠재적인 질료인 다양체로부터 각각 분절되어 실현되는 것은 오직 잠재적인 끌림 에너지에 의한 결과라 할 수 있다. 즉자로서 내면 깊숙이 어두운 면에서 일어나는 다양한 변이의 용솟음이 마치 화산이 폭발되어 나오는 용암과 같은 다양한 끌림 홀의 질료로서 몸채가 늘 살아 숨 쉬고 있다.

이것은 사전에 특별한 구조와 체계를 지니고 있지 않으며, 또한 필요시 체계와 구조가 순식간에 만들어지는 잠재적인 변이의 몸채로서 빛 에너지다. 초월론적인 현상의 사태가 실재적으로 드러나지 않은 이유는 즉자로서 선험적인 직관에 대한 끌림이 외부세계인 실제세계와 자주 발생하는 변화의 추이에 의한 불확실성 때문이다. 왜냐하면 어떠한 선험적인 초월론적 현상을 해석학적 실재론에 접목시켜 설득하기에는 수많은 변이의 끌림 체계가 매 순간 만들어졌다가 사라지는 현상이 반복되어 나타나기 때문이다. 변이의 이와 같은 반복적인 현상은 일차성의 본질에 대한 근본적인 해석이 불가능하다. 이는 해석체가 지니고 있는 주체에 따라 일차성의 초월론적인 끌림 에너지의 차이가 있기 때문이다.

퍼스의 일차성은 이차성의 상호관계에 의한 일반적인 커뮤니케이션의 끌림이 아닌 내면적인 지향성이 신체 바깥을 지향하고 있는 순수 질료의 끌림체다. 예를 들면, 어린아이가 태어나자마자 보게 되는 광경은 그야말로 경이와 호기심, 그리고 미지의 세계에 대한 두려움이 본능적으로 발생하여 울음을 터뜨리는 것을 알 수 있다. 이것은 약 10개월 동안 어머니의 배 속에 머물면서 느낀 끌림의 초월론적 지평의 몸에서 느끼는 바깥세계의 '세계 알 수 없음'에 대한 두려움의 표상이라고 할 수 있다.

어린아이의 아무것도 모름의 상태는 그 자체로 사회성이 없는 일차성의 생명체로서 질료에 해당하는 순수 끌림이다. 퍼스는 이러한 일차성을 "그 자체로서 능동적이며, 다른 어떠한 대상과는 아무런 연관이 없는 가운데 존재하는 양상"이라고 언급한다. 이렇듯 끌림이 지니고 있는 양상이 어떠한 대상과의 의미가 형성되지 않은 가운데 이뤄진 모든 것은 말 그대로 순수 끌림이며, 어린아이의 울음소리는 미지의 세계를 향한 순수 끌림의 능동적인 지향행위다.

퍼스에 의하면 해석체 스스로 반영되거나 분석된 것이 아닌 직접 경험하고 느낀 '순수한 감정'의 성질 혹은 이끌림을 뜻한다. 또한, 일차성은 어떠한 대상과 아무런 관계를 맺지 않은 상태의 잠재적 양태라고 할 수 있다. 모든 생명체는 태어나는 순간 자신의 고유한 끌림 에너지의 양태를 지니고 있다. 이것이 차츰 해석체로서 이차성, 삼차성의 복잡한 관계를 지님에 따라 처음의 순수 끌림은 마침내 아무런 의미를 지니지 못하는 상황으로 치닫게 된다.

또한 시간과 공간이 만들어놓은 인위에 의한 조작적인 체계와 생활환

[그림 16] 일차성: '무제'/ Illustrator, 전기순 作.
달빛이 비치는 밤바다의 일렁이는 파도는 그 자체로
순수 자연으로서 아름답다. 다듬지 않은 선의 움직임은
달빛에 대한 작가 자신의 순간적인 끌림을 표현한
몸채로서 일차성의 즉자적인 느낌의 예라 할 수 있다.

경은 이러한 순수 끌림을 더욱 퇴색시켜버리게 하는 촉매 역할을 하게 된다. 시간흐름이 만들어놓은 의식의 두께는 어린아이의 울음소리에 대한 해석을 그 자체로서의 순수 끌림에 의한 판단에 두지 않고 이미 이차성 또는 삼차성의 관계성을 통한 상징에 가두어놓고 판단한다. 이것은 이미 관계를 통한 어린아이의 울음소리에 대한 변형태(變形態)로서 이차성에 접어든 것이다. 즉 어린아이의 울음소리가 '작다', '크다', '우렁차다'라는 말을 주고받을 때 어린아이의 울음소리는 이미 즉자적인 차원이 아닌 대자적인 차원으로 이차성의 관계를 지니는 양상으로 옮겨가게 된 것이다.

또한 어린아이의 울음소리를 통해 건강한 아이, 공부를 잘할 아이가 될 것이라는 점괘(占卦)가 나왔다고 가정하자. 이때는 이미 '점괘'라고 하는 사회적인 가치, 도덕, 윤리가 포함된 내용을 어린아이의 울음소리에서 판단한 순간 삼차성의 상징적인 차성으로 바뀌게 된 것이다. 이처럼 차성은 동일한 대상을 통해 매 순간 쉽게 전이될 수 있음을 알 수 있다. 퍼스의 일차성, 이차성, 삼차성의 해석체는 어떠한 시각으로 판단이 주어지느냐에 따라 차성의 변화가 고정적이지 않고 늘 변화의 흐름 가운데 놓여 있음을 알 수 있다.

끌림이 지니고 있는 차성 역시 일차성의 순수 끌림, 이차성의 관계에 의한 상호 끌림, 삼차성의 가치에 의한 상징 끌림이 나타남을 알 수 있다. 일차성, 이차성, 삼차성과는 관계없이 동일한 대상에 대한 끌림이 오랫동안 지속된다면, 이것은 현실적인 차원의 물질적인 가치가 아닌 정신적인 가치(즉 믿음, 사랑, 존경 등)의 숭고함에서 가능할 수 있다. 이렇듯 퍼스의 이차성은 하나가 어떤 것에 작용할 때 그 상호작용에 의해 양자가 존재자격을 얻는다. 퍼스의 예에서 부부는 전형적인 이차성을 가진 존재이고, 이들 사이의 대화와 행위에 관련되는 모든 것은 상호작용에 의한 결과이며, 이것은 이차성의 해석체라는 의미를 지니게 된다. 이 가운데 이뤄지는 살림살이와 기타 물질적인 소유 또는 정신적인 활동 등은 이차성의 끌림에 의한 결과다.

이러한 차원에서 볼 때 소비자 개인이 스스로 판단한 상품 구매는 이차성에 해당하는 상호 끌림에 의한 것이며, 소비자 개성의 즉자(卽子)적인 순간에 의한 직관적인 해석에서 대자적인 현실 기반의 상호 커뮤니케이션을 통한 변형체의 끌림이라고 할 수 있다. 마지막으로 삼차성이란 그 자체로서 능동적이고, 일차적인 것과 이차적인 것을 서로 간에 관계를 맺는 가운데 잉태하는 가치에 의한 문화 차원으로 나아가는 상징적인 내적 지평이다.

일차성, 이차성, 삼차성의 과정이 순식간에 이뤄져 즉자적인 존재양상, 즉 층위상으로는 가장 높은 수준에 위치하는 내적 지평으로 바뀌게 되어 초월론적인 지평으로서 '중관(中觀, Mediation)'[49]이라는 새로운 끌림 개념이 탄생한다. 이것은 상호작용에 의한 이차성에서 삼차성의 가치에 이르기까지 다양한 관점에 의한 해석체의 차성을 벗어난 상태의 관조를 의미하며, 직관의 위치에서 바라보는 것을 의미한다.

이러한 간주관적(Intersubjective)인 직관적 태도가 초월론적인 끌림 차성의 즉자적인 존재성으로 나아가게 된다. 삼차성은 기호를 통한 상징을 의미하며, 여기에는 상호작용에 의한 가치, 규범, 습관 등의 사회적인 관습이 내포되어 있다. 특히 시각디자인에는 이러한 해석체(Interpretant)가 지니고 있는 각 차성에 따라 다양한 끌림의 형식이 나타나고 있다.

예를 들면, 코카콜라의 경우 병이 지니고 있는 빨간색과 브랜드네임의 이미지[50]는 20대의 소비자 개성과 상호작용에 의한 열정, 기쁨, 환희의 기호로 자리 잡고 있다. 여기에서 코카콜라와 젊은층의 상호작용이 만들어 낸 삼차성의 가치로 자리 잡게 되는 순간 즉자적인 초월론적인 끌림 차성으로 창의적인 변형체를 생성하게 된다. 이차성과 삼차성은 커뮤니케이션 사회에서 가장 많이 사용되고 있는 차성으로 매 순간 발생하는 새로운 관계에 따라 생산되는 가치에 주목하게 된다. 들뢰즈는 생명과 차이를 미리 결정하는 구조나 체계들에 대한 반대 입장을 주장하면서 매 순간 관계를 통한 생산에 주목하고 있다. 즉 경험이나 지각작용은 미리 구조되지 않으며, 그 대신에 매 순간 경험되는 것은 이미 주어진 구조나 체계에 의해 예견할 수 없는 순수하고 새로운 관계들의 산물임을 강조한다.

이렇듯 매 순간 관계에 의한 차성은 퍼스의 이차성과 삼차성에서 비롯되며, 이것은 새롭게 탄생하는 창의적인 끌림이다.[51] 끌림은 즉자에서 대자로 바뀌는 순간의 변형체에 숨을 쉬고 있는 몸채임을 확인한다. 과거·현재·미래의 끌림이 지금 이 순간 끌림의 연속이 될 수는 있지만, 지나간 끌림의 회상은 더 이상 존재하지 않게 된다. 이 탄생은 어린아이의 바깥 세상을 향한 일차성의 두려움에서 출발하여 이차성의 부부관계와 삼차성의 상징관계를 통해 끌림이 끝없이 변형체로 탄생하고 있기 때문이다.

이제 끌림은 퍼스의 해석체에 있는 일차성, 이차성, 삼차성의 내적 지평 가운데 들뢰즈의 관계적인 재생산을 의미하는 차이의 생명체다. 시각 이미지의 영역에서는 각 차성에 따른 끌림이 일어나는 현상이 일차성의 도상적인 차원, 이차성의 지표적인 차원, 삼차성의 상징적인 차원으로 그 성격을 같이할 수 있을 것이다.[52]

도상적인 차원은 일차성으로 품질기호(Qualsign)에 해당하며, 여기에는 표상체로서 코카콜라의 빨간색, 나이키의 도상적인 요소 등 특정 색채의 인식이나 점, 선, 곡선, 리듬 등의 조형이 주는 요소가 해당한다. 즉, 일차성에서 주어지는 끌림은 관계에 의한 간주관적인 것에서 끌림 작용이 일어나는 지표에 선행하는 장 보드리야르의 배경을 의미한다고 할 수 있다.

장 보드리야르는 자신의 저서『사물의 체계』에서 어떠한 전경도 배경이 지니고 있는 분위기에 따라 드러나는 배치가 달라지며, 또한 동일 전경도 완전히 다른 의미로 해석된다. 따라서 배경이 지닌 분위기는 곧 동일한 전경의 느낌과 완전히 다른 차이를 지니는 일차성의 도상이라고 볼 수 있다.[53]

전경과 배경이 지니고 있는 배치와 분위기에 따라 차이를 주는 것은 바로 퍼스의 일차성에 의한 도상적 끌림에 선행하는 아프리오리의 즉자에 의한 초월론적인 끌림이며, 대자적인 변형체의 끌림 작용으로서 일차성의 순수 끌림으로 변이되기 전의 직관적인 몸채의 빛 에너지에 의한 선험적인 끌림이다.

(2) 이차성

해석체로서 이차성의 끌림은 관계에 의한 의미생성에서 나타나는 변형체의 상호 끌림이다. 어떠한 대상도 홀로 존재할 수 없으며, 그것이 소비자 개성의 눈에 들어올 때 비로소 대상으로서 의미와 동시에 상호작용하여 서로 간의 새로운 가치를 창출한다. 이차성은 남녀가 만나서 결혼을 하게 될 때 이뤄지는 '부부(夫婦)'라는 단어가 이에 해당한다. '남편'은 일차성에서 주는 순수한 남성에 대한 이미지에서 한 단계 업그레이드된 "한 여자와 결혼관계를 지속적으로 유지하는 것을 전제로 하는 남자"이며, '아내'는 "한 남자와 결혼관계를 지속적으로 유지하는 것을 전제로 하는 여자"를 의미한다.

위의 예에서 알 수 있듯이 이차성은 생활세계와 사회체계에서 많이 발견할 수 있다. 즉 대학생, 고등학생, 변호사, 교수, 교사 등은 모두 사회에서 주어지는 이차성을 지닌 단어임을 알 수 있다. 이차성에서 접하는 끌림은 대체로 생활과 체계가 주어지는 사회적인 위치와 수준 또는 경제력 등에서 이뤄지는 사회적인 끌림이다. 처음 대하는 대상의 이차성에서 일차성으로 바뀌어 해석이 이뤄지게 될 때 끌림은 또 다른 끌림체로서 차이를 지니게 된다. 가령, 여고생이 자신의 학교에서 늘 대하던 남자 교사의 이미지가 어느 순간 이성적인 한 남성으로 보이는 경우다. 이것은 이차성이 지니고 있던 '교사'라는 사회적인 위치가 만들어놓은 엄격함이 순간 사라지면서 일차성인 순수한 한 남성으로 보일 경우다. 동일한 대상이라도 이차성에서 일차성으로 바뀌게 되는 순간 나타나는 끌림의 양상은 동일할 수 없으며, 매 순간 끌림의 증폭에 커다란 차이를 준다.

또한 일차성에서 이차성으로 바뀌어 나타나는 경우에도 이러한 끌림체는 변화를 갖게 된다. 이와 같은 경우는 남녀가 서로 교제하면서 나타난다. 처음 만났을 때 이미지는 일차성의 순수한 인상이며, 이후 교제(즉, 행동)를 통해 상대방의 직업과 사회적인 위치를 알게 되는 경우 이차성의 인상(즉, 생각)으로 옮겨가게 된다. 행동-순수 끌림-생각-행동의 일차성에서 이차성으로 옮겨가는 경우에는 끌림의 증폭에 다양한 의미를 지니게 된다.[54] 대인 커뮤니케이션이 이뤄지는 다양한 차성적인 구분은 상호 커뮤니케이션이 지니고 있는 이해관계에 따라 일차성, 이차성, 삼차성의 비중이 각각 다르게 나타난다.

또한 각 차성이 지니고 있는 비중에 따라 끌림체의 정체성이 드러나게 된다. 즉 눈에 보이는 모든 대상은 이미 의미작용을 하고 있고, 대상에 대한 일차성·이차성·삼차성이 자연스럽게 성립되며, 상호관계의 지속성에 의해 상징대상(노에마)과 상징작용(노에시스)에 커다란 차이 끌림을 갖게 된다. 들뢰즈의 차이는 관계를 통해 이뤄지는 것이지 어떤 세계를 만들려고 하거나 기존의 이데아적인 세계를 부정하여 새로운 세계를 구축하고자 하지 않는다. 다만 상호관계를 통해 나타나는 차이만이 존재하며, 그 이상의 어떤 체계를 부인한다. 차이 끌림은 이러한 들뢰즈가 근본적으로 주장하는 차이 그 자체의 순수함을 받아들이는 것이며, 현대 소비사회에 드러나고 있는 소비자 개성의 소중한 가치를 강조하기 위함이다.

이차성은 일차성과 삼차성의 의미생성과정 가운데 있으며, 독립적으로 존재할 수 없다. 따라서 어떠한 이미지도 각 차성에 대한 명확한 차이

[그림 17] 이차성: 'Hometown'/ Illustrator,
전기순 作.
고향에 대한 끌림을 붓 터치를 통해 추상적
이미지로 구체화했다. 해석체로서 이차성은
향수에 대한 끌림이며, 일차성인 검은색의 붓
터치와 색상을 통한 인체 속의 해안선을 표현했다.

끌림이 선행해야 한다. 시지각이 가장 우려하는 점은 일차성의 색, 리듬, 균형, 중심 등의 시각적인 면을 고려한 나머지 이미 의미작용이 이뤄지고 있는 이차성, 삼차성의 색, 리듬, 균형, 중심에 대한 사회적인 가치와 문화를 소홀히 하는 경우를 종종 목격한다.

특히 시지각의 다양한 법칙을 만들고 있는 지각장이론을 보면 보이는 대상은 보는 사람의 주관적인 해석과는 독립적으로 이뤄지는 일정한 법칙이 있음을 주장함과 동시에 그 법칙을 발견하는 이론이다. 이는 해석체의 지각대상에 따라 일차성, 이차성, 삼차성의 다양한 지각작용의 차이가 이뤄지는 것을 간과한 데서 온 편중된 감각이론이며, 현대 소비사회에서 지향하고 있는 소비자 개성과는 동떨어진 집단적 통일성을 지향하고자 하는 이론이다. 즉 우리는 기호들, 이미지들, 지각작용들의 현실적인 체계들을 가지고 있지만 이러한 것들이 자기현시적이고 관계들에 극단적으로 우선시하는 어떤 체계 혹은 이데올로기를 복제하지 않는다는 점을 강조한다.

대상을 본다는 것은 이미 현실적으로 보편화된 이차성에서 시작한다. 즉 우리의 눈과 빛이 만나서 색채로 지각될 때, 그 색채는 빛을 일차성으로 판단하는 경우 이차성으로 해석된다. 마찬가지로 대상을 바라보는 것이 에어컨일 경우 그 에어컨이 지니고 있는 외관의 색채는 일차성이며, 에어컨은 이차성으로 보편적인 대상으로서 우리의 눈과 만나게 된다. 이처럼 동일한 색채를 통해 말할 때도 색채와 어떠한 상호관계에서 해석하느냐에 따라 차성이 일정하지 않음을 알 수 있다. 에어컨을 지각하고 난 뒤 에어컨이 지니고 있는 색채에 대한 판단은 일차성에 대한 판단이며, 에어컨의 기능성이나 전력소비량에 대한 관점은 보편적인 이차성에 대한 관계적인 해석이라고 볼 수 있다.

따라서 이차성은 현대 커뮤니케이션 사회에서 보편화되어 있는 현실적인 상호관계를 고려해서 알 수 있다. 퍼스에게 일차성, 이차성, 삼차성은 기호 자신이 지니고 있는 삼원적인 구조인 표상체(Representation), 대상체(Object), 해석체(Interpretant)에 따라 기호의 성격을 다르게 구분한다. 즉 기호가 표상체의 역할로 판단한다면 일차성은 품질기호, 이차성은 개별기호, 삼차성은 법칙기호라고 했다.

예를 들면, 에어컨 자체의 단일한 대상으로 지각할 경우 보이는 색채는 품질기호라 할 수 있다. 하지만 다른 에어컨과의 단순비교가 이뤄질 경우의 색채는 개별기호이며, 에어컨의 색채가 어떠한 통합적인 체계에 의해 적용되는 경우는 법칙기호라고 할 수 있다. 즉, 동일한 색채에도 이와 같이 차성에 따른 구분이 이뤄짐을 알 수 있다. 에어컨은 어디까지나 소비자의 내면에 있는 초월론적인 이미지에 대한 재현의 결과이며, 소비자의 재현적인 이미지와의 간주관적인 판단에 의한 이차적인 끌림 작용이 더욱 강하게 일어난다면 이것은 성공적인 제품이라고 할 수 있다.

이때 표상체로서의 에어컨에 대한 끌림은 이차성의 복합적인 새로움, 또는 지표적인 의미에서 발견되는 새로움을 받쳐주는 역할을 하게 된다. 에어컨을 일반 잡지나 신문에서 보았다고 가정하면, 에어컨에서 보이는 색채의 일차성에서 벗어나 이차성의 지표적인 이미지가 소비자에게 어떤 관계적인 의미를 지니고 있을 때 더 강한 매력을 느끼게 한다. 즉, 해석체로서 동일한 모델이라도 이와 같이 차이의 범주화에 따른 끌림의 강도에 따라 의미가 바뀌는 것을 알 수 있다.[55]

(3) 삼차성

삼차성은 현대사회에서 지속적으로 생산이 이뤄지는 첨단상품에 대한 소비생활을 하는 가운데 발생하는 가치, 규범 또는 질서다. 희망, 도전, 열정, 우정, 정, 꿈, 그린환경, 안락, 편안함, 행복, 나눔, 신뢰, 사랑, 자유 등의 다양한 개인 및 사회적인 가치는 시각디자인 사회에서 지향하는 삼차성이며, 상호관계의 이차성에서 무한히 연장되는 끌림 작용이다. 즉 삼차성은 대상과의 관계를 통해 지속적으로 변화가 이뤄지는 차성이며, 이러한 변화가 새로운 삼차성으로 바뀌어가는 변형체야말로 끌림 차성이 갖는 무한한 상징작용이다.

퍼스는 자신의 삼차성이 이차성으로 변형되는 순간 우리는 현실화된 관계로서 나자신을 생각한다. 즉, 대상이 컴퓨터가 아닌 음영으로 보이는 물체로 지각되는 순간 또 다른 삼차성의 기호로 비뀌는 깃과 같다. 또한 운동 후에 느껴지는 에너지가 충전된 신체는 충만함 또는 만족감으로 체험되며, 주변 환경은 단지 몸이 쉬는 공간으로 생각한다. 삼차성은 이러한 이차성에 대한 재해석이 매 순간 일어나며, 동시에 상징대상과의 해석적인 변화가 나타난다. 단순히 음영의 물질적인 대상으로 보이는 컴퓨터가 이제는 켜진 상태에서 작업하는 상황으로 지각되는 순간 컴퓨터의 본질적인 기능인 이차성이 사라지고 새로운 삼차성의 가치로 전이된다. 운동 후 에너지의 충만감이 서서히 그 에너지가 사라질 때 나타나는 삼차성은 새로운 느낌의 평온함으로 바뀌는 것과 같다.

대상과 대상, 대상과 주체, 주체와 주체가 서로 만날 때 이뤄지는 최초의 느낌이 시간의 흐름으로 새로운 느낌으로 전이되어갈 때 이러한 모든 끌림은 삼차성으로 귀속된다. 일차성의 도상, 이차성의 지표, 삼차성의 상징이 지니고 있던 모든 기호(Iconic Sign)가 뒤섞이며 새로운 의미가 탄생하는 순간, 끌림 에너지에 의한 변형적인 창의가 이뤄지게 된다.[56] 따라서 삼차성은 일차성과 이차성의 일반적인 차성을 다시금 순환적인 일차성의 차원으로 재생산하는 변형체의 끌림 에너지를 지니고 있다. 이것은 완전히 다른 차원의 탈인간적인 차성으로 전환하는 체계를 구축하게 된다. 예

[그림 18] 삼차성: 'Change'/ Illustrator, 전기순 作.

『주역』의 64괘 가운데 하나인 산풍고(山風蠱)를 형상화한 작품이다. 해석체로서 삼차성은 '주역'이라는 정신문화를 의미한다. 새의 형상과 '풍'이라는 한자 그리고 배경은 일차성의 도식과 이차성의 언어적인 의미를 동시에 지니고 있어 삼차성의 주역으로 나아가는 데는 작가 자신의 주관적인 해석에 따라 바뀜을 알 수 있다. 따라서 해석체의 삼차성은 소비자 주체의 사회체계와 생활환경, 문화에 따라 다르게 해석될 수 있는 개연성을 늘 지니고 있다.

를 들면, 광고영상의 경우 전체적인 구성은 상징대상에 대한 구매를 위한 설득적인 장면이 되었다.

이것의 각 장면은 전체적인 내용을 구성하기 위해 이뤄진 이차성이며, 각 장면의 구성적인 요소는 그 장면의 완성을 위한 일차성으로 자리 잡고 있다. 이것이 하나의 광고영상으로 끝나게 되면 삼차성의 의미를 지닌 상징대상으로서 소비자에게 다가가게 된다. 이때 광고영상을 통해 소비자에게 깊이 끌리게 만든 것이 있다면 그것은 곧 소비자에게 상징적인 가치를 구매하고자 하는 동기부여를 갖게 만든다.

이러한 일련의 과정은 광고영상 자체가 지니고 있는 일차성, 이차성, 삼차성의 복합적인 기호가 하나의 끌림체로 전환되는 것이라 할 수 있다. 이때 전환되어 나타나는 하나의 이미지는 영원한 삼차성이 아닌 일차성의 회귀가 다시금 이뤄진다. 광고영상을 통한 감응-이미지의 탄생은 소비자 개성에게 순수한 끌림 질의 경험을 제공한다. 끌림 질은 끌림이 이뤄지는 결정체의 집합체이며, 이러한 질은 주체의 존재적인 차원으로 환원하게 된다.[57]

또한 후설의 초월론적인 현상의 차원인 질료의 차원으로 나아가게 된다. 현실적인 끌림이 어떠한 차성이든지 관계없이 끌리게 되는 순간 주체 내부에 용해되어 끌림체의 구성요소인 질료로 전환된다. 이러한 끌림의 속성은 결국 하나의 끌림체인 몸의 유기체로서 질로 형상화된다. 흔히 동양의 기질적인 관점에서 보면 질은 주체의 개성적인 특질이 드러나는 특성을 의미하며, 이것은 퍼스의 해석체를 통한 다양한 끌림에 의해 만들어진다.

따라서 끌림 질은 소비자에게 지속적인 경험을 생산하는 끌림 에너지로 열려 있다. 이러한 끌림 질의 경험축적은 소비자 개성을 위한 주체로서 초월론적인 끌림 에너지인 순수차성으로 태어난다. 일차성이 지니고 있는 순수본질은 결국 현존재의 근원적인 질문이며, 이것은 매 순간 이뤄지는 이차성과 삼차성의 오랜 과정으로 축적된 끌림 질이다.

들뢰즈는 퍼스의 해석체로서 삼분구조가 지니고 있는 고정적인 세계의 정적인 관점을 관계의 지속성을 통해 유동적인 차성의 변화에 더욱 초점을 맞추어 고정적인 실체를 극복하려 했다. 들뢰즈의 관계를 통한 끝없는 차이의 극복이 변화를 수용하려는 강한 에너지를 지니고 있듯이[58] 필자는 끌림이라는 관계성을 통해 역동적인 차이의 끌림을 재해석한다.

여기에서 관계를 통한 이차성의 독립적인 차성이 차이의 극복을 통해 삼차성의 세계로 나아갈 때 이뤄지는 차이의 극복 속에서 끌림 질의 순수한 에너지가 만들어진다. 태어나면서 이뤄진 생명력이 성장하면서 외부환경과의 끝없는 교환과 관계는 끌림 질의 개성적인 차이를 자연스럽게 이루게 한다. 자연스러운 환경은 인간의 손길이 닿은 유위, 혹은 자연 그대로의 무위의 범주이든 관계없이 끌림 질은 퍼스의 해석체로서 받아들이게 된다.

2) 몸채(彩)-해석체

(1) 몸채-해석자

퍼스는 인식과 사고를 본질적으로 기호세계 혹은 기호화과정(Semiosis)으로 보는 독특한 인식론적인 입장을 성립시킴으로써 최초로 기존의 기호주의와는 다른 해석체의 삼부구조를 확립했다. 기존의 현상학적 사유를 기초로 한 그의 기호학적인 접근은 보편적인 인식개념들의 체계를 적용할 수 있는 것으로 재정립했다. 해석체, 대상, 기호의 삼분구조를 이룩한 그의 삼부이론이 소비자 개성이 강조되고 있는 현시점에서 재조명되고 있는 이유는 해석체가 지니고 있는 차이의 인정에 있다.

해석체는 커뮤니케이션 사회에서 반드시 나타날 수 있는 간주관적인(Intersubjective) 근거를 마련할 수 있는 토대가 됨과 동시에 시각디자인이 지니고 있는 개성적인 창출을 설득하기 위한 이론이다. 현대 시장경쟁체제가 지니고 있는 다양하고 세분화된 상품의 브랜드와 이미지는 기호를 통해 소비자를 설득한다. 소비자를 설득하기 위한 대표적인 매체인 광고는 기호로서 그 역할을 수행하고 있다. 광고가 지닌 여러 가지 기능 가운데 대표적인 것은 상품의 특징 및 장점을 알리는 데 있다. 하지만 동일한 상품의 경쟁시장에서 자사 상품의 특징 및 장점을 부각시켜 차별화의 우위점을 찾고자 한다.

이러한 시장이 갖는 경쟁적인 구도는 광고에 대한 이미지를 통해 소비자를 설득하는 시대로 나아가고 있다. 상품이미지를 파는 시대로 가고 있는 현시점에서 소비자에 대한 설득은 상품의 물질적인 특징 및 장점에서 벗어난 가치, 즉 상징을 파는 시대로 접어들게 되었다. 이러한 상징이 갖는 시각디자인은 제각기의 상징적인 체계를 발견해서 소비자에게 다가가는 소비자 기호에 맞는 상징성을 추구하게 됨에 따라 퍼스의 삼부이론은 상징기호에 대한 명확한 구분을 할 수 있는 이론적인 체계로 부상하게 되었다.

동일한 대상이라도 어떠한 기호 혹은 상징으로 보여줄 것인가는 전적으로 의미를 부여하는 해석체에 따라 차이가 있는 것이며, 따라서 소비자의 개성에 의한 기호체계가 가능하게 된 것이다. 해석체는 언어적인 성격의 단어(명사, 형용사 등)뿐만 아니라 어떠한 체계도 들어올 수 있음을 강조하고 있다. 또한 해석체로서 해석자(Interpreter)가 반드시 인간일 필요는 없다는 점을 강조한다. 거의 모든 것이 기호이므로 가능한 한 인간적인 요소, 특히 인간의 심리적인 요소가 개입될 요소를 배제하려고 한다. 왜냐하면 심리는 모든 인간의 행동에 대한 원인을 그 과정을 살핌으로써 해석하려고 하는 과정적인 논리구조를 지니고 있기 때문이다.

하지만 해석체는 과정에 의한 원인을 해결하는 차원에 앞서서 단서(Clue)에 준하는 체계 혹은 단어가 주는 의미에 더욱 집중적인 연구를 하여 해결하려는 단서 중심의 이론체계다. 이러한 연구방식은 주로 현상학적인 철학의 연구방식을 기초로 하고 있다. 현상학이 지니고 있는 기술적인 방식은 어떠한 현상에 대한 기술 그 자체를 강조함으로써 단서에 대한 객관적인 판단이 이뤄지기 때문이다. 기호학적인 관점은 퍼스의 관념학적 혹은 현상학적인 지평에 의한 기술적인 것으로 해석한다. 이 책에서 가장 대표적으로 기술하고 있는 끌림은 기술적인 언어 차원에서 해석하면 단순한

[그림 19] 몸채-해석자: 'Inner Voice'/
Illustrator, 전기순 作.
성악은 자신의 신체에 따라 다르게 소리가
형성되듯이 내면의 소리는 해석자인 몸채에 따라
다르게 표현된다. 마찬가지로 동일한 대상도
몸채의 해석적 질료에 따라 다르게 해석된다.

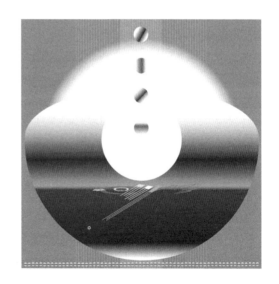

추상명사이며, 동시에 끌림이 사용되고 있는 환경, 주체, 대상에 따라 전혀 다른 차원의 의미로 전달되는 변이의 언어로서 해석적인 깊이를 달리한다.

끌림에 관한 의미를 일반적인 언어로 받아들이게 되면 일차성의 의미로서 전달되는 평범하고 순수한 단어이지만, 변형체의 체계를 갖게 되면 언어 자체가 지니고 있는 끌림은 더욱 풍부하고 다양한 이차성의 관계로 해석체로서의 간주관적인 의미에 따라 새로운 변형태를 갖게 된다. 다시 이차성이 삼차성의 의미로 나아가게 되면 끌림은 하나의 가치 또는 사상으로 그 함축하고 있는 변형적인 의미가 바뀌게 된다.

따라서 끌림이 사전적인 의미인 '~에 무의식적으로 다가가다'라는 차원에서 한 단계 더 나아가게 되면 다양한 끌림체계가 있음을 알 수 있다. 즉, 끌림이 갖는 그 무엇은 일차적으로 소비자 주체의 즉자에 의한 내적 지평에서 외부대상을 향하는 대자적인 변이의 지향 에너지라고 단정할 수 있다. 또한 이것은 주체 내면의 성찰을 지향할 때 내적 지평을 향한 지향 에너지라고 할 수 있으며, 동시에 외부대상에 의한 주체 내면에 형성된 내적 지평의 거듭난 성장을 재촉하는 변형태의 지향 에너지라고 할 수 있다.

소비자에게 끌림은 어디까지나 상품에 대한 특징 및 장점 또는 이미지에서 나타난다. 하지만 끌림의 순수성은 잠깐 동안 나타나는 성질을 지니고 있으며, 지속성을 발견하는 순간 이차성의 관계를 지니게 된다. 끌림은 물리적인 시간으로는 판단할 수 없는 아직 어떤 관계 속에서도 실현되거나 현실화되지 않은 것으로, 순수한 찰나의 빛 에너지로서 질료를 지니고 있다.

퍼스에 따르면 이러한 즉자적인 끌림의 일차성은 결코 기호의 수준이 아닌 초월론적인 현상의 질료로 볼 수 있다. 왜냐하면 기호는 읽힐 수 있고 실현 가능한 반응에 대해 열려 있기 때문이다. 이것은 우선 하나의 끌림이 있고 나서야 비로소 즉자적인 실존에 대한 현실을 의미하는 어떤 방법적인 것이 있지 않다는 것을 뜻한다. 즉 끌림은 몸 바깥세계를 통해 이미 의미작용을 하고 있으며, 관계, 지각작용, 상징적 해석과 기호를 생산하고 있다.

즉자적인 차원의 끌림에 대한 현존은 일차성 이전의 질료에 해당하는 것이며, 대자적인 차원의 끌림이 지니고 있는 일차성은 이차성과 삼차성의 생산 안에 있다. 화이트헤드가 '기호'라는 용어를 상징대상 혹은 상징작용[59]이라는 용어로 대신 사용하고 있는 것은 이미 생산된 결과를 보여주기 때문이다. 끌림은 인간이 지니고 있는 감성적인 요소 가운데 하나이지만, 그 자체가 독립적으로 하나의 해석자로 군림할 수 있다. 끌림이 지니고 있는 다양한 해석 가운데 어떤 의미로 판단하는가는 전적으로 끌림을 운용하는 소비자 주체의 개성에 달렸다.

이러한 모든 끌림이 지니고 있는 관념은 하나의 개체적인 기호로 존재한다. 모든 관념이 출발점을 지니고 있듯이 끌림의 출발점은 소비자 주체의 즉자적인 존재로서의 초월론적인 질료에 있다. 즉 '세계-안-끌림'이라는 등식에서 어디까지나 즉자적인 질료의 유형에 따라 끌림의 성향이 달라지는 것은 오랫동안 동양철학의 음양오행, 주역, 기질이론을 통해 짐작할 수 있다.

이를 메를로퐁티는 자신의 저서 『지각의 현상학』을 통해 바깥세계-피부(살)-내면세계를 구분하여 신체의 살을 통해 존재를 명확히 구분했는데 내면세계는 곧 내부지향성이 있으며, 바깥세계는 외부지향성이 강하게 드러난다고 주장한 점은 바로 즉자와 대자의 접점인 살을 통해 비로소 세계와의 소통이 가능하다고 했다. 이것은 즉자로서의 지향이 만들어놓은 초월론적인 현상이 구축한 질료임과 동시에 즉자의 성정(性情)이라 할 수 있다.

한편 동양에서는 기질론(氣質論)을 통해 즉자와 대자를 통한 차이가 일어나는 특질을 기와 질로 구분하여 설명하고 있다는 점에서 유사점을 발견할 수 있다. 기는 눈에 보이지는 않지만 실제 존재하는 순수한 일차성을 지닌 개념적인 단어이며, 동시에 질 역시 순수한 일차성의 개념적인 언어이다. 이 두 단어가 합쳐짐으로써 이뤄진 즉자와 대자의 관계는 메를로퐁티의 살의 감각에서 만난다.

따라서 '세계-안-끌림'은 즉자 차원의 초월론적인 기(氣)의 끌림이며,

'세계-밖-끌림'은 대자 차원의 해석학적인 질(質)의 끌림이다. 이를 메를로 퐁티의 '살'과 함께 등식으로 만들어본다면 끌림 질[바깥 세상, 정(情), 대자]-몸채[휘광, 성(性), 살갗]-끌림 기(내면 세상, 즉자)로 나눠볼 수 있다. 끌림은 순간 느낌으로 나타났다가 사라지는 비물질적인 개체성을 지니고 있으며, 신체의 살갗을 중심으로 한 바깥세계와 내면세계를 왕래하며 끌고 당기는 양방향의 장력, 그리고 어떠한 개념이나 대상 등 인식이 가능한 영역이면 쉽게 달라붙어 동화를 쉽게 하는 감응성을 지닌 채 살갗 주위를 휘감고 있는 빛과 같은 에너지라 할 수 있다.

이 책에서는 이와 같은 끌림의 특징을 지닌 개념적인 끌림체계를 '몸채'라고 정의한다. 이것은 하나의 끌림에 대한 기질적인 성분을 체계화한 것이며, 이것 외에도 소비자가 추구하는 개성에 따라 다양한 끌림체를 만들 수 있다. 소비자는 동일한 시대에 살고 있더라도 주어진 공간, 환경에 따라 끌림이 달라지며 동시에 추구하는 것이 차이가 있다.

또한 소비자 개성에 따른 끌림은 생산되는 상품의 수만큼이나 다양하다고 할 수 있다. 이러한 차이는 소비시장이 지향하는 개성추구에 있으며, 시각디자인의 영역은 이러한 끌림의 다양성을 위해 늘 독창성 있는 새로움을 추구하고 있다. 끌림은 주체 내면으로만 지향하고 있는 즉자적인 끌림체와 대자적인 소유 끌림으로 나눈다. 즉, 정신적인 깊이에 의한 행복감과 물질적 재화를 통한 만족감은 서로 상반된 지향성을 지니고 있다. 이 두 가지 상반된 끌림은 소비자 주체에게 매순간 균형적인 끌림이 되도록 자신의 끌림체를 관찰하게 만든다. 도덕적인 측면, 생활적인 측면, 예술적인 측면, 본능적인 측면 등의 다양한 끌림 역시 끌림 균형을 위한 관찰에서 출발한다고 볼 수 있다.

몸채는 몸에서 느껴지는 충만함 속에서 이뤄지는 즉자, 대자적인 상태의 지향성을 지니고 있는 잠재적인 빛 에너지다. 퍼스는 모든 기호의 관계를 통해 세계를 안다는 것, 그리고 과학의 지속성이 과학자들 사이의 동의로 진행해야 할 뿐만 아니라 관계들을 도출해내는 힘 또는 경험을 생산하는 잠재적인 에너지임을 제시하고 있다.

또한 몸채는 힘의 원천적인 것일 수 있는 순수한 일차성의 에너지임과 동시에 아프리오리의 초월론적인 빛 에너지다. 이것이 내적 혹은 외적 관계를 통해 다양한 형태의 몸채를 구성하며 새로운 끌림을 위한 빛 에너지를 만들어나간다. 즉 물질적인 개념이 아닌 순수한 이성과 감성이 느낄 수 없는 비언어적인 공성에서 발현되며, 이를 발견하는 것은 소비자 주체의 '알아-챙김'을 통해 비로소 가능하다. 대량생산에 의한 획일적인 과거의 습관은 이제 소량생산을 통한 개성 창출이 중요한 시점에서 끌림에 대한 소비자 개성의 인식이 매우 중요한 시대가 되었다.

일반적인 생활세계의 소비자를 위한 시각디자인이 소비자 개성을 향해 열려 있는 감각을 키우고 있는 것은 바로 이러한 이유에서다. 소비자의 개성은 단순한 선에서부터 복잡한 형태에 이르기까지 시각적인 변화를 끝없이 요구하고 있다. 시장의 끝없는 흐름은 몸채의 고유한 공성의 성정을 좀 더 물질적인 쾌락의 세련된 감각으로 변형되기를 재촉하고 있다. 특히 시장의 첨단화 및 상품의 개성화, 매체의 다양성은 끌림이 지니고 있는 일차성의 순수한 느낌을 이차성의 관계를 통해 더욱 새로운 끌림의 양상을 갖게 한다.

원시사회의 일차적인 끌림이 생존본능에 충실한 것이라면, 현대사회의 첨단과 복잡함 속에서의 일차적인 끌림은 공간에서 느끼는 신체적인 감각이 아닌 환경적인 이미지를 통한 미지의 환상적인 세계를 느낄 때 나타난다. 끌림 자체는 가벼운 물질적인 요소가 전혀 없는 감성의 영역에서 드러나며, 소비자의 주체 내부 혹은 외부에 잠시 있다가 사라진다. 끌림체에 대한 감응을 찾고자 하면 할수록 오히려 끌림 몸채의 순수한 느낌은 사라지고 만다. 혹자는 이러한 몸채의 현상적인 포착을 하기 위해 어떤 대상에 명상적인 몰입을 하는 경우도 있다.

이와 같은 감성은 책을 쓰고 있는 순간 나타나며, 이것을 통해 물질 이상의 존재적인 가치에 더욱 매력을 느끼게 된다. 몸채는 개체성을 지닌 것이 아닌 새벽 물안개와 같이 동시적으로 일어나며, 동시에 번개와 같이 순간적으로 나타났다가 사라지는 에너지를 지니고 있다. 이것은 감성의 피어오름이며, 대상을 통해 느끼는 알 수 없는 기운이다. 몸채의 피어오름이 순간 나타날 수 있으며, 또한 순식간에 사라지고 마는 아쉬움을 느끼기도 한다. 예를 들면, 사춘기의 젊은 나이에 느껴지는 이성적인 설렘은 몸채가 지니고 있는 감응이 성적본능으로 전이된 감각이라 할 수 있다. 나이가 들면서 바뀌어가는 감성적인 영역은 성적본능보다는 존재적인 가치로서 아름다움을 발견하는 방향으로 지향하게 된다.

몸채가 지니고 있는 일차성은 성적에너지의 출발이며, 이것이 차츰 소비자의 몸 전체를 휘감고 도는 개성으로 바뀌어간다. 이제 몸채는 감정이 지니고 있는 거대한 우주 가운데 움직이는 또 하나의 소우주이며, 이 소우주에는 끌림이라고 하는 지극히 미미한 행성이 결합된다고 할 수 있다. 감정이 움직이는 증폭에 따라 끌림이라는 몸채는 순간 나타났다가 사라지는 기이한 현상을 경험할 수 있다.

또한 감정이 고요하고 차분할 때 몸채는 늘 살아 숨 쉬고 있는 듯이 늘 가까이에서 실체를 느낄 수 있다. 들뢰즈는 "감정은 한 공간과 어떤 시간의, 한 시대나 어떤 환경의 표현으로 생산하는 하나의 역사 안의 느낌이며, 따라서 이러한 감정이 새로운 까닭이고, 새로운 감정들이 특히 예술작품에 의해 부단히 창조되는 것"이라고 한 점에서 알 수 있듯이 끌림체는 늘 새로운 것으로 거듭 성장하려고 할 때 솟구치는 몸채로서 빛 에너지다.

(2) 몸채-환경

이제 끌림의 해석체로서 몸채는 끌림체의 질료에 의해 통제를 받는 역동적인 에너지임과 동시에 시간, 환경, 공간에 따라 달라지는, 그래서 새로운 창조적인 힘을 지니고 있다고 할 수 있다. 외부환경에 의한 몸채의 양상은 일반적으로 몸의 적응 차원으로 판단한다. 환경에 대한 몸의 적응과 끌림의 몸채가 어떠한 체계로 환경에 지향하는가는 완전히 다른 차원의 지향성이다.

예를 들면, 드넓은 평원에 펼쳐진 푸른 하늘과 감옥 안의 철창에 갇힌 상태에서 조각으로 보이는 푸른 하늘에 대한 끌림이 동일하게 나타나지

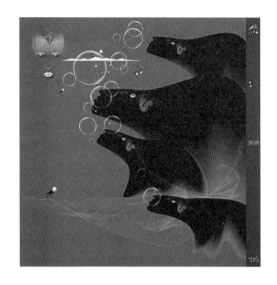

[그림 20] 몸채-환경: 'Mute'/
Illustrator, 전기순 作.
외부환경은 소비자 주체의 내부환경을
바뀌게 하는 직접적인 요인으로서 끌림체에
직접적인 영향을 미친다.

않는 것과 같다. 동일 대상인 푸른 하늘이 주어진 몸채의 환경에 따라 끌
림체계는 달라진다. 전자는 '푸른 하늘에 대한 자유-푸른 하늘-희망'이라
는 끌림체계를 발견할 수 있지만, 후자는 '구속-푸른 하늘-답답함'이라는
몸채를 지니게 된다. 이렇듯 동일한 대상이라도 환경에 따라 끌림체인 몸
채가 지니고 있는 체계가 달라지는 것은 당연한 결과라 할 수 있으며, 바깥
환경에 영향을 받는 매우 섬세한 미적 감각체임을 알 수 있다. 소비자의 생
활환경이 소비자 개성에 영향을 미치는 것은 당연한 현상이며, 끌림체와
뗄 수 없는 연관성을 지니고 있다.

'푸른 하늘'이라는 동일한 대상도 주체의 내적 환경에 따라 다르게
느껴지는 것은 전적으로 내적 환경이 지니고 있는 끌림체의 영향을 받고
있음을 알 수 있다. 시각디자인이 가장 중요시해야 하는 영역이 바로 내
적·외적 환경이 지니고 있는 끌림체에 있음을 알 수 있다. 현대 소비사회
에서 '시장'이라는 개념은 재래시장이 아닌 첨단매체를 이용하여 상호작
용이 이뤄지는 시장 환경을 의미한다. 따라서 소비자 개성의 출발점은 각
종 매체가 움직이는 환경에서 생성·소멸되는 끌림체에 있다.

몸채가 지니고 있는 순수한 끌림에서 차성의 관계에 따른 몸채의 다양한 체계는 시장 환경에 의해 주어진다. 마찬가지로 몸채는 외부환경과 소비자 개성의 내부환경에 의해 끌림의 여러 몸채를 형성한다. 예를 들면, 푸른 하늘이 주어진 외부환경에 의해 오염되어 보이더라도 주체 내부의 환경에 영향을 미치지 않는다면 이는 끌림체인 몸채가 일차적인 순수성을 그대로 유지하고 있다고 볼 수 있다. 이와 반대로 외부환경에 의한 내부환경이 긍정적인 상태로 바뀌게 되면, 푸른 하늘이 주는 감응은 주어진 환경에 따라 몸채가 바뀌게 된다.

(3) 몸채-의미

일상생활에서 의미는 늘 따라붙는다. 소비자는 의미질서 안에서 생활하고 소비한다. 의미질서는 소비자 개성에 따라 제각기 성격을 지니고 있으며, 의미를 지니고 있는 공간 혹은 대상은 스스로 어떠한 방식으로든 겉으로 드러내기를 좋아한다. 특히 도시 생활에서의 의미공간은 백화점, 도서관, 레스토랑, 커피숍, 심지어 주차장까지 다양한 의미로 나누어져 있다. 특히 빌딩에 들어서면 각 층마다 의미공간이 사인시스템을 통해 표시되어 있으며, 지하철의 경우에는 각종 사인시스템을 통해 동선과 휴식처 혹은 매표소 등의 사인물로 의미공간을 구획하고 있다.

이와 같은 의미공간에서 생활하고 있는 소비자는 자연스럽게 '의미'라는 끌림 의식에 동화되어 있다. 오랫동안 의미공간이라고는 찾아볼 수 없는 산속 또는 사막 등에서 살아오던 사람이 도시공간에 들어서면 다양한 사인과 빌딩숲의 의미공간이 낯설게 느껴진다. 이처럼 오랫동안 도시 생활을 한 사람의 경우에는 자신이 지니고 있는 고유한 의미의 의식 속에 깊숙이 빠져든 상태라 할 수 있다. 일정한 의미공간에서 오랫동안 적응해온 소비자 주체는 자신도 모르게 주어진 의미공간에서 적응된 의미체로서 생활하는 데 익숙해져 있다. 의미공간이 전혀 다른 곳에서의 적응은 한동안 시간과 개인의 노력이 요구되며, 그동안 인정되어온 일련의 이성적인 사고가 뒤바뀌는 자신을 발견하고 난 뒤부터는 끌림체로서 몸채 역시 바뀌어져 있음을 뒤늦게 깨닫게 된다.

[그림 21] 몸채-의미: '그러함'/ Illustrator,
전기순 作.
자연이라는 의미를 어느 공간에서 해석하느냐에
따라 전혀 다른 몸채의 의미공간을 형성한다.

데리다의 해체 이후 나타난 각종 지배적인 사고의 전개과정이 한순간
뒤바뀔 때 오는 가치의 무의미함과 의미라는 공간에 대한 환상에서 깨어
나게 된다. 소비자는 수동적이 아닌 능동적이며 스스로 가치에 대한 새로
운 의미부여를 할 수 있는 창의적인 주체다. 지금까지의 소비자에 대한 의
식은 최첨단매체를 통한 정보에 적극적으로 수용하는 태도를 위한 비판
없는 존재로 판단하며 소비자를 유혹하는 시각 이미지가 주류를 이뤘다.

하지만 의미공간은 소비자의 편익을 위한 조작된 공간이며, 그 이상의
어떠한 의미를 부여한다는 것은 상품 혹은 기업 가치에 대한 신뢰성을 높
이려고 한 마케팅전략에 기초를 둔 상징적 의미다. 이것 이외의 의미는 지
역이 지니고 있는 인류역사를 통한 신화적인 사건, 인물을 통해 남겨져 있
는 유물, 유적에 얽혀 있는 다양한 스토리가 있다. 이 모든 의미적인 사실
혹은 사건은 지역적인 의미공간의 가치를 높이고 있다. 소비자 주체로서
몸채에게 보여주는 의미공간은 개인의 생활세계에서 필요충분조건에 의한
선택공간이며, 그 이외의 의미공간은 사회생활 혹은 문화적인 차원에서 필
요한 것으로 간주한다.

3) 몸채-구성체

(1) 몸채-끌림 홀

존재에 관한 탐구는 지금까지 관념론과 실재론의 양분된 구조 속에서 다양한 인식체계를 주장했다. 그러나 현대 첨단과학의 힘은 이러한 존재에 대한 질문을 무색하게 할 만큼 눈부시게 성장하여 과거의 이원론적인 사유체계의 방법론은 과거 유물로 취급하는 현실이 되었다. 현대 자연과학은 블랙홀, 홀로그램이론, 양자역학, 쿼크 및 힉스 입자의 발견 등으로 이러한 철학적 사변구조에 대해 더욱 혁신적인 차원의 존재에 대한 질문을 요구하게 되었다.

현대과학이론의 지속적인 가설에 따른 발견 그리고 입증이 이뤄지는 가운데 이를 뒷받침할 만한 현대철학의 존재에 대한 사변구조는 후설 이후 메를로퐁티의 현상학에서 찾을 수 있다. 특히 메를로퐁티의 초월론적 현상학은 주체 몸에 관한 타자[60]적인 차원에서 파악할 수 있는 기초를 다졌다는 점과 21세기에 와서 점점 그 철학적 위상을 높게 평가받고 있는

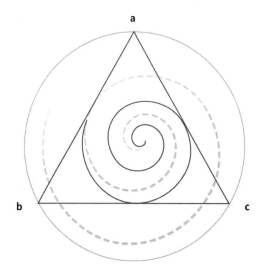

[도표 17] 몸채의 끌림 홀

a: 순간성, b: 역동성, c: 투과성의 3가지 질료적인 특성을 통해 감응이 이뤄진다. 순간성은 시간의식에서 파악할 수 있는 찰나를 의미하며, 역동성은 동태적인 지향성을 의미한다. 투과성은 다양한 끌림 층위를 투과할 수 있는 에너지를 지니고 있다. 마지막의 감응성은 3가지 특성이 하나로 융합되어 나타날 때 끌림 홀이 형성된다.

[그림 22] 몸채의 끌림 홀: '그러함'/ Illustrator, 전기순 作.
도표 17에서 추상적인 두 가지 형상이 하나의 형상으로 융합이 이뤄지는 과정에서 색상, 형상, 전경과 배경과의 순간적인 끌림 홀이 몸채의 순간성, 역동성, 투과성에 따라 다양하게 해석된다.

퍼스의 해석체 이론의 관점을 통한 사변적인 구조를 밝혀낸 점이라고 하겠다.

또한 메를로퐁티와 퍼스의 현상학적 기호론은 이 책 전반의 인식적 틀을 기반으로 하여 새로운 차원의 미적 감성의 '끌림 홀'을 찾고자 했다. '끌림 홀'이 지니고 있는 끌림체계에 대한 정립과 '끌림' 자체의 언어기호학적인 분석을 통한 과정은 미적 감성언어의 위상을 갖추기 위한 기초적인 작업이라 할 수 있다. 현대시장에서 쏟아져나오는 다양한 상품은 소비자에게 더 많은 소유적인 물질적 욕구를 자극함과 동시에 그에 따르는 다양한 주체의 끌림이 발생하게 되었다. 이것을 반대적인 차원에서 해석하면 주체 몸이 지니고 있는 다양한 욕구는 그만큼 다양하고 첨단적인 매력적 상품을 요구하게 되었다.

이처럼 현대 첨단과학이 만들어놓은 모든 첨단제품과 유통, 서비스, 생활가전제품 등은 소비자인 주체의 욕구를 현실적으로 가시화한 것에 불과하며, 소비자의 편익을 위한 끝없는 첨단상품의 생산이 앞으로도 꾸준히 이뤄질 것은 자명한 사실이라 할 수 있다. 시간의 지속성 가운데 끝없이 바뀌어가는 현대 첨단과학과 소비생활양식은 수시로 변하며, 그에 따른 끌림 감성 역시 동시에 바뀌는 것을 알 수 있다.

특히 사회생활에서 매체의 변화는 곧 주체의식의 변화를 의미하며, 환경과 매체에 따라 끌림이 바뀌어야 하는 것은 당연한 시대적 요구라 할 수 있다. 이미 현대과학은 아날로그적인 방식을 통한 존재 그 자체의 질문을 던지는 방식을 외면한 지 오래되었고, 세포가 인체를 형성하는 기본적인 단위임을 모르는 사람이 없는 현실이 되었으며, 지금 이 순간 육체적으로 멀리 떨어져 있지만 언제든지 필요에 따라 화상통화를 할 수 있고, 필요에 따라 만날 수 있는 시대가 되었다.

또한 영화 속의 모든 비현실적인 과학의 현실화 가능성은 이미 예정된 사실이 되었으며, 단지 물리적인 시간에 따라 빠름 또는 느림에 대한 차이가 있을 뿐이다. 결국 시대가 요구하는 주체는 몸에 의해 어쩔 수 없이 갇힌 공간에서 자신이 지니고 있는 무한한 끌림의 욕구를 스스로 통제하는 환상적인 존재임을 종용하고 있다.[61]

주체 몸은 외부의 다양한 끌림에 의해 형성된 공성체이며, 끌림 에너지를 지니고 있는 자연스러운 생명체다. 다채로운 형상을 지니고 있는 물질적인 대상에 대한 소유적인 욕구는 끌림 에너지를 통해 소유되거나 이미지로 전이되어 몸에 저장된다. 소유하지 못한 대상에 대한 강렬한 끌림은 결국 주체 몸이 스스로 그 대상에 귀속되거나 또는 이미지로 끌림체의 몸채에 간직하게 된다. 몸채는 공성으로 있던 자신의 몸에 다양한 끌림으로 인해 채색된 미적 감성의 '끌림 홀'이다. 주체에 대한 본질적인 질문 역시 '존재'라고 하는 주체대상에 대한 끊임없는 향연 끌림이 만들어준 진리 몸채이며, 존재로 채색된 몸이다.

소비자 생활세계 속의 물질적인 끌림은 물질에 대한 끝없는 소유적인 욕구가 만들어준 소유 끌림이며, 그 소유의 종류와 사용되는 매체에 따라 몸채의 미적 감성은 스스로 자신의 채색된 쪽으로 아름다움에 대한 끌림 홀이 형성된다. 가족과 동호회, 마을, 도시 등의 채색된 아름다움은 그 생활과 사고방식에 의해 몸채가 형성되어 있으며, 특히 문화는 그러한 지역과 환경에 따른 삶과 의식의 차이를 연구하는 학문의 영역으로, 여기에서 미적 끌림에 의한 몸채의 학문적인 영역은 문화와 아름다움 그리고 존재를 동시에 탐구할 수 있는 융합체다.

메를로퐁티는 신체에는 다음의 4가지가 성립한다고 제시한다. 첫째, 나의 신체는 나로부터 멀어질 수 없으며, 따라서 나의 신체에 대한 '완전한 구성'을 기대할 수 없다. 둘째, 신체는 여타 외적 대상과는 달리 '이중감각'을 가지고 있다. 셋째, 외적 대상이 단순히 표상된 대상인 데 반해 우리의 신체는 '감응력'을 지닌 대상이다. 넷째, 우리의 신체는 신체 이외의 대상과는 달리 '운동감각'을 가지고 있다.

이러한 신체가 지니고 있는 4가지 특징은 메를로퐁티 자신의 지각 현상을 체계적으로 전개시켜나가기 위한 근간이다. 4가지 모든 영역에서 끌림인 몸채는 발현되며, 그 가운데 신체의 감응력에서 더 강한 몸채에 대한 끌림을 체화(體化)할 수 있다. 몸채는 신체가 지니고 있는 구성요건 중 움직이는 생명 에너지 가운데 살아서 움직이는 역동적인 끌림 홀이다.

신체가 지니고 있는 구성적인 차원을 비교하면서 몸채의 구성적인 면을 구체화하면 크게 4가지로 볼 수 있다. 첫째, 몸채는 메를로퐁티가 언급한 첫 번째에 해당하는 나의 신체로부터 멀어질 수 없는 것이 아니라 언제든지 나타나고 사라질 수 있는 '자유분방한 유동성'이며, 역동적인 생명 에너지다. 하지만 신체가 지니고 있는 살의 느낌에 의해 순간 또는 지속적인 체화를 할 수 있으며, 신체가 지니고 있는 감응성의 정도에 따라 몸채가 신체에 머무르고 있는 시간에 차이를 지니고 있다. 둘째, 빛과 같은 투명성을 지니고 있으며 동시에 어느 곳이든 드나들 수 있는 투과성이다. 셋째, 우리 주위뿐만 아니라 곳곳에 있는 보편성을 지니고 있는 '늘 여기 있음'의 항상성이다. 하지만 이것은 신체가 지니고 있는 여건과 파악작용의 정도에 따라 차이가 난다. 넷째, 신체가 지니고 있는 감응력에 대한 감응성을 지니고 있다.

이것은 앞서 설명한 3가지 특징이 융합될 때 나타난다. 몸채 자신은 감응력의 정도에 따라 반응한다. 몸채가 지닌 이러한 구성적인 측면에서 볼 때 몸채는 신체가 지닌 동일한 조건 속에서 활동하는 끌림 홀이라고 할 수 있다. 끌림이 이뤄지기 전 단계는 하나의 점으로 이뤄진 몸채의 살아있는 역동감에 대한 직접적인 체화 없이는 파악할 수 없는 초월론적 비지향성의 에너지라 할 수 있다.

후설의 노에마는 주체가 지닌 의식 상태를 의미한다. 끌림 작용에 의해 생긴 끌림 홀들의 다양한 형태는 제각기 일정한 형상을 지니고 있다. 이러한 끌림 홀의 깊이는 서로 다르며, 제각각의 형태를 지니고 바깥세계를 향해 발광한다. 이때 발생하는 끌림 홀이 의식에 참여하기 위한 과정적인 단계는 주체의식의 거대한 노에마에 직접 관여해야 하며, 끌림과 의식이 접촉하는 과정에서 발생하는 의식 끌림은 이 책에서는 끌림 홀의 지향대상이라 할 수 있다.

끌림 홀의 지향대상이 형성되면서부터 본격적인 끌림 홀은 바깥세계에 적극적으로 활동하며, 끌림에 대한 의미를 생성하기 위한 이성적인 접근으로 선회한다. 이때는 끌림이 지닌 순수 끌림이 아닌 끌림 작용에 대한 해석학적인 차원으로 바뀌게 되며, 끌림 홀의 수직적인 깊이에 대한 부분에서 지향성의 수평적인 사고로 선회하게 된다. 수평적인 사고는 지극히 평범한 커뮤니케이션 사회에서 나타나는 일반적인 현상이며, 자연스러운 방향성을 지니고 있다.

이러한 수평적인 사고의 끝없는 반복에 의해 끌림 홀의 넘치는 역동적인 에너지는 상호 커뮤니케이션의 깊이가 얇아지는 평면적인 끌림으로 바뀌게 된다. 가령 주체 자신이 오랫동안 하나의 사물에 초점을 고정한 채 움직이지 않는다면, 몸채와 살에서 발생하는 끌림 홀은 그 깊이와 폭이 점점 커지는 침묵의 힘을 자각할 수 있다. 노에마의 의식상태가 하나로 일정하게 유지되면 끌림 홀은 하나의 끌림 홀로 융합된다.

사실 의식 상태나 정신성과는 아무런 관련이 없는 감각의 경우에는 단순한 시간과 공간에 의한 감각적인 질인 질료(Hyle)인 감각 소여에 의해 끌림이 이뤄진다. 이때 감각적인 영역인 감각소여에 의한 끌림은 순수한 끌림 감각이라고 볼 수 있다. 칸트는 감성의 형식인 시간과 공간이 주어지면 감각적인 직관이 되고, 여기에 지성이 형성해 가지고 있는 감각개념이 상상력이나 일정한 도식에 의해 매개로 결합됨으로써 경험적인 인식, 즉 지각적인 인식이 이뤄진다고 한다.

칸트가 지적한 감각소여는 주체의 시간과 공간의 동일성 속에서 나타나는 일반적인 느낌을 의미하며, 세포감각이 지니고 있는 다양한 감각소여에 대한 끌림은 유보했다. 이것은 감각적인 직관이라는 인식의 범위를 벗어난 새로운 차성의 감각이며, 상상력으로는 해결할 수 없는 끌림의 세계다. 하나의 세포에는 하나의 생명력을 지닌 우주가 있으며, 이 세포가 지니고 있는 끌림 작용을 판단한다는 것은 거의 불가능에 가깝다.

단지 몸이 지닌 총체적인 느낌의 지향성에 의해 판단한 감각적인 직관이며, 각 세포가 지닌 끌림 감각에 의한 직관은 아니다. 세포가 지니고 있는 우주적인 느낌의 끌림 감각은 오랫동안 몸에 관한 성찰을 통해 볼 수 있는 빛 에너지다. 감각 끌림은 각 세포가 지니고 있는 생명 에너지를 느낄 수 있는 가운데 발생하는 에너지임과 동시에 세포 자신만이 가진 감각 끌림 홀(Cell Hall)이다.

역동적인 세포가 지닌 끌림 홀에서 의미의 형성체인 지향작용에 이르기까지 많은 신경계의 복잡한 과정이 있으며, 주체로서 이 모든 과정의 움직임을 제대로 의식하고 정확하게 판단해야만 비로소 주체 자신이 가진 끌림 홀에 대한 정확한 파지를 할 수 있다. 동일한 몸에서 다양한 느낌을 동시에 받는 것도 이러한 세포가 지니고 있는 다양한 끌림 홀이 있다는 뜻이며, 이것은 세포 수만큼 다양한 끌림 홀의 작용을 의미한다.

따라서 '세계-에로-끌림 홀'은 몸이 지닌 끌개로서 세포의 끌림 홀의 작용에 의한 것이며, 각 끌림 홀이 가진 끌개의 활발한 움직임이 있어야 살아있는 끌림 홀의 역동적인 움직임이 생긴다. 감각소여는 단순히 바깥 세상에 주어진 시간·공간 조건에 의한 발생이 아니며, 세포 스스로 환경과 관계없이 스스로 자기 관계적 체계(Autopoiesys)에 의해 살아 숨 쉬고 있는 끌림 감각이다. 주어진 시간과 공간이 주는 환경은 이미 세포 자신이 지니고 있는 순수 끌림의 변형에 의한 끌림 조작이며, 생명존속을 위한 타협의 공간이다. 변형에 의한 조작은 주체의 몸이라는 끌림체의 끌림 홀에 따라 차이를 나타낸다. 동양에서는 몸의 유형을 체질론, 형질론 등으로 자주 거론하면서 체질에 따른 한약의 처방이 따르는 것은 이를 증명할 수 있는 예라 할 수 있다.

동일한 대상도 끌림체의 끌림 홀이 받아들이는 것이며, 방식과 코드도 다양한 관계를 지니고 있다. 감각 끌림이 지니고 있는 끌림 홀의 차이는 단순히 몸이라는 전체성을 통해 무시당하는 경우를 종종 목격한다. 흔히 바깥세계의 어쩔 수 없는 강요나 비즈니스 또는 다양한 직업으로 인해 그 수용하는 방식 또한 천차만별이다.

결국 세포 끌림 홀의 세계는 수동적이며, 몸이 지시하는 전체성에 굴복하는 시간과 공간의 환경으로 전락하고 만다. 오랜 반복적인 학습과정에 의해 세포 자신이 지니고 있는 끌림 홀의 감각 끌림은 하나의 메시지로 탈바꿈되어 자연스러운 노예적 본성으로 자리 잡게 된다. 또한 숭고한 끌림 홀의 창의적인 에너지는 몸의 절대적인 주장에 의해 기계적인 수동 차원으로 바뀌게 된다. 감각 끌림은 차츰 무디어져만 가고 오랫동안 주체 몸의 주장과 지시에 의해 많은 끌림 홀이 사장되었으며, 소수의 몇몇 끌림 홀만 살아서 감각 끌림의 대표성으로 자리 잡게 된다. 따라서 감각적인 직관은 사실 소수의 살아있는 끌림 홀의 직관이며, 세포 전체가 가진 끌림 홀의 차이에 의한 끌개의 냉철한 직관이 아닌 감각체의 지향성에 의한 판단이다.

지금까지 감각체가 있는 곳에서 의식의 끌림체가 있는 곳까지의 머나먼 여정에는 순탄한 길만 있는 것이 아니라 다양한 끌림 홀로 구성되어 있다. 감각에서 지각 그리고 의식까지의 머나먼 여정은 세포 수만큼 많으며, 이를 수용하는 의식 끌림의 수용과정은 무의식이든 의식이든 간에 복잡하게 얽혀 있다. 끌림 홀은 '나 여기 있음'에 대한 철저한 '생각함'을 통해 이뤄지는 실존적인 경지의 상태인 암묵적 코키토를 앞서는 가운데 이뤄지는 몸의 자연스러운 움직임이다.

주체 자신도 이러한 감각 끌림 홀의 나타났다가 사라지는, 또는 세포의 죽음으로 인해 끌림 홀이 사멸하거나 새롭게 탄생하는 가운데 발현되는 감각현상을 직접 깨닫지 못하는 가운데 발화한다. 예를 들면 장중한 클래식 음악을 들었을 때 내면 깊숙한 부분부터 울려 퍼지는 꿈틀거림, 환상적 영화를 보았을 때 느껴지는 황홀한 울렁거림, 성적으로 얼굴이 달아오를 때 느끼는 화끈거림 등은 몸 자체에서 나타나는 몸의 자연스러운 느낌인 '몸다움'이다.

그러나 여기에서의 예는 대상의 지각에 의한 몸다움의 반응에 대한 끌림체의 현상을 기술한 경우다. 달아오름, 후끈거림, 울렁거림은 암묵적 코키토로서 철저한 실존적인 태도를 유지하는 가운데 나타나는 지각 끌림의 다양한 홀이며, 아무런 바깥 세상의 자극이 없는 가운데 이뤄지는 몸다움의 감각 끌림 홀은 암묵적 코키토를 선행하는 느낌이다. 이 몸다움의 느낌은 철저한 환원적인 사고에 의한 절대지인 '텅 빔'의 상태에 이르지 않고서는 느낄 수 없는 감각 끌림 홀이다. 평상시에 느껴지는 달아오름, 후끈거림, 울렁거림의 감각은 이미 코키토가 이뤄지는 상태로 전환된 후의 감각 끌림 홀의 체화된 포화를 의미하며, 이전에 발생한 암묵적 코키토의 섬세하고 미세한 감각 끌림 홀은 아니다.

이렇듯 코키토를 선행하는 몸의 감각 끌림 홀의 발생에서 모든 몸다움의 순수감각이 살아 숨 쉬는 것이며, 일반적인 언어적 사고, 시각적 사고 등 몸이 원하는 갖가지 생각함을 필요로 하는 '의식의 장'에서는 전혀 체득할 수 없는 아름다움의 선험적인 순수한 감각 끌림의 쉼터다. 감각 끌림이 지니고 있는 홀은 감각이 살아 숨 쉬는 곳[處]을 의미한다. 쉽게 몸을 형성하고 있는 세포라고 판단할 수도 있으나 세포라는 고정적인 사고로 인해 감각 끌림이 지니고 있는 다양한 감각현상을 기술하는 데 많은 어려움이 나타난다. 어떻게 보면 세포가 움직이는 가운데 나타나는 생명력의 결집체라 할 수 있다. 이 생명의 역동적인 움직임은 몸의 표면으로 발현될 때 생기며, 끌림 에너지의 결집과 분산에 의해 부정형의 동태성(動態性)을 갖게 된다.

끌림 홀은 동양철학에서 말하는 기(氣)의 결정체라고 할 수 있다. 실제 기는 육안으로는 볼 수 없는 세계이며, 온 세상에 골고루 퍼져 있는 생명 에너지에 의한 끌림 지각은 순수감각에 의해 체득할 수 있다. 그래서 동양에서는 오랫동안 기를 직접 받아들이기 위해 각종 도인술을 통한 양생법이 두루 알려져 있다. 기 감각은 순수감각 끌림에 의해 받아들일 수 있으며, 이 느낌은 흔히 단전 부위에서부터 따뜻한 느낌이 온 전신에 이른다고 한다.

이와 같은 감각 끌림의 현상은 암묵적인 코키토 상태에서 초월적인 코키토 경지에 이르러야 느낄 수 있다. 흔히 말하는 마음을 비운 상태인 공성에서 맛볼 수 있는 끌림의 기(氣)현상이다. 메를로퐁티는 지각의 현상학적 입장에서 이러한 감각 끌림의 기현상을 초월론적인 현상학적인 감각으로서 현대 커뮤니케이션 사회에서 파악하기 어려운 주관적인 끌림 홀로 간주한다.

왜냐하면 주체 자신이 지니고 있는 내면세계에서의 초월론적인 끌림 감각을 발생적인 현상으로 기술한다는 것은 이미 그 기술하고 있는 주체 끌림이 현존재의 물질적인 차원이 아닌 현존재 너머의 끌림 감각을 수용하기 때문이다. 예를 들면, 생명의 출발점이 정자와 난자의 만남에서부터 시작한다고 본다면 정자는 스스로 본능에 의한 감각 끌림에 의해 난자를 향해 끝없이 지향하고 있다. 이는 정자 자체의 현존재에 의한 발생학적인 끌림 현상을 기술한 내용이며, 초월론적인 끌림 현상은 아니다. 초월론적인 감각 끌림은 정자로 탄생하기 전 단계에 대한 정자인 주체로서 자신이 인식해야 하는 감각 끌림의 장이다.

결국 정자 자신은 자신의 감각 끌림의 생명력을 통해 매 순간 최선을 다하는 발생학적인 감각 끌림이며, 정자가 되기 위한 끌림은 초월론적인 감각 끌림에 의해 조작된 것이다. 이렇듯 발생학적 차원의 감각 끌림 홀은 몸채를 통한 몸의 세포감각에 의해 이뤄지는 홀이며, 초월론적인 감각 끌림 홀로서의 몸채다. 따라서 초월론적인 감각 끌림에 대한 체화는 '믿음'이라는 신념을 통해야만 도달할 수 있는 '몸 떠남'의 새로운 인식 지평에 도달하게 된다. 현존재의 감각 끌림 홀이 지니고 있는 최종적인 감각 끌림 홀의 깊이는 세포 하나하나의 움직임에 대한 현상을 기술할 때 구성적으로 조직화된다.

또한 복잡하고 최첨단의 물질문화와 함께 오는 생활세계에서의 의식은 늘 변화무쌍하며, 따라서 다양한 끌림 홀이 바깥경계인 물질적 신체의 살갗에서 나타나게 된다. 다양하게 만들어진 끌림 홀이 외부대상과 접촉 또는 상호관계를 하는 순간부터 만들어진 끌림 홀의 크기와 깊이는 수평적으로 얇아지게 된다. 또한 반대의 경우도 끌림 홀이 발생하는 경우가 있다. 즉, 외부대상을 통해 끌림 홀의 깊이와 폭이 점점 커지는 경우다.

이와 같은 현상은 현대 소비사회가 만들어놓은 가장 대표적인 소유 끌림에 의한 끌림 홀이다. 물질의 풍요 속에서 물질을 소유할 때마다 발생하는 끌림 홀은 다양한 의식 가운데 하나의 끌림 홀로 고정된다. 전자의 존재 끌림을 통한 끌림 홀과 후자의 소유 끌림에 의한 끌림 홀은 서로 상반된 가운데 이뤄지는 끌림의 대표적인 사례라 할 수 있다. 두 가지는 서로 다른 끌림의 극점 에너지를 지니고 있으며, 현대인은 끌림체에 두 가지 극점을 동시에 지니고 있다. 주체가 지니고 있는 끌림 홀의 가치는 사회환경에 따라 제각기 다르게 나타나며, 오랫동안 노출된 바깥 세상의 사회체계에 의해 평가된다.

(2) 몸채-끌개

그리고 각 끌림이 지니고 있는 영역에는 끌림을 제어하는 기능인 끌개가 있어 감각 끌개, 지각 끌개 그리고 의식 끌개에 이르기까지 그 과정에는 오랫동안의 시간, 공간의 주기적인 반복에 의한 직관, 판단, 이해, 습관, 가치 등을 수용한다. 이 감각 끌개, 지각 끌개, 의식 끌개의 엄정한 걸러냄을 거친 후에야 비로소 끌림의 의식 장에 머문다. 끌개의 마지막 단계인 의식 끌개 과정에서 끌림체로서의 몸은 늘 자신에게 맞는 의식 끌개로 감각 끌림을 요구하거나 수용한다.

즉, 주체의식이 일정한 시간과 공간이 주어지는 곳에서의 끌개의 역할은 늘 일정하며 반복적이다. 따라서 새로운 변화에 적극적인 행동보다는 전통적인 규칙과 문화를 복원 및 유지하려고 한다. 하지만 새로움을 추구하는 시각디자이너의 경우 감각 끌개부터 늘 새로운 것으로 교체하는 것을 지극히 당연한 것으로 받아들인다. 끌림체는 창의성을 위한 바깥환경의 새로운 감각체화를 위해 늘 감각 끌개의 형질 부분에 대한 교체를 당연히 요구하게 되며, 감각 끌개는 이에 대한 부분을 겸허히 수용한다.

이렇듯 끌개의 변형은 끌림체의 요구 혹은 끌림체의 기질에 따라 차이가 있다. 동일한 시간과 공간이 주어진 몸이라면 끌개의 변형과 유지에 대한 자유로움으로 인해 감각 끌림에 대한 주체의 직관적인 판단인 지각 끌림의 영역에 대한 선택의 폭이 넓어지는 것은 당연하다.

① 끌림 각(覺)

각(覺)은 깨달음을 의미한다. 깨달음의 좁은 의미는 몸에서 일어나는 제반 현상을 주체 스스로 알아차리는 것을 의미하며, 넓게는 자연의 모든 현상을 이해함으로써 얻어지는 알아차림이다. 자신의 현존재에 대한 철저한 환원적인 파악작용이 일어날 때 깨달음은 몸과 의식에서 일어나는 구성적 끌림 에너지다.

초월론적 현상은 시지각에 따른 의식이 발생하기 전 단계의 파악작용에 의한 순수감각의 더 높은 단계를 의미하며, 몸의 구성적인 감각소여(Sense Data)에 의해 나타난다. 구성작용은 외부대상, 내부대상에 대한 일반적인 의미에서 한 단계 더 높여진 대상적인 의미를 향해 초월해가는 주체 자신의 주관적인 과정이라고 할 수 있다.

구성적인 현상은 몸이 지니고 있는 세포에 의한 구성작용에 의해 발현되며, 이는 감각이라는 비지향적인 순수질료인 감각소여를 통해 자각할 수 있다. 세포의 구성적인 작용은 주체 스스로 자신의 세포 움직임에 대한 자각이라기보다 지식을 통해 알 수 있는 생명존속을 위한 자기 관계적 현상이다. 세포의 구성작용은 주어진 세포체계에서 직접적으로 생명존속과 연결된 것과의 관계 속에서 구성적인 초월작용이 주제화되며, 이러한 이유에서 구성적인 현상학이 바로 초월론적 현상이라고 할 수 있다.

주체 자신이 대상체로서 나타나는 각종 다양한 초월론적인 현상을 보는 것이 알아차림이라면, 이러한 주관의 본질적 구성에 대한 구조를 파악

**[그림 23] 끌림 각: 'Moment'/ Illustrator,
전기순 作.**
깨달음은 곧 '알아 챙김'을 의미하는 내적 끌림의
움직임으로서 선험성이 포착되는 통찰의 장이다.
끌림 각은 대상과의 감응성에 따라 내적 의식의
적응을 위해 끌개의 구성적 역할을 한다.

하는 것이 초월론적 현상학이 지향하는 영역이라 할 수 있다. 따라서 몸의 끌림으로서 깨달음은 닫혀 있는 공간으로서 세포의 구성작용에 의해 나타난다. 즉, 생물학적인 차원의 세포활동은 세포 내부에서만 이뤄지는 폐쇄적이며 주변 세포와의 물질과 에너지의 교환 측면에서 개방적으로 움직인다.

이와 같이 세포가 지니고 있는 생물학적 차원의 일반적인 개념에서 한 단계 더 높은 자기생명체계의 의미로서 자기 관계적 체계로 나아갈 때 초월론적인 구성작용이 이뤄진다. 루만은 이러한 세포의 초월론적인 구성작용을 자기 관계적 체계로서 인간의 사회적 활동을 적용하여 체계와 환경이라는 두 가지 차이를 통한 관점에서 주체 내면의 세계와 바깥 세상을 설명하고자 했다. 세포 자신의 재생산활동에서 영감을 얻은 루만의 거대이론(Supertheorie)으로서 자기 관계적 체계를 통해 사회체계는 자기 자신과 관계된 다양한 의미와의 상호 커뮤니케이션 환경과 체계의 장[62]임을 강조했다. 동일한 자극에 대한 반응이 주체마다 서로 다르게 나타나는 것은 이러한 자기 관계성에 따른 주체 내부체계의 구성작용의 차이에 의한 감각적인 비지향적 질료인 세포에 의해 나타나는 현상이다.

메를로퐁티는 이것을 파악대상으로서 의식의 지향성이 발생하기 전 단계의 감각질료라고 말하고 있다. 지향성은 감각에 대한 의식이 살아있는 장에서의 활동적인 감각을 의미하며, 이러한 지향성의 감각은 감각대상으로서의 노에마에 대한 감각체인 노에시스에 의해 발생하는 의식의 지각상태다.

아래 [도표 18]에서 볼 수 있는 바와 같이 의식의 지향성이 이뤄진 몸 (A, B, C)의 단계는 의미 분석이 가능하며, 각 지향성이 지니고 있는 것은 '주체-바깥세계에'라는 지향성을 지닌 선형적인(A) 의식세계로 넘어가게 된다. 그러나 순수감각은 바깥세계와 주체 내면세계와의 열린 상태의 세계를 의미하며, 몸에 의한 아무런 경계가 나타나지 않는 무한한 감각질료를 지니고 있는 주체와 객체가 없는 초월론적인 감각세계다.

이러한 순수감각 단계는 주체가 지니고 있는 감각질료에 따라 포괄적인 감각현상이 이뤄진다. 감각질료에 대한 파악작용이 일어나는 순간 감각 작용의 각 질료인 소여(Sense Data)는 선험적인 활동이 이뤄지며, 이는 곧장 즉자로서의 환경으로 치닫게 된다. 일상생활 가운데 느껴지는 신체의 자극과 반응의 선형적 대상으로서의 대자 활동이 아닌 닫힌 공간의 최소 단위인 삼각형(B)에서 원형적인(C) 활동으로 이뤄지는 즉자적인 깨달음의 초월적인 현상 공간으로 바뀌게 된다.

이것은 흔히 동양에서 '관(觀)'이라고 하는 수행방법을 통해 깨달은 '몸채'가 지니고 있는 원형이다. '법성원융무이상(法性圓融無以想)'은 대표적인 각(覺)의 상태를 묘사한 문장으로, 몸이 지니고 있는 본래 모습은 둥근 원의 형태를 띠고 있다고 언급한다. 여기에서 절대지의 상태에 대한 '몸채'는 몸의 닮은꼴이 아닌 원형에 가까운 것임을 알 수 있다. 이것은 최초 닮은 신체의 모습에서 벗어나기 시작하여 점차 원에 도달하기 위한 과정적 현상으로서의 끌림이다. 몸은 머리, 몸통, 팔, 다리로 이뤄진 복잡한 형으로 구성되어 있으며, 이러한 몸의 구조가 초월론적인 현상을 파악하는 경지에 이르면 몸채는 자연스러운 원형으로 다가감을 알 수 있다.

하지만 일상생활에서 몸이 지니고 있는 '몸채'는 바깥 세상과 내면세계에 대한 선형적인 이항대립구조 가운데 그 정체성이 확립된 몸 그대로의 형태를 유지한 물질적인 도구로 인식되며, 외부자극에 대한 선형적인 반응(A)을 하고 있다. 몸의 환원적인 반성을 위한 파악작용이 발생하는 순간부터 몸의 물질적 차원의 x, y의 자극, 반응의 일차적인 선형구조(A)에서 닫힌 공간을 이루기 위한 기본구조인 x, a, y의 삼차적인 구조(B, C)로 바뀌는 감각 작용으로 선회하게 된다. x와 y는 주체의 대상에 대한 현상학적 지향성을 의미하며, x는 주체 몸이 지향하고자 하는 순수감각소여(Noesis)이며, y는 지향하고자 하는 순수감각대상(Noema)을 가리킨다. 이것은 인식의 선형적인 지향성을 표방하는 현상학의 감각 작용에 대한 또 다른 차원의 끌림이다.

노에시스와 노에마가 지니고 있는 지향성의 근본적인 인식구조는 선형구조이며 앞서 언급한 x, y의 가장 기본단위는 바뀌지 않는 것으로 오인하고 있다. 순수감각 작용에서 변화되는 형의 차이는 곧 선형적인 지향성이 아닌 닫힌 형을 향해 그 축이 바뀌고 있음을 간과한 데서 온 오랫동안의 감각에 대한 고정관념에 비롯된다고 할 수 있다.

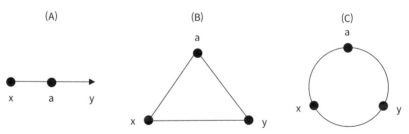

(x: 감각소여, y: 감각대상, a: 초월몸채)

[도표 18] 현존재의 물질적 몸(A)과 발생학적 몸(B), 그리고 초월론적인 몸(C)의 구성과정에서 발생하는 끌개의 형

결국 닫힌 형은 각 주체가 지니고 있는 다양한 끌림에 의해 여러 모양의 끌개를 지니게 된다. 순수감각의 질료는 외부대상에 대해 날카롭게 대응하지 않고, 늘 둥글게 반응하려고 한다. 원형에 가깝게 이뤄진 세포의 모

양에서 알 수 있듯이 외부대상에 대한 반응이 선형적으로 나타나고 있다고 언급한 기존의 과학적인 접근은 점차 몸이 지니고 있는 끌림 홀의 끌개를 상실하게 만든다.

[도표 18]에서 보면 A에서 B로 진행하는 경우에는 즉자로서 초월론적 현상의 순수감각을 깨닫는 순간 나타나는 끌림 에너지의 초기상태를 의미한다. 즉 x, y의 순수감각소여는 주체 내면세계의 자아를 쳐다보는 순간부터 나타나는 초월론적인 지향성이며, a는 환원적인 파악작용에 의한 다양한 내적 끌림의 초월적 현상의 감각소여를 의미한다. 일직선에서 이뤄지는 파악작용(A)은 흔히 사마타와 위파사나 같은 집중을 위한 단계에서 발견할 수 있는 현상적인 끌림 에너지다. 이러한 과정이 지속되면 나타나는 현상이 [도표 18]의 B와 같이 a의 환원적인 파악작용이 선형적인 모습에서 서서히 독립적으로 분리되어 여러 형태의 닫힌 공간의 모습으로 나타나는 끌림 현상을 자각하게 된다.

삼각형은 닫힌 공간의 최소단위를 의미하며, 점점 깊이 있는 초월론적인 인식의 범주에 들어가면 사각형, 오각형, 마침내는 다각형의 형태에서 원형의 깊이 있는 초월론적 깨달음의 끌림 에너지를 마주하게 된다. 닫힌 공간은 그 자체로 홀을 의미하며, 홀의 깊이는 그 형태에서 얼마만큼 오랫동안 머물렀느냐에 따라 차이가 나타난다. 삼각뿔, 삼각기둥 등 다양한 끌개의 입체적인 모습은 C의 원형적인 끌림 각의 상태에 도달하기 위한 과정적인 끌림 홀이다.

결국 초월론적인 몸채의 현상적인 모습은 a가 지니고 있는 끌림 질료의 정체성(즉자)에 따라 다양한 비지향적인 끌개를 만들어낸다. 초월론적인 인식 영역에서의 끌림 홀은 주체의 정체성에 따라 다양하게 드러나는 판단하기 어려운 내면세계의 감각 작용 부분이다. 양자역학에서 말하자면 몸 자체는 이미 음성자, 중성자, 양성자 등의 다양한 성정을 지니고 있으며, 양자가 서로 부딪칠 때 발생하는 다양한 경우의 수의 미묘한 구성작용이 이뤄진다.

이러한 운동에너지는 물질세계를 뛰어넘어 과거와 미래를 넘나드는 정신적인 입자로 파악되며, 그 초래되는 결과를 아는 것은 영감(靈感)에 의한 초자연적인 구성작용이 활발하게 이뤄진다고 볼 수 있다. 최근 최첨단 물리과학의 힘으로 발견한 힉스 입자는 우주 속에 존재하는 입자로 증명되었으며, 이러한 입자는 주체 내·외부 환경의 어디서든 나타나는 주체의지와는 다르게 통제할 수 없는 신비로운 입자다. 이것은 주체 몸의 경우 공성(空性)의 상태에서 깨달을 수 있는 현상이며, 여기에서는 [도표 18] C의 a가 지니고 있는 다양한 끌림 에너지 가운데 속하는 하나의 끌림 에너지로 간주한다.

따라서 많은 소비자는 이러한 초월론적인 끌개의 이미지가 종교적이거나 신비스러운 색채를 대상으로 나타나게 되는 경우, 상품의 품질보다 일차적인 호기심은 왜 그 상품이 종교적인 신비감과 결부되어 있는가에 더욱 초점을 맞춘다. 현대 물질사회는 소비자의 편익에 우선을 두고 있음에도 자신의 실생활과 전혀 다른 목적을 지닌 신비로움을 주는 상품일 경우에는 충동적인 선택을 하는 경우를 종종 목격한다. 주체 자신의 몸이 이미 주어진 공간과 시간이라는 제한 속에 갇혀 있는 물질적인 존재임을 자각한 현대인의 몸채는 지금까지 물질적인 안락과 편익에 익숙한 몸에 맞추려고 하던 방식에서 가끔 일탈적인 행위를 하는 이유가 현존재 저 너머의 그 무엇이 있음에 대한 호기심에 의한 충동에서 구매를 자극한다.

② 끌림 감(感)

초월론적인 구성작용에 의해 보이는 대상에 대한 '바라봄'은 바라보기 전의 느낌에 의한 판단이 우선한다. 느낌(Sense)은 주위환경(몸속, 몸 자체, 몸 밖)에서 일어나는 변화를 받아들여 그 의미를 파악하는 작용을 말한다. 느낌의 오감(시각, 후각, 미각, 청각, 촉각) 가운데 육감(Six Sense)에 의한 느낌은 대상에 대해 오감을 통한 파악작용이 이뤄지기 전 단계의 직감과 예감에 의한 판단이 선행한다. 예를 들면, 간밤의 꿈자리를 통해 하루의 일과를 판단한다거나 몸의 불쾌한 느낌에 따라 미리 하는 일을 예측하는 경우다.

이러한 육감에 의한 판단이 어느 정도 정확성을 가지고 있을 때 오감이 지니고 있는 일반적인 파악작용은 육감에 대해 높은 차원의 파악작용에 수용되고 있음을 알 수 있다. 오감을 통한 느낌과 육감에 의한 느낌이 서로 교차하며 발생할 때 직감은 좀 더 정교한 구성활동을 하게 되며, 대상에 대한 느낌을 더욱 구체화할 수 있는 의식의 세계로 나아가게 된다. 의식의 세계는 이미 물질적인 오감을 통한 판단이 이뤄진 실존의 세계를 의미하며, 따라서 노에시스와 노에마가 살아 숨 쉬는 코키토의 세계다. 느낌은 코키토가 발생하기 이전의 살아있는 선험적인 세계이며, 단순히 바라봄이라는 대자로서의 느낌이 아닌 즉자로서 끝없는 초월론적인 구성작용이 활발하게 이뤄지는 끌림 에너지가 살아있는 느낌이다.

오랫동안 끌림 에너지가 살아있는 느낌은 주체의 성정(性情)에 따라 다양한 '끌개'를 이뤄내며, 앞서 언급한 끌림 각의 끌개와 더불어 하나의 구성적인 홀을 이뤄낸다. 끌림 홀은 [도표 19]의 닫힌 공간에서 발생하며, 그 깊이와 폭은 끌림의 정도에 따라 차이를 나타낸다. 시간이 지니고 있는 물리적인 공간에서의 끌개는 마치 지구상에서 발생하는 싱크 홀 같은 예상치 못한 홀도 있을 뿐만 아니라 오랫동안 한 가지 일을 해왔을 때 발생하

[그림 24] 끌림 감: 'Moment'/ Illustrator, 전기순 作.
끌림 감은 끌림 각이 끌림의 순간성에 의해 나타날 때 뒤따라오는 초월론적인 감각장이다. 끌림 감은 대상과의 감응성에 따라 바깥의식의 세계로 나아가기 위한 적응을 위해 끌개의 구성적 역할을 한다.

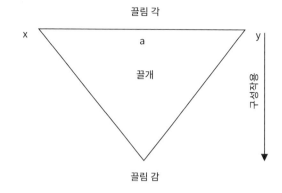

는 끌림 홀인 경우도 있다. 전자의 경우에는 주체 내부의 선천적인 재능을
의미하며, 후천적인 끌개의 경우에는 후천적인 노력에 의한 결과라고 볼
수 있다. [도표 19]는 끌림 각의 차성이 끌림 감으로 변화가 이뤄질 때 느낄
수 있는 홀(Hall)의 구성작용을 나타낸 것이다.

즉 끌림 각과 끌림 감은 서로 떨어질 수 없는 심적 끌림의 영역에 있는
초월론적인 구성작용이 이뤄지기 위한 끌림 층이며, 각 끌림 층은 뚜렷하
게 구분되어 있지 않은 가운데 끌개를 만들어나간다. 주체 몸채가 지니고
있는 끌림 각이 지니고 있는 x, y, a의 감각소여가 어떻게 이뤄져 있느냐에
따라 끌림 감은 전혀 다른 느낌의 직감을 표출한다. 'a'의 다양한 끌림 소
여는 매 순간 몸의 내부와 외부의 변화에 대한 추이에 시시각각 반응하며,
융합 혹은 분리되는 끌림 에너지의 역할로서 최선을 다한다.

프랙털[63]이 지니고 있는 부분이 전체를 닮는 자기 유사성(Self-Simi-
larity)과 순환성(Recursion)을 특징으로 하는 기하학적 형상을 의미하듯
이 'a'가 지니고 있는 끌림 에너지는 처음 끌림 각에 의해 이뤄지며, 지속적
인 끌림은 'a'의 자기 유사성을 통해 끌림 감의 영역까지 확대하여 구성된
다. 또한 [도표 19] 'a'의 구성작용은 자기 관계적 체계[64]로서 자기 유사성
의 융합과 분리 역할을 동시에 한다고 볼 수 있다. x와 y는 의식 이전의 비
지향적 몸채의 주체가 지니고 있는 순수 감과 대상을 의미하며, [도표 19]
'a'는 끌림 각의 에너지로서 끌림 감으로 진행하는 가운데 몸채에서 이뤄

지는 초월론적 구성작용에 의한 끌림 에너지다.[65] 즉, 동북아 사상의 대표라고 할 수 있는 노장의 음양철학, 원효의 삼태극 사상, 공자의 유교사상, 불교, 무속신앙 등 자연에 대한 지향적인 태도와 서양의 선형적인 유물론적 역사관, 유일신의 기독교사상 등 지향적인 세계관은 오랜 시간 동안 누적되어온 잠재태로서 주체 내면에 깊이 뿌리박힌 환경에 의한 체계이며, 정신적인 에너지로서 진화되어온 것이다.

이러한 잠재태가 지니고 있는 정신성은 태어나서 교육을 받기 전에 형성된 에테르이며, 이 에테르와 몸이 지니고 있는 본능에 의한 욕구는 여러 차례 혼합된 구성체로서 현재 구성작용을 한다. 현실적인 끌림 감은 오랜 반복에 의한 숙련된 사람에게서 흔히 볼 수 있는 직감과 마찬가지로 정신적인 체계를 통한 끌림 감 역시 단순한 몸채의 본능에 의한 신경말초적인 판단이 아닌 수많은 정신체계를 통한 통찰적인 직감이다. 원효의 천·지·인을 기초로 한 화쟁(和爭) 사상은 오랫동안 수행과정에서 깨달은 세계관이며,[66] 이것은 x, y, a가 천·지·인의 사상을 기초로 한 끌개라고 해도 무방한 구성작용이라 할 수 있다.

이렇듯 끌림 감은 주체 몸채의 오랫동안의 반복과 숙달에 의한 끌림 감이자 직감이다. 주체 대상에 대한 아무런 정보가 없어도 시각이 아닌 끌림 감은 대상에 대한 긍정과 부정, 좋고 나쁨에 대한 파악작용을 먼저 수행한다. 미래에 대한 예측도 이러한 느낌[感]으로 선험적인 체험을 하지만, 물질문명에 오랫동안 길들여진 주체가 지니고 있는 몸채에게는 시각을 통한 판단에 높은 비중을 둘 뿐 느낌에 대한 불확실성에 대해서는 그다지 신뢰하지 않는다.

하지만 한 곳에서 오랫동안 반복해온 경우에는 이러한 느낌에 대한 판단이 오히려 시각에 의한 판단보다 우선한다는 것을 익히 알고 있다. 어느 순간부터 느낌이 눈에 의한 판단에 대해 결정짓는 것보다 더 정확하게 오차범위를 줄일 수 있다는 확신은 더 높은 경지의 느낌으로 끌리게 만든다.

느낌이 지니고 있는 끌림 감의 에너지는 눈에 드러나지 않는 가운데 이뤄지는 지극히 일반적인 현상이 되었다. 이것은 코키토 이전의 느낌이며, 바라봄이라는 확신 이전에 발생하는 몸채의 빛 에너지다. 이제 출중한 끌림 감을 얻게 하는 끌림 에너지는 자연계에 가득 찬 에너지가 어떻게 주체의 다양한 몸채에 구성작용을 하느냐에 따라 차이가 나는 자연스러운 현상이며, 주체 몸에 대한 생물학적인 차원에서 벗어난 끌림 감의 잠재태로서 지향적인 에너지다.

③ 끌림 시(視)

대상의 '바라봄'은 몸에 주어진 갖가지 끌림 이미지를 만들어낸다. 아무런 생각이 없는 상태에서 대상에 대한 첫인상은 주체 내부 몸이 지니고 있는 갖가지 이미지와 관계를 맺기 위해 다양한 끌림 시를 연출한다. 어린아이의 경우 놀이터에서 공놀이를 할 때 나타나는 끌림 시는 공이 주는 끌림이 놀이라는 이미지로 순간 각인된다.

하지만 놀이터 밖에서 바라보는 지나가는 사람의 눈에 띄는 공은 어린아이의 놀이공이 아닌 놀이터라는 장소가 만들어준 단순한 배경적인 요소로 받아들여진다. 끌림 시는 주체 몸이 인정한 다양한 환경에서 이뤄진다. 백화점에서 끌림 시가 화려하고 매혹적으로 나타나는 것은 바로 이러한 이유에서다. 이를 현대 마케팅에서는 매우 다양하고 공격적으로 환경을 인위적으로 조성하여 주체의 몸을 유혹한다. 미학적인 마케팅, 스토리텔링, 문화적 마케팅 등 제각기 특징적인 요소를 가미한 마케팅이 이에 해당한다. 인위적으로 거대한 환경이 만들어놓은 상태에서의 시각은 이미 일반적인 시각의 바라봄에서 떠난 또 다른 바라봄이다. 놀이터에서 노는 아이의 눈으로 바라보는 공은 그 어떠한 것과도 바꿀 수 없는 신나고 재미있는 가치를 지니고 있으며, 다양한 상상력과 환상을 만들어내는 오브제로서 끌림 이미지다.

또한 소비자가 자주 애용하는 SNS 공간은 주체 바깥에서 일어나는 것 가운데 가장 흥미롭고 긴장되는 끌림의 장소다. 이때 만들어지는 주체가 만들어놓은 환경에 의한 끌림의 바라봄은 객관성이라는 과학적인 엄밀함을 탈피한 또 다른 바라봄의 세계에서 사물을 지각한다. 일상생활이 만

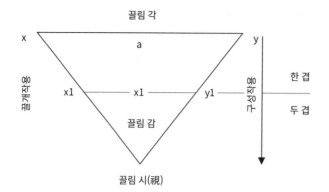

[도표 20] 몸채의 구성과정에서
이어지는 끌림 시(視)의 끌개

들어놓은 평범한 생활 역시 소비자 개성이 만들어놓은 끌림 공간이며, 끌림 환경이다.

이렇게 주어진 끌림 공간은 소비자 자신이 만들어놓은 끌림 시에 의한 조작적인 장소이며, 환상적인 공간이다. 지금까지 이러한 끌림 공간은 과학이라는 거대한 구조적 인식 속에서 재단이 이뤄졌으며, 특히 시지각의 다양한 형태이론은 이러한 끌림 시에 대한 소비자의 다양한 바라봄에 대해 반대적인 시각에서 바라보았다.

끌림 시는 현대의 다문화를 수용하는 사회현상뿐만 아니라 다양한 문화를 지니고 있는 국제화사회의 부드러운 상호 커뮤니케이션을 위해서라도 반드시 새롭게 구축되어야 할 미적 이론이다. 끌림 시가 지니고 있는 감각적인 논리는 순간적으로 일어나는 변화를 알아차리는 직관과 통찰력을 필요로 한다. 놀이터 안에서 공놀이를 마친 후 놀이터 밖에서 공을 만질 때 느껴지는 공에 대한 인식에 차이가 나타나는 것은 공간이라는 주어진 환경의 차이에 따른 공의 이미지가 달리 나타나기 때문이다.

이와 같이 끌림 시는 매 순간 몸의 환경에 따라 달리 나타나며, 늘 변화를 추구하는 바라봄이다. 이렇듯 환경의 변화에 따라 달라지는 소비자 개성의 구매 형태 역시 끌림 시에 의한 것이다. 또한 몸채가 지니고 있는 자유분방한 유동성은 환경에 제한을 두지 않고 무한한 창의적 상상력의 영역까지 확대하려고 하며, 새로운 이미지를 생산하는 기능성을 지니고 있

[그림 25] 끌림 시: 'Moment'/ Illustrator, 전기순 作.

끌림 시는 끌림 감이 바깥의식의 대상과 일차성의 해석체적 조율을 하는 순간 나타나는 시각장이다. 내적 지평이 대상과 연합하는 감응과 적응성의 일치를 위해 움직이는 끌개의 구성적 역할을 의미한다.

다. 공이 지니고 있는 둥근 형태의 이미지는 환경과는 무관하게 일정한 항상성을 지니고 있고, 몸채의 창의적인 이미지를 발현하기 위한 꾸준한 관찰에 의한 결과다. 평상시 아무런 느낌 없이 바라보던 '둥근 공'이 순간 반짝하는 느낌의 시각으로 끌림이 발생하는 경우에는 새로운 이미지를 지니고 있는 공으로 파악하게 된다.

파악작용은 현상학적 차원의 일반적 신체에 관한 분석과정이며, 반짝거리는 섬광과도 같은 움직임에 의한 시각의 바라봄은 순간 몸채가 지니고 있는 아름다움의 끌림에 의한 끌림 시가 된다. 몸채가 지니고 있는 투명성은 순간 나타났다가 사라지거나 혹은 오랫동안 시각에 머무르는 경우가 있다. 하지만 일반적으로 나타나는 섬광의 반짝거림은 신체가 지니고 있는 시각에 의한 일반적인 '바라봄'이 아닌 가까이 혹은 멀리 떨어져서 신체를 관찰하고 있는 몸채다.

따라서 끌림 시는 신체가 지니고 있는 물질적이고 생물학적인 바라봄의 시각적인 차원에서만 판단할 수 없으며, 몸채의 발현 없이는 체화할 수 없다. 끌림 각을 통한 다양한 인식론적인 현상적 범주는 새로운 이미지의 끌림 시를 자극하며, 몸채의 총체적인 움직임에 민감하게 반응한다. 끌림 감을 통한 끌림 시의 과정에 따른 몸채는 그동안 반복적으로 겹침에 감응하여 겹침의 구성작용을 통해 주체의 직감을 구체화한다. 주체의 몸과 몸채가 서로 닮아 있는 형상으로 감응하는 이유가 여기에 있다.

일반적으로 대상에 대한 오랫동안의 반복에 의한 겹침작용은 대상에 대한 바라봄이 겹침의 두께로 인해 고정적인 대상으로 바라보는 시각이 발생함과 동시에 대상에 대한 아무런 감응이 없는 바라봄으로 구체화된다. 이러한 신체의 일반적인 '바라봄'은 동일한 환경의 반복으로 인한 기계적인 판단에 의한 결과이며, 여기에는 아무런 생명력이 없는 무의미한 상태로만 이어지는 기능적인 '바라봄'만 존재한다.

몸채는 신체가 지니고 있는 감응성에서 순수 감의 끌개를 통해 발견할 수 있는 미적인 감응이며, 생명 에너지다. 새로운 이미지의 구현은 몸채의 자기 신체화가 이뤄질 때 나타나는 놀람의 감응작용이며, 동일 대상에 대한 새로운 관점의 인식을 통해 끌림 시가 발생한다. 예를 들면, 사과는 영양이 풍부하고 탐스러운 대표적인 과일이며, 맑은 가을 하늘 아래에서 무르익은 과수원의 빨간 사과는 그야말로 자연의 고마움을 느끼게 한다.

일반적인 사과를 통해 한 인간의 눈이 만유인력의 법칙을 발견했다는 것은 정말 황당한 일이 아닐 수 없다. 이것은 바라봄의 다양한 관점에 의한 대상 인식에 대한 거부에서 나타난 새로움이며, 불현듯 나타난 몸채의 비물질적인 신체 과정 속에서 나타난 감응의 결과다. 끌개의 지속적인 교체작용은 겹침의 두께를 얇게 만들어줌과 동시에 끌림 각과 끌림 감의 폭을 없애주는 역할을 하게 된다.

이러한 지속적인 끌림 작용은 새로운 시각의 끌림 시가 나타남과 아울러 사과에서 만유인력의 법칙을 발견하는 끌림 시를 지니게 된다. 새로움의 끌림 시는 순간 반짝거리는 몸채의 구성적인 기능 가운데 하나인 투명성을 의미하며, 한순간 번쩍거리는 시각으로 대상을 바라볼 때 발생한다.

④ 끌림 지(知)
앎을 통한 끌림은 지금까지의 과정인 끌림 각, 끌림 감, 끌림 시에 의해 이

뤄진다. 각 단계에서 접하는 끌개작용은 동일한 끌림 각을 지닌 '알아 챙김'의 영역에서도 신체가 지니고 있는 이중성에 의한 판단이 차이를 나타내며, 이로써 끌림 감의 장에서 느껴지는 감응이 달라진다. 각 장이 지니고 있는 끌개는 결국 주체의 개성적인 '몸채'로 나아가는 역할을 한다. 끌림 지는 끌림의 겹침에서 이뤄지는 과정에서 나타나는 지향성의 의식 덩어리다.

[도표 21]에서 볼 수 있듯이 끌림의 각 과정에는 오랫동안 반복적인 겹침으로 이뤄진 겹의 두께에 의해 끌림 지의 주체가 지니고 있는 정체성 형성에 지대한 영향을 미치며, 그에 따른 가치와 판단을 위한 기준점을 지니게 된다.

예를 들면, 동일한 나무에 대한 끌림 지는 목수가 직업인 경우 나무의 견고성과 품종에 따라 대들보로 쓸 것인가 말 것인가를 생각한다. 반면 정원사는 어떻게 하면 수종에 따라 아름답게 수형을 다듬어 잉여가치를 높일까를 생각한다. 이것은 엄밀하게 말하면 동일한 대상도 주체의 의식 덩어리인 지향성에 따라 커다란 차이를 보인다는 것을 알 수 있다. 주체가 대상에 대한 다각적인 의식을 지니고 있다고 하더라도 겉으로 드러나는 최

[도표 21] 몸채의 구성과정에서 이어지는 끌림 지(知)의 끌개

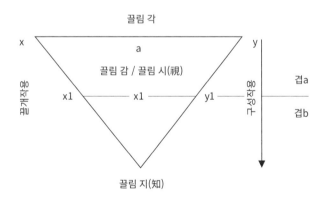

종적인 선택적 끌림은 하나의 지향성으로 나타난다. 의식의 깊이와 폭은 끌개작용에 의한 겹의 두께로 쉽게 파악할 수 있으며, 끌개작용이 지닌 대

상에 대한 가치는 결국 주체 자신이 가진 주관적인 가치에 의해 누적되어 겹이 지니고 있는 각각의 몸채를 분리할 수 있다.

끌림 지는 객관적이고 합리적인 끌림의 장이며, 시간과 환경이 갖는 다양한 의식 덩어리의 결집체다. 어떠한 지향성도 동일 대상에 대해 시간과 환경에 따라 다른 의식이 이뤄질 수 있는 실재적인 이미지를 만들어낸다. 또한 끌림 지는 주체가 오랫동안 경험 또는 체험을 통해 터득해온 지혜에 의해 끌림 각, 끌림 감, 끌림 시의 전혀 새로운 차원의 직관적인 끌림 지를 만들어낸다. 이 체험은 끌림 각에서 바로 끌림 지로 이어지는 끌개의 작용이 우선한다. 즉 알아 챙김은 주체의 의식 덩어리에 대한 전반적인 통찰력을 의미하며, 이러한 알아 챙김은 주체 자신의 오랜 성찰을 통해 대상에 대한 현실적인 관점을 벗어난 상태에서의 의식 덩어리가 끌림 지와 동시에 융합한 가운데 일어나는 순간의식의 빛 덩어리다.

몸채가 지니고 있는 순간적으로 나타나는 의식의 빛 덩어리는 의식의 무거운 덩어리를 가볍게 하여 다시 끌림 각의 상태로 환기하는 기능이다. [도표 21]에서 볼 수 있는 구성작용의 일반적인 과정이 순간 반복적으로 회귀하는 현상은 몸채의 자유로운 유동성에 의한 순간적인 이동을 의미하며, 이때 파악할 수 있는 몸채가 지니고 있는 에너지를 파지할 수 있게 된다.

또한 끌림 지에서 끌림 각이 아닌 끌림 감으로 회귀하는 경우 이러한 현상은 의식 덩어리가 직감에 의존하는 것으로 대상을 간주한다. 끌림 감에 의한 끌림 지는 대상에 대해 본능적이며, 몸이 지니고 있는 직접적인 감각에 의한 의식적 몸채 덩어리다. 끌림 시에 의한 끌림 지는 시지각에서 볼 수 있는 형태지각을 통해 판단할 수 있는 의식 덩어리인데, 이는 일반적으로 잘 알려진 지각장이론을 대신할 수 있는 의식의 장이다. 지각장이 이뤄놓은 환경이 단순히 보여진 것에 대한 파악이라고 한다면, 우리는 쉽게 지각을 통해 끌림에 대한 개념적인 앎이라고 하는 지적 요소를 파악할 수 있다.

차를 타고 지나갈 때 차창 밖에 보이는 대상이 실제적인 상황을 대신

[그림 26] 끌림 지: 'Moment'/ Illustrator, 전기순 作.
끌림 지는 끌림 시가 바깥의식의 대상에 이차성의 해석체가 발생하는 순간 나타나는 지각의 장으로, 내적 지평이 대상과 연합하는 감응과 적응성의 일치를 위해 움직이는 끌개의 구성적 역할을 의미한다.

설명할 수 없을 것이다. 실제적인 상황을 파악하기 위해서는 차를 멈춰야 하며, 가까이 다가가서 대상에 대한 다각적인 분석이 요구될 것이다. 멈춰진 상태에서 보이는 대상은 주체가 바라보는 쪽의 각도에서만 볼 수 있으며, 보이지 않은 영역에 대한 앎은 시지각 단계에서 선행하는 기능적인 파악에 대한 개념이 우선한다. 차에서 내려 집을 보았을 때 보이는 부분이 집으로 들어가는 입구를 향하고 있었다면, 집 정면에 대한 시지각에 의한 정보만 알 수 있을 뿐 집의 측면과 뒷면은 직접 둘러봐야 알 수 있다.

마찬가지로 집의 내부구조 역시 둘러보아야 지각할 수 있는 집의 정보를 파악할 수 있다. 집에 대한 자료를 좀 더 정확히 구하기 위해서는 집에 관련된 도면을 필요로 할 것이다. 이와 같이 끌림 지는 시각을 통해 보이는 그대로의 상태에 대한 시지각적 판단이 아닌 숨어 있는 다양한 정보에 대한 앎이라는 선행되는 끌림 지의 내적 지평이 요구된다.

이렇듯 보이지 않는 부분에 대한 지각적인 판단이 반드시 선행해야만 대상에 대한 구성적인 기능을 볼 수 있다. 지각장이 지니고 있는 형태이론은 주체의 선험적인 경험에서 나오는 내적 지평의 의식 덩어리에서 동일한 형태에서도 다른 끌림 지의 성격을 갖게 된다. 따라서 의식의 내적 지평이 지니고 있는 주체의 지향작용은 동일 대상에 대한 파악이 동일할 수 없음을 알 수 있다.

⑤ 끌림 식(識)

끌림 식은 아직 주체의 몸채로서 체화되지 않은 지식 끌림을 의미한다. 이것은 주체의 의식 덩어리로서 용해되기 전의 지적 호기심에 의한 끌림 식이며, 몸채의 감응성에 반응한다. 오히려 몸이 앎의 성숙된 의식 덩어리로서 정착이 이뤄지기 전 단계의 외부환경에 정초하는 평범한 생활 가운데 표류하는 앎이다. 끌림 지와 끌림 식이 차이를 두는 이유는 시각디자인에 나타나는 한때 유행하는 속어의 경우 이는 가벼운 앎이며, 주체의 의식에 직접적인 영향을 미치지 못한다. 가령 일기예보나 인사말 등의 일상적인 대화는 상식의 범주에 속하는 식(識)에 해당한다.

이러한 식의 차성이 간혹 끌림을 주는 경우가 있다. 이때 소비자에게는 동일한 메시지가 아무런 감동을 주지 않지만, 간혹 어떤 소비자에게는 몸채에 감동을 준다.

이는 전적으로 주체에 따라 끌림 각, 끌림 감, 끌림 시, 끌림 지의 과정에서 끌개의 다양한 선택이 이뤄져 나타나는 차이를 최종적인 끌림 식에서 주체의 개성적인 몸채의 현상적인 인식 지평을 나타내고 있다. [도표 22]를 통해 생활세계에서 소비자에게 감동을 주는 이유와 그렇지 않은 이

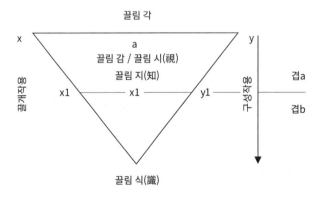

[도표 22] 몸채의 구성과정에서
이어지는 끌림 식(識)의 끌개

[그림 27] 끌림 식: 'Moment'/ Illustrator, 전기순 作.
끌림 식은 끌림 지가 바깥의식의 대상에 삼차성의 해석체가 발생하는 순간 나타나는 지식의 장으로, 내적 지평이 대상과 연합하는 감응과 적응성의 일치를 위해 움직이는 끌개의 구성적 역할을 의미한다.

유를 발견할 수 있으며, 일반적인 대화가 주는 감동이 얼마만큼의 누적된 겹에 의해 이뤄졌느냐에 따라 감응의 정도는 차이가 있다. 소비자 주체 내부의 대상에 대한 구성작용은 단순한 자극 반응의 횡적인 관계에서 이뤄지는 것이 아닌 끌개가 지니고 있는 각 층의 겹에 의해 몸채의 빛이 다르게 나타남을 알 수 있다.

특히 겹a와 겹b가 지니고 있는 겹의 두께는 각 층의 개성적인 차이에 의해 전혀 다른 층위를 보일 수 있다. 예를 들면, 광고에서 '예뻐지는 ~', '아름다움을 주는 ~'이라는 카피가 들어 있을 경우 많은 소비자는 일상적으로 자신이 직접 타인으로부터 듣고 싶은 단어로 인해 끌림 식으로 쉽게 느끼지만, 이미 상품을 사용하고 있는 소비자에게는 자신만의 것으로 숨기고 싶은 마음으로 인해 오히려 헤드라인에서 반감을 갖는 경우다. 이때는 이미 내적 지평이 지니고 있는 구성작용에서 끌개의 역할에 차이를 나타냄과 동시에 그 겹의 깊이에 대한 굴곡은 엄청난 차이를 초래한다고 볼 수 있다. 평상시 좋은 이미지의 끌림으로 간주되어온 대상이 쉽게 평가절하되는 경우는 이와 같은 외부와 내부의 지평에서 구성적인 변화를 일으켰기 때문이다.

끌림 식의 단계에서 이뤄지는 구성작용은 동일 대상에 대한 선체험의 끌림 각, 끌림 감, 끌림 시, 끌림 지의 끌림 상관성에 따라 다양한 구성적 차이를 지닌다. 대상이 먼저 끌림 시에 의해 이뤄진 끌림이라면 이후에 나타나는 끌림 감과 끌림 지는 끌림 시에 대한 감성적인 느낌을 감싸기 위한 작용으로 바뀐다. 마찬가지로 끌림 각에 의한 끌림이 이뤄지면 나머지 끌림 각, 끌림 감, 끌림 시, 끌림 지, 끌림 식은 이를 감싸기 위한 구성적인 역할로 작용한다. 이것은 대상의 끌림에 대해 이해하기 위한 끌림 식의 총체적인 구성작용이라 할 수 있다.

[도표 22]의 겹a에서 겹b로 이어지는 끌개는 이러한 구성작용을 정립시켜주는 역할을 함과 동시에 끌림 식에 대한 느낌을 구체화한다. 끌개에 의한 구체화는 이미 의식의 장으로 바뀐 환경에서 이뤄지며, 이때는 끌림에 대한 충분한 이성적인 설득이 기능한 범주에 속한다고 볼 수 있다. 끌림 지에서 끌림 식으로 넘어오는 단계는 앎에 대한 일반적인 범주에서 이론적인 체계로 넘어오는 단계를 의미한다.

따라서 끌림 식의 단계는 과학적인 체계를 지닌 최종적인 이성적 범주의 끌림이라고 하겠다. 대상에 대한 이성적이며 객관적인 설득을 할 수 있는 끌림 식의 영역에 해당하며, 여기에는 어떠한 끌림도 감성적인 접근의 느낌이 아닌 이성적인 논리가 가능한 인식의 범주라고 할 수 있다.

제2장 끌림의 수용자적 접근

1 끌림의 체계

1) 눈짓-끌림(Motive Eye Attraction)

시각 이미지에 나타나는 끌림 이미지는 눈짓(Motive Eye)[67]에 의해 드러난다. 눈짓에는 소비자 주체마다의 개성적인 시각이 함축되어 있다. 시각적인 눈(Visual Eye), 의미적인 눈(Meaning Eye), 순간적인 눈(Moment Eye), 창의적인 눈(Creative Eye), 선험적인 눈(a Priori Eye), 통찰의 눈(Insight Eye), 언어적인 눈(Language Eye) 등 대상 끌림 이미지의 느낌에 따라 다양한 눈짓이 연출된다.

    시각적인 임팩트가 강한 끌림 대상일 경우 '눈짓-끌림'은 시각적인 눈으로 전환하여 바라본다. 나머지 눈짓은 부가적으로 따라붙는 수식구이며, 더 이상의 끌림에 대항할 수 있는 눈짓은 시각적인 눈에 굴복한다. '눈짓-끌림'은 동시에 상호 간의 통일된 이미지를 교환하는 데 유익하게 작용한다. 끌림 대상의 절대성은 소비자 주체의 개성적인 끌림체에 따라 다르게 해석되며, 눈짓을 통한 상대방과의 상호 커뮤니케이션은 대체적으로 시각적인 눈, 의미적인 눈에 의해 활발하게 일어나며, 모든 끌림 이미지의 최종적인 선택은 주체 자신의 즉자적인 끌림에서 이뤄진다.[68]

    대상이 지니고 있는 어떠한 시각요소가 소비자 주체의 몸채에 대한 인식에 반응을 일으키고 있다면 그 대상이 다른 소비자 주체에게도 동일한 끌림이 일어날 것이라는 공통감은 현대 소비시장에서 차츰 사라지고 있다.[69] 이를 뒷받침하는 내용은 메를로퐁티의 '살에 의한 느낌'에서 알 수 있다. 즉 대상에 대한 해석적인 시각과 선험적인 시각은 모두 신체의 살이라는 경계부분에서 일어나는 실재적인 현상이며, 이 현상은 주체의 즉자, 대자의 깊이 정도와 환경, 체계에 따라 다르게 수용하게 된다는 점에서 알수 있듯이 소비자 주체의 눈짓에 의한 시각적인 끌림 감각을 받아들이게 된다.

소비자 주체 자신의 즉자(即自)와 대자(對自)의 끝없는 끌고 당김의 시작이 바로 눈짓의 다양한 표정에서 이뤄지고 있다. 오랫동안 주어진 환경과 생활세계, 사회체계의 패턴으로 형성된 몸채, 그리고 신체 내부와 신체 바깥을 아우르는 눈짓의 시각 면에서 새로운 끌림의 감각적인 의미생성이 이뤄지고 있다. 눈짓이 의미하는 영역은 단지 보이는 대상의 형태, 형상에만 관여하는 것이 아니라 눈에 보이지 않는 의미의 영역과 선험적인 자아에까지 영향을 미친다. 아프리오리 상태와 의미의 코키토는 하나의 눈짓에서 끌림 이미지로 간주된다.[70]

[그림 28] 눈짓-끌림: 'Inner-Eye'/ Illustrator, 전기순 作.
'눈짓-끌림'은 눈짓의 다양한 표정에 의해 즉자 또는 대자적인 수용자의 태도가 바뀌게 된다. 즉, 즉자로서의 선험적인 눈짓과 대자로서의 의미론적인 눈짓에서 대상에 대한 수용자의 다채로운 끌림 홀이 형성된다.

끌림 대상에서 주체 자신도 모르는 끌림 소(素, 몸채)의 형성이 주체 자각이 이뤄지는 감각의식의 단계로 전달될 때는 자신도 느끼지 못하다가 어느 순간 커다란 끌림 홀의 움직임이 주체 자신의 눈짓에 의해 의식과 의지를 장악하고 있음을 뒤늦게 깨닫고 그에 따른 환원적인 시각의 장을 마련하게 된다. 백화점에 들러서 소비자 자신의 의지와는 관계없이 상품을 구입하는 경우가 있다. 평상시 생활세계에서는 전혀 나타나지 않던 충동구매 욕구가 발현되는 순간 소비자 자신은 끌림체에 의해 이성과 감성이 마비됨을 느낄 것이다.[71]

상품구매를 직접 하지 않더라도 내면에서 움직이는 즉자로서의 주체 이성에 대한 대상의 소유 끌림에 의한 교란은 끌림체의 다양한 개성적인 몸채를 변화시키고 있음을 자각할 수 있다. 동일한 대상에 대한 의도적인 반복 노출은 주체 자신이 늘 간직하고 있는 끌림체가 지닌 순수 끌림의 눈짓을 마비시키게 된다. 시각 이미지는 이러한 눈짓이 지니고 있는 끌림체를 변화시키는 가장 강력한 무기임과 동시에 시장경쟁체제 주체로서의 소비자를 유혹하게 된다.

눈짓 끌림체의 순수함은 늘 생동감 있는 청명하고 깨끗한 에너지가 분출되는 가운데 이뤄진다. 스트레스를 많이 받는 바쁜 현대인에게 계곡이나 깊은 산속 등 청정한 장소에서 힐링이 이뤄지는 이유는 이러한 끌림체의 정화로 인해 받는 순수함 때문일 것이다. 현실 속에서 느껴지는 끌림체는 감각 끌림에 의한 인식의 범주이며, 끌림체가 지니고 있는 시간과 공간에 의한 전체성의 자각은 아니다. 시간이라는 흐름은 저절로 눈짓과 몸채의 연속적인 끌림의 연속에 정복하거나 정복당하게 된다. 끌림체는 시간의 흐름에 있지 않고 시간을 정복한다. "주체의식은 과거·현재·미래의 시간의식에서 살아 숨 쉬는 물질이다"라고 한 후설의 시간의식에서 알 수 있듯이 감각·지각·의식의 영역은 늘 시간 속에 갇혀 있다.

하지만 끌림체가 지니고 있는 각 끌림소의 현상들은 의식과는 아무런 관련 없이 갑자기 나타났다가 사라지는 에너지다. 주체 의지에 의해 연결되어 나타난다면 이것은 이미 끌림체의 영역을 벗어난 의식의 영역에 의한 판단의 결과다. 의식은 코키토에 의해 발현되는 범주이며, 이 범주에는 이미 해석학적 현상, 정태적인 현상, 발생학적 현상이 나타난다. 의식의 흐름은 브렌타노의 지향성이나 후설의 노에시스(Noesis) 개념을 통해 파악할 수 있다. 즉, 바깥 세상의 모든 대상을 이해하고 해석하는 것은 살의 안쪽 영역인 내면 세상이 지니고 있는 주체의식이 바깥을 향한 지향성에 의해 발현된 것이다.

메를로퐁티 역시 이러한 지향적인 대상을 신체 내 의식의 정신성인 노에마(Noema)로 판단했다. 따라서 의식은 신체를 통해 자기화된 지향성, 즉 노에마의 세계를 구현하고자 하는 궁극적인 의도에 의한 시도다. 의식을 통한 모든 행위는 이미 끌림체가 지니고 있는 순수한 끌림의 근원적인 에너지를 주체 스스로 작위적으로 해석하여 노에마로 승화시킨다. 이로써 오랫동안 노에마가 만들어낸 다양한 정신적 가치와 습관에 의한 의식 덩어리는 주체 자신이 지니고 있는 끌림체의 청명하고 순수한 역동적인 눈짓 에너지에 의해 의식의 지향성으로 바뀌어 나타나게 된다.

끌림체의 근원이 되는 몸채와 눈짓의 접촉점은 '나-안에-세계' 있음의 초월론적 현상 속에서 살아 숨 쉬며, 끌림 에너지가 지니고 있는 순수한 발생적인 힘을 솟아나게 한다. 이러한 힘은 내면의식에 의한 외부지향적인 힘이 아니며, 바깥 세상의 대자연에서 오는 힘인 '세계-속의-나' 주체 자신이 지니고 있는 저마다의 독특한 힘인 '나-안에-세계'에 대한 차이에 따른 힘의 균형(Balance)을 만들기 위한 에너지다.

2) 살갗-끌림(Skin-Attraction)

첨단적인 과학의 힘으로 만들어진 각종 물질문명의 홍수 속에서 소비자 주체의 소유에 대한 끌림 의식은 자연스러운 신체적 욕구에서 출발한다. 살갗은 신체 내면의 장기를 보호하고자 하는 역할과 신체 바깥의 환경에 대한 수용 여부, 다른 생명체와의 소통을 위해 중요한 역할을 하고 있다.

여기에서 간과할 수 없는 것은 살갗에서도 대상 이미지에 대한 끌림 여부를 파악한다는 점이다. 피부색, 혈색, 반가운 기색, 소스라치게 놀란 기색, 얼굴에 화색이 만연한, 거칠고 야윈, 슬픈 기색, 주근깨 가득한 피부, 앙상한 피부, 하얗게 질리다, 건전한 피부 등 신체 표면에 나타난 다양한 어휘에서 느껴지는 살갗은 대상과 무언의 소통적인 역할을 묵묵히 수행한다.

마찬가지로 실제 말로써 하는 소통이 최종적인 정리 단계에 이르렀을 때 행하는 이성에 의한 의사(意思) 커뮤니케이션이라면, 살갗을 통한 소통은 사전적인 끌림 여부를 파악하는 감성적인 느낌 커뮤니케이션이라 할 수 있다. 이러한 살갗이 지니고 있는 느낌에 의한 감성은 소비자 주체의 개성 중심의 끌림 형성을 위한 개인적인 욕구 표출을 위한 은유적인 바람이다.

현대인에게 물질적인 소유를 통한 끌림은 물질에 대한 형식적인 차이를 제공할 수 있을 뿐 소비자 주체 자신의 물질이 지니고 있는 느낌이 가진 살갗 끌림의 수용적인 의미의 깊이는 생략하고 있다. 왜냐하면 인간은 몸이라는 한정된 공간과 시간에서 움직일 수 있으며, 절대적인 힘을 지닌 주체가 되기에는 생물학적인 불완전한 살갗 끌림에 대한 확정적인 답을 추론한다는 것이 실생활에 그다지 중요하지 않기 때문이다. 그 대신 소비자 주

[그림 29] 살갗-끌림: 'Inner-Eye'/
Illustrator, 전기순 作.
'살갗-끌림'은 살갗이 지니고 있는 피부색에 따른
끌림과 신체가 지니고 있는 기능적인 요소인
'세계-속의-몸'에 의해 소비자 주체마다의 고유한
끌림을 함축하고 있다.

체 자신이 소유하고 있는 물질적인 구성요소를 통해 끌림에 대한 독특한 정체성에 주목하게 되었다.

소유한 각종 첨단 상품 혹은 생활용품 속에 담긴 브랜드의 문화적 의미는 구매할 당시 소비자 주체 나름의 정신적 풍요로움과 영원성을 제시하고 있으며, 이는 물질적인 신체가 지니고 있는 제한된 공간의 한계를 극복하기 위해 물질로 대신 보상받으려고 한 경우라고 할 수 있다.

특히 '살갗-끌림'이 지니고 있는 다양한 자극에 대한 반응적인 끌림은 신체적인 공간에 대한 확장적인 지향에 대한 끝없는 모색을 위한 도전이며, 모험이라 할 수 있다. 실제 눈에 보이는 것 이상의 끌림 이미지를 추구하며, 소비자 주체가 지니고 있는 세계관에 늘 새로운 자극을 제공한다. 살갗은 그 자체가 생동감의 활력을 주는 장소임과 동시에 비가시적(非可視的)인 끌림체가 변형되어 성장하는 에너지의 저장고[72]라 할 수 있다. 이제 소비자 개성은 현대 커뮤니케이션 사회에서 특별한 존재가 아니며, 생활세계에서 자신의 독특한 문화성을 간직하기 위한 세계 속의 몸 살갗의 끌림체다.

이미 메를로퐁티는 인간의 존재에 대해 '세계-속의-몸'이라는 현상학적 차원임을 강조하기 위해 비물질적 신체를 강조했으며, 필자는 '몸채'[73]라는 언어를 사용하여 실존 세계에 있는 물질적인 '나'를 현상학적 차원의 빛 에너지인 '끌림체'로 재해석했다. 인간은 세계 속의 환경이라는 범주를 벗어날 수 없으며, 자신이 지각하는 모든 것은 주체로서의 관념적인 지각이 아닌 '몸채'라는 끌림체를 통해 자기 관계적 체계(Autopoiesis)를 유지하는 존재임을 강조한다. 눈에 보이는 세계와 눈에 보이지 않는 세계의 경계에 있는 '몸채의 지각'이야말로 모든 인식의 출발점이다. 이는 내면세계 주체로서의 즉자와 바깥 세상 주체로서의 대자가 '살갗'[74]이라는 피부에서 소통함으로써 주체에 대한 고유성을 벗어난 세계 속에서의 공주체성을 의미한다.

위의 몸채에서 끌림 에너지인 '몸채'는 몸의 최전선인 살갗과 연결되어 있으며, 세계 속의 살갗과 몸채는 서로 직접적으로 지각하는 접촉지대다.

이러한 접촉지대에서 만나는 살갗과 몸채의 지속적인 만남은 끝없는 변화를 추구하고 있으며, 바깥세계와 내면세계의 완전한 차이를 극복하고자 하는 접점으로서 늘 새로운 지향성을 추구하고자 하는 '살갗-끌림'을 통한 의미생성의 통로다. 끌림체의 형성은 이러한 몸채와 살갗의 접점에서 이뤄지는 눈에 보이지 않는 아우라(에너지 결정체)라 할 수 있다.[75]

'살갗-끌림'은 끝없이 떠오르는 갈등과 협의를 위한 살갗과 몸채의 융합 속에서 발생하는 생명력을 지탱하게 만드는 원천적인 에너지다. 이것은 소비자 주체 자신의 '세계-속에-포함'되어 있는 물질적인 신체로서 '살갗-끌림'이라 할 수 있다. 즉, 비물질적인 신체의 감성체로서 끌림체가 몸의 살갗을 통해 세계를 지향할 때 나타나는 지극히 아프리오리[76]한 감각현상이다. 실제 외부대상과 만나기 전의 대상에 대한 아프리오리는 이미 주체 내부의 '세계-밖에-있음'에 존재했으며, 단순히 물질적인 신체로서 내부대상과 외부대상이 서로 융합·결합·접점으로 구현될 때 '살갗-끌림'의 감각에너지가 생성된다. '살갗-끌림'은 의식·지각·감각의 전 단계에서 만들어지는 순수현상의 아프리오리이며, '살'과 '몸채'의 융합, 결합, 접촉점에서 순간 발현되는 지향성을 지닌 끌림 에너지다.

"내가 나의 감각들에 의해 갇혀 있다는 것을 어떤 순간에도 지각하지 못한다"고 메를로퐁티의 초월론적인 존재를 지적한 바와 같이 이것은 주체가 코키토의 전 단계에서 이뤄지는 "나는 나 자신도 모른다"고 하는 존재의 '텅 빔'의 상태적인 '공감각'[77]을 의미하며, 이성이라는 코키토가 지니고 있는 사유의 지향성이 생성되기 전에 발현되는 빛(아우라, 에너지)의 지향성을 지닌 '살갗-끌림'의 힘을 암시한다.

앞서 언급한 코키토는 이미 사유체계를 지닌 의식 상태를 의미하며, 의식 이전의 텅 빈 존재로서 궁극적인 질문에 대한 것은 더 이상의 존재 가치를 지니고 있지 않은 물질로 환원된다. 물질은 지각이 없는, 말 그대로 아무런 생각도 하지 않는 대상을 의미한다. 그렇다면 생각하지 않는 물질이 어떻게 사고하기 시작할 수 있는가? 주체성은 물질과 존재의 양면성을 지닌 생명체인가? 그 양면적인 간극의 차이를 설명한다면 어떻게 설명할

제2부   끌림 이미지의 개성적 상징성

수 있을까? 불교 유식학의 용어를 빌려 말하면, '아무런 생각이 없는 공적 상태'는 공성(空性)이다. 의식의 공성은 물질적 신체지각에 아무런 느낌이 없는 상태를 의미함과 동시에 '세계-속의-몸'이 세계와 하나가 되는 몸의 형상만을 유지하는 생명에너지로서 몸채[78]가 된다. 이때 신체의 제일 바깥 경계에 있는 살갗은 몸채와 하나가 되며, 동시에 세계와 주체는 두 개가 아닌 하나의 동일화가 되기 위해 서로 끌어당기는 '살갗-끌림'의 현상이 나타나게 된다.

이러한 끌림 현상에서 살은 몸채의 세계로 지향하며, 몸채는 다시 살로 지향하려 한다. 이때 비로소 새로운 아프리오리의 끌림체가 형성되어 주체의 신체인 살과 몸채의 융합, 결합, 접촉점에서 끌림 홀이 생성되기 위한 순수한 빛 에너지가 발현된다. 결국 끌림체는 살에서 발생하는 새로운 지각 형태를 지니고 있는 의식 이전의 영험한 '살갗-끌림'의 발광체다. 각각의 발광체는 살의 각 부분을 차지하고 있는 세포 속의 에너지이자 생명의 움직임을 의미함과 동시에 각 세포와의 내적 개성과 구조들과의 자기 관계적 체계(Autopoiesis)를 통한 상호 커뮤니케이션에 의한 끌림 에너지다.[79]

또한 각 세포와 세계의 교류를 끝없이 하는 가운데 일어나는 '살갗-끌림'의 개성적인 지향이다. 이러한 각 세포의 움직임에 따른 끌림 에너지에 대한 미미한 움직임을 지각하기 위한 의식단계는 선험적인 아프리오리 단계가 아닌 '텅 빈' 공성 단계에서만 느낄 수 있다. 위에서 언급한 '살갗-끌림'의 순수의식은 일반적인 의식에서 만날 수 없는 선험적인 아프리오리의 끌림이며, 생활세계의 물질적인 신체에서 느껴지는 '살갗-끌림'의 다양한 느낌은 '세계-속의-주체'로서 대상체를 의식하는 순간 나타나는 신체적 '쾌'의 '살갗-끌림'이라 할 수 있다. 무더운 날씨에 땀이 살갗 전체를 뒤덮고 있을 때의 답답함이 시원스러운 계곡물로 등목을 했을 때 살갗에 시원스러움을 느끼는 것은 '살갗-끌림'의 쾌라고 하는 '세계-속의-주체'로서 실존하기 때문이다.

실제적인 생활세계에서 살의 느낌이 주는 '살갗-끌림'은 쾌의 즐거움, 상쾌함, 시원함, 부드러움, 포근함, 안락한, 짜릿함 등의 다양한 수식구에서 발견할 수 있다. 시각 이미지에서 주어지는 '살갗-끌림'은 다양하게 노출되어 소비자를 유혹하고 있다. 세탁기, 침대, 화장품 등의 갖가지 상품은 이성적인 끌림에 선행하는 감성적인 '살갗-끌림'이며, 물질로서 신체의 살갗이 요구하는 끌림이다.

2 끌림과 문화

1) 몸채-상징[80] 가치-끌림

이제 '몸채'의 비물질적 신체는 '터치-끌림'으로 인해 현실적 진입이 가능하며, 소비자의 신체에서 나타나는 미적 감응의 범주에 따라 다양한 '형상'의 상징적인 '끌림 홀'을 지니게 된다.[81] 상징적인 '끌림 홀'은 신체와 무관하며 원하는 곳이면 몸의 내부 혹은 외부 어디든 자유롭게 갈 수 있는 자유성, 신체의 내부와 외부를 마음대로 통과할 수 있으며 순간적으로 나타났다가 사라지는 빛과 같은 투명성, 전광석화와 같이 빠르게 시공간을 초월하거나 혹은 느리게 움직일 수 있는 순간적인 운동성, 마지막으로 신체가 지니고 있는 감응과 마찬가지로 몸채 스스로 감응하여 감동과 감탄을 느낄 수 있는 능력을 가진 감응성을 지니고 있다.

몸채의 이러한 기능적인 특징들로 인해 주체 인식의 과정 가운데 다양한 형태의 '끌개'에 따른 '끌림 홀'이 이뤄진다. 즉, 몸채 스스로 오랫동안 주체 자신이 내면적으로 쌓아올린 가치의 반복에 의해 만들어진 개성적인 '끌림 홀'을 지닌다. 지속적인 끌림 반복은 선험적인 순수지향에서 가치지향으로 바뀌며, 가치의 반복은 의식체로서 변형되어 끌림 의식의 문화적 상징성으로 전환된다.[82] 의식지향은 시간이라는 물리적인 영향을 받게 되어 의미의 지평으로 나아간다. 시간의식이 나타나는 순간 끌림이라는 몸채는 사라지게 된다. 그 대신 끌림 두께에 의한 상징의식의 끌림 홀로 드러

[그림 30] 몸채-상징-가치-끌림: 'Inner-Nature'/ Illustrator, 전기순 作.
끌림체의 몸채가 어떠한 상징적인 가치를 지니고 있느냐에 따라 시각적으로 표현되는 방법과 테크닉의 끌림이 다르게 나타난다. 끌림 홀이 지니고 있는 다양한 끌림의 싱징적인 이미지는 곧 광고 또는 시각디자이너의 문화적인 정체성에 의해 변형되어 생성된다.

나게 된다. 끌림 홀은 끌림 누적에 의한 결과이며, 각 끌림 층이 지닌 가치는 의식과정에서 소비자의 개성적인 끌림 문화로 진행된다.

끌림 홀이 주체의식의 과정으로 이해될 때 어떠한 끌림 양상이 어떻게 끌리는가는 철저히 소비자의 문화적 상징과정을 판단하는 데 도움을 준다. 가치 끌림에 의해 문화 소비자가 보이는 대상인 각종 시각디자인, 상품, 광고 표현 등은 몸채라는 순간성의 끌림으로 포착된다. 몸채는 이제 소비자 주체의 이데아에 의한 선험적인 자아로서 상징성을 지닌 채 포착되어 공시와 통시를 통한 수평과 수직 강도에 따른 다양한 형상의 끌림 홀을 만들어간다.[83]

선형적 사고인 '자극-반응'을 기초로 한 모든 기초과학은 소비자 주체의 상징적 가치로서 몸채의 '끌림-가치'를 소홀히 한 경우라 하겠다. 문화적 기억의 중요한 기제인 상징은 문화의 흐름 속에서 통시적으로 반복되면서 이를 통합하거나 변형한다. 문화를 활성화하는 상징적인 가치는 '끌림 홀'의 공시성과 통시성의 상징적 가치에 의한 확장적인 차이를 간과한 데서 오는 기술적인 해석이다. 광고 표현은 시대적인 흐름을 살펴볼 수 있는 상징물이다. 각 시대의 문화적인 흐름을 파악하는 매우 중요한 자료로 활용이 가능하며, 이는 시각디자인 자체가 상징에 관련된 다양한 가치 내용

을 지니고 있다는 말로 대신할 수 있다.[84]

지금까지 동시대의 소비자 혹은 시각디자이너가 동일한 문화와 가치를 지니고 있다는 환상 속에 갇혀 살고 있는 한 시각디자인이 곧 상징디자인임을 전혀 깨닫지 못하게 되며, 창의적인 가치 생성을 위한 몸채인 '끌림홀'의 진정한 의미를 파악할 수 없게 된다. 사실 시각디자이너의 선험적 몸채의 상징성은 '손끝-끌림'의 감응에서 현실적으로 나타나며, 이것이 소비자 주체의 문화적 가치의 '끌림-두께'가 지닌 '가치-끌림'에 포착된다.[85]

예를 들면 시각디자인의 배치를 통한 분위기의 균형 감각은 결코 두뇌의 연산작용을 통한 계산능력이나 연역적인 측정에서 나오는 것이 아니다. 중심, 균형, 대비, 비례 등의 미의식은 결코 산출할 수 없는 몸채의 순간적인 '배치-떠오름' 혹은 '분위기-느낌'에 의한 상징성의 표상이다. 장소와 시대적인 흐름에 따라 이러한 미의식이 차이를 보이게 되는 것은 시각디자이너가 지닌 몸채의 문화적 상징이 가진 가치에 의한 균형과 중심 그리고 비례의 리듬이 다르기 때문이다.

따라서 최근 최첨단의 힘으로 만들어지는 모든 예술적인 위치는 어디까지나 기존의 모든 창의성의 결합과 조합, 융합에 의한 모방일 뿐 몸채의 순수의식이 지니고 있는 창의성의 표출은 시각디자이너의 끌림체 '내부-지평'에 있다. 비물질적인 신체의 끌림체에서 늘 활동적으로 움직이는 몸채의 순간성은 선험적인 아프리오리의 영감, 즉 정신적인 고양을 통해 이뤄지는 끌림 에너지다. 모든 보이는 물질적 대상은 그 자체가 스스로 몸채의 객체성으로서 순수성을 끄는 매력을 지니고 있으나, 단지 그것을 운용하는 방법과 에너지를 포착하는 능력이 약하므로 느낄 수 없는 객관적인 존재로 놓여 있다.

하지만 시각디자이너 혹은 예술가의 예술혼에 의해 제작되는 순간 물질적 대상이 지니고 있는 몸채의 순수성은 작품 속에서 '가치-끌림'으로 변형되어 만날 수 있다.[86] 물질적 객체인 외적인 것으로서의 몸채는 흔히 눈에 띄는 물질이 아니며, 과학적으로 언급하는 빛의 입자도 아니다. 이것은 물질적인 신체와 마찬가지로 '가치-끌림'의 반복에 의한 투영(投影)을 통해 강화·발전된다. 단련되지 않은 신체가 약하고 무력하듯 물질적인 대상이 지니고 있는 몸채의 강화도 동일하다고 볼 수 있다.

현대 광고 커뮤니케이션의 수평적인 사고는 광고주와 소비자 그리고 시각디자이너와의 순환적인 체계를 통한 상호교환을 의미한다. 여기에서 시각디자이너의 미의식은 상품의 기능적인 가치를 소비자에게 광고하기 위한 매체적인 기능이 아닌 물질적인 신체 살갗을 감싸고 있는 비물질적 신체인 끌림체의 아프리오리 영감을 '손끝-끌림'을 통해 현실적인 시각디자인의 '끌림 홀'을 창출한다. 이것의 개성적인 모양은 시각디자이너의 문화적 가치들의 결합에 의한 오랜 미의식의 '끌림-두께'에서 나타난다.

광고 끌림에서 보이는 미의식의 두께는 상품에 따라 완전히 다른 끌림 홀의 가치체계가 갖춰진다. 각 상품이 지닌 고유성은 소비자가 필요로 하는 유형에 따라 다양한 배치와 분위기를 지니고 있다. 가전제품, 자동차, 금융 등 소비자 편익을 위한 차이 끌림은 이성적인 판단을 통한 합리적인 구매에 앞서 시각디자인의 감성 끌림에 의한 힘이 무엇보다 크게 작용하는 것을 알고 있다. 광고 끌림은 이러한 감성적인 가치 혹은 욕구를 만들어내는 과정에서 발생하는 수직적인 '끌림 홀'의 상징성에 있음을 알 수 있다. 수직적인 끌림 홀을 통한 시각디자인은 곧장 소비자를 동일한 끌림 홀 속으로 빨려들게 한다. 동화는 순식간에 소비자 개성의 '가치-끌림'으로 발전하는 단계로 나아가게 된다.[87]

몸채의 '가치-끌림'은 순간적인 직관적 판단에서 살아 움직이는 에너지이며, 이 과정에서 이뤄지는 끌림의 형상[88]을 언급하자면 크게 5가지로 볼 수 있다. 첫째, 직선형 몸채의 끌림 홀이다. 둘째, 곡선형 몸채의 끌림 홀이다. 셋째, 나선형 몸채의 끌림 홀이다. 넷째, 순환형 몸채의 끌림 홀이다. 다섯째, 부정형 몸채의 끌림 홀이다.

위의 5가지 끌림 홀로 끌려들어가는 과정은 앞서 언급한 끌림 각, 끌림 감, 끌림 시, 끌림 지, 끌림 식의 단계를 지나가는 동안 나타나는 몸채의 '가치-끌림' 형이 생성한다. 끌림의 형상은 현상학의 기본적인 학의 구성요건인 파악작용-감각내용의 도식에 의한 가장 근원적인 지향체험에 의한 지각체험의 구조에서 끄집어낸 몸채의 '끌림-지향작용'이며, 감각자료[89]로서 의미를 부여하는 층에서 발현하는 끌림 에너지다.

지금까지의 몸채가 지니고 있는 '끌림 형'은 순수한 몸채의 끌림 홀 가운데 생성된 몸채의 '가치-끌림'을 의미하며, 상품 및 각종 커뮤니케이션 요소와 시각적인 대상, 광고, SNS 등이 늘 주위환경으로서 자리 잡고 있는 현시점에서 볼 때 소비자는 복잡한 몸채의 '가치-끌림'을 지니고 있다고 볼 수 있다. 특히 반복에 의한 노출이 몸채의 민첩성을 둔화하는 경우가 있는가 하면, 아예 자극-반응의 선형적인 이론에 그대로 적용하면 아무런 문제가 발생하지 않는 미적 감성으로서 몸채의 '가치-끌림'이 없는 기능적이며 수동적인 소비자도 있다.

지금까지의 모든 사회과학이 이러한 자극-반응의 기계적인 소비자를 대상으로 연구한 것이 성공한 이유는 '대량생산이 곧 대량판매가 가능하다'는 공식이 성립한 초기 산업자본주의에 적절한 이론적 근거가 되었다. 그러나 현대 산업사회는 오히려 소량생산을 통한 개성창출과 최첨단상품이 아니면 아예 경쟁상품과 상대가 될 수 없는 소비자 개성 중심의 상품생산이라는 시장구조로 바뀐 지 오래되었다. 이제 끌림체가 지닌 소비자 몸채의 형은 주체로서 순수한 몸채의 형보다는 더욱 복합적인 몸채의 '가치-끌림' 형을 지니고 있다. 왜냐하면 시장 환경이 주는 다양한 '가치-끌림'이 동시에 끌려 들어오기 때문이다.[90]

예를 들면, 동일한 상품을 백화점에서 구입할 때와 재래시장에서 구입할 때 몸채가 느끼는 끌림 홀에 차이가 있음은 배경이 주는 환경 요소가 강하기 때문이다. 따라서 배경적인 요소가 상품을 구입할 때 영향을 미치듯이 끌림 홀의 형은 '상품'과 '배경'이라는 두 가지 끌림 요소가 동시에 끌려드는 상징적인 가치 현상으로 복잡하게 이뤄진다.

이러한 상징적인 가치의 첫째는 전경과 배경이 동시에 끌리는 몸채의 '가치-음, 양'이다. 이는 소비자 자신이 지니고 있지 않은 요소가 상품에 있을 경우에 나타나는 상품과 소비자 간의 소유적인 욕구에 따른 균형 몸채의 '가치-균형'을 의미한다. 둘째는 소비자 가치와 상품가치가 직결될 때 나타나는 상징형 몸채의 '가치-상징'이다. 소비자 자신의 안정과 평화를 유지하기 위한 안정형 몸채의 '가치-안정'이다.

이와 같이 소비자는 음·양형, 균형, 상징, 안정 등 소비자 개성에 따라 다양한 끌림 홀의 미적인 '상징-끌림'을 지니게 된다. 소비자는 상품이 지니고 있는 각종 기호 속에서 살고 있다. 마찬가지로 소비자 주체 자신 역시 상징적인 가치를 지니고 있으며, 기호의 내용면에는 그에 상응하는 가치를 갖게 된다.[91]

소비자의 라이프 스타일에 따라 기호의 층이 세분화되는 것은 동등한 수평적인 층위를 의미하며, 각 층위에 따른 융합적 문화성의 가치체계[92]를 갖추고 있다. 즉 생활세계 속에서 종교적인 삶을 추구하는 소비자는 그만큼 절제된 생활과 고귀한 품격을 지니고 있는가 하면, 물질적 추구를 원하는 소비자는 화려하면서 우아한 삶을 영위하려고 한다. 소비자 주체의 몸채는 이러한 소비자의 가치와 직결되는 상징적인 지향성으로 나아가며, 그에 따른 소비와 격식을 갖추려고 한다. 시각디자인이 지닌 지향점은 소비자의 계층적인 정신성의 층위[93]에 맞는 디자인을 추구한다.

2) 계층[94]-소유[95]-차이[96]-끌림

소비자는 마케팅에서 지칭되는 주체에 대한 또 다른 전문용어다. 마케팅 시각에서 바라보는 소비자는 일반적으로 물질적인 재화를 성실히 소비하는 사람을 지칭하는 총체적인 의미를 담고 있다. 물질적이고, 현실적이며, 자신의 내면적인 욕구를 물질로 대신할 수 있다는 점을 지극히 긍정적으로 받아들인다.

또한 자신이 원하는 물질적 대상이 '쾌'로서 '저기에' 있다면 반드시 자신의 소유물로 '여기에' 두기를 망설이지 않는다. 소비자 주체는 소비자의 다양한 계층 가운데 늘 편안함을 추구하는 물질에 앞서 정신적인 면에 더욱 가치를 두고 선호한다. 간혹 광고에서 제공하는 신상품의 정신적인 가

[그림 31] 계층-소유-차이-끌림: 'Inner-Nature'/ Illustrator, 전기순 作.
끌림체가 지니고 있는 끌개는 제각기 끌림 계층을 지니고 있다. 이 끌림 계층은 또다시 물질 또는 정신적인 소유에 대한 강한 영향력을 지니고 있으며, 그 결과 동일한 대상에 대한 해석체의 차이를 지닌 가운데 끌림 홀이 변형되어 나타난다.

치가 물질적인 '쾌'보다 나은 경우 적극적으로 구매하며, 그로써 스스로 첨단적인 상품을 사용하는 것에 대한 만족감과 야릇한 성취감에 도취된다. 따라서 소비자 주체의 소유의식은 또 다른 차원의 각종 재화에 대한 집착뿐만 아니라 재화가 지니고 있는 탁월한 정신적 가치도 함께 구매한다. 소비자 주체는 자신이 소유한 많은 상품을 통해 물질적 풍요뿐만 아니라 정신적인 우월도 함께 공유하면서 많은 시간을 소요하는 계층으로 구분한다.

가령, 친구와 약속이 있거나 각종 회의가 있을 때 사용하는 운송수단이 있다. 흔히 자가용을 이용해 약속장소로 가는 경우가 거의 생활화되어 있는 현대사회에서 자동차 브랜드는 소비자의 사회적 위치와 재산 정도를 알려주는 중요한 대명사로 자리 잡고 있다. 최근 국내에서 급속도로 자리 잡고 있는 다양한 브랜드인 벤츠, BMW, 아우디, 폭스바겐, 포드, 기타 수입차의 경우만 하더라도 소비자 자신이 직접 운전하게 되면 스스로 중산층으로서 자부심과 각 브랜드가 지니고 있는 품격에 진입한 것으로 판단한다. 이것은 재화를 통한 소비자의 욕구충족을 위한 강한 소유 끌림에 의한 행위의 결과임을 오랜 시간이 경과한 뒤에야 비로소 깨닫게 된다.

또한 주거의 위치와 형태, 크기에 따라 품위와 자신의 사회적 명예에 커다란 영향을 미친다는 것을 믿고 있는 소비자 주체는 삶의 여유로운 주거만큼은 다른 어떤 재화보다 양보하지 않는다. 이 역시 소비자가 지니고 있는 소유 끌림이며, 소유를 통한 새로운 의미창출이다. 현대 시장경쟁사회에서는 소비자의 소유 끌림에 최대한 가까이 접근하기 위해 최첨단의 다양한 신상품과 창의성이 넘치는 상품을 시시각각으로 시장에 내놓는다. 가전제품에서부터 자동차, 화장품, 심지어 음료와 주류에 이르기까지 각 상품은 고유의 의미생산을 하고 있으며, 상품구매는 곧 의미를 담아가는 것으로 만들어나가는 현실이 되었다. 상품의 의미는 어디까지나 상품구매를 하는 순간부터 소비자의 것이 되며, 상품을 사용하면 이미 그 의미는 자신이 직접 활용하는 것으로 받아들이게 되었다.[97]

벤츠의 경우 고관여 이성상품으로 벤츠가 생산하는 차의 격식에 따라 A, B, C, E, S 등 각 클래스(Class)를 만들어놓아 각 클래스에 따른 명예, 품격의 차이를 보여 소비자에게 '소유-끌림'의 자극을 한층 더하고 있다. 단지 운송수단이라는 차의 일반적인 개념에서 이제는 핸들, 휠의 모양을 시각적으로 단순화한 벤츠의 심벌 마크는 다양한 자동차 가운데 품격을 대변하게 되었으며, 브랜드가 지니고 있는 고유의 상징적 의미를 통해 소비자의 정신적인 주체 영역도 동시에 끌게 하고 있다.

정신적 주체로서의 안정적이고 만족스러운 소비자의 삶은 재화에 담겨 있는 명예, 품격, 권위 등 환상적 상징의미를 화폐가 지니고 있는 교환을 통해 직접 소유함으로써 이뤄지는 것으로 확신한다. 오랫동안 광고 및 상징적 시각물에 노출된 소비자 주체는 이러한 소유의 삶 자체가 삶의 커다란 목표로 자리 잡게 되었다. 소비자는 더 이상 바람직한 삶의 도덕적 주체로서의 소비자가 아닌 '소유-끌림'의 개성적 주체로서 당당히 자신을 드러내는 현실이 되었다. 개성적인 차이는 소유 끌림에 더더욱 박차를 가하게 되며, 마침내 소비자의 실존적인 존재 가치의 진정성은 사라지고 소유 끌림의 차이와 소비자 개성을 위한 물질적 삶으로 경주하게 된다. 소비자 자신에 대한 반성, 성찰 또는 각성이 없는 상태에서의 삶은 물질적 추구로 더욱 끌리게 되어 마침내 유물론적인 생각을 담은 물질 중심의 '소유-끌림’으로 바뀌어간다.

영리한 소비자 주체는 첨단상품이 지니고 있는 상징적 의미를 구매한 시점부터 점차 현존재의 깊이 있는 인격과 사회적인 계층을 바꿔줄 것이라는 환상에서 벗어나 실생활에 필요한 상품만 요구하게 된다. 재화를 구입함으로써 직업, 나이, 환경이 바뀔 줄 알았으나 자신의 신분은 바뀌지 않으며, 단지 구매하는 순간 소비자 자신에게 잠시 ‘쾌’의 즐거움을 제공하는 것임을 뒤늦게 깨닫는다. 시각 이미지를 통해 나타난 상품의 고결한 의미가 소비자 주체의 내면에 깊이 전이될 것이라는 신념은 시간의 흐름을 통해 자신의 사회적 초라함 앞에서 참담한 좌절을 맛보게 된다.

이러한 참담한 현실은 소비자 주체로서 아프리오리의 극복하기 힘든 자아 성찰에 앞서 눈앞에 보이는 최첨단의 신상품을 통해 ‘계층-소유’를 위한 확고한 끌림체로 쉽게 자신을 재무장하려고 한다. 오랫동안 ‘계층-소유’의 끌림은 ‘소유로서의 대자(對子)’와 ‘존재로서의 즉자(卽子)’의 반복과 차이 속에서 소비자 주체 스스로의 질적 생활을 선택하게 된다.

대자로서 소유적 차이는 소비자의 경제력, 적성, 취향 등 사회적 계층요소에 따라 나타나며, 물질세계에서는 더더욱 그 차이를 두드러지게 하기 위해 소비자 주체를 유혹한다. 즉자로서 존재적 차이는 존재의 깊이를 위한 차이를 지닌 통찰, 그리고 성찰을 위한 각종 훈련, 수행, 명상, 학문 등의 정신적 계층요소에 따라 나타나며, 정신세계에서는 더더욱 그 차이를 벌리기 위해 소비자 주체를 유혹한다.[98] 두 가지 측면을 지니고 있는 현대 소비자 주체는 일부 가격이 낮은 동일한 브랜드의 차이를 통해 자신의 품격을 높이려는 소비자 주체의 대자적인 품격도 있지만, 지혜로운 소비자는 자신의 독창적인 정신적 차이를 통해 자신의 품격을 높이려는 즉자적인 품격의 양면성을 동시에 지니고 있다.

에리히 프롬은 자신의 저서 『소유냐 존재냐』에서 소유로 나아갈수록 존재의 깊이는 사라지고 소비자는 물질로 포장된 자신의 차이 끌림에 더욱 집착하게 된다. 반대로 존재로 나아갈수록 소유의 ‘쾌’보다는 정신으로 무장된 자신의 고양된 ‘존재-끌림’의 깊이에 더욱 빠져들게 된다. 이미 많은 소비자가 자신이 좋아하는 광고 내용을 하나 정도는 알고 있으며, 소비자 주체 자신은 늘 광고 속의 주인공임을 과시하기 위해 상품을 구입하거나 직접 시연하기도 한다. 물질적인 재화로 포장된 자신의 모습에 자부심을 느끼며 '차이-끌림'의 삶에 오히려 당당한 자신의 모습을 대견스러워한다.

이제 상품이 지니고 있는 의미전이는 순간적이나마 자신의 것이며, 자신의 내면에서 사라지기 전까지 차이 끌림의 본능이 움직인다. 외적 화려함이 주는 달콤한 끌림의 욕구는 시각물이 주는 믿음직한 새로운 메시지에서 더더욱 각광을 받게 되며, 결국은 광고가 주는 매력적인 유혹에 빠져드는 끌림체를 성찰하는 것으로 만족하는 정신적 삶을 추구하게 된다.[99]

반면, '소유-끌림'에 의한 유혹은 사회적인 품위, 인격이 순간적임을 소비자 스스로 인정하며, 늘 새로운 신상품을 구입하려고 하는 '차이-끌림'으로 마음을 재촉한다. 모든 기업의 물질문명의 발전은 인간을 위한 '그 무엇(?)'을 찾기에 앞서 어떠한 신환경 속의 성장체제를 통해 발전할 것인가에 대해 더 많은 투자를 하고 있다. 최근 기업체에서 인문학 지식을 경쟁시장체제에 도입하고자 하는 이유 역시 기업경영의 차이를 통한 경쟁력 강화를 위한 수단적인 요인을 발견하려는 노력이라고 할 수 있다.

이러한 사회 환경이 주는 전반적인 의식의 흐름이 소비자의 물질적인 '차이-끌림'에 대한 당위성을 주는 데 타당한 근거가 된다. 소비자 개성이 지니고 있는 자기중심주의, 물질적 탐욕은 '차이-끌림'으로 더욱 지향할 수 있는 토양이며 소비자 주체의식의 중심이 된다. 물질적인 '소유-끌림'에 끌릴수록 모든 사변적인 '존재-끌림'의 가치는 물질로 전향한다. 정신적 가치를 위해 오랫동안 깊은 산속이나 절, 혹은 물질문명과 동떨어진 명상장소를 찾아 수행하다가 돌아온 소비자 주체는 시장경쟁체제가 지니고 있는 '소유-끌림'의 주변 환경 속에서 소비자 주체의 지향적 끌림인 존재성을 위해 생활세계 속에서 깊이 있는 통찰과 성찰을 위해 노력을 아끼지 않는다. 오히려 이러한 소비자 주체의 정신성 고양을 위해 최근에는 현실과 완전히 다른 정신계를 신비스러운 요소로 상품과 연결시켜 문화적인 상징 가치[100]를 높이는 시각 이미지가 론칭(Launching)된다.

1 메를로퐁티(Merleau-Ponty, Maurice): 현대 프랑스의 실존주의 철학자. 그의 실존철학에는 후설의 현상학적 고찰이 짙게 나타나 있다. 감각에 직접적으로 부여되는 것이 진리의 실재라고 말하고, 주관과 객관은 연결되어 끝없이 서로 관계하고 있다고 보는 주관적 관념론을 주장했다. 이 책에서 끌림은 메를로퐁티의 주관적 관념론을 적극 수용한다. 끌림 현상은 주체의 초월론적인 현상에 기반을 둔 가운데 튀어나오는 실재적인 느낌이다.

2 메를로퐁티(2003), 류의근 옮김, 『지각의 현상학』, 문학과 지성사, pp. 54-57.

3 이남인(2004), 『현상학과 해석학』, 서울대학교 출판부, pp. 11-17.

4 메를로퐁티(2003), 류의근 옮김, 『지각의 현상학』, 문학과 지성사, p. 22.

5 구성작용(Constitution): 메를로퐁티에게서 초월론적인 환원은 물질적인 신체 바깥 공간이 지배하는 해석론적인 세계를 지향하고, 의미화하는 의식의 장을 넘어선 초월론적인 의미작용 속에서 세계를 구성하는 선험적 자아를 찾아내려는 순간 이뤄진다. 끌림의 구성작용은 물질적인 몸에서 비물질적인 몸으로 나아갈 때 나타나는 선험적인 자아의 개성적인 끌림체에 의해 조건화된다.

6 자크 데리다(Jacques Derrida): 프랑스의 철학자. E. 후설의 현상학(現象學)을 배운 후 구조주의의 방법을 철학에 도입했다. 언어의 기호체계(記號體系)가 자의적인 것이라는 인식에서 언어 위에 조립된 논리학을 재검토했다. 전통적인 서구철학에 대한 구조해체를 주장했다. 소크라테스, 플라톤, 데카르트, 헤겔뿐만 아니라 후설, 하이데거 등 모든 철학적 전통을 형이상학이라고 규정했고 새로운 해석을 위해 해체작업이 동반되어야 한다고 제시했다(출처: 네이버 지식백과).

7 장 마리 플로슈(Jean-Marie Floch): 논문 「눈과 정신의 작은 신화」, 그리고 10여 년에 걸쳐 발표한 논문을 수정 보완하여 1985년 아데스-밴자맹에서 『조형기호학』을 출간했다.

8 퍼스(Charles Sanders Peirce)의 해석체 삼부이론은 표상체(Representation), 대상체(Referent-ation), 해석체(Interpretation)의 3가지 범주에서 모든 기호를 설명하고 있다. 표상체는 어떤 면, 즉 누군가에게 무엇인가를 나타내는 어떤 것이며, 대상체는 기호나 표상체가 나타내는 그 무엇이며, 그리고 해석체는 어떤 기호에 접할 때 발생하는 관념적이다. 끌림은 퍼스의 삼부이론에서 해석체로서 끌림체다. 끌림 자체가 지니고 있는 동태적 지향성은 해석체의 의미론적 인식범주에서 벗어나 초월론적 구성작용을 제공하는 빛에너지(몸채)의 단초를 이루고 있다.

9 문장의 내용이 왜곡되거나 또는 어떠한 완벽한 논리적인 문장도 늘 전달하고자 하는 의미 이외의 또 다른 의미를 이해할 수 있도록 해주는 여분의 내용을 의미한다. 끌림 역시 선험적인 자아의 구성작용에 의한 창발(創發)이라고 볼 때, 언어가 구축한 논리적이며 이성적인 체계에도 말하지 못한 그 무엇(?)에 대한 잉여성의 여분이 매 순간 함께하고 있음을 알 수 있다.

10 F. Brentano (2014), *Psychology from an Empirical Standpoint*, London and New York, pp. 97-100.

11 Ibid., pp. 88-89.

12 최상진 외 4인(2001), 『동양심리학』, 지식산업사, pp. 124-151.

13 김성재(1998), 『매체미학』, 나남출판, pp. 26-45.

14 Ibid., pp. 90-96.

15 조셉 J. 코켈만스(2000), 임헌규 옮김, 『후설의 현상학』, 청계, p. 147.

16 김성재(1998), 『매체미학』, 나남출판.

17 김광수(2002), 『광고학』, 한나래.

18 柳華陽(1991), 이윤회 옮김, 『慧命經』, 여강출판사.

19 한국도교사상연구회 편(1988), 『도교와 한국사

상』, 범양사.

20 이강수(2002), 『수용자론』, 한울.

21 아론 걸비치(1994), 최경호 옮김, 『의식의 장』, 인간사랑.

22 이남인(2014), 『현상학과 질적 연구』, 한길사.

23 呂洞賓(1992), 이윤희 옮김, 『太乙金花宗旨』, 여강출판사.

24 로버트 C. 홀럽(1999), 최상규 옮김, 『수용미학의 이론』, 예림기획, pp. 48-54.

25 아론 걸비치(1994), 최경호 옮김, 『의식의 장』, 인간사랑, p. 53.

26 Ibid., pp. 282-285.

27 Ibid., p. 295.

28 Ibid., p. 148.

29 에드문트 후설(1997), 이종훈 옮김, 『시간의식』, 한길사, p. 43.

30 아론 걸비치(1994), 최경호 옮김, 『의식의 장』, 인간사랑, pp. 137-142.

31 화이트헤드(2001), 정영홍 옮김, 『상징작용』, 서광사, pp. 18-19.

32 메를로퐁티(2008), 김정아 옮김, 『눈과 마음』, 마음산책, pp. 99-100.

33 Ibid., p. 98.

34 Ibid., p. 70.

35 이남인(2014), 『현상학과 질적 연구』, 한길사, pp. 105-107.

36 Ibid., p. 112.

37 리오샤오간(1987), 최진석 옮김, 『장자철학』, 소나무, pp. 56-67.

38 김용옥(1986), 『동양학 어떻게 할 것인가』, 통나무, p. 280.

39 Ibid., pp. 289-297.

40 魏伯陽(1992), 이윤희 옮김, 『參同契 闡幽』, 여강출판사, p. 167.

41 금장태(2002), 『한국현대의 유교문화』, 서울대학교 출판부, pp. 92-94.

42 김용옥(1986), 『동양학 어떻게 할 것인가』, 통나무, pp. 309-312.

43 Ibid., pp. 193-198.

44 장대련·한민희(2003), 『광고론』, 학현사, p. 224.

45 김도영(2013), 『12억 인도를 만나다』, 북치는 마을.

46 넬슨 굿맨(2002), 김혜숙·김혜련 옮김, 『예술의 언어』, 이화여자대학교 출판부, pp. 133-176.

47 Charles Sanders Peirce (1991), *Peirce on SIGNS*, The University of North Carolina Press, pp. 180-185.

48 David Sless (1986), *In Search of Semiotics*, Croom Helm London & Sydney, pp. 85-87.

49 다카사키 지키도(1992), 이지수 옮김, 『유식입문』, 시공사, pp. 79-81.

50 김경용(1994), 『기호학이란 무엇인가』, 민음사, pp. 77-83.

51 Charles Sanders Peirce (1991), *Peirce on SIGNS*, The University of North Carolina Press, p. 199.

52 김경용(1994), 『기호학이란 무엇인가』, 민음사, pp. 40-54.

53 장 보드리야르(2000), 배영달 옮김, 『사물의 체계』, 백의, pp. 46-79.

54 김경용(2001), 『기호학의 즐거움』, 민음사, pp. 255-262.

55 김경용(1994), 『기호학이란 무엇인가』, 민음사, p. 57.

56 Tomas A. Sebeok, Jean Umiker-Sebeok (1995), Advances in Visual Semiotics The Semiotic Web 1992-93, Mounton de Gruyter, pp. 21-35.

57 김경용(1994), 『기호학이란 무엇인가』, 민음사, pp. 124-127.

58 질 들뢰즈(2004), 김상환 옮김, 『차이와 반복』, 민음사, pp. 70-89.

59 화이트헤드(2001), 정영홍 옮김, 『상징작용』, 서광사.

60 타자는 '상대'를 지칭하는 객관적 의미를 지닌 타인을 뜻하는 것이 아니다. 여기에서는 지구 혹은 우주가 하나의 홀로그램에 의한 자연현상이라고 본다면, 이를 조종하는 존재 혹은 비존재를 의미하며, 우주 밖에서 조망하는 절대적인 객체(?)로서의 '저 너머'를 의미한다.

61 일레인 볼드윈 · 브라이언 롱허스트 · 스콧 매크라켄 · 마일스 오그본 · 그레그 스미스(2008), 조애리 외 7인 옮김, 『문화코드』, 한울, pp. 125-134.

62 니클라스 루만(2007), 박여성 옮김, 『사회체계이론』, 한길사, pp. 327-374.

63 프랙털(Fractal)은 프랑스의 만델브로(B. Mandelbrot)가 1975년 라틴어의 '쪼개다(frangere)'에서 파생한 형용사 fractus를 fractal로 만들었다. 프랙털 구조를 이용해 해안선의 길이를 계산한 것이 현대 컴퓨터의 발달과 더불어 프랙털의 기하학적 도형에 주목하게 되었다.

64 Rodrigo Magalhaes (2009), *Autopoiesis in Organization Theory and Practice*, Emerald, p. 65.

65 Ibid., pp. 69-72.

66 철학아카데미(2002), 『기호학과 철학 그리고 예술』, 소명출판, pp. 26-27.

67 눈짓은 '눈을 움직여 어떤 것을 나타내는 것'이라는 사전적인 의미를 지니고 있으나, 이 책에서는 좀 더 포괄적인 의미로 확장하여 해석했다. 자연적인 눈, 인위적인 눈, 천연스런 눈, 순진한 눈, 순수한 눈, 착한 눈, 무서운 눈, 언어적인 눈, 문화적인 눈, 예술적인 눈, 시각적인 눈, 창의적인 눈, 선험적인 눈, 통찰적인 눈, 직관적인 눈 등 다양한 눈짓을 읽을 수 있다. 이를 필자는 '눈짓-끌림'을 통해 수용자가 다양하고 천차만별인 눈짓을 통한 끌림 이미지를 받아들이고 있음을 강조한다.

68 한국현상학회 편(2001), 『예술과 현상학』, 철학과 현실사, p. 151.

69 Michael J. Spivey, Michael K. Tanenhaus (2002), "Eye movements and spoken language comprehension: Effects of visual context on syntactic ambiguity resolution," *Cognitive Psychology* 45, pp. 447-481.

70 한국현상학회 편(2001), 『예술과 현상학』, 철학과 현실사, pp. 149-150.

71 Nader T. Tavassoli & Yin Hwai Lee (2003), "The Differential Interaction of Auditory and Visual Advertising Elements with Chinese and English," *Journal of Marketing Research*, Vol. XL(November), pp. 450-470.

72 한국현상학회 편(2001), 『예술과 현상학』, 철학과 현실사, pp. 131-134.

73 메를로퐁티는 비물질적 신체로서 물질적 신체와는 다른 선험적인 몸으로서 몸채를 차용했다. 모든 자연계의 현상은 물질적인 신체에서 관찰 가능한 것이 아니라 주체 자신과 동일한 비물질적 신체를 통해 현상적인 파악을 시도하려고 했다. 이 책에서 필자가 사용하고 있는 '몸채'는 감성적인 영역인 끌림체의 구성적인 요소로서 '몸빛'을 의미하며, 흔히 오랫동안 명상 혹은 요가수련을 통해 나타나는 '아우라'와는 또 다른 차원의 투명성, 역동성, 감응성을 지닌 순간성의 시간 속에 살아 숨 쉬는 끌림 에너지다.

74 한국현상학회 편(2001), 『예술과 현상학』, 철학과 현실사, pp. 112-116.

75 Ray Grasse (2002), *Sign of the Times*, Hampton Roads, pp. 87-91.

76 경험 이전의 선험적인 것을 의미하며, 인식론에서 아프리오리를 체계적으로 도입한 것은 칸트다. 그는 『순수이성비판』에서 논리학의 형식적인 규칙들이 아프리오리하게 인식되는 것이 유리하지는 않다는 점을 증명하려고 했다. 우리가 세계에 대해 가지는 인식도 "순수 아프리오리한 요소와 감성의 아프리오리한 형식(시간과 공간)에 근거를 둔다. 대상은 이 형식 안에 주어진다. 나아가 인식은 오성의 아프리오리한 개념에도 근거

를 둔다." www.nanstory.com

77 메를로퐁티(2003), 류의근 옮김, 『지각의 현상학』, 문학과 지성사, p. 348.

78 생명 에너지로서 몸채는 빛 에너지를 의미한다. 물질로서 공성의 몸은 더 이상 생명체라고 단정할 수 없다. 다만 빛이라는 물질적인 신체의 외부적 에너지와 내부적 에너지와의 '살갗-끌림'의 왕래만 있을 뿐이다.

79 Rodrigo Magalhaes (2009), Autopoiesis in Organization Theory and Practice, Emerald, p. 218.

80 로트만에 따르면 상징(Symbolism)이란 문화적인 기억들과 결합되며, 창조적 과정을 위한 축약된 체계로 구성된다. 이 책에서 상징성은 문화적인 동일성과 이질성의 가치종합, 융합 속에서 축적된 창조성이며, 창의 주체(시각디자이너)로서 끌림체의 '끌림-두께'에 의한 '가치-끌림'을 의미한다.

81 메를로퐁티(2004), 남수인 · 최의영 옮김, 『보이는 것과 보이지 않는 것』, 동문선, pp. 205-208.

82 H. D. Lasswell (1971), "The structure and function of Communication in Society," in W. Schramm and D. F. Roberts ets, The Process and Effects of Mass Communication (Urbana: University of Illinois Press).

83 상징성의 가변성은 능동적으로 문화적인 맥락과 상관관계를 가지며, 텍스트가 지니고 있는 표현과 내용의 관계를 변형하거나 조작할 수 있음을 의미한다. '끌림 홀'은 상징성의 가변성을 높이는 끌개의 가치공간이며, 창의적인 '끌림-두께'의 변형공간이다.

84 Russell I. Haley and Allan L. Baldinger (2000), "The ARF Copy research validity project," Journal of Advertising Research, pp. 114-135.

85 Scott Koslow, Shella L. Sasser (2003), "What is creative to Whom an Why? Perceptions in Advertising Agencies," Journal of Advertising

86 Mulvey, L. (1975). "Visual Pleasure and Narrative Cinema," Screen, Vol. 16/3, London; J. Burger (1972), Ways of seeing, London: BBC & Penguin; Goffman, E. (1979), Gender Advertisement, New York: Harpers & Law.

87 Wright J. S. & Warner, D. S. (1963), Speaking of Advertising, New York: McGraw-Hill.

88 이남인, 『후설과 메를로퐁티의 지각의 현상학』, 한길사, p. 141. 아리스토텔레스의 형이상학적 도식을 원용하여 그러한 재료를 토대로 지향적 대상을 산출하는 능력을 지닌 지향적 체험 혹은 지향성을 '형상'이라 부를 수 있을 것이다. 실제로 후설은 '감각적인 질료, 지향적 형상(sensuelle Hyle, intentionale Morphe Hua Ⅲ/1, 191)'이라 말하면서 양자를 대비시키고 있다.

89 Ibid., p. 141. 감각자료는 파악작용-감각내용의 도식에 의하면 첫 번째 구조이며, 두 번째는 지향적 대상으로서의 지각된 대상, 세 번째로는 의미를 부여하는 체험 층인 노에시스적 체험 층 등으로 나누어 설명하고 있다.

90 Rivka Oxman (2002), "Thinking Eye," design studies 23, No. 2; Adam Kupper, The Chosen Primate, Harvard Univ. Press: Cambridge, 1994.

91 Holbrook, Morris B. Frank, George R., Donthu, Naveen, Gardner, Meryl P. (2003), "How Customer Think," Journal of Marketing Research, Vol. 40 (November) Issue 4, pp. 492-450.

92 Prasad A. Naik and Kalyan Raman (2003), "Understanding the Impact of Synergy in Multimedia Communications," Journal of Marketing Research, Vol. XL (November), pp. 370-384.

93 R. N. Shepard (1988), "Mental rotation," Journal of Experimental Psychology, No. 14,

p. 6.

94 계층은 첨단산업의 세분화가 이뤄지면서 사회적인 희소가치에 따라 개인과 집단의 위치에 의해 취향, 직업, 교육수준, 사회적 영향력, 명예 등의 다양한 요소로 결정된다. 막스 베버(Max Weber, 1864~1920)가 사회계층의 기초로서 계급, 지위와 권력의 3가지를 고려해야 한다고 주장하면서 사용되었다. 이 책에서 필자는 이러한 눈에 보이지 않는 사회적 계층의식이 소비자 주체가 지니고 있는 비물질적인 신체인 끌림체에 영향을 미치며, 그 결과 '끌림 홀'에 '계층-소유'라는 현실적인 층위가 형성되어 소비생활에 영향을 미치고 있음을 강조했다.

95 에리히 프롬(Erich Fromm, 1900~1980)은 자신의 저서 『소유냐 존재냐(To have or to be?)』에서 개인주의(Indivisualism)의 긍정적 의미는 사회적 속박에서의 해방을 말하지만, 부정적 의미에서는 '자기소유'를 말한다. 즉, 자신의 에너지를 자신의 성공에 투자할 권리와 의무를 의미한다. 따라서 상품구매를 통한 물질적인 소유는 곧 자기소유와 동일시되어 소비자 주체 자신의 사회적인 계층을 대변한다. 소유는 즉자와 대자의 근본적인 갈림길에서 늘 방황하는 소비자 주체들에게 '쾌'의 감미로움을 제공하는 '소유-끌림'이다.

96 질 들뢰즈(Gilles Deleuz, 1925~1995)에 따르면 생존을 위한 의식주를 얻기 위한 목적으로 서로 경쟁하는 시간과 공간의 소비생활은 우리의 반복된 일상이다. 이 반복된 시간의 이용은 효율에 따라 그 결과에서 현격한 차이를 드러낸다. 이 차이는 소비자 주체의 생활세계에 드러나며, 어떠한 통찰과 성찰을 통한 차이를 지니고 있느냐에 따라 계층, 소유에 의한 삶의 질을 결정하게 된다. 이 책에서 비물질적 신체인 끌림체의 질적 차이는 사회적 계층, 물질적 소유에 의한 화려함보다는 반복된 차이의 깊은 통찰과 성찰에 의한 순수함에서 나타난다. 이를 위한 실천은 어느 순간에도 성찰적인 자세를 잃지 않는 것에 주시해야 함을 강조한다.

97 Edell, J. & Burke, M. (1984), "The Moderating Effect of Attitude toward an Ad on Ad Effectiveness Under Different Processing Conditions," in *Advances in Consumer Research*, T. C. Kinner (ed.), Provo, UT: Association for Consumer Research.

98 Hirshhorn L. (1986), Beyond Mechanization, Cambridge: MIT Press; Deming, W. E. (2000), *Out of Crisis*, Cambridge: MIT Press; Chermyerff, I. (2003), *Designing*, New York: Graphic Inc.

99 Herbert E. Krugman (2000), "Memory without recall, Exposure without perception," *Journal of Advertising Research*, pp. 92-102.

100 Eckhart Tolle (2004), *The Power of Now*, Namaste Publishing, p. 121.

제3부 끌림 이미지의 대상적 상징성

제1장 끌림 이미지의 광고 커뮤니케이션

감성적인 끌림이 없는 광고는 메마른 땅에 씨앗을 심는 것과 마찬가지로 소기의 성과를 기대할 수 없다. 이 책은 마케팅에 기반을 둔 이성적인 광고 이미지에 앞서 느낌이 지니고 있는 끌림의 감성적인 느낌에 대한 선행적인 파악을 위해 비물질적 신체로서 '끌림체'와 이를 구성하는 '몸채'라는 신개념을 도입했다. 즉 과정적 주체로서의 몸채는 반드시 주체와 객체, 대상과 대상, 생명체와 대상 등의 '사이' 또는 '차이'에서 오는 생명현상이며, '끌림-생각함'의 체계가 유기체가 아닌 물질적인 대상[1]에도 있다고 본다.

왜냐하면 소비자 주체의 끌림은 바깥환경이 소유한 대상에 의해 변화하는 끌림체를 지니고 있으며, 그에 따른 미의식이 유기체적 생명체를 지닌 인간에게만 주어지는 것이 아닌 대상 그 자체 역시 주체로서 비물질적 끌림체의 몸채인 빛에 의해 서로 융합·발산하고 있다고 본다. 대상이 지닌 형(形)[2] 또는 미술품을 통한 예술성에 대한 시대적인 파악은 주체가 늘 인간이 중심이 되어 주체와 객체 간의 간주관적 차원의 미의식이 주류를 이뤘다면,[3] 이 장에서는 대상 그 자체가 주체적 몸채 끌림 변형체로서 새롭게 이미지를 파악하는 데 그 의의를 두고자 한다.

소비자의 눈길에 광고 이미지가 포착되는 순간 대상은 소비자 주체의 시각적 인식[4]으로 함몰되는 것이 아닌 비가시적 대상의 끌림체가 지닌 배경[5] 속으로 빛 에너지에 의해 순간 리듬을 통해 빠져들어 간다. 소비자 주체의 인식은 결국 대상에 머무는 시간[6] 동안 느낀 내용을 해석한 것에 불과하며, 대상 자체가 지니고 있는 끌림체의 빛에 관한 리듬[7]의식은 자각하

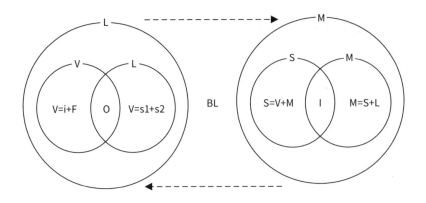

[도표 23] '연합-순간의식' 광고 커뮤니케이션(IAAC, Interactive Attracting Ads Communication)
L(Layout): 배치, M(Mood): 분위기, BL(Body-Lighting): 순간몸빛, O(Object): 대상, I(Interpretant):
해석체, M(Meaning): 의미, S(Sign): 기호, V(Visual): 비주얼, F(Figure): 형상, i(iconic): 도상,
L(Language): 언어, s1(significant): 기표, s2(signified): 기의

지 못한다.

　　대상의 리듬의식은 이미 오래전 아우구스티누스의『고백록』에서 최초
로 고백한 흔적이 나타난다. "만약 다른 사람이 나에게 시간에 대해 묻지
않는다면, 나는 그것을 알고 있습니다. 그런데 시간에 대한 해명을 요구한
다면, 나는 모릅니다"라고 한 그의 고백론에 나타난 시간의식은 만약 언제
나 존재하는 현재이고 과거로 이행하지 않는다면, 이미 현재의 시간의식은
현재가 아니라 영원이라고 할 수 있다. 마찬가지로 광고 이미지 역시 그 자
체의 끌림체로 스며드는 것은 어디까지나 시간 연합에 의한 순간의식에 의
한 것이며, 주체마다의 서로 다른 시간의식의 연합 속에서 대상을 만나게
된다. 현재의 시간은 마음(Anima)속에 아로새겨진 것으로서, 과거의 현재
인 기억(Memory), 현재의 현재인 직관 혹은 지각(Constitution), 미래의 현
재인 기대(Expectation)로 이뤄진다.

　　이러한 시간에 관한 의식은 현존재의 이 순간에 '시간-끌림'의 중심을
강조하고 있다. '시간-끌림'은 시간 객체가 지니고 있는 끌림이며, 이는 과
거회상, 미래비전 등이 현재화로 진행되면서 이뤄지는 연장(延長)의 끌림

이다. 베르그송[8]의 시간의식에서 알 수 있듯이 시간이 가진 매력은 현실공간에서 비물질적 신체인 끌림체의 구성인자(構成因子)인 몸채와 물질적 신체로서 살갗이 지니고 있는 접촉점에서 발생하는 순간적인 끌림의 변화를 통찰할 수 있는 에너지를 객체로 파악할 수 있다는 점이다.

[그림 32] '연합-순간의식' 커뮤니케이션: 'Inner-Tree'/ Illustrator, 전기순 作.
광고 커뮤니케이션은 시각적 사고와 언어적 사고를 동시에 하는 순간 나타나는 분위기의 끌림 홀에 의해 이뤄진다. 즉 소비자 주체와 대상, 대상과 대상과의 서로 다른 비물질적 끌림체는 '연합-끌림' 커뮤니케이션(IAAC)에 의해 새로운 창발이 생성한다.

끌림이 지니고 있는 역동적 에너지를 몸채와 살의 접촉에 의한 미세한 '살 떨림'[9] 현상이라고 한다면, 시간 끌림을 통한 끌림의 신체적인 '살 떨림' 현상은 정신성의 한 단면에 대한 의식의 확장 및 축소에 따라 끌림의 정도에 차이가 난다. 한 곳에 의식을 집중하거나, 또는 신체 일부분에 의식을 집중할 때 나타나는 끌림의 확산과 축소에 따라 동일한 시간의 흐름 속에서도 끌림의 정도에는 커다란 차이를 나타낸다.

인도 수행요가의 한 방법인 사마타와 위파사나 수행에서 나타나는 끌림 시간이 일반적인 소비시간과 차이가 나는 이유가 바로 끌림체로서 몸채의 '신체-둘러싸임'에 따른 '배경-두께'와의 확산과 축소에 의해 나타난다.[10] 시간이 지속성을 지니고 있다는 데 대한 인식은 누구나 쉽게 이해할 수 있지만, 시간 끌림의 확산과 축소라는 개념은 지극히 정신성의 고양에 관련되어 있으며 몸채의 강도에 따라 잉여성의 대상체가 제공하는 '배경-두께'에 차이를 나타낸다.[11] 대상체가 지닌 빛 에너지는 그 자체로 역동적이고, 리듬을 지니고 있으며, 바라보는 소비자 주체의 의식에서 떠오르는 끌림체에 따라 속성인 음·양의 극성이 자율적으로 바뀌게 된다. 소비자 주체의 끌림체는 이때 바뀐 극성에 의해 대상체에 적합한 끌림 에너지가 형성되어 시선을 마주치게 된다.

이러한 일반적인 현상은 소비자 주체로서 생명체가 아닌 물질 또는 비물질 대상체의 끌림체로서의 극성을 지니고 있다. 예를 들면, 모든 물질은 음, 양, 화, 수, 목, 금, 토의 배경적인 질성을 지니고 있으며, 또한 색, 재질, 형상 등에 따라 제각기 개성적인 끌림 기운을 주창한 동양철학의 예에서 알 수 있다. 이를 다시 실제 소비자 주체의 신체에 적용시켜 오장육부, 경혈, 경락, 음양오행의 우주적인 질서가 인체에도 있음을 통찰하여 각종 한의학과 관련된 약초, 침술 등을 적용하여 현대에 와서는 더욱 과학적인 연구를 하고 있다.

이러한 예에서 알 수 있듯이 눈으로 지각되는 모든 대상체가 지닌 순간적인 끌림 에너지는 대상체 스스로 고유의 끌림체를 발산 혹은 흡수하고 있으며, 동시에 현대 소비자 주체와의 상관성에 의해 상극, 상충, 삼합 등의 다양한 현상을 간과한 가운데 바쁜 도시 생활을 하고 있다. 물질적 대상체의 극성에 따라 정작 인체의 질병에만 적용될 뿐만 아니라 광고 이미지에도 동일한 영향을 미친다고 볼 수 있다. 즉 광고 이미지 자체가 지니고 있는 언어적인 의미와 시각적인 느낌이 소비자 주체에게 어떠한 끌림을 주는가에 따라 대상체로서 광고 이미지의 '배경-끌림'에 의한 공간 확산으로 나아갈 수 있으며, 동시에 공간 축소로 바뀌게 되어 대상체의 '배경-두께'를 조절한다.

순간적인 '시간-끌림'에 의한 확산과 축소는 역삼각형의 시각적 끌림 형상으로 작게 또는 크게, 좁게 또는 넓게 등 다양한 형태의 공간 속에서 시간이 바뀌어감을 알 수 있다. 이것을 이 책에서는 대상체가 지니고 있는 '배경-두께' 차원의 끌림 홀(Attraction Hall)이라고 지칭한다. 끌림 홀은 시간의 흐름 속에서 파악할 수 있으며, 대상체의 물질적 지향작용에 따라 다양한 지향대상에 맞는 다양한 층위자리를 지닌 나선형의 회오리 구조다. 가령 대지의 온도와 날씨의 불완전한 상태에서 발생하는 토네이도는 시간의식의 불완전한 가운데 발생하는 '시간-끌림'의 물질적인 기상 상태라고 할 수 있다. 일정한 물질적 흐름이 지속적으로 꾸준히 발생하면 대상체가 지니고 있는 극성은 바뀌지 않는 가운데 항상성을 지닐 것이다.

하지만 대상체가 지니고 있는 외부환경의 바깥 끌림체와 내부환경의 내부 끌림체와 균형이 일정하지 않는 이상 살의 끝없는 몸채와의 접촉점에는 '시간-끌림'에 의한 끌림 홀이 늘 일어나고 있다. 끌림체가 지니고 있는 역동적이며 발생적인 에너지는 결국 물질의식이라는 커다란 흐름과 함께 끝없는 끌림 홀이 발생하다가 사라지는 현상을 지속하게 된다.

베르그송은 연속적인 시간에 대해 "압축과 확장은 가능하지만, 과거·현재·미래의 차성에 대한 접근은 불가능하다"고 했다. 이것은 의식의 흐름과 물리적인 시간의 흐름에 대한 차이를 언급한 것이며, 이 차이로 인해 대상체는 스스로 토네이도 같은 순간에너지로 늘 바깥에서 배경으로 현존한다. 시간의 흐름 속에서 이러한 '배경-두께'의 차이를 극복하기 위해 다양한 모양의 끌림 홀이 발생하며, 동시에 안정을 취한다. 대상체의 시간적인 '배경-두께'의 참여는 일반적으로 순간성의 양태에 의해 적극적이거나 수동적으로 나타난다.

두께가 지니고 있는 일반적인 시간 흐름은 늘 그대로인 수평의 항상성이기를 원하며, 다만 성장을 위한 수직적인 지향성을 지닌 의식은 수평적인 시간을 외면하는 수직적인 '배경-두께'의 끌림 홀을 발견하게 된다. 이와 같은 대상체의 '배경'으로서 수평 시간과 '두께'로서의 수직적인 시간 흐름의 상대성은 주체 내면이 지니고 있는 끌림 홀에 영향을 줌과 동시에 끌림체의 양태에 따라 다양한 '배경-두께'의 끌림 리듬을 갖게 된다.

결국 '배경-두께'는 끌림체인 '대상체'의 순간적인 '시간-끌림' 리듬의 주변 배경을 의미한다. 의식은 이미 대상체가 현실이라는 주체의 몸에 대한 지각이 살아있는 가운데 일어나는 실제적인 끌림 '배경-두께'다. 광고 이미지의 '배경-두께'는 어디까지나 의식작용이 일어나는 소비자 주체의 영역이며, 그 외의 영역에서는 자리에 대한 선험적 주체의 체험에서 일어나는 초월론적 현상으로 판단하여 축소하기를 주저하지 않는다. 즉 끌림 각, 끌림 감, 끌림 시, 끌림 지, 끌림 식이 지니고 있는 '끌림-배경'의 층위는 광고 이미지와 소비자 주체의 상호 커뮤니케이션의 양태적인 자리에 맞추어 현실적인 객체성에 머무른다.

하지만 끌림은 물질적 신체의 몸에서만 나타나는 현상이 아니며, 빛 에너지로서 '몸채'의 선험적인 초월론적 자리도 자유롭게 왕래하는 탈시간과 탈공간이라는 잉여성을 지니고 있다. 따라서 현실적인 끌림에 의한 4가지 차성은 주의 혹은 결집이라는 강한 내적 응집력을 통해 몸채를 통제한다. 이때 몸채라는 끌림이 지니고 있는 4가지 순수성은 차츰 사라지고 응고된 결집체의 끌림체로 개성적인 끌림 '배경-두께'를 잡게 된다. 끌림 감, 끌림 시, 끌림 지, 끌림 식은 제각각의 반복에 의한 구성적인 끌개로 인해 끌림 홀이 지니고 있는 수많은 구성적 끌림작용을 하여 겹침 끌림의 형성체로 끌림 '배경-두께'가 이뤄진다.

이러한 구성작용의 반복적인 '겹침-끌림'은 현대 광고디자인이 구축한 이미지가 소비자 주체의 개성적인 결집체로서 층위의 '배경-두께'를 형성하는 공주체성의 문화로 치닫게 되는 근본적인 이유가 된다.

여기에서 소비자 주체와 광고 이미지의 미적 차이에 의해 서로 다른 끌림 이미지를 생성한다.[12] 광고디자이너의 창의성은 목적성에 의한 주체로서 느끼는 순수 끌림을 의미하며, 이로써 광고 이미지의 몸채는 새로운 끌림 에너지로 생명력을 얻게 된다. 광고제작 과정은 시각 이미지에 몸채 생성을 하기 위한 순수한 끌림 과정이라 할 수 있다. 그 결과 최종적으로 만들어진 광고 이미지는 그 자체가 몸채로서 소비자 주체의 마음을 끌리게 한다. 이제 "광고는 끌림이 있어야 하고, 광고디자인은 가슴 설레는 끌림 디자인이어야 한다."

지금까지의 광고 이미지는 이러한 끌림 과정이 소홀하게 취급되어 광고디자이너 혹은 클라이언트의 서로 다른 주도적인 미의식의 강조로 인해

[그림 33] 대상체의 '배경-두께'에 의한 '시간-리듬': 'Inner-Tree'/ Illustrator, 전기순 作.
끌림체의 시간은 끌림 지평이 지니고 있는 끌개로 인해 늘 순간 속에서 소비자 주체 자신의 리듬을 만든다. 즉 끌림체의 끌개에 의한 '배경-두께'는 동일한 대상에서도 제각기 다른 대상의 끌림체를 바라보며, 소비자 주체 자신의 개성적인 끌림 '시간-리듬'에 의한 홀을 생성한다.

광고 이미지 자체의 주체적인 몸채를 볼 수 없게 되었다. 모든 생명체의 끌림은 상호 간 다른 헤아릴 수 없는 많은 상징적 차원의 몸채가 맴돌고 있다.[13] 이제 광고 이미지는 소비자 주체와 서로 다른 비물질적 대상체인 '배경-두께'로서 몸채의 교환에서 생성하는 끌림[14]이어야 하며, 이러한 교환 속에서 몸채가 생성하거나 소멸하는 가운데 지속하는 영속성의 '연합-끌림'이어야 한다.

광고디자인에서 흔히 강조하는 상품의 브랜드 이미지, 핵심소비자 행동과 심리, 그리고 가격을 통한 차별화전략, 블루오션 등의 전략적 접근은 상품 구매를 목적으로 하는 광고기능의 직접적인 역할을 하지만, 광고디자인을 직접 제작하는 디자이너의 미적 끌림과는 다른 물질적인 소구라 할 수 있다. IMC(Interactive Marketing Communication)라고 하는 통합마케팅 커뮤니케이션을 기반으로 하는 거대한 마케팅 활동은 대체로 위의 광고 기능에 해당하는 다양한 이론의 융합을 통해 이뤄진다.

이에 반해 광고 이미지에 살아 숨 쉬고 있는 광고 끌림은 소비자 주체의 존재론적인 차원의 즉자(卽子)와 상호 커뮤니케이션 차원의 대자(對自)적인 위치에서 파악되는 '배경-두께'의 간주관적인 몸채의 융합이며,

느낌의 거대한 빛의 향연으로서 미적 커뮤니케이션이 동시에 이뤄지는 IAC(Inter active Attracting Communication), 즉 융합-끌림 커뮤니케이션 이다.

1 끌림 이미지의 표현구조

1) 하나의 이미지: 시각(V=v1+v2) '연합-끌림'

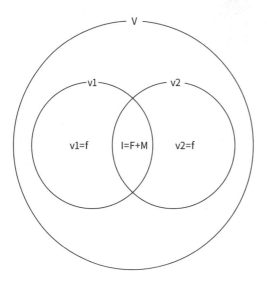

[도표 24] 시각 '연합-끌림'(VIA, Visual Interactive Attraction)
V(Visual): 비주얼. 사진, 일러스트 등, v1(visual1): 비주얼 1, v2(visual2): 비주얼 2, I(Idea): 아이디어, F(Form): 형, 형태, f(form): 형, 형태, M(Meaning): 의미
비주얼이 단 하나인 경우에는 객관적인 의미를 전달하는 데 다양한 의미를 지니게 된다. 단 하나의 사진에서 다의적인 의미를 지니는 것은 소비자 주체의 끌림체인 몸채에 혼란을 가중시키기 때문이다. 서로 다른 소비자 개성의 몸채가 하나의 통합적 끌림 커뮤니케이션(IAC, Interactive Attracting Communication)이 되기 위해서는 적어도 의도적인 비주얼 요소(V=v1+v2)를 합쳐야 한다.

여기에서 V는 비주얼(Visual)을 의미한다. 광고 표현에서 가장 먼저 눈에 띄는 부분은 비주얼이다. 비주얼에는 다양한 테크닉이 있다. 과거에는 도구의 제한으로 표현기법에서 오는 아이디어가 제한되었으나 최근에는 포토샵(Photoshop cs), 일러스트레이터, 페인터 등을 통해 최첨단의 독창적인 표현기법이 폭넓게 나타나고 있다. 특히 사진 합성을 통한 새로운 이미지의 창출은 사실을 강조하는 사진의 고정적인 관념에서 벗어나 소비자의

[그림 34] 시각 '연합-끌림': 'Inner-Tree'/ Illustrator, 전기순 作.
시각 '연합-끌림'은 색과 형상, 구상과 추상, 명사와 명사, 명사와 형용사, 형용사와 형용사 등 두 개의 겹침 혹은 합쳐짐에서 새로운 끌림 홀을 생성한다.

눈길을 끄는 주된 방법이 되었다.

단 한 장의 사진이 주는 평범한 일상생활의 사실적인 메시지에서 두 장의 겹침으로 인해 정확한 단 하나의 메시지를 전달할 수 있음을 깨닫게 된 현시점에서는 다음과 같은 등식이 성립한다. v1+v2=V. 여기에서 v1은 첫째, 상품과 관련된 사진이면 충분하다. v1 하나만 있으면 비주얼 아이디어가 없는 무미건조한 광고가 된다. 사진의 시즐(sizzle)[15] 감을 통해 상품의 싱싱한 맛을 전해주고자 하는 상품의 경우를 제외하고는 의미를 전달하는 광고가 대부분이다. 사진 한 장의 이미지는 다중의 의미를 지니고 있다. 의미의 다중성[16]은 곧 하나의 사진이 지니고 있는 특징이며, 이것은 소비자의 혼란만 가중시킨다.

따라서 소비자에게 명확한 끌림이 이뤄지기 위해서는 비주얼 연합-끌림(VIA, Visual Interactive Attraction)이 요구된다. 이미지의 합침은 사진이 지닌 의미의 다중성을 단 하나의 의도적인 의미로 전달할 수 있다는 점에서 강력한 '끌림-몸채'를 지니고 있다. 합침을 통해 나타나는 완전히 다른 이미지는 주체로서 몸채의 눈길을 끌게 하는 '끌림 홀'을 생성하게 해준다.

반면, 두 개 이상의 겹침(v1+v2+v3…)은 소비자를 위한 순간 끌림의 시각디자인이 아닌 예술적인 가치로서 지속성의 '끌림-겹침'이다. 여기에서 두 개의 사진을 합치게 될 경우 첫째, v1과 v2에서 서로 연관이 있는 연결고리를 찾아야 한다. 즉 두 개의 비주얼이 서로 형, 형태가 일치하거나 질감 혹은 색채가 일치하면 가능하다고 볼 수 있다. 예를 들면, 지구의 원과 동전의 원은 외부 형태가 동일한 원을 지니고 있다. 이 두 가지가 합쳐져서 지구도 아껴야 한다는 새로운 이미지가 탄생하는, 곧 합쳐진 v1+v2=V의 끌림 이미지가 된다.

둘째, 하나의 비주얼이 여러 가지 형태를 만들 수 있는 것이라면 그러한 기능성을 이용하여 다른 비주얼을 만들 수 있다.[17] 예를 들어 옷핀의 견고한 강철이 어떠한 것도 단단하게 고정시킬 수 있는 기능적인 면을 지니고 있다면, 옷핀을 이용하여 자동차의 모양으로 만들어준다면 옷핀과 자동차는 하나의 새로운 이미지가 탄생하는, 곧 합쳐진 v1+v2=V의 끌림 이미지가 된다.

셋째, 하나의 비주얼을 반복함으로써 또 다른 비주얼을 합친다. 이는 두 개의 비주얼이 전혀 맞지 않을 때 표현하는 기법이다. 예를 들면 비행기에서 투하하는 폭탄이 해골 모습을 띤 형태로 보이는 경우다. 폭탄과 해골의 이미지는 비주얼에서는 서로 연결점을 찾을 수 없다. 하지만 비주얼의 반복과 해골의 합쳐짐은 "전쟁은 이제 그만!"이라는 끌림 이미지가 탄생하는, 곧 합쳐진 v1+v2=V가 된다.

넷째, 비주얼의 특징적인 요소를 합친다. 이것은 대상이 지니고 있는 속성 가운데 하나의 특징을 끄집어내는 경우다. 예를 들면, 화분에 심어져 있는 선인장은 각 가정에서 흔히 볼 수 있다. 주로 관상용이며 수분을 싫어하는 습성을 지니고 있다. 선인장이 지니고 있는 일반적인 생각, 즉 관상용이나 수분을 싫어한다는 정도에서 벗어나 선인장 가시에 찔리면 아프다는 정도는 누구나 한번쯤 생각할 수 있다. 여기에서 선인장 가시와 속 쓰림과의 관계를 연결한다면, 의미상 속이 쓰린 것은 가시에 찔리고 난 뒤 아픈 것과 같다고 볼 때 이것은 이미 의미로 합쳐진 단일의미의 v1+v2=V가 된다.

2) 하나의 의미: 의미(S=s1+s2) '연합-끌림'

[도표 25] **의미 '연합-끌림'(MIA, Meaning Interactive Attraction)**
S(Sign): 기호, s1(sign1): 기호 1,
s2(sign2): 기호 2, I(Idea): 아이디어,
M(Meaning): 의미, m(meaning): 의미
　　소쉬르는 『언어기호학』에서 "명사, 형용사 등의 언어는 모두 하나의 기호적인 성격을 지닌다"고 했다. 언어가 어떠한 맥락과 연결되어 있느냐에 따라 동일한 단어도 서로 다른 의미를 지닌다고 한 그의 주장처럼 헤드라인에 있는 하나의 문장도 단어가 지니고 있는 성격에 따라 의미의 다의성을 지니게 된다.

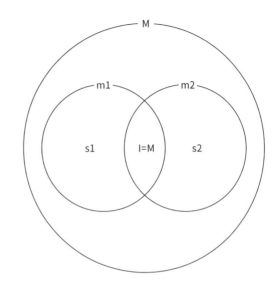

시각디자인에서 헤드라인은 단순 명확해야 한다. 왜냐하면 헤드라인은 소비자의 눈을 통해 읽히기 때문이다. 라이프니츠에 의하면 "말은 사유의 기호(Sign)일 뿐만 아니라 사물의 기호이며, 우리의 생각을 타인에게 알리기 위해서뿐만 아니라 우리의 사유 자체를 돕기 위해서도 기호를 필요로 한다"고 했다. 헤드라인은 언어체계로서 언어기호이며 상징이다. 헤드라인은 문어체와 구어체의 표현에 상관없이 어디까지나 언어기호이며, 언어기호는 언어와 언어 사이의 관계에서 발생하는 상징적 이미지다. 언어기호가 지니고 있는 상징적 이미지는 언어 사이에서 이뤄지는 더 넓은 영역의 한 부분이며, 이것으로부터 문화적인 의미체계로서 끌림이 형성될 뿐만 아니라 새로운 의미 연합-끌림(MIA, Meaning Interactive Attraction) 체계를 유지하게 된다.

　　헤드라인은 언어와 언어 사이에서 발생하는 새로운 기호체계이자 상징적인 이미지를 보여주는 대표적인 의미의 끌림체계다. 국가, 민족, 지역의 문화적인 요소와 일상생활에서 가장 많이 활용되는 언어가 직접적 혹

은 간접적 방법으로 새롭게 창출되는 장소다. 그레마스(Greimas)의 기호 사각형을 통해 헤드라인에서 나타나는 언어와 언어의 결합에서 언어 자체의 기능적인 요소인 규정(Prescriptive) 이외에도 미학적인 강조(Appraise)와 지시(Referent)가 포함되어 있다.

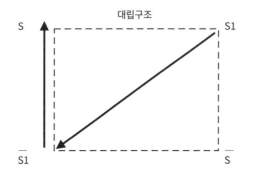

[도표 26] 의미 '연합-끌림'
언어의 순수한 규정 기능 이외에 언어 자체와 언어의 결합 사이에서 발생하는 미학적 기능인 강조, 지시의 가치에서 의미 연합-끌림이 발견된다.

위의 기호 사각형에서 나타나는 현상은 언어기호가 단순한 규정을 의미하는 단어가 아닌 미학적인 요소인 끌림 이미지가 자신의 언어기호 주위에 있음을 강조한다. 이것은 단순히 기호 사각형이 언어기호가 지니고 있는 변별자질을 구분하기 위한 기능적인 요소뿐만 아니라 또 다른 기능, 즉 미학 커뮤니케이션의 부가적인 기능인 분위기와 문화적인 끌림 가치가 함께 발화하고 있다. 시각 이미지 가운데 헤드라인의 역할은 그 어떤 요소보다 언어기호의 미적인 강조와 지시, 상징적인 이미지를 지니고 있다.

특히 언어 자체가 문어체가 아니라 발화체로서 단일의미가 아닌 미적인 복수적인 의미를 띠고 있을 경우 더더욱 언어 규정 이외의 미적 분위기의 끌림 잉여성을 지니게 된다. 하지만 [도표 26]에서 단일명사는 그 자체로(S1) 기능적인 차원으로 정확하게 헤드라인의 기능을 수행할 수 있다. 하지만 단일의미가 아닌 복수의미일 경우에는 또 다른 단일기호(S)로서 의미가 수반되어야 정확한 의미가 전달되는 것을 기호 사각형을 통해 알 수 있음을 설명하고 있듯이 분석에 의한 의미를 명확히 하면 할수록 미적 분위기의 끌림 잉여성은 차츰 희미해지면서 사라진다.

그러나 기호 사각형에서 명사 자체가 단일의미의 미적인 복수의미를 지니고 있을 경우 S1→S1→S의 과정을 통해 단일적인 의미로 고착되더라도 언어와 언어 사이의 배경적인 융합관계에서 이뤄지는 언어기호가 새로운 상징적 이미지로 귀착될 경우에는 색다른 미적 끌림의 잉여성을 갖게 된다. 이미 오래전부터 고착화된 언어기호를 현대 커뮤니케이션 사회에서는 자연스럽게 해체한다. 언어와 언어의 만남이 어떻게 새롭게 형성되느냐에 따라 전혀 다른 의미전환이 이뤄지는 경우를 헤드라인을 통해 종종 목격된다.

특히 다문화의 급속한 성장은 이러한 언어기호의 의미전환을 통해 새로운 울림의 끌림을 갖게 한다. 이것은 동일한 문화체계에서 존재하는 상징적인 체계의 병행에 의해 이뤄진다. 예를 들면, 한글과 영어는 서로 다른 문화체계에서 이뤄진 언어기호다. 그러나 우리나라의 동일한 문화체계에서 보이는 두 가지 언어기호는 동일한 의미도 서로 다른 의미의 매개성을 지니고 있다. 왜냐하면 동일한 의미전달을 하는 언어기호의 차이는 각각의 의미를 지니고 있는 하위문화의 고유한 해석이 차이를 지니고 있기 때문이다.

[그림 35] 의미 '연합-끌림': 'Inner-Tree'/
Illustrator, 전기순 作.
의미 '연합-끌림'은 명사와 명사, 명사와 형용사,
형용사와 형용사 등 두 개의 겹침 혹은 합쳐짐에서
새로운 의미연합의 끌림 홀을 생성한다.

헤드라인의 경우 이러한 차이를 통해 새롭게 기호화하려는 이유는 울림을 전달하고자 하는 의도가 숨어 있다. 즉, '사랑!'과 'Love!'가 헤드라인인 경우 두 가지 동일한 의미(S1)는 동일하게 소비자에게 전달된다. 하지만 동일 의미 가운데 소비자의 끌림에 차이(S1)를 느끼는 것은 바로 언어기호가 지니고 있는 문화적 상징체계의 이질성(S)이라고 볼 수 있다. 유교적 전통에 의한 '사랑'이 윗사람에 대한 경(敬)에서 시작하여 아랫사람에 대한 애(愛)로 이어지는 질서와 서열을 중시하는 의미를 지니고 있다면, 불교에서는 중생구제를 뜻하는 자비(慈悲)의 의미를 지니고 있다.

반면 'Love'는 가족, 이성, 사회 등을 포괄하는 사랑을 의미하며, 특히 기독교의 사랑은 자기희생, 타인 중심성, 그리스도의 무조건적인 사랑을 포함하고 있다. 이러한 사랑에 대한 차이는 오랫동안 서로 다른 가치 환경이 만들어낸 문화에 따른 결과라고 할 수 있다.

3) 하나의 배경: 배경 '연합-끌림'(SIA, Space Interactive Attraction)

배경은 전경에 나타난 대상에 영향을 받는다. 전경과 아무런 연관이 없는 배경은 그 자체로 의식적인 끌림이 없는 자리로서 순수공간이다. 흔히 타이포그래피에서 강조하는 글자 폭과 간격, 행간의 폭과 넓이는 전경이 지니고 있는 문자와 함께 '틈-자리'의 아름다움을 느끼게 한다. 문자와 흰 바탕과의 관계 속에서 가독성과 판독성, 그리고 '틈-자리'의 심미성을 모두 느끼게 함과 동시에 전경과 배경과의 '연합-끌림(SIA, Space Interactive Attraction)'을 생성한다. 전경 역할을 하는 비주얼, 사진, 일러스트 등이 배경과 아무런 연관성이 없는 가운데 '자리-매김'만 고집한다면, 배경이 지니고 있는 다양한 잉여성의 '끌림-자리'로서 '연합-끌림'의 심미안을 못 느끼는 안타까움을 안겨준다.

끌림체의 양태적인 특성을 지니고 있는 소비자 주체의 몸채는 쉽게 눈에 띄는 비주얼(전경)만 의식하지 않으며, 오히려 비주얼에 의해 가려져 있는 배경에 좀 더 초점을 맞추려고 한다. 화려함과 미적 의미를 함축하는 비주얼은 그 자체로 소비자의 시선을 끌려고 노력하지만, 반복되어 소개되는 배경적인 의미에 대한 '연합-끌림'은 전경이 지니고 있는 화려함보다 서서히 배경에 더욱 무게중심이 두어지게 된다. 따라서 전경 이미지는 배경의 가치로 인해 끌림의 대표성[18]이 바뀌게 된다. 전경과 배경에 대한 명확한 경계는 브랜드에 따라 차이가 나며, 특히 브랜드의 환경적인 문화에 의해 더욱 분명히 나타난다.[19]

[도표 27] 배경 '연합-끌림'
Ar(Arrangement): 범위,
F(Foreground): 전경, B(Background):
배경, L(Layout): 레이아웃, Sp(Space):
공간, Me(Meaning): 의미, Mo(Mood):
분위기

광고 이미지에서 전경에 의해 생성된 배경은 전경에 대해 의미생성을 할 수 있는 무한한 끌림 에너지의 자리다. 배경은 전경이 할 수 없는 잉여성의 모든 끌림을 말없이 부드럽고 자연스럽게 소비자 주체의 몸채에 소구한다는 점을 간과한 결과다. 따라서 광고 이미지의 전경과 배경은 둘이 아닌 하나의 배경 '연합-끌림'에 의해 생성하는 배치다.

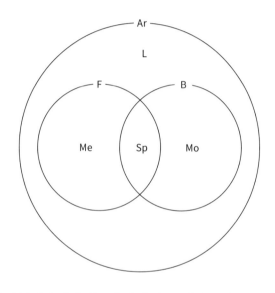

예를 들면, 한국인의 전통적인 정서에는 집 앞의 연못, 시냇물, 뒷동산 등과 같이 자연이 생활 속의 친숙한 부분으로 받아들여져온 점을 감안하면, 자연은 친숙한 삶의 배경으로서 생활이라는 전경에 늘 함께 있는 존재적인 '끌림-자리'다. 이러한 정서를 기반으로 하여 만들어진 시각 이미지에서 전경과 배경은 서로 분리되지 않으며, 서로에게 정보를 제공하는 매우 친숙한 조력자의 역할을 보여준다.

반면에 배경과 전경이 완전히 분리된 채 이뤄진 일반적인 시각 이미지의 경우에는 전경 그 자체가 지니고 있는 특징 및 장점을 부각시키기 위해 강조한 나머지 자연이라고 할 수 있는 배경이 찾을 수 없이 꽉 채워져 있다. 이로써 배치에 의한 끌림은 바뀌게 된다. 즉, 언어기호에서 여백은 동양 사상에 뿌리를 둔 가운데 나타나는 상징언어다. 쉼, 여유로움, 한적함, 무아(無我), 사무사(思無邪), 호연지기(浩然之氣), 기운생동(氣韻生動), 기(氣) 등 다양한 의미를 지닌 여백은 바쁜 현대인에게 청량제를 제공한다. 단순한 빈 공간이 아닌 휴식처로서의 역할을 하는 흰 바탕은 그 지역의 문화 혹은 전통적인 사상에 영향을 미친다고 볼 수 있다.

전경이 지닌 헤드라인의 언어적 사고와 비주얼의 시각적 사고, 두 가지 사고가 하나로 융합되어 나타날 때 단 하나의 이미지로 고착시킨다. 고정시키는 과정에서 헤드라인의 언어적인 사고는 다의적인 시각 이미지를 한 문장 혹은 한 단어로 귀속시켜 의미를 융합하게 된다. 전경이 하나의 끌림 이미지로 정착될 때 전경(F)의 이미지와 배경의 여백 또는 텅 빈 공간은 서로 이항대립구조를 지닌 가운데 또 다른 의미생성과정을 진행한다.

[그림 36] 배경 '연합-끌림': 'Inner-Tree'/ Illustrator, 전기순 作.
자리 '연합-끌림'은 전경과 배경, 휴식과 공백, 공간과 여백 등 두 자리의 겹침 혹은 합쳐짐에서 새로운 배경연합의 끌림 홀을 생성한다. (도표 28의 b, b´의 경우에 해당한다.)

[도표 28]에서 모든 시각 이미지는 어떠한 이미지이든지 전경과 배경과의 관계에서 이항대립구조를 지니고 있음을 알 수 있다. 그 결과 시각 이

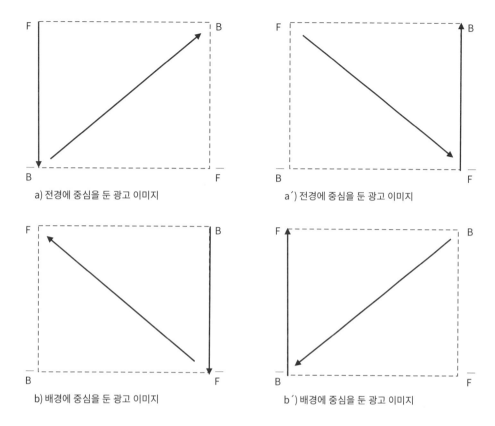

a) 전경에 중심을 둔 광고 이미지

a´) 전경에 중심을 둔 광고 이미지

b) 배경에 중심을 둔 광고 이미지

b´) 배경에 중심을 둔 광고 이미지

[도표 28] 기호 사각형을 통한 의미생성과정의 자리 통합-끌림(SIA, Space Interactive A-traction)
전경을 중심으로 한 배치는 자연스럽게 배경이 지니고 있는 가치에 큰 비중을 두지 않는다. 따라서 전경에 비해 배경의 폭과 넓이는 눈에 띌 만큼 색상이 화려하거나 면적이 넓지 않다. 반면에 배경을 중심으로 한 전경은 크기와 폭 그리고 넓이는 그다지 넓지 않으나 배경으로 인해 안정된 느낌을 준다. 의미생성과정에서 알 수 있듯이 전경과 배경의 자리 통합은 매 순간 소비자 주체의 몸채에 의해 포착된다.

미지의 기능적인 면은 성공했는지 모르지만, 끌림이 지니는 전경과 배경의 여유로운 '자리-연합'에 의한 끌림이 없는 아쉬움이 있다. 레이아웃(Lay-Out)은 시각 이미지의 수준을 높이는 중요한 배치(Arrangement)과정이다. 시각적인 차원에서 볼 때 최종적인 레이아웃이 복잡하거나 혼란스러울 때 배치에 대한 거부반응을 나타낸다.

따라서 시각디자이너는 최대한 간결하게 배치하려고 정보내용을 과감하게 줄이기를 원하는 반면에 광고주는 자사의 상품에 대한 다양한 정보를 가능한 한 많이 넣어주기를 원한다. 두 가지 상반된 시각에 대한 입장을 충분히 소화하기 위해 시각디자이너가 레이아웃에 특별히 신경을 쓰는 것은 바로 이러한 전경과 배경이 지니는 하나의 자리 '연합-끌림'의 배치가 요구되기 때문이다. 사각형의 프레임에 놓인 흰 바탕은 빈 공간, 여백, 틈 등의 다양한 시각에서 바라보는 경우에 따라 자리 또한 전경은 비전경에, 배경은 비배경에 서로 감싸고 있는 '끌림-자리'를 지니게 된다.

여기서 기호 사각형에서 겹친 부분은 그 사회 혹은 상품이 취하고 있는 문화적인 맥락에 따라 어떤 형태를 띠고 있는지를 파악할 수 있다. 또한 전경이 지니고 있는 언어적인 사고와 시각적인 사고가 동시에 이항대립구조를 지니고 있으므로 시각 이미지는 소비자 주체의 대상으로서 혹은 소비자 주체를 대상으로 하는 끌림체이며, '끌림 홀'의 강력한 회오리를 생성하게 만드는 주체로서의 몸채[20]다.

2   끌림 이미지의 기호체계

1) '매체융합-끌림'

현대사회에서 소비자에게 매우 친숙한 도구가 있다면 다양한 의사소통을 위한 융합적인 매체인 스마트폰이라 할 수 있다. 소비자라면 누구나 스마트폰의 첨단 기능을 통해 서로의 안부 혹은 지식을 공유하는 것이 일상생활이 되었다. 페이스북, 트위터, 밴드, 앱 및 채널의 공유 등 다양한 융합에 의한 디지털 기능은 소비자에게 개성화 및 지식정보의 축적된 하이브리드의 힘을 발휘하게 한다.

특히, 다양한 정보의 내려받기를 통한 편집활동은 새로운 지식체계를 형성함과 동시에 디지털 융합의 거대한 지식체계를 잉태한다. 이는 지식의 진화속도가 빠르게 형성됨을 의미하며, 모든 장르에 대한 구분이 사라지는 디지털융합의 거대한 통합적인 기능의 대표적인 존재로 자리 잡게 되었다. 매체의 융합적인 힘은 지금까지의 아날로그 방식에서 소비자에게 또 다른 가상세계의 매체 끌림으로 다가가게 한다. 미술, 디자인, 음악, 텍스트, 영화, 애니메이션, 게임, 다큐, TV, 라디오, 동영상 그리고 다양한 지식정보 기능 등은 이제 각자의 장르로서 제 기능을 발휘하는 것이 아니라 총체적 조작을 통한 가상공간을 제공함으로써 빅데이터를 이용한 로봇 등 차세대의 4차 산업혁명이 가능하게 되었다.

디지털매체의 급속한 성장으로 이제 소비자의 단순정보에 대한 끌림이 아닌 다채널의 융합적인 결과로서 TV, 신문이 지니고 있는 대중적인 매체의 독자적인 이해보다는 소비자 스스로 매체를 조작하는 것을 선호하게 되었으며, 개체적인 특성에 대한 관심보다는 매체조작의 개성적 끌림을 선호하게 되었다. 앞서 언급한 내려받기는 소비자의 기호 혹은 관심 영역에 따라 무한한 기능을 지니고 있으며, 이러한 융합적인 매체조작은 또 다른 문화 및 가치관 형성에 지대한 영향을 끼치고 있음을 알 수 있다.

예를 들면 어떤 상품에 대한 정보를 알고 싶다고 할 때 곧장 스마트폰을 통해 다양한 정보를 획득할 수 있음과 동시에 소비자 주체로서 개성에 커다란 영향력을 미치게 됨을 알 수 있다. 또한 학문적인 연구영역에 대한 자료축적을 위해 RISS, 전자도서관, 전자 자료실, 인터넷문고 등의 디지털 매체를 통해 얼마든지 내려받기를 할 수 있게 되었다. 이로써 소비자가 원하는 것이면 장소에 제한을 받지 않는 가운데 편집과 재해석이 가능한 소비자 자신만의 또 다른 창조물을 획득하는 시대가 되었다.

이러한 매체 자체가 지니고 있는 하이브리드의 융합적인 성격을 어떻게 운용하는가는 전적으로 소비자의 끌림 개성에 의해 조작과 진화가 디자인 혹은 예술적인 재능이 전혀 없는 어린아이에서 성인에 이르기까지 폭발적으로 넘쳐나는 개성적인 표현이 가능하게 되었다. 즉, 스마트폰에 내장되어 있는 카메라로 찍은 뒤 곧바로 편집기능으로 옮겨 개성적인 연출을 한 다음 곧장 자신의 동호인들에게 작품과 메시지를 전송하는 방식은 기존의 공간적·물리적 제한에 의한 시간의 아날로그 방식과는 또 다른 사이버 속의 캔버스라는 프레임의 틀에서 직접 들고 다니던 운송방식의 개념을 완전히 바꾼 시대가 되었다. 아날로그 붓을 통한 작가 자신의 힘찬 붓 터치의 테크닉에서 또 다른 브러시의 미적인 끌림을 모색하게 되었다. 미적 사고의 전환은 시대 조류에 의한 자연스러운 현상이며, 현재는 이러한 아날로그적 미의식과 디지털적 미의식이 서로 상반된 가운데 나타나고 있다.

특히 디지털이 지니고 있는 모든 이미지는 '디지트'라는 형식으로 즉각적으로 저장되고, 전송하며, 또 받아들이게 된다. 이러한 엄청난 속도와 다양한 테크닉은 과거 어떠한 장르의 테크닉도 감당할 수 없는 혁신적인 기능을 수행하고 있다. 아날로그로 구현 가능한 도구적인 기능을 그대로 컴퓨터로 재현하는 혁신적인 디지털도구는 풍부한 컴퓨터그래픽스의 잠재적인 가능성을 제시하고 있다. 또한 일반 소비자가 페이스북, 트위터 등 다양한 SNS에 업로드(Up Load)한 자신의 사진을 컴퓨터로 조작하는 수준을 보면 그야말로 아마추어를 넘어선 프로의 수준과 맞먹을 정도로 정교한데, 이는 소비자의 미적 의식수준이 아날로그시대와는 비교가 안 될 정도로 높아졌음을 의미한다.

이러한 디지털 이미지 환경은 소비자 스스로 자신만의 개성적인 연출과 미의식을 지니게 하는 촉매 역할로서 자리매김하고 있다. 포토샵, 페인터, 일러스트레이터, 퀵익스프레스의 툴과 메뉴의 지속적인 업그레이드는 전통적인 도제방식의 미의식이 지니고 있는 절대성을 부인하게 된다.

맥스, 마야, 프리미어 등 다양한 디지털도구가 지니고 있는 동영상 편집과 질감의 연출은 그야말로 새로운 미적 끌림의 한 영역으로 자리를 굳히게 되었다. 약간의 테크닉과 기술적인 습득을 통한 표현은 소비자에게 친근한 이미지로 다가온다. 또한 디지털 이미지는 언제 어디에서든지 수정·보완이 가능하며, 상품을 개발하는 생산자는 이를 필요로 하는 소비자와 직접 대면하는 가운데 프로젝트를 진행하는 일이 자연스럽게 이뤄

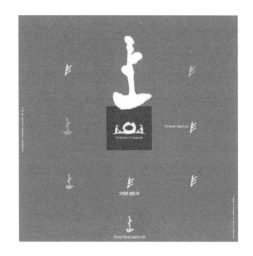

**[그림 37] 매체융합의 끌림: 'Inner-Moon'/
Illustrator, 전기순 作.**
스마트폰에 의한 매체융합은 이미 소비자에게
친숙한 매체미학의 코무니콜로기로 자리 잡은 지
오래되었다. 이 그림은 스마트폰으로 사진을 찍은
후 전자 펜으로 터치한 작품이다.

진다.

이러한 현상은 오랫동안 지녀온 생산자와 소비자 간의 경계에 대한 벽
이 해체됨을 의미하며, 새로운 시장 환경의 변화를 예고한다. 즉 문자와 이
미지 그리고 사운드는 하나의 디지털매체에서 통합되어 이뤄지며, 작가와
관객, 작품과 이미지의 개념이 사라지는 가운데 새로운 차원의 아프리오리
한 인식 끌림이 만들어지게 된다.[21]

디지털이 지니고 있는 도구적 성격의 첨단 기능은 기존에 발견할 수
없던 디지털 이미지를 창출하게 되었다. 디지털 이미지는 소비자가 직접
할 수 있는 손쉬운 작업부터 오랜 시간을 필요로 하는 작업에 이르기까지
모든 이미지가 상호 커뮤니케이션 사회에서 매우 중요한 위치를 선점하고
있다. 아이콘, 캐릭터, 사진, 동영상 등 이미지가 지니고 있는 것은 언어가
지닌 이성적인 면을 더욱 감성적인 차원으로 접근하려고 하는 친근한 언
어로 탈바꿈하고 있다. 이제는 각종 디지털 이미지를 통해 비언어적 의사
소통이 가능해지고 있으며, 이러한 비언어적 소통의 급속한 성장은 소비자
개성이 지니고 있는 끌림의 미적 감성에 초점을 맞췄기 때문이라 할 수 있
다.[22]

문자 중심의 아날로그적 사회에서 디지털이 지니고 있는 통합적 이미

지를 통한 의사소통은 이제 자연스러운 환경이 되었으며, 매우 중요한 의사소통 수단이 되었다. '문자에서 이미지로의 변천'은 이제 시대적인 요구로 바뀌었으며, 이것은 바쁜 현대인에게 좀 더 쉬운 상호 커뮤니케이션 체계를 원하는 이유이기도 하다. 거리의 다양한 사인시스템은 물론이거니와 아이소타입의 다양한 픽토그램, 옥외광고 등은 언어의 단조로운 메시지에서 탈피한 감성언어로 전환한 대표적인 예라 할 수 있다.

각종 매체를 통한 광고는 도시에서는 빼놓을 수 없는 산소 같은 존재로서 소비자와 같이 살아 숨 쉬는 존재가 되었다. 스마트폰에서 쏟아지는 각종 앱의 기능은 새로운 아이콘을 통해 부가가치를 높이는 블루오션으로 자리 잡은 지 이미 오래다. 이제 디지털 매체가 가진 홍수같이 밀려오는 이러한 이미지의 대변혁은 끌림의 본질적인 개념을 뒤바꿔놓은 사회적인 현상이 되었다. 끈질긴 장인정신으로 탄생한 작품이 끌림의 상징적인 이미지로 자리매김하던 과거의 아날로그적인 시대정신에서 신개념의 끌림 상징이 도래하기에 이르렀다.

이제 신개념으로 무장한 끌림의 상징적인 이미지는 다시 소비자 개성의 본질적인 존재에 대한 질문으로 환원되거나 아니면 지속성장의 디지털 이미지에 끝없이 끌려가는 형국으로 치닫게 되었다. 전통적인 견해에 의한 디지털 이미지는 한낱 과학의 힘이라는 커다란 배경에 바탕을 둔 이미지로서 아무런 예술적인 끌림 가치에 의미를 두지 않는 영역으로 판단하는 경우가 종종 있다. 하지만 이것은 어디까지나 시대적인 흐름에 반기를 드는 보수적인 형태의 전형으로 파악할 수밖에 없는 현실이 되었다. 전통적인 도구인 브러시, 파레트, 종이, 캔버스 등이 모두 과학의 힘에 의해 만들어진 것임을 감안한다면 컴퓨터에 내재되어 있는 포토샵의 브러시와 각종 툴이 지니고 있는 기능적인 도구 역시 동일선상에서 이뤄진 도구라는 점에서 전혀 다르지 않다.

이와 같은 도구들의 차이에 따라 만들어진 이미지가 끌림 가치에 의미를 두지 않는다는 것은 도구에 대한 반항적인 태도에 의한 결과로밖에 인정할 수 없다. 디자인 혹은 그림을 전혀 그리지 못하는 소비자도 쉽게 그림을 그릴 수 있는 시대가 도래함으로써 디자이너 혹은 화가의 위상은 점점 새로운 국면을 맞이하고 있다. 디지털을 통한 남다른 테크닉이나 획기적인 아이디어 개발 혹은 개인적인 예술철학을 지닌 작품이 아니고서는 설득되지 않는 현실에 직면한 것이다. 과거의 향수에 젖어 지속적으로 파레트를 매개로 한 예술행위는 스스로를 과거지향의 예술가로 전락시키는 인상을 지울 수 없게 되었다. 아날로그 이미지에서 디지털 이미지로의 전향은 예술인식에 대한 전환을 의미함과 동시에 예술 및 디자인의 시대적인 미적 끌림의 의식에 변화를 주는 중대한 시점에 와 있다.[23]

디지털 이미지가 사회문화적인 현상들에 깊숙이 자리 잡게 되었으며, 이러한 디지털 이미지의 축적은 소비자 개성의 이미지 재현은 물론 시대를 반영하는 매우 중요한 끌림 자료로서의 역할을 할 것이다.

매체는 그 시대가 지향하는 지배적인 사회구조 및 권력구조 등에 따라 다양하게 운용되어왔다. 즉 지배적인 설득 커뮤니케이션이 수직구조로 이뤄진 경우에는 언어의 규격화 또는 기호, 암호를 통해 상하의 위계를 통제했으며, 수평구조인 경우에는 자유로운 의사소통을 위해 다채널을 통한 다수 의견을 수용하는 융합 커뮤니케이션 매체를 이용했다. 현대시장의 자유로운 경쟁은 수평적인 구조를 통한 다중매체를 활용하게 되었으며, 그로 인해 복합적이고 융합적인 매체의 운용으로 나아가게 되었다. 단편적인 매체를 통한 상품분석 혹은 예술작품 분석에서 탈피한 전체 차원으로서의 융복합 매체에 대한 판단으로 매체의 성격에 따라 동일한 작품 혹은 이미지도 평가가 달라짐을 의미한다.[24]

예를 들면 대중매체인 신문 혹은 텔레비전을 통해 나타나는 상품과 각종 SNS에서 나타나는 상품에 대한 질적인 평가에 차이가 있는 것은 이러한 매체의 성격을 잘 드러나게 하는 경우라 하겠다. 동일한 예술작품도 어떠한 매체를 통해 소비자에게 전달되는가에 따라 예술작품이 지니고 있는 가치의 차이는 당연히 나타난다. 하지만 상품 혹은 작품 그 자체가 지니고 있는 가치는 동일한 수준을 보이지만, 매체를 통해 노출된 상황은 전혀 다른 가치를 부여받게 된다.

이처럼 매체의 다양성에 따른 운용은 소비자의 사용가치 혹은 의미부여에 따라 다르게 나타나며, 시대의 흐름에 따라 늘 변화하는 속성을 지니고 있다. 플루서는 이러한 변화의 속성을 토대로 전체적인 커뮤니케이션 체계 안에서 매체와 사유방식과 이로 인해 발생하는 다양한 사회현상에 대해 체계적으로 고찰할 것을 주장한다. 그는 역사, 철학, 매체이론, 예술이론 등의 미학적인 방법론을 대표적으로 나열하면서 하나의 줄기를 통해 전체를 고찰한다. 매체 끌림은 바로 전체적인 매체의 성격을 '끌림'이라고 하는 하나의 미학적인 시각으로 판단하려고 하는 중심개념이라 할 수 있다.

매체에 대한 다양한 해석은 독립적인 성향이 강하므로 이것을 전체적인 기준으로 정립하려면 매체의 균등성을 확립해야 한다. 끌림은 매체가 지니고 있는 다양한 개성에 대한 균등성 확보를 위한 인식적인 기반이며, 이러한 기반으로 보이는 매체의 다기능적인 의미는 다소 전체적인 의미로 전환하여 재해석하는 데 사용된다. 매체는 '디지털'이라는 하나의 단면만 지칭하는 것이 아니라 융합 커뮤니케이션 사회의 모든 의사전달과정에서 일어나는 매개적인 성격을 지닌 것을 지칭한다.[25]

이미 이러한 매체적인 성격은 시대의 지배적인 융합 커뮤니케이션 양식을 규정하므로 시대정신에 커다란 영향을 미친다. 현대 융합 커뮤니케이션이 가장 크게 대두되고 있는 디지털의 가상과 현실의 차이에 대해 많은 논란을 일으키고 있지만, 이러한 논란은 아직 매체로서 디지털이 지니고 있는 현실적인 위치가 과거 어느 때보다 커다란 충격으로 소비자에게 다가왔기 때문일 것이다.

이러한 충격에 대해 빌렘 플루서(Vile'm Flusser)는 디지털이 지니고 있는 가상현실은 거짓이라는 일반적인 통념에 대해 "우리가 보는 현실도 플라톤에 따르면 어차피 가상이다. 그렇다면 현실과 가상의 차이는 질적 차이가 아니라 양적 차이일 수 있다"라고 언급하고 있다. 이것은 현대 커뮤니케이션 사회가 '가상'이라는 인식적 범주에 들어가지 않고서는 디지털 매체가 지니고 있는 가상이 절대적인 가상이 아닌 현실이라는 개념을 끌어올 수 있다. 즉, 현실적인 개념으로서의 매체인 디지털이 성숙한 모습으로 소비자에게 가까이 갈 수 있도록 하려면 현실인식에 대한 새로운 체계가 필요하다. 끌림은 현실과 가상 사이를 넘나드는 자유로운 영역임과 동시에 인식의 새로운 지평이다. 물질적인 차원으로서의 사물에 대한 판단이 아닌 시대정신에 기반을 둔 현대성의 새로운 인식 지평이다.

유물론자인 데모크리토스 역시 "우리가 눈으로 보는 현실이 가상이다. 왜냐하면 모든 사물은 원자의 나열이며, 결코 눈으로 보는 감각세계의 책상이 될 수 없다"고 했다. 이러한 현실에 대한 인식 전환 없이는 현실과 가상은 지속적으로 그 폭을 좁힐 수 없는 갈등구조로 나아가게 될 것이다. 매체 끌림은 가상과 현실이 지니고 있는 갈등구조를 해명하기 위한 선험적인 인식구조에서 출발한다. 인간 이성에 의해 잉태된 첨단과학은 소비자를 현실보다 실재라는 가상 속에 가둬버리려고 한다. 실재를 대변하고 있는 '이성'이라는 도구 역시 현상학적인 사변구조에서 바라다보면 허구이며, 조작에 의한 것임을 알 수 있다.

결국 매체로서의 이성, 감성, 언어, 디지털 등은 가상 속의 커뮤니케이션 체계다. 현실이라는 개념 역시 끌림이라는 대전제를 두고 본다면 현실 지평에 속하는 가상적인 공간이다. 디지털이 지니고 있는 가상은 현실공간의 끌림으로 대신할 수 있다. 현대에 와서 끌림은 첨단매체뿐만 아니라 현실 속의 모든 상호 커뮤니케이션에 해당하는 매체를 하나의 균등한 융합매체의 인식 지평으로 나아가게 한다.

예를 들면, 라디오의 경우 경제뉴스를 듣기 위한 이성적인 매체로 받아들이는 소비자가 있는가 하면, 자신이 좋아하는 음악 프로그램을 듣기 위해 라디오를 듣는 감성적인 소비자도 있다. 이처럼 동일한 매체라도 어떠한 끌림으로 받아들이는가는 전적으로 소비자의 개성에 달려 있음을 알 수 있다. 형식적인 차원의 라디오 매체의 성격을 규명한다는 것은 아직 소비자 개성이 지니고 있는 감성적인 끌림에 대한 자각을 하지 않은 가운데 오는 오류라 볼 수 있다.

이처럼 디지털의 가상공간 역시 '디지털'이라는 매체적인 성격을 통한 형식적 구분이 아닌 어떠한 프로그램 내용을 소비자가 더 원하고 있는가에 초점을 맞춰야 하는 시대가 온 것이다. 이제 디지털은 현실과 동일한 가상공간이며, 장소 및 시간에 관계없이 늘 주변에 있는 산소 같은 존재로서 소비자 개성에 맞춰져 있다.

특히 현대사회에서의 상호 커뮤니케이션의 무게중심이 점점 아날로그에서 디지털로 바뀌고 있는 것은 어쩔 수 없는 소비자 개성의 끌림에 의한 것이며, 이러한 현상에 역행하려는 시도는 오히려 자연스럽게 흐르는 시대적 요구를 거스르게 된다. 이미 많은 소비자는 디지털을 통해 소통하고 있으며, 카톡, 밴드, 페이스북, 트위터 등을 통해 지속 가능한 친밀한 상호 커뮤니케이션을 하고 있는 것은 현실 속의 대화가 디지털의 가상공간으로 전이되고 있음을 알 수 있다. 현실과 가상이 그대로 독립적이 아닌 융합적인 커뮤니케이션 매체로 서서히 자리 잡고 있는 것은 대화를 통해 이뤄진 언어매체가 문자, 영상, 음악 등으로 대체되어 소비자 개성이 끌림에 의한 매체로 더욱 진화되고 있다고 보아야 할 것이다.

따라서 대면을 통한 직접 커뮤니케이션은 이제 필요에 따라 그 횟수가 점점 줄어들고 있으며, 몸과 상호 커뮤니케이션이 분리되어 나타나는 양극화 현상이 점점 심화되어가고 있다. 이러한 현상을 보이고 있는 가운데 소비자 개성은 점점 개성화의 길로 치닫게 되며, 그로 인해 형식매체의 일반적인 통념에서 내용 차원의 끌림 매체라는 새로운 차원이 발생하게 된다. 이제는 동일한 매체도 소비자 개성에 따라 전혀 다른 해석적인 관점으로 인해 그 누구도 소비자와 밀접하게 관여하지 않는 이상 끌림에 대한 이해는 점점 어려워지게 된다.

지금까지의 언어매체는 제스처, 표정, 옷차림 등을 통해 발화자의 정보내용을 정확하게 수용하던 방식에서 차츰 디지털이라는 매체를 통한 문자 혹은 기호, 사진 등을 통해 의사전달 및 결정하는 방식으로 바뀜에 따라 몸의 역할이 줄어든 만큼 언어내용에 대한 다양한 끌림 감각을 함축해야 하는 어려움을 안게 되었다. 따라서 현대 상호 커뮤니케이션에서 디지털이 지니고 있는 다양한 SNS는 의사전달 기능을 위한 수단이 아닌 끌림 매체의 기능으로 재해석이 이뤄지고 있다.

최근 유행하는 '이모티콘 끌림'은 대화상대가 SNS를 통해 이뤄지는 것이 매우 자연스러운 시대가 되었음을 의미하는 대표성을 지니고 있다. 손바닥을 통한 '코무니콜로기' 현상은 이제 소비자의 라이프 스타일을 바꿀 만큼 생활 깊숙이 스며들고 있다. 플루서는 매체융합에 의한 다양한 학문의 연합을 통한 총체적인 복합체로서 '코무니콜로기'라는 학문으로 정립하여 자신의 매체 끌림을 위한 커뮤니케이션 체계를 강조했다.[26] 그 내용은 커뮤니케이션의 어쩔 수 없는 환경을 수용하는 겸허한 태도에서 출발한다. 둘째로는 '코무니콜로기'의 존재론적 필요성을 강조한다. 인간은 사회적인 동물임과 동시에 스스로 홀로 살 수 없는 존재이며, 따라서 커뮤니케이션이라는 범주를 벗어날 수 없다는 주장이다.

바로 이러한 점에서 그에게 커뮤니케이션은 이제 하나의 충분조건 또는 필요조건이 아니라 인간의 삶에서 필요충분조건으로 작용하며, 그 자체가 해석해야 할 하나의 현상으로서 받아들여야 한다고 언급했다. 현대 마케팅에서 매체융합은 사회진화가 만들어준 자연스러운 현상이자 첨단과학에 의해 탄생한 매체로서 한 단계 더 나아가 소비자 주체로서 개성적 끌림 매체다.

첨단매체 코드는 한글과 영어가 지니고 있는 제한적이며 통제에 의한 언어 및 구두 커뮤니케이션을 해방시키는 역할로서 새롭게 작동하는 상징체계로서 상호 커뮤니케이션 끌림 매체이며, 동시에 소비자 개성에 따른 수평적 구조의 커뮤니케이션으로 발전되어가고 있다. 즉, 코드가 지니고 있는 상호교환적인 의미를 전달하는 지극히 주관적이며 개성적인 테크닉으로 나아가고 있다. 지금까지 시각 이미지에서 사용된 매체의 제한적인 운용은 이제 융합적인 '코무니콜로기'의 정체성을 통한 새로운 '끌림 매체'의 확산적인 시각이 절실히 요구되고 있다.

2) '공감각-끌림'

마셜 매클루언은 『구텐베르크의 은하계』에서 한 시대에 새로운 지배적 매체가 등장하면, 단순히 매체만 바뀌는 것이 아니라 이 매체를 중심으로 사회와 문화예술 등 전반적인 영역에서 변혁이 일어난다고 보았다.[27]

최근 스마트폰, 아이패드 등 첨단매체의 급성장으로 과거 아날로그시대에는 활자 인쇄를 통해 정보를 획득했으나 현재는 실시간으로 전 세계에서 일어나는 모든 현상을 유튜브(동영상) 또는 각종 SNS를 통해 소비자 주체의 필요에 의해 장소에 상관없이 직접 들을 수 있는 시대가 되었다.

매체는 생활 속의 단순한 도구가 아니라 소비자 개성에 더욱 직접적으로 영향을 미치는 것은 물론이거니와 인간 존엄의 가치와 사유방식에 대변혁을 일으키고 있다. 이것은 삶의 양식은 물론이고 소비자 개성에 더욱 더 큰 자극을 주고 있다. 팝아트, 비디오아트 같은 새로운 장르의 예술 역시 이미 지난 과거의 예술사조의 한 유형으로 자리 잡게 되었다. 컴퓨터아트, 비주얼아트, 그래픽아트, 아이콘아트 등 수많은 예술 영역은 아마추어도 쉽게 자기 자신의 미적 표현을 할 수 있을 뿐만 아니라 특별한 관심을 가진 동호인을 통해 이뤄진 영화, 영상예술이 이제는 스마트폰을 통해 일상생활세계 속에서 쉽게 편집할 수 있는 시대가 되었다.

마찬가지로 광고캠페인을 위해 사용된 잡지, 신문, TV매체의 권위성은 이제 매체의 홍수로 인해 언제 어디서나 다양한 매체를 만나는 소비자 주체의 끌림에 의한 매체서비스를 받는 시대로 바뀌었다. 이러한 매체의 홍수로 인해 인간의 사유방식 가운데 끌림이 지니고 있는 지향성과 리듬성이 과거의 흐름과는 전혀 다른 현상으로 진화되어가고 있다.

이와 같은 현실 속에서 접하는 매체가 '나-여기'라는 존재적 가치로서 소비자 주체의 대상적인 실체 변화 가운데 다시 해석체로서 인식과정이 바뀌는 것은 당연한 결과다. 현대는 지난 과거부터 줄곧 사용된 인쇄매체와 스마트폰을 이용한 첨단매체가 공존하는 시대다. 따라서 소비자 개성이 어떠한 매체 끌림에 노출되어 소비 및 사회생활을 하느냐에 따라 해석

[그림 38] 공감각의 융합 끌림: 'Inner-Moon'/ Illustrator, 전기순 作.
공감각은 스마트폰의 등장으로 생활 속에 깊숙이 자리 잡게 되었다. 이 그림은 스마트폰으로 사진을 찍은 후 전자 펜으로 터치한 작품이다.

체는 전혀 다른 인식과정을 거치게 된다.

이러한 끌림 매체작용의 차이를 극복하기 위해 융합네트워크로 발전되고 있다. 결국 매체 끌림은 모든 해석체적인 시각의 융합을 통해 재정립할 수 있도록 첨단융합매체로 차츰 정립되어가고 있다. 소비자인식의 변화 가운데 가장 두드러진 특징은 언어적인 사고에 앞서 시각적 사고의 우위를 선호하고 있다는 점이다.

시각, 청각, 후각, 미각, 촉각의 5대 감각 가운데 시각의 우위는 다른 어떠한 끌림 작용보다 우선적으로 나타난다. 매클루언은 이를 첨단매체가 감각들 간의 상호작용에 의한 지속적인 사용 결과, 시각이라는 감각이 나머지 감각들을 통제함으로써 수동적인 감각 서열체계로 만들었음을 주장하고 있다. 감각들 간의 상호작용으로 시각을 통해서도 소리, 냄새, 촉감을 느낄 수 있게 되었다. 이를 '공감각' 차원이라 하며, 시각이 단순히 '보이는' 그 자체를 의미하는 것이 아니라 다른 감각을 수용하는 차원의 영역으로 범위가 확장되어 나타난다.

따라서 끌림 매체의 공감각은 소비자 개성을 마음껏 판단할 수 있는 끌림체로서 확고한 지위를 차지하게 된다. 특히 공감각을 가진 소비자 개성은 스스로 이미 환경에 적응할 수 있는 다양한 양식을 통한 시각을 지니고 있다. 소비자 주체가 지니고 있는 전통적인 환경과 생활습관, 종교, 가치 등은 양식을 형성하는 근간으로서 이미 뿌리를 내리고 있다.

이와 같은 양식을 통한 시각은 소비자의 공감각이 지니고 있는 감성적인 특성을 잘 드러내고 있을 뿐만 아니라 사회생활을 통해 어느 정도 영향을 미치고 있다고 볼 수 있다. 끌림은 단순히 시지각을 통한 획일적인 공통감을 만들어나가는 장르도 있지만 이것은 어디까지나 일시적인 끌림이며, 소비자 자신이 지니고 있는 주체적인 끌림으로서 개성적 몸채를 위한 시각적인 끌림과는 거리가 멀다.[28] 주체 자신이 지니고 있는 양식을 통한 시각은 그 자체가 독창적인 끌림체로 해석되기 때문이다.

현대 광고 및 각종 시각 커뮤니케이션이 지향하는 시지각은 소비자에게 공감각에 대한 공통감을 일깨워주는 것이 우선되어야 하며, 이를 통한 커뮤니케이션이 긍정적인 끌림으로 자연스럽게 움직이게 하는 데 있다. 양식(良識)은 어떤 시간의 종합에 정초하고 있고, 앞서 언급한 가치와 습관의 종합에 의해 드러나며 시지각은 소비자 개성의 양식에 의해 판단한다.

독창성이라는 것은 소비자가 지니고 있는 주체적인 시각양식에서 벗어난 시각적인 부분에 의미를 둘 수 있다. 왜냐하면, 독창성이 지니고 있는 요소 가운데 가장 특징적인 것은 그 대상을 보고 있는 소비자 자신의 양식과는 차이가 있는 특이함이기 때문이다. 이 차이는 시간과 환경을 통틀어서 언급하는 차이이며, 이러한 차이를 어떻게 공통감으로 발전시켜나가느냐는 전적으로 시각 커뮤니케이션을 주도하는 전문가의 창의력에 달려있다.

끌림이 지니고 있는 다양성 가운데 양식은 소비자 개성의 문화적인 정체성이라고 할 수 있다. 소비자 개성은 양식을 통한 시각문화이며 시각 끌림이다. 시각 끌림은 소비자 개성의 양식에 의한 끌림이며 차이다. 따라서 눈에 보이는 대상이 소비자 자신에게 시각 끌림이 없으면 아무런 동요나 흔들림이 없다. 양식은 차이를 부정하지 않고 오히려 차이를 인정한다. 충분한 연장과 시간 속에서 차이가 스스로 부정된다는 점을 긍정하기 위해 꼭 필요한 만큼만 인정할 뿐이다. 이러한 양식에 의한 차이에 대한 수용은 어느 정도 보편성의 양식을 발견하는 데서 차이를 극복할 수 있다.

따라서 양식에 의한 시각감각을 시각 끌림으로 나아가게 하기 위해서는 공통감의 보편적인 동등한 분배를 유지해야만 시각 끌림이 지니고 있는 공감각 끌림이라 할 수 있다. 양식의 차이를 지니고 있는 가운데 이뤄지는 시각 끌림은 서로의 균등한 분배를 통한 동등화 가운데 이뤄진다. 물질적인 대상이 전혀 다른 양식에서 출현했음에도 끌리는 이유는 대상 가운데 숨어 있는 특질 가운데 나타난 균등성에 의한 공통감에 의해서다. 균등성은 주체와 주체, 주체와 대상 간의 일체감에 의해 나타나는 시각 끌림이며, 이것이 전혀 다른 양식에서 발견되면 더욱 강한 시각 끌림으로 발화된다.[29]

일상생활의 평범한 '보여짐'에서 강한 끌림을 지닌다는 것은 주체 자신의 내적 끌림의 훈련을 통한 끌림체로서 '몸채'의 강화(强化)가 이뤄지는 가운데 느낄 수 있지만, 일상적인 생활을 추구하는 보편적인 입장에서는 아무런 감응을 주지 못하는 이유가 여기에 있다. 시각양식의 차이가 주는 불균등성과 이질성은 오히려 강한 인상을 통한 시각 끌림을 줄 수 있다. 호기심에 의한 시각 끌림이 시각양식의 차이에 호감을 갖는 이유가 바로 여기에 있다.

이와 같은 시각양식의 차이가 지니고 있는 끌림 가운데 공통감의 발견은 새로운 창의의 호기심을 자극함과 동시에 더욱 강한 시각 끌림의 근거가 된다. 시각양식의 차이를 인정하는 가운데 발견되는 공통감의 상호관계는 엄밀하게 끌림 대상으로부터 한정할 수 있다. 공통감은 소비자 주체의 연장(延長)이 이뤄놓은 인식능력의 통일성 또는 자기동일성에서 출발한 객관적인 동일성의 느낌이다. 간혹 오랫동안 사라진 기억에 대한 인상이 갑자기 떠올라 상대와의 동일성이 이뤄질 경우도 있다. 이럴 때 느껴지는 공통감은 대체로 보편적인 연장에 의한 공통감이며, 이질적인 양식을 통한 공통감과는 거리가 있다. 그 이유는 전혀 다른 환경과 시간이라는 영역에서는 이러한 대상과의 공통감을 발견할 수 없기 때문이다. 단지 창의의 호기심을 통한 상호 간의 끌림 지향성에 대한 이해가 수반될 때 공통감이 이뤄진다.

이렇듯 시각 끌림이 지니고 있는 양식을 통한 인식적인 범위는 헤아릴 수 없이 많은 개연성을 지니고 있다. 개연성의 범주는 서로 간의 양식의 차이로 인해 수없이 많은 경우의 끌림이 있을 수 있으며, 이러한 끌림의 공통감을 발견한다는 것은 서로 다른 양식에서 오는 차이의 종합을 통한 시각 끌림으로 나아갈 수 있다. 스마트폰이 지니고 있는 동영상, 사진, 아이콘, 카톡 등의 모든 시각 끌림을 우선적으로 한 매체구성은 다른 감각에 대한 힘을 무력화시킨다.

특히 광고매체가 지니고 있는 모든 끌림체계는 시각이며, 따라서 시각은 다른 감각과의 순환적인 상호작용을 억압하는 악순환을 초래한다. 또한 매체 끌림은 매체가 지니고 있는 전문성과 그에 따른 믿음이 우선한다. 매체가 지니고 있는 전문성이 없는 경우 그 매체의 수명은 오래지 않아 사라질 것이다. 수많은 매체를 통한 커뮤니케이션은 점차 개성화 및 다양화로 진행되어가고 있다. 이러한 현대시장의 흐름 속에서 광고캠페인에 성공하기 위한 매체 선택은 매우 중요한 의미를 지니고 있다. 이제는 매체에 따라 사용하는 소비자의 개성에 차이가 있다는 것을 당연히 받아들여야 하는 시대가 되었다.

3) '터치-끌림(Touch-Attraction)'

최근 스마트폰 시장은 과열된 경쟁으로 매년 신상품을 소개하면서 자사상품의 유리한 고지를 선점하기 위해 경주하고 있다. 첨단 기술의 탑재는 물론, 외형적인 상품디자인의 차별화를 위해 '손끝-맛'에 최대한 부드러운 느낌을 주기 위해 견고성과 첨단성, 그리고 재질의 부드러움에 박차를 가하고 있다. 기능성과 심미성, 첨단성은 상품의 수명과 직결되어 있는 것은

[그림 39] 터치-끌림: 'Inner-Touch'/ Illustrator, 전기순 作.
작품을 제작할 때 손끝에서 느껴지는 터치는
또 다른 차원의 끌림 홀이다. '세계-속의-몸'에
의해 소비자 주체마다의 고유한 '터치-끌림'을
함축하고 있다.

당연한 현실이 되었다.

손끝에서 느껴지는 터치는 시각적인 파악과는 또 다른 차원의 끌림
영역이며, 쉽게 간과할 수 없는 소비자 주체의 개성과 연결되어 있다. 부드
러운 터치를 좋아하는 소비자가 있는가 하면, 거친 터치, 솜털 느낌의 터
치, 탄력성을 지닌 터치, 푹신한 터치, 꽉 찬 느낌의 터치, 축축한 느낌의 터
치, 시원한 느낌의 터치, 젤 느낌의 터치, 손으로 다루기 쉬운 터치, 묵직한
느낌을 주는 터치 등 '터치-끌림'은 물질적인 신체가 요구하는 '쾌'의 종류
만큼 다양하다. 첨단 상품을 원격 조정할 수 있는 것도 터치에 의한 끌림이
며, 세탁기, 기능성 로봇, 에어컨과 자동차, 인텔리전트 아파트 등 모든 첨
단 상품에는 원격 스위치를 통한 '터치-끌림'이 함축되어 있다.

'터치-끌림'이 지닌 첨단성의 상품은 그 자체로 늘 소비자의 소유욕을
자극한다. 소비자 주체의 '터치-끌림'은 물질적인 신체에서 오는 '쾌'뿐만
아니라 비물질적 신체인 몸채에서도 나타난다.[30] 예를 들면, 산행을 하는
가운데 불어오는 시원한 바람결에 의한 '터치-끌림'은 단지 물질적인 신체

에 의한 인위적인 터치가 아니라 자연이라는 환경이 소비자 주체에게 제공하는 심신을 가볍게 해주는 자연스러운 '터치-끌림'이다. 새소리, 빗소리, 종소리 등은 소리를 통한 '터치-끌림'이며, 꽃향기, 나무향기, 향기로운 음식내음 등은 냄새를 통한 '터치-끌림'이라 할 수 있다.

마찬가지로 아름다운 경치, 계곡물의 영상, 시골집의 고즈넉함, 산사의 고요함 등은 글 속의 '터치-끌림'이다. 터치는 순간적인 느낌의 끌림을 의미하며, 사진, 글, 그림, 음악, 연기 등 각 장르에 따른 독특한 '터치-끌림'을 지니고 있다.

소비자 주체의 개성적인 '터치-끌림'은 주체의 정체성에 의한 조건화된 선택에 의해 결정된다. 조건화는 현실에서 주어지는 일반적인 '터치-끌림'을 마음속에 품는 주체의 고유한 문화성에 의해 이뤄진다. '터치-끌림'은 신체의 끝자락에서 느껴지는 끌림이며, 이 끝자락이 지니고 있는 특질은 곧 소비자 주체의 정체성의 합목적성에 의해 결정된다.[31]

터치가 지니고 있는 각도에 의한 방향성은 보이는 대상의 끌림 이미지를 다양한 형상으로 바꾸며, 동시에 소비자 주체의 구성적인 끌림체로 수용되기를 종용한다. 비물질적인 신체인 끌림체의 '터치-끌림'은 믿음의 끝자락에서 느낄 수 있다. 믿음이 지니고 있는 '위함[爲]'의 지향성은 아래에서 위로 향하며, 맨 끝자락에서 절대자의 '터치-끌림'을 받아들이게 된다. 터치는 지속성을 지니고 있지 않은 일시적이며 일회적인 끌림으로 구성되어 조직화한다. 모든 개념에 터치적인 요소가 없으면, 모든 의식의 영역이 가중치를 지니게 되어 쉽게 짜증을 내거나 강한 스트레스를 받게 된다.

생활세계의 모든 가치에도 가볍고 무거움이 있듯이 어떠한 끌림이든 터치의 가벼운 설렘을 갖게 된다. 흔히 삶의 무게를 느끼는 경우는 '터치-끌림'에 대한 가벼운 리듬의식보다는 사회생활을 통한 소비자 주체 스스로의 책임이라는 중압감을 앞세울 때 무게가 점차적으로 높아지는 원리와 같다. 즉 현대 물질문명이 지향하는 돈과 권력, 명예에 대한 사회적 가치를 최고로 여기는 나머지 '터치-끌림'의 순수의식인 위에서 아래로의 보살핌[愛], 아래에서 위로의 위함[爲]/경(敬)/예의[禮], 수평적인 움직임인 우정

(友情)/의리(義理)/믿음[信] 등 자연스러운 인간 존엄성의 도덕적인 가치는 점차적으로 희미해짐으로써 나타난 결과라 할 수 있다.[32]

　일회성 혹은 일시성의 터치 의식은 물질적인 신체에 더욱 가중치를 둔 세계관에 의한 가치판단이며, 실제 비물질적 신체로서 감성적 끌림체의 터치는 신의 속삭임과 같이 아름답고 부드러운 느낌을 준다. 가치를 통한 다양한 터치는 그 자체가 경제적인 부담이 없는 자연스러운 지향적인 끌림이며, 아프리오리의 초월론적인 자아를 통한 터치로 환원된다.[33] 즉 최초의 느낌에 의한 터치는 그 자체가 지극히 단순하며, 대상에 대한 순수한 끌림의 표식이다.

　화이트헤드가 언급한 최초의 느낌으로서 순응적인 느낌의 표식이며, 객체로서 끌림 이미지에 대한 소통의 순수한 표식이다. 몸채는 늘 영원성의 '터치-끌림'을 지향하는 끌림 객체이며, 새로운 것에 대한 '터치-끌림'을 통해 물질적인 현실에 진입[34]할 수 있다. 눈에 보이는 대상에 대한 끌림은 '터치-끌림'에 의한 몸채의 현실적인 관여를 통해 객체의 존재적 사실을 확인할 수 있다.

　또한 영원성의 몸채는 '터치-끌림'이 이뤄지는 순간 현실적 존재 속에 주체화 혹은 객체화되어 스스로 변형된다. 따라서 주체로서 몸채의 '터치-끌림'은 소비자 객체의 비물질적 신체인 끌림체의 변형이 일어나게 하는 최초의 '끌림-작용'을 나타내는 실제적인 몸짓이다.

제2장 끌림 이미지의 시각 커뮤니케이션

시각 커뮤니케이션의 핵심은 임팩트다. 그래픽디자인, 심벌디자인, 사인시스템, 로고타이프, 문자디자인, 웹디자인, 포토그래피, 비주얼아트, 편집디자인 등 시각디자인은 대상으로서 양식의 차이를 인정하는 가운데 존재하는 끌림체. 대상주체[35]는 그 자체가 끌림체로서 고유한 임팩트의 끌림을 지니고 있다. 임팩트의 내면에는 각각의 구성성분에 따른 융합 또는 결합을 통해 의미를 생성하게 한다.

필자는 [도표 29]에서 모든 대상주체의 시각적 임팩트의 끌림 요소를 조형성(Shape)과 도상성(Picture Writing), 추상성(Abstract)과 구상성(Configure), 형상성(Figure)과 표현성(Expression)[36]에 의해 결합하거나 해체한다. 의미생성에 앞서 점과 선이 지니고 있는 리듬과 균형, 무거움과 가벼움, 중심과 주변 등의 조형적인 요소, 컬러와 질감을 통해 표현된 추상적인 요소들은 시각디자이너의 지극히 고유한 끌림체에 의해 '끌림-몸채'의 감각적인 배치가 이뤄진다.

4가지 끌림 요소 가운데 '조형적인 면'과 '도상적인 면'은 이미지 속에서 사물, 사람, 몸짓, 상황을 식별하는 소비자 주체의 자연세계에 행하는 통상적인 분할, 이에 대한 인식, 활동에 따라 배치 의미가 다르게 주어진다. 따라서 '형상적인 것'은 '표현적인 것'과 나누어 또 다른 끌림 대상에 대한 느낌의 구분이 가능하다. 마찬가지로 '추상적인 면'과 '구상적인 면'은 그 자체로는 의미생성을 하는 데 어려움이 따르지만, 분위기로서 구상적인 면과 추상적인 면이 서로 대신한다는 점에서 끌림 대상에서 빠질 수 없는

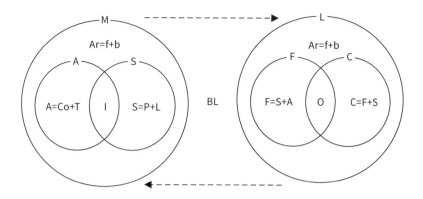

[도표 29] 통합 끌림 시각 커뮤니케이션(IAVC, Interactive Attracting Visual Communication)

M(Mood): 분위기, L(Lay out): 배치, BL(Body Lighting): 몸채, A(Abstract): 추상적, S(Shape): 조형적, F(Figure): 형상적, C(Configure): 구상적, Co(Colour): 색채, T(Texture): 재질, P(Point): 점, L(Line): 선, Ar(Arrangement): 범위, f(foreground): 전경, b(background): 배경, O(Object): 대상, I(Interpretant): 해석체

시각 커뮤니케이션은 대상과 생명체, 대상과 대상의 '끌림-몸채'의 구성성분(A, S, F, C)에 대한 파악보다는 기획의도에 따른 디자인과정 또는 결과에 집착한 나머지 대상 스스로의 주체적 몸채 성격이 사라져가고 있다. 그 결과 독창적인 끌림 이미지가 아닌 클라이언트의 미숙한 해석적 오류로 인해 전혀 다른 디자인이 채택되는 경우가 종종 있다. 대상이 지니고 있는 비물질적 끌림체는 생명체로부터 어떠한 시선을 제공하느냐에 따라 통합 시각 끌림(IA, Interactive Attraction)의 구성성분이 바뀌어 상호작용이 이뤄진다.

영역이다.

대상주체에 대한 차별(Different)적인 시각은 끌림 대상이 지니고 있는 자신만의 독창적인 이항대립의 구조적인 몸채를 만들 수 있다. 이러한 끌림을 위한 구조적인 형성과정은 '단순함'과 '임팩트'를 위한 '끌림-구성'의 이론적 접근이라 할 수 있다. 즉, 시각디자인 방법론의 고정적 체계가 아닌 대상주체로서 수시로 변화는 끌림체의 몸채를 구성하는 과정에서 발현되는 순간적인 변형으로서 끌림체계다.

[그림 40] '통합-끌림' 커뮤니케이션: 'Inner-Tree'/ Illustrator, 전기순 作.
몸채는 소비자 주체와 대상, 대상과 대상의 서로 다른 비물질적 끌림체가 형성되는 순간 나타나는 분위기에 의한 끌림 홀이며, 이것은 다시 '통합-끌림' 커뮤니케이션(IAAC)을 통해 창의적으로 재구성되어야 한다.

1 끌림 이미지의 시각구조

1) 하나의 구상(具象, C=F+B)의 끌림

구상(具象, Configure)은 형상(Figure)이 지니고 있는 독립적 객체성[37]과 달리 배경과의 조화에서 나타난다. 이미지 속에서 사람, 사물, 움직임을 구분할 때 배경이 지니고 있는 자연환경, 인위적인 환경에 맞추어 이해하는 일반적인 해석이나 범주를 의미한다.

구상적인 표현체(CF, Configurative Form)[38]는 생활세계에서 익숙한 경험이나 관습, 가치에 따라 생성된 이미지의 프레임을 통해 '자연에 보이는 대상'에 직접적으로 결부시킬 때 나타나는 형상이나 구상체를 의미한다. 이때 해석체로서의 끌림체는 배경이 주는 구성작용에 의해 끌림 지평이 새로운 느낌으로 대상에 하나의 구상적인 끌림이 되어 나타난다.

아래 [도표 30]에서 구상(C)은 전경의 형상(F), 조형(S)의 융합과 배경이 지니고 있는 환경적인 요소와의 친밀감 속에서 통합 끌림의 간주관적인 몸채가 생성함을 알 수 있다. 조형이 지니고 있는 추상성은 결국 형상의

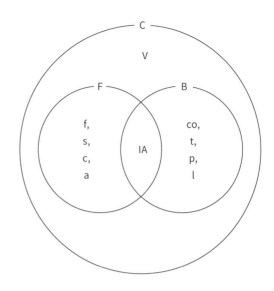

[도표 30] 구상 통합 끌림(CIA, Configure Interactive Attraction)

C(Configuration): 구상, V(Visual): 시각, F(Foreground): 전경, B(Background): 배경, f(figure): 형상, a(abstract): 추상적, s(shape): 조형적, c(configure): 구상적, co(colour): 색채, t(texture): 재질, p(point): 점, l(line): 선, IA(Interactive Attraction): 통합 끌림

실제적인 모양에 귀속됨으로써 자신의 역할이 끝나는 것으로 보이지만, 동일한 형상도 조형성의 끌림에 따른 차이의 역할을 지니게 된다. 즉 구상적인 표현체의 구성요소인 점, 선이 지니고 있는 다양한 표현은 형상이 지니고 있는 윤곽의 강한 대비로 쉽게 눈에 드러나지 않은 가운데 강력한 형상의 의미생성[39]으로 인해 소비자 주체의 몸채에 끌리기도 한다.

하지만 중심, 균형, 대칭, 비교, 리듬 등 눈에 보이지 않는 시지각의 경우 어떠한 구상 혹은 도상적인 표현도 늘 숨어 있는 조형적인 '끌림-차이'로 작용한다. 예를 들면, 중심의 경우, 동일한 모양을 지니고 있는 의자의 주변 환경이 공원인지, 도서관인지에 따라 구상된 배치에 따른 끌림이 다르듯이 중심이라는 조형요소가 지니고 있는 무게와 위치 또한 차이를 지닌다.

이러한 구상적 끌림 현상의 제반적인 조형과 환경요소에 의한 배경적 구성작용은 지각적 '끌림 지평'의 서로 다른 배경 지평의 차이에서 생성된다. 이러한 차이는 또한 끌림체의 몸채가 지니고 있는 '끌림 홀'의 층위 속에서도 분별되어 나타난다. 끌림 홀에서 이뤄진 끌림 층위의 동일한 끌림 차성에서 층위가 지니고 있는 끌개에 의한 어떠한 구성적인 끌림-차이가 발생하지 않는 한, 어떠한 구상적 끌림에 의한 임팩트는 나타나지 않는다. 왜냐하면, 일반적인 평범한 끌림 지각의 구상적인 대상은 창의적인 변형 끌림 지각이 발견되지 않기 때문이다. 의자로 지각되는 환경적인 요인은 책상 옆, 회의실, 연구실, 공원 등이며, 이 장소에서의 의자는 지극히 일반적인 시각적 이미지로 받아들여지게 된다.

하지만 바다 속의 의자, 사막 속의 의자, 날아다니는 의자, 구름 속 의자 등의 이미지는 일상생활에서 흔히 볼 수 없는 대상주체로서 의자를 의미하며,[40] 이 의자를 보는 순간 끌림 홀이 지니고 있는 끌림 지평의 변형적인 조작에 의해 새로운 임팩트의 시각 이미지가 탄생함을 알 수 있다.

[그림 41] 구상 통합 끌림: 'Inner-Tree'/ Illustrator, 전기순 作.
구상 통합 끌림은 전경(F)의 조형성(Shape)과 추상성(Abstract), 구상성(Configuration)과 형상성(Figure), 배경(B)의 색채(colour), 재질(texture), 점(point), 선(line)의 통합 끌림에 의해 나타난다. 매체가 지니고 있는 비물질적인 끌림체는 생명체로부터 어떠한 시선을 수용하느냐에 따라 주체로서 통합 끌림(IA, Interactive Attraction)의 구성성분이 바뀌어 해석될 수 있음을 보여주고 있다.

그러므로 일반적인 순수차성의 끌림 지평에서 임팩트의 창의성은 발견될 수 없고 지각될 수 없으며, 끌림 지각으로 변형되어 구성될 수 없다. 대상 끌림의 주체적인 창의성을 도입한다면, 끌림 지각에 대한 객체적인 경험에 더욱 주의를 돌리는 대신 대상주체에 나타난 끌림 홀의 끌림 층위에서 나타난 지평을 왜곡할 때 생성된 끌림-차이의 변형이라 할 수 있다.[41]

또한 구성적인 표현체의 끌림 지각의 장은 부분적으로 나타나지 않는다. 왜냐하면 보이는 대상은 질료적인 단편들로 이뤄지고, 그 공간의 각 지점은 상호주관적인 끌림이기 때문이다. 하나의 독립적인 끌림 지각적인 단위요소라는 것은 적어도 우리가 그것을 지각하는 정신적인 경험을 한다면 상상할 수 없는 현상이다.

그러나 앞서 언급한 견고한 환경에 의해 고립된 대상들이나 물리적인 닫힘에 의한 진공상태에서의 끌림 지각은 대상의 세계 내부에 있다. 세계 내부에 있는 대상이 색 혹은 질감, 농도, 형태 등에 대해 어떠한 지식정보 혹은 경험이 없는 경우에는 단지 미지의 대상으로서 호기심에 의한 끌림이 이뤄질 수 있을지는 모르지만, 이것은 끌림이 가진 전경과 배경이 지닌 매력적인 끌림은 아니며, 또한 소비자 주체에게 아무런 끌림 자극을 일으키지 못한다.

2) 하나의 형상(形象, F=C+A)의 끌림

형상은 추상적인 것과 구상적인 것의 중간에 놓여 있는 '시각-끌림'이다. 지금까지 형상이 지니고 있는 시각적인 끌림은 형(形)과 지(地)로 이뤄진다

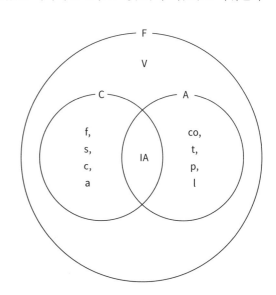

[도표 31] 형상 통합 끌림(FIA, Figure Interactive Attraction)
F(Figure): 형상, V(Visual): 시각, C(Concrete): 구상성, A(Abstract): 추상성, f(figurative): 형상요소, s(shape): 조형요소, c(concrete): 구상요소, a(abstract): 추상요소, co(colour): 색채, t(texture): 재질, p(point): 점, l(line): 선

고 보고 있다. 형은 눈에 보이는 전경(全景, Foreground)을 의미하고, 지는 배경(背景, Background)을 의미한다. 혹자는 형은 형상(形象, Figure), 지는 바탕[本]이라고 말한다.

전경과 배경, 형상과 바탕은 시각영역에서 빼놓을 수 없는 기본단위로서 통합 끌림체(IAM)이며, 동시에 생명체로서부터 어떠한 시선을 제공하느냐에 따라 주체로서의 '매체-몸채'다. 형상을 이루는 조형적인 요소에 관한 접근에 앞서 형상이 이뤄지기 위한 성립요건에는 반드시 배경이 수반된다. 어떠한 대상에도 반드시 주어진 배경이 있으며, 그 배경이 지니고 있는 다양한 끌림 지평에 의해 전경의 끌림 이미지가 성립한다.[42]

예를 들면 나무의 결이 잘 살아난 테이블 위에 검은색 잉크가 떨어졌다고 하자. 이 검은색 잉크가 지니고 있는 모든 점은 하나같이 바로 그 모든 점으로부터 '형(Figure)'을 만드는 어떤 '기능'을 지니고 있다. 그 형의 검은색 잉크는 그 테이블의 나뭇결이 지니고 있는 색보다 명도가 낮은, 다른 각도에서 말하자면 저항감을 더 준다. 검정 잉크의 가장자리는 비록 검정 잉크에 '속해 있는' 테이블의 나뭇결과 인접해 있지만 테이블의 일부는 아니다. 그 잉크자국은 바닥 위에 놓여 있는 것 같으면서도 바닥을 차단하지는 않는다.

또한 검은색 잉크 자국 주위에 묻어 있는 조그마한 잉크자국은 나름의 형상과 모양을 지니면서도 나뭇결에 아무런 저항감을 주지 않는다. 여기에서 잉크와 나뭇결의 접촉면을 보면 제각기 형상을 지니고 있는 모습을 발견한다. 나뭇결에 따라 안으로 살짝 들어간 부분과 그렇지 않은 평평한 부분에 따라 검은색 잉크는 제각각의 형상을 띠고 있음을 발견한다.

만약, 형상과 배경이라는 차원에서 지각하지 않는다면 이러한 각 부분에서 일어나는 가장자리의 미묘한 차이에 대해서는 별다른 신경을 쓰지 않을 것이다. 왜냐하면, 검은색 잉크는 그 자체로 배경과는 아무런 관련이 없는 시각적인 대상으로 받아들이기 때문이다. 나뭇결이 지니고 있는 선의 굴곡과 검은색 잉크를 전혀 관련성이 없는 가운데 일어난 사태로 받아들인다면, 더 이상 전경과 배경에 대한 시각적인 의미를 부여할 필요가 없다. 이것은 나뭇결과 검은색 잉크들이 놓인 지점에서 하나하나 별도로 감각되어야 한다고 말할 것이다.

그러나 시지각은 처음부터 개별성의 시각 상태에서 사물을 지각하지 않는다는 점을 감안한다면, 검은색 잉크는 그 자체로 독립적인 차원으로 존재할 수 없음을 지각할 수 있다. 나뭇결로 이뤄진 테이블이 없었다면 그 위의 검은색 잉크는 다른 장소에서, 다른 형태를 지닌 상태에서 검은색 잉크의 형상을 지니고 있을 것이다.

[그림 42] 형상 통합 끌림: 'Nothing'/ Illustrator, 전기순 作.
형상 통합 끌림(FIA)은 전경(F)의 조형성(Shape)과 추상성(Abstract), 구상성(Concrete)과 형상성(Figure), 배경(B)의 색채(colour), 재질(texture), 점(point), 선(line)의 통합 끌림에 의해 나타난다. 형상이 지니고 있는 비물질적인 끌림체는 생명체로부터 어떠한 시선을 수용하느냐에 따라 구성성분이 바뀌어 해석될 수 있음을 보여주고 있다.

따라서 시각적인 차원에서 보이는 모든 대상은 형(figure)과 지(fond)가[43] 총체로서 동시에 감각된다는 점을 알 수 있다. 눈으로 바라보는 모든 대상은 전경과 배경이 하나로 인상 된다는 점에서 곧 동일한 객체로서의 형상도 어떤 배경에 놓여 있느냐에 따라 전혀 다른 끌림 이미지를 준다. 이것은 대상이 지니고 있는 어떠한 형태도 독립적으로 존재할 수 없음을 확인할 수 있는 매우 중요한 근거가 된다.

일반적으로 보이는 모든 대상은 독립적으로 움직이는 것처럼 보이지만, 엄밀히 말하면 다른 환경 혹은 가치, 문화, 욕구 등의 반복에 의한 배경적인 요소가 행동을 뒷받침하고 있다. 검은색 잉크가 테이블 위에 떨어지지 않은 상태에서 잉크병에 고이 간직되어 있다면, 배경적인 요소는 잉크병이라는 또 다른 차원의 전경적인 요소에 의해 닫힌 이미지를 지니게 된다. 닫힌 대상은 배경이 지니고 있는 지속성과 견고성에 의해 철저하게 외부와 단절된 상태가 된다.

이러한 배경을 지니고 있는 전경은 그 자체로 영구성을 지니고 있지만, 끌림이 지닌 동태적인 이미지로서의 생명력과 차단되어 있다. 특히 시간의 흐름이 지니고 있는 변화 속에서의 다채로운 현상에 대한 생명력 있는 끌림은 영원히 찾을 수 없게 된다. 시각 이미지 혹은 시각 차원에서 보이는 모든 대상에서 끌림 이미지는 고정적인 배경에 의한 일반적인 통념 속에서는 발견할 수 없다.

지금까지의 모든 형태이론이 지니고 있는 형태와 배경의 관계에서 발견할 수 있는 점은 단지 조형적인 또는 도상적인 차원에서 의미 분석하는 차원으로 머무는 것이 전부였다면, 이 책이 제시하는 끌림 이미지로서 시각적인 매개가 만들어지기 위해서는 적어도 기존의 전경과 배경이 지닌 틀에서 벗어나야 함을 강조한다. 즉 배경이 없는 형태는 미완의 감각상태이며, 형태가 어떠한 환경에서 어우러지느냐에 따라 끌림으로서 새롭게 탄생한다. 사인시스템, 로고, 심벌, 아이콘 등은 배경이 없는 가운데 이뤄진 독립적인 형태라고 판단할 수 있지만, 실제 사용되기 전에는 아직 끌림체로서 역할을 하는 전 단계의 시각적인 요소이며 사용되는 환경에 따라 전혀 다른 끌림 양상으로 탄생한다.

모든 형태이론이 우리에게 어떤 환경에 의한 형태인지에 대해 지극히 가장 단순한 감각적인 느낌이 끌림으로 전해질 때, 이것은 결코 실제적 지각의 우연적인 특성이 아닌 어떤 개념적인 이미지로부터 온 것으로 받아들인다. 대상에 대한 끌림은 사전적인 경험 혹은 인상에 의해 이뤄지는 것이라고 단정할 수 있지만, 그 어떤 단 하나의 이유로 끌림이 이뤄진 것이라고 할 수 없다.

그레마스의 기호 사각형을 통해 형상(Figure)에서 나타나는 전경과 배

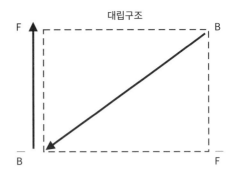

[도표 32] 대상주체로서 시각 형상의 전경(F)과 배경(B)에 의한 기호 사각형

형상의 순수한 규정(Prescriptive) 기능 이외에 형상 자체와 배경의 결합 사이에서 발생하는 미학적 기능인 강조(Appraise), 지시(Referent)의 가치를 발견하는 것이 중요하다.

경의 결합에서 형상 자체의 기능적인 요소인 규정(Prescriptive) 이외에도 미학적인 강조(Appraise)와 지시(Referent)가 포함되어 있다. 위의 기호 사각형에서 나타나는 현상은 형상이 단순한 규정을 의미하는 전경이 아닌 미학적인 요소가 자신의 형상 주위에 있음을 강조한다. 이것은 단순히 기호 사각형의 전경이 지니고 있는 형상을 구분하기 위한 기능적 요소뿐만 아니라 또 다른 기능, 즉 커뮤니케이션의 부가적 기능인 배경으로서 분위기와 문화적 가치가 함께 발화하고 있다는 점을 강조한다. 형상의 역할은 그 어떤 요소보다 전경의 미적 강조와 지시를 함축하고 있는 상징적인 이미지를 지니고 있다.

특히 형상 자체가 캐릭터 혹은 심벌로서 배경과 합쳐질 때 단일의미가 아닌 미적인 복수의미를 띠고 있을 경우에는 형상 바깥의 주체대상으로 나와 있게 된다. 단일의미는 그 자체로(F) 기능적인 차원으로서 정확하게 형상의 기능을 수행할 수 있다. 하지만 단일의미가 아닌 경우에는 또 다른 배경(F)이 수반되어야 의미전달이 명확해진다. 위의 기호 사각형에서 알 수 있듯이 형상 자체의 단일의미가 미적인 복수의미를 지니고 있을 경우 B→B→F의 과정을 통해 단일적인 의미로 고착된다. 즉, 전경과 배경 사이의 관계에서 이뤄지는 형상이 새로운 상징적 이미지가 될 때 비로소 대상주체로서 '끌림-몸체'를 갖게 된다.

현대 커뮤니케이션 사회에서는 이미 오래전부터 고착화된 형상을 자연스럽게 해체한다. 전경과 배경의 만남이 어떻게 새롭게 형성되느냐에 따라 전혀 다른 의미전환이 이뤄지는 경우가 형상을 통해 종종 목격된다. 특히 다문화의 급속한 성장은 이러한 형상의 의미전환을 통해 새로운 대상 주체로서의 끌림을 갖게 한다. 이것은 동일한 문화체계에서 존재하는 상징적인 체계의 병행에 의해 이뤄진다.

예를 들면, 형상에서 의자의 경우 동양과 서양의 서로 다른 문화체계에 의해 의자와 방석으로 나뉘게 된다. 그러나 우리나라의 동일한 문화체계에서 보이는 두 가지 차이점은 동일한 기능이라도 서로 다른 의미의 매개성을 지니고 있다. 왜냐하면 앉는 기능으로서 동일한 의미전달을 함에도 이러한 형상의 차이는 배경이 가진 문화적 상징체계의 이질성(배경) 차이를 지니고 있기 때문이다. 하지만 동일 의미 가운데 소비자의 끌림에 차이(전경)를 느끼는 것은 형상 그 자체에 문화적인 양태가 숨어 있기 때문이다.

3) 하나의 조형(造形, F=P+L)

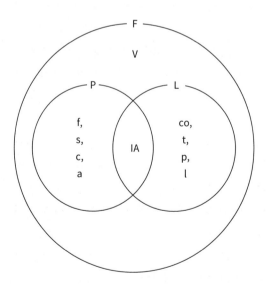

[도표 33] 조형 통합 끌림(FIA, Form Interactive Attraction)
F(Form): 조형, V(Visual): 시각, P(Point): 점, L(Line): 선, f(figure): 형상, s(shape): 조형적, c(concrete): 구상적, a(abstract): 추상적, co(colour): 색채, t(texture): 재질, p(point): 점 요소, l(line): 선 요소, IA(Interactive Attraction): 통합 끌림

비언어적인 체계인 조형의 미세한 끌림을 언어적인 의미로 전환한다는 것은 거의 불가능에 가깝다. 여백, 공간, 틈, 색채, 리듬, 곡선, 직선, 작은 점, 큰 점, 가는 선, 긴 선 등의 언어 기호체는 의미만 전달하는 것이 아닌 끌림체로서 조형주체의 몸채가 살아 숨 쉬고 있다는 전제하에 언어적인 의미의 범주를 만들 수 있다. 언어의 의미는 그 자체가 분절적인 기호의 연속이라고 본다면 조형 기호체는 대상주체로서 끌림체의 연속적인 지평[44]에 의한 몸채의 변화를 직접 체험한다는 점에서 가장 큰 차이를 지닌다. 조형은 그 자체의 순수성이 문화체계의 상징체계로 바뀌는 순간 의미의 영역인 언어 기호로 포장[45]된다.

따라서 포장된 언어적인 의미를 제거하는 순간 조형의 본질적인 순수성이 되살아나 다른 문화성과 포장하기 위해 대상주체로서 '끌림-몸채'를 발산하게 된다. 대상주체로서 조형과 소비자 주체 간의 간주관적인 끌림에 대한 역동적(Dynamic)인 대칭, 균형, 중심, 리듬, 대소 등 조형적인 끌림의 숨은 의미는 시각적 주체의 개성적 끌림체의 해석으로 인해 새롭게 문화적인 의미로 드러난다.

조형적인 표현체는 주어진 형상(F)이나 구상체가 그 자체로 구상적인 것으로서 의미를 전달하는 것이 아니라 추상적인 것을 더욱 강화하기 위한 수단[46]으로 표현되었을 때를 의미한다. 즉 책상 위에 놓인 시계는 그 자체의 구상적인 표현체로 파악할 수 있지만, 주체의 끌림체에 따라 '약속' 혹은 '시간의 흐름', '시간 정지' 등의 다양한 해석으로 보이게 되는 순간 조형적인 표현체의 또 다른 끌림으로 바뀌게 된다. 시각 이미지에서 의도적인 구상 또는 형상은 곧 바라보는 주체의 몸채 또는 대상적 몸채와의 간주관적인 '끌림 홀'이 생성됨에 따라 조형적인 요소 혹은 표현체의 단일한 의미구성은 불가능하다.

특히 문장이 길수록 언어기호가 지니고 있는 경우의 수가 그만큼의 갈래를 지니게 되는 것과 마찬가지로 시각 커뮤니케이션에서 조형적인 요소가 많을수록 의미생성이 다양해져 끌림의 순간 임팩트성은 사라진다. 또한 조형이 지니고 있는 구조적인 유사성[47]이 없다면, 조형적인 표현은 무

[그림 43] 조형 통합 끌림: 'Nothing'/ Illustrator, 전기순 作.
조형 통합 끌림(FIA)은 전경(F)의 조형성(Shape)과 추상성(Abstract), 구상성(Concrete)과 형성성(Figure), 배경(B)의 색채(colour), 재질(texture) 등 최종적으로 점(point), 선(line)의 통합 끌림에 의해 압축, 확산으로 나타난다. 조형이 지니고 있는 비물질적인 끌림체는 생명체로부터 어떠한 시선을 수용하느냐에 따라 끌림의 구성성분이 바뀌어 해석될 수 있음을 보여주고 있다.

의미한 결과로 받아들이게 된다. 조형은 두 개 이상의 조형적인 요소가 결합할 때 비로소 조형적인 표현체로 생명력을 지니게 되며, 이 조합을 통해 단 하나의 의미를 전달함으로써 조형 통합 끌림(SIA, Space Interactive Attraction)으로 나아가게 된다.

예를 들면, 가느다란 선의 경우, 반드시 가느다란 선과 비교할 수 있는 굵은 선이 가까이에 있어야 한다. 선에 대한 명확한 끌림은 비교대상에 의한 끌림이며, 이 두 개의 조형적인 요소가 하나의 통합체로 있을 때 비로소 통합 끌림이 된다. 즉 조형요소인 점(Point)과 선(Line)의 경우 기호 사각형에서 나타나는 바와 같이 의미전환과정이 서로 다른 감성적인 사고가 이뤄지며, 선 또는 점의 통합 끌림에서 선에서 점으로의 끌림 통합은 마치 빗줄기가 바닥에 떨어져 물방울이 형성되는 순간과 같이 정지의 느낌이 강한 반면, 점에서 선으로의 통합에 의한 확산은 새싹이 자라나는 줄기로 뻗어가는 순간처럼 성장의 느낌이 강하게 전달된다.

이와 같은 현상은 단지 빗방울, 새싹에 한정되어 있지 않다. 조형의 통합과정에서 느껴지는 끌림은 리듬이라는 지속성이 있는 가운데 생성한다. 선의 길이가 짧으면 짧을수록 더욱 강한 점의 압축된 끌림으로 전해지는 이유가 바로 여기에 있다. 반대로 선의 길이가 넓고 길수록 면의 성격이 강한 점으로 평화로운 느낌을 전달한다. 따라서 점선의 강한 끌림은 바로 대상을 바라보는 끌림체의 압축과 확산에 의한 P>L, P<L의 등식이 성립한다고 볼 수 있다.

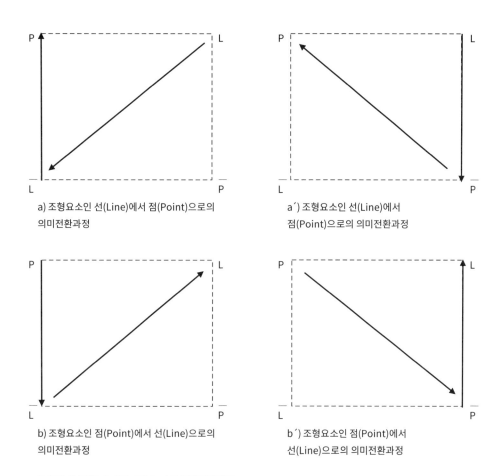

a) 조형요소인 선(Line)에서 점(Point)으로의 의미전환과정

a´) 조형요소인 선(Line)에서 점(Point)으로의 의미전환과정

b) 조형요소인 점(Point)에서 선(Line)으로의 의미전환과정

b´) 조형요소인 점(Point)에서 선(Line)으로의 의미전환과정

[도표 34] 점(Point)과 선(Line)의 의미전환과정
조형적인 표현체가 지니고 있는 구성적인 요소 가운데 압축, 확산에 의해 생성된 점과 선에서 리듬, 균형, 대칭, 조화, 중심 등[48]의 모든 끌림이 생성되는 매우 중요한 조형요소이며, 이 요소를 어떻게 의미전환 할 것인가는 통합 끌림 시각디자인(IAVC)에서 매우 중요하다.

2 끌림 이미지의 신화구조

1) '기호-몸채'

따라서 끌림 이미지라는 것은 주어진 대상주체의 실질적인 이미지와의 끌림이 아닌 눈에 드러나지 않은 배경 속의 초월론적인 끌림 지평과 전경의 물질적인 끌림 지평의 교착상태에서 이뤄지는 생명현상이라고 볼 수 있다. 이 교착에 의한 끌림 현상에서 단지 인상적이라는 정태적인 판단은 유보할 것이다. 왜냐하면, 소비자 주체는 늘 변화를 추구하는 동태적이며 끊임없는 진화과정을 요구하기 때문이다. 마찬가지로 교착에서 움직이는 주체대상에 주어진 인상은 자칫 정태적인 현상 혹은 사건으로 규정하는 오류를 범하기 쉬우며, 동시에 지속적인 변화에 대한 멈춤이라는 이미지로 파악할 수 있기 때문이다.

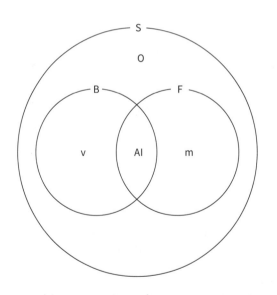

[도표 35] 끌림 이미지의 '기호-몸채'
S(Sign System): 기호체, AI(Attraction Image): 끌림 이미지, O(Object): 대상, B(basic): 기본, F(Foreground): 전경, m(meaning): 의미, v(value): 가치

본다는 것은 빛이 지니고 있는 색을 통해 보이는 것이고, 듣는다는 것은 진동을 통해 소리를 가지는 것이며, 끌림 감각을 지닌다는 것은 물질 그

[그림 44] 기호체로서의 끌림: 'Nothing'/ Illustrator, 전기순 作.
주체대상은 전경의 물질적인 끌림 지평과 배경의 초월적인 끌림 지평의 교차점에서 생성·소멸하는 역동적인 '끌림 홀'로서 동태적인 '기호-몸채'를 갖고 있다.

자체와 물질 저 너머의 초월론적인 성질을 지닌 상징적인 의미, 즉 기호를 지니게 된다. 감각은 무엇인가를 알기 위한 물질적인 신체가 지닌 다양한 느낌을 의미하지만, 끌림 감각은 물질적인 주체대상의 성질 혹은 성정을 통한 초월론적인 느낌을 의미한다.

느낌이 주는 것은 신체 내부 혹은 외부에 의한 감각소여의 느낌을 제공하지만, 끌림은 대상에 대해 단순히 빨강, 파랑이라고 하는 외부적 느낌이 아닌 내부적 성질의 차성, 이를 비물질적 신체인 '끌림체'의 경험 자체에서 드러내는 몸채[49]라고 파악할 수 있다. 끌림은 소비자 주체의 기호만큼이나 풍부한 성정을 지닌다. 예를 들면, 운동용 매트에서 보이는 파란색 줄무늬는 매트 자체의 굴곡에 의해 생성된 것이며, 창밖에서 비추는 햇빛의 움직임에 따라 관계해서 점차 새롭게 나타날 뿐이다. 이러한 매트의 파란색 줄무늬의 성질은 공간적인 상황이 만들어낸 비물질적인 몸채다.

또한 파란색의 변화는 매트 자체가 지니고 있는 색에 의해 규정된 것이 아니라 햇빛에 의해 파란색 줄무늬로 나타난 것이다. 이러한 대상에 대한 분석적인 시각을 통해 개개의 대상에는 제각기의 성질이 있으며, 거기에는 그에 따라 거주하는 의미들이 있다는 사실을 발견하게 된다. 여기에서 대상에 대한 끌림 이미지는 대상의 순수감각에 의한 본질적인 성질을 통해 나타나는 것인가? 아니면 그 대상 주위에 정초하고 있는 의미 속에서 발견하는 것인가? 즉 매트의 파란색 줄무늬가 지니고 있는 그 자체로서 순수감각의 끌림뿐만 아니라 그 주위를 감싸고 있는 공간을 통한 햇빛에 의해 굴곡진 곳의 파란색 줄무늬는 의미공간이며, 새로운 끌림의 영역으로 주어져 있음을 발견한다.

시각 이미지에서 주어진 전경은 소비자에게 정확한 의미를 전달하기 위한 대상임에도 소비자에게 동일한 느낌을 지니지 않는 것은 설득의 부재보다는 끌림의 교착상태가 서로 다르기 때문이다. 끌림의 교착상태는 동일한 대상이라도 빛이 지니고 있는 굴곡에 따라 다르게 나타나듯 대상이 지니고 있는 특징적인 요소에 대한 공통감의 의미가 소비자의 환경에 따라 다르게 이해된다. 이것은 시각 이미지의 끌림이 새로운 시각요소 또는 광고 크리에이티브에 있는 작은 단위적인 요소로 판단할 수 있다.

그래서 혹자는 임팩트적인 기법 혹은 끌림은 시각적인 효과를 통해 드러내는 것이라고 단언한다. 하지만 시지각이 지니고 있는 근본적인 순수감각에 의한 경험적인 성질을 인식할 때 끌림은 환경이 만들어놓은 '가치'라는 깊은 터널에서 만날 수 있는 배경의 순수감각이며, 이러한 가치는 전경이 지니고 있는 대상 '의미'와의 절묘한 교착상태에서 이뤄진다. 순수감각은 시지각의 어떠한 요소에도 영향을 받지 않은 감각상태를 의미한다.

이러한 순수감각이 바깥 세상으로 드러날 때는 환경이라는 배경적인 가치와 서로 교감이 이뤄진 편견된 시각에 기초하게 된다. 이때는 이미 환경이라는 인식에 기초를 둔 시각 이미지의 배경을 의식해야 하며, 또한 '본다', '이해한다', '감각한다'는 것이 어떤 의미를 갖는지를 알 수 있다.

배경의식에 대한 명증성은 결국 이러한 순수감각을 기초로 하여 가치가 수반되는 문화성임을 알 수 있다. 익숙한 생활환경 속에서의 배경은 이미 공통적인 이해범주로 판단하므로 아무런 끌림을 느끼지 못한다. 시각 이미지가 지니고 있는 실제적인 경험은 전경에 드러난 의도를 이해할 때 소비자의 의식 속으로 침잠한다. 이때 침잠하는 대상의 의미는 소비자의 배경의식을 통한 의미해석이며, 이것이 서로 이해될 때 비로소 끌림의 요소를 발견한다.

2) '상징-몸채'

시각 이미지는 하나의 상징으로 소비자를 끌리게 한다. 상징은 하나의 기호체이며 의미를 지니고 있다. 이 책에서 상징 끌림은 소비자 개성이 지니고 있는 다양한 환경에 의한 관습적인 기호와 시각 이미지의 상징을 비교 설정함으로써 끌림에 대한 객관적 실재를 파악할 것이다. 지금까지의 시각 이미지에 대한 분석은 시각전달과정 또는 시각 커뮤니케이션 과정에서 일어나는 의미 분석의 방법론과는 다른 차원의 끌림에 대한 상징분석이다. 즉, 소비자 개성이 지니고 있는 관습적인 기호에는 주어진 환경적인 문화가치가 만들어놓은 다양한 기호가 내재되어 있다. '내재된 소비자 관습을 통한 기호는 시각 이미지에 어떤 상징적 역할을 하는가?'라는 질문은 일반적인 의미론과는 전혀 다른 차원의 인식적 전환체계를 요구한다.

[도표 36] 끌림 이미지의 '상징-몸채'
S(Symbol System): 상징체계,
E(Environment): 환경, VC(Visual
Code): 시각코드, LC(Language Code):
언어코드, s(spirit): 정신, m(meaning):
의미, AV(Attractive Value): 끌림 가치

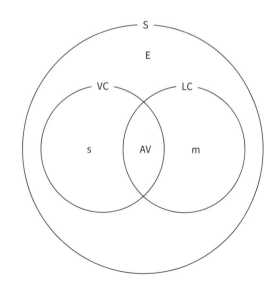

시각 이미지에서 느끼는 상징적인 기호는 단지 시각 이미지가 지니고 있는 의미전달과정에서 생기는 주변의식에 의한 구성성분인가? 아니면 의미 자체를 감싸고 있는 자기장 같은 에너지체인가? 또는 의미매개체로서 전달자인가?

이러한 질문에 대한 여러 기호이론 가운데 19세기 말 미국의 철학자이자 현대 분석철학 및 기호논리학자인 찰스 샌더스 퍼스(Charles Sanders Peirce)가 새롭게 정립한 삼부이론을 통해 시각 이미지에 대한 상징적 해석을 할 것이다. 시각 이미지가 주는 모든 기호는 소비자 개성에 따른 해석체가 무엇이냐에 따라 전혀 다른 의미를 생성한다.

[그림 45] '상징-몸채'로서의 끌림: 'Mute'/ Illustrator, 전기순 作.
주체대상은 시각적인 코드와 언어적인 코드가 갖고 있는 정신문화와 해석체가 가진 의미의 연속적인 교차에 의한 변화 가운데 생성·소멸하는 '끌림 홀'이다.

특히 기호가 지니고 있는 의사소통은 코드로 종합되며, 이러한 종합적인 코드는 소비자 자신의 고유한 소통매개로 개성이 창출된다. 우리는 이제 소비자 자신이 지닌 코드 없이는 대상에 대한 개념적인 사유를 할 수 없으며, 기호들의 결집체로서 상징적인 끌림 없이는 시각 이미지에 대한 아무런 대상적인 개념을 발견할 수 없게 된다. 코드는 기호를 규정하는 하위적인 개념으로서 사회적·문화적 관습은 기호가 무엇을 의미하는지를 결정한다.

여기에서 중요한 것은 소리언어, 그림언어를 시각 이미지에서 코드의 원형으로 잘못 판단하는 경우가 많다는 점이다. 코드의 원형은 모든 의미를 발생·소멸시키는 근원적인 코드를 의미한다. 소리언어와 그림언어가 발생하기 이전의 코드는 지역과 환경에 따른 생활습관에 선행하는 정신, 문화가치에 기초를 둔 코드다.

이러한 정신과 문화가치는 눈에 드러나지 않은 지역 환경의 오랜 시간성에 축적된 문화코드다. 이것을 퍼스의 해석체 이론은 자신만의 고유한 범주론으로써 커뮤니케이션 과정들을 보편적인 토대로 재구성하려는 시도에서 출발한 상징적인 이론이라고 할 수 있다. 해석체는 소비자 개성 그 자체의 고유한 보는 방식이 있음을 의미하며, 의식의 대상으로서 시각 이미지가 소비자 개성의 의식에 주어지는 방식, 또는 끌림 이미지가 생성되는 상징이 소비자 개성에 주어지는 방식에 관한 모든 것을 파헤치는 과학적인 도구라 할 수 있다.

일반적으로 소비자 개성은 소비자 스스로 갖는 대상에 대한 개념[50]들을 지니고 있는데, 이러한 개념들이 없는 가운데 대상에 대한 구별은 불가능하며 또한 대상에 대해 어떠한 말도 할 수 없을 것이다. 따라서 위의 대상에 대한 개념을 발생론적인 차원에서 보면 대상은 세계를 바라보는 지각의 상(象)에 가까이 가기 위한 모사(模寫)가 아닌 이미지, 즉 인상(印象)에 의한 묘사(描寫)다.

따라서 모사는 남의 목소리나 새 등의 소리를 흉내 내는 것과 마찬가지로 사물을 형체 그대로 그리는 것을 의미하며, 묘사는 대상이나 현상을 언어로 서술하거나 그림으로 나타내는 일이다. 시각 이미지는 모사가 아닌 묘사에 가까운 글이나 그림으로 표현하여 소비자 개성에 가까이 가려고 하는 상징체다.[51] 이러한 묘사로서의 시각 이미지가 지니고 있는 구성적인 동기에 대한 해석이 이뤄져야 하는 것은 당연한 순서다. 각종 시대적 환경이 지니고 있는 사회적·문화적 관습들은 기호와 상징을 결정짓는 규칙 또는 법칙기호로서 알 수 있다. 이것들은 시각 이미지 과정의 형식적 차원의 차이에 대한 시각 커뮤니케이션 분석에 선행하는 해석적 전제조건이다.

소비자 개성은 문화적인 관습으로 이뤄진 상징체이며, 소비자 자신이 좋아하는 기호로 구성되어 있는 복합적인 생명체다.[52] 특히 기호가 지니고 있는 의사소통은 코드로 종합되며, 이러한 종합적인 코드는 소비자 자신의 고유한 소통매개로 개성이 창출된다.

상호 문화적, 내부 문화적인 소비자 개성에 따라 시각 이미지의 동일한 소리언어와 그림언어도 제각기 다른 종합코드로 소통된다. 따라서 시각 이미지가 지니고 있는 상징적인 끌림은 절대적인 해석에 의한 것이 아니라 간주관적인 해석으로 어떤 것을 대신한다는 것이다.

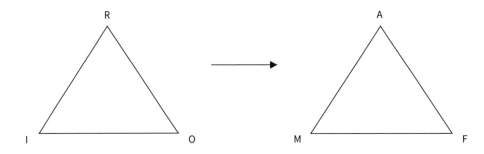

[도표 37] 퍼스의 삼부이론을 통한 끌림의 '상징-몸채'
I(Interpretant): 해석체, O(Object): 대상체, R(Representation): 표상체, M(Body Lighting): 몸채, F(Figurative): 조형체, A(Attraction): 끌림체
　　퍼스의 해석체 이론을 통해 끌림체의 위상을 확인했다. 몸채(body lighting)는 생명체이든 비생명체이든 어떠한 형상과 관계없이 대상주체 스스로 내부로 흡수하거나 외부로 발산하는 빛 에너지이며, 이 빛에 의해 모든 시각대상은 나름대로의 상징적인 끌림체를 표출하게 된다.

이러한 시각 이미지의 간주관적인 판단은 특히 다문화가 점차적으로 팽배하고 있는 현대시장에서 절대적으로 필요한 상호 커뮤니케이션의 정신문화적 코드에 따라 차이가 있음을 강조한다. 지금까지의 일방적인 시각 이미지에 대한 정언적인 판단과 해석은 과학적 분석이라는 미명 아래 이뤄진 기능적인 차원[53]으로 치우친 관점이다.

이 책에서 논의하는 끌림에 의한 해석적인 파악 역시 끌림체로서 간주관적 방식의 코드에 대한 일반적인 도식을 고려한 기호 사용의 해석적인 판단 틀을 갖춘다면 다양한 문화적인 관습에 의한 상호 커뮤니케이션이 가능하지 않을까? "모든 표상체, 상징체(Representation, Symbolism)에는 그것을 대신하는 대상, 지시체(Object, Referent)가 있으며 또한 그 지시체를 만든 해석체(Interpretant)가 있다"고 주장한 퍼스의 의미론적인 접근을 끌림체의 감성적인 느낌 소통의 의미까지 확대하여 동일하게 가능한 틀을 구축하는 것은 흥미로운 연구[54]가 아닐 수 없다.

단지 퍼스의 해석체 이론이 의미 지평의 모든 기호대상에 대한 연구가 주된 영역이라면, 이 책의 끌림은 의미가 생성하기 전의 영감(Inspiration), 직관(Intuition), 통찰(Insight)[55]에 의해 포착된 모든 부분에서 바라봄에 의한 끌림 이미지의 상징을 파악하는 선험적 인식구조다.

예를 들면, 시각디자이너와 소비자 개성의 간주관적 융합의 끌림 지평은 의식 이전의 끌림체에서 시작한다고 볼 수 있으며, 또한 소비자 개성에 따른 수용적인 판단은 해석체의 의미를 통한 시각 이미지가 지닌 공통적인 끌림 상징에 의해 성립된다고 볼 수 있다. 시각 이미지에서 빼놓을 수 없는 상품과 시각디자이너, 그리고 소비자 개성은 간주관적 차원으로서 제각기 끌림체를 지니고 있다.

시각디자이너는 소비자 개성이 지닌 문화코드의 다양한 체계에 의해 수없이 많은 끌림의 다양성을 체득함은 물론, 스스로의 판단에 의한 창의성[56]의 끌림체를 만들어야 한다. 위의 도식은 퍼스의 삼부이론을 통해 실제 시각 이미지의 끌림 이미지는 순간성을 지니고 있는 빛 에너지(Body lighting)에 의해 다양한 해석이 이뤄질 수 있음을 강조한 끌림체계라 할 수 있다. 끌림체인 몸채는 조형적인 형상(Figurative)과의 지속적인 기호화 과정(Semosis)을 통해 시각 이미지의 끌림적인 시각체인 표현을 생성하는 작용[57]으로 이뤄진다고 할 수 있다.

여기에서 끌림체인 몸채는 상품, 시각디렉터, 소비자 개성의 간주관적 해석에 의해 동일한 시각 이미지 혹은 의미도 변화될 수 있다는 가능성을 암시하고 있다고 볼 수 있다. 즉 눈에 띄는 시각 이미지는 몸채와 형상의 지속적인 기호화 과정에 의한 끌림이며, 퍼스가 강조한 해석체는 해석자(Interpreter)를 의미하는 범주에서 벗어난 선험 차원의 끌림체를 의미한다.

따라서 이러한 해석체는 시각 이미지를 바라보는 끌림체인 몸채의 끌림이 소비자 개성만큼 많은 끌림체계를 지닐 수 있다. 특히 몸채가 지니고 있는 간주관적 해석에 의한 끌림은 구성적인 요인에 의해 기호적 의미작용이 제각기 다르게 나타나며, 그로 인해 수많은 몸채인 끌림체가 생성되는 것을 알 수 있다. 퍼스의 해석체는 근본적으로 일차성, 이차성, 삼차성을 통해 존재론적인 해석을 했다. 주변에 아무런 영향을 주지도 받지도 않는 단일체로 주체와 객체에 의존하지 않는다. 이차성은 다른 어떤 것과 연관적이고 상응적이며 반응적인 존재론적 조건이 있어야 한다. 삼차성은 일차성과 이차성이 지니고 있는 요소가 서로 연관을 맺는 매개적인 의미를 만들어낼 때 이뤄진다.

그의 존재론적인 차원에서 보이는 이러한 세계관은 끌림체의 시각적 대상을 통한 내적 울림을 지각하는 차이에서 나타난다. 이것은 잉가르덴이 언급한 표현체와 해석체의 차이를 언급한 부분에서 나타나는 끌림 지평의 차이를 극복하는 토대가 될 수 있다. 시각 이미지에서 볼 수 있는 문자, 즉 타이포그래피의 언어적 사고와 이미지가 지니고 있는 시각적 사고의 융합체계로서 끌림체가 있다. 이로써 끌림 이미지는 의미해석을 통한 이성적인 접근이 아닌 소비자 주체의 선험적인 인식에 의한 미적 끌림체[58]로 파악할 것이다.

3) '순간-몸채'

끌림이 지니고 있는 '패턴-주름'은 시간이라는 흐름 가운데 성립하는 지속 가능한 소비자 주체의 리듬이다. 리듬과 패턴은 순간의식이 지니고 있는 끌림의 정지에서는 발견할 수 없는 것이며, 시간의 지속적 흐름에서 발견된다. 의식흐름은 끌채가 지니고 있는 홀의 움직임에 의해 얽히거나 풀린다. 마치 실타래가 엉켜 있는 것을 하나씩 풀어 헤치는 에너지는 주체 자신의 의지에 의한 신념이 아닌 끌림체 속의 끌채가 지니고 있는 끌림 홀의 활발한 유동성과 투과성을 높이는 몸채 에너지에 의해 변화가 일어난다.

몸채 에너지는 의지에 의한 신념체계에 선행하는 아프리오리의 생명 에너지이며, 물리적인 시간의 엄정한 끌채의 판 위에서 군림하는 의식의 끌림체다. 방금 전에 끌렸던 대상이 순간 사라지고 다른 대상에 끌림이 있었다면, 끌림의 얽히는 과정은 여러 가지 시각에서 파악할 수 있다.

먼저, 두 대상이 눈에 가시적으로 보이고 있다는 점에서 얽힘에 대한 파악이 쉽게 이뤄지지만 끌림이 지니고 있는 소비자 주체의 내적 지평에 의한 판단을 겉으로 확인할 수 없는 점은 소비자 주체의 끌림 패턴이 시간이라는 흐름 속에서 오랫동안 내면에 흐르고 있기 때문이다. 끌림 대상에 대한 비교평가를 통해 얽힘의 정도를 파악하는 것은 이성적으로 가능하지만, 내면에서 움직이는 리듬패턴에 따른 끌림의 차이는 바깥의 얽힘에 대한 원인을 파악하면 할수록 차이의 간극은 쉽게 채워지지 않는다.

순간의식에 의한 대상 끌림이 지속성을 갖는다는 것은 시간흐름 속에서 전의식에 대한 강한 기억으로 거슬러 올라갈 뿐 대상 끌림 자체의 외형적인 리듬 끌림과는 아무런 상관관계가 성립되지 않는다. 먼저 눈에 끌리

[도표 38] 끌림 이미지의 '순간-몸채'
M(Moment-Momche): 순간몸채,
ac(attractive entangle pattern): 끌채
패턴, It(Inner time): 내적 시간, Ot(Outer
time): 외적 시간, v(value): 가치,
i(inspire): 영감, ah(attraction hall):
끌림 홀
　　i<v일 때 대자적 끌림, v<i일 때
즉자적 끌림, m=v일 때 끌림 홀 생성

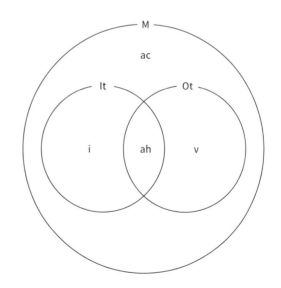

고 후에 끌리는 과정은 시간 속의 끌채에서 이뤄지는 의식흐름에 의한 착시 현상이다. 얽힘 과정은 이러한 시간의식이 지니고 있는 현실적인 차원에만 있는 것이 아니라 내적 지평의 끌채에 따른 끌림 홀의 변형과정에 비롯된다. 끌림 홀의 변형은 지금까지 지니고 있던 유동성과 투명성의 리듬패턴이 차츰 외적 지평의 자극에 의한 내적 지평의 변화에 의해 민감하게 발생한다.

현상적인 차원에서 말하자면 소비자 주체의 내적 지평이 '외적 지평 A'에 의해 끌채의 '끌림 홀 A'의 리듬패턴이 만들어진 것이라고 할 수 있다. 또한 '끌림 홀 A'는 끌채에 따라 다양한 리듬패턴과의 관계에서 창의적인 내적 지평이 만들어진다. '끌림 홀 A'의 변화는 끌림 대상이 지니고 있는 강도에 따라 소비자 주체 몸채의 현실적인 시간의식의 끌림체에서 매우 느리게 혹은 빠르게 진행하게 된다. 이로써 '끌림 홀 A'의 패턴은 소비자 주체의 현실적인 시간의식에 의해 구성되며 변형이 이뤄진다.

시간의식을 감싸고 있는 몸채는 '지금-순간'이라는 의식 속에서 살아 숨 쉬고 있으며, 이와 동시에 항상 창의적인 새로운 '지금-순간'이라는 의식 가운데 끝없는 순간성의 끌림 얼개로 '끌림 의식'이 남게 된다. 일반적인 시간의식에서 흐르는 모든 '지금'이 과거 속으로 되돌아가 가라앉는 가운데 그 자신의 엄밀한 동일성을 견지하고 있다는 사실은 끌림 의식이 그대로 현존하고 있음을 의미한다. 동일성 의식은 끌림 의식과 대등한 위상에서 끌채의 리듬패턴이 '지금 그대로' 남아 있음과 같다고 볼 수 있다.

끌채가 지니고 있는 끌림 홀의 리듬은 대상 끌림의 내용과 형식에 따라 리듬패턴이 주어지며, 그 리듬패턴의 동일성에 의해 끌림의 지금 그대로의 항상성이 유지된다. 새로움은 순간성에 의한 시간의식의 단절된 흐름 속에서 느낄 수 있다. 단지 그 의식의 흐름이 빠르거나 느린 느낌을 받는 것은 시간의 절대성에서 비춰본다면 소비자 주체의 내적 지평의 끌림 얼개에 따른 시간의식에 의해 일어나는 제반 현상이며, 끌림 대상에서 일어나는 객체의 원인이 아니다.

따라서 끌림 대상은 어디까지나 소비자 주체의 내면에서 흐르는 시간의식을 일깨워주는 끌림의 촉매작용이다. 하지만 끌림 대상에는 현상적인 시간의식에 의한 단계 지워짐이 현존하며, 끌림 대상에 대한 이미지가 점차 사라져버리는 현상, 즉 '지금-순간'에서는 극도로 강하게 끌림이 이뤄지고 궁극적으로는 전혀 느낄 수 없는 것에 이르기까지 가라앉아버리는 실제적인 끌림의 파악작용에 관해서는 또 다른 끌림 원인을 제공한다. 무엇보다 '지금-순간'의 계기는 끌림 대상에 대한 항상성을 늘 맞이할 수 있는 내적 지평의 변형을 요구하는 것이며, 이 변형은 끌채가 지니고 있는 '끌림 홀'의 끝없는 유동과 투과를 통한 내적 지평의 새로움을 만들어나갈 때 창의적인 끌림 대상이 눈앞에 보인다. 방금 전에 가라앉은 '지금-순간'의 끌림은 새로운 끌림이 아니라 오히려 새로운 '지금-순간'의 어떤 끌림에 의해 밑으로 가라앉거나 밀려난 것이다.

　　이러한 가라앉음, 밀려남 속에서 소비자 주체의 몸채 에너지가 끌채의 리듬패턴을 통해 '끌림 홀'의 역동적인 창의성이 살아 움직인다. 그러나 방금 전에 사라져버린 '지금-순간'이 지니고 있던 바깥 끌림이 '지금-순간'적 끌림이라는 성격을 상실한 반면에, 끌림은 소비자 주체 자신이 지니고 있는 대상 끌림의 지향성에 지속적으로 남아 불변하는 것으로 유지되고, '지

[그림 46] '지금-순간'에 의한 끌림: 'Nothing'/ Illustrator, 전기순 作.
끌림 이미지의 '지금-순간'은 시간의식에서 생성·소멸하는 가치와 영감에 따른 끌림 패턴의 변화가 나타난다.

금-순간'의 바깥 끌림은 개체적 객체성으로의 지향이며, 직관하고 있는 가운데 발생한 소비자 주체가 지니고 있는 몸채의 창의적인 빛 에너지다.

따라서 이러한 관점에서의 끌림은 '지금-순간'에 발생한 주체 몸채의 빛 에너지이며, 이것이 '특별한 느낌'에 의해 객체로서 끌림 대상과의 동일성이 이뤄진 상태라고 볼 수 있다. 그러나 여기에서 주체 내적 지평의 몸채를 통한 끌림과 외적 객체로서 끌림 대상의 동일성의 유지가 무엇을 뜻하는지에 대해서는 좀 더 깊이 있게 고찰할 필요가 있다.

소비자 주체와 대상이 지니고 있는 끌림이 동일한 환경과 배경 속에 있다고 하더라도 객체로서의 끌림 대상은 어디까지나 소비자 주체가 지니고 있는 내적 지평과는 다른 몸 밖의 외적 지평에 놓여 있는 대상이며, 따라서 얼마든지 소비자 주체의 몸채와는 다른 외적인 구성요소에 의해 놓여 있다는 것이다. 끌림 대상이 소비자 주체의 '지금-순간'이 지니고 있는 직관적인 끌림과 전혀 다른 차원의 환경에 놓여 있다면 순간적인 동일성이 유지되더라도 또 다른 구성적인 얽힘으로 나아간다.

또 다른 각도에서 보면 대상 끌림이 지니고 있는 시간의 객관적인 흐름 속에서의 변화와 소비자 주체의 내적 지평에 의한 시간의식의 차이에 의해 '지금-순간'의 얽힘에서 대상과의 동일성이 이뤄진다는 점이다. 예를 들면, 인도인은 자신의 현재 삶을 시간의 무한한 영원성을 지니고 있는 가운데 놓여 있는 '지금-순간'으로 파악한다. 이러한 소비자 주체의 내적 지평이 지니고 있는 몸채가 느끼는 끌림은 무한한 우주공간에서 느끼는 매우 미미한 동일성으로 보인다.

반면 현대사회가 추구하는 더 나은, 더 좋은 위치를 확보하기 위해 시장경쟁체제에서 바쁘게 움직이는 소비자 주체의 내적 지평이 지니고 있는 몸채 끌림은 유한한 현실공간에서 느끼는 조각된 동일성으로 나타난다. 끌림 대상은 늘 거기에 있는 객체로서 자연의 순화과정을 통해 놓인 소비자 주체와는 다른 차성의 객체이며, 이것과의 끌림이 이뤄지는 '지금-순간'은 바로 주체와 객체의 시간의식의 차이를 통한 얽힘의 동일성을 발견하게 된다. 이미 시간의식은 주체와 객체, 즉자와 대자, 내적 지평과 외적 지평에 의해 발생한 몸채의 양태에 따라 '지금-순간'의 시간적인 위치를 만들게 된다.

　후설에게 시간질료는 시간위치와 시간적인 확장을 갖는 것으로서의 객체, 지속하거나 변화되는 것으로서의 객체다. 지금 존재하고 그런 다음 존재한 것으로서의 객체는 파악내용들—감각적 객체들의 경우에는 감각내용들—의 객체화로부터 순수하게 일어난다고 한 점에서 알 수 있듯이 끌림이 일어나는 '지금-순간'의 시간객체의 파악작용은 위의 끌림 대상과 소비자 주체의 몸채에서 일어나는 시간의식의 얽힘의 양태에서 알 수 있다.

　소비자 주체의 몸채와 끌림 대상과의 시간의식의 차이는 과거지향, 현재지향, 미래지향의 얽힘을 통한 끌림으로 나누어 파악할 수 있다. 얽힘에 의한 끌림은 그 자체가 새로운 창의를 향해 나아가고 있음을 의미하며, 끌채가 지니고 있는 홀의 리듬패턴에 영향을 미치게 되어 몸채가 지니고 있는 전 영역에서 홀의 변형이 나타난다.

　일반적인 시각 이미지가 지니고 있는 끌림의 시간의식은 현실을 지향하고 있으며, 소비자 개성이 지니고 있는 다양한 시간의식의 내적 지평을 향해 '얽힘-끌림'이 일어나기를 기대한다. 스마트폰을 예로 들어보면, 스마트폰이 지니고 있는 끌림 이미지는 한 손에 들어오는 세련된 디자인의 스마트폰을 통해 전 세계의 정보를 실시간으로 공유할 수 있을 뿐만 아니라 장소에 제한 받지 않고 사용이 가능하며, 속도 또한 빠르다는 상품의 이점을 알려주고자 시각디자인을 했을 때, 핵심소비자의 나이와 학력, 환경, 소비수준 등을 토대로 아이디어를 만들 것이다.

　이때 중요한 점은 시간의식이라는 무형의 '얽힘-끌림'에 대한 전략적인 개념을 시각디자인의 영역에 포함해서 디자인을 하고 있는가가 중요하다. 왜냐하면 최첨단 스마트폰이 성능에 대한 시간의식을 과거·현재·미래에 두느냐에 따라 서로 다른 끌림을 제공하기 때문이다. 소비자 주체가 지니고 있는 시간의식은 타깃에 따라 다르며, 내적 지평에 따라 차이를 보이고 있다.

동일한 환경에서도 나이, 학력, 종교에 따라 라이프 스타일과 몸채의 리듬패턴이 다르다는 점을 인식한다면, 시각디자인의 시간위치를 어디에 둘 것인가는 매우 중요한 크리에이티브 콘셉트가 된다. 핵심소비자보다 나이 많은 사람이 스마트폰을 사용할 때의 시간의식은 최첨단의 원숙한 일면을 보여주는가 하면, 핵심소비자보다 젊은 사람이 스마트폰에 대한 신기한 면을 소개하고 있다고 할 때의 시간의식은 미래지향의 시간의식에 대한 얽힘 끌림을 제공하게 되어 창의의 끌림으로 나아가게 된다.

　　마찬가지로 동일한 핵심소비자가 스마트폰을 들고 있을 때의 시간의식은 '지금-순간'이 지니고 있는 강한 현재와의 얽힌 끌림을 제공한다. 동일한 스마트폰도 어떠한 인물을 배치하고 있느냐에 따라 끌림 대상이 지니고 있는 시간의식의 얽힘이 다르게 나타남을 알 수 있다. 위의 예에서 알 수 있듯이 동일한 대상도 배경이 지니고 있는 분위기에 따라 시간위치가 바뀌게 되며, 시간적인 확장을 통해 스마트폰의 지속성과 변화가 시간객체에 의해 일어남을 알 수 있다. 시간객체는 대상이 사물(대상 그 자체의 질료)로 보여지는 순간, 사물 그 자체는 시각 이미지에서 재현된 특성과는 무관하게 보여진다. 즉, 시간의식을 통해 보여지는 어떠한 시간객체도 순수한 사물이 지니고 있는 감각자료들의 본질적인 측면을 파헤치지 못한다.

　　스마트폰이 완성품으로 탄생하기까지 필요한 내용 및 자료들—케이스, 프로그램, 보드, 전선, 회로, 칩 등—은 시간의식이 전혀 침투해 들어갈 수 없는 사물의 감각자료 그 자체이며, 스마트폰으로 완전한 상품이 되는 순간부터 시간의식이라는 객체가 대상에 포함된다. 이때 스마트폰이 지니고 있는 시간의식과 비시간적으로 파악된 내용 및 자료들은 종적인 관계를 통해 의식의 흐름 속에 존립하며, 이 의식이 지닌 시간의식 속에 동일성을 찾아 '얽힘-끌림'으로 변양된다. 끌림의 지속성은 시간이라는 흐름에 역행하는 강한 여운을 의미하고, 이 강도가 '지금-순간'의 연속성으로 이어져 지속적으로 이어져오는 새로운 얽힌-끌림에 저항하며, 시각 이미지가 지니고 있는 전경의 '배치' 혹은 배경이라는 '분위기'로 나아간다.

1 메를로퐁티의 '형태-배경이론' 차원에서 본다면, 하나의 감각은 결코 독립적으로 나타나지 않는 배경에서 두드러지게 나타난다고 파악했다. 이는 순수한 끌림이라는 것이 반드시 홀로 존재하는 것이 아니라 물질, 비물질적 대상과 배경과의 끝없는 관계 속에서 돌출된 것이라고 단정할 수 있다. 따라서 대상 역시 배경에서 돌출된 끌림의 주체적인 존재임을 알 수 있다.

2 루돌프 아른하임의 저서 『미술과 시지각』은 대표적인 시지각 이론이라 할 수 있다.

3 Hall S. (1980), "Encoding/Decoding," in Culture, Media, Language, London: Hutchinson Univ. Press.

4 J. J. Gibson (1950), The perception of the visual world, Houghton Mifflin, Boston.

5 '배경'은 시각디자인에 나타나는 기호학적 삼각형의 해석체, 지시대상, 기호화 과정, 심벌, 도상, 조형, 의미, 표상에 있는 잉여성의 몸채가 머무는 공간을 의미한다.

6 시간에 관한 철학적 인식은 동서양의 세계관에 따라 크게 차이를 보이고 있다. 즉, 서양은 직선적인 방향성의 성장을 지니고 있다고 보면, 동양은 반복에 의한 영원성을 가리키고 있다. 끌림 주체로서 몸채의 시간은 동서양의 시간의식과 같이 고정적이 아니며, 끌림체에 따라 직선형, 곡선형, 리듬형, 회전형 등의 변형, 확장, 축소가 가능한 가운데 생성·소멸하는 '끌림 홀'의 리듬이다.

7 '리듬'은 주체와 객체 간에 발생하는 끌림 홀의 끌개(끌림 감, 끌림 시, 끌림 지, 끌림 식)의 층위에 머물러 있거나, 이동할 때 직선, 곡선, 사선이 지니고 있는 주름의 폭과 깊이에 따라 차이를 지닌다. 또한 시간의식에 따라 끌림 홀은 변형적인 리듬이 형성된다.

8 베르그송은 자신의 저서 『물질과 기억』에서 "육체와 정신이 '시간'이라고 하는 매개에 관계하며, 정신성이 시간의 흐름을 통제한다. 또한 시간을 가지는 것이 현재를 가진다는 사실이며, 이것은 신체를 의식의 생성에 기초한 순간적인 한 단면"이라고 단정한다.

9 '살 떨림'은 일반적인 놀람이나 경이로운 순간 느껴지는 현상이지만, 이 책에서 필자는 비물질적 신체인 끌림체의 몸채가 순간적으로 나타나는 느낌을 포착한 가운데 변형되는 끌림 현상까지 포함한다.

10 Eckhart Tolle (2004), The Power of NOW, Namaste Publishing, pp. 47-52.

11 Martin Heidegger (2001), Being and Time, Translated by John Macquarrie & Edward Robinson (Oxford UK & Cambridge USA Blackwell Press), pp. 129-130.

12 Hovland C. (1953), Communication and Persuasion, New Heaven: Yale Univ. Press.

13 Langholz & Leymore, V. (1975), Hidden Myth: Structure and Symbolism in Advertising, New York: Basic Books, pp. 49-92.

14 Ken Friedman (2002), "Theory constrution in design," design studies 24, No. 6.

15 시즐(sizzle)은 신선한 채소, 먹음직스러운 피자, 라면 등의 가공식품에서 가장 많이 활용되는 광고 표현이다. 이것은 시각 이미지에 대한 끌림이 '싱싱함'이라는 몸채의 '끌림 시'에 초점을 맞춘 통합 끌림 커뮤니케이션(IAC, Interactive Attracting Communication)이다.

16 장 마리 플로슈(Floch, Jean-Marie)에 따르면 단 하나의 사진에서도 배경, 전경, 색, 조형적인 면, 도상적인 면에 대한 표현과 내용이 분절되면서 동일한 내용이 해체되어 다의적인 의미를 지닌다. 따라서 시각적인 다의성을 단일의미로 전달하기 위해 언어를 동시에 사용해야 한다. 이때 언어의 역할을 '닻(Anchorage)의 기능'이라 했다. 마찬가지로 서로 연관이 있는 두 개의 비주얼을 단일 비주얼로 통합하는 것은 단일의미로 전환하기 위한 닻의 기능을 지닌 통합 끌림 커뮤니케이션(IAC, Interactive Attracting Communica-

tion) 비주얼이다.

17 Harold D. Lasswell (1978), *The Communication of Ideas*, New York: Harger Bargerers.

18 대표성은 광고에서 상품의 '이점(benefit)'이라 하며, '이 이점을 어떻게 잘 포장하여 표현할 것인가?'에 초점을 맞추어 창의성을 요구한다. 하지만 필자가 여기에서 강조하는 점은 소비자 주체가 전경에 드러난 이점에 결코 눈길을 돌리지 않는다는 점이다. 배경은 전경이 지니고 있는 품격, 가치, 세계관 등에 의해 영향을 받는 순종적이며, 상호 간 긴밀한 '연합-끌림'이다.

19 Habermas J. (1984), *The Theory of Communication Action*, Vol. I, Beacon Press.

20 장 마리 플로슈는 그의 책 『Visual Identity』에서 '대상이 시선에 대해 감응한다는 점'에서 시각 이미지는 소비자 주체의 개성적인 끌림체에 따라 반응하는 주체로서 몸채를 지니고 있다고 할 수 있다. 즉, 시각 이미지가 어떠한 몸채를 보여주는가는 전적으로 소비자 주체의 몸채와 상동적일 때 나타나는 순간적인 끌림이다.

21 Greenwald, A. G. (1968), "Cognitive Learning, Cognitive Response to Persuasion, and Attitude Change," in A. G. Greenwald, T. C. Brock & T. M. Ostrom (Eds.), *Psychological Foundation of Attitudes*, New York: Academic Press, pp. 141-167.

22 Greenfield, L. (1989), *Differents Worlds: A Socialogical Study of Taste*, Cambridge: Cambridge University Press.

23 F. R. Kilpatrik (1961), *Explorations in transactional psychology*, NY Univ. Press, New York.

24 Fishbein, Martin and Icek Aizen (1980), "A Theory of Reasoned Action: Some Applications and Implications," in Nebraska Symposium on Motivation 1979: Beliefs, Attitudes and Values, H. E. Howe, Jr. and M. M. Page, eds., Lincoln, University of Nebraska Press, pp. 68-110.

25 매체 끌림은 개인적인 끌림과 공적인 끌림으로 나눠볼 수 있다. 개인적인 끌림에는 직접적인 매체로서 대화, 면접 등을 통한 언어매체가 있으며, 간접적인 매체로서 서신, 통신, 전화, 인터넷, TV를 통한 문자 및 전파매체가 있다. 공적인 끌림에는 연설, 회의, 강의를 통한 언어매체가 있으며, 신문, 잡지, 라디오, TV 등의 인쇄 및 전파매체가 있다. 이러한 구분은 매체의 형식적 차원이며, 내용적인 소비자 개성에 의한 끌림 매체로 통합되어 균등한 융합체제로 구분되어야 한다.

26 빌렘 플루서(2001), 김성재 역, 『코무니콜로기』, 커뮤니케이션북스.

27 조나단 밀러(1997), 이종인 옮김, 『맥루안』, 시공사.

28 프로이트(1996), 김정일 옮김, 『성욕에 관한 세 편의 에세이』, 열린책들.

29 프로이트(1992), 서석인 옮김, 『정신분석학 입문』, 범우사.

30 메를로퐁티(2004), 남수인·최의영 옮김, 『보이는 것과 보이지 않는 것』, 동문선, p. 192.

31 Ibid., p. 194.

32 사회적 가치와 도덕적 가치에 대한 비교는 '터치-끌림'의 위상적인 차원에서 구분하기 위한 예이며, 이외에도 소비자 주체의 끌림체에 따라 다양한 몸채의 비교 또는 대비 느낌을 구성할 수 있음을 강조한다.

33 메를로퐁티(2004), 남수인·최의영 옮김, 『보이는 것과 보이지 않는 것』, 동문선, p. 197.

34 진입(ingression)이라는 용어는 플라톤의 '관여(participation)'라는 개념과 내용적으로 유사하다. 그것은 눈에 안 보이는 선험적인 객체가 실재적인 존재 '있음'에 표식하게 되는 방식을 의미한다. 이 책에서는 생활세계에서 접하는 모든 터치는 물질적 신체에 의한 관심 대상을 '만짐-만져짐'으로 파악하는 것도 현실적인 물질적 가치 끌림으로 중요하지만, 비물질적 신체인 '끌림체'가

지니고 있는 '몸채'는 늘 영원성의 끌림 객체이며, 이 객체가 현실 속으로 현존할 수 있는 것은 '터치-끌림'을 통해 가능하다고 본다.

35 대상은 주체로부터 끌림이 이뤄지기 전에 이미 그 자체로 고유한 질성(質性)을 지니고 있다. "본다는 것은 색이나 빛을 가지는 것이고, 듣는다는 것은 소리들을 가지는 것이며, 감각한다는 것은 성질들을 가진다"고 한 메를로퐁티의 말처럼 주체의 끌림체와 대상이 지니고 있는 끌림체와 융합이 이뤄지는 순간 '끌림-몸채'가 생성된다.

36 모든 대상은 조형성과 도상성, 추상성과 구상성, 형상성과 표현성 등 이항대립에 의한 구성성분을 통해 다양한 끌림체를 형성한다. 물질적인 대상은 그것을 바라보는 생명체의 시선에 의해 주체로서 비물질적 끌림체의 몸채를 발산한다. 현대의 시각 커뮤니케이션은 대상과 대상, 대상과 생명체의 간주관적인 통합 끌림이다.

37 어떠한 배경의식과 전혀 결부되어 있지 않은 형상을 의미하며, 순수한 의미의 형상을 지칭할 때 사용한다.

38 장 마리 플로슈는 그의 책『조형기호학』에서 보이는 대상을 구상적인 표현체, 형상적인 표현체로 나누어 기호학적으로 분석했다. 이 책에서는 현대 시각디자인에 자주 도입되는 추상적인 표현체, 조형적인 표현체를 추가하여 4가지 끌림 이미지의 시각매체로 체계화했다.

39 점과 선은 그 자체로 의미생성이 이뤄진다. 점에서 선으로, 선에서 점으로 이어질 때 주체의 몸채는 변한다.

40 폴 코블리(2002), 조성택·변진경 옮김,『기호학』, 김영사.

41 위의 내용에서 창의적인 감각 개념은 감각되는 대상주체의 보편적인 감각 구성에 앞서서 끌림홀의 순간적 파악에 의한 변형적인 끌림-층위의 생성이라 할 수 있다.

42 다나카 히로시 편저(2002), 이수범·강지연 옮김,『신광고 심리』, 엘지애드 출판부.

43 형과 지는 형태이며, 게슈탈트(Gestalt) 심리학에서 말하는 유명한 지각의 두 구조다. 지각적 경험에서 우리에게 두드러져 보이는 장면, 즉 전경을 '형'이라 하고, 보이지 않는 배후의 장면, 즉 배경을 '지'라고 한다.

44 지평을 통한 지각적인 경험은 단지 조형 자체의 끌림에 앞서 시간(과거·현재·미래), 공간 그리고 개인의 문화, 역사 등의 맥락적인 배경을 통해 끌림을 갖게 된다.

45 의미포장은 의미변천으로 해석이 가능하지만, 여기에서는 끌림 주체의 의도적인 면이 강하게 요구되는 상황에 초점을 맞춘 의미라 할 수 있다.

46 조형표현에 대한 시각적인 방법론으로 엘리 킨스(Eli Kince)는 대체(Substitution), 조합(Combination), 조작(Manipulation), 병치(Juxtaposition) 방법을 제시했고, 뒤랑(J. Durand)은 첨가, 삭제, 대치, 치환에 조형 언어의 특성을 제시했다.

47 유사성의 원리(Principle of similarity)는 대상주체로서 조형적인 표현체가 방향이나 색, 동일 지평 등이 유사한 것을 스스로 통합하려는 끌림의 경향성을 나타낸다.

48 루돌프 아른하임(Rudolf Arnheim)은 그의 저서『미술과 시지각』에서 균형, 형, 형태, 성장, 공간, 빛, 색, 운동, 긴장, 표현의 10가지 조형적인 느낌을 개괄적으로 설명했지만, 이 책에서는 모든 조형성의 시지각적 현상은 점과 선에 의해 이뤄지며, 점과 선은 조형성의 통합 끌림체로 새롭게 파악함과 동시에 모든 끌림 원형의 최소단위라고 주장한다. 실제로 눈에는 보이지 않지만 점과 선의 유사성에 의한 끌림은 매 순간 나타났다가 사라지는 몸채의 구성체다.

49 몸채는 끌림체의 구성에 따라 서로 다른 빛 에너지를 발산한다. 결국 끌림은 빛 에너지의 동태성에서 파악해야 하며, 주체대상으로서 비물질적인 끌림 홀의 현란한 생성과정이라 할 수 있다.

50 대상주체로서 개념 그 자체가 성립하면 반드시

의미가 생성한다. 이 생성된 의미는 정신성에 의한 끌림 가치가 발생하여 창의적인 상징으로 거듭나길 원한다.

51 수잰 커닝햄(1995), 이종훈 옮김,『언어와 현상학』, 철학과 현실사.

52 클레어 콜브룩(2008), 정유경 옮김,『이미지와 생명, 들뢰즈의 예술철학』, 그린비.

53 존 에클스(1998), 박찬용 옮김,『뇌의 진화』, 대우학술총서, pp. 185-201.

54 헤르만 파레트(2002),「문화와 기호/기호학의 현단계: 감성적 소통; 기호학과 미학의 만남」, 한국기호학회, 문학과 지성사.

55 통찰(通察)은 사물의 관계를 꿰뚫어 이해하는 능력을 말하며, 직관(直觀)은 판단이나 추리와 대립되는 개념으로서 대상의 본질에 직접 접근하여 속성을 파악하는 것을 의미한다. 영감(靈感)은 창의적인 무엇인가를 만들 때 떠오르는 어떤 자극을 의미한다. 이러한 선험적인 인식 차원은 의식이 몸 전체를 감싸서 행동으로 옮겨지기 전의 초월론적인 지평에서 생성되는 끌림체의 순수 지평으로 파악한다.

56 칸트(2003), 이석윤 옮김,『판단력비판』, 박영사.

57 안느 에노(2000), 홍정표 옮김,『기호학으로의 초대』, 어문학사, pp. 20-34.

58 조지 딕키(1995), 오병남 옮김,『현대미학』, 서광사.

제4부 끌림 이미지의 창의적 상징성

제1장 끌림 이미지의 신화 그리고 창의성

1 끌림의 '아프리오리 장'

1) 끌림: '선험-장'

끌림의 선험적 사고 이미지는 언어적 사고보다는 시각적 사고가 선행함을 일찍이 창의성이 풍부한 창작 작품에서 확인할 수 있다. 또한 언어적 사고와 시각적 사고의 지각적인 양분화가 발생하기 전의 정신이 지니고 있는 양태성[1]은 그 자체로 순수존재가 되어 끌림 배경으로 자리를 차지하게 된다. 이와 같은 이원론적인 이성적 사고는 이미 그 자체가 순수존재의 양태적인 끌림의 선험적인 의식의 장과는 다른 이미 현실적인 생활공간에 일어나는 제반적인 인식에서 비롯된 의식차성이며, 현실적인 관념 역시 그 범주를 벗어나지 못한다.[2]

"나는 생각한다. 고로 나는 존재한다"라고 언급한 데카르트의 성찰에서 제시한 회의론적인 사고는 인간이 완벽이라는 차원까지 나아갈 수 있는 출발점임과 동시에 존재의 질문에 대한 종착점임을 제시하고 있다. 이는 신체가 지니고 있는 감각이 때때로 인간을 기만하므로 감각으로 얻어지는 정보는 확신할 수 없는 영역으로 치닫는다. 따라서 바깥환경과 내면환경의 누적에 의한 인식 지평의 생성과정을 통해 이뤄진 존재마다의 '끌림-지평'을 발견해야 한다. 코키토는 '끌림-지평'의 진리에 기반을 둔 가운데 인간에게 존엄성을 부여하며, 물질로 여기지 않는 즉자적 존재 차원으

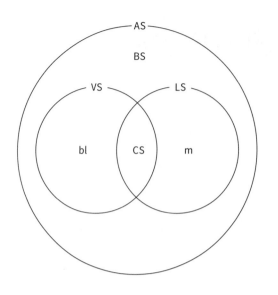

[도표 39] 끌림 이미지의 '선험-장'
AS(A Priori Space): 선험-장,
BS(Background Space): 배경 장,
VS(Visual Space): 시각 장,
LS(Language Space): 언어 장,
m(meaning): 의미, bl(body lighting):
몸채(빛 에너지), CS(Creative Space):
창의 장

로 재조명되어야 한다.

또한 후설의 현상학에서 보면 모든 진리는 몸이라는 신체의 순수감각을 통해 이뤄지는 그 무엇임을 강조한 점에서 '끌림-지평'은 새롭게 부각되어야 하며, 유물론적 시각에 초점을 맞춘 코키토의 일반적 논리의 준거에서 벗어나야 한다. 현대에 와서 메를로퐁티의 초월론적인 선험에 의한 파악은 '코키토' 이전의 준엄한 정신차성(아프리오리, a priori)이 있음을 밝힌 바 있다. 이것은 코키토의 의식차성보다 한 단계 넘어선 인식의 영역이며, 동시에 초월론적인 순수감각에 대한 과학적 인식이 가능함을 제시했다. 즉, 선험적 현상학은 우선 인식론이 아니고 현상과 실재를 엄격하게 구분하여 현상(감각 또는 감각 가능성)만 존재할 뿐이라는 좁은 견해와 경험을 포기한 신개념이다. 따라서 개념적인 추론을 강조하는 합리론에서 벗어난 가운데 모든 선천적인 주장이 직관에 기초하고 직관으로 검증할 수 있는 '끌림-지평'으로 거듭나야 한다.

현상학적인 차원에서 볼 때 코키토가 지니고 있는 인식론적인 가치는 시각 그 자체의 순수직관, 즉 순수감각이 지니고 있는 끌림의 선험적인 현상에 대해서는 아무런 의미를 부여하지 못하고 있음을 알 수 있다. 코키토

[그림 47] '선험-장'으로서의 끌림: 'Moment'/ Illustrator, 전기순 作.
끌림은 코키토의 선험적인 순수차성에 머물고 있다. 간혹 현실적인 실제로 튀어나오는 경우는 몸채에 의한 순간적인 힘에 의한 것이며, 주체대상과의 간주관적인 끌림 장이 형성될 때 비로소 끌림 홀이 생성된다.

의 인식은 이미 고유한 신체가 지니고 있는 현상학적인 차원의 순수감각을 배제한 이성적인 생각이자 언어적인 사고다. 지금 이 순간 신체가 끊임없이 바깥 세상과 교감하고 있음에도 코키토의 이성적인 차원에만 머물고 있다면 자칫 이원론적인 사고에 의해 신체가 지니고 있는 순수감각적인 영속성과는 영원히 결별할 것이다.

메를로퐁티는 『지각의 현상학』에서 "고유한 신체의 영속성은 고전적 심리학이 분석했더라면 더 이상 세계의 대상으로서가 아니라 그 대상과 우리의 의사소통 수단으로서의 신체로 이끌어가야 했을 것이고, 규정된 대상의 총합이 아니라 규정된 모든 사고에 앞서 스스로 우리의 경험에 끊임없이 현존하는 잠재적 지평으로서의 신체로 이끌어가야 했을 것이다"에서 알 수 있듯이 신체가 지니고 있는 순수감각과 그에 대한 특별한 순수직관에 대한 강조라 할 수 있다.

순수직관은 언어적 사고 이전의 시각적인 사고에서 출발하는 몸에서 발현되는 현상이라 할 수 있다. 몸이 지니고 있는 구조 가운데 눈은 대표적인 시각영역을 관장하고 있으며, 귀와 코, 입, 촉감은 신체가 완벽하게 공간 속에 있는 현실 존재임을 파악하는 수단이다. 몸이 지니고 있는 특수성은 끝없이 바깥세계와 내면세계와 소통하고 있으며, 신체의 최첨단 영역에 있는 살은 이러한 변화에 매 순간 반응하고 있다. 이러한 과정에서 생각이라는 것은 신체 외부와의 접촉에 대해 부정할 수 없는 소통을 지니고 있다. 따라서 눈으로 바라보는 대상은 신체의 발현임과 동시에 신체가 지니고 있는 순수감각에서 출발한다.

또한 눈을 통해 들어오는 빛은 몸의 직접적인 접촉이 일어나는 감각이다. 빛은 몸 전체에서 느낄 수 있는 직관을 위한 기본적인 차원임에도 '코키토'라는 인식론에 입각하여 존재적인 질문을 한다는 것은 텅 빈 우주 속에서 홀로 떠다니는 우주복을 입은 우주인의 모습이라 할 수 있다. 캄캄한 어두움 속에서의 코키토는 아무런 의미를 재생할 수 없으며, 오직 의식이 움직이는 생명체로 파악할 수 있다. 현재 주어진 실체는 신체를 통해 증명할 수 있으며, 신체의 살갗은 몸 바깥세계와 내면세계를 소통하게 해주는 최첨단의 접촉면이다. 빛은 생명체를 위한 필요충분조건임에도 이를 간과하는 이론적인 접근은 아무런 감동적인 끌림의 생명 에너지를 공급할 수 없다.

지금까지 몸과 코키토에 대한 이원론적인 사고와 신체를 보잘것없는 물질적인 차원으로 폄하하는 어떠한 이론도 진리로서 대표성을 지닐 수 없다. 신체는 '몸' 그 자체로서 신성한 빛을 머금고 있으며, 이러한 빛의 근원적인 차원을 '생각'이라는 현실적인 차원으로 전환하면서 차츰 사라지고 있음을 간과하고 있다. 신체 고유의 내면의 빛은 바깥 세상의 빛과 서로 만나는 순간 새로운 시각의 세계가 펼쳐진다.

빛의 교감에서 이뤄지는 새로움은 그야말로 '창의'의 시발점이다. 이성적인 체계와 감성적인 교감은 그 이후에 발현되는 의식의 지향이며, 이러한 지향은 이미 의도라는 현실이 필요로 하는 요구에 따르는 불가피한 창의다. 이러한 신체 내부와 외부의 빛의 교감이 의식으로 전환되는 다리 역할로서 감각이 움직인다. 살갗이 지니고 있는 감각은 객관적인 감각이 아니며, 동시에 선험적인 주관에 의한 자신의 창의적인 감각 또한 아니다. 감각이 지니고 있는 근원적인 힘은 빛에 의한 지속적인 교감에 의해 나타나는 감성적인 사물이다.

메를로퐁티는 "철학의 본질적인 개념은 살의 개념이다. 살은 객관적 몸이 아니며, 또 영혼에 의해 자기 것이라고 생각된 데카르트식의 몸도 아니다. 이 살은 우리가 감각하는 것과 감각되는 것의 이중적 의미로 감각하는 것이 가능하다"에서 알 수 있듯이 몸이 지니고 있는 내면과 바깥의 감각이 교차하는 살의 감각은 '빛으로 둘러싸여 있는 몸'인 몸채의 감각이다. 몸채는 살갗이라는 최첨단의 장소에서 몸 바깥과 내면의 빛이 서로 교차하는 가운데 성장하는 끌림의 생명체다.

교감이 없는 가운데 감각이라는 것은 지극히 기능적이며, 기계적인 사고방식에 의한 물질적인 신경체라고 단정할 수 있다. 몸채는 최첨단의 살갗이 순수감각으로 전이되는 순간 사라지는 또 다른 차원이다. 즉, 내 몸은 보편적인 사물이다. 일반적으로 사물은 하나의 장(場)에서 받아들여질 때에 한해서만 차원이 되는 데 반해 내 몸은 그 자체가 하나의 장(場)이다.

한편으로 눈에 보이는 몸은 이러한 장의 역할로서 하나의 차성을 만들어내듯이 눈에 보이지 않는 몸채는 차성을 만들어내는 몸의 끌채로서 지향성을 지니고 있다. 몸이 움직이는 순간부터 몸채는 차성에 차이를 지니도록 늘 변화를 요구하고 있으며, 끝없는 반복에 의한 재생과 창의의 역할을 하고 있다. 감각적인 것으로서 이러한 몸채의 운동은 그 자체가 생명이며, 새로운 차성으로 나아가기 위한 몸부림이다.

지각은 이러한 몸채가 지니고 있는 빛의 운동에 의해 끝없이 진화하며, 개별적인 장(場)을 만들어낸다. 즉 몸채-감각-지각은 끌채를 통한 하나의 존재에 대한 질문을 던질 수 있는 감각성이며, 이러한 감각성을 통한 자기본연의 회귀, 주변세계를 지니고 있는 하나의 장(場)으로서 주체의식, 주변세계 이면의 자기 자신이라 할 수 있다.

결국 자기 자신의 움직임에 대한 본질적인 질문은 몸채의 운동성에 있으며, 감각성에서 이뤄지는 하나의 지각 장(차성)에서 이뤄진다. 움직이는 몸채의 반성적인 회귀는 반성하는 주체의 몸채가 지니고 있는 차성에서 포착하려고 하지만, 끝내 그 포착은 오래가지 못하고 또 다른 차성의 지각장에서 이러한 것을 포착했음을 알게 된다. 일련의 이러한 반성적인 차원의 반복된 실수는 몸채가 지니고 있는 빛의 항상성을 찾아서 끝없이 본질을 추구하지만, 끝내 살갗이 지니고 있는 공간-시간의 개별적인 차성의 활동에 귀속되고 만다. 감각은 다시 몸채로 환원이 가능하지만 이미 몸채의 영원성은 빛의 항상성에서 자기 자신을 움직이는 창의의 생명력을 깨달을 수 있다.

시각 이미지에서 보이는 배경적인 요소는 아무것도 없는 텅 빈 공간이 아니라 그곳에는 시각디자이너가 지니고 있는 고유한 몸채의 차성이 살아 숨 쉬고 있다. 아무런 단서가 없는 의미 없는 공간으로서의 배경일 경우, 시각 이미지에서 아무런 끌림도 제공받지 못한다. 왜냐하면 전경의 끌림 이미지와 배경에서 서로 교감이 이뤄지는 겹침의 모나드가 보이지 않기 때문이다.

따라서 끌림 이미지로서 시각 이미지가 되기 위해서는 배경에 대한 충분한 차성적인 검토가 선행되어야 한다. 광고 표현을 할 때 보이는 배경은 전적으로 시각디자이너의 몸채에 해당한다. 보이는 대상의 주변적인 배경은 소비자의 다양한 차성으로 해석되듯이 광고 표현을 하는 시각디자이너가 바라보는 눈에 의해 배경이 선택된다. 문제는 이러한 선택이 감각 이전의 선험적인 빛인 몸채에서 비롯되며, 이것은 시각디자이너 자신의 반성에서 출발한다. 일반적인 반성은 일상생활 속에서 느껴지는 인식의 범주를 통한 생활반성에서 이뤄진다. 즉 도덕적인 측면을 통한 생활습관, 가치, 문화 등 주어진 환경에서의 반성은 누구나 이해할 수 있는 반성이라 할 수 있다. 이와 같은 반성이 자신의 내면적인 성찰에 지향할 수 있다면, 적극적으로 권장할 수 있다.

그러나 일반적인 반성이 지니고 있는 성향은 '주관', '의식', '자기의식', '정신' 같은 개념들의 지배에서만 전개된다. 따라서 반성 이전의 몸 바깥과 내면의 빛이 지니고 있는 생명 에너지의 몸채에 대한 선험적인 환원을 통해야만 창의적 끌림이 가능하다. 시각디자이너의 반성적인 위치는 반성 이전의 반성을 통해 시각 이미지의 배경이 드러난다. 어떤 경우에는 배경의 흰 바탕이 고요, 편안함, 평화, 청순, 깨끗한, 쉼터, 청결 등의 정적인 느낌을 받기도 하지만 또 어떤 경우에는 동양철학의 기운이 꿈틀거리는 동적인 느낌을 받기도 한다. 이러한 동일한 흰 바탕에서 서로 다른 느낌을 받는 이유는 몸채가 지니고 있는 끌채의 순수감각에 의한 끌림이며, 이것은 환원적인 반성 없이는 도무지 끌림의 근원적인 창의를 깨달을 수 없다.

빛은 화가의 캔버스에서 찾으려고 한 노력에서 발견할 수 있다. 인상주의부터 후기 인상주의에 이르기까지 모든 대상은 빛으로 이뤄진 실체임을 표현하려고 경주했다. 화가 자신의 내면의 빛을 통해 외부대상의 다양한 빛에 대한 조합을 사각형의 하얀 바탕에서 구축하려고 한 흔적은 시각에 관련된 모든 이미지를 끌리게 하려고 하는 현대 시각 이미지까지 이어지고 있다. 외부대상의 빛은 대상에 따라 제각기 개성을 발하고 있으며, 갖가지 형상은 빛을 통해 이뤄진 몸채(Momche)다. 몸채는 빛의 현란한 춤사위라 할 수 있다. 각 대상은 고정적이고 물질로 구성된 것이 아니라 제각기 빛을 발하고 있는 동적이며, 생명력을 지니고 있다.

이와 같은 빛의 다양한 춤사위는 몸에게 주어져 있는 시지각을 통해 형태와 색채로 보이게끔 환경이 조작되어 있다. 이러한 대상이 지니고 있는 몸채의 현란한 생명력은 지금 이 순간도 변화하고 있으며, 빛의 영속성으로 인해 끝없이 진화한다. 매 순간 변화하고 있는 외부대상과 내면의 빛의 움직임과의 순간적인 끌림을 발견한다는 것은 전적으로 각 시각 분야에 종사하고 있는 시각디자이너의 창의성에 있다. 이러한 끌림은 매 순간 교차적으로 일어나고 있다.

시각 이미지의 창의의 힘은 대상이 지니고 있는 고유한 빛에서 오며, 이것을 표현하는 과정의 겹침은 바로 이 고유한 빛을 어떻게 보여줄 것인가에 초점을 맞추는 데 있다. 단순히 수사법, 표현방법을 통한 시각 이미지의 기법은 대상의 생명력을 보여주기 위한 영양분을 제공하는 것이 아닌 비생명적 대상으로서 조각을 내는 것에 지나지 않는다. 대상조각은 소비자에게 아무런 끌림을 제공하지 않는 단순한 유희다. 반대로 대상조각은 대상이 지니고 있는 몸채에 대한 에너지를 격감시키는 우를 범할 수 있다. 대상에 따라 몸채의 생명력은 제각각이며, 동시에 대상 자신이 처한 환경에 따라 다르게 나타난다.

몸채의 자연스러운 표현이야말로 끌림 이미지를 극대화하는 매력을 지니게 된다. 끌림은 대상과 주체의 빛의 교감에 의한 서로 당기는 현상이며, 이를 발견하여 시각 이미지를 표현하는 것이 창의라 할 수 있다. 사각형의 프레임에 주어진 대상이 어떻게 놓이는가는 대상이 지니고 있는 몸채에 따라 다르게 표현되며, 또한 겹침에 의한 깊이가 달리 나타난다. 이러한 대상이 가진 몸채의 특징을 고려하지 않은 대상조각은 소비자의 감성을 전혀 고려하지 않은 형식적인 차원에 머무르는 테크닉이다. 대상조각이 지니고 있는 화려한 테크닉과 기교가 쉽게 식상하는 이유는 끌림 지각이 지니고 있는 이면에 끌채의 몸채가 있기 때문이다. 끌채는 대상조각에 대한 순수 끌림에 의해 나타남과 동시에 사라진다. 대상에 대한 아무런 끌림이 없을 때는 기능적인 차원으로서 대상에 머무를 뿐 어떠한 매력도 지닐 수 없다.

일반적인 소비자에게 끌림의 다양한 느낌에 대해 말로 표현할 수 없는 것은 끌림 자체의 구성적인 역할에 대한 범주를 구체화하는 것이 어렵기 때문이다. 단지 귀찮아서, 또는 괜한 설문에 응답한 내용이 마치 정확한 답을 구한 것처럼 대하는 시각디자이너의 착각에 의한 행위는 영원히 미궁으로 빠져들고 만다. 순수끌림은 아무런 대가를 바라지 않는 가운데 이뤄지는 끌채에 의한 끌림이며, 몸채의 순간적인 착지에 의한 것이다. 몸채가 지니고 있는 포착, 자유분방함, 침투성, 확산, 퍼짐, 찰나의 성정이 그대로 이러한 끌림을 설명하고 있다. 몸채에 대한 아무런 감응이 없는 상태에서의 대상은 끌림이 없는 물질적인 대상이며, 화려한 테크닉과 기교가 난무하는 것으로 가득 차게 된다.

결국 무엇이 끌림인가에 대한 명확한 대답을 얻지 못한 채 이성적인 차원으로 시각 이미지 상태에서의 반복적인 행위가 이뤄진다. 여기에는 기능적인 차원으로서 시각디자인을 해야 하는 지루함이 포함되어 있다. 몸채는 갑자기 나타났다가 사라지는, 그래서 순간적인 느낌을 통해 포착해야 하는 어려움을 지니고 있다. 또한 오랫동안 함께 머물고 있을 만큼 무디게 움직이는 것이 아니며, 자유분방하고 제멋대로 움직이는 찰나의 성정을 지니고 있다. 이러한 끌림체에 대한 인식을 오랫동안 간직할 수 있는 시각디자이너는 감성적인 차원에서 훌륭한 미적 감성을 지니고 있다고 할 수 있다.

또한 언어적 감성에서의 끌림은 시각 이미지에 나타나는 헤드라인의 언어적 수사법에 의한 방법인 반어, 은유, 환유, 감탄, 의인 등 언어적인 기법에서 오는 것이 아닌 카피라이터의 순수감성에 의한 떠오름의 의미공간에서 비롯된다. 창의는 시각 이미지에서 만나는 시각공간(VS, Visual Space)과 의미공간(LS, Language S), 그리고 텅 빈 바탕공간(BS, Background S)의 융합 속에서 발생한다. 세 공간이 지닌 공간적 특징은 서로 절대적으로 침범할 수 없는 개성적인 창의공간을 지니고 있다. 시각 이미지에서 전경이 아무리 뛰어난 이미지를 지니고 있다 하더라도 아무런 감성적인 끌림이 없다면 시각적인 임팩트가 있다고 할 수 없다.

또한 오히려 전경에 있는 시각적인 이미지보다 헤드라인의 의미가 더욱 끌림을 지니고 있다면 그것은 대상과 주체의 끌채에 의한 끌림이 이뤄진 것이라 할 수 있다. 순식간에 헤드라인 주변에 있는 이미지와 배경은 확산적인 끌림으로 수용하게 된다. 즉, 하나의 포착에 의한 끌림은 주변으로 확산되어 동일한 끌림으로 확산이 이뤄지는 현상을 느끼게 한다. 이때 시각 이미지는 전경이 아닌 배경으로 전락함과 동시에 전경이 헤드라인을 떠받치는 형상으로 뒤바뀌게 된다.

마찬가지로 시각 이미지의 배경이 전경으로 뒤바뀌게 되는 경우가 있다. 즉, 배경의 흰색 바탕이 적절하게 잘 구성되어 끌림의 요소로 작용한다면 전경 이미지는 배경을 위한 보조적인 수단으로서 뒤바뀌는 현상을 목격할 수 있다. 시각적인 착시가 아닌 순전히 배경으로 있던 것이 전경으로 바뀌는 현상은 몸채의 갑작스런 나타남에 의한 끌림이며, 새로운 차원의 창의 끌림이 이뤄진다. 헤드라인이 끌림인 요소로 시각 이미지를 장악했다면 시각 이미지의 공간은 의미공간의 차성으로 바뀌게 된다. 또한 배경이 끌림인 요소로 시각 이미지를 장악했다면 이 공간은 의미공간이 아닌 바탕공간의 차성으로 바뀌게 된다.

또한 시각 이미지의 시각적인 요소가 끌림인 요소로 시각 이미지를 장악했다면 이 공간은 시각공간의 차성으로 바뀌는 찰나에 나타나게 된다. 이러한 끌림의 요소에 따라 바뀌는 시각 이미지의 끌림 장은 몸채가 지니고 있는 끌채에 의한 순간적인 포착에 의한 결과라고 할 수 있다. 시각 이미지에서 지각에 의한 창의는 전경에 있는 대상에서 나타나는 것이 아니라 의미공간, 시각공간, 바탕공간이 어우러지고 있는 가운데 포착에 의한 변화 속에서 일어나며, 이러한 변화를 직접적으로 조작이 가능할 때 나타나는 현상이다. 이러한 지각창의를 순전히 시각 이미지에서 발견한다는 것은 풍부한 시간과 공간이 지니고 있는 환경이 지니고 있는 문화를 직접 체화해야만 가능하다고 할 수 있다.

대상에 대한 인상적 표현을 추구하는 화가의 경우, 주어진 화폭에서 대상이 지니고 있는 빛과 색의 순간성의 변화를 포착하여 표현하기를 게을리 하지 않는다. 빛의 흐름을 발견하기 위해 오랫동안 한 장소에 머물고 있는 화가의 끌림 리듬을 생각해본다면 시인의 언어적 사고 행위는 이미 대상에 대한 빛의 순간리듬에서 벗어난 의미의 이차성에서 의미리듬을 포착하려고 한다. 의미는 오직 언어적인 사고에서 이뤄지는 이성적인 범위다. 이러한 이성적인 범위에서 이뤄지는 창의는 감동적인 끌림을 주기보다는 이성적인 차원의 이해를 수반한다. 즉, 오랫동안 생활 속의 가치를 시각 이미지에 노출하는 것은 엄밀한 의미에서 순수한 창의에 의한 새로움이 아닌 발견이다.

사각형의 프레임에서 새로움을 표현한다는 것은 이미 갇혀진 공간에서 내면적인 새로움을 끄집어내야 한다. 바쁜 현실에서 시각 이미지의 창의적인 표현에 대한 일방적인 요구는 결국 창의적인 끌림 이미지가 아닌 일시적인 임팩트를 제공하는 정도에 머물고 있다.

끌림은 단순히 대상이 지니고 있는 일반적인 형태를 뒤집기, 잘라내기, 확대, 축소, 대조 등의 시각적인 기법에서 오는 것이 아니라 시각디자이너가 지니고 있는 순수감각에 의한 빈 공간에 대한 해석에서 비롯된다. 시지각의 근본적인 물음에서부터 끌림은 이미 차이를 지니고 있으며, 감동 또한 다르게 나타난다. 게슈탈트이론이 지니고 있는 다양한 규칙[3]이 주체의 모나드[4]와는 아무런 상관관계를 지니고 있지 않는 경우, 끌림 지각은 일정한 항상성을 지니고 있다고 할 수 있다. 즉 형태(게슈탈트)이론은 '요소'들을 '전체'에 의존하게 만드는 자발적인 조직이며, 따라서 그곳은 끌림의 몸채가 끼어들어갈 수 없는 차단된 세계다.

형태의 독립적인 지각 장은 주체에 의한 수동적인 태도가 아니라 적극적이며 독립적인 감각 장이다. 이러한 전체성의 형태이론은 주체와 단절된 가운데 이뤄진 폐쇄적이며 차단된 이론임과 아울러 주체 자신의 몸채에 의한 끌림의 형이상학적인 미적 감수에 대해서는 전혀 고려하지 않은 전체다.

일반적인 실증적 이론은 자칫 인간의 고유한 영역인 선험적인 공간에 대한 자유분방한 몸채의 미적 끌림을 차단한 가운데 이뤄질 수 있는 고립적인 개념화로 전개될 수 있는 개연성을 지니고 있다. 하지만 메를로퐁티에 의하면 실존과 본질에 대한 질문은 대립적인 관계(물질과 정신, 정신과 영혼, 형이하학적인 것과 형이상학적인 것)가 아닌 우리 인간, 즉 주체가 이미 본질을 획득한 것으로 간주하지 않고, "매 순간 본질이 다시 시작하는 우리 의식이 맴돌고 있는 살의 선험적인 체험을 통해 기초하고 있다"고 한다. 즉 이것은 살이 지니고 있는 지각의 본질을 기초로 하고, 이러한 지각은 실존과 본질의 '통일적 관계'로 바라본다는 것이다.

이러한 가운데 몸채는 살을 통해 발현되는 '늘 거기 있음'의 항상성이 아니며, 순간적으로 나타났다가 사라지는 끌림의 빛 감각이다. 이 빛은 어떠한 형태도 공간도 모습도 지니고 있지 않으며, 무색무취의 비실체적인 물질적인 존재다. 시각 이미지에서 빅 아이디어가 떠오르거나 전광석화 같은 에너지는 무형의 에너지가 움직이는 물질적인 본질을 띠고 있다. 살에 있는 세포들이 제각기 자기 관계적 체계로서 살아있듯이 몸채 역시 살아 숨 쉬는 대상에 따라 제각각의 형질을 지니고 있는 끌림 에너지다. 대상 끌림이 지니고 있는 형질에 따라 원, 삼각형, 사각형 등의 닫힌 몸채가 있는가 하면, 직선, 곡선 등의 열린 몸채도 있다.

예를 들면 빛이 'S' 자 모양의 곡선형 갈고리의 열린 몸채일 경우 신축과 팽창, 응축과 휨을 자유롭게 하며, 대상에 따른 형태와 크기가 마음대로 변형이 가능한 연성의 빛을 지니고 있다고 할 수 있다. 따라서 일정한 점의 형태를 지니고 있는 빛의 닫힌 몸채가 아닌 길이와 폭의 자유로운 변형이 가능한 입자다. 이러한 'S' 자 모양의 곡선형 갈고리 몸채는 순간적으로 끌림이 강력하게 느껴지도록 만들어진 자연스러운 형태이며, 이 형태 역시 항상성을 지닌 'S' 자 모양의 곡선형 갈고리 형태의 몸채가 아니라 얼마든지 닫힌 혹은 열린 형태의 변형이 가능하다.

지향성이 지닌 방향성은 가속도에 의해 직선적인 지속성을 가진 열린 몸채이지만, 몸채는 그 자체로 쉬고자 하는 성질의 닫힌 몸채로 지향하고자 한다. 이때 몸채 지향성은 부메랑과 같이 다시 원 위치로 돌아가려는 성질을 지니고 있다. 즉 'S' 자 모양의 갈고리가 'ㄱ' 자로 변형이 가능하며 이러한 변형은 쉽게 닫힌 점, 원의 몸채로 환원하고자 하는 질성을 지니고 있다. 대상을 향한 끌림이 이뤄질 때 지향성은 'S' 자 모양에서 순간 대상의 형태로 변형되어 머무르다가 다시 'ㄱ' 자 모양의 갈고리인 부메랑의 회전력을 통해 주체의 몸채로 사라지면서 정적인 닫힌 몸채가 된다.

이와 같은 현상은 끌림의 형태와 내용, 크기에 따라 다양한 변형이 이뤄지며 그에 따라 새로운 몸채가 이뤄진다. 창의 끌림은 이러한 몸채의 자유로운 변형에서 끌림이 새롭게 만들어지거나 새로운 형, 색, 크기, 질감에 의해 몸채의 연성이 처음과 전혀 다른 형태로 바뀔 때 느껴진다.

이렇듯 지각 끌림은 몸채가 지니고 있는 다채롭고 다양한 변형과정에서 창의가 나타난다. 흔히 보아왔던 대상이 갑작스럽게 빅 아이디어가 될 수 있는 가장 근원적인 이유는 이러한 몸채의 지각 끌림의 변형이 만들어 놓은 결과다. 이것은 시각 이미지가 지니고 있는 언어적인 의미공간, 시각적인 빛의 공간, 그리고 배경이 만들어놓은 가치공간에서 움직이는 끌림의 변형과정에서도 동일하게 적용된다.

대상의 아름다움에 깊숙이 빠져들기 위해서는 우선적으로 주체 자신의 몸채가 대상에 깊숙이 빠져들어야 한다. 이러한 역할을 통해 몸채가 지니고 있는 'S' 자 모양의 갈고리가 지속성을 유지할 수 있다. 단 대상의 몸채에 이미 주체 자신의 몸채와 합일이 이뤄진 상태, 즉 몸채의 '양여(讓與)'가 이뤄질 때 나타난다. 무조건에 의한 양여는 주체와 객체인 대상과의 몸채가 닮은 모습으로 융합이 이뤄지며, 특히 대상이 생명체일 경우에는 더욱 강한 끌림의 형질로 서로를 얽매어간다. 새롭게 탄생한 몸채의 형질이 선험적인 감각적 몸채에서 물질적인 형체의 몸채로 닮아가는 이유는 이러한 몸채가 지니고 있는 빛의 형질이 더욱 근접하면서 어울리게 만들어간다.

몸채가 지니고 있는 형질의 아름다움에 대한 미적 태도는 대상에 따라 다르게 나타나며 형질 또한 차이가 있다. 지각창의는 몸채의 다양한 끌림 형상이 새롭게 탄생할 때 이뤄지는 새로움이며, 사전에 치밀한 이성적인 체계 속에서 이뤄지는 것이 아니다. 창의는 늘 시각 이미지를 만드는 과정 속에서 문득 혹은 순간 떠오르는 끌림 이미지이며, 계획에 따른 순서에 의해 이뤄지는 것이 아니다. 일반적으로 광고기획부터 광고 크리에이티브 과정은 클라이언트(광고주)를 설득하기 위한 틀이며, 결과적으로 소비자는 이것을 알지 못한다. 단지 소비자는 시각 이미지가 지니고 있는 시각적인 요소 가운데 어떤 것에 '끌림을 느꼈는가?'에 더 관심을 갖는다는 것이다.

실존과 본질의 끝없는 통일성은 자칫 고정적인 실체로 파악이 이뤄질 수 있지만 몸채의 출현은 외부대상에 대한 지향성에 충실하지 않으며, 창의적인 대상에 나타나는 끌림체다. 창의적인 시각 이미지를 만들기 위한 다양한 전략적 기획은 시각 이미지의 외적 요소인 일러스트, 사진, 헤드라인에 직접적인 영향을 미치지 못한다. 오히려 그 반대로 창의적인 시각 이미지는 새로운 전략적인 기획과 판타지적 이미지를 동시에 제공한다. 판타지적인 이미지에 의한 번쩍 빛나는 '떠오름'은 그 자체가 몸채의 출현을 의미하며, 이때 생성되는 다양한 끌림 홀은 그 자체로 창의의 공간으로 펼쳐지게 된다.

일반적으로 시각 이미지를 위한 설득의 프레젠테이션에서 요구하는 모든 형식은 이러한 몸채의 발현에 의한 끌림이 있어야 하며, 어떠한 형식과 과정에 의해 나타나는 것이 아님을 강조한다. 시각 이미지에 나타난 끌림 창의는 이러한 몸채에 의한 지각 끌림이다.

"어떠한 형태이든 주체가 지니고 있는 모나드의 지각 장에 의해 동일한 대상도 다르게 끌림을 인식한다면 단순한 대상조각은 감동을 주지 못함을 알 수 있다. 모나드가 지니고 있는 다양한 주름에서 대상에 대한 자신의 끌림 주름을 파악한다는 것은 몸채가 지니고 있는 끌채를 통한 파악기능과도 같다고 볼 수 있다."

따라서 매끄러운 문장에 의한 끌림이 일시적으로 소비자를 감동시킬 수 있을지 모르지만 결국 소비자로부터 외면당한다. 이미 이러한 시각 이미지는 반복[5]에 의한 형식적인 면에 치우쳐 있기 때문이다. 시각 이미지의 형식과 내용에 의한 차이는 여러 차례 반복에 의해 진행되어왔으므로 창의를 위한 새로운 차원의 인식확장을 요구하고 있다. 이를 위해서는 광고에 나타난 전경, 즉 이미지에 대한 모든 의식의 장에서 벗어난 새로운 패러다임의 끌림 이론이 요구된다.

신체의 살갗에 순간 나타나고 사라지는 몸채의 자유분방함 속에서 보이는 대상의 끌려짐을 파악하지 않고서는 절대 창의적인 것을 만날 수 없다. 선험에 의한 감각적인 것과 의식에 의한 지각적인 모든 끌림은 끌림 층위의 끌개의 여과 과정과 끌채의 다양한 형질에 의해 이성으로서는 느낄 수 없는 창의성의 끌림이 매 순간 솟아난다.

창의는 빈 공간에 대한 해석적인 차원에서부터 시작해야 하며, 그 공간이 시각디자이너에게 어떠한 의미를 주느냐에 따라 전경의 이미지가 바꿰듯이, 사각형의 프레임에서 빈 공간이 주는 바탕은 단순한 공간이 아닌 소비자 주체의 비물질적인 신체로서 끌림체의 상태에 따라 변형하는 이미지 바탕이다. 즉 과학에 의한 이성적인 바탕, 문학에 의한 판타지적인 바탕, 동양철학에 의한 생명력의 바탕, 상품 이미지에 의한 꽉 찬 바탕 등의 해석적인 차이는 매 순간 바뀌는 소비자 주체의 끌림에 의해 비롯된다.

칸트가 『판단력비판』에서 주장한 바와 같이 쾌·불쾌를 동시에 지니고 있는 끌림 감각은 그 자체가 이성적인 판단에 선행하는 직관적인 끌림체의 순간적인 몸채의 판단이라 할 수 있다. 이제 디자인 이미지에서 창의를 위한 끌림 이미지는 언어적인 사고를 통해서는 다가갈 수 없는 순수감각의 선험적인 끌림에 의해 이뤄지며, 비이성적인 순수 직관에 의한 몸채의 작용임을 알 수 있다.

2) 끌림: '깊이-겹침'

[도표 40] 끌림 이미지의 '깊이-겹침'
DL(Depth-Layer): 깊이-겹침, F(First): 일차성/시지각 장, S(Second): 이차성/선험 장, T(Third): 삼차성/초월 장, f(figure): 형상, m(meaning): 의미, CL(Creative Layer): 창의 겹침

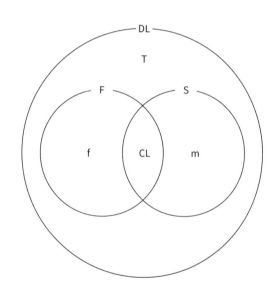

흔히 '깊이'라는 단어는 일반적으로 상식적인 내용이 아닌 경우에 사용한

다. 가벼운 인사말이나 일상적인 대화, 가로등, 신호등, 옥외광고, 버스번호 등 시각적으로 쉽게 이해되는 경우에는 특별히 전문적인 지식을 요구하지 않는다. 이러한 일상적인 대상에 의한 언어와 시각적인 끌림은 필요에 의한 가벼운 터치의 느낌이며, 그다지 마음에 깊이를 두지 않는다. 오히려 처음 접하는 언어나 시각적인 요소는 '새로움'이라는 지적 호기심에 매력을 지니게 된다. 새로움이라는 것은 지금까지의 생활세계에서 접할 수 없는 대상 끌림을 의미한다.

평상시 늘 거기에 있던 대상을 어느 순간 새로운 대상으로 받아들이게 될 때 역시 새로움이라는 창의 끌림이 발생한다. 보기 드문 대상과 익숙한 대상의 새로운 창의의 끌림은 몸채가 지니고 있는 자유로운 성정에 의해 나타났다가 사라진다. 끌림 깊이는 갑작스런 몸채의 끌채와 대상이 지니고 있는 새로움에 따라 대상을 이해하는 과정에서 생기는 '겹침 끌림'이라 할 수 있다. 겹침은 몸채의 끌채에 따라 다양하게 겹쳐진다.

또한 포착된 대상이 지니고 있는 몸채의 구성성분과 연결되어 겹쳐진다. 순수감각에서 시각 장, 지각 장 그리고 의식 장에 이르기까지 각 층위를 지나가는 끌채과정에서 다양한 겹침이 이뤄지며 이러한 과정은 또다시 끌개에 의해 정리된다. 즉 끌개와 끌채의 순간적인 겹침 과정에서 이뤄지는 몸채의 형상은 장단, 퍼짐, 확산의 수평적인 리듬의 통합체와 계열체의 넝쿨, 줄기의 수직적 성장 등 다양한 양태성의 리듬 끌림이 된다.

동일한 대상에서의 해석적인 의미의 차이는 각 차성의 표현, 내용, 실질 또는 현실, 외시, 공시를 통해 가능하지만, 몸채에 의한 끌채의 다채로운 형상과 끌림은 해석체의 현상학적인 의미를 벗어난 아프리오리의 순간적인 직관에 의해 가능하다. 즉 퍼스의 해석체가 의식, 가치, 이데올로기의 순수한 의미 차원에 머무르고 있다면, 끌림은 비물질적인 신체로서 끌림체의 지속적인 바깥세계와 내면세계의 유기적인 순환과 교환 과정에서 발현되는 아프리오리의 선험적인 빛 에너지의 순수성에 머무르고 있다.

퍼스는 먼저 현상계의 존재양상을 일차성(Firstness), 이차성(Second-ness), 삼차성(Thirdness) 단계로 나눈다. 일차성은 "그 자체로 능동적으로, 다른 어떤 것에도 관련되지 않고 존재하는 양상"이다. 이차성은 일차성을 통한 관계에 의해 이뤄진 차성이며, 삼차성은 이차성이 만들어놓은 관계에서 이뤄지는 중재(Mediation)의 의미를 지니고 있다. 이러한 퍼스의 삼차성에 의한 현상학이 몸채의 선험적인 비물질적 신체인 끌림체의 차성을 언급한다면, 일차성은 최초 대상에 포착하는 끌림체의 감각 끌림이며, 이차성은 감각 끌림에 의한 끌림체의 시각 끌림이다. 이때 삼차성은 감각과 시각 과정에서 이뤄지는 중재의미의 영역인 끌림체의 지각 끌림이다. 끌림체의 감각 끌림은 무의식의 단계에서 느끼는 아프리오리이며, 시각은 의식이 이뤄지기 전 단계의 감각에 의해 생성한다. 즉, 눈동자의 '시각'을 통해 보는 순간 느끼는 대상과의 교감이다. 마지막으로 삼차성의 지각은 끌림체의 감각과 시각의 가중치에 따른 의식의 움직임에 의한 끌림이다.

일련의 순간적인 과정에서 놓칠 수 없는 것은 과정에 의한 끌채의 움직임이며, 이 움직임이 다양하게 펼쳐질수록 끌림체의 몸채가 지니고 있는 끌림 지평은 넓어진다. 지금까지의 존재론 가운데 '의미'를 통한 언어적인 접근, '코키토'의 존재론적인 접근이 주류를 이루고 있다면 이 책은 '느낌'을 통한 비물질적인 신체인 끌림체가 지니고 있는 몸채의 물성(物性)적인

[그림 48] '깊이-겹침'으로서의 끌림:
'Nothing'/ Illustrator, 전기순 作.
끌림 이미지의 '깊이-겹침'은 차성의 해석학적 범주에 따라 '창의-겹침'으로 전혀 다른 삼차성의 창의적인 끌림이 생성된다. 이 그림은 일차성, 이차성, 삼차성이 지니고 있는 시·지각 장, 선험 장, 초월 장 층위에 따른 '깊이-겹침' 정도에 따라 소비자 주체 끌림 홀에 차이를 지니게 된다.

접근이다.

물질적인 신체가 지니고 있는 감각, 시각, 지각이 어디까지나 유물론적인 관점에 의한 즉물적인 파악이라면, 비물질적인 신체 끌림체의 구성체인 몸채의 감각, 시각, 지각은 그 자체가 하나의 쏜살같은 찰나에 이뤄지며, 순간적인 포착에 의해 생성·소멸하는 차성의 미적 해석체다. 느낌의 물성은 '몸채', 즉 '생명체의 몸에 따라 제각각 다르게 빛을 발산하는 고유한 빛'이다. 빛은 '의미'가 아니며, 또한 '코키토'가 아니다.

모든 아프리오리의 초월론적인 '사념체(思念體)' 가운데 생성하는 빛에너지이며, 여기서는 빛의 의미를 통한 사변적인 철학구조[6]와 철저히 구분되는 인간이면 누구나 느낄 수 있는 '끌림체'다. 사물의 깊이는 의식에 의한 의미의 깊이가 아니라 오랫동안 비물질적인 신체의 누적에 의한 빛의 숙성된 깊이에 의해 주어진다. 왜냐하면 빛의 숙성은 끌림체의 끌림 에너지가 사물에 대한 관여에 따라 깊이가 다르게 나타나기 때문이다.

동일한 대상도 주체 자신의 몸채가 지니고 있는 끌채의 확장과 축소, 겹침의 정도에 따라 깊이의 리듬이 바뀐다. 즉 끌림체의 감각과 시각 끌림이 서로 아무런 강도를 지니고 있지 않고 동일할 경우, 깊이의 대상은 지각 끌채에 의한 끌림으로 가벼운 끌림이 된다. 선험적인 '감각 끌림=시각 끌림=지각 끌림'이 동일할 경우에는 흔히 접하는 일상적인 만남에 의한 물질적인 끌림이며, 끌림체의 몸채에 아무런 감응이 없게 된다.

또한 끌림 '홀'의 '크기'와 '모양' 그리고 '개수'에 따라 끌채는 소비자 주체마다 서로 다른 개성적인 끌림을 제공한다. 특히 끌림체의 감각과 시각에 대한 감응이 나타나지 않을 때는 의식만 살아있는 물질적인 차성에 머무르게 되며, 어떠한 대상도 의식의 장에 포함되어 끌림의 장에 있는 선험적인 포착에 의한 몸채의 사라짐과 나타남에 대한 감각을 느끼지 못하게 된다. 이 경우에는 주체 자신의 의식의 흐름에 따라 대상을 바라보게 되는 일반적인 감각에 의존한다.

아론 걸비치는 이미 이러한 의식의 공간을 의식이 지니고 있는 차성에 따라 지향성이 바뀌며, 인간을 이러한 의식공간에 머물러 있는 불가피한 존재로 파악하고 있다. 또한 제임스의 의식의 조직화 역시 매 순간 드나드는 체험공간은 자신의 의식공간에서 구성적인 조직을 선택적으로 '하고 있음'을 강조하고 있다. 이러한 의식의 장에서 이뤄지는 조직화와 지향성은 정신적인 상태에 따라 대상의식이 흡수, 확산 또는 침투된다.

이처럼 의식이 체험되는 매 순간마다 지각되는 조각들은 혼돈적이고 분절되지 않은 상태에서 떠올라 즉시 개념에 의해 이름이 붙여지고 확인된다. 여기에서 몸채는 일련의 의식의 장에 유입되기 전 단계, 즉 '개념 붙이기' 이전의 선험적인 활동을 의미한다. 일차성 의식이 시지각과 교차할 때 생성하는 두께와 깊이에서 바로 창의의 장은 비가 온 뒤 움직이는 운무의 다양한 형상과 같이 서서히 또는 순식간에 펼쳐진다. 끌림이 의식 이전의 지향성을 지닌 것이라면 끌채는 순간 만들어지는 '의식'의 여과기능을 수반한다. 의식 이전에 발생하는 끌채의 형상은 평면 혹은 오목, 볼록의 형태로 대상 끌림을 감싼다.

끌림체의 끌채는 의식의 유형에 맞추어 선험적인 차성과 교차될 때 나타나는 양태이며, 대표적인 끌채는 평면 끌채, 오목 끌채, 볼록 끌채의 3가지로 나눈다. 평면 끌채는 끌림의 직선적 힘을 끌어당기고, 오목 끌채는 대상의 휨을 내면으로 끌어당기는 축소된 끌채이며, 볼록 끌채는 대상의 휨을 바깥으로 끌게 하려는 확산된 끌채다. 각 끌채가 지니고 있는 힘의 정도는 끌채의 모양을 형성하며, 그에 따라 깊이와 넓이를 조정한다.

또한 각 물질적 신체에 의한 감각, 시각, 지각에 따른 끌채는 제각기 독립적인 모양을 지니고 있어 각 층위에 따라 서로 다른 끌채를 지니게 된다. 아프리오리의 대상 끌림은 결국 의식 차원의 끌채에 의한 끌개가 각 층위에 있어 조정한다. 끌개는 각 끌채에 가까이 붙어 있으며, 서로 복잡하고 치중된 부분을 정리하고 안정된 상황으로 진정시키는 역할을 한다. 또한 끌채에는 몸채에 따라 다양한 형태의 홀이 이뤄져 있다. 대표적으로는 홀의 최소단위인 원, 삼각형, 사각형을 들 수 있으며, 이것 외에 별모양, 하트모양 등 주체의 몸채에 따라 다양한 형의 홀을 지니고 있다. 홀의 개수와 크기 또한 일정하지 않으며, 홀의 움직임도 일정치 않다.

따라서 홀의 크기, 모양, 개수 등은 늘 변하며, 대상에 따라 변형이 이뤄진다. 대상 끌림의 깊이는 의미깊이가 아니며, 순수한 끌림의 과정에서 나타나는 주체와 객체의 끌채에 의한 아프리오리의 끌림이라 할 수 있다. 끌채의 과정에서 나타나는 모양이 아름답게 정리되어 나타날수록 끌림의 깊이는 한층 깊어질 수 있다.

반대로 단선적이거나 복잡한 경우에는 깊이 있는 끌림의 형태가 이뤄내는 깊이가 아닌 단조로운 끌림이며, 쉽게 잊어버리게 된다. 이러한 끌림의 과정에서 이뤄지는 하모니는 그 자체가 아름다움의 창의이며 깊이다. 여기에서 대상이 지니고 있는 끌림은 주체 내에 있는 바깥세계에 대한 단순함이 새로운 창의적인 끌림 과정으로 스며들게[7] 된다. 겹침, 융합, 해체, 조합, 뒤틀림, 왜곡, 환유와 은유, 초현실, 구상, 추상 등이 지니고 있는 모든 단위적인 끌림 요소는 끌채에 의해 재구성되며 조작된다.

대상의 깊이는 일반적인 대상에서도 찾을 수 있다. 왜냐하면 일차성에 의한 단순기호를 떠나 주체 내면의 끌채를 통해 얼마든지 조작과 변이, 변형이 가능하기 때문이다. 이것은 순전한 의미론적 차원의 의미가 아닌 유기체적인 느낌에 의한 끌림의 움직임이며, 찰나에 의한 직관이다. 몸채가 지니고 있는 이러한 작용은 순수한 끌림에서부터 조작에 의한 선험적인 끌림에 이르기까지 깊이는 다양하게 주어진다.

몸채 깊이	일차성-선험적 감각끌채 (Hall/n)	이차성-선험적 시각끌채 (Hall/n)	삼차성-선험적 지각끌채 (Hall/n)
평면 끌채	항상(선, 면)	항상(선, 면)	항상(선, 면)
오목 끌채	축소(선, 면)	축소(선, 면)	축소(선, 면)
볼록 끌채	확산(선, 면)	확산(선, 면)	확산(선, 면)

각 끌채의 층위에 따라 끌채의 변형이 자유롭게 이뤄진다. 퍼스의 삼부이론에 의하면 어떠한 대상(상징)도 해석체에 의해 다르게 해석됨을 강조한 점은 개인주의와 자유경쟁체제에서 다양한 상품이 생산되고 있는 현

실을 생각할 때 매우 적절한 이론이라 할 수 있다. 절대적인 권위에 의한 상 징이 아닌 소비자 개인의 맞춤에 의한 선택과 상징이 요구되고 있다. 단지 퍼스의 해석체가 의미론적 차원의 삼부이론이라면 몸채는 느낌을 통한 감 성 끌림체로서 해석체다. 즉, 느낌의 과정에서 나타나는 끌림의 양태를 추 적해가는 과정은 '몸채'의 구성적인 요소를 통해 보이고자 한다.

끌림이 일어나는 현상은 누구나 체험할 수 있는 동일한 느낌이 아니라 몸채에 따라 다르게 발현될 수 있음을 강조한 것이다. 일차성, 이차성, 삼 차성이 지니고 있는 끌림의 순서는 처음 순수감각을 통한 가운데 보이는 감각과 시각 그리고 지각에 의한 의식작용과 동일하다고 볼 수 있다. 일차 성의 순수감각은 어떠한 의미도 발생하지 않은 느낌 덩어리다. 개념 붙이 기 역시 일어나지 않은 상태의 차성을 의미한다. 제임스가 "감각적인 전체 는 일차성이고, 그것이 부분의 감각 덩어리로 무리지어 있는 상태로 이어 지는 것은 불가피한 상황이다"라고 언급한 바와 같이 끌림체의 순수감각 은 구성, 조합, 분해를 통해 이차성의 시각차성 혹은 삼차성의 지각차성으 로 이어지기 위한 선험적인 차성으로 조직화된다.

또한 끌림체의 조직화는 이미 주변 환경에 의한 끌채작용을 통한 가치 혹은 문화영역으로 흡수되어 조건화가 이뤄진다. 끌림의 깊이는 이러한 각 과정의 일차성, 이차성, 삼차성에서 일어나는 각 차성이 지니고 있는 끌채 의 양태적인 교차에 의한 끌림 홀에 따라 차이를 지닌다. 끌림체의 선험적 인 일차성에는 시각적인 사고와 언어적인 사고가 일어나지 않는 감각 본래 의 혼돈과 미분화된 모습으로 정체되어 있는 것이 아닌 바깥 세상과 내면 세상이 끝없이 교감하는 가운데 새로운 교차적인 감각이 흐르고 있다.

메를로퐁티는 감각한다는 것을 감각 그 자체에 달라붙어 있는 의식 이 전의 '감각'으로서 더 이상 사고될 수 없는 것으로 파악했다. 살은 이와 같 이 감각할 수 없는 것과의 끊임없는 교감이며, 운동적이고 생명적인 의미 를 지니고 있을 뿐만 아니라 어떤 공간 지점에서 우리가 느낄 수 있는 '세 계-에로-존재'라는 방식 이외의 어떤 방식도 아님을 강조했다. 끌림이 지 니고 있는 지향적인 차원 역시 '세계-에로-존재' 방식에서 다뤄지는 아프리오리의 지향성이다.

다만 끌림은 어떠한 물질적 신체가 지니고 있는 시각, 지각의 의식차성을 선두로 하는 감각차성이 아님을 강조한다. 책상 위에 놓여 있는 스탠드를 예로 들면, '밤에 공부 혹은 연구를 할 때 집중력을 높이기 위해 주변을 밝히기 위한 목적으로 만들어진 것이다'라는 의식이 선행하는 가운데 스탠드를 보면 이미 이러한 끌림 상황은 지각 차원에서 시각 차원 그리고 감각 차원으로 진행하게 된다. 이러한 예는 우리 주위에서 얼마든지 볼 수 있다. 목적의식이 뚜렷한 사람일수록 삼차성에서 이차성, 일차성의 순서를 통해 목적에 의한 대상을 본다. 이때는 끌림이 지향하는 순수 끌림이 아닌 의도적인 목적에 의한 작위 끌림이다.

끌림의 장은 어떠한 끌림도 의식이라는 삼차성의 지향성을 가진 의미를 함축하고 있는 실재성을 지니고 있는 경우라 하겠다. 해석체로서의 삼차성은 이미 가치와 문화에 의한 개념에 의해 고착된 의식의 움직임이며, 따라서 순수감각에 의한 창의의 새로움을 찾아볼 수 없고 '의식 창의'만 존재한다. 시각적인 사고 역시 기존의 대상에 대한 선입견이 있는 경우 어쩔 수 없는 시각 끌림에 의한 사고로 이어지는 결과를 낳게 된다.

이와 같은 경우의 시각 끌림은 창의를 찾아볼 수 없는 수동적인 '보여짐'으로 존재한다. '보여짐'에 의한 끌림의 조직화는 시각과 언어적인 사고를 융합한 가운데 이뤄지는 의식의 장에서 만들어진다. 새로운 창의를 위한 순수감각이 지닌 부정형의 부재(不在)를 인식하지 못한 가운데 이뤄지는 의식 장의 조직화는 늘 독립적이지 못한 정신적인 상태로 퍼져나간다. 들뢰즈의 부재의 우연성 역시 자신의 주름에 의한 조직화에 있음을 강조한 것도 여기에 있다. 주름이 형성되는 우연의 창의를 만들 기회는 점점 줄어들어 주어진 의식적 상태의 연속성과 상호 연관성에서 깊이를 찾는 새로움으로 나아가게 된다.

현대사회는 이미 이러한 현상에 대해 직관에 의한 미학적인 통찰이 아무런 목적을 취할 수 없는 것으로 판단하여 순수감각에 대한 영역으로 탐구하기 위한 노력을 경주하고 있다. 메를로퐁티는 『지각의 현상학』이라는 자신의 저서를 통해 신체가 지니고 있는 감각이야말로 본질에 가깝게 접근할 수 있는 선험적인 과학의 영역으로 재조명하여 순수감각에 대한 본래적인 위치를 주장했다. 지각의 주체는 곧 자기 신체의 최첨단인 살갗에서 이뤄지며, 매 순간 바깥과 내면 세계의 재창조나 재구성으로 주어진다. 또한 모든 지식은 '순수감각인 살갗의 접촉면'에서 지속적인 뿌리내림을 하고 있다. 따라서 신체가 지니고 있는 살갗은 곧 즉자와 대자적인 위치를 견지하는 경계로서 모든 의식 지평을 통제한다.

창의적 사고를 위한 터전은 의식을 통한 물질적 신체의 끌림이 아닌 순수감각의 우연성에서 시작된다. 우연에 의한 끌림은 비조직화의 구성적인 판단이 없는 가운데 이뤄지는 비물질적인 신체의 선험적인 부정형의 느낌이다. 광고 및 디자인 이미지가 지니고 있는 일반적인 접근은 처음 디자이너의 마케팅, 상품의 특징 및 장점, 포지셔닝 등 실제 적용 가능한 다양한 이론적 접근을 통해 최종적인 아트 워크를 완성한다. 이러한 일련의 과정과 절차는 의식을 통한 상호주관적인 해석을 통해 의견을 수렴한다.

수용과정에서 늘 간과하는 부분은 아트 워크가 지니고 있는 아프리오리의 끌림 감각이다. 일반적인 언어를 도구로 삼는 모든 이론은 의식의 장에서 이뤄지는 조직화이며, 아트 워크의 과정에서 느껴지는 아프리오리의 순수감각은 이미 제외된 상태로 남게 된다. 아프리오리의 순수감각이 부재되어 나타나는 광고 또는 디자인 이미지가 지니고 있는 목적에 의한 끌림은 그야말로 재미없는, 아무런 흥미를 지니지 못하는 표현으로 전락하고 만다. 창의를 위한 가이드는 초보자를 위한 방법론일 뿐 그 자체는 창의를 오히려 저해하는 요소로 남는다는 사실을 자각해야 하는 이유가 바로 여기에 있다.

아프리오리의 순수감각은 이러한 표현전략이 지닌 목적에 의한 의도가 수렴되기 전에 나타나는 혼돈상태이며, 이 단계는 표현하고자 하는 상품 및 제반 사항에 관한 의식이 선험적인 순수감각과 섞이면서 사라지는 초월적인 장이 지닌 순수 끌림이다. 삼차성의 초월의식의 끌림은 물질적인 신체가 요구하는 의도가 숨어 있는 것이 아닌, 단지 '텅 빈' 것 이외에 어떤 것도 없는 껍데기로서 외현(外現; 몸채)이다. 몸채는 메를로퐁티의 몸틀이 지니고 있는 인식의 틀과는 또 다른 차원의 순간성의 빛이자 에너지다. 이 몸채는 물질적인 신체와 비물질적인 신체의 융합된 교차점의 깊이에서 발견되는 초월적 순수 끌림이다. 즉 형이상학과 형이하학적 관념이 사라지는 물질과 정신, 의식과 무의식이 사라지는 접점에서 나타나는 순간적으로 나타났다가 사라지는 초월체로서의 끌림체다.

경험과 선험적 사고의 틀에서 벗어난 창의적인 과정은 이러한 초월에 의한 끌림 접점에서 떠오르는 몸채이며, 이러한 몸채가 형성되기 위한 순수 끌림의 초월적인 끌림 장이 수용되어야 한다. 니체는 세계에 대한 사유를 주사위에 비유하여 모든 원리를 상실한 원리 없는 세계가 중요하다고 했다. 이는 원리와 원칙 그리고 이성적인 판단을 우위에서 해석하려는 코키토의 자기해석적인 판단에 대한 오류를 비판한 예다.

일찍이 칸트의 순수이성에 관한 비판이 주는 메시지는 주사위 던지기가 '우연'과 던져진 장소가 지닌 세계, 즉 '가치'에 의해 이뤄짐을 암시한 내용이라 할 수 있다. 이성적인 판단은 던져진 주사위에 대한 판단임과 아울러 주어진 세계에 대한 인식이다. 깊이는 던져진 주사위에 대한 사고의 깊이가 아니며, 바로 주사위의 우연이 지니고 있는 절묘한 바닥면인 세계와의 끌림 접점의 두께에서 나타난다. 던져진 주사위가 여러 차례 바닥면을 튕기면서 구르는 동안 바닥면과의 접점이 이뤄낸 지평에서 갖가지 이성적인 판단과 조직화가 이뤄진다. 최종적으로 정지된 주사위의 끌림 접점에서 최종적인 깊이의 창의적인 겹침의 두께가 발생한다.

사실 현대과학이라는 영역도 이와 같은 선 주사위와 바닥면의 접점이 이뤄낸 창의의 결과다. 던져진 주사위와 바닥면의 부딪침은 하나의 세계가 형성되는 것을 의미하며, 그곳에서 수많은 과학적인 이론이 형성되는 의식의 장이 구축된다. 주사위는 체계 혹은 이론을 강조하는 것이 아니라 체계, 이론 이전의 부재다. 바닥면은 주사위를 통해 세계를 형성하며, 비로소 이론과 체계가 성립하는 의식을 통한 이성적인 세계가 구축된다. 주사위가 바닥면에 닿기 전의 이론을 떠난 부재는 의식이 없는 '텅 빈' 가운데 느껴지는 초월론적인 끌림의 순수감각이라 할 수 있다. 순수감각이 지니고 있는 이성 부재의 창의공간이 바닥면의 접점과 마주칠 때 현실적인 이해가 용이한 창의적인 의미가 생성된다.

따라서 현실세계는 텅 빈 부재의 공간에서 사물들이 나타나고, 그러고는 사라진다. 나타남은 단지 어떠한 인격을 지니고 있는 주체가 아니며, 아무것도 없는 텅 빈 공간에서 나타난 환상적인 개체다. 대상에 대한 끌림의 깊이는 이러한 주사위의 접점이 이뤄지는 순간 탄생하는 에너지의 발생에서 출발한다. 기존의 주사위가 아닌 새로운 주사위의 출현을 의미하며, 늘 바닥면과의 충돌에서 이뤄지는 초월론적인 순수감각의 끌림체계와 이성적인 끌림체계의 접점에서 이뤄지는 끌림이다. 우연이 지니고 있는 공간은 한편으로는 의식 너머의 순수감각이 지니고 있는 선험적인 감각이 살아 숨 쉬는 선험적인 끌림체로서 몸채를 지니고 있다.

선험에 의한 몸채는 선택된 바닥면에 부딪칠 때 발생하는 이성적인 끌림으로 확인할 수 있다. 다만 이성에 의한 우연이 아닌 경우에 해당하며, 다양한 이성적인 끌림 공간을 어떻게 시공간에서 정착시킬 것인가는 전적으로 주체의 선험적인 몸채에 의해서만 가능하다. 시각 이미지를 만드는 시각디자이너는 이러한 선험적인 몸채의 번쩍거림을 어떻게 표현할 것인가에 좀 더 초점을 맞출 때 비로소 깊이 있는 창의 끌림을 낳게 한다.

그러나 일반적인 창의적 깊이 끌림은 언어적·시각적 사고과정에서 다양한 층위가 발생하는 가운데 생기는 조직화의 자연스러운 현상이다. 언어 겹침은 단어와 단어의 조합, 동일 단어의 의미중복, 또는 한 단어에서 발생할 수 있는 여러 가지 단어의 조합이 이미지를 동시에 떠올릴 수 있다. 히말라야에 있는 산, 무너지지 않는 산, 듬직한 산, 작지 않은 산, 위대한 산, 정신적인 산 등 큰 산이 주는 의미에 대해 개연성 있는 다양한 산의 이미지를 떠올린다. 이러한 개연성이 지니고 있는 '큰 산'의 의미는 언어 겹침으로 나타나 깊이를 지니고 있는 '큰 산'으로 드러난다.

이렇듯 '큰 산'이 갖는 언어적인 사고에서 나타나는 다양한 의미는 의미 겹침의 과정으로 진행되며, 이 겹침에서 새로운 겹침의 뒤틀림은 창의적인 이미지를 만들어낸다고 볼 수 있다. 즉 '장엄한 큰 산'일 경우 '장엄', '큰', '산'의 분절에 의한 겹침은 일반적인 단어 겹침이라 할 수 있다. 이와는 반대로 '장엄한 큰 산'을 일반적인 의미의 산이 아닌 '위엄', '신뢰', '무너짐이 없는', '여러 산의 반복에 의해 만들어진, 다양한 정신적 토대에 의해 이룩한, 넓은 바다 가운데 우뚝 솟아오른' 등 수사법에 의미가 전혀 다른 영역으로 겹쳐서 나타날 때의 의미 겹침은 창의의 사고과정에서 새로운 깊이라 할 수 있다.

마찬가지로 시지각의 점, 선, 면, 형 그리고 색채를 통해 이미지의 차이와 공통점을 파악할 수 있으며, 전혀 다른 시각 겹침은 새로운 창의를 만들어낸다. 이미 시지각을 전문으로 하는 화가, 디자이너의 눈길은 겹침의 미학을 통해 자신의 독창적인 세계를 표현하고 있다. 시각 겹침이 주는 깊이는 사실주의가 아닌 추상주의, 인상주의, 입체주의라는 다양한 장르를 만들어냈다. 광고 및 디자인 이미지가 주는 끌림은 이와 같은 소비자의 시선을 끌기 위한 가벼운 내용이 많다. 따라서 시각적인 표현의 단순화 혹은 표현기법의 개성화에 집중하는 경우와 자사 상품이 지니고 있는 특징 및 장점(USP)을 최대한 쉽고 단순하고 간결하게 표현하는 것이 최대의 관건으로 파악하고 있다.

이제 의식공간에서 이뤄진 의미 겹침의 기법을 통한 다양한 '시각 겹침'과 '의미 겹침'은 창의적인 과정에서 쉽게 이뤄지는 방법론이자 기능적인 수단이며, 진정한 광고 및 디자인 이미지의 창의적인 깊이 끌림은 바로 우연에 의한 주사위의 끌림 접점에서 생기는 초월론적인 선험적 아프리오리의 몸채에 의한 깊이와 겹침의 두께에서 만들어짐을 강조하고자 한다. 이것은 어떠한 언어적 사고, 시각적 사고에 의한 코키토, 즉 이성적 체계를 벗어난 아프리오리의 순수감각이 나타나는 순간성에서 발화한다. 주사위와 바닥면과의 충돌로 일어난 에너지의 강렬한 빛이 지금까지 만들어놓은 광고 및 디자인 창의를 위한 다양한 기법과 체계의 안주에서 박차고 일어날 때 탄생하는 또 다른 세계가 눈앞에 현실이 된다.

3) 끌림: '접점-크기'

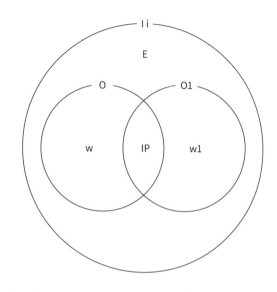

[도표 41] 끌림 이미지의 '접점-크기'
Ii(Impact-intensity): 접점-크기, O(Object):
객체, O1(Object1): 객체 2, w(wrinkle): 주름,
w1(wrinkle1): 주름 1, IP(Intersecting Point):
교차점, E(Environment): 환경

접점(Impact)은 주어진 환경에 따른 두 객체가 서로 '주름[8]-교차'할 때 발생한다. 객체는 스스로 주름진 시간의 연장선상에 있으며, 이 연장선이 지니고 있는 주름의 형질에 맞추어 두 객체가 서로 끌어당길 경우에는 동일한 간격의 '주름-교차' 속에서 생성된 빛 에너지인 몸채를 통해 충돌한다. 길거리에서 우연히 잠시 스쳐 지나가는 것, 어떤 대상과 잠깐 동안 눈을 마주칠 때, 최근에는 다양한 SNS 또는 인터넷을 통한 소통, 사회 및 생활 세계에서의 만남, 쇼핑, 취미, 스포츠레저 등 다양한 만남이 주는 끌림 접점은 순식간에 동종의 스타일과 모드로 바뀐다.[9] 음과 양의 자성을 지니고 있는 자석과 같이 순간적으로 끌리다가도 자성이 지니고 있는 자력이 약해지면 언제 끌렸는지도 모르게 낯선 대상으로 보이기도 한다.

이와 같이 시간의 영속성을 통해 끌림 접점이 지니고 있는 강도의 크기에 따라 다양한 끌림 '주름-교차'가 진행하게 되어 또 다른 차이의 창의적인 주름 몸채로 탄생하게 된다. 이 '주름-교차'가 형성되는 과정은 객체 간의 주름 접힘과 펼침에 의한 간격과 너비라는 끌림 공간에서 이뤄진다.

겹침의 정도에 따라 모양과 크기, 넓이가 달라진다. 끌림은 끌림이 이뤄지는 환경에 따라 끌림 공간의 주름이 펼쳐지거나 수축되는 현상을 느낀다. 마찬가지로 대상과 주체의 공감각은 늘 일정하지 않으며, 시간의 흐름 속에서 주름의 변형, 왜곡에 의해 주어진 공감각이 서로 다른 겹침의 주름들로 형성되어 또 다른 창의적인 끌림 공간을 생성한다. 따라서 처음 느꼈던 선험에 의한 순수 끌림이 시간의 흐름에 따라 객체 간의 움직이는 끌림 주름에 의해 마치 겹주름의 반복과 같은 착시 효과를 불러일으킨다. 객체와 객체 사이에 놓여 있는 어떠한 환경적인 부분이 끌림에 영향을 줄 수 있는가는 철저히 객체 주름이 지니고 있는 순수 끌림의 몸채에 의해 만들어진다.

일찍이 들뢰즈는 자신의 저서 『차이와 반복』에서 바로크 시대에 와서 전성기를 이루고 있는 주름 위의 주름이 끝없이 생성함을 언급한 바 있다. 바로크는 끌림 이미지에서 가장 많이 등장한 주름을 통해 세계를 표상했으며, 동시에 주체 내면의 주름들 속에서 무한히 나아가는 기관들로 주어져 있다. 주체 내면의 주름은 먼지와 같은 모나드[10]이며, 이 먼지를 통해 펼침과 접힘의 연속적인 활동을 하고 있다. 불교의 『금강경(金剛經)』에서는 먼지를 "백억항하사결정불(百億恒河沙決定佛), 여몽환포영(如夢幻泡影)"이라고 하여 주체가 지니고 있는 모나드로서 신기루나 환영과 같은 것이며, 모든 미미한 존재에도 자기 자신의 고유한 주름에 의한 빛 에너지의 모나드로 가득 차 있다고 볼 수 있다. 즉, 끌림의 접점은 마음의 끝자락에 아무것도 없는 신기루 같은 순간 나타났다가 사라지는 환영이자 주름의 교차에 의한 강도라고 볼 수 있다.

이와 같은 주름이 지니고 있는 특징이 바로크 시대가 지니고 있는 미로 같은 복잡하고 난해한 물질의 겹겹이 쌓여 있는 주름을 쉽게 풀 수 있는 것은 모나드의 주체인 주름에서 가능하다는 점이다. 물질의 층으로 쌓인 겹주름과 영혼의 홑주름이 서로 소통할 때 비로소 주름이 지닌 의미를 이해할 수 있다. 이를 '바로크의 이층집'이라는 모형을 통해 의사소통에 관한 이야기를 쉽게 설명하고 있다. 아래층은 물질주름으로 가득 차 있으며

[그림 49] '접점-크기'에 의한 끌림: 'inner light'/ Illustrator, 전기순 作.
끌림 이미지의 '접점-크기'는 객체 간의 주름 간격이 동일하게 이뤄질 때 순간 강력한 끌림 접점이 발생하며, 접점의 크기는 주름의 교차점에 의해 결정된다.

외부세계와는 창문을 통해 소통이 가능하지만, 위층은 사적으로 닫힌 어두운 방으로 "주름들로 다양한 천"이 벽을 메우고 있다. 위층의 주름은 늘 생성할 수 있는 상태이며, 아래층의 소통에 따라 조응하며 주름의 형태를 다양하게 만들어간다. 하지만 이러한 바로크적인 주름은 끌림 접점에서 이뤄지는 '주름-교차'와는 서로 다른 차이를 지니고 있다.

첫째, 바로크의 주름은 이층집을 통한 소통구조를 내면적인 영혼과 물질의 교감으로 파악했다. 이것은 수직구조의 인식 틀에서 이뤄진 자연과 정신, 신체와 영혼의 두 층의 주름을 의미한다. 이에 반해 끌림 주름은 수평과 수직에 의한 틀을 전혀 지니고 있지 않은 부재의 자연공간에서 이뤄지는 순간적으로 나타나다가 사라지는 깔때기 모양의 소용돌이로서 빛 에너지의 몸채라는 점이다. 즉 깔때기가 지니고 있는 모양 가운데 가장 뾰족한 부분은 객체 간의 끌림 접점이며, 순간적으로 펼쳐지는 나선모양의 끌림 주름을 형성해나간다. 이 나선 주름은 '끌채'라고 하는 여과작용을 통해 최종적인 물질적 신체의 지각단계에 접어든다. 이 과정에서 순수 끌채, 감각 끌채, 시각 끌채, 지각 끌채의 순간과정을 통해 접힘, 펼침, 겹과 홑의 변형에 의한 끌림 접점의 '주름-교차'가 형성된다.

둘째, 바로크 주름이 바실리 칸딘스키(Wassily Kandinsky), 파울 클레(Paul Klee) 등 유명화가의 작품에 나타난 주름과 바로크예술이 지니고 있는 다양한 주름의 시각적인 요소에서 출발한 즉자적인 차성이라면, 끌림 주름은 현대 첨단세계에서 느낄 수 있는 다양한 순수, 감각, 시각, 지각에 의해 생성된 끌림체의 몸채로서 객체 지향성을 지니고 있는 곡선의 불규칙성, 직선의 불균등성을 지닌 대자적인 차성이다. 구체적인 형태를 갖추지 않은, 흩어졌다가 다시 합해지거나 옅어졌다가 사라지는 이합집산(離合集散)의 티끌 모나드다.

셋째, 바로크식 주름은 이층집의 예를 통해 이원론적인 층위구조를 지니고 있는 주름 구조인 데 반해 끌림 주름은 이성과 감성, 정신과 물질, 육체와 마음, 신체와 영혼, 자연과 정신 등 이원론적인 사유체계에서 출발한 것이 아닌 처음부터 '아무것도 없음'이 둘러싸고 있는 공성(空性)의 끌림 차성에서 시작한 '텅 빈-주름'이다. 즉, 모나드가 지니고 있는 일원론으로서 단자론의 부분이 없는 전체라는 개체적인 인식에서 이뤄진 것이 아닌 최초 '텅 빔'에서 시작한 블랙홀의 초월론적인 몸채로서 빛 에너지와 같다고 할 수 있다. 끌림 주름은 주름 자체의 음영짐의 형상에 따라 생명 리듬의 강도로서 강하고 부드러움, 가볍고 무거움, 가느다랗고 두꺼움의 차이를 느낄 수 있다. 끌림 주름은 몸채가 발현되는 순간 이뤄진다.

대상과 주체의 간극에서 일어나는 끌림 접점은 우연에 의한 창의이며, 결코 의도가 아닌 가운데 일어나는 자연스러운 끌림 주름이다. 주사위가 바닥면과 부딪칠 때 반짝거리는 것은 몸채 자신의 순수한 '빛'의 끌림 접점이다. 빛은 생명력과 직접적인 상관관계를 지니고 있다. 모든 생명체가 제각기 소화 가능한 빛을 지니고 있음은 겉으로 드러난 색을 통해 알 수 있다. 색은 빛에 의해 만들어진 시각적인 대체물이다. 빛이 지니고 있는 다양한 색상이 어떠한 색을 흡수·반사하느냐에 따라 드러나는 몸의 색이 달라지는 것은 이미 과학적으로 입증된 사실이다. 파란색의 물체는 파란색을 제외한 나머지 빛을 흡수한다. 이것은 비춰지는 상황에 따라 색이 달라 보이는 것이나, 또는 빛이 없으면 그 화려한 색도 사라지는 것을 보면 빛은 색과 밀접한 관계가 있음을 알 수 있다. 마찬가지로 모든 생명체는 빛을 흡수하고 있으며, 자신이 싫어하는 색은 자신의 몸을 통해 발산하듯이 빛은 물체의 표면에 머물러 있으면서 다양한 색을 표출하는 주조 색으로서 끌림 주름의 특징을 잘 표현하고 있다. 나비의 화려한 색상, 공작의 날개, 풍뎅이의 날개에서 빛나는 현란한 색은 생명체의 내면에 지니고 있는 색소가 아닌 표면구조의 순수한 주름에 의해 생성된 것이다. 이처럼 색은 빛에 의존하고 있지만 전적으로 물체의 색소가 아닌 표면구조에 나타난 객체 스스로의 생존을 위한 끌림 주름이다. 따라서 끌림 접점에는 수없이 다양한 '자연-바닥'면에 나타난 구조, 즉 끌림 주름에 의해 다양한 유형의 끌림이 이뤄진다. 몸채 자체는 물질적인 대상으로서의 생명체인 '몸', 즉 '생명체'가 아닌 생명체를 둘러싸고 있는 눈에 보이지 않는 '몸', 즉 '끌림 주름'이다. 인간의 '살갗'은 눈으로 실제 볼 수 있는 바깥 세상과 내면세계의 접경지역이다.

살갗이 지니고 있는 일반적인 색이 흰색, 검은색, 황색 등으로 단정하지만 이것은 신체 자신이 지니고 '자연-바닥'이 요구한 생명존속의 색소이며, 살갗 표면이 지니고 있는 '구조', 즉 '주름 성분'에 따라 다양한 끌림 접점은 몸채의 '살갗 주름'의 미세한 차이를 보이는 '주름-교차'가 나타난다. 이 살갗 '주름-교차'는 생명체 고유의 물질적인 색소에 의한 빛이 아닌, 순간적으로 나타났다가 사라지는 몸채의 화려한 끌림 주름이다. 음영의 반복, 깊이, 폭, 겹침, 넓이, 층의 깔때기 모양이 수없이 바뀌는 살갗 표면의 끌림 주름은 마치 카멜레온의 변형체와 유사하다고 볼 수 있다. '코키토'는 이미 빛이 색으로 바뀌는 현상과 마찬가지로 빛에 의해 전환이 이뤄진 눈에 보이지 않는 신체 내면의 '끌림 주름'이다. '텅 빔'의 상태에서 떠오르는 단어, 숫자, 이미지 등 어떠한 '떠오름'도 빛에 의해 전이된 모나드, 즉 몸채의 변형 이미지로서 창의의 '주름-교차'다. 주어진 환경에 따라 적응 또는 변화하는 카멜레온의 끌림 주름의 신축성은 창의적인 끌림 접점을 가능하게 만든다.

흔히 동일한 대상에 대한 다양한 관점은 그만큼 다양한 창의성을 발화할 수 있음을 의미하며, 끌림 접점의 신축성이 만들어낸 '주름-교차'의 크기에 의해 자연스럽게 영향을 받게 된다. 따라서 끌림 접점에서 생성된 객체 간의 '주름-교차'는 바로 끌림의 창의적인 상상력이 생길 수 있는 시작으로서 행운, 미신, 비과학적, 우연, 시간, 공간, 사물 등 갖가지 함축적인 의미를 지니게 된다. 마치 주사위가 던져진 바닥면의 접점이 만들어낸 우연의 공간, 시간, 그리고 창의적인 '빛 에너지'다. 몸채의 다양한 빛은 라이프니츠가 말한 모나드의 단자(單子)적인 티끌의 성정으로서 어느 곳이든 침투가 가능하며, 그 빛이 지니고 있는 순수감각을 수용하는 여부에 따라 몸채의 출현 빈도수가 바뀌게 된다. 인체 역시 많은 요가 수행자에 의해 밝혀진 바와 같이 몸의 내부에는 이러한 빛을 수용할 수 있는 정거장[11]이 있음을 실제 체험을 통해 밝힌 바 있듯이 빛이 지니고 있는 정도에 따라 몸채의 순수감각에 차이가 있다. 모든 순수감각은 공간적이며, 이것은 감각하는 자와 감각적인 것의 객체적 공존재를 의미한다. 빛은 이러한 공감각에 의해 나타났다가 사라지는 감각 이전의 '익숙함'이다. 따라서 빛에 대한 감각은 없던 것의 창조가 아닌 이미 익숙한 감각의 재파악이라 할 수 있다.

공존재에 의한 상호 끌림은 이미 주어진 감각의 공감각에서 수용되거나 그 정반대의 극점에서 느끼는 호기심의 끌어당김이다. 이러한 끌림이 지니고 있는 에너지는 대상을 구성하고 있는 힘이 아닌 순수한 객관적인 외부의 빛에 의해 이뤄지는 현상이다. 끌림 주름이 지니고 있는 에너지는 대상이 지니고 있는 물질적인 공감각으로서 순수한 빛 에너지가 아닌 물질에너지를 통한 정신에너지의 전이에서 출현하는 '지금-여기'의 실존적인 에너지다. 끌림 주름을 생성시키는 몸채는 '지금 여기'에서 나타난 대상의 물질적인 빛 에너지에 의해 생성된 정신차성의 빛 에너지다. 정신차성은 순수차성, 감각차성, 시각차성, 지각차성의 발현에 의해 제각기 정신적인 몸채를 지닌다. 오랫동안 주체 자신이 지니고 있는 몸채를 어떠한 순서를 통해 줄곧 대상 끌림에 관여했느냐에 따라 달라진다.

최초 끌림 접점이 이뤄지는 순간, 즉 위의 4가지 차성에서 가장 먼저 느끼는 차성이 바로 끌림 접점이 이뤄지는 순간이 된다. 끌림 접점이 지니고 있는 차성에서 나머지 3가지 끌채에 의한 끌림 주름이 만들어진다. 대상이 지니고 있는 4가지 차성 가운데 어느 차성과 주체 자신의 끌림 접점이 이뤄지는가에 따라 각기 다른 끌림 주름의 공감각이 형성된다. 끌림 주름의 공감각은 각 차성이 지니고 있는 끌림 깊이에 따라 끌림점들의 동시적인 병존, 궁극적으로는 끌림 접점이 지니고 있는 면적과 너비 그리고 접점이 갖는 접착력을 파악할 수 있다. 끌림 접점이 지니고 있는 이러한 갖가지 파악이 이뤄질 때 비로소 끌림 접점이 지니고 있는 창의적인 끌림 이미지를 표현할 수 있다. 4가지 끌림 차성이 끌림 접점에 동시적으로 병존해 있을 경우 끌림 주름이 펼쳐져 있다고 할 수 있다. 또한 이 4가지 순수차성 이외의 다양한 차성이 서로 섞여서 나타날 수도 있다. 이러한 끌림은 겹침이 아닌 끌림 융합이 이뤄진다.

끌림 융합은 다시 현존하는 세계의 현상으로 재현되어 나타나며 실제적인 느낌으로 전환된다. 예를 들면, 빛이 4색(Black, Yellow, Cyan, Magenta)에 의해 인쇄되는 점을 감안한다면 보이는 시각 이미지의 끌림 융합은 눈앞에 그대로 드러난 이미지라 할 수 있다. 어떠한 시각 이미지를 지니고 있는가에 대한 의미부여는 고려하지 않은 가운데 순수한 색에 의한 끌림 융합으로 받아들여지게 된다. 마찬가지로 끌림 융합이 단순히 색채융합만을 의미하지 않는 다양한 시각의 끌림 융합을 함의하고 있다.

즉, 대상 그 자체의 순수한 차성으로서 크기, 바탕에 의한 끌림 융합이 이뤄질 수 있고, 또 다른 차성의 조형적인 형과 재질에 의한 끌림 융합도 이뤄질 수 있다. 이처럼 끌림 융합에 의한 끌림 접점은 그 융합의 주름에 따라 또 다른 공감각의 주름을 만들어낸다. 끌림 주름과 끌림 융합은 제각기 주어진 위치에서 씨줄과 날줄의 끌림 접점을 만들어내며 끌림의 창의적인 현상을 나타낸다. 광고 및 디자인 이미지가 만들어내는 다양한 끌림 접점은 이러한 차성의 고유한 특성을 통해 깊이와 너비 그리고 크기의 끌림 접점을 형성한다. 객체 간 몸채의 바깥 출현은 결국 끌림체의 순수 느낌인 '주름-교차'의 '접점-크기'에 의해 감응할 수 있다.

4) 끌림: '접힘-펼침'

객체 간의 끌림 접점에 의한 접힘은 4가지 특징적인 차성으로 펼쳐나간다. 주체의 끌림체를 구성하고 있는 몸채는 순수 끌채, 감각 끌채, 시각 끌채, 지각 끌채에 의해 서로 다른 차성의 순간 펼침이 이뤄진다. 끌채는 접점이 이뤄지는 순간 나타나는 방어기제임과 동시에 수용을 위한 여과기능을 지니고 있다. 끌채가 하나의 대상에 끌리게 되는 순간 소비자 주체 내부에서 적극적으로 끌림을 수용할 때는 아무런 저항 없이 수용하는 끌개의 역할을 하지만, 끌림 대상 가운데 부분적인 부정적 요소 또는 소비자 주체의 취향과 맞지 않을 때는 전적인 수용에 앞서서 걸러주는 기능을 한다.

또한 소비자 혹은 시각디자이너 자신이 끌리는 내용이 동일 대상에서 끌림 요소가 다를 경우 그것을 어느 끌채에서 안정시킬 것인가에 대한 결정 역시 끌채의 기능에 포함되어 있다. 즉, 하나의 끌채가 생성되는 것이 다른 끌채의 이행을 수반하도록 함과 동시에 미래의 어떤 끌림 혹은 현재의 순간적인 끌림으로 대상을 파악하는 기능으로서 끌채가 등장한다.

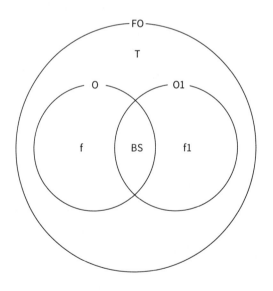

[도표 42] 끌림 이미지의 '접힘-펼침'
FO(Fold-Open): 접힘-펼침, O(Object): 객체, O1(Object1): 객체 1, f(filter): 끌채, f1(filter1): 끌채 1, BS(Bending Strength): 꺾임 강도, T(Trace): 흔적

순수 끌채는 앎을 통한 끌림 이해가 아닌 선험적인 통찰 혹은 직관에 의한 순간포착을 의미하는 가장 원시적이며, 주체와 대상이라는 구분이 일어나기 전의 초월론적 끌림 지평이라 할 수 있다. 처음 이 순수 끌림에 의한 대상은 그 자체가 아무런 저항이 없는 가운데 발생하는 초자연적인 상태이며, 존재적인 차원에서 볼 때는 이러한 끌림이 비물질적인 신체로서 끌림체의 살에서 발현되는 몸채 에너지의 접촉이라 할 수 있다.

몸채는 대기 중의 공기가 지니고 있는 무형의 산소, 질소 등의 접힘과 펼침에 의한 에너지가 움직이는 공간이면 어디서나 나타나는 무형의 끌림체의 빛 에너지다. 생명체 고유의 굴곡[12]에 따라 접히거나 펼쳐지게 되어 주어진 생명체의 주름에 맞는 끌림체를 조작한다. 비물질적인 신체인 끌림체의 굴곡에 따른 '접힘'과 '펼쳐짐'의 흔적은 소비자 주체의 몸채에 차이를 주며, 순수·감각·시각·지각 끌채의 기능에 서로 다른 주름의 폭과 깊이를 갖게 된다.

따라서 몸채가 지니고 있는 각 끌채는 '접힘-펼쳐짐'의 본질적인 움직임으로 환원시키기 위해 끌림체의 굴곡이 만들어낸 겹주름의 순수기능을 수행하고 있다. 겹주름의 '접힘-펼쳐짐'의 반복적인 끌채기능은 점차적으로 새로운 굴곡의 형상을 지향하게 되어 창의적인 끌림 역할을 수행한다. 굴곡의 테두리는 최종적으로 걸러진 끌림 대상에 대한 긍정적인 반응에 의한 양태적인 성질이며, 소비자 주체가 지니고 있는 굴곡에 차이가 나는 것은 이러한 '접힘'과 '펼침'의 흔적으로서 주름의 '폭'과 '깊이'에 의해 이뤄진다. '접힘-펼쳐짐'에 의한 주름의 자연스러운 '굴곡-꺾임'은 몸채의 지향성과 함께 수행하는 후설의 시간의식에서 발생하는 흔적이다.

순간이라는 끌림 차원의 시간의식에는 매 순간 현존재에서부터 사다리 같은 층위가 시간흐름에 의해 발생한다고 하여 이 층위는 시간이 흐르면서 바뀌어감을 주장했다. 끌림의 접힘은 바로 이와 동일한 '굴곡-꺾임'이라는 곳에서 일어나는 끌림 흔적을 의미하며, 그 끌림 흔적은 소비자 주체의 겹침, 구겨짐, 두께, 폭, 깊이 등의 다양한 주름에 의해 '접힘'과 '펼쳐짐'이라는 굴곡의 양태성을 지니게 된다. 이와 같은 끌림 과정은 비물질적인

[그림 50] '접힘-펼침'에 의한 끌림: 'inner light'/ Illustrator, 전기순 作.
끌림 이미지의 '접힘-펼침'은 객체 간의 순수 · 감각 · 시각 · 지각 끌채와의 '굴곡-꺾임'에 의해 생성되며, 각 끌채가 지니고 있는 '굴곡-꺾임'의 강도에 의해 '접힘-펼침'의 흔적으로서 주름의 폭과 깊이가 결정된다.

신체인 끌림체의 창의적인 흔적이며, 물질적인 신체의 외부적인 조건에 의한 자극 반응의 감각기능에서 탈피한 라이프니츠의 모나드와 유사한 초월론적인 수용과정이다.

몸채와 끌채의 상호관계는 매 순간 나타났다가 사라지는 주름진 굴곡에 의해 나타나는 창의적인 흔적이며, 동일한 끌림이라는 개념 속에 살고 있는 부분 없는 전체로서 텅 빈 생명체의 지속적인 활동이라 할 수 있다. 즉 이 두 가지 요소는 하나이면서 서로 다른 역할을 수행하기 위한 동체이종(同體異種)의 모습을 지닌 물질적인 질량을 지니고 있지 않은 기체, 또는 초월론적인 공간을 가지고 움직인다.

접힘과 펼침의 경우도 실제 몸채가 접힘과 펼침을 지니고 있는 어떤 것이 아닌 관념론적인 인식의 틀을 만들기 위해 대체로 불규칙한 동태성의 움직임을 의미하며, 이것 자체가 끌림 이미지로 고착화되는 것은 또 다른 파생된 끌림의 양태를 요구하는 오류를 범하게 된다.[13] 이러한 차원에서 좀 더 끌림의 접힘에 대해 설명하면 접힘과 펼침에는 나선형, 파도형, 회전형, 축소, 웅축, 진동 등의 다양한 양상을 지니는 가운데 끌림 꺾임이 이뤄진다.

끌림 이미지에는 이러한 끌림 꺾임에 따라 다양한 접힘과 펼침 현상을 표상할 수 있으며, 이 끌채의 접힘과 펼침에 의해 겹주름이 만들어진다. 겹주름은 최초로 끌린 대상과의 접점에서 만들어지는 끌림의 굴곡현상이며, 이 현상은 소비자 개성에 의해 다양하게 이뤄진다. 끌림 접점에 나타난 접점의 접힘과 펼쳐짐에 의해 주름이 생성되는 것은 끌림체의 감각적인 유형에 맞추어 나이테 모양의 겹주름, 홑주름, 방사주름 등의 확산적 펼침에너지를 만들어나간다. 나이테를 보면 주름의 형태가 원형을 이루면서 축소 혹은 확산되어가는 것은 나무 고유의 끌채에 의한 원주름이다.

마찬가지로 끌림의 주체가 지니고 있는 끌림체는 그 자체가 아무것도 없는 가운데 움직이는 몸채 에너지이며, 아무런 개념적인 성질을 지니고 있지 않은 부분 없는 전체라 할 수 있다. 마치 라이프니츠의 모나드 같은 몸채는 신체가 지니고 있는 감각체의 감성을 둘러싸고 있는 무형의 생명에너지라 할 수 있다.

하지만 모나드와 몸채의 차이는 존재적인 차원으로서 모나드, 즉 물성을 지니고 있는 부분 없는 텅 비어 있는 존재를 의미한다면, 몸채는 메를로퐁티의 '살갗'이라는 엄연한 비물질적인 감성체로서 '끌림체'에서 발현되는 미적 느낌의 끌림에 의한 모나드다. 다시 말해 소비자 주체의 개성에 따라 다르게 끌리도록 만드는 끌채의 제반적인 '굴곡-꺾임'의 '살갗'이 요구하는 직접적인 느낌에 의한 아프리오리의 지향성을 추구하며, 상품이 지니고 있는 속성이 아닌 상품 주위를 둘러싸고 있는 '살갗', 즉 포장된 배경(분위기)에서 '접힘'과 '펼쳐짐'을 찾으려고 한다.

흔히 브랜드 가치 또는 상품충성도라고 하는 마케팅 용어는 '접힘'과 '펼쳐짐'의 굴곡주름에 의한 '브랜드-꺾임'의 흔적에 해당한다. 예컨대 애플, 삼성 상품이 자신의 주위에 없으면 뭔가 허전한 느낌이 드는 소비자일수록 그 상품에 깊숙한 흔적의 '굴곡-꺾임'이 이뤄져 있는 상태라고 할 수 있다. 깊이라는 것은 소비자 주체와 대상의 '접힘'과 '펼쳐짐'에 의해 생성된 '굴곡-꺾임'이다. 브랜드 가치는 끌림 펼침이 이뤄진 상태에서 움푹 들어간 접힌 굴곡의 주름과 같다. 브랜드 끌림에 의한 펼친 부분에서 접힌 흔적이 많으면 많을수록 브랜드는 다양한 가치의 깊이를 지닌다.

이러한 깊이에서 상품의 품질, 기업의 견실성 및 신뢰성, 기업인의 청렴성 등 시간흐름에 의한 깊이 있는 '굴곡-꺾임'의 흔적을 발견할 수 있다. 끌림 펼침은 곧 그동안의 접힘에 대한 확인과 동시에 새로운 창의적인 '굴곡-꺾임'의 도전을 기다리는 시작이라 할 수 있다. 또다시 접히는 그 순간까지 끌림 펼침은 지속적으로 이뤄질 것이다. 끌림 펼침은 소비자가 지니고 있는 현 지평을 그대로 보여주는 몸채의 장이다. 즉, 몸채가 지니고 있는 다양한 끌채 가운데 어느 끌채에 의해 끌림이 이뤄졌는가는 앞으로의 끌림 펼침에 대한 방향을 제시할 것이다. 이 방향이 의식적인 지향성을 지닌 것인지, 아니면 순수 선험적인 지향성인지의 판가름은 끌림체의 끌채에 의해 이뤄진다. 깊이 또한 이 끌채의 종류에 따라 끌림 대상이 다르게 보이며, 선택된다.

시각 이미지에서의 깊이는 끌림의 영역 가운데 어떠한 끌채에 의해 끌림 펼침이 이뤄졌느냐에 따라 끌림 깊이가 정해진다. 순수 끌채에 의해 이뤄진 끌림 펼침이 그대로 순수 끌림으로 끝나는 것이 아니라 시간의식에 의해 감각 끌림, 시각 끌림, 지각 끌림이 동시에 뒤따르게 되어 겹주름의 음영진 끌림 깊이를 만나게 된다. 이 깊이는 각 끌채에 의한 깊이뿐만 아니라 끌림 자체가 지니고 있는 펼침, 접힘, 꺾임, 굴곡에 의해 깊이의 다양성을 지니게 된다.

또한 끌림의 접힘과 펼쳐짐에는 지향성의 '~에로'를 갖게 되어 '끌림-에로-펼쳐짐'의 눈에 보이는 세계 지평과 눈에 보이지 않는 초월론적인 지평에 대한 차이와 창의 주름을 만들어간다. 물질적인 신체가 지니고 있는 눈에 의한 판단은 시각 끌채의 대표적인 주름의 굴곡이며, 이 시각 끌채에 의한 시각 끌림은 차츰 그 의미의 단조로움에 접힘의 깊이가 얇아짐에 따라 깊이는 서서히 다른 눈에 보이지 않는 지각 끌채에 의해 귀속된다.

따라서 굴곡의 깊이는 시각 끌채에 의한 깊이가 아닌 눈에 보이지 않는 순수, 감각, 지각에 의한 '굴곡-꺾임'이 많아짐에 따라 눈에 들어오는 모든 색상은 있는 그대로 보이지 않게 되고 점점 추상적인 '굴곡-꺾임'으로 변형되어간다. 마찬가지로 펼쳐짐에 의한 평면 역시 더 이상의 평면으로 파악하지 않게 되며, 눈에 들어오는 동일한 대상도 제각기 선험적인 '끌림-에로-펼쳐짐'을 지향하게 된다.

이러한 '끌림-에로-펼쳐짐'은 또 다른 '끌림-에로-접힘'이라는 새로운 창의의 끌림 이미지를 구축하는 '굴곡-꺾임'의 깊이로 나아가게 된다. '접힘'과 '펼쳐짐'의 반복은 깊이에 의한 창출과정에서 이뤄지는 자연스러운 굴곡진 주름이 형성된다. 이 굴곡은 지금까지 볼 수 없었던 확산과 팽창, 진동, 방사, 회전에 의해 새롭게 창의의 과정으로 정립된다. '~에로'의 지향성은 결국 하나의 또 다른 창의성의 끌림을 만들어내는 선제적인 조건이며, 최종적으로는 '~통한'의 과정적인 절차로 머무르게 된다. 즉, '굴곡-꺾임'의 '접힘'과 '펼침'에 의한 정립은 또 다른 '끌림-통한-펼침'의 선제적인 창의과정으로서 '접힘'이 이뤄진 상태에서의 또 다른 '펼쳐짐'을 의미하게 된다.

이로써 지금까지의 '굴곡-꺾임'은 '끌림-통한-펼침'에 의해 이미 접힌 부분의 '접힌-흔적'을 발견할 수 있다. 접힌 자국은 한 번은 끌린 흔적을 의미하며, 이 흔적의 '끌림-통한-펼침'에 의해 창의의 '끌림-자국-펼쳐짐'이 지속적으로 나아가게 된다. 일련의 이러한 과정은 접힌 자국이 어떠한 끌채의 차성에서 이뤄졌느냐에 따라 전혀 다른 끌림 차성의 펼쳐짐이 이뤄짐을 알 수 있다. 동일한 인식 지평에서의 펼쳐짐은 지극히 이성적인 끌림에 가까운 시각 혹은 지각적인 끌림이며, 동일한 인식 지평이 아닌 펼쳐짐은 직관에 의한 순수한 느낌의 끌림이라 할 수 있다.

예를 들면, 종이접기로 배를 만든다고 하자. 우리는 사각형의 종이로 순서에 맞추어 '접기와 펼치기'를 반복할 것이다. 이때 반복적으로 만들어진 접힘과 펼침에 의한 자국은 종이배를 만들기 위한 순서에 의한 '끌림-에로-펼침'의 이성적인 과정이라고 할 수 있다. 여기에서 최초 사각형의 면은 동일한 끌채의 차성으로서 인식 지평을 의미한다. 즉 하나의 종이가 펼쳐진 면은 지각 끌림에 의한 '끌림-에로-펼침'의 이성적인 끌림 차성이며, 이때 두 개의 종이를 통해 접힘과 펼침 과정은 전혀 다른 '끌림-통한-펼침'의 인식 지평에서 이뤄지는 창의의 끌림이라 할 수 있다. 두 개의 종이가 만나서 하나의 배를 만들어낸다는 것은 두 개의 '종이 겹침'에 의해 이뤄지는 또 다른 끌채 차원의 '끌림-통한-펼침'의 종이접기이며, 사각형의 종이 가운데 또 다른 한 장은 실제 '종이 겹침'이 몸채의 겹주름인 '굴곡-꺾임'의 창의의 끌림 지평이다. 종이 겹침에 의한 접기는 '끌림-통한-펼침'으로서 몸채의 각 끌채가 지니고 있는 자연스러운 '굴곡-꺾임'이며, 자연스러운 창의 끌림이 된다.

따라서 동일한 사각형의 평면에서 만들어진 접힘과 펼쳐짐으로 실제적인 목적성을 지닌 지속과정으로 최종적인 '종이배'를 만들 수 있으며, 논리적으로는 '접힘'과 '펼침'의 '굴곡-꺾임'에 의한 지향성의 흔적이라 할 수 있다. '끌림-자국-펼쳐짐'은 지금까지의 '굴곡-꺾임'이 지니고 있는 깊이와 창의를 위한 흔적이며, 최종적인 지향을 순수 끌림의 '끌림-에로-펼침'에서 지각 끌림의 '끌림-통한-펼침'으로 진행해나간다.

몸채는 '끌림-자국-펼쳐짐' 또는 '끌림-자국-접힘'의 반복으로 이뤄지는 끌채의 겹주름 과정이다. 어떠한 자국을 먼저 선행하느냐에 따라 종이배, 종이학, 종이비행기 등 최종적인 끌림 지향의 순수, 감각, 시각, 지각의 끌림 지향을 갖게 된다. 광고 표현이 갖는 다양한 끌림 가운데 어떠한 끌림 이미지로 소비자의 마음을 움직이게 하는가는 전적으로 '끌림-통한-펼침'에 따라 몸채가 지닌 '접힘과 펼침'의 창의적 끌림에서 생성된다.

또한, 순수 끌채, 감각 끌채, 시각 끌채, 지각 끌채에 의해 다양하게 펼쳐지는 끌림의 펼쳐짐은 의식에 의한 펼쳐짐이 아닌 몸채가 지니고 있는 에너지의 빛의 리듬에 의한 확산이라 할 수 있다. 물질적인 신체의 눈으로는 파악되지 않는 접힘과 펼침에 의한 끌림 확산은 끌채의 차성에 의해 '굴곡-꺾임'의 주름이 형성되어 '끌림-통한-펼침'의 선택적인 끌채만 의식에 지각된다. 아프리오리의 '끌림-통한-펼침'은 그 자체가 의식의 영역에서는 느낄 수 없는 끌림의 영역이며, 끌림 이미지와 신체가 지니고 있는 끌림체에 따라 다르게 나타난다.

예를 들면, 평상시 소비자 주체의 신체의식이 어떠한 욕구에 깊이 빠져 있는 경우 끌림의 '끌림-통한-펼침'은 이 욕구에 의한 의식 지평에 의해 확산되며 접힘의 굴곡이 생성된다. 물질적인 신체의식의 지평은 비물질적인 신체인 끌림체의 몸채 에너지에 영향을 미치며, 이러한 일련의 과정 속에서 발현되는 끌림에 의한 '끌림-에로-펼침'은 초월론적인 순수 끌림이 지향하는 직관적인 순수 끌채에 앞서 실질적인 목적성의 '끌림 홀'로 안착하게 된다.

이 경우의 '끌림-통한-펼침'의 지속성은 끌림 대상과 주체의 끌림이 일어나는 순간 개념적인 사유를 위해 명명된 코키토의 세계에 머물게 되어 서로의 '굴곡-꺾임'을 감싸주게 된다. 객체 간의 '굴곡-꺾임'의 감싸줌은 곧 동일성의 겹주름으로 동화되어 보이는 대상에 대한 '굴곡-꺾임'의 강도에 따라 그 자체가 이미 코키토의 목적성의 지향성에 들어가 있는 '끌림-통한-펼침'의 완전성으로 받아들이게 된다. '굴곡-꺾임'의 흔적은 '접고-펼침'이 지니고 있는 차성의 범주를 벗어나지 못하는, 즉 끌채의 창의적인 겹주름에 의한 변환이 일어나기 전까지는 통찰할 수 없는 이유가 여기에 있다. 끌채는 이러한 '굴곡-꺾임'이 지니고 있는 흔적의 차성을 판별하여 저장하는 틈으로서 겹주름의 역할을 하고 있다.

하지만 이 주름이 라이프니츠의 바로크를 연상하는 겹주름이 아닌 순수, 감각, 시각, 지각의 끌림 겹침에 의한 자연스러운 나선형 확산에 의한 주름이며, 접힘 역시 나선형의 축소된 주름의 '굴곡-꺾임'이라 할 수 있다. 여기에서 언급하는 나선형은 욕조 혹은 수조에 있는 물을 빼고자 할 때 소용돌이치면서 빠지는 것과 유사하다. 실제 끌채에 있는 각 홀의 모양은 이러한 나선형의 끌림에 의해 홀을 지나가는 원리라 할 수 있다.

끌림의 나선형은 가장 일반적인 끌림의 유형이며, 다양한 형태로 몸채에 접힘 상태로 머물고 있다. 몸채가 지니고 있는 성질 역시 신체 살갗의 가장 바깥에 위치하고 있는 눈에 보이지 않는 에너지로서 다양한 끌림 양상을 보이고 있는 '굴곡-꺾임'이라 할 수 있다. 나선형의 접힘은 끌림이 지니고 있는 '굴곡-꺾임'에 대한 양태성을 의미하며, '접힘-펼침'은 또다시 '응축-팽창'이라는 말로 환원할 수 있다. 왜냐하면 끌림 자체가 지니고 있는 양태가 하나의 언어적인 개념에 놓여 있지 않기 때문이다. 용수철의 응축은 접힘을 지니고 있는 가운데 내적인 에너지를 갖고 있다고 볼 수 있다. 끌림은 그 자체가 이미 에너지를 함축하고 있으며, 어느 순간이고 주체와 대상 간의 끌림이 이뤄지게 되면 숨어 있던 접힘, 즉 응축된 에너지에 의해 끌림 '굴곡-꺾임'에 안착한다. 안착하는 순간 펼쳐지는 끌림은 또한 팽창에 의해 쌓아두었던 힘의 정도에 따라 팽창의 차이를 나타낸다.

앞서 설명한 바와 같이 순수 끌림이 양태에 의한 선험적인 순수 끌채에 의한 순수 지평이었다면, 감각 끌림은 신체조건에 의한 감각이므로 해석적인 파악이 가능하다. 신체상태가 어떠한 신체감각을 유지하고 보관하고 있느냐에 따라 전혀 다른 접힘과 펼침을 지니고 있으며, 그에 따른 수축과 팽창의 나선형 끌림이 이뤄진다.

특히 시각 이미지는 이미 갖가지 끌림 '굴곡-꺾임'의 요소를 지니고 있다. 그 가운데 감각 끌채에 의한 감각 끌림은 끌채를 구성하고 있는 몸채의 차성에 의해 감각된다. 오랫동안 익숙한 끌채의 선택적인 작용은 이미 소비자마다 다양한 끌채로서 '굴곡-꺾임'의 주름을 지니고 있다. 감각은 물질적인 신체를 통한 외부환경의 끌림이며, 이 외부 끌림의 오래된 '굴곡-꺾임'의 주름은 곧 감각 끌채라는 몸채의 부피를 갖게 된다. 주름의 접힘과 펼침은 감각에 의한 쾌에 의해 다채로운 끌림 펼침이 이뤄진다. 소리, 색, 냄새, 촉각 등의 쾌가 지니고 있는 감각 끌림은 리듬에 의한 접힘/펼침, 수축/팽창, 응축/확산 등의 감각 끌채에 의한 회전, 수직, 수평, 사선의 다양한 끌림 지향이 발생한다.

이때 대상 끌림이 어떠한 리듬 펼침 또는 리듬 확산이 이뤄지게 할 것인가는 시각 및 시각디자이너의 감각 끌림에 의한 창의적인 활동이다. 감각에 대한 아무런 끌림 이미지 없이 이뤄진 시각 및 시각디자인은 그 자체가 무미건조한 레이아웃, 또는 형식적인 헤드라인과 비주얼만 놓이게 된다. 메를로퐁티가 "감각마다 자기 세계가 있다"고 말한 것은 이러한 감각에 대한 시각디자이너의 주어진 끌채의 끌림 공간이 다르다는 것을 의미하는 것이며, 동일한 시각요소를 가지고도 얼마든지 다른 시각 이미지를 연출한다.

　이러한 수많은 감각의 영역에서 감각 끌림은 그 가운데 의식이라는 지각이 함께할 때 나타나는 매우 국부적인 감각이다. 이러한 감각을 온전히 몸 전체가 지니고 있는 감각의 전부라고 말한다는 것은 의식이 감각을 전이시킨 후에 생기는 '굴곡-꺾임'의 겹주름에 의한 완벽한 빠짐이다. 시각적인 의미를 강조하는 현대사회에서 시각장애인이 오히려 시각에 대한 환상을 갖는 것은 감각이라는 동일 지평에서도 시각에 따라 판단과 끌림 지평이 다르다는 것을 알 수 있다. 즉 눈으로 확인할 수 있는 대상은 공간이라는 단위에서 위치, 크기, 방향, 물성 등을 파악하여 쉽게 자신의 끌림 감각으로 대상을 수축, 팽창 또는 왜곡할 수 있지만 시각장애인의 경우에는 오로지 감각과 의식을 통해 공간에 대한 막연한 개념적인 이미지를 만들어나간다. 수술로 인해 대상을 바라볼 수 있을 때 느끼는 장애인의 감각능력이 실제와는 매우 다른 차이를 지니고 있음을 알았을 때 감각 끌림은 어디까지나 시각이라는 영역을 제외한 상태에서는 매우 불안한 끌림을 지각하게 된다.

　하지만 감각이 없는 상태에서의 시각은 신체가 마비된 장애인에게 느낄 수 있는 불안한 상태를 직접 목격할 수 있을 것이다. 즉, 감각이 없는 상태에서 느끼는 공간은 어떠한 친밀감을 받을 수 없는 것으로 지각한다. 살갗이 지니고 있는 감각을 통해 주위공간에 대한 느낌을 파악할 수 있듯이 감촉을 통한 끌림 감각은 그 자체로서 물질적인 신체가 공간 속에 존재함을 자각할 수 있도록 만들어준다. 신체가 지니고 있는 갖가지 감각체[14]는 상호소통을 지속적으로 유지하는 가운데 '끌림-공감각-펼침'이 이뤄진다. '끌림-공감각-펼침'은 어느 순간 '끌림-공감각-접힘'으로 전이되며, 이 과정에서 눈에 드러나지 않는 끌채의 여과작용이 객체에 대한 감각차이를 생성하여 곧 개성적인 '굴곡-꺾임'의 겹주름으로 진행되어간다.

　'끌림-공감각-접힘'에 의한 끌림 구성의 오래된 양태적인 변화를 어떻게 지향할 것인가는 철저히 시각디자이너의 '끌림-공감각-펼침'에 기초를 두어야 한다. '굴곡-꺾임'은 접힘에 의한 펼침의 과정적인 지향성을 담고 있으며, 반복에 의한 접힘은 일정한 끌림 감각이 형성된 가운데 '굴곡-꺾임'의 주름이 만들어진다. 광고제작을 위해 선택된 광고카피 또는 광고비주얼의 감각 끌림은 이러한 '굴곡-꺾임'의 주름에 의한 끌림이며, '굴곡-꺾임'의 주름에서 '접힘-펼침'이 지니고 있는 굴곡의 폭과 깊이 그리고 강도와 팽창이 새로운 창의의 겹주름으로 생성된다.

예를 들면, 유명모델을 통한 상품소개는 감각 끌림의 '굴곡-꺾임'을 매우 얕게 드러내고 있는 '끌림-공감각-펼침'으로 지속되고 있다고 할 수 있다. 왜냐하면, 유명모델이라는 이미지는 객체로서 전형적으로 누구에게나 펼쳐진 광의의 끌림이기 때문이다. 상품이 지니고 있는 속성은 유명모델의 '끌림-공감각-펼침'으로 이해하기에는 부족한 연관성이 함축되어 있다. 상품을 사용한 소비자로서의 경험을 오히려 진실하게 전달하는 메시지가 더욱 강한 '끌림-공감각-접힘'의 겹주름으로 나아가는 데 자유로움을 느낄 수 있다.

이제 신체적인 공감각에 의한 끌림을 벗어나 다시 존재적인 코키토 차성의 끌림으로 가기 위해 들뢰즈의 차이에 의한 반복이 지니고 있는 다양한 '접힘'에 의한 '펼침'을 확인해야 한다. 그는 어디까지나 라이프니츠의 존재적인 모나드의 양태로서 주름을 뒷받침하고 있다. 소비자 주체의 존재성은 생활 속의 차이와 그에 따른 반복에 의해 차츰 '굴곡-꺾임'의 개성적인 끌림이 생성되고 있으며, 펼침을 단순한 의미를 지니고 있는 접힘의 반대말이 아닌 접힘의 연속 또는 확장 속에서 '펼침-펼쳐짐'을 확인하고자 하여 주름이 지니고 있는 모나드의 양태를 설명하고자 했다.

마찬가지로 끌림이 지니고 있는 '접힘'에 의한 '펼침'은 이러한 모나드의 이론적인 바탕으로 전개하지만 전적으로 모나드가 지니고 있는 이층집의 수직적인 상호교환에서 이뤄지는 주름의 양태성이 아닌 순간성이라는 시간의식 속에서 파악할 수 있는 몸채로서 객체 간의 수평적인 접힘과 펼쳐짐을 의미하며, 이러한 접힘과 펼쳐짐은 끌채의 4가지 차성에 의해 주름이 잡히는 것임을 밝힘으로써 그 차이를 강조하고자 한다.

현대사회에서의 끌림이 시간의식이라는 점에 비춰볼 때 다양한 형태의 주름은 비록 바로크 시대의 주름을 근간으로 하는 다양한 양태성과는 공간과 환경적인 차이를 지니는 겹주름의 끌림이다. 문화와 환경 그리고 현대라는 시간공간이 지니고 있는 펼침은 정신과 물질, 신과 인간의 수직적인 끌림이 주체 내부에서 순서에 의해 일어나는 것이 아닌 수평, 즉 순간성의 시간의식에 의한 동시다발적인 펼쳐짐의 끌림 현상이다. 대상에 대한 끌림은 주체와의 시간적인 다차성을 지니고 있는 끌채의 공감각과 일치할 때 일어난다.

초월과 선험에 의한 아프리오리의 차성과 신체적인 공감각에 의한 상호주관적인 등가원칙에 의해 자연스럽게 일어나는 끌림 펼침은 그 자체로 깊이를 지니고 있다. 겹침에 의한 깊이가 펼침에 의해 이뤄질 때 그 자체가 곧 또 다른 겹침의 펼침과 동시에 깊이가 이뤄진다. 시간이라는 흐름에서 공감각은 왜곡되어 펼쳐져 있는 끌림 접점의 너비, 크기, 강도를 넓게 혹은 좁게 그리고 생략하거나 첨부한다. 단순히 끌림 접점이 객관적인 입장으로 도달하기 전 단계에서 끌림 주름이 지니고 있는 접힘과 펼쳐짐의 융합은 생략되어 보인다. 보이는 시각 이미지는 단순히 거기에 있는 대상일 뿐 그곳에는 끌림의 깊이, 펼침, 접힘이 보이지 않는다. 얼핏 보기에 보는 이의 눈에서 일어나는 끌림 현상일 뿐 시각 이미지가 끌려 보이지 않는 것은 어디까지나 현실이라는 끌림 융합에 의해 사라지기 때문이다.

시각 이미지에서 끌림 현상을 파악하거나 분석한다는 것은 기계적인 차원으로 전락할 가능성이 높다. 끌림이 지니고 있는 것은 주체와 대상 간에 일어나는 지극히 이성적인 현상이라고 한다면, 여기에서 과학적인 접근에 앞서 상호주관적 세계와 객관적 명증의 세계를 나눠야 할 필요가 있다. 끌림이 갖는 현상은 현상 그 자체를 기술해야 하며, 그것이 시간이라는 연속성에서 이뤄지는 현상이라는 점을 전제로 하지 않는 이상 끌림에 대한 다양한 현상을 기술한다는 것은 불가능하기 때문이다. 펼침에는 일시적인 순간 펼침, 파도타기와 같은 연속 펼침, 아니면 스키를 타는 선수처럼 비스듬하게 펼침 등의 다양한 끌림 펼침의 굴곡 현상이 나타난다.

따라서 시각 이미지에 따라 달리 나타나는 끌림 펼침에 대해 명확히 기술해야 한다. 감각 이전에 느껴지는 순수차성으로서 끌림이 지니고 있는 다양한 모습의 끌림 펼침에 대한 논의는 바로 시각 이미지가 지니고 있는 끌림의 원초적인 범위에 대한 인식을 회복하는 데 있다. 끌림이 접혀져서 펼쳐지는 경우는 개방적인 끌림 지향을 지니고 있다. 반면 펼침에서 접혀지는 경우는 폐쇄적이며, 이기적인 '굴곡-꺾임'의 끌림 지향을 준비하고 있다.

5) 끌림-중간자

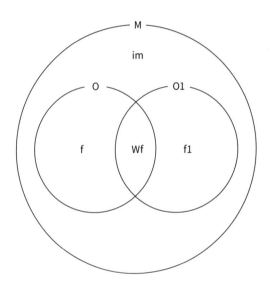

[도표 43] 끌림 이미지의 '중간자'
M(Midway): 중간자, O(Object): 객체,
O1(Object1): 객체 1, f(filter): 끌채, f1(filter1):
끌채 1, Wf(Wrinkles'fold): 주름-겹침,
im(interval media): 사이-매체

끌림은 소비자 주체와 대상이 지니고 있는 각자의 소유물이 아니다. 순수 끌채, 감각 끌채, 시각 끌채, 지각 끌채는 소비자 주체의 신체적 활동에서 만들어지는 아프리오리의 끌림체다. 끌림체는 비물질적인 신체로서 실체가 없는 부분 없는 전체이며, 생명체의 둘레를 감싸고 있다. 끌림체는 소비자 주체로서 자신의 감각적·정서적이라는 점에 대응하는 자신만의 초월론적인 세계를 지향하고 있다. 이러한 점에서 끌림은 물질적인 신체감각의

끌채에서 아프리오리의 끌채로 전이되는 과정에서 발생하는 '사이-매체'라 할 수 있다. 물질적인 신체가 지니고 있는 삼차원 공간의 한계성을 뛰어넘으려는 과정에서 온전히 소비자 주체의 끌림체는 무한한 우주적인 에너지를 얻는다.

예를 들면, 감각 끌채는 신체의 여러 감각이 생활환경에서 숨 쉬고 있을 때 촉감보다는 시각에 집중이 이뤄질 경우 나머지 감각은 보조적인 역할을 수행한다. 이때 시각적 끌림은 다른 감각의 양여에 의한 '시각-몰입'의 과정이며, 이 과정에서 모든 감각기능은 시각 끌림의 영토적 확장에 동화·흡수된다. 물질적인 신체의 감각 끌채에 의해 받아들여진 모든 정보는 순간 기능을 상실한 착각과 함께 끌림 대상 자체가 온전히 공간 속의 객체에서 '시각-몰입'의 대상으로 주체와 객체가 하나가 된다.

단지 변화가 이뤄지는 것은 감각에서 시각으로 전이되어 나타나는 끌채에 의한 끌림 대상의 객체에서 '시각-몰입'의 끌림 대상으로의 변화이며, 그 변화는 주체 자신이 지니고 있는 끌림체에 의한 '시각-몰입'을 일으킨 중간자(中間子)[15]의 발생, 즉 끌림에 의한 대상체의 영토 확장이다. 물질적인 신체의 눈과 보이는 끌림 대상과 일체적인 상태는 곧 시각 끌림의 영토 확장에 의한 주체와 대상의 소유물이 아닌 주체와 객체의 '사이-매체'에서

[그림 51] '중간자'에 의한 끌림: 'inner tree'/ Illustrator, 전기순 作.
끌림 이미지의 '중간자'는 객체 간의
순수·감각·시각·지각 끌채와의 '주름-겹침'에
의해 생성된 몸채 에너지다.

일어나는 창의적인 아프리오리의 영토다.

'사이-매체'는 주체와 대상 사이에서 이뤄지는 현실적인 공간을 넘어서게 만드는 중간자라 할 수 있다. 상호주관적인 자기 관계적인 체계로 생명존속을 영위하는 세포와 세포의 관계와 같이 중간자로서의 끌림은 이러한 긴밀한 관계 속에서 만들어지는 '이음-변형체'다. 이음 간격과 폭, 깊이는 또다시 새로운 주름 접힘과 펼침이 이뤄지는 가운데 창의성 넘치는 생명체로 바뀌게 된다. 이음 자국은 주체와 대상에 따라 달라지며, 또한 최종 자국을 따라 접힌 모양이 달라진다.

화이트헤드의 외연, 내포, 개체, 포착, 그리고 영원한 대상들이 마치 숨 쉬는 호흡처럼 '왕래하는' 모든 활동의 움직임은 선택되거나 잃게 된다. 주체와 객체 사이에 끝없이 왕래하는 끌림체의 움직임은 각 끌림이 지니고 있는 영토의 지평에 변화가 일어난다. 이 순간에 끌렸던 대상도 또 다른 끌림체에 의해 섞여 전혀 다른 대상으로 보이기도 한다. 즉 지금까지의 시각적인 끌림에서 중간자는 신체적인 감각 끌채 가운데 청각으로 바뀌게 되는 순간 끌림 대상이 새로운 관점의 관념체로 등장하는 것과 같다.

이러한 변화 가운데 대상 간의 중심을 잃지 않으려고 이음을 단단히 고정시킨 끌림 이음도 어느새 또 다른 끌림체의 관여로 이음에 변화가 일어나 끌림이라는 중간자는 서서히 대상과의 거리를 조정하게 된다. 끌림 이음이 지속적으로 이뤄지는 관계는 이음에 대한 충성도가 강한 끌림을 의미하며, 이곳에는 이음에 의한 '주름-겹침'이 새롭게 생성된다.

끌림 이음에 의한 '주름-겹침'은 곧 소비자 주체의 개성이라는 거대한 영토 속에서 성장하게 되어 이음의 영원성을 향한 끌림체의 영토 확장을 지속하기 위해 경주한다. 물, 모래, 자갈 그리고 시멘트의 비율에 따라 시멘트의 굳어지는 강도에 차이가 나듯이 끌림이 지니고 있는 자체의 순수성은 아무런 에너지를 지니고 있지 못하다. 단지 끌림이 이뤄지는 순간 달라붙는 끌림체의 섞임이 얼마만큼의 비율로 적절하게 형성되어 있느냐에 따라 끌림 이음의 '주름-겹침'의 탄성이 바뀌게 되듯이 끌림체 스스로 소비자 주체의 개성에 따라 끌림의 몸채 에너지를 지니게 된다. 끌림체의 실체는 시간의식에서 확인할 수 있다. 즉, 끌림 대상과 공간 환경은 이미 지나가버린 시간의식의 지평 위에 있는 한 점이다.

후설에 따르면 인식대상이 구성되기 이전에 시간 자체가 구성되는 의식의 심층구조에는 의식의 파악작용과 의식대상 간에는 이미 상관관계가 주어져 있다. 이러한 상관관계는 다시 시간흐름이라는 텅 빈 공간 속에서 비어지게 된다. 따라서 모든 끌림이 이뤄지는 대상은 체험이 통일적으로 구성되는 내적 시간의식의 끊임없는 흐름만 남는다. 여기에서 끌림 이음의 탄성은 의식의 파악과 의식대상 간의 상관관계에서 발생한 자국이 만들어낸 '주름-겹침'에 의한 접힘과 펼침이 이뤄낸 접착력에 의해 나타난다. 접착력은 자국이 만들어낸 목적성의 흔적을 의미하며, 또한 접힘과 펼쳐짐의 새로움을 만들어내는 강력한 몸채 에너지다.

시간의식이 만들어낸 침전된 상태로의 세로 방향인 과거지향과 현재와 미래지향의 가로 방향이 교차하는 지점은 주름 접힘과 펼침의 다양한 '리듬-끌림'을 만들어내는 끌림의 '중간자'로서 창의적인 '주름-겹침'이다. 이 '주름-겹침'이 끌림 대상과 일치하는 경우에는 더욱 강력한 힘을 만들어내며, 동시에 대상과의 거리와 간격이 없는 영토 확장성의 일체감을 느끼게 된다. 소비자 주체가 지니고 있는 시간의식의 교차점에서 드러난 끌림은 소비자 주체의 일방적인 '주름-겹침'에 의한 끌림 접촉점이 아닌 의식대상 간의 과거지향, 현재지향, 미래지향의 통일체에서 강력한 흡인 탄성을 지니고 있는 몸채 에너지다.

또한, 끌림 자체는 끌채의 전이에서 비롯되는 '변형-에너지'의 중간자다. 중간자는 감각과 지각으로는 체험할 수 없는 초월론적인 선험이며, 생명체 몸의 표피 바깥 또는 내부에서 발생하는 빛의 아프리오리다. 순간 반짝하는 번개 같은 빛인 몸채의 움직임에 대한 포착은 느낌이 지니고 있는 구체적인 실체로 떠오른다. 현대과학에 의해 밝혀지고 있는 중간자의 이러한 상호작용은 실제 주체와 대상 사이의 끌림체가 지니고 있는 몸채 에너지를 통해 이뤄진다. 즉, 몸채는 주체의 끌채와 대상이 지니고 있는 끌림적인 요소와의 중간자로서 서로 강하거나 약한 상호작용이 일어나는 것을 도와준다. 주체 내부에 생긴 끌림 홀 역시 끌림체에 있는 몸채의 발현을 의미하며, 살갗의 표충에서 끌채의 투과기능을 통해 몸 바깥의 대상에 포착하게 만든다.

2 끌림의 '의식 장'

1) 끌림: '의식-각(意識-覺)', '의식-지(意識-止)'

의식은 끌림체의 몸채가 지니고 있는 순수감각의 초월론적인 주관에서 빠져나와 현실적인 지향대상(Noema)에 따라 지향작용(Noesis)[16]의 끌림 지각으로 나아간다. 따라서 지각 끌림은 주체의식의 지향성에 의해 이뤄진다. 후설이 주장한 노에마, 즉 의식대상에 따른 노에시스 의식작용이 따른다는 점을 감안한다면 끌림 의식은 노에마의 주변을 감싸고 있는 미의식 끌림의 지각 장이라 할 수 있다.

의식이 움직이는 환경에서 소비자 주체의 끌림체의 몸채는 그 환경에 둘러싸여 있는 의식의 변형체로서 초월론적인 세계의 순수감각 끌림체는 아니다. 신체에 속해 있는 시각은 보이는 것의 참여이고, 지향대상은 시각을 통한 의식적인 끌림에 의해 드러난다. 시각에 의해 끌리는 대상은 몸채에 둘러싸인다. 시각은 물질적인 신체로서 보이는 끌림 대상을 직접적으로 감싸지 못하며, 보이는 것의 표면, 즉 끌림 작용의 신체적인 살갗에 의해 눈은 나의 몸을 위해 존재할 뿐 대상에 직접적인 영향을 미치지 못한다. 시각은 눈이라는 몸의 한 표면에서 시각의 역할을 하지만, 몸 표면이 지니고 있는 아래의 깊이는 '나의 시각'이라고 하는 깊이를 지니고 있다.

즉, 내면 깊숙한 시각에 대한 의식적인 판단에는 몸이 지니고 있는 표면에서부터 보이지 않는 의식의 충을 경험한다. 의식의 영역은 이러한 물질적인 몸이 지니고 있는 생명 세포의 겹·홑주름만큼 그 범위가 넓으며,

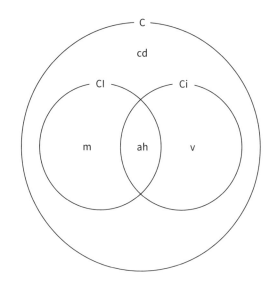

[도표 44] 끌림 이미지의 '의식-각,' '의식-지'

C(Consciousness): 의식, cd(conscious degree): 의식차성, CI(Conscious Insight): 의식-각, Ci(Conscious intuition): 의식-지, m(meaning): 의미, v(visual): 시각, ah(attraction hall): 끌림 홀

m<v일 때 감성적 끌림, v<m일 때 이성적 끌림, m=v일 때 끌림 홀 생성

보이는 대상의 끌림만큼 다양한 의식작용의 끌림 작용이 겹치거나 얽혀 있다.

여기에서 여러 가지 다른 감각기관, 냄새, 소리, 촉감 등이 지니고 있는 몸의 감성영역은 시각 끌림에 전적으로 자신의 시(視)감각을 제공한다. 몸이 지니고 있는 이러한 감각의 내어줌은 곧 보이는 것으로 집중하기 위한 시각 끌림으로 진행해나간다. 몸이 지니고 있는 감성적인 느낌이 하나의 감성인 시각으로 모아질 때 감각의 세계는 보이는 세계로 나아간다. 이러한 나아감에서 의식의 다양한 끌림은 또다시 시각 끌림으로 조직화되어 구성된다.

보이는 세계는 시각에 의한 끌림이며, 모든 의식은 보이는 세계로 흡수되어간다. 감각의 세계가 시지각의 세계로, 또다시 의식의 세계로 흡수되어가는 것은 의식이 시각에서 감각 세계로 환원되는 것과 동일하게 반복된다. 3가지 끌림층 가운데 어느 층에 집중하느냐에 따라 지금까지 감촉의 세계에서 시지각의 세계로 의식 끌림이 흡수되어 자연스럽게 보이는 주체 고유의 '의식-각'[17]의 세계로 스며든다.

따라서 의식은 몸이 지니고 있는 감각, 촉각, 시각, 지각, 청각, 후각, 의식 등의 물질적인 신체기능과 늘 같이 움직이고 행동하는 가운데 고유한 비물질적인 끌림체를 만들어가는 원형적인 힘을 제공한다. '의식-각'은 소비자 주체의 신체기능 가운데 자주 반복되어 사용하는 감각에 우선한다. 예를 들면, 무용수는 역동적인 몸의 움직임을 통해 신체 고유의 끌림 감각을 훈련한다. 이 경우의 의식은 몸이 지니고 있는 운동감각에 몰입할 수 있도록 모든 감각기능이 이를 보조한다.

마찬가지로 시각 및 시각디자이너의 눈이 보이는 대상을 어떻게 표현하는가는 전적으로 의식적인 관찰을 통한 손의 끌림 감각을 훈련하며, 피아노 연주자가 소리의 절대음감(絕對音感)을 통해 피아노를 치는 것은 의식의 모든 활동이 소리리듬에 맞추어 손의 기교를 단련한다. 일련의 이러한 과정에서 터득하는 것은 물질적인 신체가 지니고 있는 각 분야의 감성 영역에 대한 몸, 손, 손가락의 육체적인 단련뿐만 아니라 고도의 의식적인 훈련이 동시에 이뤄진다. 이 의식 단련이 지니고 있는 것은 눈에는 보이지 않지만 몸이 지니고 있는 고도의 기교에서 '의식-각'을 감응(感應)한다. 의식 각은 고도의 훈련을 통해 얻어지는 끌림 에너지의 고양된 끌림체의 몸채 에너지이며, 의식의 흐름을 스스로 제어하는 힘을 갖게 된다.

의식 지평이 지니고 있는 양태성의 질적인 느낌은 소비자 주체의 개성에 따라 차이를 지니고 있다는 점을 파악할 수 있는 것도 '의식-각'에 의한 몸채 에너지의 차이에 의한 것임을 알 수 있다. 의식의 흐름을 제어하는 기능적인 수단으로서의 의식 각은 의식흐름의 다양한 '끌림-주름'을 구성한다. 소비자 주체는 이러한 의식 끌림을 자연스럽게 획득하는 가운데 개성적인 주름에 의한 끌림 리듬을 지니게 된다. 의식 각은 생활세계의 환경, 지식 정도, 나이, 성별에 따른 소비자 주체의 의식행위에 의한 반복 의지(意志)[18]와 관련이 있으며, 소비자에게 의식은 하나의 공통된 흐름 속에서 살고 있는 것이 아닌 소비자 주체로서 의식 각에 의한 의식 끌림 속에서 생활하고 있다. 즉, 의식 각은 소비자 주체 끌림의 긍정적인 태도를 수용할 수 있는 최상의 끌림 층위라 할 수 있다.

이제 의식 끌림은 눈에 보이는 환경 가운데 발견하는 하나의 지향대상

인 의식 각[19]에 의한 판단작용이며, 끌림 대상이 소비자 주체의 의식작용
이 지니고 있는 의지에 의한 끌림체의 몸채라 할 수 있다. 후설의 노에마-
노에시스가 의미하는 지향성을 어디까지나 의식의 흐름이 이뤄지는 기본
적인 단위구조의 정적인 양태라고 한다면, 의식 끌림은 단위구조의 연결자
로서 의식 각의 동적인 양태를 만들어내는 '끌림 홀'[20]의 '끌림-주름'이다.

끌림 홀로서 몸채는 의식하는 몸과 의식된 몸의 양태가 만들어낸 빛
에너지이며, 이 빛이 평화, 안정, 사랑, 분노, 우정, 믿음, 평화, 갈등 등의 정
서적인 몸 빛깔을 만들어낸다. 평화, 안정, 사랑 등 각 언어가 지니고 있는
의미는 의미 자체로 존재하는 것이 아닌 실제 자신의 몸에서 용해되어 나
타나는 빛 에너지다. 언어가 지니고 있는 의미에 대한 지식이 아무리 풍부
해도 몸 자체에서 용해되어 체화되지 않는 이상 언어의 순수한 주술적인[21]
의미는 사라지고 만다. 몸채는 이러한 언어의 의미가 몸에서 용해되어 체
화(體化)될 때 느껴지는 빛(아우라)이다. 이 빛이 지닌 다양한 색은 어떠한
언어적인 의미를 많이 용해시켰느냐에 따라 몸에서 풍기는 기운이 다르게
느껴진다.

흔히 이러한 몸채가 지니고 있는 현상을 동양에서는 '풍채', '풍모'라고
하여 신체와 얼굴에 나타난 역의 괘상(卦象)을 주역에 적용하려고 한 이유

가 여기에 있다. 성명학, 사주학 등 동양철학이 지니고 있는 모든 상에 대한 연구는 바로 언어의 주술적인 의미를 얼마만큼 품수(稟受)하고 있느냐에 따라 그 사람의 운세가 정해져 있음을 강조한 학문이라 할 수 있다. 몸채가 지니고 있는 끌림 의식의 이면에 숨어 있는 끌림체의 장은 의식을 생성·소멸시키는 역할로서, 물질적인 생명체로서의 몸과 떨어질 수 없는 불가분의 관계에 있다.

의식의 장에 있으면서도 의식과는 늘 평행적인 관계를 유지하고 있는 의식 각은 현존하는 의식의 흐름을 장악하는 끌림체의 몸채라 할 수 있다. 이 의식 각의 층을 수평적으로 유지하기 위해 명상, 기도 등 다양한 수양을 통해 노력하지만 소비자 주체로서 의식은 대부분 자신의 일상생활을 영위하기 위한 평범한 의식의 '끌림-주름'과 함께 흐르고 있으며, 의식 층의 고저와 장단에 따라 '주름-리듬'이 다양하게 펼쳐진다. '의식-각'에 의해 강한 바깥세계를 향한 지향성의 의식 끌림에서 또 다른 의식 끌림은 의식 그 자체가 지니고 있는 것을 순간적인 직관, 멈춤을 통해 소비자 주체 자신의 반성적인 차원으로 환원하는 내적 지평의 지향성에 의한 '의식-지'라 할 수 있다. 의식흐름에 대한 강력한 통제, 멈춤을 통한 에너지는 바로 '의식 각'이 지니고 있는 의식 층이라 할 수 있다.

반면, 환원에 의한 내적 지평의 '의식-지'는 어떤 대상에 대한 끌림에 의한 의식적인 양태, 행위라고 할 수 있는 일상생활에서의 정신적인 소유에 의한 끌림이 느껴졌을 때 나타난다. '의식-지'가 수직적인 정신적 차성에 의한 존재적인 지향이라면, '의식-각'은 수평적인 물질적 차성에 의한 소유적인 지향이라 할 수 있다. 의식이 지니고 있는 '수직-수평구조'에 의한 구성은 매 순간 바뀌는 의식의 지향성에 따라 다양한 형태의 '주름-겹침'에 의한 얽힘이 발생한다.

현대 물질문명은 존재 차원의 '의식-지'보다는 물질 차원의 '의식-각'으로 환경이 바뀌어감을 몸의 감각 작용에 의해 알아차린다. 몸이 지니고 있는 두 가지 측면, 즉 '감각되는 것으로서의 몸'과 '감각하는 자로서의 몸'이라는 두 측면이 '의식-각'과 '의식-지'의 몸채를 발생시키고 있다. 메를로퐁티는 이를 몸의 바깥 세상과 내면세계를 구분 짓기 위한 것으로서의 객관적인 몸, 몸 자체의 현상적인 차원을 통해 초월론적인 존재로 나아가기 위한 것으로서의 존재적인 몸으로 규정하여 설명했다. '즉자'와 '대자'를 분리시키는 또 다른 내적 지평 가운데 끌림 주관과 끌림 객관을 몸채 스스로 지니고 있는 가운데 물속의 흐름과 같이 얽히고 섞이면서 시간의식 속으로 흐르고 있다.

몸채는 몸을 지니고 있는 어떠한 의식체이든 스스로 지니고 있는 빛의 결정체이며 감성체다. 새, 곤충, 짐승, 식물 등이 제각기 고유한 색을 지닌 채 자연스러운 행동을 하는 것은 몸 자체가 자연물임과 동시에 생명체이며, 그 자체가 지니고 있는 고유한 끌림을 드러내고 있기 때문이다. 인간을 제외한 모든 생명체가 지니고 있는 고유한 색과 형상을 통해 우리는 이미 어떠한 특징을 지니고 있는 생명체인지를 쉽게 파악할 수 있다.

하지만 사람이 지니고 있는 몸채의 색과 형상은 대개 겉으로 드러나는 것이 비슷하므로 그 차이를 구분한다는 것은 여간 힘든 일이 아닐 수 없다. 다만 오랫동안 관찰과 지식을 통해 사람이 지니고 있는 성정에 대해 판단하는 것은 어디까지나 추측일 뿐 정확하게 알아맞히는 일은 현대과학의 힘을 통해서도 쉽지 않음을 알 수 있다.

이와 같이 몸채는 '나'라고 하는 주체의 감성 덩어리를 형성하는 주된 요소임에도 아직 뚜렷하게 몸채에 대한 과학적인 접근을 찾아볼 수 없는 것은 주변의 다양한 인식 도구에 사로잡혀 있기 때문이다. 끌림 홀을 생성하게 하는 에너지는 노에마와 노에시스에 대한 의식의 지향성이 지니고 있는 정태적인 해석과는 전혀 다른 복합적 몸의 감각기관에 의해 생성한다. 몸이 있기 때문에 몸 내면이라는 단어와 몸 바깥이라는 단어가 성립하듯이 몸채는 '끌림'이라는 단어가 지니고 있는 주술적인 몸의 에너지에 의해 생성된 것이며, 단순하게 대상 출현에 의해 생기고 없어지는 의식대상에 대한 의식작용에서 벗어나 생명체로서 몸과 함께 살아온 눈에 보이지 않는 빛 에너지라고 할 수 있다.

지금까지의 의식에 관한 연구가 뇌를 중심으로 한 신경회로의 움직임에 초점을 맞춘 것이라면, 몸채는 몸이 지니고 있는 여러 감각기능의 제 현상에 대한 초점이며, 의식 역시 끌림이 지니고 있는 끌림체의 빛 에너지에 의한 현상으로 파악한다. 후설 이후 메를로퐁티가 현상학적인 인식의 출발을 바로 신체라고 하는 저급한 부분을 내세웠던 점은 그동안 관념론이 지니고 있는 코키토의 존재론적인 차원에서 벗어나지 못한 가운데 몸의 새로운 인식 틀로서 자리매김한 점도 이를 뒷받침하고 있다. 즉 우리는 '몸을 소유하고 있는가? 소유하지 못했는가?', '영원한 끌림 대상을 가지고 있느냐 아니냐?'가 아니라 '외부로부터 자극을 받아 상처를 받으면 고통스러워하는 살갗 표면, 그리고 그 상처 난 부분을 감싸주려는 손을 가지고 있느냐 그렇지 아니한가?'에 초점을 맞춰야 한다. 이는 그동안의 코키토가 지니고 있는 주관-객관, 즉자-대자, 주체-객체의 이분법적인 사고를 받아들임으로써 자칫 몸의 고통에 대한 손의 반응이 지니고 있는 감성적인 부분은 손에 의한 도구들의 세계로 판단하고 미리 감성적인 빛, 즉 몸이 지니고 있는 몸채를 존재에서부터 차단하는 것이 된다.

지금까지의 이러한 이분법적인 사고가 만들어낸 모든 이론은 몸의 감성과는 전혀 다른 이성의 의식 차원이며, 이 의식이 감성이라는 몸채에 대해서는 이렇다 할 아무런 대안을 제시하지 못하고 있다는 점이다. 이를 메를로퐁티의 살의 인식론을 통해 관념론의 코키토에서 좀 더 감성적인 존재인 신체-몸에 대해 현상적인 차원으로 이끌어간 점은 과학문명을 통한 물질문명의 과학화에 발맞춘 획기적인 대안이라 하겠다. 지금까지의 인식론은 소유적인 물질이라는 점에서 보이는 몸을 여타 다른 도구들의 세계로 밀어넣은 저급 차원으로 취급해왔다. 즉 손을 통해 만지고, 만들고, 운반하고, 그리는 모든 행위의 감성적인 판단은 이성을 향한 주관과 객관이라는 코키토에서 완벽하게 도외시되어왔다.

이러한 판단은 감성적인 것이 가져오는 다양한 색을 지니고 있는 빛을 소비자 주체로부터 외면하는 것이 된다. 소비자 개성은 늘 이러한 감성적인 색에 의해 자신의 몸을 치장하며, 개성적인 삶을 추구한다. 따라서 우리는 지금까지의 인식론이 지니고 있는 코키토에서 자유로운 감성적인 몸의 빛을 향유해야 한다. 몸채는 몸이 지니고 있는 다양한 감성적인 색을 발하는 빛이자 에너지임을 강조하는 이유는 지금까지 코키토에 의해 포기된 우리의 몸이 결코 저급한 차원의 물질이 아니며, 사물들 사이의 사물임과 동시에 사물을 보고 만지는 존재라고 말하고 있기 때문이다. 몸의 소유와 존재라는 이중적인 면을 지니고 있음으로써 끌림 역시 이중적으로 분리되어 나타나 빛을 발생시킨다. 몸의 이중적인 측면이 지니고 있는 관계에서 끌림 역시 여과가 없는 가운데 두 가지 경계를 드나들며, 몸의 감각적인 움직임에 귀를 기울인다.

끌림은 매 순간 몸이 움직이고 있는 가운데 바뀌는 바깥환경의 사물과 사물들 간의 긴장, 간격의 정도에 따라 다르게 나타난다. 몸이 움직여 배경을 바꾸는 순간 변화되는 의식 끌림은 몸이 의식을 함몰시켰는지, 또는 의식이 몸을 통제하고 있는지에 따라 몸의 이중적인 태도에 변화를 띠게 된다. 의식과 몸은 서로 상보적이면서도 배타적이고, 또한 상반적인 차성으로 대상을 바라본다. 끌림 의식은 몸이 사물들에 속해 있을 때 사물로서의 몸, 즉 배경으로서의 몸이 대상에 끌림이 이뤄질 때 생기는 의식이다. 이것은 대상에 대한 끌림이 의식에 앞서 우선적으로 발생한 가운데 생긴 몸의 '따라감'을 의미한다.

몸이 지니고 있는 몸채는 사실상 몸의 두께에 의한 깊이보다는 바깥과 내면의 경계를 구분 짓는 살의 표면에 살아있는 세포들의 에너지라 할 수 있다. 살이 지니고 있는 수많은 세포의 상호주관적인 교환체제는 서로의 생명존속을 위해 끊임없는 생명리듬을 이루고 있다. 이 속에서 발생하는 에너지의 연합이 곧 감각 끌림의 기본적인 직관적 에너지이며, 정신에 넘쳐흐르는 빛이라 할 수 있다. 세포들의 교환은 몸이 지니고 있는 기관 어디에서나 볼 수 있는 생명 에너지다.

이러한 생명 에너지는 몸채를 피어나게 하며, 이 몸채는 각종 끌림을 일으키기 위해 의식의 영역에 신호를 보낸다. 즉, 의식 끌림은 결국 몸이 지니고 있는 감각기관이 지니고 있는 감각 끌림에 기초를 두는 가운데 이뤄지는 이성적인 끌림이다. 감각 끌림은 '소유로서의 몸', '존재로서의 몸'의 기능 가운데 어떠한 기능에 초점을 두느냐에 따라 끌림체계가 다르게 나타난다. 사물들 가운데의 몸이라고 하더라도 이미 몸은 다른 사물들보다 더욱 강하고 심오한 어떤 의미를 지닌다.

왜냐하면 몸이 지니고 있는 세포연합은 다른 어떠한 사물들에 비해 의식이라는 영역에 에너지를 제공할 뿐만 아니라 세포들의 자기재생산을 통해 끝없이 몸의 외부대상을 향해 끌림 에너지를 발생하고 있기 때문이다. 의식 역시 이러한 세포들의 조합과 재생산에서 주관과 객관이 양립 가능한 이성의 세계이며, 마찬가지로 몸 역시 사물들 간의 물질적인 관계를 맺고 있더라도 감성적인 끌림의 세계를 지니고 있기 때문이다.

"보이는 것들은 몸의 둘레에 있다. 몸의 울타리 안으로 들어온다. 몸의 안에 있다. 밖에서 그리고 안에서 몸의 시선과 손을 뒤덮는다. 몸은 보이는 것들을 만지고 보는데, 그것은 단지 몸이 보이는 것들의 계열에 속해서 몸 자신이 보이는 것이고 만질 수도 있는 터라 보이는 것들의 존재에 동참하기 위한 하나의 수단으로서 자기존재를 사용하기 때문이며, 이들 두 존재의 각자는 상대존재에게 원형이기 때문이고, 몸은 세계가 보편적인 살이듯이 사물들의 질서에 속하기 때문이다."-메를로퐁티, '보이는 것과 보이지 않는 것'

위의 내용에서는 몸의 두 가지 의미에서 알 수 있듯이 몸의 사물과의 질서와 몸 그 자체가 지니고 있는 존재로서의 몸이 어떻게 보이고 만져지는가를 현상적인 시각으로 설명하고 있다. 몸이 보이는 것은 세상에 놓인 사물들의 끌림을 의미하고, 사물들과 동일한 위치에서 객체로서의 보편성을 의미하며, 이러한 객체로서의 보편성이 일반적인 질서의식으로 끌림이 이뤄지도록 한다. 몸 자신이 만질 수 있는 것은 주체로서의 존재적인 절대성을 의미하며, 이러한 주체로서 존엄성이 특별한 개성의식으로 끌림이 이뤄지도록 한다. '질서의식'과 '개성의식'은 몸의 두 가지 영역에서 구분되는 의식의 양립된 몸채의식이다. 몸채의식이 지니고 있는 질서의식을 통해 모든 대상의 끌림 지향은 질서를 향해 끊임없이 나아가기를 원하고 있다.

또한 최근 강하게 나타나고 있는 개성중심의 상품생산은 의식 끌림 가운데 존재 차원의 소비자 개성을 중요시하고 있다. 몸 자신이 신체의 살 갗을 만질 수 있도록 한 특권은 스스로에게 존재적인 존엄성을 일깨움과 동시에 소비자 주체가 지니고 있는 '의식의 바라봄'이 생긴다. 의식의 바라 봄으로 주체 자신의 반성적인 환원을 위한 의식 각을 지닌 몸채가 발생한 다. 이 신체적인 느낌이 가장 적절하게 나타나는 부분이 살갗이며, 살갗에 서 느껴지는 빛의 체화과정에서 몸채는 의식의 장에서 실질적인 의식의 정 념에 의해 가시적인 행위로 나타난다. '의식 각-몸채'는 몸이 지니고 있는 존재-끌림의 시각을 통해 일어나는 의식-바라봄의 환원적인 끌림으로 빛 에너지가 발생한다.

일반적인 소비자 혹은 시각디자이너가 '의식 각-몸채'의 빛 덩어리를 보기 위해서는 환원적인 의식 각의 강한 에너지가 필요하다. 외부대상의 사물과 둘러싸여 있는 몸의 바깥세계, 즉 물질의 소유적인 끌림에 빠져 있 는 의식의 내적 지평을 한순간에 존재적인 끌림 의식으로 전환하기 위해 서는 무엇보다 강한 몸으로 거듭나는 것이 필요하다. 앞에서 설명했듯이 몸의 두 가지 면은 동시에 늘 상존하면서 상호보완적인 가운데 성장하고 있다. 소유-존재, 주체-객체, 관념론-유물론이 지니고 있는 출발은 코키토 가 아니라 엄연히 존재하고, 사물로서 함께하는 몸이라는 두 가지 양면에 서 시작한다.

따라서 끌림은 몸이 지니고 있는 감성적인 부분이 먼저 이성을 선행하 는 가운데 살아 숨 쉬고 있다. '의식-의식 각'은 어떠한 개념, 생각이 발생 하지 않는 한 의식 지평이 발생하지 않는다. 후설은 "의식이라는 사념체는 의식의 저변에 살아 숨 쉬고 있는 수없이 많은 감각소여라고 하는 단위적 인 요소가 산재하고 있는 가운데 떠오르는 표징에서 드러난다"고 했다. 마 찬가지로 의식은 라이프니츠의 '모나드'라고 하는 단위요소가 지니고 있는 주름진 음영에 의한 표현이라고 할 수 있다. 주름과 감각소여, 조직화와 구 성 그리고 파악을 통해 거대한 의식세계를 분석하고자 했다.

특히 의식에 대한 이러한 조직화와 구성이 엄밀하게 외부의 노에마에 의해 주어진 것이라면, 소비자의 생활세계와 문화공간 등은 소비자 의식을 대변할 수 있는 중요한 파악근거가 될 수 있다. 하지만 이러한 의식이 절대적으로 외부환경에 의한 노에시스의 집합체라고 한다면, 동일한 환경에서는 동일한 의식만이 살아 숨 쉬는 현상만을 목격할 것이다. 하지만 동일한 환경에서도 서로 다른 의식을 통해 소비자 주체 간의 차이에 대한 견해를 주고받는 사례는 이미 SNS, 페이스북, 기타 첨단매체를 통해 충분히 알 수 있다.

현대 시장경쟁체제에서 이러한 소비자 주체 간의 의식차이에 대해 설명할 수 있는 것은 의식흐름이라는 거대한 세계에는 노에시스-노에마의 지향성 이외의 또 다른 의식의 복합체를 위한 구성 물질이 있음을 알 수 있다. 왜냐하면 의식을 지탱해주고 있는 몸의 감각과 살이 지니고 있는 끌림체로서 몸채가 있기 때문이다. 의식은 지향에 의한 이성적인 흐름이 뼈대를 이뤄 흘러가고 있다면, 그 주위를 감싸며 흐르는 감각 끌림을 지니고 있는 몸채는 이성적인 뼈대를 감싸주는 감성적인 끌림의 근육과 살이다.

의식흐름을 파악하는 힘은 이러한 뼈대와 살의 복합에 의한 몸채 출현이며, 이 출현은 곧 '의식-각'으로서 의식흐름의 종류에 따라 제각기 다른 빛을 내는 의식 끌림이며, 외부환경에 의해 주어지는 의식이 아닌 소비자 주체에 따른 내적 의식의 지평에 의존한다.

2) 끌림: '얽힘-뒤섞임'

끌채는 주체의식 가운데 다양하게 얽혀 있는 주름의 양태, 즉 끌림을 통제 및 조정한다. 시각 이미지를 통한 소비자 의식은 소비자 자신의 생활세계에 필요한 유익한 정보를 수용함과 동시에 필요에 따라 구매를 통해 소유하고자 한다. 신체적인 욕구에 의한 끌림과 소비자 주체의 내적 지평에 의한 의식의 공조적인 체계는 최종적인 모나드의 주름이 형성되기까지 매 순

[도표 45] 끌림 이미지의 '얽힘-뒤섞임'

C(Consciousness): 의식, ap(attractive
pattern): 끌채 패턴, E(Entangle): 얽힘,
Co(Commingle): 뒤섞임, m(meaning): 의미,
s(spirit): 정신, ah(attraction hall): 끌림 홀
　　m<s일 때 정신적 끌림, s<m일 때 문화적
끌림, m=v일 때 끌림 홀 생성

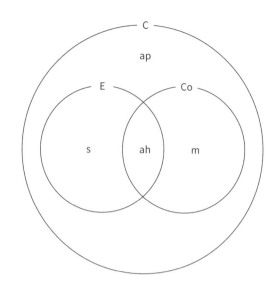

간 수용채널의 다양한 '얽힘'이 일어난다. 이 얽힘은 몸이 갖고 있는 세포 각자의 자기 관계적인 교환체계[22]를 통해 생명존속을 영위하듯이 의식 지평과 몸이 요구하는 끌림마다 서로 다른 '굴곡-꺾임'의 양태의 끌림 패턴 (Pattern Perception)[23]을 지니고 있다.

[그림 53] '얽힘-뒤섞임'에 의한 끌림: 'inner voice'/ Illustrator, 전기순 作.

끌림 이미지의 '얽힘-뒤섞임'은 의식의 장에서 자연스럽게 생성·소멸하는 정신과 문화의 끌림 패턴이다. 소비자 주체의 끌림 패턴은 두 가지 '얽힘-뒤섞임' 의식 층에서 끌채의 다양한 '끌림 홀'이 나타난다.

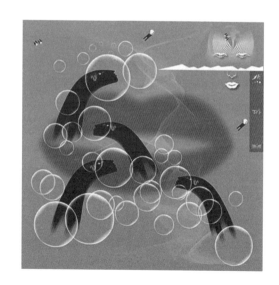

시각 이미지에 있는 헤드라인은 언어적인 메시지를 통해 소비자 주체가 지니고 있는 의식 지평과의 비교로 창의적인 리듬을 모색하며, 비주얼은 시각적인 메시지를 통해 시각적 내적 지평과의 비교로 창의적인 패턴을 발견한다. 시각 이미지에 있는 두 가지 요소인 시각적 사고, 언어적 사고에 의한 내적 지평의 의식 얽힘은 창의적인 끌림 패턴을 지닌 내적 지평으로 꾸준하게 지속하려고 한다.[24] 시각 이미지는 외적 지평이 지니고 있는 단일 객체다.

소비자 주체의식을 통해 보이는 자신의 몸이 대자로서 객체가 아니라는 점을 받아들인다면, 나의 의식은 눈에 의한 보여짐뿐만 아니라 두 손에 의한 촉각, 두 눈에 의한 대상을 둘러싸고 있는 환경과 공간에 의한 지각, 몸의 살갗을 통해 스쳐 지나가는 공기의 감각, 자신의 몸을 만지는 다른 손가락의 촉감, 향기에 대한 판단을 하는 후각 등 각 몸이 지니고 있는 제각기 다른 감관기능을 통해 하나의 의식 속으로 스며드는 동일한 주체임을 인정해야 한다.

그렇다면 의식은 '코키토'의 순수의식뿐만 아니라 몸이 지니고 있는 각 감관기관의 끌림과의 조합에 의한 '얽힘에 의한 뒤섞임'을 의미한다. 따라서 '얽힘-뒤섞임'의 의식흐름은 간혹 맑고 투명하게 흐르기도 하지만, 어떤 경우에는 복잡하고 탁하게 흐르는 것을 자각한다. 이것은 매 순간 하나의 의식만 흐르는 것이 아니라 여러 가지 의식이 동시에 얽혀 있음을 알 수 있다. 각 몸이 지니고 있는 수용체의 리듬 패턴에 따라 다양하게 얽혀 있는 의식에 대한 환원적인 반성이 없는 가운데 끌림에 대해 반응한다는 것은 소비자 자신도 모르는 '의식 얽힘' 속에서 선택해야 하는 오류를 범할 수 있다.

마찬가지로 '의식 얽힘' 속에서 '끌림-주름'이 지니고 있는 양태의 순수한 몸채를 파악한다는 것은 쉽지 않다. 맑고 투명한 가운데 솟아나는 몸채의 순간적인 끌림 움직임은 순수의식에 의해 파악할 수 있으며, 의식의 복잡함과 얽힘에서는 순수의식이 지니고 있는 여러 내적 지평의 '의식-각'을 발견할 수 없다. 제각기 다른 수용체로부터 리듬패턴을 지니고 있는 의식은 그 자체가 복합체인 의식 흐름이며, 동시에 매 순간 서로 다른 단일 구조의 '의식 얼개'[25]를 만들어나간다.

몸채가 지니고 있는 끌채는 의식 얼개에 대한 정화작업을 하는 역할로서 움직이는 무형의 생명체다. 즉, 끌림이 지니고 있는 감각이 어떠한 끌채를 통해 끌려졌는가? 이 끌채의 역할에 의해 생긴 의식 얼개의 리듬패턴은 어떻게 바뀌어가고 있는가? 주름진 몸채가 형성될 때마다 생성되는 주름얼개는 의식 끌채에 의해 가능하며, 이러한 끌채는 과정적인 차원의 끌채의 판에 있는 작은 끌림 홀(Hall)의 모양이라 할 수 있다. 홀의 크기와 형상은 주체의식이 지니고 있는 배경적인 역사로서 내적 체험의 심층적인 내적 지평과 소비자 주체가 속해 있는 물리적·생물학적·사회문화적 환경의 '주름 겹침'에 의한 외적 지평의 '얽힘' 가운데 생성 또는 소멸한다.

또한 끌채의 판은 세포막에서 확인할 수 있듯이 세포와 주변 환경 사이에 경계면을 형성하여 세포 안의 물질이 안과 밖으로 넘나드는 리듬 패턴에 따라 다르게 통제한다. 세포막[26]의 역할 가운데 가장 중요한 것은 유동성과 투과성이다. 유동성은 세포막의 장력 및 면적에 의한 탄력성에서 좌우되듯이 의식 얼개의 총체적인 구조인 끌채 판은 의식의 장에서 움직이는 노에시스와 노에마, 모나드의 주름, 감각 몸채에 의한 의식 덩어리, 의미에 따른 양태적 개념체(이데아, 기, 모나드, 몸채 등)의 에너지와 크기에 의해 끌채 판의 끌림 홀이 지니고 있는 패턴이 바뀌게 된다. 홀의 패턴은 감각 또는 의식 몸채의 양태성에 따라 바뀌는 끌림 홀의 패턴을 의미한다.

끌채는 이러한 각 수용체의 끌림 홀의 패턴이 지니고 있는 양상에 따라 끌림의 차성을 분할 또는 분배하여 느끼게 하는 기능을 지니고 있다. 몸의 경험이라는 단 하나의 의식 속에서 생기는 다발적인 의식들의 흐름은 그 자체가 종합적이고 오케스트라에서 나오는 화음과 같이 조화로우며 고유한 리듬을 중심으로 일정한 패턴을 유지한다. 간혹 마케팅에서 말하는 라이프 스타일과 다른 끌림체의 몸채로서 순수한 자연리듬이며, 바깥주름이다. 이것을 흔히 동양에서는 사상체질 혹은 음양오행을 통한 체질론으로 구분하여 건강과 직업, 결혼 등에 적합한 날짜를 알려주는 것과 같은 몸의 기질적인 유형이라고 볼 수 있다.

하지만 '끌림-리듬' 패턴은 소비자 주체에 따른 고유한 성정의 바탕 리듬을 의미하며, 이것은 주체가 지니고 있는 자연지성(自然之性)[27]이라 할 수 있다. 자연지성으로서의 끌채 역시 성정에 따른 홀의 유동성과 탄력성에 대한 패턴이다. 탄력성은 유동성과 함께 매 순간 내부 혹은 외부 지평에서 솟아오르는 가운데 일정한 '주름-리듬'을 지니고 있다. 이 리듬은 몸채의 형성체로부터 시작하여 끌림 대상에 포착됨과 함께 '상호-끌림'의 얽힘으로 변화가 일어난다.

이러한 '상호-끌림'의 얽힘은 또다시 새로운 의미와 함께 유동성과 탄력성의 주름 잡힘이 생기며, 이 주름의 음영짐에 따라 다양한 의미의 의식 끌림이 바뀌게 된다. 의미는 눈이나 말을 통해, 또는 감촉을 통해 나타나며, 이러한 의미의 원천들이 소비자 자신의 의식 지평으로 가득 차고 하나의 몸채에서 또 다른 의식 몸채로 옮겨짐에 따라 소비자 주체의 몸채 스스로 즐거움 또는 강렬한 만족의 끌림체로 전환된다.

얽힘이 지니고 있는 의식 줄기에도 의미형성 방식에 따라 생각(코키토)의 방식이 바뀌며, 순수 얽힘이 또 다른 의미의 '주름-겹침'에 의해 새로운 창의의 의식 끌림으로 나아간다. 마침내 끌림에 의해 거대한 체계를 이룬 의식의 '끌림-주름'이 형성되어 즉자대자적 커뮤니케이션으로 전향된다. 외부에서 보이는 대자적인 몸은 이러한 의식이 얽히는 과정에서 또 다른 잠재태의 의식 끌림의 체계를 형성하게 되어 향후 바깥의 현실세계에 나아갈 수 있는 의식 가능태의 끌림 몸채를 만들어낸다.

'상호-끌림'의 얽힘은 단순히 몸이 지니고 있는 수용태의 종류에 따라 감성적으로 얽히거나 의미를 통한 해석적인 차이를 통해 이성적인 얽힘이 생겨난다. 감성과 이성의 '얽힘-뒤섞임'에 의한 끌림 동일성을 지니고 있는 감성 얽힘 또는 이성 얽힘은 끌채의 투과성으로 구분되며, 두 가지 이질적인 요소와의 뒤섞임이 이뤄질 때는 '지금-순간'의 끌채가 지니고 있는 '끌림 홀'의 유동성과 탄력성에 의해 수용된다. 특히 의미에 대한 개념체 투과는 더욱 정제되어 있는 끌채의 내적 지평에 의해 '끌림-주름'이 변형된다.

따라서 '상호-끌림'은 순간이 만들어낸 감각 몸채의 끌림이며, 의식이 지니고 있는 고정적인 가치를 바꿔주는 출발점이다. 의식 얽힘이 만들어 내는 이면에는 매 순간 바뀌어가는 외적 지평의 변화와 내적 지평의 변화 가운데 생성·소멸하는 교환의식이 자리 잡고 있다. 소비자 개성의 교환의식은 환경에 따른 소유적인 몸의 향유를 위해 끌림 대상을 지각함과 동시에 구매 의사결정을 내린다. 또다시 몸이 소유에서 존재라는 즉자적인 내적 지평으로 바뀔 때는 소유가 주는 만족스러운 '교환의식'보다는 '양여(讓與)'라고 하는 존재적 가치의 '기부의식'으로 바뀌어 끌림 대상을 지각한다.

　　이렇듯 교환의식과 기부의식이 지니고 있는 주체 몸의 의식상태, 즉 내적 지평에 따라 의식흐름은 수시로 얽히면서 흘러간다. 의식이 소유에서 존재로, 또한 주관에서 객관으로 역할이 바뀔 때마다 의식은 점차 모나드의 주름자국을 만들어나간다. 또한 보이는 것과 만질 수 있는 것의 가역성과 함께 의식의 흐름은 시각 끌림에서 감각 끌림으로 바뀌는 것을 반복한다. 본다는 것은 대상이 눈앞에 있어서 혹은 가시거리에 있어서 보일 때 주어지는 시각적인 양태이며, 보이는 대상이 없다면 '본다'는 말이 지니고 있는 의미는 사라진다.

　　이처럼 몸이 지니고 있는 다각적인 감각 끌림은 의식흐름에 지속적인 영향을 미쳐 심연의 시간의식 속으로 깊이 빠져들어 간다. 이제 모든 끌림은 단순한 내적 지평에 의해 판단되는 것이 아닌 복합적인 얽힘에 의한 결과임을 알 수 있다.

　　"현대 첨단 시장경쟁구도에서 소비자는 자신이 지니고 있는 재화가 충분하면 원하는 상품을 반드시 구입할 것이다"라는 가설이 거짓이라는 사실은 재화에 대한 얽힘이 만들어놓은 내적 지평의 '의식 각'에 따른 통제기능에 의해 선택이 이뤄지기 때문이다. 즉, 시시각각으로 재화에 대한 해석적인 차이를 생성한다는 점을 간과한 데서 오는 선형적인 판단이라 할 수 있다.

　　어떠한 내적 지평에 따른 '의식-각'은 '끌채'의 유동성 및 투과성에 변화를 요구함과 동시에 창의적인 의식 끌림을 발생하게 한다. 광고 표현이 지니고 있는 가장 큰 맹점 가운데 하나는 핵심소비자의 의식흐름이 모두 공통된 내적 지평 가운데 생활하고 있다는 판단에 의한 오류라는 점이다. 동일한 환경과 분위기를 제공하면 모든 소비자의 공통된 욕구를 제공해 상품은 구매될 것이라는 점이다.

이러한 판단은 세분화되지 않은 시장에서는 어느 정도 성공을 거둘 수 있지만 상품의 세분화와 첨단화는 점점 소비자 주체로서 의식-각, 즉 '얽힘-뒤섞임'의 몸채가 지니고 있는 내적 지평에 대한 변화적인 해석이 요구되고 있다. 의식 속의 끌채에는 지각 끌채가 있지만 의식이라는 수직구조에서는 지각뿐만 아니라 몸 의식의 차원에서 감각 끌채와 시각 끌채, 그리고 지각 끌채가 동시에 의식 얼개의 끌림 패턴 속에서 흐르고 있다.

이러한 각 끌채의 접경지대는 늘 새로운 '얽힘-뒤섞임'의 몸채가 이 순간에 필요한 끌채임을 단정적으로 판단하지 않는다. 단지 지금까지 소비자 주체가 지니고 있는 몸채의 개성적인 끌림 패턴에서 이 끌채의 선택이 이뤄지며, 끌림 대상에 따라 소비자의 내적 지평이 지니고 있는 끌채의 주름에 따라 바뀌는 '끌림 홀'의 변화 속에서 선택된다.

3) 끌림: '배치-분위기'

시각 이미지에서 배치와 그에 따른 분위기[28]는 동일한 비주얼, 카피에서도 차이를 나타낸다. 따라서 배치를 통한 분위기 연출은 눈에 보이지 않는 감성의 느낌 영역이며, 시각 및 시각디자이너가 지니고 있는 내적 지평 또는 모나드의 주름에 따라 달리 표현된다. 여기에서 달리 표현되는 시각 이미지 가운데 끌림이 있는 이미지인 경우에는 몸채가 지니고 있는 창의적인 얽힘이 있는 가운데 제작이 이뤄진 것이라 할 수 있다.

몸채에 대한 아무런 감성적인 느낌이 없는 가운데 제작된 시각 이미지는 그 자체가 아무리 개성적이며 독창성이 있다고 하더라도 끌림 이미지

[도표 46] 끌림 이미지의 '배치-분위기'

C(Consciousness): 의식, ap(attractive
pattern): 끌채 패턴, L(Layout): 배치,
M(Mood): 분위기, v(value): 가치, i(inspire):
영감, ah(attraction hall): 끌림 홀
    i<v일 때 대자적 끌림, v<i일 때 즉자적
끌림, m=v일 때 끌림 홀 생성

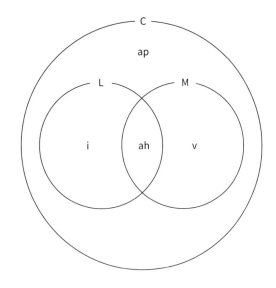

가 지니고 있는 역동적인 아름다움은 없다고 할 수 있다. 즉, '지금-순간'이
지니고 있는 직관적인 감성과 얽힘을 통한 창의적인 끌림에 대한 가능성을
느끼지 않는 가운데 시각디자인을 한다는 것은 그야말로 그동안 해왔던
형식적인 배치를 통한 지루한 테크닉을 보여주는 것이라 하겠다.

　일반적으로 시각 및 시각디자이너에게 '지금-순간'의 의식이 바뀌는[29]
가운데 불쑥 솟아오르는 몸채의 끌림은 광고를 제작하는 동안 스스로 몰
입할 수 있게 해주며, 자신도 모르는 사이에 어떤 몸채의 끌채작용에 의해
새로운 홀이 발생하는 창의적인 즐거움을 안겨준다. 혹자는 이것을 창작의
즐거움이라고 말할 수 있겠지만 이 책을 통해 엄밀하게 말하자면, 시각디자
이너 자신의 모나드, 즉 내적 지평에 따른 몸채의 현란한 '주름-겹침'의 춤
사위라고 할 수 있다. 창의과정에서 일어나는 이러한 감응은 소비자 자신
이 직접 체험하지 않고서는 느낄 수 없는 내적 향유의 끌림이라 하겠다.

　배치가 지니고 있는 매력은 사물과 사물의 대소, 비례, 균형, 깊이, 원
근, 대조, 리듬 등의 조형적인 요소가 겹치는 과정에서 느껴지는 의식의 흐
름과 기억 및 회상 혹은 사물의 변화에서 설레게 하는 마음이다. 이 '내적-
설렘'은 실제 눈으로 확인할 수 없는 내적 지평의 끌림 층위에서 나타나는

몸채의 부드러운 움직임이다. 창작활동을 진행하는 손은 설렘에 의한 끌림으로 자신도 모르게 배치 행위에 깊이 빠져들게 된다. 빠져들게 된 상태의 아프리오리의 끌림 의식은 한참 뒤에야 현실적인 의식으로 되살아나 제작된 배치에 대한 분위기를 기획한다. 시각 및 시각디자인의 배치에는 어떠한 선입견이 없으며, 제약이 없다. 단지 초보 디자인을 위한 가이드는 필요할지 모르지만 배치는 그 자체가 새로움을 위한 창작행위이며, 모든 관념체계 혹은 내적 지평을 넘어선 가운데 발현되는 끌림체의 세계 지평이 만들어낸 끌림 의식에 참여한다.

최종적으로 제작된 시각 이미지의 배치에 의한 분위기는 소비자 주체의 끌림체에 따라 제각기 다른 지향작용으로 끌림 이미지가 나타난다. 다시 말해 시각 및 시각 이미지가 끌림 이미지에 가까울수록 새로운 세계로 나아가게 하는 관문으로서 끌림 홀이 생성된다. 이 끌림 홀에서 발생하는 영역에는 한계가 없다. 광고 크리에이티브 주체로서의 즉자와 대자의 몸채가 합일이 이뤄지는 순간 눈앞에 보이는 끌림 대상으로서 사각형의 흰 바탕 위에 놓이는 시각적인 대리물들은 커다란 웜홀(Worm Hall)[30]로 빨려 들어가는 느낌으로 모든 끌채가 지닌 끌림 홀이 열린다.

순수 끌채, 감각 끌채, 시각 끌채, 지각 끌채가 지니고 있는 저마다의 경계가 허물어지는 가운데 이뤄지는 환상적 세계의 문이 열린다. 몸이 지니고 있는 물질적 차원의 경계는 없어지고 남는 것은 오로지 창작이라고 하는 정념 속에 갇혀 있는 끌림 홀의 경계만이 살아있다. 이 창작의 문에서 넘나드는 세계는 그 자체가 현실적인 삼차원이 아닌 초월론적인 세계이며, 대상 끌림과 주체의 간주관적인 '끌림 홀'이다. 끌림 홀이 만들어낸 회로의 '주름-겹침'과 갖가지 다양한 패턴만이 의식에 남게 되며, 아프리오리의 끌림-홀은 몸 위에서 자유롭게 끌림 홀로 회전하며 완전히 다른 현실세계로 안내한다.

회전축은 몸의 중심축을 통해 몸과 같은 모양의 회전을 하며, 몸채 에너지를 통해 원하는 곳이면 어디든 환상적 세계로 빨려 들어갈 수 있다. 이것은 의식 속의 또 다른 나의 실체이며, 끌림 디자인의 평면적인 배치는 이

[그림 54] '배치-분위기'에 의한 끌림: 'inner time'/ Illustrator, 전기순 作.
끌림 이미지의 '배치-분위기'는 시간의식에서 생성·소멸하는 가치와 영감에 따른 끌림 패턴의 변화가 나타난다.

러한 끌림 홀의 과정 속에 이뤄지는 입체적인 회전의 접촉점에서 생성하는 몸채의 창의과정이다. 창의 주체와 끌림 대상이 하나가 되며, 그 순간 펼쳐지는 모나드의 주름이 역력하게 드러나 주체 자신이 지니고 있는 내적 지평 지향성의 구성적인 주름짐과 대상의 주름이 융합에 의해 새롭게 창발된다.

창의과정에서 나타나는 다양한 끌림에 대한 제반적인 끌림 홀의 현상들을 단 하나의 시각적인 이미지를 통해 표출한다는 것은 거의 불가능하며, 드러나지 않은 창의 주체의 끌림 홀들은 단지 주체와 객체가 구분되지 않은 가운데 초월적인 끌림 지평에 고스란히 남겨지게 된다. 창의 주체의 몸은 바깥과 내면의 세계를 구분 짓는 역할로서 단순히 존재할 뿐 어떠한 끌림에 의한 의식 공간에 머무르지 않는다. 바깥과 내면의 구분이 없는 가운데 서서히 현실적으로 다가오는 평면 배치가 만든 영토는 제각기 다른 끌림 홀의 초월적인 지향으로 펼쳐진다. 평면이 지니고 있는 이차성의 배치는 새롭게 삼차성의 공간 배치에서 또 다른 내적 끌림 지향의 배치로 나아갈 때 순간 창의 주체의 끌림 이미지를 만들어낸다. 그 순간 생성된 끌림 이미지는 현실 공간과 전혀 다른 환상적인 영토를 제공받게 된다.

단언컨대 시각 이미지에서 드러나는 다양한 메시지 가운데 상품에 대한 정보전달 이외의 부가적인 느낌에 의한 것은 전적으로 시각디자이너의 끌림 홀의 과정에서 이뤄진 판타지적이며 초월적인 공간의 배치에 의해 생성된 끌림체의 투영된 몸채 에너지에서 비롯된 것임을 강조한다. 시각 및 시각디자인의 끌림 이미지는 의식의 끌림 지향 층을 자유롭게 넘나들며 구축한 몸채의 화려한 배치를 주어진 사각형의 평면에서 드러내야 하는 아쉬움을 늘 투영하고 있다.

창의 주체의 몸채를 간직하고 있는 물질적인 신체가 더 이상 현존재가 아니라는 점을 받아들일 때, '나의 끌림 홀'은 하나의 사실적인 행위 흔적으로서 시각 및 시각디자인만 오롯이 현실공간을 새롭게 배치하며 색다른 분위기를 만들고 있다.

이제 시각 및 시각 이미지의 배치는 몸이 지니고 있는 손에 의해 단순한 기교에서 이뤄지는 것이 아닌 몸채의 끌림 홀에서 이뤄지는 초월적인 끌림 지평의 손놀림이다. 또한 동일한 시각 및 시각 이미지에서 느껴지는 순수한 끌림 역시 물질적인 신체가 지니고 있는 일반적인 감각이 아닌 초월론적인 몸채에서 발생한 끌림 홀의 '주름-겹침'에 따라 통제되고, 주체의 초월적인 세계 지평과 현실적인 의식의 접촉점에 의한 '끌림 홀'임을 깨닫게 해준다.

따라서 창의과정에서 일어난 끌림 홀의 분위기는 시각디자이너의 손놀림에 의해 움직이는 색, 비주얼, 겹침, 공간, 인물, 타이포그래피, 헤드라인의 의미, 캡션 등이 지니고 있는 시각적 대리물에 투영되어 색다른 끌림 이미지로 남게 된다. 시각요소가 지니고 있는 의미와 느낌은 시각디자이너 주체가 지니고 있는 내적 지평에 영향을 미침과 동시에 몸채의 출현을 새롭게 만들어낸다.

또한 주체와 대상 간의 융합에 의한 새로운 끌림이 발생하여 홀의 리듬패턴에 영향을 준다. 흔히 창의 주체의 리듬패턴이 주는 다양한 끌림 홀은 이성적 마케팅 접근과 연결될 감성적 이미지에 상상으로 전개하는 것이거나 매체의 반복을 통한 선형적 자극이 최고의 광고효과를 누리는 것으로 파악한다. 따라서 시각 이미지가 지니고 있는 '배치-분위기'가 주체가 지니고 있는 끌림체의 다채로운 세계 지평에 대한 확장된 해석이 시각 이미지에 영향을 미치고 있다는 점을 까마득하게 잊어버린 채 기능적 반복에 의한 주입에 비해 소비자의 내적 지평에 더욱 깊숙이 영향을 미친다는 점을 간과하는 경우가 많다. 분위기는 주어진 모든 환경이 제공하는 기호적 체계의 차원에서 조작 또는 구성되는 가운데 나타나는 '끌림 홀'의 이미지다.

특히 도시공간에서 느낄 수 있는 분위기는 각 지역의 빌딩구조, 교통표지판, 사인물, 공원, 백화점 등에 의해 주어지며, 이 분위기는 소비자 개성에 영향을 미치는 외적 지평인 색채, 구조, 형태 등 인위적인 필요에 따라 시각적인 차이를 지닌다. 이 차이는 '이성적 토론과는 전혀 상관이 없는' 소비자 취향과 색의 일관성이 없는 소비자 주체에 따른 끌림체에 의한 것이며, 현재의 분위기가 기존의 것과 차이를 발견할 수 없을 때 상대적으로 끌림을 감소시키는 역효과를 가져온다.

간혹 창의적 표현을 위한 방법론—레이아웃, 헤드라인, 일러스트, 타이포그래피—은 주위의 이성적 합의에 의한 전체성이 창의 주체가 지니고 있는 고유한 끌림체에 의한 몸채 에너지를 포기하게 한다. 끌림 이미지의 지속 가능한 이미지를 위해 시각적인 요소들의 구성적 배치에 의한 분위기를 오랫동안 고집한다.

이러한 일정한 리듬에 대한 분위기에 매료된 창의 주체는 창의의 끌림 지향의 변화 의식이 아닌 자칫 복고적인 가치가 지향하는 '지속 가능한' '배치-분위기'로 가는 전통의식으로 전향하게 된다. 시간의식과 함께 흐르는 끌림 변화에 맞추어 창의의 새로운 '배치와 분위기'가 발견되듯이, 시각 이미지가 지니고 있는 일관성 있는 배치와 분위기는 지속에 의한 친근감에 앞서 지루한 느낌을 준다.

현대시장의 트렌드에 맞추어 시각적인 표현이 지니고 있는 색, 형태, 크기, 공간에서 일정한 규칙과 법칙을 제공한다면, 처음에는 창작활동에 도움을 줄 수 있지만, 이로 인해 생기는 손과 눈의 적응에 의한 변화의 능동적인 창의성에 의한 변화의식은 차츰 사라져 끌림체가 지니고 있는 끌림홀의 환상적인 몸채 에너지를 체험하지 못하게 된다. 끌림 이미지를 위한 배치와 분위기는 늘 새로운 세계의 끌림 지평이어야 하며, 사각 프레임의 흰 바탕에서 창의 주체의 지금과는 전혀 다른 끌림 홀의 '주름-겹침'을 통해 창의적인 '굴곡-꺾임'의 배치를 통한 분위기가 요구되고 있다. 현실적으로는 광고 및 다양한 시각 이미지 가운데 우리 환경이 지니고 있는 오랜 전통과 문화, 그리고 익숙한 생활습관과 전혀 다른 이미지에 끌리는 경우가 있다.

또한 색과 문화의 차이로 인한 그들 고유의 색은 우리에게 전혀 다른 의미로 전해지는 경우도 있다. 이것은 주체가 지니고 있는 끌림체의 끌채에 의한 차이를 극명하게 나타내는 예라 할 수 있다. 하지만 익숙하지 않은 것에 대한 낯섦은 호기심의 '끌림 홀'로 빠져들게 한다. 늘 거기에 있는 화분보다는 오늘 새롭게 들어온 화분에 더욱 관심을 갖는 것은 처음 접하는 것에 대한 호기심 때문에 발생하는 몸채의 자연스러운 지적 에너지에 의한 것임을 알 수 있다. 새로움에 대한 지적 호기심이 색다른 분위기의 끌림 홀을 끄집어내는 것은 새로움에 대한 즉흥적이고 자극적인 끌림에 앞서서 지금까지 친숙한 것에서의 '주름-겹침'에 의한 시간의식으로 생성된 '우러남'의 그윽한 끌림이라 할 수 있다.

가령, 오래된 화분이 지니고 있는 '친숙함'이 새로운 지적 호기심으로 나아가는 것은 '친숙함'이 지니고 있는 역사성, 그리고 화분의 물과 영양분, 그리고 분갈이를 통해 다양한 스토리의 콘텐츠 이미지가 새로 들어온 화분 위에 겹쳐져서 환상적 끌림의 주름 지평으로 나아가게 한다. 새로 들어온 화분 위에 놓여 있는 흙 사이로 자라나는 잡초의 맑고 깨끗한 침묵의 생명력과 흙과의 어울림은 그동안 친근한 화분 안에서 하늘과 땅이 지니고 있는 음양의 조화 가운데 탄생한 우주의 신비로움을 '주름-겹침'에 의해 속삭여줄 때, 이 모든 창의의 끌림 홀은 '친근감'이라는 단어 속에 묻혀 있는 오래된 화분과 새로 들어온 화분과의 끌림 배치에 의한 판타지적인 분위기로 나아가게 한다.

이처럼 호기심은 전적으로 새로움에만 있는 것이 아니라 '주름-겹침'에 의한 창의 주체의 끌림 감성을 통해 나오는 설렘이며, 순수 끌림의 배치에 의한 분위기에 포착된다. 시각 이미지는 창의 주체의 코키토가 만들어낸 구성적인 체계다. 만일 이와 같은 창작물을 만드는 것 자체가 불가능해진다면, 우리는 더 이상의 창의적인 사고를 할 수 없게 됨과 아울러 창의자체가 지니고 있는 배치와 분위기의 끝없는 '주름-겹침'을 이해할 수 없게 된다. 지금까지의 과학적인 최첨단 체계가 생활의 편익은 물론 안정을 제공해준다고 하더라도 몸채에 의해 끝없는 호기심을 추구하는 창의 주체에게 과학적인 체계는 하나의 구속이다.

따라서 창의 주체의 끌림체는 익숙한 체계가 없는 곳을 향하여 새로운 배치에 의한 분위기를 만들려고 한다. 흰 바탕에서의 창의적인 작업은 각종 체계에 익숙한 의식에 대한 저항적인 손놀림이며, 지금까지 친숙한 끌채의 변형을 요구한다. 끌림이 지니고 있는 끌채의 여과과정은 현존하지 않는 것에 대한 경이로움을 지닌 몸채 에너지에 의해 새롭게 변형되기를 재촉한다.

예를 들면, 시각 이미지에서 나오는 배치와 분위기가 다른 상품의 시각 이미지와 동일한 배치와 분위기를 만들어내는 것은 끌림체의 끌채가 지니고 있는 여과과정이 바뀌지 않은 가운데 생성된 시각적인 관점이며, 시각디자이너 자신이 지니고 있는 끌림체의 내적 지평이 좀처럼 바뀌지 않는다는 점을 강조한 것이라 할 수 있다.

기존의 상품과 전혀 다른 상품을 디자인해도 분위기는 시각디자이너가 지니고 있는 창의적인 끌림체의 끌채 과정에 묻어나온다. 시각 이미지가 지니고 있는 분위기는 어떠한 체계의 논리 가운데에서도 벗어날 수 없는 창의 주체의 물질적인 신체 주위를 둘러싸고 있는 몸채의 원형이라 할 수 있다. 자신의 분위기에서 좀처럼 벗어날 수 없는 것은 끌림체가 지니고 있는 몸채의 '주름-겹침'에 의한 '굴곡-꺾임'이 제각기 다른 양태를 지니고 있음을 의미한다.

서로 다른 창의 주체가 동일한 시각적인 요소와 비주얼을 통해 디자인해도 서로 다른 배치를 하는 것은 창의 주체의 내적 지평, 즉 몸채의 '주름-겹침'이 다르기 때문이다. 배치에 의한 분위기를 소비자 주체에게 적용할 경우 외모나 복장, 소지품에서 발견할 수 있지만 가장 중요한 부분은 그 사람의 내면에서 나오는 '말과 행동'에서 파악할 수 있다. 말이 지니고 있는 언어적인 구조로 주체가 지니고 있는 코키토의 내적 지평을 파악할 수 있으며, 행동에는 주체의 생활습관 및 기호를 파악할 수 있는 단서가 있다.

따라서 끌림 디자인의 성패는 시각디자이너 자신이 지니고 있는 오랫동안 친숙한 것, 내적 지평의 분위기를 넘어설 때 새로운 몸채의 끌림 홀을 발견할 수 있다. 장 보드리야르는 "인위적인 정원에서 나무와 맑은 물 그리고 맑은 새소리와 가까이 지내는 것, 현대 첨단과학을 통해 만들어진 가전제품과 문명이 준 쾌적한 생활을 포기하지 않고 사계절의 끌림을 완전히 느끼는 것, 이 모든 조작된 지상낙원은 폭넓게 유리를 끼운 집들이 갖는 특권이다"[31]라고 말했다. 여기에서 언급된 유리의 투명성은 매우 정확하게 유리 속 내용물의 기호를 드러내 보이며, 마치 추상적인 일관성 가운데 있는 분위기의 체계처럼 스스로 투명성을 유지한 가운데 내용물의 물질성과 소비자 욕구의 물질성 사이에 끼어든다. 이 유리의 투명성은 몸채에 있는 끌채의 투과성과 동일한 역할을 하며, 분위기를 수정하거나 바꾸는 역할로서 끌채[32]에 내포되어 있다.

끌림 홀의 환상적 내용물은 광고 표현에서 볼 수 있는 언어적·시각적 요소의 리듬에 의한 패턴이며, 이러한 유리의 투과성에 의해 내용물의 기호가 지니고 있는 의미와 상징적인 체계를 읽을 수 있다. 우리가 흔히 병유리를 통해 보는 내용물은 유리의 투명성을 통해 믿을 수 있으며, 유리가 지니고 있는 내용물과의 혼합이 이뤄지지 않는다는 점에서 순수성, 객관성, 차단성, 위생성을 통해 외부의 내포적인 내용과 단절되어 있다.

끌채가 지니고 있는 홀 역시 이러한 유리의 투명성을 지니고 있으며, 부가적으로 끌림이 지닌 내포적 의미의 정제를 위한 투과성을 갖고 있다. 이제 분위기는 유리병 속의 내용물과 같이 명확히 구분되는 분위기를 파악할 수 있으며, 나아가서는 분위기가 지니고 있는 감각 및 시각요소의 분

리를 통해 새로운 끌림 차성의 분위기를 만들어나갈 수 있다.

또한 유리병에 들어가 있는 내용물이 상하지 않으며, 파괴되지 않으며, 냄새가 나지 않는 것은 외부와 내부의 공기가 엄연히 다르다는 것을 의미한다. 즉 외부는 대기이고, 내부는 진공이라 할 수 있으며, 이러한 관계는 몸채와 끌림 홀의 관계라 할 수 있다. 몸채는 대기가 지니고 있는 내적 지평과 외적 지평에 의한 만남에서 생성하는 빛의 주름 입자라면, 진공은 몸채에서 발생하는 끌림 홀의 판타지적 끌림체를 의미한다. 병 속의 내용물이 어떠한 종류인가는 전적으로 끌림 홀의 양태가 다양함을 알 수 있다.

몸채 자체는 투명하며, 투과성이 있는 대신 그 속에서 움직이는 끌림 홀에 따라 몸채에서 보이는 양태가 바뀌게 된다. 분위기는 결국 몸채의 내용물인 끌림 홀이며, 끌채가 지니고 있는 투과성과 유동성에 의해 변화가 이뤄진다. 내용물이 없는 비어 있는 유리병일 경우에는 순수한 몸채의 빛만이 소비자 주체의 몸을 휘감아 돈다. 대기와 진공의 상태는 마음이 텅 비어 있는 상태이며, 이 상태는 진공이 지니고 있는 병 속이 끌채의 투과성에 의해 대기와 하나가 되는, 즉자와 대자가 동시에 이뤄지는 분위기를 갖게 된다. 만약 외부환경이 인위적으로 만들어진 화려한 체계를 지니고 있는 구조라고 본다면 유리병의 진공상태는 그대로 외부 지평의 모습을 담을 수 있다. 하지만 소비자 주체가 어떠한 내용물을 담은 상태에서 외부와 접촉하면 단절된 상태에서의 개성을 알 수 있다.

이처럼 유리는 투명한 가운데 있으면서 외부와 내부를 차단 또는 수용이라는 선택을 할 수 있는 분위기를 만들고 있다. 따라서 유리의 분위기는 곧 시각디자이너 또는 소비자 주체 개성을 대신하는 몸채라 할 수 있으며, 이 유리의 두께 폭은 심적 거리에 의한 멀고 가까움, 상호 커뮤니케이션의 대자 혹은 즉자의 설득적 애매모호함을 구체화한다. 시각 이미지를 통해 알 수 있는 것은 바로 유리의 투명성에 의해 내용물만 보이는 것과 같다.

이제 유리는 단지 물질적인 차원이 아닌 우리의 눈에는 보이지 않지만 소비자 개성마다의 투명한 유리를 간직하고 있으며, 간혹 유리에 담긴 내용물을 볼 때마다 저마다의 아름다움에 대한 끌림에 차이가 있음을 확인할 수 있다. 몸채는 유리와 같이 눈에는 보이지 않는 아름다움을 담아내는 소비자 자신의 몸을 닮은 투명한 몸이다. 물질적인 신체의 살갗이 몸 내부에 있는 장기를 잘 감싸주고 있듯이 비물질적인 신체로서 끌림체에 속해 있는 끌채는 감성적인 끌림을 잘 감싸주고 조절하는 기능을 지니며, 끌림홀을 생성하게 하는 몸채를 제어한다.

따라서 끌채는 동시에 다양한 몸채 에너지의 강도를 조절하는 기능을 수행한다. 배치와 분위기는 리듬 끌림에 따라 끌채의 수평·수직이 바뀌며, 다양한 끌림 홀의 순수한 몸채와 끌림의 독창적인 '주름-겹침'에 의해 생성된다. 유리가 외부의 각종 세균으로부터 보호하듯이 몸채의 끌채는 외부의 끌림 대상에 대한 정제된 가운데 선별하는 과정을 거쳐 자신의 내적 지평과 어울리는 끌림과 교환 또는 소유하는 배치 역할을 한다.

또한 온갖 형태로 바꿀 수 있는 유리와 끌림 홀의 다양한 리듬패턴을 바꾸는 끌채에 의해 몸채의 분위기를 표출할 수 있는 무한한 끌림 가능성을 지니고 있다. 곧 끌채는 끌림의 배치를, 몸채는 끌림의 분위기를 만들어냄과 동시에 끌림 홀의 생성에 필요한 에너지이며, 소비자 주체 자신이 지니고 있는 내적 지평의 끌림체를 대신하는 가치, 습관, 문화적인 끌림을 변형하는 주체가 된다.

시간의식에 따라 변화하는 다양한 끌림에 대한 배치와 분위기의 통제는 눈에는 보이지 않지만 투명하고 어디에나 존재하는, 몸채의 아름답고 밝은 것을 담으려고 하는 유리병과 같은 청결성을 지닌 끌채의 투명함으로 감싸진다. 유리병은 어떠한 냄새를 지니고 있지 않으며, 어떠한 색도 지니고 있지 않다. 소비자 주체가 원하는 크기, 색, 형태를 만들 수 있으나 스스로 자신을 무너뜨리지 않는다.

마찬가지로 끌림체의 끌채는 소비자 주체의 끌림에 의해 이뤄지는 눈에 보이지 않는 몸채의 분위기를 만들어주는 배치 역할을 하고 있다. 흰 평면에서 이뤄지는 실제적인 배치는 시각디자이너의 손놀림에서 이뤄지지만, 최종적으로 선택된 형태와 크기, 사물의 색, 공간 형태 등의 배치와 분위기는 곧 창의 주체가 지니고 있는 끌림체를 구성하고 있는 끌림 홀의 끌채와 몸채의 양태성을 통해 이해가 가능하다.

다양한 유리병으로 만들어진 상품이 많은 이유는 아름다움에 대한 끌림 선택의 폭이 많아졌음을 의미하며, 그에 따라 제한된 유리병만 있는 전체성의 아름다움에서 이제는 소비자 주체 자신의 유리병에 맞는 선택이 가능한 개성의 아름다움으로 나아가고 있다. 유리병이 지니고 있는 신뢰성, 투명성, 고상함, 순수성, 투과성, 통제성, 정제성이 지니고 있는 정신적인 끌채의 가치는 소비자 주체 누구나 지닐 수 있는 끌림으로 나아가고 있다.

시각디자인이 끌림 이미지로 나아가기 위해서는 유리가 지니고 있는 정신적인 가치와 아름다움이 곧 소비자 주체 개인의 끌림체의 구성체에 의한 것임을 파악해야 하며, 끌채에 의한 끌림 이미지는 판타지의 세계로 드나들게 하는 창문으로 의식이 전환되어야 한다.

광고 크리에이티브 콘셉트가 아무리 독창성이 있더라도 유리가 지니고 있는 정신적인 가치와 아름다움의 배치가 아니면 분위기가 없는 지루한 형식의 시각디자인이 될 뿐이다. 여기에서 창문이 궁극적으로 보여주는 것은 시각적으로 이뤄진 비주얼과 헤드라인, 그리고 보디카피의 위치, 이것의 크기와 각도, 겹침에 의해 나타난 깊이와 너비, 높이의 절대적인 배치에서 눈에 보이지 않는 몸채의 환상적 분위기다.

제2장 끌림 이미지의 '시뮬라크르'

1 끌림체

1) 끌림: '몸채-시뮬라크르'

현대 소비사회의 첨단적인 각종 영화 및 영상매체로 인해 소비자는 늘 자신만의 끌림 이미지와 상대하며 생활한다. 따라서 스포츠, 영화, 각종 게임, 드라마에 등장하는 주인공들도 자신의 생활과 동일한 상황으로 받아들인다. 특히, 청소년뿐만 아니라 성인들의 세계에서도 소비자 자신이 지향하는 다양한 끌림의 판타지에 갇힌 생활을 한다.

현재 소비생활의 환경은 스마트폰, 컴퓨터, 최첨단 음악 기기와 응접실에는 TV와 영화를 볼 수 있는 스크린 등이 갖춰져 있다. 이러한 첨단매체의 등장은 그 자체가 하나의 거대한 가상의 시뮬라크르[33] 장이 되어버렸다. 시뮬라크르의 이미지가 주는 다양한 끌림은 시각 영역뿐만 아니라 각종 영상물과 문화콘텐츠를 한층 더 커다란 판타지적 공간으로 치닫기를 종용하고 있다. 이러한 환경적인 변화에 의한 소비자 주체의 환상적인 소비성향을 이해하지 못하면 자칫 시대에 뒤떨어진 시각디자인으로 전락하는 사태가 발생할 것이다. .

이러한 환경이 지니고 있는 의미는 소비생활의 문화가 일상생활의 반복에서 오는 단조로움에서 벗어나 매체 끌림에 의해 소비자 스스로 만들어놓은 환상적 이미지에 빠져서 살고 있다고 볼 수 있다. 지금까지 시각디자인에서 매체는 생산자의 상품을 소비자에게 알려주기 위한 중간 역할을 하는 것(인쇄, 잡지 등)으로 알고 있었지만, 현대에 접어들면서 매체는 시각디자인이 일정하게 주어진 장소에서만 제한되어 이뤄졌던 과거와 달리 공간의 의미가 없어진 상태에 있으며, 소비자 자신이 있는 곳이면 일정한 시간과 공간을 벗어난 상태에서 만나게 되는 것으로 그 범위가 확장되었다.

매체가 지니고 있는 의미 역시 확장되어 좁게는 언어가 만들어놓은 스마트폰의 개인 대 개인의 카톡에서 동영상, 심지어는 세계적인 방송과 직접 소통할 수 있는 TV 및 영화 매체에까지 확산되었다. 심지어는 브랜드가 지니고 있는 상징성과 언어적인 슬로건 역시 전달매체로서 범위가 넓어지게 되었다. 첨단매체를 이용한 시각디자인의 모든 내용은 환상적 이미지를 지니고 있는 내용으로 소비자를 유혹하고 있다. 주변의 도시환경이 만들어놓은 첨단의 시간공간과 자연공간의 뒤틀림은 새로운 환상적인 끌림을 생성하고 있으며, 소비자에게 그 자체를 환상적인 원형으로 받아들이게 하는 소비문화를 재촉하고 있다.

또한 첨단매체가 없는 자연환경에서 산다는 것은 도시 생활에 익숙한 소비자에게는 커다란 모험이 아닐 수 없다. 도시의 소비생활은 소비자 개성에 따라 이미지를 만들어놓은 상태에서 자신의 삶을 영위하고 있다. 사진과 영상, 영화의 등장은 이미지와 소비자 주체의 관계, 그리고 바깥세계에서 주어진 원본 자체를 통한 이미지의 형성과정에 의한 관계에 대해 본질적인 인식의 변화를 가져왔다. 원본에 대한 가치는 현대사회에서 신앙적인 차원의 숭배 대상이 아니라 시대적인 흐름에 따른 어쩔 수 없는 결과물로서 이제는 비판의 대상이 되고 있다. 그에 따라 원본에 대한 절대적인 권위가 사라지면서 원본 자체의 데이터 자료만이 새로운 차원의 원형으로 부상하게 되었다.

이미지는 시대의 흐름을 반영하는 상상의 결과이며 창의적인 행위라 할 수 있다. 소비자에게 수용되는 다양한 형상을 지닌 이미지는 시대적인 환경이 낳은 상상의 세계이며, 실현 가능한 환상적인 세계다. 이미 스마트폰의 위력은 과거에는 상상할 수 없는 이미지를 만들어내는 매체로 일상생활 속에 깊숙이 스며들고 있다. 이러한 첨단적인 매체가 지니고 있는 이미지는 현대생활을 하고 있는 소비자에게 어떠한 내면적인 변화를 일으키고 있는가? 첨단매체에 의한 일상생활은 그야말로 물리적인 공간성을 뛰어넘는 환상적인 생활의 변화를 재촉하게 되었으며, 신체가 지니고 있는 제한적인 활동에 대해 거부하는 새로움을 지향하는 이미지를 요구하게 되었다.

[그림 55] '몸채-시뮬라크르'에 의한 끌림: 'inner change'/ Illustrator, 전기순 作.
끌림 이미지는 이제 현실과는 동떨어진 공간에서 활동하고 있다. 대중매체, 스마트폰, 홀로그래피, 영상, 영화 등 첨단매체를 통한 판타지적인 끌림 홀은 스스로 창의적인 몸채에 의한 시뮬라크르다.

이는 자연의 원형을 그대로 묘사 또는 복사함으로써 재현하는 미메시스[34]에서, 바깥세계에서 보이는 어떠한 대상과도 무관하게 이미지를 생산하고 또 이미지가 실제 대상보다 더 강력한 힘을 발휘하는 시뮬라시옹의 전환이라고 할 수 있다. 여기에서 미메시스가 지니고 있는 모방의 힘은 창의를 위한 엄숙한 숙련과정으로 이해했다. 따라서 미메시스가 추구하던 시대적인 평가는 얼마만큼 성실하게 잘 묘사했는가에 초점을 맞췄다. 보이는 대상과 똑같이 그려진 것이면 무조건 수용하던 시대적인 요구는 디지털의 탄생 이전에 추구한 예술이 지니고 있는 숭고한 가치추구였다.

그러나 예술의 큰 축인 자연의 재현과 모방이 지니고 있던 아날로그

시대의 예술적 가치는 디지털의 등장으로 인해 모든 기술적인 메커니즘의 예술로 그 영역이 확대되고 있으며, 오히려 아날로그의 미메시스 행동은 전통을 지키고자 하는 저항적인 활동으로 평가한다. 첨단매체를 통한 기술적인 작품은 작가 스스로 예술성과 원본에 대한 신화를 고스란히 간직되기를 원하지 않는다. 오히려 자신이 만든 이미지의 시뮬라시옹에 대해 더욱 비중을 두는 것을 좋아한다. 전통적인 매체를 통한 이미지는 더 이상 환상적인 상상력을 주기에는 역부족인 것으로 판단하며, 오로지 자신이 만든 이미지의 세계를 지향한다. 작품과 예술가에 대한 신화가 오래 유지되는 것을 바란다는 것은 마치 하나의 시대적인 착오이자 행위임을 선언한다.

특히 영상이나 영화 또는 각종 미디어를 통한 동영상의 일반화는 시각매체의 새로운 미적 관점의 탄생을 기다리고 있다. 원본, 작품, 작가, 시각디자이너, 진리, 대상, 주체라고 하는 전통적인 방식의 미학의 범주에서 벗어난 새로운 미학의 중심개념으로서 끌림 이미지가 있어야 한다. 끌림이 지니고 있는 범주는 전통이 지니고 있는 미학적 개념에 대한 탈인식적인 범주이며, 소비자 개성의 몸채다. 소비자는 소비생활을 위한 객체로서의 주체가 아니라 소비자 자신이 예술적인 이미지를 연출하는 예술가이자 시각디자이너이며, 작가다. 첨단매체는 소수 작가의 손에만 주어지는 것이 아닌 소비자 전체의 것이며, 이미 소비자는 예술적인 이미지를 끄집어내는 작가로서 굳건히 자리 잡고 있다.

끌림 이미지는 단일한 개체로서 소수의 '이것'이 아닌 소비자 개성으로서 다수의 '저것'이다. 이제는 누구나 시뮬라크르의 환상적인 이미지를 구현할 수 있는 환경의 끌림 시대에 놓여 있다. 이제 끌림은 한정된 예술품 혹은 정적인 이미지를 통해 끌리던 전통적인 보여주기 방식에서 벗어나 소비자 주체로서 직접 참여하는 역동적이며, 매체융합을 통한 인터랙션의 간주관적인 몸채다. 또한 지속적인 기술재생산과 시뮬라시옹은 복제와 가상으로서의 이미지를 창출하여 원본을 대신하는 텍스트로 대신한다. 따라서 구체가 추상으로, 실체가 이미지로, 가상성이 진리를, 매체가 사물을, 비물질성이 물질을, 그리고 허구가 현실을 대신하는 시대로 지향하고 있다.

이제 이미지는 일반적인 사물에서 느낄 수 있는 다수의 공감을 통한 미적 끌림이 아닌 소비자 개성중심의 이미지 창출을 위한 끌림의 향연이라 할 수 있다. 특히 대량생산을 통해 소비자의 기능성과 합목적성을 미적 관점으로 생각하던 디자인의 흐름이 이제는 현실 대신에 소비자 기호와 허구적인 시뮬라시옹에 대한 논의가 주류를 이루고 있다. 끌림이 지니고 있는 미적 관점 역시 허구를 통한 판타지의 재현으로 나아가고 있다. 이제는 원본이 차지하는 권위의 차원 혹은 복제하거나 합성된 것에 머무는 것이 아닌 소비자 자신이 주체로서 체험적인 끌림 이미지 자체가 중요해졌다.

이러한 현상은 어떠한 시각물도 소비자 자신의 끌림 이미지로 얼마든지 편집이 가능한 첨단 디지털 매체가 소비자 자신의 손바닥에 있기 때문이다. 이러한 소비자 개성의 욕구를 채워주려는 듯 스마트폰에서 각종 앱의 생산이 끊임없이 진화하는 것은 바로 이러한 소비자 개성의 끌림 이미지를 갈구하는 소비자가 늘어가고 있기 때문이다. 과거 소수의 선두적인 역할을 하던 작가의 작품이 이제는 스마트폰을 들고 있는 젊은층에서부터 노년에 이르기까지 누구나 작품을 만들 수 있으며, 자신의 작품이 얼마든지 소통의 장으로 나아갈 수 있는 시대가 되었다.

왜냐하면 아날로그 복제만 하더라도 여전히 원본이 존재하기 때문에 원본의 자리를 넘본다는 것은 쉽지 않았다. 그만큼 원본의 이미지를 변형하는 것 자체가 어려웠으며, 원본에 대한 가치를 요구하던 과거와 달리 현대에 와서는 큰 의미를 두지 않고 얼마든지 편집·변형·왜곡을 통해 자신의 끌림 이미지로 다가갈 수 있다. 전통이 지니고 있는 예술적 가치 가운데 하나인 희귀성은 이제 누구나 공유하는 현실이 되었다.

또한 원본에 가까운 이미지를 디지털로 직접 볼 수 있으며, 이제는 원본과 대상이 없는 이미지들이 디지털매체가 지니고 있는 끌림의 특징으로 등장하게 되었다. 어린아이부터 노년에 이르기까지 쉽게 이미지에 접근할 수 있다는 건 문제가 아니다. 소비자 자신이 원하는 것이면 누구나 쉽게 자신의 끌림 이미지를 만들 수 있을 뿐만 아니라 이러한 이미지들이 도처에 존재하고 있다는 점이다. 원본에 대한 의미는 이제 실제 제작에 임한 당사자와 소수의 참여자 이외에는 누가 원 제작자인지 구분하기 어려운 시대가 되었다.

각종 특허로 디지털 이미지에 대한 소유를 주장한다는 것은 또 하나의 새로운 양상의 원본에 대한 가치를 내세우려는 개인적인 야심에 의한 소극적인 행동이 되었다. 오히려 작가 자신의 이미지가 다른 사람에 의해 왜곡·변형이 이뤄지는 양상에 만족해야 하는 자기긍정적인 사고가 필요한 시대가 되었다. 이제 익명의 작가가 대중적인 인기를 모으고 있는 것을 쉽게 주위에서 관찰할 수 있는 시대가 되었다.

끌림 이미지는 소비자가 직접 기존의 이미지를 변형·왜곡하는 가운데 만들어지는 지극히 주관적인 판타지이며, 현실을 떠난 초월론적인 상상의 세계다. 어떠한 소비자도 자신의 개성에 관여할 수 없는 고유의 시뮬라크르를 지니고 있다. 디지털이라는 첨단매체가 만들어놓은 환경이 전통적인 예술이 지니고 있는 이미지의 존재론과 그 특징을 무력화시킨다. 첨단과학이 만들어놓은 홀로그램, 영상물 및 갖가지 컴퓨터그래픽의 환상적 표현들은 점점 그 세력이 커져 소비자의 상상력에 맞추기 위해 한층 더 높은 단계의 상상계로 나아가고 있다.

그러나 소비자는 바깥 세상에서 이뤄놓은 갖가지 첨단매체를 통한 환상적인 표현들에 오랫동안 관심을 가지려면 또 다른 차원의 매개를 이해해야 한다. 즉 소비자 자신이 느끼는 바깥세계의 시뮬라크르는 어디까지나 즉흥적이며, 찰나인 것에 늘 아쉬워한다.

따라서 환상적인 이미지에 대해 늘 소극적이며, 또 다른 차원의 소비자 주체로서 몸이 지니고 있는 빛의 판타지에 오히려 더욱 매력을 느껴 추구하고자 한다. 소비자 자신의 육신의 몸이 지니고 있는 또 다른 신비감은 소비자 주체에게 호기심을 주기에 충분하며, 특히 존재론적 차원의 소비자는 오히려 환상적인 복제를 통한 대중매체의 현란함 속에서 자신만의 고유한 몸의 소리에 더욱 귀를 기울여 차이를 통한 시뮬라크르의 끌림체를 발견하려는 적극적인 상황으로 치닫게 된다.

따라서 현대 첨단사회에서 만연하는 복제와 원본이 미치는 영향에 대해서는 무관심하며, 오히려 내면의 환상적인 끌림체인 몸채를 통해 자신의 끌림 이미지를 가감 없이 만들어내는 데 아낌없이 투자한다. 결국, 소비자 주체 내면에 구축된 몸채의 환상적인 빛의 흐름은 더 이상 어떠한 복제, 원본 등이 지니는 이미지를 평가하는 데 중요한 범주로 작용하지 않는다. 더 중요한 것은 소비자 주체가 느끼는 몸채의 신비스러운 체험을 하는 것이 소중한 시뮬라크르임을 알기 때문이다.

2) 끌림: '몸채-순간'

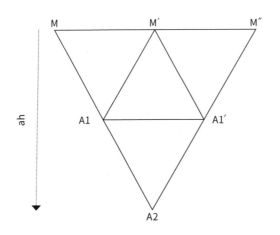

[도표 47] 끌림 '몸채-순간'의 끌림 홀
M(Moment conscious): 순간의식,
A(Attractive): 끌림, ah(attraction hall): 끌림 홀
　　시간의식에서 생성·소멸하는 몸채 조각은 스스로 순수의식의 '하나-됨'에서 생명 에너지를 만들어낸다.

시각 이미지는 0.4초[35]의 순간적인 끌림을 통해 시뮬라크르의 공간 속으로 빠져들어 간다. 보이는 대상을 오래 쳐다보는 동안 느껴지는 내면 깊숙이 울리는 감동이 아닌 순간에 의한 시각적인 조형요소 또는 사진 등의 단서를 통해 소비자 자신의 끌림 세계로 나아간다. 시각적인 요소는 전체성의 부분으로서 소비자 개성으로서 '존재'와 교류하며, 사진 속의 의자는 소비

[그림 56] '몸채-순간'에 의한 끌림: 'inner change'/ Illustrator, 전기순 作.
끌림 이미지는 선험적인 순간, 초월론적인 순간, 목적의식에 의한 순간, 즉자·대자 등 소비자 주체의 '몸채-순간'이 지니고 있는 지향성의 양태적인 끌림 의식에 따라 순간 끌림 홀이 바뀐다.

자와 대상 간의 시간의식의 '연속성'[36] 속에서 만난다.

시각 이미지의 순간적인 끌림은 소비자 주체의 개성과 정체성(identi-ty)에 따라 다르게 해석되며, 또한 간직되거나 해체된다. 마찬가지로 시각 이미지가 소비자 주체 내부에서 늘 바라는 신념체계—평화, 안정, 행복, 믿음, 우정 등—가운데 어떠한 가치와 관계를 이어주느냐에 따라 소비자 자신이 과거 어느 순간에 만들어놓은 시뮬라크르의 끌림 홀에 머물게 된다. 현실의식이 자신의 신념체계 가운데 어떤 가치와 조우하는가는 전적으로 바깥생활을 바라보는 소비자의 순간의식에 달려 있다.

끌림체의 순간의식은 끌림 홀의 시뮬라크르에 따라 머무는 기간이 제 각기 다르며, 생활세계와 늘 접하는 물질적인 신체가 느끼는 시간과 초월한 또 다른 세계의 '펼쳐짐'이다. 즉, 현실세계와는 차이가 있는 인식 지평에 놓여 있게 된다. 몸채는 순간의식이 지니고 있는 동일한 에너지에서 발생하는 빛 에너지임과 동시에 환상적인 생명체계를 제공한다.

또한 문득 스쳐가는 과학적 모든 체계의 떠오름을 지닌 에너지다. 몸채의 순간성이 지닌 응축한 수많은 에너지는 지금까지 철학 또는 순수과학이 구축한 모든 체계의 생명소(生命素)임을 알 수 있다. 순간적인 몸채의 펼쳐짐은 이미 시간의식 속에 갇힌 가운데 읽히거나 '이해됨'을 전제로 하는 과정적 에너지로서 순간포착에 의한 강력한 끌림에 응축된다.

얼마만큼의 순간 에너지를 통해 대상을 보느냐에 따라 대상이 지니고 있는 존재성과 관계성의 '펼침과 접힘'의 주름에 의한 리듬과정을 파헤칠 수 있으며, 또한 해체할 수 있다. 순간 끌림을 이와 같은 차원에서 바라보면 대상 끌림이 지니고 있는 요소 가운데 소비자 주체가 지니고 있는 순간 에너지의 차성과 동일하게 일치하거나, 정반대의 경우로 만나게 될 때 끌림이 갖는 에너지는 각각 다른 몸의 빛으로 나타난다.

상호 끌림이 강할수록 몸이 지니고 있는 빛 에너지, 즉 몸채 에너지는 강하게 빛을 발함과 아울러 끌림 대상과의 물질적인 융합을 요구하기도 한다. 몸채는 '신체-주체'와 소유 사이에 또 다른 모습의 존재론적인 창문이 된다. 순간의식이 지니고 있는 강한 몸채 끌림은 대상을 신체와 동일한 차성으로 융합하려는 내적 욕구에 의한 에너지의 발산이며, 또 다른 소비자 주체의 존재적인 모습이다.

따라서 몸채는 농부에게 논과 밭, 음악가에게 바이올린과 피아노, 화가 또는 시각디자이너에게 파레트와 붓 그리고 포스터컬러 등과 같은 존재로서 없어서는 안 될 또 다른 존재다. 이 모든 대상은 단순한 소유물이 아니라 그 소유물과 육화된 존재로서 나의 몸을 융합하려는 순간적인 끌림으로 현존하는 성격을 지니고 있다. 끌림이 소비자 주체와 현존하지 않는다면 시각 이미지는 아무런 매력을 지니지 못하는 종이로 전락하고 만다.

몸채는 소비자 주체 혹은 시각디자이너에게 없어서는 안 될 또 다른 현존의 끌림이며, 연장이다. 특히 이 몸채는 매 순간의 리듬 속에 살아있으며, 하늘에서 내리치는 번개와 같이 순간 번쩍거리는 엄청난 에너지를 품수(稟受)하고 있는 연장으로서의 존재다. 몸채는 누구에게나 있으며, 또한 누구나 가질 수 없는 고도의 미적 감각을 가진 존재다.

또한 소유적인 개념으로서 몸채는 누구에게나 열려 있지만, 소유할 수 있는 주체는 드물다. 왜냐하면 주체의 연장으로서 필요한 순간 끌림이기 때문이다. 또한 오랫동안 소유할 수 없는 이유는 여러 가지 혼탁된 의식의 장에서 맑고 투명한 빛인 몸채를 접하는 일이 쉽게 이뤄지지 않는다. 몸채는 본질적으로 순간이라는 짧은 시간을 얼마만큼의 에너지를 집중시키느냐에 따라 달리 나타나며, 이 나타남을 얼마만큼 지속시키느냐는 것은 소유 개념의 '간직' 또는 '보관'의 신념으로는 관리할 수 없다. 단지 매 순간의 간절한 '살아-있음'의 거듭나는 변화과정을 지켜볼 수 있는 에너지[定觀]에 의해 발현될 수 있다.

그리고 정관의 '살아-있음'에 대한 신념이 나의 몸이나 몸채를 연장하거나 에너지를 증강시키는 역할을 하고 있다. 시각 이미지 속의 끌림 이미지는 소비자 주체의 몸과 또 다른 연장으로서 몸채와의 상관성에서 발견할 수 있다. '몸'과 '몸채'의 존재성은 상호 함의(含意)적이면서도 서로 간 배척하려고 하는 변증법적 성격을 지니고 있다. 몸은 그 자체로서 완벽한 감각구조를 지니고 있으며, 몸이 지닌 현실적인 욕구에 충실하게 나아가는 것을 지향한다.

반면, 몸채는 '살아-있음'의 순간적인 환상적 느낌을 통해 현실적인 물질세계를 떠난 또 다른 환상적인 세계와 교류 또는 체험할 수 있는 끌림 홀을 지니고 있다. 또한 둘이 서로 불가분의 관계로 얽히고 있는 가운데 현실의 생활세계와 시뮬라크르는 동일 공간과 시간 속에서 서로 다른 차성의 인식 지평을 공존하고 있다. 순간의식은 몸과 몸채의 이질적인 체용관계(體用關係)를 하나의 인식 지평으로 옮겨놓는 인식의 장임과 동시에 현존하는 '살아-있음'의 체험공간이다.

현재 주어진 소비자 주체의 인식 지평에 따라 서로 다른 환상적인 유토피아가 살아 숨 쉰다. 시간의식이 흐르는 수직적인 공간의 인식 지평에 따라 수면 위에 떠오르는 의식객체는 제각기 다르게 나타난다. 수면 위에 떠오르는 것은 수면 가까이 흐르고 있는 의식이 일반적으로 쉽게 떠오르며, 수면과 멀리 떨어진 의식인 경우에는 쉽게 떠오르지 않음과 동시에 소비자 주체의 의식이라는 점조차 상기시킨다는 것이 불가능하다.

여기에서 수면 위에 떠오르는 의식객체는 거대한 체계를 위한 부속품 역할로서의 객체, 즉 단일한 조건으로 갖춰진 요소로서의 객체뿐만 아니라 의식객체 자신이 전일한 생명체, 또는 완벽한 체계로 소비자 주체가 의식할 수 있는 내용으로서 파악이 가능한 순간이 지닌 환상적 몸채다. 몸채의 출현은 시각 이미지 혹은 어떤 대상을 보는 순간 소비자 개성의 의식흐름에서 떠오르는 의식객체의 성분에 따라 몸채의 에너지가 지니고 있는 색이 바뀌게 된다. 몸채가 지니고 있는 색은 하나의 의미를 지닌 빛으로 남게 되거나 또는 강력하고도 에너지가 넘치는 창의적인 체계로 끌림 이미지를 포착하게 된다.

예를 들면, 시각 이미지 가운데 배경으로서 하늘을 보았다고 하자. 쾌청하게 맑게 갠 하늘은 어디까지나 배경적인 요소이며, 광고 콘셉트와는 관련 없는 파란색을 띤 하늘이라고 가정하자. 파란색 하늘에 대한 감성적인 단어는 쾌청한 하늘, 상쾌한 하늘, 푸른 하늘, 맑은 하늘, 높은 가을하늘 등 여러 가지 수식어를 통해 소비자 주체로서 느끼는 감성을 언어로 표현한다. 이러한 감성언어는 파란색 하늘에 대한 순수한 느낌의 언어적인 표현이라 할 수 있다. 이때 나타나는 몸채의 구성은 순간 끌림을 통한 하나의 색에 의한 시뮬라크르의 발현이라 할 수 있다.

또 다른 '살아-있음'의 순간의식은 하나의 생명체로 전일한 체계를 느끼는 경우다. 파란색 하늘을 통해 우주의 무한체계, 동양적 순환체계, 정반합의 유물론, 유식론 등의 세계관을 포착한다면 소비자 주체의 순간의식은 수면 가까이에 있는 의식의 떠오름이 아닌 수면과 멀리 떨어진 전의식이 제공하는 끌림 홀의 시뮬라크르로 빠져든다. 순간 '빠져듦'이 만든 이러한 가볍고 깊은 의미의 해석은 소비자 주체의 개성에 따라 차이를 지니게 되며, 동일한 시각 이미지도 어떻게 해석·해체하느냐에 따라 시각 이미지가 지니고 있는 몸채 끌림의 지향성이 바뀌게 된다.

이와 같이 순간의식은 늘 새로운 변양(變樣)의 시작이며, 이 시작이 이뤄지는 가운데 만들어지는 새로움은 매 순간 끝없는 몸채의 양태적인 변화를 요구한다. 몸의 내부세계와 외부세계의 경계부분에 있으며, 몸을 최전선에서 감싸고 있는 피부조직인 살갗은 이러한 순간의식이 지니고 있는 공감각의 느낌을 포착하는 기능을 지니고 있는 가운데 살아 숨 쉬는 몸채의 양상이 바뀌어 나타난다. 살갗 표면에서 피어오르는 가벼운 느낌의 몸채와 전일적인 체계의 몸채의 출현은 반복적이거나 또는 서로 교차하면서 순간의식의 '바늘'과 몸빛의 '실'을 통해 다양한 문양(文樣)을 지어나간다.

소비자 주체의 '순간의식'은 제각기 몸의 감각을 통해 외부대상을 지향하며, 몸채의 시뮬라크르 역시 동일한 시각 이미지를 보았다고 하더라도 각각 다른 문양을 지어나간다. 문양은 라이프니츠의 모나드와 들뢰즈의 차이와 반복에서 오는 주름을 의미하며, 소비자 주체가 지니고 있는 고유한 질료로서 순간객체를 의미한다. 순간객체의 '얽혀-있음'은 몸채가 지니고 있는 끌채에 의한 끌림 홀로 빠져들수록 단일하고 생명 이전의 요소로 남게 된다. 각각의 순간이 지니고 있는 시간은 현재 속에서 포착 가능한 순간이며, 매 순간이 지니고 있는 몸채의 끌림 홀은 시간흐름과 역행하면서 지속적인 빠짐의 차성을 요구한다.

일정한 시간리듬은 몸채가 지니고 있는 리듬파도에 의해 새로운 창의가 이뤄지며, 서로 다른 리듬의 창발에 의해 새롭고 뚜렷한 순간리듬의 위치를 파악함과 동시에 시뮬라크르의 접점이 나타난다. 현실에서 보이는 대상의 끌림 이미지가 현실적인 차원의 감각 작용에 지배된다면, 순간의식에 의한 대상포착은 새로운 시뮬라크르의 세계를 안내하는 입구로 작용한다. 순간(moment)은 현실을 직시함과 동시에 현실 너머의 창의적인 세계를 지향하게 되는 아프리오리(a priori)를 체험하는 몸채공간이다.

지금이라는 시점은 아프리오리 세계로 나아가기 위한 출발점이며, 소비자 주체마다 서로 다른 몸채의 색에 따라 차이의 환상적인 끌림 홀로 빠져들게 된다. 이때 시간이라는 절대성은 감각과 파악, 직관 등에 의해 서로 다른 시간리듬과 패턴을 통해 소멸되고 선험적인 시간의 리듬으로 이어진다. 소비자 주체에게 시간의 절대성이 늘 소멸되거나 왜곡되는 현상은 코키토에서 아프리오리의 단계로 넘어갈 때 생기는 몸채의 발현 또는 끌림대상의 지속성에 의해 달라지며, 소비자 자신이 만들어놓은 시간 끌림 이미지의 환상적인 '위치-주어짐'은 소비자 주체의 순간의식의 반성(Reflexion) 속에서 확인된다. 매 순간 흘러가는 시간흐름 가운데 자신의 환상적인 '위치-주어짐'은 현상학적인 차원에서 바라보면 판타지로 들어가는 관문이며, 주어짐의 끌림 정도에 따라 몸채의 출현이 달라진다.

몸채는 그 자체가 에너지이며, 끌림 홀의 생성·소멸을 주관하는 생명의 빛이다. 끌림 홀의 유형은 소비자의 개성에 따라 달리 형성되며, 연속적으로 일어나는 정도에 따라 일관성 있는 끌림체가 이뤄진다. 이러한 일관성에 의한 구성은 시간흐름에 맡겨진 채로 흘러가는 것이 아니라 '살아-있음'의 거대한 순간체계로 회귀(Regression)가 이뤄진다. 즉 물리적인 시간흐름은 흘러가고 있지만, 소비자 주체는 한동안 시간이 정지된 상태의 순간체계만큼 오랫동안 머물게 된다. 대신 눈에 보이는 대상에 대해 직접적으로 반응을 나타내지 않고 다만 관조적인 상태에 있게 된다.

순간체계를 향한 회귀는 몸채의 강력한 에너지가 없는 가운데에서는 절대 체험할 수 없는 영역이다. 대상을 향한 끌림은 소비자 주체와 대상의 상호주관적인 커뮤니케이션이며, 다른 의식에 의한 잡음(noise)이 섞이지 않는 순수 끌림이다. 물리적 시간과 소비자 주체가 지니고 있는 내재적인 시간의 폭이 넓어지면 넓어질수록 끌림 홀의 반경은 넓어짐과 동시에 깊어진다.

물리적인 신체로부터 몸채가 생성되는 순간부터 소비자 주체와 대상 간의 상호주관적인 시간(M)은 홀(Hall)의 모양을 나타내며 흘러간다. 일반적으로 흘러가는 시간의식이 과거·현재·미래라는 시간관념의 수평적인 흐름을 강조한다면, 끌림에 의한 몸채의 시간은 홀의 모양으로 점점 커져간다. 시간의식은 M에서 M', M''로 진행해나가는 순간까지 물리적인 시간(time)은 몸채의 순간의식과는 완전히 별개의 흐름으로 지각된다. 소비자 주체는 대상과의 끌림관계가 지속될 때까지 시간의식이 순간의식으로 바뀌며, 동시에 A1, A2의 순간체계로 끌려간다.

순간의 끌림체계가 얼마만큼의 깊이와 폭을 지니는가는 전적으로 대상과의 끌림 에너지인 몸채의 크기에 달려 있다. 소비자 주체와 대상의 관계는 전적으로 끌림의 형성 여부에 따라 객관적인 관계, 주관적인 관계, 말할 수 없는 친밀한 관계, 무관심한 관계로 나누어 설명할 수 있다.

　M′-A2의 수직적인 관계는 물리적인 시간과 감성적인 시간이 동시에 겹쳐서 움직이는 끌림 순간이며, 그 이후의 사태에 따라 시간흐름의 성격은 바뀌게 된다. M′-A1의 사선은 이미 아프리오리의 끌림이 소비자 주체에 의한 감성리듬에 의해 기울기가 형성된 것이다. 끌림 지속시간과 순간체계의 깊이가 동시에 연장될수록 기울기는 M″-A2의 동일한 각도로 기울어진다. 만약, 대상의 순간 끌림이 일정한 몸채의 양태에서 머무르면서 시간의 흐름이 지속된다면, M′-A1, M″-A1와 같이 끌림 홀의 깊이는 일정하게 유지됨과 동시에 기울기만이 점차 좁아지는 현상을 직접 체험하게 된다.

　순간체계는 생각객체가 만들어놓은 구성적인 조합에 의해 이뤄지는 대상이 지니고 있는 가치를 발견하기 위한 끌림체계다. 이 순간체계는 소비자 주체마다 생각객체의 구성적인 조합과 융합방식이 제각기 상이하며, 동일한 생각객체를 위치, 강약, 대소, 농담이 어우러진 융합리듬에서 해석하는가에 따라 끌림 홀의 형태(形態)와 질(質)에 영향을 미친다. 단 하나의 생각객체만을 떠올리게 되는 끌림 홀은 그 자체가 매우 순수한 리듬으로 느낄 수 있지만, 두 개 이상의 생각객체일 경우에는 다양한 끌림 홀의 양태를 지니게 된다. 순수 끌림은 끌림이 느껴질 때 아프리오리의 선험적인 체험공간에서 이뤄지는 목적성이 없는 끌림이며, 몸채는 무색·무취·무형의 끌림 홀을 갖는다. 하지만 현실이 지니고 있는 생각객체는 이미 의식의 장에서 이뤄지는 목적지향에 의한 생각 끌림이며, 아프리오리의 창의 끌림이다.

　예를 들면, 시각 이미지에서 스마트폰을 든 직장인을 보았을 때의 끌림은 단순히 포착에 의한 끌림이 아닌 두 가지 생각객체를 통한 순간체계의 끌림 홀에 의해 파악된다. 광고 표현에서 임팩트가 의미 없는 요소의 시선 끌기가 아닌, 의미파악에 의한 포착으로 순간체계가 형성된다. 지각 끌림은 보이는 대상, 스마트폰과 직장인을 어떻게 조합·강조·강화할 것인가에 따라 끌림 홀의 융합리듬이 소비자 주체의 세대와 환경에 따라 전혀 다른 차성의 순간체계가 이뤄지게 된다. 단일대상이 지니고 있는 가치는 사물이 나타남에 따른 객관적 조형요소에 의한 판단이 아닌, 소비자 자신의 내적 순간체계로 구축된 끌림 홀에 의해 간주된다.

사회체계가 지향하는 가치의 목적성은 소비자 주체의 주관적인 순간체계에 의해 소멸되고 끊임없는 호기심의 환상적 지평으로 빠지게 된다. '몸채-순간'은 매 순간이 끌림 홀의 연속과정에 놓여 있고, 순간마다 끌림 홀이 어떻게 형성·소멸되어가느냐에 따라 소비자 개성의 감성리듬이 연출된다. 물리적인 시간이 소비자 주체마다 다르게 느껴지는 것은 몸채의 출현에 의한 끌림 홀의 폭과 크기, 깊이에 의해 느껴지는 시뮬라크르다.

동일한 장소와 환경이 소비자 주체마다 다르게 느껴지는 것은 바로 끌림 홀의 리듬에 의한 축소·확대·팽창에 기인한다고 할 수 있다. 사회생활에 익숙한 회의, 약속, 만남, 스케줄은 동일한 시간을 확인하는 시간객체의 확인일 뿐 소비자 주체의 내재되어 있는 순간체계를 통한 끌림 홀에 의한 시간의식과는 다른 것이다. 이처럼 소비자는 자신이 만들어놓은 '몸채-순간' 속에서 생활하고 있다.

3) 끌림: '몸채-매듭'

순간과 순간이 서로 다른 끌림 홀로 이어져나갈 때 생기는 틈은 '끌림-매듭'에 의해 채워진다. 끌림 매듭은 M-E2-M″의 끌림 홀에서 M-A1-M′와 M′-A1′-M″의 서로 다른 끌림 홀 사이에 생긴 삼각형이다. 이 매듭은 물리적 시간의 흐름 속에서 파악할 수 있는 '매듭-이음'이다. 처음 M-E1-M′ 끌림 홀에서 또 다른 끌림 홀인 M′-E1′-M″으로 넘어갈 때 생기는 틈새인 '끌림-매듭'은 몸채가 지니고 있는 끌채작용이 일어나는 순간이며, 이 순간의 깊이는 역삼각형의 모습과 같이 끌림 홀의 깊이만큼 끌채의 역할을 갖게 된다.

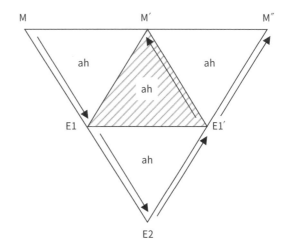

[도표 48] '몸채-매듭'의 주름리듬
M, M′, M″(Moment conscious):
순간의식, E1, E1′, E2(Energy): 끌림,
ah(attraction hall): 끌림 홀
　　시간의식에서 생성 · 소멸하는 몸채
매듭은 스스로 생명 에너지의 매듭리듬을
만들어낸다.

　　끌림 홀이 지니고 있는 다양한 구성물인 감각자료들의 시뮬라크르는 '끌림-매듭'의 순간매듭에 의해 의식 장으로 구체화된다. 끌림 홀이 지니고 있는 감각자료에 의한 구성물의 근원적인 흐름 속에서 끌림 홀의 리듬이 이뤄지며, 각 리듬에 따른 몸채 에너지의 생명력이 '매듭-이음'으로 엮어지게 된다.

　　또한 M-E2-M″와 동시 겹침에 의한 '끌림-매듭'은 끌림이 지니고 있는 감각자료의 구성체에 의해 '융합-섞임'의 연속적인 끌채과정이 나타나 단일한 '끌림-매듭'의 이음에 선행하는 끌채의 일관된 통일성으로 갖춰질 때까지 리듬의 관계들을 정립하게 된다. 위의 도표는 끌림 홀의 단면을 제시한 것이며, 실제 끌림 홀의 현상적인 세계는 의식공간이 지니고 있는 차성 혹은 지평에서 드러나는 마치 토네이도 같은 회전을 통한 끌림 홀이다. 매 순간 하나 또는 둘 이상의 크고 작은 끌림 홀이 발생하거나 사라진다. 끌림 홀의 매듭은 시간의 연속에서 생기는 홀과의 접점을 의미하며, 실제적으로 끌림 홀과의 만남을 의미하지 않는다.

　　마찬가지로 겹침 역시 시간에 의한 끌림 홀의 겹침에 의한 깊이로 나타난다. 몸채가 지니고 있는 무한공간 속에서의 끌림 홀은 하나가 아닌 다수가 동시에 일어나거나 사라진다는 점을 감안한다면, '끌림-매듭'은 소비

자 주체의 내면적인 시간리듬에 의해 변화되거나 구성된다.

만약, 외부대상에 대한 내적 끌림 현상에 대한 아무런 현상적인 느낌이 없는 경우의 소비자 주체는 물리적인 현실 환경이 요구하는 '자극-반응'에 지극히 순종하는 객체로서의 의식을 지향하는 선형적 가치관을 지니고 있다고 볼 수 있다. 환상적인 '매듭 겹침'은 소비자 주체의 구성적인 시각에 의해 다양한 유형의 겹침이 나타나는 다채로운 색채를 만들어낸다. 끌림 홀의 개성과 매듭 겹침의 내면에서 꿈틀거리는 끌림 홀의 감성적인 주체인 몸채는 어느 한 개인에게 주어진 특별함이 아니라 누구에게나 나타날 수 있는 생명 에너지이며, 창의적 감성체라 할 수 있다.

아프리오리의 환상적인 공간은 과거·현재·미래에 대한 시간적 몸채를 통해 진입할 수 있는 감성영역의 끌림체라 할 수 있다. 신체에서 느껴지는 감각자료들은 실제 내부에서 갖가지 형상의 끌림 홀을 만들어내어 소비자 주체로서 자신만의 시간을 점유 혹은 통제할 수 있다. 순간체계에 의한 끌림은 곧장 소비자를 시뮬라크르의 세계로 안내하는 창문이다. 소비자 주체가 좋아하는 시각 이미지를 떠올릴 때 해석·왜곡·해체의 과정을 통해 자신의 순간적인 끌림체계로 변양한다.

예를 들면, 시각 이미지에 나타난 사진 속의 푹신한 의자를 통해 '편안함-안정'이라는 가치를 떠올렸다면, 소비자 개성에 따라 환상적인 체계를 순식간에 만들어낸다. 즉, '편안함-안정'의 시각 이미지는 상상의 세계로 진입하기 위한 창문이다. 한 장의 사진 이미지가 소비자 개성에 따라 다양한 '편안함-안정'을 상징하는 '하늘 위 의자', '산 위의 상쾌한 의자', '남태평양의 야자수 밑의 안락의자' 등 환상적인 '이미지-이음'이 가능한 것은 바쁜 일상에서 누릴 수 없는 소비자의 생활을 이와 같은 순간적인 시각 이미지를 통해 자신의 환상적 상상계로 들어가서 잠시 동안 끌림 홀로 빠지기를 원하기 때문이다. 현실적인 시간객체가 지니고 있는 단조로움에서 끌림 홀의 판타지에 대한 즐거움으로 나아간다. 의자를 통해 만들어진 끌림 이미지의 '편안함-안정'의 환상적인 기억은 오래지 않아 처음 느낀 의자에 대한 끌림에 따라 더욱 현실에 맞는 내용으로 파악·해체·왜곡이 이뤄진다.

한편, 의자가 주는 의미가 소비자 자신이 지니고 있는 삶의 가치체계와 동일시될 때는 끌림 이미지에 대한 일반적인 느낌이 더욱 강도 높게 혹은 한층 더 고조된 상태로 저장된다. 즉 동양의 순환관에 의하면, 의자는 재질이 나무냐, 금속이냐에 따라 목의 기운, 금의 기운으로 해석할 수 있으며, 의자 자체의 형태와 푹신한 느낌, 단정한 느낌 등에 따라 토성, 목성의 느낌으로 해석할 수 있으며, 시각 이미지에서 의자의 중심이 전경의 핵심이냐, 배경에 놓여 있느냐에 따라 배치와 분위기에 의한 양의 기운이냐, 음의 기운이냐를 따질 수 있으며, 전반적인 끌림 이미지가 소비자 주체와 어떠한 연관을 지니고 있느냐에 따라 상생기운, 상극기운 등의 느낌을 만들어낼 수 있다.

또한 주역의 64괘를 통해 시각 이미지의 끌림 요소를 분석해서 소비자 주체의 기호와 연결될 수 있는 객체를 끄집어낼 수 있다. 이러한 모든 순간체계의 의식과정은 순간에 의한 느낌 포착을 통해 이뤄지는 직관적 판단에 의한 것이며, 외형이 지니고 있는 자극적인 느낌이 아닌 철학적 깊이의 판타지를 창출해내는 끌림체계라 할 수 있다. 위의 순간체계를 동양철학에 기반을 둔 끌림 홀이라 할 수 있으며, 단일적인 기호체계로서 '편안함-안정'에 의한 끌림 홀로 간주할 수 있다. 의자에서 느껴지는 끌림 이미지의 끌림 홀은 대상과 소비자 주체의 상호주관적 관계에 의해 다수의 끌림 홀로 만들어지는 것을 알 수 있다.

이러한 끌림 홀의 내부 겹침 혹은 어우러짐은 또 다른 끌림 홀을 만들어내는 '상승작용'을 창출한다. 이러한 상승작용은 끌림 홀의 겹침이 만들어내는 가운데 나타나는 창의적인 생명 에너지임과 동시에 '몸채'의 활동이라 할 수 있다. 몸채는 지극히 가벼우며, 스스로 늘 상승하려고 하는 에너지를 지니고 있다. 꿈, 모험, 도전, 열정, 창의, 호기심이라는 단어가 지닌 의미에 숨어 있는 근원적인 생명 에너지다. 몸채는 신체를 가볍게 만들려고 하는 눈에 보이지 않는 에너지이며, 이 에너지의 일차적인 에너지는 스스로 위로 오르려고 하는 상승적인 에너지를 지니고 있다. 이 에너지를 기반으로 한 가운데 나타나는 끌림 홀은 반대로 '끌려서-빠지는' 하강적인 에너지를 지니고 있어 서로 상반된 힘의 작용을 갖고 있다.

M-E1-M′는 끌림 홀의 측면에서 본 삼각형이다. 이 삼각형은 몸채(Momche) 지평에서 발현된 최초의 끌림 홀이며, 내부의 화살표는 아래쪽으로 하강하고 있음을 알 수 있다. 삼각형의 외부는 반대로 상승하려고 하는 에너지가 발생하게 되어 삼각형이 형성되는 순간부터 경계가 서로의 갈등적인 구조로 바뀌게 되어 회전에너지를 만들어낸다. 즉 몸채 지평은 신체의 감각자료에 의한 빛 에너지이며, 이 빛 에너지에서 끌림 홀의 생성과 소멸이 '상승-하강'의 에너지에 의해 생긴다.

자연에서 발생하는 토네이도의 회전력을 생각해보면, 신체도 이러한 몸채를 통해 끌림 홀이 만들어지는 것을 알 수 있다. 상승을 몸채가 지니고 있는 근원적인 토대라고 본다면, 하강은 대상에 의한 내적 끌림에 의해 발생한 것이라 할 수 있다. 빗금 친 부분은 끌림 홀과 끌림 홀 사이에서 만들어진 틈이며, 이 틈에서 강력한 상승 에너지가 발생함을 알 수 있다. 틈은 평면에서 볼 때는 삼각형을 지니고 있지만, 실제적인 내면 끌림에서는 보고자 하는 각도에 따라 다양한 형상을 지니게 된다. 끌림 홀의 원형은 삼각뿔의 형상을 지니고 있으며, 크기와 강도 그리고 세기는 앞서 말한 바와 같이 끌림 이미지와의 상호주관적인 관계에 의해 이뤄진다.

펼쳐진 몸채에서 발생한 끌림 홀이 생성·소멸하는 가운데 생긴 주름 겹침에서 다양한 매듭리듬을 발견할 수 있다. 매듭은 끌림 홀과의 연속성에서 이뤄지는 이음 매듭을 의미하며, 순간체계에 의해 발생한 끌림 홀의 성격을 규명할 수 있다. 즉, 의자라고 하는 동일한 끌림 이미지에서 만들어진 순간체계가 동양철학적인 시각과 편안함-안정이 지니고 있는 기호체계가 서로 다른 끌림 홀을 만들어내는 과정에서 또다시 겹침 매듭에 의한 상승적인 에너지로 인해 또 다른 끌림체계가 발생하게 된다.

따라서 '몸채-매듭'은 수직적인 상승-하강 에너지와 수평적인 순간체계가 지니고 있는 시간구성에 의해 매듭조작이 이뤄지며, 무한매듭의 끌림 홀이 만들어진다. 보이는 대상이 단순할수록 끌림 홀의 깊이는 소비자 주체의 내적 시간의식에 의해 현실과 멀어지는 창의의 세계로 진입한다. 상승과 하강은 정반대의 에너지를 의미하는 대표성을 지니고 있으며, 순간체계가 지니고 있는 점성질의 정도에 따라 길게 혹은 짧은 매듭을 지어나간다. 점성(粘性)은 마찰에 의해 일어나는 끈적한 정도이며, 끌림 홀의 전반적인 점성은 생각객체가 지니고 있는 점성에 의해 일어난다.

'편안함-안정'은 그것을 직접 느끼는 소비자 주체의 지각 정도에 따라 차이가 나타난다. '편안함-안정'이 일어나는 대상 혹은 장소에 오랫동안 머무르게 되면 그보다 더 나은 환경을 찾기 어려운 것은 이미 주체 내부의 '편안함-안정'이 어떠한 형상에 집착되어 있기 때문이다. 따라서 익숙하고 오랫동안 친숙한 것이 소비자 주체에게 깊은 '편안함-안정'을 주는 것은 끌림 홀이 지니고 있는 점성질에 의한 결과라고 볼 수 있다. 순간적인 포착에 의한 '편안함-안정'은 점성이 지극히 낮은 경우에 해당하는 순간체계라 할 수 있다.

하지만 내적 지평에 오랫동안 친숙한 '편안함-안정'의 대상이 순간 포착되었다고 하더라도 그 포착은 소비자 주체에게 깊은 점성으로 파악될 수 있다. 이것은 지극히 주관적인 해석에 의한 끌림 홀의 점성질이다. '몸채-

매듭'이 지니고 있는 매듭의 점성질은 매듭의 형질(形質)을 판단하는 중요한 역할을 하고 있다. 객관적인 시간 속에서의 시각 이미지의 순간포착은 소비자 주체의 순간체계에 의해 일어나며, 상호주관적인 관계에 의해 매듭질의 차이로 끌림 홀이 구성된다.

매듭질에는 점성이 지니고 있는 끈적거림에 의한 마찰뿐만 아니라 한의학의 체질론에 의하면, 점액질(粘液質),[37] 답즙질(膽汁質),[38] 우울질(憂鬱質),[39] 다혈질(多血質)[40]로 나누어 점성이 지니고 있는 내용을 더욱 구체화했다. 신체의 기질론에 의한 4가지 습성이 직접적으로 끌림에 의해서도 적용될 수 있는 것은 신체의 끌림에 의한 '몸채-율동'으로 움직이기 때문에 가능하다.

2 끌림 홀

1) 끌림: '차이-운동'

눈에 보이는 모든 대상은 '차이'를 위한 끝없는 '운동'을 지향한다. 또한 눈 자체가 지니고 있는 분별과 판별을 위한 지각운동은 동일성을 지닌 어떠한 대상도 엄밀한 의미에서 차이를 발견하려고 한다. 소비자 주체의 눈과 대상의 차이를 향한 운동은 동일성이 지니고 있는 공간에서는 별다른 끌림을 지니지 못한다. 왜냐하면, 동일성은 어떠한 차별과 우열을 가릴 수 없으며, 현대 소비생활세계에서는 어떠한 매력적인 끌림의 변화리듬을 발견하지 못하는 무미건조한 것으로 받아들이게 되기 때문이다.

시장이 지니고 있는 경쟁체제에서는 모든 상품의 동일성에서 차이의 혁신적인 운동을 지향하고 있다. 자동차 및 각종 전기·전자상품의 경우 동종 상품에서의 차이를 위한 차별화는 창의성을 위한 가장 근본적인 단위가 되었고 첨단과학 시스템을 도입하여 신상품의 차이를 발견하기 위해 적극적으로 투자하고 있다.

이처럼 현대 소비사회에서 만들어진 수많은 상품은 소비대상으로서 늘 거기에 있으며, 또한 소비자 주체와의 사이 장에서 다양하고 화려한 '끌림 홀'이 발생한다. 소비자 주체의 순간의식은 언제나 차이를 향한 끝없는 개성취향의 지향으로 나아간다. 일상생활 속에서 이러한 소비자 주체의 내면은 눈에 보이지 않는 의식의 흐름이 신체라는 개별적인 대상에 갇혀 자신과 관계가 있는 끌림 대상을 추구한다. 의식이 지니고 있는 지평은 소비자 주체마다 차이를 지니고 있으며, 이 차이가 쉽게 접하는 동일한 시각 이미지에서 서로 다른 끌림 요소를 통해 소유로 현실화되는 것을 파악할 수 있다. 소유된 대상은 신체로부터 분리되지 않으며, 늘 신체와 동일한 차원의 몸으로써 소비자와 함께한다.

가령, 스마트폰의 경우 처음 구매할 때의 끌림은 단지 최첨단 상품으로서 컴퓨터, 소통, 메일, 은행 계좌이체 등 사회생활에 필요한 다양한 활동을 손바닥에서 할 수 있다는 점이 가장 큰 특징 및 장점이어서 일상적인 생활용품으로 구입한 것이지만 차츰 익숙해지게 되면 스마트폰 없는 몸의 세계는 상상할 수 없게 된다. 스마트폰이 만들어놓은 의식세계는 이제 몸의 한 부분으로서 통일성을 지니게 되었다.

[그림 58] '차이-운동'에 의한 끌림: 'inner nature'/ Illustrator, 전기순 作.
'차이-운동'은 모든 생명체가 지니고 있는 순수지향성의 창의적인 몸채다.

시각 이미지에서 나타나는 헤드라인과 비주얼 이미지를 통한 배치와 분위기는 엄밀하게 대상의 차이를 설명 혹은 구분하기 위해 만들어진 상징적인 기호체계이며, 이러한 기호체계가 동일한 상품을 어떻게 시각적인 이미지로 보여주느냐에 따라 소비자의 생활패턴과 상품의 차이를 만들어 낸다. 상품명, 상품 크기, 상품 색, 포장지, 건축양식, 자동차의 종류 등은 차이를 위한 지향에서 출발한 대상이며, 가전제품, 금융, 화장품, 의류 등을 취급하는 모든 기업은 자신만의 고유한 차이를 지향하고 있다. 시지각에 의한 끌림은 사회가 만들어놓은 거대한 흐름 속에 맞추어 차이를 기반으로 하고 있음을 스스로 인정한다.

따라서 현대 소비사회에서의 '차이-운동'은 정작 물질적인 면에서만 확인할 수 있는 것이 아니며, 정신적인 측면에서도 갖가지 차이를 통해 주체로서 정체성에 대한 확고한 체계를 마련하고 있다. 현대사회에서 볼 수 있는 온갖 상품이 지니고 있는 물질과 존재에 대한 궁극적인 정신적인 체계에서도 차이가 없는 가운데 이뤄진 통일성은 발견할 수 없다.

마찬가지로 대상 그 자체가 지니고 있는 끌림의 특징과 소비자 주체가 지니고 있는 개성적인 끌림 사이에서 발생하는 끌림 홀이 만들어지는 과정과 형상의 차이는 당연한 결과라고 볼 수 있다. 두 극(소비자 주체와 대상) 사이에서 발생한 끌림 홀의 상승과 하강작용의 상반된 에너지는 '차이-운동'을 만들어나가는 데 역동적인 회오리를 만들어내기 위한 필요조건이며, 또한 구성적인 요소다. 실제로 눈에는 보이지 않지만 소비자 주체와 대상 사이에는 가치, 품격, 가격 차이에 의한 불균형에 의해 끝없는 긴장과 갈등에 따른 끌림 홀의 갖가지 형상을 만들어낸다.

상품에는 고유의 끌림 홀이 있다. 상품에 따른 특징 및 장점은 그 상품이 지향하는 바를 향하여 끊임없는 '차이-운동'을 전개하고 있다. 소비자 주체 역시 자신의 끌리는 지향을 발견하기 위해 스스로의 끌림 홀을 만들어간다. 상품과 소비자 주체 사이에서 나타나는 부조화에 대한 환상적 끌림 홀을 생성하게 만드는 역할을 하는 것은 바로 시각 이미지다. 시각 이미지는 그 자체로 이미 자신의 고유한 끌림 이미지를 지니고 있고, 이러한 시각 이미지가 지닌 전경과 배경의 상반된 차이는 새로운 의미를 생성하는 분위기의 공간이며, 그 공간에서 창조적인 끌림 홀의 생성과 이미지의 단일한 순수 끌림을 느끼게 한다.

현대 자본주의 시장이 추구하는 차이의 경제, 차이의 이미지를 위한 창의를 주창하는 것은 차이가 지니고 있는 본질적인 면이 상품, 시각 이미지, 소비자 주체의 내면에 제각기 끌림 홀이 자리 잡고 있기 때문이다. 특히 소비자 주체의 끌림 홀은 자신만의 개성을 추구하는 현대인의 소비성향을 통해 알 수 있다. 시각 이미지에서 느껴지는 다채로운 표현은 더 이상 정보전달을 위한 수단이 아닌 환상적인 끌림 홀을 만들어내는 공간이며, 동시에 자신의 상품에 대한 차이를 내세우기 위한 창의의 샘터다.

자칫 경쟁상품을 의식한 나머지 자신의 상품이 최고임을 자부하는 일차적인 시각 이미지도 볼 수 있지만, 궁극적으로는 상품이 지니고 있는 순수한 끌림에 대한 소구를 환상적인 끌림 홀을 통해 소비자 주체의 내적 끌림에 맞추기 위한 노력이라고 이해할 수 있다. 이제 상품 자체의 시각 이미지는 소비자 주체가 지니고 있는 내적인 끌림을 자극하는 것으로 치닫고 있다. 시각 이미지에 나타나는 에로티시즘, 휴머니즘, 이타주의, 모험주의 등의 각종 이데올로기는 소비자 주체의 차이를 발견하기 위한 끌림 이미지의 구축이라 할 수 있다.[41]

생활세계가 현실적인 문화 환경이 마련해준 공간-시간적인 끌림의 현상세계로 존재하는 한 끌림의 차이는 늘 현존재에서 발견할 수 있다. 과거의 유물이 현재에 끌리는 이유는 역사적인 이유에 의한 상징적인 요소가 강하기 때문이다. 이러한 상징성이 현대 시각 이미지에서 발견되는 것은 복고풍의 패션 또는 여행, 전통을 강조하는 기업 등에서 확인할 수 있다. 복고적인 전통 이미지는 잠깐 동안의 시간이동을 통한 '현재-여기'의 일탈을 통한 자유를 느끼기 위한 행위이며 현존재와의 순간적인 차이를 위한 끌림이라 할 수 있다.

따라서 전통으로의 회귀는 현재의 삶이라는 생활 가운데 이뤄지는 '차이-운동'의 '끌림 홀'이며, 시간-공간이 주는 물리적인 환경이 시각 이미지의 전통적인 요소와 맞물려 움직이는 또 다른 차성의 감성적인 느낌이다. 또한 현대사회에서 볼 수 있는 첨단매체의 적극적인 수용은 끌림 홀의 폭과 깊이가 더욱 다채롭고 화려하게 생성되도록 촉매 역할을 한다. 즉 생활세계에서 접하는 자동차, 가전제품, 전자상품, 로봇 등의 활용은 점차적으로 소비자의 끌림 차이를 극대화하고 있다.

시각 이미지는 더욱 적극적인 형태의 이미지로 소비자 차이를 극대화하는 데 주력하고 있다. 상품의 질적 차이, 브랜드가 지닌 가치의 차이, 소비자 주체의 개성적인 차이, 취미와 기호의 차이는 소비자를 차이의 세계로 지향하도록 요구하고 있다. 과거의 시각 이미지가 지닌 의사소통과 정보전달의 순수한 방식이 이제는 가치, 이데올로기, 상품의 선택에 따른 개성적인 취향으로 현대 소비자를 광기어린 소비성향으로 나아가게 만든다. 이제 '차이-운동'은 몸채가 지니고 있는 끌림 홀의 강한 회오리를 만들어내고 있으며, 스스로 그곳에 빠져 있는 것을 오히려 스스로의 현존재에 대한 자부심으로 승화시키려고 한다.

지금까지 시각 이미지가 상품 이미지를 위한 아이디어였다면, 현대의 시각 이미지는 소비자 자신의 이미지를 위한 끌림으로 발전되어가고 있다. 상품의 선택은 곧 소비자 자신의 몸 일부를 선택한 것이 되어 새로운 가치 융합의 존재로 거듭 태어나기를 종용한다. 시각 이미지와 소비자 주체는 하나가 되어 스스로 상징체로서 현존재적인 의미를 확인한다. 소비자 주체의 개성적인 차이는 시각 이미지의 어떤 상품을 선택하여 구입해 사용하는가에 결정된다.

소비와 생활 가운데 이뤄지는 반복은 어느새 자신이 거대한 끌림 홀에 빠져 있음을 확인할 수 있으며, '차이-운동'을 위한 행위는 하나의 끌림 홀이 지니고 있는 각 끌채에서 확인할 수 있다. '차이-운동'은 끌림 홀 내부에서 움직이는 끌채 매듭의 미세한 주름에 의해 발생하며, 주름에 의해 만들어진 끌채의 층이 지니고 있는 원초적인 '주름-펼쳐짐'에 의해 수직과 하강에 의한 회오리가 이뤄진다.

'주름-펼쳐짐'은 이미 라이프니츠의 모나드에서 언급한 바와 같이 신체 내부에 있는 세포, 세포마다의 개별적인 생명의 꿈틀거림을 의미하며, 의식 지평이 이뤄지기 위한 근원적인 생명 에너지다. 주름마다 접힘과 펼쳐짐이 만들어내는 양상은 신체가 지니고 있는 시각, 지각, 감각, 순수한 영혼의 다채로움만큼 다양하게 표현된다. 몸채는 이 표현 가운데 끌림 홀이 이뤄지도록 스스로 현실적이며 실재적인 면을 감싸고 있는 몸 내부와 외부의 출입을 통제하는 살의 표면에서 살아 숨 쉬고 있다. 이 살은 메를로퐁티가 『지각의 현상학』에서 언급하듯이 신체를 둘러싸고 있는 살갗이 아니며, 단지 개체성을 지니고 있는 모든 생명체의 최첨단에서 움직이는 눈에 보이지 않는 빛 에너지로서 살이다.

감각 작용이 일어나는 것은 신체라고 하는 촉감, 감각, 시각 등의 물리적인 차원에서 분석할 수 있지만, 몸채는 나의 몸의 감각 작용과 삶 전체를 총괄하는 에너지로서 눈에 보이지 않는 끌림 홀을 생성 혹은 소멸시키는 느낌 에너지라고 볼 수 있다. 몸채의 유무와 생명체의 존속은 관련이 없는 또 다른 층을 지니고 있는 생명 에너지다.

몸채는 신체에 달라붙어 있지 않으나 늘 신체가 지니고 있는 느낌을 지배하며, 몸채 자신으로부터 끌림 홀을 불러일으키게 하거나 몸을 휘감게 하거나 감기는 듯한 느낌을 준다. 단순한 생명체로서 움직이기 위한 에너지로서의 연료가 아닌 직관, 통찰을 통한 선험적인 층위에서 살아 숨 쉬는 살의 끌림이다. 일반적인 움직임은 기능적이며, 동물적인 생존에 기초를 둔 생명 에너지라면, 몸채 에너지는 이와는 정반대의 선험에 의한 초월론적인 차원에서 살아 숨 쉬는 창의 에너지다.

일부 직접적인 광고 표현을 제외하고 전반적인 시각 이미지가 지니고 있는 끌림 에너지는 이러한 소비자 주체가 지니고 있는 원형적인 몸채 에너지를 끄집어내고 있다는 점에 긍정적인 평가를 할 수 있다. 시각 이미지를 통한 끌림 에너지의 충만은 소비자 주체에게 직접적인 끌림계를 형성하게 하여 자신만의 감성적인 세계에 몰입하도록 만든다. 끌림계에 있는 다양한 순수, 감각, 시각, 지각에 의한 끌림 이미지는 각종 끌림 홀을 만들어내는 소비자 주체의 배경적인 역할로서 지향적인 에너지를 지니고 있으며, 이러한 에너지가 가진 힘은 '차이-운동'의 근본적인 역할을 하고 있다. 이미 끌림 이미지에 있는 운동에너지이며, 동시에 소비자 주체의 몸채가 끌려지기만을 기다리는 운동 원인으로 파악된다.

시각 이미지에서 강조하는 차별화전략은 바로 이러한 차이의 근원적인 힘이 끌림 이미지에 있음을 강조한 마케팅의 기본적인 전략이다. 차이에 의한, 차이를 위한 광고디자이너의 창의과정은 그 자체가 차이의 전략적인 접근이어야 하며, 완전히 다른 방식의 디자인과정을 만들어가야 한다. 시각디자이너의 창의적인 감각 작용은 자신의 주체적인 감각과 소비자 주체 자신이 만들고 있는 과정적 차이를 위한 간주관적인 공간 속에서 생성한다. 따라서 이러한 과정적인 차이는 늘 새로운 끌림 홀을 생성하게 만든다.

끌림 홀의 생성은 소비자 주체가 가진 몸채의 순간에 의한 감성체계이며, 소비자 생활세계 전반을 휘감고 있는 끌림계다. 생활세계에서 느껴지는 동일성은 점차적으로 개성을 위한 운동으로 전개하여 소비자 자신의 끌림 홀에 대한 긍정적인 상황으로 운동한다. 이러한 상황으로 치닫는 것은 생활 반복이 만들어놓은 '동일성', 즉 아침에 일어나고 세수하고 아침식사를 하고 출근하고, 저녁에는 퇴근하고 다시 집에 들어와서 저녁식사를 마친 뒤 취침하는 일련의 과정을 의미한다. 큰 틀에서 보는 동일성은 세부적인 내용에서 차이는 있을지언정 같은 리듬으로 움직인다. 소비자 개성의 생활패턴의 동일성이라는 넓은 프레임 가운데 차이를 발견한다는 것은 그리 어려운 일이 아니다.

하지만 가치추구, 내면의 의식 지평, 인식범주에 의한 갖가지 차이는 일상적인 반복행동이 지니고 있는 단순한 동일성에 앞서 점점 복잡하게 얽혀 끌림 매듭을 짓고 있다. 소비자 주체의 내부에서 일어나는 변화를 고찰한다면, 우리는 일반적인 행동적 동일성을 넘어선 차이의 일반적인 형식 앞에 서게 된다.

또한 소비자 행동이 지니고 있는 반복에 의한 일정한 패턴에는 몸 바깥에 있는 대상을 통해 어떠한 차이의 교차를 통해 끌리기를 원한다. 끌림은 생활세계의 반복 속에서 나타나는 개념적인 반복과 개념 없는 무의식적인 반복에 의한 차이 가운데 발견되는 몸채 에너지다. 반복은 끌림계가 만들어놓은 거대한 지평에서 좀 더 끌림 홀의 극을 향해 운동하는 것을 의미한다. 생활세계의 형식적인 반복이 지니고 있는 지루함에서 내용적인 끌림 홀을 향한 반복은 차츰 차이의 극대화를 지향한다. 개념 속의 반복은 이미 주어진 끌림에 의한 반복적인 운동을 통한 끌림 홀의 회오리이며, 개념이 없는 반복은 생활이 지니고 있는 어쩔 수 없는 행위의 운동이다.

마찬가지로 동일성이 지니고 있는 형식적인 면 자체는 아무런 끌림을 주지 못하지만, 내용의 차이를 지니고 있는 동일성은 소비자 주체의 내면적인 끌림 홀을 지향하는 차이의 끌림이다. 동일한 시각 이미지도 소비자 주체 자신에게 고유한 메시지를 지니고 있다면, 그렇지 않은 소비자와는 다른 차이의 끌림을 갖게 되며, 소비자 주체의 개성적인 차이를 지니는 끌림 홀을 생성하게 한다. 상품의 대량생산에 의한 동일성, 또는 각종 매체활용을 통한 시각 이미지의 동일성은 일반 소비자 혹은 생산자에게 동일한 것의 반복을 통해 안정감을 준다. 동일한 상품의 생산을 통한 반복은 개념적인 차원에서는 동일성을 유지하고 있을지 몰라도 엄밀한 의미에서 보면 시간의식이 갖는 흐름 속에서는 동일성 역시 '차이-운동'을 지니고 있음을 확인할 수 있다.

특히, 순간체계가 지니고 있는 외면적인 동일한 끌림에도 서로 다른 내면의 끌채매듭에 의해 차이의 섬세한 '교차-얽힘'이 되어 끌림 홀에 빠져들고 있다. 끌림이 지니고 있는 다양한 끌채의 비중 또는 강도는 소비자 주체의 감성적인 관심부분에 따라 차이를 지니며, 동일한 메시지 혹은 이미지도 받아들이는 감각에 따라 전혀 다른 끌림 홀을 형성한다. 즉, 시각장애인이 듣는 소리에 대한 감각이 일반인의 감각수준과는 또 다른 특별한 감각 끌채가 있는 것은 누구나 다 아는 사실이다. 소리를 통한 공감각의 깊이는 직접적인 체험 없이는 파악할 수 없다.

마찬가지로 청각장애인의 경우 시각이 지닌 역할은 정상인이 지니고 있는 시각적인 감각 이상의 훈련을 통해 소리를 들을 수 있다. 이는 신체가 지니고 있는 감각기능의 끌채에 의해 수용범위가 바뀜을 알 수 있다. 순수, 감각, 시각, 지각이라는 4가지 범주는 동일한 끌채를 지니고 있으며, 대상을 어떻게 바라보았는지는 끌채의 비중에 따라 차이가 나타난다. 보이는 대상에 대한 바라봄, 지켜봄, 쳐다봄, 살펴봄, 헤아려봄에 따라 끌채가 지니고 있는 인식 지평의 차이를 확인할 수 있다.

이렇듯 시각 이미지에 대한 차이의 느낌은 철저한 소비자 주체의 '끌채-걸러냄'에서 더욱 철저한 차이를 지닐 수 있다. 시각 이미지는 고유한 자기 자신의 의미를 지니고 있는 복합체로 구성되어 있다. 언어영역으로서 헤드라인이 있는가 하면, 일러스트, 사진이 지니고 있는 시각영역이 서로 맞물려 하나의 의미를 생성하고 있다. 언어적인 사고와 시각적인 사고의 차이를 통해 하나의 통일된 이미지를 구축한다는 것은 끌림 홀이 지니고 있는 상승과 하강의 에너지를 통해 일어나는 회오리를 만드는 것과 흡사하다.

순수 끌림, 감각 끌림, 시각 끌림, 지각 끌림이 지니고 있는 각 영역의 차이에 의해 더욱 강한 끌림을 갖게 하는 것은 소비자 주체의 개성적 판단이 만들어낸 미분화된 통합적인 지각에 의한 것이라 할 수 있다. 4가지 끌림은 동시에 순식간에 일어나면서 어떠한 끌림에 초점을 맞출 것인가는 전적으로 관찰이라는 이성적인 측면에서 느낌이라는 감성적인 몸채의 세계로 이동하는 곳에 맞춰진다. 4가지 끌림이 지니고 있는 경로는 눈이 지니고 있는 시각에 의한 '끌채-강도'를 의미한다.

이외의 끌채-강도는 시각의 범주를 벗어난 가운데 일어나는 공감각적인 끌림 홀의 차이에 의해 대상끌림의 운동을 느낄 수 있다. 끌림의 실제적인 운동은 '끌채-강도'를 통한 끌림 홀에서 일어나는 '상승-하강'의 '차이-운동' 에너지다. 끌림 홀이 지니고 있는 강도는 베르그송의 생명운동이 단순한 동일성의 '질(Quality)'도 '강도(Intensive)'에 의해 다른 물질적 성분으로 나타난다고 한 바와 같이 끌림의 '차이-운동'은 몸채를 구성하고 있는 끌채의 기능적인 '강도'에 의해 역동적인 에너지를 지니게 되며, 이러한 에너지는 감성적인 생명 에너지로 나타난다.

차이의 진화는 끌채의 강도 변화에 따라 지속성이 유지되거나 변화가 이뤄진다. 베르그송은 일정한 온도가 있는 것이지 온도의 합에 의해 온도가 정해지지 않는다는 강도에 대한 결정론적 시각에서 끌채 역시 늘 소비자 주체의 순간의식에 의해 수시로 강도가 바뀌어 나타난다고 할 수 있다.

따라서 온도의 가변적인 움직임은 끌림이 지니고 있는 강도다. '끌채-강도'가 지니고 있는 이러한 힘은 늘 '차이-운동'이라는 끌림 자체의 고유한 생명적인 에너지를 생성하게 된다. 생성은 이미 해체가 이뤄진 가운데 일어나는 운동이라고 한 들뢰즈의 '차이와 반복'이 지니고 있는 철학적인 신념은 끌림을 지니고 있는 '몸채'에 처음부터 해체는 없었으며, 이미 텅 빈 상태에서 생성되는 끌림 홀의 생명이라는 점에서 차이를 확인할 수 있다. 해체는 대상에 대한 구상이 몸채에 잠재되어 있음을 의미하며, 이러한 잠재성이 해체되어 어떠한 형체도 볼 수 없는 상태와 극의 자성만을 지니고 있는 몸채의 텅 빈 상태는 엄연히 구분되는 공간이다. 차이는 이미 몸채 자체가 지니고 있는 텅 빈 공간에서 전혀 느낄 수 없는 자성의 극점이 만들어낸다.

끌림 홀의 생성은 내적인 극점과 외적인 극점에 의해 상반된 상승·하강 운동에 의해 일어난다. 시각 이미지가 지니고 있는 언어적인 사고와 시각적인 사고는 끌림 홀의 경계부분이 지니고 있는 테두리에 더욱 뚜렷한 차이를 만들고 있다. 언어적인 사고의 강도가 시각적인 사고보다 강할 경우 끌림 홀의 전반적인 구성은 언어적인 사고가 중심축을 이루는 가운데 시각적인 사고는 테두리를 차지하고 있는 가운데 끌림 홀이 만들어진다.

마찬가지로 시각적인 사고의 강도가 언어적인 사고보다 강할 경우에는 정반대의 현상이 나타난다고 할 수 있다. 이러한 가운데 끌림 홀의 시각적인 과정, 즉 순수·감각·시각·지각이 지니고 있는 끌채의 적극적인 개입은 소비자 주체의 개성적인 끌림 홀을 만들어낸다.

반면 카피라이터가 시각디자인을 하는 경우는 헤드라인과 서브헤드라인이 눈에 잘 들어오도록 중심축에 놓게 하는 경우가 생긴다. 이러한 현상은 광고를 직접 제작하는 디자이너의 전문적인 시각에 의한 결과이며,

시각디자이너가 시각적인 요소를 중심축으로 하는 것은 자연스러운 끌림 홀의 질적인 판단을 하는 데 도움을 준다. 몸채가 지니고 있는 끌림 홀은 소비자 주체와 끌림 대상과의 '끌림-끌려짐'에 의한 밀고 당기는 과정에서 생성 및 해체된다.

이러한 현상은 의식과 맞물려 나타나지만 몸채는 대상물질과의 접촉, 시선포착에 의해 소멸된다. 잠깐 동안 나타났다가 사라지는 몸채의 움직임은 끌림 홀의 활동이 일어나게 만드는 에너지 저장소이며, 이 에너지는 생명의 강도에 의해 '차이-운동'이 일어난다. 강도는 앞서 언급한 대로 고정적이고, 항상성을 지니고 있지 않으며, 늘 생명의 증폭에 따라 변형되어 나타난다. 생명현상은 몸이 지니고 있는 세포에서 시작된다고 할 수 있으며, 세포의 자기 관계적 체계에 의해 나눔·해체·소멸·생성이 이뤄진다.

이 같은 일련의 과정은 생명 그 자체가 나눔·해체·소멸·생성이 지니고 있는 차이의 반복 속에서 솟아나는 에너지의 몸채다. 소비자 주체의 생활세계에서 접할 수 있는 생명적인 끌림은 '대상-나의 몸'이다. 몸이 세포의 나눔·해체·소멸·생성을 통해 '차이-반복'의 자기 관계적 체계를 유지하고 있듯이 살의 표면에서 살아 숨 쉬는 몸채가 지니고 있는 끌림 홀의 생성과 소멸에 의한 생명활동은 지극히 자연스러운 '차이-운동'이라 할 수 있다. 실제로 눈에는 보이지 않지만 눈에 드러날 것 같은 표면의 끌림 홀은 마치 이글거리는 태양 표면에서 타오르는 불빛을 닮아 있다. 살의 표면에서 솟아오르는 몸채의 찬란한 끌림 홀은 매 순간 솟아올랐다가 사라지는 몸 스스로 자신의 '몸채-빛'을 통해 생명력을 뿜어내고 있다.

이처럼 끌림 홀은 정글 속 야생동물의 눈에서 빛이 나는 것과 같은 동일한 현상이 실제 사람 몸에도 나타나고 있음에도 보지 못하는 것은 하루 종일 밝은 불빛에서 생활하고 있는 것도 모자라 계절에 따라 옷을 입고 있기 때문이다. 몸채가 지닌 끌림 홀에는 끌림 인자(因子)에 의해 '끌려서-빠짐'이라는 하강 에너지를 지니고 있으며, 동시에 상반된 '이끌려서-빠져나옴'의 상승 에너지와 상대적인 회오리 작용을 하면서 끌채를 통한 강도조절을 하게 된다. 몸이 지니고 있는 세포 수만큼 발화하고 있는 끌림 홀의 작은 생명력은 또다시 커다란 끌림 홀을 형성하기도 한다.

소비자 주체가 지닌 전체성의 몸짓 하나의 움직임에서 모든 세포가 지니고 있는 개별적인 '차이-운동'이 전체성의 끌림 홀로 변형되어 나타난다. 이러한 변형은 매 순간 나타나며, 살이 지니고 있는 물질적인 요소는 차츰 몸채에 의해 그 역할이 줄어들고 있다. 물질과 생명력은 영원한 평행선이 아닌 생명 에너지에 의해 물질이 소멸되기도 한다. 이러한 변형과정을 '생명진화'라 할 것이다. 생명진화는 상식적인 차원에서는 불가능해 보일지 모르나 '물질'과 '정신'이 반드시 서로 융합할 수 없는 양극성을 지니고 있지 않음을 조심스럽게 제시한다. 생명 에너지의 넘침은 간혹 몸이 사라지거나 불타는 사례를 통해 알 수 있는데, 인체 속에 어떠한 생명 에너지를 지니고 있느냐에 따라 물질이 정신으로 전이되는 생명진화를 체험한다.

이 책에서는 이러한 생명진화의 특별한 경우는 배제하고서라도 끌림의 '차이-운동'이 지니고 있는 몸채의 생명력은 몸이라고 하는 물질적인 면을 차츰 소멸시킨다는 점만 언급하기로 한다. 강도는 물질과 정신 가운데 어느 부분에 초점을 맞추어 생활하는가에 따라 소비생활의 패턴에 차이를 나타낸다. 정신적인 면을 추구하는 경우의 소비생활은 매우 검소하고 청렴한 반면, 물질적인 면을 추구하는 경우는 화려하고 장식이 강하다.

시각 이미지는 소비자의 소비패턴에 의해 끌림의 강도가 바뀌며, 또한 '차이-운동'이 변형된다. 동일한 시각 이미지의 의미전달과정에도 소비자의 라이프 스타일과 소비패턴에 의해 끌림 이미지가 왜곡·변형의 차이를 나타낸다.[42] 변형과 왜곡은 끌림 이미지 자체의 변형이 아니며, 소비자 주체 내부에 도사리고 있는 끌림 홀의 몸채에 의해 바뀐다. 몸채는 매 순간 유기체인 몸의 상태에 따라 늘 변형이 이뤄지며, 외부의 어떠한 자극에 의해 쉽게 왜곡이 일어나는 가벼운 질성을 지니고 있다.

하지만 몸채는 늘 신체의 살갗에 붙어 다니는 제한적인 역할을 할 뿐 소비자 주체 자신의 의지에 의해 무한한 공간을 마음껏 움직이게 하거나 배회하지는 못한다. 몸채의 에너지가 강하면 강할수록 자신의 신체를 벗어날 수 있는 상황에 이르게 되나 결국 몸이 지니고 있는 물질적인 한계성에 머무르게 되고 만다. 일반적인 시각 이미지에 대한 끌림은 강력한 몸채의 끌림 홀을 필요로 하지 않으므로 소비자 자신의 몸을 초탈할 필요는 없다.

따라서 몸채의 운동은 신체가 정해놓은 통일된 패턴 가운데 서서히 움직인다. 몸이 지니고 있는 원초적인 힘들 가운데 끌림 대상이 내부 혹은 외부에서 발현되는 순간 몸채는 이에 상응하여 상승 또는 하강 에너지를 뿜어낸다. 몸의 내부 가운데 상승부에서 만들어지는 몸채 에너지는 이성적이며 감성적인 리듬을 지니고 있는 끌림 홀을 만들어 숭고한 아름다움을 느끼게 하는가 하면, 몸의 내부 중심부분에서 만들어지는 몸채 에너지는 정열적이며 적극적인 끌림 홀을 만들어 열정적이고 도전적인 아름다움을 느끼게 한다. 몸의 내부 가운데 아랫부분에서 만들어지는 몸채 에너지는 동물적이며 충동적인 끌림 홀을 만들어 즉흥적이고 화려한 아름다움을 느끼게 한다. 각 위치에 따른 끌림 홀의 발생은 서로 다른 몸채 에너지를 생성함과 아울러 끌림 대상에 대한 서로 다른 차이를 지니게 한다. 몸의 위치에 따라 생성되는 몸채 에너지의 차이는 서로 다른 끌림 대상을 지향하며, 신체가 요구하는 것에 맞추어 끌림 홀을 형성한다.

이러한 몸채 에너지의 '차이-뒤섞임'은 '상승-하강'의 수직적인 강력한 끌림 에너지가 형성되지 않는 상태에서는 소비자 주체 스스로 어떠한 인식 지평에 놓여 있는지 확인할 수 없다. 그렇지 않은 경우 이성이라고 하는 에너지 역시 '좋고-싫음'의 미학적인 감성을 숨긴 가운데 흐릿한 판단이 이뤄진다. 대상에 대한 파악작용 역시 소비자 몸채에 의한 끌림 작용을 수반한 가운데 이뤄지는 현상이라고 한다면, 이성은 어디까지나 미적 끌림을 기반으로 한 이성적인 도구로 전락하고 만다.

따라서 이성은 스스로 존립할 수 있는 '몸채-터'가 필요하며, 그러기 위해서는 스스로 이성적이고도 확고한 인식 지평을 확인할 수 있는 또 다른 차원의 준거기준이 요구된다. 이 요구는 앞서 언급한 바와 같이 '차이-뒤섞임'에 의한 소비자 개성의 인식 지평이 동일하지 않기 때문에 이러한 인식 지평의 차이에 대한 명확한 구분을 위해 몸채 에너지의 강력한 수직적인 에너지인 상승-하강의 축이 필요하다. 이 몸채의 에너지 축은 끌림 홀의 축임과 동시에 소비자 주체가 지니고 있는 정신성의 인식 지평을 파악하는 데 중요한 역할을 한다.

　이러한 힘이 내부적으로 느껴지지 않은 가운데 이뤄지는 모든 이성적인 판단은 소비자 주체가 오랫동안 반복적으로 익숙한 사고방식에 의한 끌림 홀이 형성되어 무비판적인 가운데 시각 이미지에 대한 긍정적인 끌림 이미지만을 기억하려고 한다. '차이-뒤섞임'은 소비자 주체 내면에 형성되는 다양한 끌림 홀의 강도에 따라 섞여서 거대한 끌림 홀의 형상을 만들어 운동한다. 끌림 홀의 강도는 생성되는 곳에 따라 색과 모양, 형상, 성정을 만들어 외부대상에 대한 관점을 달리한다.

　일반적으로 이것을 소비자 관점에 의한 차이라고 말하지만, 이것은 아직 의식 내면에 흐르고 있는 끌림 강도에 의한 성정, 인식 지평을 파악하지 않은 가운데 판단한 해석이라 할 수 있다. 끌림 지평은 소비자의 신체 내부에서 생성되는 에너지의 강도에 따라 동물적인 욕구에 의한 끌림, 이성적인 욕구에 의한 끌림, 자연 환경적인 욕구에 의한 끌림, 인위적인 아름다움에 대한 욕구 끌림, 자아성취에 의한 욕구 끌림 등의 차이를 함의하고 있다.

　예를 들면, 동물적인 끌림이 강한 소비자 주체의 경우는 몸채가 생성되는 여러 끌림 홀 가운데 신체의 하부구조에서 나타나는 끌림 홀이 상대적으로 강한 에너지로 흡수되는 가운데 '차이-뒤섞임'의 거대한 신체 끌림 홀이 발생한다. 이제 끌림축이 지니고 있는 '상승-하강'의 강력한 끌림 홀은 동물적인 욕구에 의한 끌림으로서 외부대상을 파악한다. 몸의 위치에 따른 욕구 끌림은 소비자 자신이 지니고 있는 강도에 따라 서열이 이뤄져서 거대한 머리에서 발끝까지 '상승-하강'의 거대한 끌림 홀을 형성한다.

　몸채가 지니고 있는 질성의 차이는 바로 이 시점에서 시작하여 반복적인 생활세계에서의 신체행위에 고정된다. 몸채 에너지의 질성은 눈으로 보고 이동하는 신체에 의해 서서히 그 살갗이 지니고 있는 피부 두께에서 구성된다. 대상 끌림은 신체의 바깥영역인 살에 의해 각인되어 저마다의 끌림 홀을 이뤄 신체 내부의 몸채 질을 구체화한다. 끌림은 결국 신체 내부의 세포로 구성된 각 생명체의 소리를 통해 구축된 융합에 의한 몸채이며, 끌림 홀에 기반을 둔 감성체다.

끌림 대상에 따라 '상승-하강'의 폭과 깊이 그리고 강도가 바뀌는 것은 이러한 지속적인 반복에 의한 끌림 질이 몸채에 영향을 미치기 때문이다. 시지각은 대상 끌림과 함께 움직이는 거대한 인식의 장이며, 몸채가 활동하는 공간이다. 소비자 주체와 대상의 끌림 현상에서 어느 쪽이 먼저 생성되었든 간에 끌리든가 끌려지는 현상은 바로 소용돌이를 일으키는 '상승-하강' 에너지가 형성되어 끌림 홀에 흡수되어 빠져들어 가게 된다.

끌림에 대한 자각은 결국 대상이 아닌 소비자 주체가 자각하게 되어 자신의 끌림 질에 대해 더욱 강도를 높여 몸채 에너지에 대한 개성을 드러내게 된다. 상승과 하강의 지속성은 그 강도에 의해 스며들거나 빨려 들어가게 된다. 이때 느껴지는 끌림 감각은 말로 표현할 수 없는 에너지의 흐름에 대해 다양한 느낌을 갖게 된다. 눈으로는 파악할 수 없지만 살갗에서, 몸 내부에서 전해오는 전율같은 느낌이 존재하는 것은 누구나 공감할 수 있는 끌림이다. 끌림을 느낄 수 있는 영역은 신체 내부, 살갗, 신체 바깥 어디에서나 확인할 수 있다. 어떻게 보면 소비자 주체와 대상은 전혀 관계없이 사이에서 발생하는 자기장과도 같이 나타났다가 사라지는 에너지와도 같다고 할 수 있다.

소비자 주체는 이미 보이는 대상 가운데 하나이며, 끌림 대상과 동일한 환경에 빠져 있는 동류의 상태라고 본다면, 끌림이라는 원초적인 당기고 당겨지는 현상은 당연한 현상으로 파악할 수 있다. 떨어져 있다는 것은 단지 눈에 의한 개별성이 지니고 있는 착각이 만들어낸 환상적인 공간에 갇혀 있기 때문일 것이다. 이미 이러한 소비자 주체 자신의 착각에 의한 환상적인 끌림에 대해 후설은 초월론적 현상학을 통해 모든 대상에 대한 '판단중지'로 환원할 수 있다고 했다. 판단중지는 곧 소비자 자신의 끌림 행위에 대한 자기반성이고, 그 자체가 개성 자체에 대한 환원적인 행위이며, 이러한 끌림에 대한 철저한 해석은 소비자 주체 자신이 갇혀 있는 세계에 대한 판단중지를 해야만 빠져나올 수 있다고 보았다.

끌림 자체는 이미 소비자 주체가 지니고 있는 개성에 의한 환상적인 몸채 에너지의 춤사위라 할 수 있다. 이러한 끌림이 시작되는 시점에서 다시 '차이-운동'을 파악할 수 있다. 메를로퐁티의 시지각에 의한 관점을 통한 끌림은 "바라봄에 의한 대상의 지각은 이미 대상과 직접적인 접촉을 통해 알 수 있는 앎이 아닌 소비자 주체와 대상 사이의 중간지점에서 일어나는 밀고 당기는 에너지의 강도"라고 볼 수 있다.

또한 끌고 끌리고 하는 소비자 주체와 대상 사이에 어느 쪽 끌림이 우선적이 됐든 간에 보이는 것이 보이기 시작하고, 그 가운데 보이고 싶은 것이 보이게 될 때 비로소 끌림 지향의 '차이-운동'의 시지각 상태로 미분화되어나간다. 현대사회가 지향하는 첨단과학과 동종 상품의 치열한 경쟁적인 구도 양상으로 나타나 이러한 소비자 끌림을 위한 '차이-운동'의 세분화가 이뤄지고 있는 것은 어쩔 수 없는 시대적인 현상이며, 끌림이 지니고 있는 유혹의 손길에 의해 이뤄진다.

이러한 물질문명의 환경에 둘러싸여 있는 소비자 주체의 몸은 이미 이러한 모든 물질이 지니고 있는 끌림 대상의 부속물 또는 몸의 연장으로서 존재한다. 모든 소비상품은 오래전부터 소비자 주체의 살에 각인되어 살고 있으며, 이러한 동류적인 의식이 사라지게 되면 그야말로 발가벗은 몸과 같이 초라한 모습으로 전락하고 만다.

따라서 내 몸에 대한 온전한 의식은 태어나면서 지니고 있던 장난감이 옆에 있어야 하듯이 현존재에 대한 끌림 의식이 기반이 되는 주위의 모든 끌림대상이 시간의식과 더불어 같이 생존할 때 성립한다. 내 몸의 내부에서 움직이는 모든 끌림 홀의 움직임은 이미 '세계-속의-몸채'라는 소비자 주체의 몸이 지니고 있는 에너지들의 응집력에 의한 현상이라 할 수 있다.

소비생활은 매 순간 일어나고 있는 '세계-속의-소비'이며, 이것은 소비자 주체마다 다른 소비행태와 방식이 점차적으로 개방적이 아닌 차이에 의해 닫혀져 있는 세계로 나아간다. 끌림에 의한 지향 역시 소비자 주체의 개성적인 차이에 의한 지향으로 치닫는다. 이러한 현상은 눈이 바라보고 있는 끌림 대상의 판별과 구분, 위험적인 요소와 그렇지 않은 요소 사이에 차이의 개별성을 찾으려고 하는 원초적인 기능에서 찾아볼 수 있다.

시각디자인에서 바라봄이 가진 '차이-운동'이 지닌 원초적인 시각에서 바라볼 때 끌림 이미지는 이러한 소비자 주체가 지니고 있는 일반적인 욕구에서 벗어난 자신만의 고유한 환상적인 '바라-봄의-끌림'으로 빠져들어 간다.

'차이-흡수'는 소비자 개성에 따른 사고방식에 영향을 미치며 몸채 에너지의 다양한 색과 형상, 형질, 성정을 구축해간다. 이러한 과정은 서서히 일어나며 소비자 주체 자신도 모르는 가운데 형성되는 끌림질, 즉 몸채 에너지로 나아간다.

신체부분의 상·중·하는 또다시 3가지 영역으로 나뉘게 되어 미분화가 이뤄진다. 신체 위치에 따른 '차이-운동'에 의한 몸채 에너지는 각자의 위치에서 살갗으로 전달되어 몸 바깥의 대상에 따라 즉각적인 태도를 변용하여 끌림 홀이 만들어진다. 살갗이 지니고 있는 세포 간의 교환체계 역시 일순간 일어나는 끌림 현상에 대해 스스로 통제한다.

또한 강도의 차이는 대상에 대한 '끌림-끌려짐'에서 찾아볼 수 있다. 후설의 노에마-노에시스가 지니고 있는 의식의 지향성에서 알 수 있듯이 끌림은 주체의 내적 끌림 홀이 바라보는 대상의 순간포착에 의해 생성되는 것을 의미한다. 소비자 주체의 지극히 주관적인 해석이 강한 반면에 끌려짐은 대상 자체가 지니고 있는 몸채의 당기는 힘에 의해 끌림 홀로 빠져들어 가는 현상이라고 볼 수 있다. 이 차이는 끌림이 지니고 있는 순간의식에서 매 순간 반복적으로 교환하는 방식으로 나타난다.

끌림과 끌려짐은 동일한 대상에서 서로가 밀고 당기는 가운데 생기는 반복을 통한 '차이-운동'이다. 시각 이미지에서 흔히 나타나는 것 가운데 하나는 대상이 지니고 있는 이미지에 대한 환상적인 요소를 소비자 주체가 자신의 끌림 홀에 조작하여 대상을 흡수하려고 하지만, 대상 자체가 지니고 있는 고유한 끌림은 그 자체로 늘 '거기-있음'의 현존재다. 소비자 주체와 끌림 이미지의 끌고 당김은 강한 끌림 홀을 만드는 또 하나의 새로운 끌림 홀이 만들어지게 된다. 이처럼 '차이-운동'은 소비자 주체와 끌림 이미지의 사이에서 생기는 또 다른 환상적인 끌림 홀이다.

2) 끌림: '나눔-어울림'

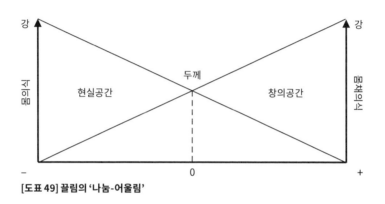

[도표 49] 끌림의 '나눔-어울림'

소비자 주체의 몸은 이미 '존재'와 '소유'의 거대한 끌림 홀의 중심축에 서 있다. 대도시의 중심에서 펼쳐지는 온갖 종류의 상품군과 매장, 그리고 도로를 누비는 자동차 대열에서도 각종 브랜드가 눈에 띄게 된다. 거리의 네온사인과 옥외광고물, 고층빌딩 등의 다양한 건축양식은 차이를 통한 끌림 이미지를 가져다준다.

소비자 주체는 어느새 자신의 몸이 다양한 브랜드상품으로 치장되어 있음을 뒤늦게야 알아차리고 자신의 존재성에 대한 질문을 던진다. 헤어스타일에서 신발까지 온몸에 치장되어 있는 상품은 마치 소비를 위해 존재하는 생명체임을 아는 순간 그동안 '끌림-끌려짐'의 정체성에 대한 의문이 주위를 감싼다. 가끔 상품 스스로 자신의 상품을 사는 소비자 주체의 구매행위를 보고 반가운 표정을 짓는 착각마저 들게 한다. 이것은 생활세계에서 생활하는 소비자 주체와 상품의 '나눔'에서 나타나는 현상이다.

　동일한 브랜드에 대한 '봄-보임'이 오랫동안 반복적으로 이뤄지면, 어느새 소비자 주체 자신도 브랜드에 동화되어 브랜드가 지니고 있는 가치와 문화 그리고 편의성에 '빠짐-빠져짐'이 되어버린다. 이때 소비자 주체의 몸이 느끼는 감각은 존재의 차원에 앞서서 소유에 의한 브랜드가 지니고 있는 물질적인 편익(benefit)과 정신적인 가치가 제공하는 만족에 휩싸이게 된다. 물질적인 편익이 주는 생활은 소비자 주체의 상품이 지니고 있는 브랜드 가치와 함께 어울리는 '존재-소유'의 나눔으로 남게 된다.

[그림 59] '나눔-어울림'에 의한 끌림: 'inner nature'/ Illustrator, 전기순 作.
'나눔-어울림'은 '존재-소유', '즉자-대자'의 나눔 지평에서 서로 어울리려고 하는 가운데 생성되는 생명 에너지의 끌림 홀이다.

　　소유된 브랜드 가치는 곧 소비자 주체의 정체성을 대변하는 역할로 자리매김하며 '존재-나눔'의 생활을 한다. 존재는 물질적 소유와 상반된 인식의 장이며, '나-여기-있음'에 대한 선험적인 사유를 통한 보이지 않는 세계로의 머나먼 여정이다. 코키토의 생각함은 이미 '세계-안-있음'을 전제로 한 갇혀 있음을 의미하며, 어떠한 생각함도 현존재에 갇혀 있음을 자각할 때 비로소 존재의 초월론적인 세계로 나아갈 수 있다.

　이러한 존재에 대한 진지한 탐험 가운데 주어진 현실은 소비자 주체로서 물질과 공유하며, 생존하고 있다. 소비자 주체의 몸으로서 현존재는 선험적인 존재와 물질적인 소유를 통한 가치추구와는 전혀 다른 세계의 지향임에도 서로 떨어져서 나아갈 수 없는 것은 물질과 정신이 분리할 수 없는 양면성을 지니고 있기 때문이다. 두 가지 양면성은 소비자 주체에게 늘 동시에 움직이면서 서로 저마다의 '나눔'을 통한 조화로운 '어울림'을 모색한다. 현존재에 대한 철학적인 가치체계와 몸채가 지닌 끌림의 차이는 물질적인 대상이 지니고 있는 소유에 대한 해석적인 차이에서 시작한다.

　존재에 대한 끝없는 질문은 소비자 생활의 변천을 통해 더욱 구체화할 수 있는 시대적인 물질과 정신의 나눔에 의한 끌림 의식에서 발견할 수 있다. 메를로퐁티에 의하면 "사물들의 관계나 사물들의 모습들의 관계는 언제나 우리의 신체에 매개되어 있고, 자연 전체는 우리 자신의 삶의 연출이요, 일종의 대화 속에 있는 우리의 대화자다"에서 알 수 있듯이 신체는 매 순간 흐르는 시간의식에 따라 변화하며, 이 변화는 거대한 시대의식으로 천착되어 존재의 의미는 늘 주어진 환경과 공간 그리고 시간이라는 주어진 외부 조건에 의해 움직이는 것을 알 수 있다.

　이로써 현대 소비생활을 주관하는 소비자 주체는 존재적인 의미를 지닐 수 있는 근거를 확보한 것이 된다. 소비자 정신은 물질을 소유함으로써 획득되는 브랜드의 가치가 자신의 몸을 통해 확인한다. 이때 발생하는 소유를 통한 존재의미는 물질에 더욱 치중하는 '소비-소유'의 개념으로 바뀌게 되며, 오히려 정신적인 깊이에서 오는 통찰은 물질적 가치에 흡수되어버린다. 소비자 주체가 지니고 있는 신체의 '세계-속에-있음'은 주어진 물질적인 소유의 '함-있음[有爲]'의 제한적인 환경으로서 문화와 시간 속에서 머물러 있다. 소비자 주체의 몸을 벗어난 초월론적인 몸채의 '함-없음' 세계는 매 순간 변화하는 자연과 함께 상응할 때 이뤄진다. 이 두 영역인 '자연-문화', '물질-정신', '소유-존재', '유위-무위'의 만남은 소비자 주체의 신체에서 발현되는 것이며, 두 영역의 나눔에 의한 어울림 속에서 몸채의 끌림 홀이 생성된다.

'나눔-어울림'이 지니고 있는 끌림 홀은 소비자 주체의 몸에서 실제적인 현상으로 구체화되어 나타난다. 또한, 정신과 물질의 '나눔-어울림'은 철저한 현존재의 환원적인 의식 가운데 발생하는 끌림이라 할 수 있다. 현대 시각 이미지는 소비자 주체의 몸채가 지니고 있는 다양한 끌림 홀 가운데 하나의 단면이 현실에 실제로 표현된 끌림 이미지다. 이 끌림 이미지는 신체에서 느껴지는 시각, 지각, 감각, 후각 등을 통해 현존재에 대한 자각을 일깨우는 방편으로 작용한다.

소비자 주체의 내부적인 끌림 형성은 몸채의 끌채를 통해 수용적인 범위를 축소 또는 선택하여 이뤄진다. 몸채가 지니고 있는 끌채를 통한 끌림 홀의 눈에 보이지 않는 초월론적인 인식은 현존재가 만들어놓은 끌림 이미지를 통해 더욱 구체화된다. 현존재의 몸과 몸채라는 두 가지 층의 인식은 소비자 주체의 정신과 물질의 두 층에서 이뤄지는 현상과 동일하며, 이 두 층은 완벽하게 분리되어 있는 이원론적 구조가 아닌 서로 '나눔-어울림'을 통해 생성·소멸한다. 현존재로서 몸과 몸채의 두 체제는 서로가 동시에 상응하면서 나누어 생활한다. 몸은 실제적인 표현이며, 몸채는 현실적인 이미지를 지니고 있다. 소비자 주체의 신체는 물질세계를 대변하는 집합체이며 개별적 끌림 이미지를 구체화시켜나간다.

반면 몸채는 정신이 지닌 여러 유형의 끌림체계를 소비자 주체와 상관없는 나름대로의 세계를 현실화하는 창의적인 빛 덩어리다. 이 두 가지 눈에 보이지 않는 층은 서로가 밀접하게 '나눔-어울림'을 통해 수직과 상승의 에너지를 교환한다. 몸채는 그 자체가 빛으로 구성된 매우 가볍고 분산적이며, 시간과 공간을 초월하는 우주적인 에너지를 지니고 있다면, 몸은 주어진 환경에서 얻을 수 있는 물질적 에너지를 통해 움직이는 지극히 단일적이며, 동일 환경에 의한 집합적인 성격을 지니게 된다. 소비자 주체의 몸이 물질적인 에너지에 의존할수록 보이는 끌림 대상은 물질이 지니고 있는 화려함 또는 첨단적인 새로움에 귀속된다.

마찬가지로 몸채가 지니고 있는 모든 끌림은 몸이 요구하는 본능적인 이미지를 지향하게 된다. 소비자 주체의 몸과 몸채의 자연스러운 '나눔-어울림'의 끌림은 개성이라는 의미로 새롭게 자신을 포장하게 된다. 이와는 반대로 소비자의 몸이 몸채의 강력한 에너지에 의해 몸을 구속할수록 몸이 지니고 있는 욕구는 몸채에 의해 차츰 사라지는 현상을 느끼게 된다. 몸채가 점점 강하게 신체의 주위를 감싸고 돌수록 보이는 끌림 대상은 물질적인 가치보다 물질 자체가 지니고 있는 의미에 더욱 치중하게 되어 끌림의 지향이 신념, 가치에 비중을 두게 된다.

혹자는 이때 느끼는 몸의 현상을 영혼 또는 절대적인 신과의 믿음에 의해 이뤄진 것으로 받아들일 수도 있다. 왜냐하면, 만일 이러한 현상이 신에 의한 신체의 축복이라고 한다면, 이 책에서는 신이라고 하는 절대적인 존재에 맞추어 신의 유무를 떠나 순수한 신체 내의 어떤 끌림 홀을 발견하려는 것이며, 이러한 현상에 대해 이성적인 차원에서 파헤쳐보고자 한다.

몸채는 끌림이 이뤄지는 모든 현상적인 토대이며, 소비자 주체의 몸과 함께 움직이는 에너지로서 일반적인 신체의 움직임과 차원을 달리한다. 물질로서의 신체는 지극히 생물학적인 차원에서 물질적이고 활기찬 단계에 머물러 있다. 이 활력은 생명체가 지니고 있는 근원적인 에너지인 '양성-음성'의 내면 깊숙한 회오리를 통해 생겨난다. 이 생명 에너지는 물질지향과는 전혀 다른 순수지향의 에너지이며, 몸채가 지니고 있는 실질이다. 실질은 형식에 구애받지 않으며, 늘 어디론가 혹은 미지의 곳으로 향하려고 하는 강한 끌림 홀을 생성한다. 끌림 홀은 음성과 양성의 극점에 의한 나눔임과 동시에 어울리는 환상적인 공간차성이다. 수직과 수평 그리고 사선의 어떠한 방향에도 구애받지 않고 생성되는 끌림 홀의 형상은 소비자 주체의 개성적인 인식 지평에 따라 다양하게 펼쳐진다.

생명체가 물질과 정신, 신체와 영혼이 분리된다면, 기계적인 인간 또는 현실적이지 않은 몽환적인 인간으로 전락한다. 몸채는 생명체가 지니고 있는 원초적인 에너지를 통해 발현되는 또 다른 차원의 살갗이 지니고 있는 '사이-어울림'의 끌림 에너지다. 몸 바깥세계의 실재성과 몸 내면세계의 추상성이 만나는 살갗은 매 순간 변화의 물결을 타고 흐르는 '나눔-어울림'의 몸채의 모태로서 자리한다. 살갗은 현실과 이상, 사실과 추상, 형식과 실질, 내용과 표현, 음과 양, 밝고 어두움 등의 양면성을 골고루 갖춘 표면이며, 눈에 보이지 않는 몸채 에너지가 잉태되는 장소다. 소비자 주체의 끌림 홀은 다양한 이항대립이 지니고 있는 끌고 당김의 에너지 강도에 의해 매 순간 그 극성적인 의미 또는 가치가 바뀌는 순간마다 몸의 형상 또는 의복과 생활패턴에 의해 드러난다.

마찬가지로 몸채는 바깥 사물과 접촉하기 위해 순간적인 끌림 에너지를 교환한다. 상품을 통한 신체적인 '접촉-접촉됨'의 사이에서 전달되는 끌림은 서로가 필요로 하는 나눔의 장으로 바뀌며, 소비자 주체의 몸과 대상인 상품 사이에 끌림 홀이 발생한다. 손을 통한 '만짐-만져짐'의 상호 간의 교류는 이미 상품과 친숙할 정도의 '나눔-어울림'이며, 반복적인 바라봄은 거의 소비자 주체로서 몸과 대상의 분리적인 사고가 오히려 거추장스럽게 보인다. 주어진 공간 주위에 놓인 모든 물건은 이미 내 몸과 같이 배치되어 있으며, 배치가 만들어놓은 분위기는 이미 소비자 주체의 몸이 지어낸 또 다른 차원의 눈에 보이지 않은 끌림이 만들어낸 몸채다.

상품과 소비자 주체의 '느낌-느껴짐'의 끌림 홀은 소비자 주체의 몸채가 살아 숨 쉬고 있는 한 끊임없이 '생성-소멸'한다. 신체 표면인 살갗의 양극성이 지니고 있는 지향은 서로 대립적으로 움직이며, 동시에 상응하며 어울린다. 몸채 자신이 내면세계에 깊이 조응하는가 하면 바깥세계에 친밀하게 접근하거나 또는 소유함으로써 같은 동질성을 구축한다. 소비자 주체의 몸과 몸채는 서로의 차이를 인정하면서도 나누려고 하는 분리적인 성격을 지니고 있다. 서로 떨어지기를 재촉하면서 늘 새로운 환상적인 세계를 지향한다.

특히 몸채 에너지가 가진 공간은 현실 지평과는 전혀 다른 공간차성을 통해 물리적인 시간의식을 관통하는 힘을 지니고 있다. 이러한 몸채의 자유로움은 늘 창의적인 공간과 시간을 만들어내며, 매 순간 소비자 주체의 몸을 벗어나려고 경주한다. 몸과 몸채의 분리적인 의식은 몸채 스스로의 해체에 의한 분리가 아닌 대립하는 양극의 밀고 당기는 에너지 강도에 의해 생성·소멸한다.

위의 그림에서 몸과 몸채의 에너지가 소비자 주체 스스로 어떻게 대상을 보고 끌리는가에 따라 서로 다른 에너지를 지니고 있음을 알 수 있다. 몸의 욕구가 강하면 강할수록 에너지의 힘은 몸의 형상을 바꾸게 되며, 바깥세계의 물질적 요소에 더욱 강한 집착을 가진 외현적인 느낌을 찾을 수 있다. 외형적인 화려함이나 소유를 통한 만족은 바로 실재적인 물질에 더욱 집착하기 때문이다.

마찬가지로 몸의 욕구에 의한 실재적인 끌림보다는 내적 가치를 지닌 몸채에 대한 창의적인 끌림의 경우 바깥 끌림은 몸의 외현적인 형상보다 형상이 지닌 내면적인 가치 끌림에 작용하게 된다. 즉 바깥 형태의 화려함이 지니고 있는 아름다움보다는 소비자 주체로서 내면적인 몸채의식에 의해 외부대상의 정립이 이뤄진다.

현실적인 차원의 광고 표현과 실재적인 차원의 광고 표현은 소비자 주체에 대한 의식을 물질적인 몸의식에 비중을 두느냐, 아니면 정신적인 가치의 몸채의식에 비중을 두느냐에 따라 서로 어울림의 나눔이 달라진다. 이 두 가지가 지니고 있는 영역이 뚜렷하게 구별되어 있지 않은 것은 시각 이미지의 전경과 배경, 언어와 사진 등의 다양한 시각적인 요소가 배치되어 분위기를 만들고 있기 때문이다. 사물 두께는 소비자 주체의 몸과 몸채의 나눔에 의해 생긴 깊이를 뜻한다.

3) 끌림: '겹침-두께'

겹침에 의한 두께는 물질적인 대상에서 쉽게 접할 수 있다. 책의 두께, 신문지의 두께, 또는 겹겹이 쌓아올린 상자들의 두께 등은 일상생활에서 많이 볼 수 있다. 신문에 게재된 시각 이미지의 경우 상품의 성격 혹은 이미지에 따라 가볍고 상쾌한 느낌을 주는가 하면, 어떤 시각 이미지인 경우에

[그림 60] '겹침-두께'에 의한 끌림: 'inner nature'/ Illustrator, 전기순 作.
'겹침-두께'는 의미와 물질적 대상의 겹침, 의식의 환경에 의한 겹침에 따라 서로 다른 두께의 끌림 홀을 지니게 된다.

는 장중하고 묵직한 무게감을 느끼게 한다.

　이러한 시각적인 차이의 느낌을 발견할 수 있는 끌림 두께는 쉽게 눈에 드러나지 않는다. 왜냐하면 눈으로 직접 측정 가능한 두께는 신문 종이에서 확인할 수 있을 뿐 시각 이미지가 지니고 있는 의미 겹침에 의한 두께는 끌림에 의해 부드러운, 가벼운, 무거운, 두터운, 얇은, 거친 등의 비가시적인 시각에 전적으로 의존한다. 또한 의미가 지니고 있는 코키토 이전의 아프리오리에 의한 두께는 선험적인 끌림에 의해 포착할 수 있다. 아프리오리와 코키토의 끌림 '겹침-두께'는 라이프니츠의 모나드가 의미하는 정신적인 '끌림 홀'에 산재하는 수많은 몸채의 리듬교차에 의해 발생한 특이점으로서 끌림점에 의해 생성된다.[43] 즉 소비자 주체가 생각하는 나는 그 소비자가 늘 생각하는 '코키토'의 범위가 지니고 있는 의미에 귀속되어 있으며, 우리의 몸은 다양한 모나드의 끌림 교차점의 의미생성이[44] 끌림 이미지에 대한 '겹침-두께'를 포착하게 한다. "나의 모든 지각들, 포함된 나의 술어들, 지각된 것으로서 온 세계를 갖는다는 사실이다. 그리고 마지막으로 그것은 신체, 하나의 신체이며, 나는 그 요구를 충족시켜줄 하나의 신체를 갖게 된다"라는 라이프니츠의 주장에서 하나의 몸이라는 것은 수없이 많은 모나드의 주름진 끌림 교차에 의한 리듬들이 지속적으로 생성·소멸되고 있는 가운데 소비자 주체의 특별한 '겹침-두께'의 끌림 홀로 의미를 재생한다.[45]

끌림체의 몸은 수많은 생각 가운데 결국 하나의 끌림점만 소유할 것을 종용한다. 여기에서 명확하게 구분되는 것은 하나의 몸이라는 것은 곧 다른—소비자 주체의 끌림이 지니고 있는 다른—모나드의 끌림 두께를 수용해야 하는 당위성을 갖게 된다. 이것은 곧 소비자 주체가 끌리는 모든 대상이 만일 낯선 것에 대한 끌림인 경우, 그동안 신체가 경험하지 못한 두께임과 동시에 신체가 지니고 있는 모나드의 수많은 조합이 새롭게 재정립이 이뤄지는 몸채의 조합 가운데 생성된 두께라 할 수 있다.[46]

시각 이미지는 늘 기존에 없던 것을 새롭게 만들어 소비자를 끌리게 하는 장이다. 이 장에서 일어나는 낯선 의식들의 생성은 조합을 통한 구성·분배로 매 순간 새로운 의식 지평의 두께를 만들어낸다. 지금까지의 생각이 만들어낸 의식 지평과 낯선 것과의 의식 지평은 소비자 주체의 성정에 의해 또 다른 겹침 두께의 무게를 형성하여 자신의 몸을 통해 의식층으로 보내지며, 의식의 환경에 따라 동일한 의미도 서로 다른 두께로 인해 무게의 차이를 느끼게 한다. 즉 동일한 의미도 소비자 주체의 의식 층이 만들어놓은 배경적인 환경에 의해 하나는 분배로 가벼운 느낌을 갖게 되고, 다른 하나는 두터운 집합으로 무거운 느낌을 지니게 만들기 때문이다. 이 두 가지 측면에서 의미의 분배와 집합은 바라봄이 만들어놓은 가운데 보여지는 대상을 자연스럽게 겹쳐 보이게 한다. 따라서 의미와 물질적 대상의 겹침은 서로 상응하면서 소비자 주체에 의한 해석의 차이를 지니게 된다. 두께는 두 가지 바라봄에 의한 층의 겹침에서 시작하며 시간의 흐름과 더불어 다양한 층의 의미 겹침으로 나아가게 된다.

시간의 흔적이 만들어놓은 의미 겹침은 동일한 대상에 대한 서로 다른 차이를 만들어내는 끌림 두께다. 광고 표현에 나타난 어떠한 이미지도 동일한 의미로 소비자에게 전달할 수 없는 것은 끌림이 지니고 있는 의미 겹침의 두께가 만들어놓은 차이에 의한 것이며, 결국 시각디자이너는 겹침의 공통적인 공간에서 시각적인 표현을 해야 하는 어려움을 안고 있다. 그럼에도 제작된 시각 이미지는 늘 소비자 주체가 지니고 있는 의미 겹침의 두께방식에 따라 서로 다른 끌림 형식을 지니게 된다. 하나의 신체 속에서 동일한 모나드 조합을 지닌 소비자라면 의미는 쉽게 가벼운 끌림으로 진행된다.

하지만 하나의 신체가 가진 의미구조는 다양하고 복잡한 구조 속에서 늘 의식이 흐르고 있는 가운데 하나의 개별자를 현실화한다. 즉, 현실화되어 있는 시각 이미지는 소비자 주체의 의식에 대한 겹침 속에서 이뤄지는 두께 끌림으로 받아들이게 된다.

또한 의미는 시각에 의한 겹침이 있다. 시각은 의미생성 이전의 겹침으로, 하나의 이미지가 아닌 두 개 이상의 시각적인 요소가 놓여 있을 때 시각 겹침이 일어난다. 제일 처음 시선이 닿는 곳은 일차적으로 시선 끌기가 또 다른 시각적인 요소보다 상대적으로 강할 때 이뤄진다. 시선의 이동은 시각 겹침에 의한 변화를 의미하며, 매 순간 이뤄지는 시각과 의미의 겹침은 또 다른 과정적인 끌림을 이끌어낸다. 결국 겹침은 의미와 시각의 겹침 속에서 다양한 변화를 일으킨다. 끌림이 지니고 있는 끌채 역시 겹침에 의한 과정을 의미하며, 이는 또 다른 차원의 과정적 겹침이 된다. 즉 '순수 끌림'과 '감각 끌림'은 '순수감각'에 의한 겹침의 끌림 차성이며, '시각 끌림'과 '지각 끌림'은 '시지각'에 의한 겹침의 끌림 차성이라 할 수 있다. 순수감각과 시지각은 또다시 겹침에 의한 구조를 지니게 되어 서로 다른 다양한 겹침의 두께를 지니게 된다.

다음 그림을 통해 겹침이 지니고 있는 내용에 따라 이미지의 성정(性情)을 파악할 수 있다. 즉, 이미지의 전반적인 느낌이 시각적인 임팩트가 강할 경우 겉으로 드러나려고 하는 양(陽)의 기질이 강하다고 볼 수 있다. 양이 지니고 있는 시각적인 끌림은 전반적으로 가벼운 느낌을 주며, 밝고 산뜻한 색채일 경우를 의미한다.

또한 자연이 지니고 있는 바람, 불, 공기, 새, 맑은 하늘, 맑은 구름, 돌

[도표 50] 끌림 이미지의 겹침 구조(양: 시각 장, 음: 지각 장)

출된 산, 바위, 나무 등은 전반적으로 남성성을 갖고 있으며 가벼운 느낌을 주는 양의 기운을 지니고 있다고 볼 수 있다. 시각 이미지에서 느껴지는 분위기가 가벼운 느낌이 오는 시각적인 요소인 경우에는 양의 이미지가 강한 이미지라 할 수 있고 이를 '시각적으로' '○──────○'으로 기호화할 수 있다.[47]

음은 시각적인 차원에 앞서 의미적인 차원이 더욱 강한 경우에 해당하며, 자연이 지니고 있는 물, 땅, 뿌리, 늪, 호수, 강, 저녁, 동굴, 비구름, 깊은 계곡 등은 전반적으로 여성성을 갖고 있으며 무겁고 탁한 기운을 지니고 있다고 볼 수 있다. 시각 이미지가 시각중심이 아닌 의미, 즉 지각에 의한 이미지가 강할 경우에는 바깥으로 드러내지 않은 의미의 영역이므로 음의 이미지가 강하다고 볼 수 있다.[48]

따라서 이를 '○──○ ○──○'으로 기호화할 수 있다. 어떠한 이미지도 시각에 의한 형, 형태, 질감에 의한 조형적인 시각장과 지각을 통한 조형성을 축소화함으로써 나타나는 지각장과의 겹침은 곧 양과 음의 겹침에 의해 이뤄지는 형국으로 나타낼 수 있다. 눈을 통한 '시각-바라봄'과 '시각-생각함'은 엄연히 구분이 이뤄지는 의식 활동이며, 시각적인 임팩트가 강한 이미지인 경우에는 양적인 시각 장 위주로 구성된 이미지라 할 수 있다.

사진이 지니고 있는 이미지가 실제 일러스트를 통해 느껴지는 이미지보다 시각적인 임팩트가 강한 이유는 '시각-생각함'의 지각보다는 '시각-바라봄'의 시각이 지니고 있는 힘의 구성력이 강하게 나타나기 때문이다. 시각 이미지에서 활용한 사진 이미지가 이러한 시각장에 의한 전반적인 분위기를 장악하는 이유는 '시각-바라봄'의 양성적인 끌림 에너지가 작용하기 때문이다.

마찬가지로 헤드라인의 경우 가급적이면 짧게 쓰려고 하는 이유는 이미 언어 자체가 지니고 있는 지각의 음성적인 에너지를 최소화하여 양성적인 끌림 에너지로 소비자 주체에게 강화하기 위한 과정이라 할 수 있다. 긴 문장은 의미의 세계를 통해 자신의 내면을 드러내는 '시각-생각함'의 지각 장을 통해 양성적인 에너지를 지니고 있는 사진 이미지를 최소화하여 이미지를 음성적인 끌림으로 만들려고 한다.

끌림 에너지가 지니고 있는 '시각-바라봄'과 '시각-생각함'의 양극성에 의한 회오리 같은 변화는 마치 음과 양의 에너지가 휘감아 도는 태극 같은 형상을 지니고 있다고 볼 수 있다. 이러한 회오리의 움직임을 측면에서 바라보았을 때 엄연히 양·음의 두 층을 발견하게 된다. 이 두 층은 시각 이미지에서 나타나는 '겹침-두께'에 의한 형상을 지닌 끌림 몸채다.

앞의 그림은 시각 이미지가 지니고 있는 양·음의 시지각 장이 겹쳐 있음을 구체화한 도식이다.[49] 즉 긴 축은 양성의 끌림 에너지를 지니고 있는 시각적인 요소로서 비주얼이라고 본다면, 틈을 지니고 있는 짧은 두 축은 음성의 끌림 에너지를 지니고 있는 언어적인 요소로서 헤드라인으로 볼 수 있다. 두 축은 서로 다른 인식 지평을 지니고 있으며, 이 지평 가운데 먼저 수용되는 요소가 무엇이냐에 따라 시각 이미지의 끌림 에너지는 차이를 지니게 된다. 헤드라인을 통해 이미지가 끌리는 경우에는 지각 장에서 시각 장으로 움직이는 음에서 양으로의 끌림 에너지가 생성되며, 그 반대로 비주얼을 통해 헤드라인이 끌리게 되는 경우에는 시각 장에서 지각 장으로 움직이는 양에서 음으로의 끌림 에너지가 생성된다.

이러한 끌림 현상은 소비자 주체의 개성적인 모드에 의해 차이가 이뤄지는 자연스러운 현상이라 할 수 있다. 모든 바라보는 끌림 대상에는 이와 같은 양·음의 강한 끌림 에너지가 발산하고 있으며, 어떠한 끌림 에너지를 수용하느냐는 전적으로 소비자 태도에 달려 있다.

괘상(卦象)[50]은 주역의 동양철학적인 사변구조로 쉽게 파악할 수 있지만, 이 괘상은 주역의 괘에 의한 동양적 사변구조를 시지각에 의한 괘상으로 파악하여 겹침 구조를 해석하는 차이의 상(象)이라 할 수 있다. 주역이 인간의 길흉화복을 미리 점쳐서 장차 닥쳐올 미래의 일을 예견하거나 성인의 길에 입문하기 위한 수행학문이라면,[51] 끌림 장은 현실적으로 드러나는 각종 이미지의 과정적인 끌림이 어떻게 형성되어가는가에 초점을 맞춘 감성구조의 미적 학문이라 할 수 있다.

소비자 주체로서 끌림이 이뤄지는 과정을 양·음의 겹침 두께를 통해 포착하는 것은 소비자와 대상이 환경이라는 거대한 현실적인 공간에서 나타나는 제반적인 현상에 대한 끌림을 구체적으로 통각하기 위한 방법론으로 설명할 수 있다. 끌림을 자각하는 소비자 주체는 주변 환경이 제공하는 각종 문화적인 자극으로 끌림의 정체성에 대한 혼란이 가중하고 있는 가운데 대상 끌림에 대한 판단을 흐리게 한다. 따라서 소비자 주체는 스스로 자신의 주체적 정체성을 위해 일반적인 보편성에서 벗어난 특별한 분위기를 추구하거나 음양 '겹침-두께'를 원하게 된다.[52]

결국 이러한 소비자 주체의 개성적인 추구는 전적으로 음양의 '겹침-두께'에 의한 반복의 차이에서 드러나며, 이 반복은 대상 끌림에 대한 배치를 어떻게 조작·구성하느냐에 따라 전혀 다른 끌림 에너지로서 몸채가 생성된다. 소비자는 스스로 이러한 배치가 낳은 분위기의 특별함을 통해 자신의 개성적인 면을 드러내고자 경주한다. 끌림 대상이 지닌 두 가지 근본적인 에너지는 자신만의 고유한 개성으로 표출하여 만들어내는 원동력으로 활동한다.

시각 이미지에서 나타난 끌림 대상이 소비자 주체 자신과 분리되지 않은 가운데 오랫동안 자신과 동일화가 이뤄지는 것은 주변 환경이 소비자 자신이 만들어놓은 몸에 쉽게 적응되기 때문이다. 환경이라는 중간자적인 역할이 없는 가운데 만들어진 대상은 철저하게 즉자와 대자의 구분이 이뤄진 가운데 환경이 섞이지 않은 철저한 이분법적인 분절이 가능하지만, 환경의 중간자적인 역할은 보이는 끌림 대상에 대해 적극적으로 자신의 개성적인 차원으로 동화 및 흡수하려 한다.

"모든 지각은 의사소통 또는 교통, 즉 낯선 의도에 대한 모든 파악과 흡수는 모두 지각적 힘들의 바깥으로 향한 지향이라고 할 때, 우리의 신체와 사물은 하나라고 할 수 있다"라고 언급한 메를로퐁티의 지각에 관한 현상학적 측면에서 시각 이미지는 소비자 주체가 지니고 있는 끌림 에너지와 동화하려고 하는 감각적인 움직임의 대상이며, 곧 자기 내면의 끌림 에너지와 하나가 될 때 비로소 '겹침-두께'에 대한 명확한 몸채인 끌림의 통각이 나타난다.

시각 이미지에 대한 객관적인 사고는 소비자 주체가 만든 인식 지평이 시각 이미지에 나타난 모든 끌림 현상을 구체화시키는 것이라고 볼 때 소비자 주체는 자신의 끌림에 대한 '겹침-두께'에 대해 끊임없는 반복을 통해 소비자 자신의 고유한 느낌을 변형한다.

시각 이미지에 나타나는 헤드라인과 비주얼은 동시에 시각과 지각이 이뤄지는 겹침 공간이다. 여기에서 의미가 먼저 강조된 경우에는 하단 부분이 음의 형상을 지니게 되고, 다음으로 시각이 강조된 경우에는 양의 형상이 순서적으로 겹치게 된다. 흔히 주역에서 상괘를 하늘 즉 양의 기운을 띤 위치, 하괘를 땅의 기운을 닮은 공간으로 파악하는 것은 하늘과 땅이라는 엄연한 실재세계가 존재하는 현실을 바탕으로 한 세계관이기 때문이다.[53]

마찬가지로 시각과 지각 역시 각각 양과 음의 끌림 성정을 지니고 있지만, 하늘 공간은 순수감각 영역이라 할 수 있는 양의 기운이며, 땅의 공간은 시지각이라 할 수 있는 음의 기운이다. 순수감각의 지평이 지니고 있는 하괘는 시각과 지각 그리고 순수 끌림을, 상괘는 시각과 지각 그리고 감각 끌림을 지니고 있는 형국이라 하겠다. 아래에서부터 생성하는 괘의 상은 시각 이미지에서 추출할 수 있으며, 추출방법은 가장 먼저 끌림이 이뤄지는 영역에서 겹침 표시를 할 수 있다.

예를 들면, 시각 이미지에서 시각-시각-지각, 지각-지각-시각의 겹침 구조를 과정적으로 파악했을 경우 양-양-음, 음-음-양의 과정을 직접 체험할 수 있다. 모든 겹침 구조가 발생하는 순서는 아래에서부터 시작하여 위로 진행하며 순수감각에서 시지각으로 나아가게 된다. 이를 다시 설명하면 다음 그림과 같다. 즉 어떠한 시각 이미지도 이러한 과정적인 끌림 장의 괘상을 지니게 되며, 단순한 겹침에 의한 구조가 아닌 시각 이미지가 지니고 있는 끌림 구조를 파악할 수 있음과 동시에 소비자 주체의 끌림 에너지의 과정적인 기질을 이해할 수 있다.

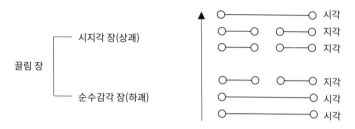

[도표 51] 시각 이미지의 겹침 구조를 통한 과정적 끌림 장의 괘상(卦象—양, 음)

『주역』은 동양철학의 대표적인 경전으로서 자연의 순환관을 세계관으로 하여 개개인이 지니고 있는 모든 길흉화복(吉凶禍福)을 예견하는 지혜서로 알려져 있다. 또한 개인을 떠나 기업, 사회 등의 모든 운세를 파악하는 점서로서 잘 알려져 있다. 이 책이 주장하는 겹침-두께는 어디까지나 끌림 과정에 나타나는 과정적인 차원의 끌림 장의 괘이며, 이 과정의 전반적인 흐름이 괘상의 반복에 의해 이뤄진 괘라고 본다면 끌림 계가 지니고 있는 순환적인 면은 부인할 수 없는 사실로 인정될 것이다. 흔히 복고풍의 의상이 현대에 와서 새롭게 부각되는 이유는 이러한 순환적인 끌림관에 의한 시각에서 충분히 설득할 수 있다.

첨단과학은 지속적인 발전이라는 측면에서 수직적인 상승이 강한 선형적인 세계관에 의한 시각이라면, 끌림 장이 가진 미적 차원의 측면은 수직적인 상승이 아닌 자연의 순환에 의한 변형에 가까운 질성을 지니고 있다. 이러한 과정적인 겹침-두께는 끌림 기질 가운데 또 다른 과정적인 미적 느낌으로서 새로운 끌림 인식이다.

앞서 설명한 끌림의 회오리 원뿔이 어디까지나 과정에 의한 겹침-두께를 통해 나타나는 변형체로서 소비자 객체에 따라 차이를 지니게 되는 것은 겹침과 두께가 서로 다른 위치에서 밀고 당기는 역할을 하게 된다. 겹침은 일정한 두께를 통해 겹침의 층수보다는 겹침에 의한 깊이를 느끼려고 한다. 즉 위의 상괘, 하괘가 만들어놓은 6단계는 단순한 겹침 층을 의미하는 것이 아니라 각 층이 지니고 있는 괘상을 통해 끌림 이미지가 가진 형국의 깊이를 알 수 있다.

수학적이고 계량적인 차원의 시각으로서 끌림 장의 괘상을 바라본다면 아무런 의미를 지니지 못한 형상으로 보일 수 있지만, 각 괘상이 지니고 있는 의미를 파악한다면 겹침-두께가 지니고 있는 깊이를 헤아릴 수 있다. 즉 주역에서 8괘는 건, 태, 이, 진, 손, 감, 간, 곤이라고 하여 상괘, 하괘가 지니고 있는 3효, 즉 3가지 층의 괘상을 자연에서 볼 수 있는 형국으로 의미를 전환한 점을 끌림 장에서도 동일하게 적용할 수 있다.

주역에서 건괘는 양의 효(爻)가 세 개 있는 경우인데, 강한 양성을 띤 괘라 하여 청명하고 맑은 하늘의 형상을 지녀 강인하고 모든 대소사가 아무런 막힘이 없는 가운데 이뤄지는 괘상이다. 마찬가지로 끌림 장에서는 시각에 의한 끌림이 지속적으로 겹쳐 있으므로 시각적인 임팩트가 강한 끌림 이미지를 지닌 시각 이미지라 할 수 있다. 구태여 어떠한 의미를 발견할 필요가 없는 비주얼 중심의 시각 이미지라 할 수 있다.

이러한 시각적인 끌림이 강한 시각 이미지는 주로 자동차, 첨단상품, 패션, 의류, 백화점 등의 고관여 감성상품과 고관여 이성상품에서 발견할 수 있는 괘상이라 할 수 있다. 모든 시각 이미지가 상품 자체를 인쇄매체 전면에 내세우는 것은 그만큼 자신의 상품에 대한 자신감, 자부심이라는 브랜드 가치가 있으므로 가능하다고 할 수 있다.

이와 같이 시각 이미지의 끌림 장이라는 시각에서 보이는 끌림의 괘상은 각 상품이 지니고 있는 가치에 따라 겹침-두께의 과정적인 끌림 장에 차이를 지니고 있다.[54] 시각과 지각이 지니고 있는 양극의 차이에 의한 대립적인 겹침 운동은 끌림 장이 지니고 '괘상-겹침'의 몸채, 즉 끌림 회오리가 만들어놓은 끌림점이라 할 수 있다. 바라봄이 지니고 있는 시각과 지각의 겹침 운동은 과정적인 시지각의 접근이라는 점에서 새로운 독창적인 개념 틀이 마련된다. 끌림이 지니고 있는 몸채의 제반적인 운동은 끌림 과정이 만

들어낸 지역의 문화성을 지니고 있는 독특한 끌림점의 빛 에너지다.[55]

　시각과 지각의 양극성의 원리는 끌림이 지니고 있는 특징적인 면을 발견하는 시지각 이론의 기본단위일 뿐 이것을 통한 분절적인 시각을 주창하는 것은 아니다. 들뢰즈의 차이와 반복이 지니고 있는 생성 에너지의 분출은 대상 바라봄에서도 동일하게 '겹침-두께'라는 시각과 지각의 차이에 의해 생성·소멸하고 있다. 바라봄의 주체는 시각 이미지를 보는 모든 소비자를 의미한다. 소비자가 주체로서 존립할 수 있는 것은 바라봄에 대해 정확하세 파악할 수 있는 시각적인 눈을 지닌 경우에 해당한다.

　시지각에 대한 미적인 준거기준은 소비자 주체에 따른 성정(性情)에 기반을 두며, 따라서 어떠한 대상도 시각 이미지의 끌림에 대한 객관성은 존립할 수 없다. 시각 이미지가 성공적인 캠페인이 되는 이유는 소비자 주체의 공통감에 의한 순간적인 시지각의 빠짐에 의한 결과이며, 결코 객관성이라는 이유로 끌림 이미지의 궁극적인 지향이라고 단정할 수 없다. 순간적인 성공 캠페인이 지니고 있는 공통감은 '겹침-두께'의 시지각 과정이 모든 소비자에게 일치하는 것을 의미한다. '시각-시각-지각-지각-지각-시각'이라는 겹침에 의한 끌림 과정이 소비자 주체 모두 동시에 일치하는 것은 바라봄과 보임, 만짐과 만져짐, 이 눈과 저 눈, 이 손과 저 손, 이 냄새와 저 냄새, 느낌과 느껴짐이 동시에 하나가 되는 순간을 의미하며, 이와 같은 동일 현상이 시각 이미지에서 일어난다는 것은 동종, 동류, 동일 취향의 소수에 의해 일어나는 극히 일시적인 현상일 뿐이다.

　어디까지나 '겹침-두께'는 스스로 차이를 지니고 있으며, 이 차이에 의한 반복적인 행위는 고유한 소비자 주체로서 과정적인 끌림을 지니게 된다. 눈에 보이는 대상이 있다는 것은 이미 눈이라는 몸의 일부분이 움직였다는 것을 의미한다. 이것은 이미 소비자 주체를 거론하기 이전에 생물학적인 차원의 생명운동이며, 이 생명운동은 보이는 대상에 대한 시각이 소비자라고 하는 생활문화 환경적인 사고에 적응되기 전에 일어나는 순수한 바라봄이다.

　충분한 숙면을 취한 뒤 눈을 뜨는 순간 보이는 대상은 대상 그 자체가 지니고 있는 보임에 의한 자연스러운 눈길이며, 그 눈길에는 어떠한 소비자 주체로서의 의도적인 시각을 지니고 있지 않다. 이러한 '눈길'이 일상 생활세계 속에서 지속적으로 이어지게 한다는 것은 주체적인 삶을 통한 소비생활이며, 주위 환경이 만들어놓은 인위적인 화려함도 눈길이 지니고 있는 변형적인 바라봄에 큰 차이를 지니지 못한다.

대상 끌림은 어디까지나 소비자 주체의 취향이며, 그 어떠한 취향에도 동시적인 공통감에 의한 끌림은 순간적인 집단적 '환경-몰이'에 의한 빠짐이다. 두 눈이 하나의 대상을 바라볼 때 나타나는 겹침은 두께가 없다. 한쪽 눈을 번갈아 가면서 보는 대상과 두 눈을 동시에 떠서 보는 대상의 깊이감은 차이가 있지만, 겹치는 부분은 쉽게 발견되지 않는다. 두 눈에 의한 대상 겹침이 즉각적으로 대상에 보이게 되면 두 눈이 지니고 있는 깊이감을 파악할 수 있지만, 그렇지 못한 것은 두 눈에 의한 겹침이 대상에는 보이지 않는다는 점이다.

또한 우리는 주체와 대상의 공간이 지니고 있는 거리에 따라 겹침-두께의 차이가 나타난다면 그 지점을 파악할 수 있지만, 그 지점을 확인할 수 없는 것은 두 눈에 의한 '겹침-퍼짐'이 이뤄지기 때문이다. '바라봄-퍼짐'은 한쪽 눈을 가리고 바라보는 단조로운 시각에서 두 눈의 겹침에 의한 펼쳐짐을 의미하며, 대상과 주변 환경을 더욱 넓게 균형적으로 파악할 수 있다. 이미 보이는 대상은 겹침에 의한 끌림 대상이며, 보이는 눈길은 두 눈에 의한 하나의 길로의 겹침이다.

'눈길-펼쳐짐'의 대상 끌림은 두 눈의 눈길에 의한 겹침 끌림이며, 동시에 생물학적 바라봄의 순수시각에 의한 대상 끌림에 앞서 주어진 환경의 펼쳐짐 가운데 소비자 주체의 취향에 의한 '겹침-두께'의 끌림이다. 펼쳐짐은 끌림 대상의 배경에 의해 구성된 소비자 주체의 개성적인 공간으로 맞춰진다. 동일한 배경도 소비자 주체가 지니고 있는 겹침에 의한 눈길로 채색된다.

시각 이미지 가운데 눈길을 사로잡는 이미지가 있다고 하자. 이것은 눈길이 전해지는 과정, 즉 펼쳐져 있는 환경을 포함한 가운데 이뤄지는 겹침 가운데 발생하는 사로잡힘이며, 오직 소비자 자신의 눈에 의한 사로잡힘이 아니다. 펼쳐져 있는 주변공간은 눈길을 통한 사로잡힘이 일어나도록 촉매작용을 한다. 왜냐하면 오랫동안 반복적인 생활 겹침을 통한 두께가 이미 투명한 두께로 소비자 주체의 눈길을 안내하기 때문이다. 즉, 익숙한 환경일수록 '겹침-두께'의 투명성은 더욱 강하게 나타나 마치 두께가 없는 빛의 존재와 같이 가볍게 느껴진다. 몸채가 지니고 있는 에너지와 동일한 상태로 남겨지게 되어 소비자 주체의 바라봄은 단지 끌림 대상만 보일 뿐 겹침에 의한 끌림 몸채의 두께는 보이지 않게 된다. 이제 '겹침-두께'는 소비자 주체의 대상을 바라보는 시지각 과정을 통한 순간 겹침의 원뿔형 회오리, 주체와 대상 간의 '눈길-펼쳐짐'에 의해 발생하는 겹침을 통해 새롭게 두께가 형성된다.[56]

끌림 배경은 소비자 주체의 '눈길-펼쳐짐'이 진행되어가고 있는 동안 눈길 주변으로 펼쳐지는 조명의 다채로운 색채와 같다. 소비자 주체의 눈길을 사로잡는 끌림 대상을 바라볼 때 생기는 펼쳐짐의 끌림 배경은 주위의 빛이 대상을 감싸는 역할을 하도록 분위기를 만들어낸다. 눈길 주변으로 펼쳐져 있는 모든 배경은 소비자 주체와 대상의 분리가 아닌 일치되는 순간 나타나는 조명이다. 조명은 소비자 주체의 몸채에 따라 동일 환경에서도 끌림 대상의 실제적인 분위기에 변형되어 '조명-겹침'으로 나타난다.

시각디자인에서 끌림 이미지가 나타나는 경우는 소비자 주체가 지니고 있는 몸채의 시시각각으로 변화하는 '조명-겹침'으로 인해 끌림 대상의 윤곽선이 바뀌게 된다. '조명-겹침'은 곧장 주체와 대상이 대자적인 객관적 입장이 아닌 즉자적인 것으로 나아가기 위한 몸부림이다. 끌림 대상의 윤곽선이 바뀌는 것은 소비자 주체가 지니고 있는 몸의 감각기능이 외부적인 조명에 의해 수시로 반응하는 동안 주체와 끌림 대상과의 항상성을 발견하기 위한 과정적 변형이다. 일정한 조명이 끌림 대상을 오랫동안 비추게 되면, 빛의 흐름은 자연스럽게 끌림 대상의 윤곽선에 안착되게 순응한다.

하지만 소비자 주체가 지니고 있는 조명, 즉 빛의 몸채는 수시로 화려하게 또는 검소하게 바뀌어 끌림 대상의 윤곽선을 뚜렷하게 또는 굵게, 가

늘게 '조명-겹침'을 생성하게 된다. 빛은 곧 눈으로 보이는 대상이 아닌 끌림 몸채가 지니고 있는 감각 끌림체이며, 이것은 배경 조명을 통제하는 역할을 한다. 조명은 조명 된 것과의 상호 겹침에 의해 두께를 만들어낸다. 즉 끌림 대상의 배경은 이미 조명 된 것에 의해 무대 위에 등장하지만, 소비자 주체가 지니고 있는 몸채에 의해 새로운 조명 겹침의 두께를 형성하여 윤곽선의 애매함을 만들어낸다. 예컨대 화가들의 작품에서 실물과 달리 끌림 대상의 윤곽선이 바뀌어져 있는 모습을 보면 쉽게 이해할 수 있다.

시각 이미지를 보는 소비자의 눈길이 동일한 끌림 이미지로 귀착되기를 원하지만 실제로 보이는 끌림 이미지는 소비자 주체의 몸채를 통한 끌림 대상의 윤곽선의 변형을 통해 나타난다. 사실주의는 이러한 대상의 윤곽선을 정확한 눈을 통해 최대한 그 변형을 통제하려고 하는 주체의 의지에 의한 표현이며, 수시로 변형되어 움직이는 눈길의 조명적인 펼쳐짐은 바깥세계를 지향하는 피부, 즉 살의 감각적 몸채에 의한 것임을 알아 챙기기 위한 노력이라 할 수 있다. 몸채가 없는 살갖의 감각은 물질적인 차원으로, 신체의 내부기관을 보호하는 기능적 차원으로만 존립한다. 몸채가 지니고 있는 끌림 에너지가 줄어들게 되면 살 떨림에 의한 감각적 기능은 점차 사라지게 되어 끌림에 의한 자극이 없어진다.

특히 어릴 적 느낄 수 있는 감성적인 끌림 에너지가 매 순간 살 떨림에 의해 확인할 수 있는 것은 활기찬 생명 에너지에서 비롯된 것임을 알 수 있다. 이러한 생명 에너지와 몸채의 끌림 에너지는 서로 밀접한 관계를 지니고 있다. 순간적으로 떠오르는 아이디어나 내면적인 설렘은 몸채가 지니고 있는 특징 가운데 하나인 순간 나타났다가 사라지는 빛이 변형되어 인식되는 단어라 할 수 있다. 빛의 움직임을 직접적으로 포착할 수 없는 것은 신체가 지니고 있는 물질이라는 어두운 면이 빛을 흡수하여 내면적인 끌림 혹은 살 떨림의 느낌언어로 바꾸어 해석하게 만든다. 몸이 지니고 있는 빛의 순수한 흐름이 언어적인 차원으로 바뀌어 나타날 때는 이미 빛의 '조명-겹침'에 의해 이뤄진 펼쳐짐이다. 눈길 역시 한 줄기의 빛이 눈을 통해 대상을 깊게 혹은 은은하게, 다정하게, 포근하게 감싸주는 바라봄의 대표

적인 빛의 겹침에 의한 코키토 이전의 아프리오리다.[57]

눈길이 전해주는 대상이 물질적인 끌림 이미지일 경우에는 대상에 대한 아무런 반응이 없지만, 생명체일 경우 눈길의 성격에 맞추어 반응하는 것은 상대방이 눈을 통해 몸이 지니고 있는 몸채의 총체적인 빛의 '겹침-조명'을 파악하기 때문이다.

시각 이미지는 이미 생명체가 아닌 평면이라는 신문, 잡지 등에 게재된 이미지이므로 그것을 바라보는 소비자 주체의 눈길은 평상시 지니고 있는 자신의 몸채에 의한 조명을 통해 비친다. 서재 위에 놓인 시각 이미지는 주위의 환경인 펼쳐짐에 의해 눈길의 조명에 차이를 지니게 된다. 길가 또는 사무실에서 보여지는 신문의 기사내용이 다르게 왜곡되어 해석될 수 있는 것은 '눈길-펼쳐짐'의 차이에 의한 것이다.

시각 이미지는 소비자 주체가 지니고 있는 몸채 즉 빛의 조명 종류, 강도에 의해 서로 다른 끌림 이미지로 포장되어 겹침이 이뤄진다. 순수한 태양광선이 지니고 있는 빛에서 조명이라는 인위적인 빛은 생활세계에서 자연스럽게 포장되어 소비자를 유혹한다. 특히 시각 이미지는 단순한 물질적인 대상이 아닌 문화적인 차원의 조명 빛을 통한 펼쳐진 대상이며, 소비자 주체가 지니고 있는 몸채의 순수한 빛이 아닌 조명에 따라 달리 보이는 겹침 대상이다. 단 하나의 시각적인 아이디어 속에서도 서로 다른 관점에 의한 해석적인 차이의 원인은 소비자 주체가 살아온 문화 환경이 만들어놓은 다양한 정신적인 조명의 펼쳐짐에 의한 몸채의 살 떨림에서 확인할 수 있다.

1 양태성(Modality, 樣態性) 혹은 양상은 기호학에서 특정한 방법으로 정보를 부호화하여 보여주는 방식을 말한다. 예를 들어 어떤 실재 상태를 그림이나 문자의 기호로 나타낼 때 그 기호의 종류를 말한다. 퍼스의 해석체 이론에서 하나의 기호는 재귀적으로 다른 기호에 의해 해석될 때 어떤 오브제에 대한 참조를 가지게 되는데, 그 의미의 개념을 알게 되면 그 기호가 어떤 종류인지 알수 있다. 따라서 끌림 이미지는 매체이자 양태성의 기호다.

2 칸트(2002), 최재희 옮김, 『순수이성비판』, 박영사.

3 게슈탈트이론에서는 응집의 법칙, 동일성의 법칙 등 주체의 지각과는 관계없이 일정한 독립적인 법칙이 있음을 주장하고 있다. 따라서 이들은 물질 스스로 유기적인 생명력을 지니고 있음을 증명하기 위해 다양한 지각 장의 법칙을 발견하는 데 주안을 두고 있다.

4 라이프니츠에 의하면 모든 존재의 본질적인 실체는 단순하고 나눌 수 없는 것이라고 하여 '단자론(單子論)'이라고도 한다. 모나드는 원자와 달리 비물질적인 실체로 그 본질적인 작용은 표상(表象)이다. 표상은 공간적인 크기가 없으며, 연장과 모양을 지니고 있지 않다. 자연적으로 소멸하거나 창조하지 않고, 신에 의해서만 창조되고 소멸된다. 모나드는 또한 성질을 가지고 있으므로 모나드마다 성질이 다르다. 모든 모나드는 스스로의 힘에 의해 스스로 끝없이 변화한다. 이후 후설의 지향성이론을 개진할 때, 지향성을 지닌 존재의 단위를 '초월적 모나드'라 했다. 들뢰즈의 차이와 반복에서는 차이소 자체를 라이프니츠의 모나드와 같다고 했다.

5 허버트 크루그먼(Hervert E. Krugman)은 『Three Hit Theory』에서 "광고효과를 위한 최소 3회 이상의 매체 노출이 소비자 구매를 위한 임팩트에 효과가 있다"고 주장함에 따라 디자인 역시 일정한 레이아웃에 의한 반복적인 노출의 필요성을 강조하게 되었다. 하지만 이러한 일방적인 이론적 근거에 의해 발생하는 소비자 주체가 지니고 있는 비물질적인 신체로서 끌림체의 '지루함'에 대한 방안은 아직 아무런 단서를 제공하지 못하고 있다.

6 빛 에너지를 보기 위한 명상, 선도, 갖가지 방법론을 의미한다.

7 필자의 논문인 「광고 표현의 '스며듦'」(2015. 12), 한국상품문화디자인연구.

8 라이프니츠는 모든 생명체적 주름은 형이상학적인 점인 모나드(Monad)의 불규칙성·불균질성으로 성장한다고 주장하지만, 이 책에서는 두 끌림체의 역동적인 접점에서 생성하는 빛 에너지의 불규칙성·불균등성을 함축하는 생명체, 즉 몸채로 간주한다.

9 Geert Hofstede (1980), *Culture consequences*, Sage, pp. 14-16.

10 라이프니츠의 모나드는 주름 잡힌 곡선의 내부에 구성된 형이상학적인 점을 의미하며, 필자는 이를 눈에 보이지 않는 티끌먼지로 재해석하여 몸채 역시 순간적 끌림의 빛 에너지인 모나드로 파악했다.

11 차크라(Chakra)는 인간 신체의 여러 곳에 있는 정신적인 힘의 중심점이며, 대자연의 빛을 흡수·동화하여 창의적인 빛 에너지를 생성함과 동시에 저장하는 장소를 의미한다. 몸채는 이러한 힘의 원천에서 솟아나는 빛 에너지이며, 이를 통해 객체 간의 끌림에 의한 '접점-크기'의 다양성이 생성된다.

12 굴곡은 생명체가 생성되는 과정 속에 잉태된 형상을 의미한다. 굴곡의 음영짐은 곧 생명체의 주름의 특징을 의미하며, 각 굴곡에 따른 접힘과 펼쳐짐의 몸채의 흔적에 의해 비물질적인 신체인 끌림체가 형성된다.

13 끌림 이미지의 양태성은 불규칙성·불균등성의 굴곡에 의한 접힘과 펼침에 의한 주름진 움직임을 지니고 있으며, 이를 체계화하는 것은 비물질

적인 신체로서 끌림체의 자유분방한 성정에 대한 대전제를 망각한 오류라고 볼 수 있다.

14 눈을 통한 시각, 귀를 통한 청각, 코를 통한 후각, 입을 통한 미각, 살갗을 통한 촉각, 생각을 통한 지각 등의 감각체는 서로가 이미 하나의 눈에 보이지 않은 연합체로서 끌림체를 형성하여 객체를 향한 끌림 홀을 생성한다. 즉 물질적인 신체에 의한 끌림은 기쁨, 두려움, 슬픔, 성냄, 탐욕, 혐오의 감성적인 느낌, 맑음, 흐림, 차고 더움, 건조와 습기의 이성적인 지각, 소리, 색, 냄새, 맛, 성육, 피부접촉욕의 촉감에 의해 생성·소멸한다.

15 중간자(中間子), 즉 메존(meson)은 하나의 쿼크와 하나의 반쿼크로 이뤄진 결합상태이며, 쿼크로 구성되어 있는 입자로서 강입자(hadron)이다. '강입자'라는 이름은 주로 강한 상호작용을 한다는 의미이지만 실제로 전하를 가지고 있는 경우에는 전자기 상호작용을 하고, 또한 약한 상호작용도 한다.

16 후설이 "순수의식의 대상은 질료(質料)와 지향작용(Noesis)과 지향대상(Noema)으로 이뤄진다"라고 말한 바와 같이 순수의식 이전은 초월론적인 감각 끌림으로 현실공간에서는 단정할 수 없는 분위기로서 끌림 배경이라 할 수 있다.

17 끌림이 이뤄지는 지층—감각, 촉각, 시각, 지각, 청각, 후각, 의식—가운데 한 곳으로 몰입이 이뤄질 때 생성되는 절대 감(絕對感)으로서 '의식-각'을 의미한다. 이 책에서 끌림은 물질적인 신체를 어떻게 훈련하느냐에 따라 끌림이 지니는 몸채 에너지, 즉 비물질적인 신체인 끌림체의 구성이 바뀌는 것을 강조한다.

18 의지는 본질적인 자유, 즉자적인 자유, 대자적인 자유, 즉자대자적인 자유를 사유하는 지성적인 자유를 추구하는 가운데에서 생성하며, 의식 각은 의지에 의한 최상의 끌림 층위라 할 수 있다.

19 '의식-각'이 의식의 흐름을 통제하는 이성적인 힘을 지니고 있다고 본다면, 어떠한 이성적인 논리도 이 '의식-각'의 고양된 이성에 의해 판단한

다고 볼 수 있다. 따라서 의식 끌림은 근본적으로 '의식-각'의 정신적인 층위에 의해 생성하는 것임을 강조한다.

20 끌림 홀은 끌림이 생성되는 순간 발생하는 토네이도(Tornado)의 동태적인 에너지로서 몸채의 역동적인 다양한 '끌림-주름'이다.

21 언어의 주술성은 언어의 매체적인 성격을 벗어나 언어 자체가 지니고 있는 고유한 에너지를 의미한다. 언어(말 또는 의미)가 생명체인 몸과 오랫동안 친숙하게 되면, 몸은 어느새 언어가 지니고 있는 힘에 의해 바뀌게 되며, 비물질적인 신체인 끌림체 역시 언어의 주술적인 힘에 영향을 미치게 되어 다양한 동태적인 '끌림-주름'을 형성하게 된다.

22 사회학자인 니콜라스 루만은 세포의 자기 관계적인 교환체계(Autoiesis)를 대인 커뮤니케이션의 전제적인 조건으로 수용했다.

23 패턴(Pattern perception)은 끌림체의 몸채가 발생하는 순간 이뤄지는 다양한 형질, 기질, 유형의 '얽힘-뒤섞임'으로 구성된다. 즉 감각과 의식, 감성과 이성, 즉자와 대자, 시각적 사고, 언어적 사고, 촉감, 소리, 향기, 맛 등에 의해 리듬 패턴의 탄력성과 유연성이 바뀌게 된다.

24 들뢰즈는 자신의 책 『차이』에서 지속 가능성(Sustainability)에 대해 "예술과 모든 문화영역에서 갖춰야 할 덕목으로 생물 다양성, 문화적 다양성, 인류의 복지를 근간으로 창작이 이뤄져야 한다"고 강조함으로써 인간중심주의, 기술합리성, 목적합리성의 추구를 비판했다. 필자는 신체가 이미 오랫동안 문화 환경에 익숙하여 주체 스스로 문화적인 '끌림-패턴'에 빠져 있음을 강조한다.

25 '의식 얼개'는 매 순간 바뀌는 의식의 흐름을 연속성의 '끌림-주름'이 아닌 단일적인 차원으로 분리하여 조작하는 끌채의 일회성을 의미한다.

26 생물학자인 마투라나와 바렐라가 제시한 세포의 자기생산 개념인 아우토포이에시스(Autopoie-

sis)에서 새로운 물질은 다음과 같은 3가지 방식에 의해 세포막에 포함되거나 제거된다고 주장했다. 첫째, 세포 간의 소포의 융합은 소포 내부 물질을 분비할 뿐만 아니라 소포막의 물질을 세포막에 포함시킨다. 세포막은 훗날 소포가 되는 수포를 형성하기도 한다. 둘째, 세포막이 관상구조를 가지고 있다면, 관에서 나오는 물질은 세포막 속으로 흡수될 수 있다. 셋째, 비록 세포막 내부에 수성물질의 농도가 낮다고 하더라도(안정된 세포막 구성물은 물에 잘 녹지 않는다) 이러한 수성물질에서 분자 교환이 가능하다. 위 모든 경우에서 세포막의 장력은 물질의 교환 비율에 영향을 미친다. 일부 세포에서, 특히 매끈한 형태를 가지는 세포에서 세포막의 장력 및 면적은 각각 탄력성 및 유동성과 관련이 있다. 시간에 대한 연관성은 '항상성'이라고 하며, 즉 시간에 대해 면적이나 장력이 얼마나 일정한가를 의미한다.

27 '기질지성(氣質之性)'이라고도 하며, 동양철학에서 빠지지 않는 용어로서 인간의 품성에 관한 특성을 고찰하는 가운데 나타나는 두 가지 성품을 의미한다. 자연은 그 자체로 무위(無爲)의 순수 자연의 성정을 의미하며, 기질은 유위(有爲)에 의한 성정을 의미한다.

28 장 보드리야르(2000), 배영달 옮김, 『사물의 체계』, 백의, pp. 23-95.

29 의식은 매 순간 다양한 유형의 차원에서 해석작용을 하고 있다. 여기에 맞추어 주체의 창의적인 활동은 무한한 끌림체의 변형과정에서 생성하는 몸채 에너지에 의해 이뤄진다.

30 천문학에서는 블랙홀과 화이트홀로 연결하는 통로를 의미하며, 이 책에서는 객체 간의 끌림이 발생할 때 일어나는 '끌림 홀'을 의미한다.

31 장 보드리야르(2000), 배영달 옮김, 『사물의 체계』, 백의.

32 끌채는 끌림이 생성되는 순간 여과하는 외부의 투명유리 같은 순수성, 객관성, 차단성, 객관성을 지닌 가운데 여과기능을 수행한다. 끌림 홀은 끌채에 의해 생성된 끌림체이며, 끌림체의 다채로운 내용물은 몸채, 즉 빛 에너지에 의해 '주름-겹침'의 배치와 분위기가 이뤄진다.

33 시뮬라크르(Simulacre): 장 보드리야르가 사용한 용어로, 대중생산과 대중매체, 인터넷과 사이버매체 등에는 존재하지 않는 것을 실제 존재하는 것처럼 느껴지게 하는 모든 것을 지칭한다.

34 미메시스(Mimesis)는 직역하면 '모방'이라는 의미를 지닌 서양철학의 개념이며, 이는 플라톤이 제창한 '자연계의 개체는 이데아의 모조'라는 티마이오스(Timaimos)라는 개념으로부터 시작한다. 아리스토텔레스는 이 개념을 미메시스가 인간의 본래의 마음이며, 미적 기교방법의 양식이 되고 있다고 했다.

35 야마다 리에이는 『광고 표현의 과학화』에서 광고 임팩트는 0.4초의 순간적인 포착에 의해 결정된다고 주장했다.

36 메를로퐁티(M. Merleau-Ponty)는 아래의 도표를 1부터 마지막 '지금'의 궁극적인 시점으로 갖는 일정한 간격에 이르기까지 점차 증가한다. 1, 2, 3 그런 다음 (이 지속되는 지점의) '지금'을 더 이상 경과하지 않는 끌림 양상들의 계열이 시작되어 이중적 연속의 끌림 양상 1', 1″, 2'로 시뮬라크르의 환상적인 끌림 이미지를 제공한다.

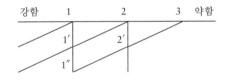

지평선: '지금 이 순간'의 끌림 계열
사선: 나중의 '지금 이 순간'에서 파악된 동일한 '지금 이 순간'들의 연속적 끌림들
수직선: 바로 '지금 이 순간'의 지속적 끌림

37 점액질: 조용하고 냉정하며 느리고 태평한 성질을 지니고 있으며, 끌림 홀이 매듭질인 경우에는 서서히 끌림 홀이 이뤄지는 개성이라 할 수 있다.

38 담즙질: 열렬하고 급하며 능동적이고 실제적이고 의지가 강한 성질을 지니고 있으며, 끌림 홀의 매듭질에서는 직선적이고 강한 끌림 홀이 이뤄지는 개성이라 할 수 있다.

39 우울질: 침침하고 어두운 기질로 표현되지만, 다른 모든 기질 중에서 가장 뛰어나다. 끌림 홀의 매듭질에서는 두텁고 완만한 곡선이 골고루 분포되어 있는 개성이라 할 수 있다.

40 다혈질: 온화하고 낙천적이고 생기 있고 모든 것을 즐기는 기질을 지니고 있으며, 끌림 홀의 매듭질에서는 가느다란 곡선의 생기 있는 끌림 홀이 이뤄지는 개성이라 할 수 있다.

41 박정순(1997), 『대중매체의 기호학』, 나남출판, pp. 298-304.

42 대니얼 챈들러(2006), 강인규 옮김, 『미디어 기호학』, 소명출판, pp. 139-143.

43 이정우(2003), 『사건의 철학』, 철학아카데미, pp. 215-226.

44 R. G. Collingwood (1977), *Philosophical Method*, Clarendon Press, pp. 21-33.

45 Ibid., pp. 51-53.

46 이정우(2003), 『사건의 철학』, 철학아카데미, pp. 242-246.

47 韓國周易學會(1996), 『周易과 韓國易學』, 범양사, pp. 21-27.

48 나가다 히사시(1991), 심우성 옮김, 『역과 점의 과학』, 동문선, pp. 181-188.

49 한규성(1996), 『역학원리강화』, 예문지.

50 신동준(2007), 『주역론』, 인간사랑.

51 尹眞人(2005), 이윤회 옮김, 『性命圭旨』, 한울.

52 韓國周易學會(1996), 『周易과 韓國易學』, 범양사.

53 전기순(2002), 「광고 표현의 '끌림'」, 한국광고학회.

54 Marieke de Mooij (2005), *Global Marketing and Advertising*, Sage, pp. 89-101.

55 Ibid., p. 231.

56 Duane R. 5 Edition (2002), *Applied Social Research*, Harcourt College, p. 26.

57 질베르 뒤랑(1998), 진형준 옮김, 『상징적 상상력』, 문학과 지성사, pp. 86-89.

제5부 끌림 이미지의 자연적 상징성

제1장 광고 커뮤니케이션의 자연체계

1 소비의 자연체계

1) '잡고-놓아줌'

[도표 52] 끌림 이미지의 '잡고-놓아줌'
CF(Catch-Free): 잡고-놓아줌, O(Object):
객체, O1(Object1): 객체 1, f(filter): 끌채,
f1(filter1): 끌채 1, WL(Wrinkles Layer): 주름
겹침, T(Territory): 영토

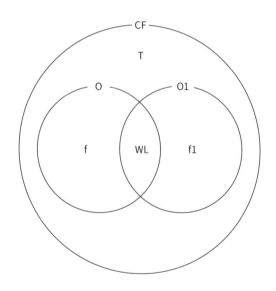

화분 위의 화초, 쓰다 남은 볼펜, 낡아서 오랫동안 방치해둔 노트, 창문가에 있는 방충망 등 평상시 전혀 관심을 두지 않았던 대상에 대해 순간적인 애착을 느낀 적이 한 번쯤은 있었을 것이다. 눈에 끌린 대상을 잠깐이나마 살짝 '잡아서' 한동안 이리저리 쳐다보다가 다시 제자리에 '놓아준'다. 일

상생활 가운데 자연스럽게 일어날 수 있는 끌림의 '잡고-놓아줌'이다. '잡고-놓아줌'은 대상에 대한 더 강한 애착을 지닐 때 나타난다. 애착은 또 하나의 끌림을 만들어냄과 아울러 느낌에 대한 감성적인 행위를 지니고 있다. 감성적인 에너지의 창의적 행위, 곧 소비자 주체는 소비행위를 하는 가운데 느끼는 행복뿐만 아니라 주어진 현실 속에서 또 다른 감성적인 끌림을 통해 안정을 취하고 있음을 알 수 있다.

'잡고-놓아줌'이 반복적으로 일어나고 있음에도 그 자체에 아무런 의미를 발견하지 못하는 이유는 삶의 이유를 현실적인 권력, 명예, 재화, 소유 등의 신체적인 욕구에 더 치중하고 있기 때문이다. 길거리에서, 집에서, 학교에서, 회사에서 줄곧 양손은 가만히 있지를 못하고 '잡고-놓아줌' 혹은 '접고-펼침'의 행위를 반복한다. 간혹 한가할 때는 볼펜을 한 손으로 들고 돌리기를 하는 것 역시 '잡고-놓아줌'의 반복이며, 이와 같은 행위는 소비자 주체의 끌림체에 의해 다양하게 형상화되어 눈앞에 나타난다.

아무런 생각이 없는 가운데 이뤄지는 선험적인 차원의 '잡고-놓아줌'에서 끌림 홀의 쉼 없는 부드러운 리듬 에너지를 파악할 수 있다. 또한 갑자기 어두운 곳에서 밝은 섬광이 번개처럼 번쩍거리며 대상과 부딪칠 때의 지향성은 '끌림-잡힘'이 이뤄짐과 동시에 '끌림-놓아줌'이 이뤄진다. 매우 짧은 순간에 나타나는 '잡고-놓아줌'은 대상 자체에는 어떠한 물리적 자극이 없는 상태에서 짧게 끝나기 때문이다.

'잡고-놓아줌'은 대상 끌림에 대한 반복적인 행위를 통찰하는 가운데 포착되는 소비자 주체의 순간적인 '끌림-리듬'의 에너지다. 이때에는 강한 리듬 끌림의 '잡고-놓아줌'이 외부대상에 대한 아무런 자극을 주지 못한 가운데 일어나는 내적 끌림 현상이며, 이러한 반복적인 진행 과정은 마침내 외적 끌림 대상을 발견하고자 하는 역동적인 끌림 리듬의 에너지를 제공한다. 부드러운 리듬과 역동적인 리듬이 매 순간의 강도에 따라 멜로디의 화음이 바뀌게 되는 것을 느낀다는 것은 기계적인 일상의 삶에 벗어난 가운데 느끼는 선험에 의한 '끌림-리듬'의 즐거움이라 할 수 있다.

오랫동안의 반복에 의한 '잡고-놓아줌'은 어떤 특별한 사건 속에서 만

들어지는 것이 아닌 소비자 주체의 끌림체가 만들어낸 선험적인 사고에 의한 몸의 현실태라 할 수 있다. 서로 처음 만나는 사람이거나 오랜만에 만나는 사이일 경우 의식작용에 앞서는 끌림의 강한 에너지에 의해 악수를 한다. '잡고-놓아줌'이 지니고 있는 자연스러운 끌림 작용은 하나의 문화로 성립되는 미적 가치로 몸동작에 직접적인 영향을 주게 된다.

지속적인 관계를 통한 만남은 눈에 보이지 않는 미적 가치로서 '잡고-놓아줌'의 끌림 공간을 끝없이 재생산하고 있다. 과학적 선형이 요구하는 지향성은 '잡고-놓아줌'의 리듬이 지니고 있는 굴곡의 하모니를 간과한 가운데 인식한 이성적이고 기계적인 사고라면, 끌림 대상을 자신의 몸 가까이에 두고자 하는 본능적인 행위는 '잡고-놓아줌'의 '폭'과 '깊이'가 소비자 주체의 고유한 끌림체의 감성적이며 선험에 의한 자연스러운 리듬의 향연이다. 리듬 공간은 몸이 '잡고-놓아줌'을 할 수 있는 최소 단위의 '끌림 홀'을 의미한다. 최소한의 공간이 지니고 있는 '끌림 홀'은 결국 물질적인 눈이 '잡고-놓아줌'의 사태를 만들어줌으로써 두 눈과 양손에 의한 최소 단위의 고유한 '끌림-영토'로 경계되어 나타난다.

눈의 표정에서 이미 '대상 끌림'에 대한 자연스러운 의사를 표현할 수 있는 것은 물질적인 소유개념으로서 '여기-갖고 있음'이 아닌 바로 존재적인 차원으로서 '여기-있음'에 대한 존재적인 가치에 더욱 깊이 있는 인식을 지니고 있을 때 이뤄진다. 눈을 통한 시각적인 행위는 그 자체가 바라봄, 쳐다봄, 응시함, 살펴봄 등의 다양한 눈동자의 표정을 자아낸다. 그 가운데 끌림 대상에 대한 '잡고-놓아줌'은 어떠한 시각적인 행위에 해당되지 않는 존재적인 시각에 의한 작용에서 발현된다. 겉으로 드러나지 않는 시각적인 행위로서 존재시(存在視)는 그 자체가 '잡고-놓아줌'의 음영으로 투영된 굴곡에 의한 주름이다.

끌림 대상은 '늘-거기-있음'에 대한 동경이며, 아름다운 주름으로 남는다. 특히 무용수가 몸을 통해 자신의 '리듬-끌림'을 표현하는 것은 내부 바라봄에 의한 바깥 끌림의 표현이며, 몸 주위에 있는 무한한 공간을 '잡고-놓아줌'이다. 자신의 내면 깊숙한 곳에서 움직이는 몸채를 따라 움직이는 몸의 다양한 동작은 우주공간을 잡으려고 하는 춤사위의 주름 리듬이며, 특히 종교적인 색채를 띠고 있는 승무의 춤사위는 그 자체가 내면의 무념무상을 통해 텅 비어 있음을 바깥의 허공과 하나 됨을 보여준다. 이것은 몸 그 자체가 물질적인 몸이 아닌 빛 에너지(몸채)로 형성된 끌림체이며, 허공을 '잡고-놓아줌'의 반복적인 끌림 행위가 지어낸 끌림 홀의 '리듬-끌림'이다. 몸은 이제 하나의 거대한 손으로 변하여 우주를 향한 '잡고-놓아줌'의 반복에 의한 순수 끌림의 영토 확장이라 할 수 있다.

이처럼 존재시는 늘 자신의 끌림이 지향하는 방향으로 끝없이 '잡고-놓아줌'을 반복하며 영토를 확장하는 반면 물질적인 신체에 의한 공간적인 제한은 '잡고-놓아줌'의 행위를 우주의 바깥으로 표출하는 해방이 아닌 내면적인 자아 끌림으로 통제하는 수단으로 바뀌게 한다. 끌림시는 신체 살갗의 바깥과 내면에서 살아 움직이는 몸채의 객체지향이다. 몸채는 순간적으로 나타났다가 사라지는 부분 없는 전체로서 물질적인 신체의 살에 잠시 머무는 동안 존재시의 '잡고-놓아줌'이 생긴다. 물질적인 쾌는 이러한 몸채의 존재 끌림에 의한 '잡고-놓아줌'에 순수성에 앞서 물질 차원의 소유적인 '잡고-놓아줌'이 선행하는 것은 자연스러운 지각 끌림이라 할 수 있다.

　몸채가 지니고 있는 '잡고-놓아줌'은 끌림의 순수와 지각을 통해 창의적 행위를 만들어내는 에너지라 할 수 있다. 끌림 대상을 잡는다는 것은 주어진 물질적인 잉여성의 영토에서 이뤄진다. 잉여성의 끌림 영토가 없는 가운데 대상을 잡는다는 것은 언어가 지니고 있는 의미 자체가 성립하지 못한다. 신체의 눈[肉眼]을 통해 확인이 가능한 공간이 있는가 하면, 육안으로 확인되지 않는 내면세계의 심안, 영안의 공간이 있다. 따라서 끌림 공간은 소비자 주체가 살고 있는 현실적인 환경, 즉 배경의 잉여성과 그에 따른 정신적 배경의 영토를 의미한다.

　동일한 대상도 환경에 따라 달리 보이는 것은 현실적인 공간과 정신적인 공간의 끌림 공간이 지니고 있는 '잡고-놓아줌'의 영토성에 의한 주체 자신의 끌림 응축과 팽창이 다르게 때문이다. '잡고-놓아줌'의 끌림 리듬은 환경이 지니고 있는 문화, 가치 그리고 습관에 의해 드러나는 응축과 팽창으로서 '붙잡을 때', '힘껏 잡을 때', '살짝 잡을 때', '부드럽게 잡을 때', '꽉 잡을 때', '양손으로 잡을 때' 등 '끌림-잡힘'의 강도와 세기를 함의한다.

　끌림 공간에서 대상을 직접 잡지는 않았지만 몸이 지니고 있는 소유적인 감각에 의해 동시에 '잡고-싶은'의 끌림시로 바뀌게 된다. '잡고-싶은'의 끌림시는 대상과의 합치를 요구할 때 느껴지는 선험적 감각 끌림이다. 단지 대상은 이러한 소비자 주체가 지니고 있는 내면적인 소유 욕구가 '따가운 시선'을 통해 감지할 뿐 더 이상의 물리적인 압박을 갖지 못한다.

　끌림시의 이러한 끌림 작용은 대상에 대한 끝없는 열정 또는 향연으로서의 '잡고-놓아줌'의 리듬에 의한 반복적인 여정임과 동시에 신체적인 몸의 끌림 감각으로 자리 잡게 한다. 이러한 현상은 마침내 자신의 정체성과 동일한 위치에서 해석하고자 하는 소비자 주체와 대상과의 일체적인 균형으로 나아가게 한다. 즉 시각 이미지가 끌림 이미지로 전환되는 가장 중요한 순간은 소비자 자신이 마치 시각 이미지에서 나오는 동일한 대상과의 일체적인 균형 상태로 유지될 때 이뤄진다.

객체와 객체 간의 지속적인 동일성을 위해 소비자 주체의 현존재에 대한 개별자로서의 불안한 상태를 안정된 상태로 전개되는 '잡고-놓아줌'의 끌림 과정이 지속된다. 또한 소비자 주체가 심리적인 불균형상태를 느끼게 되면 끌림 대상과의 합일을 위해 '꽉 잡고 놓아주지 않으려는 끌림'의 몸채를 느끼게 한다. 하이더(Heider)가 말한 균형이론이 끌림 현상에서 거론될 수 있는 것은 이러한 불균형의 심리 지평을 끌림 차성에 의해 '잡고-놓아줌'의 심리적인 리듬의 굴곡이 선험적인 끌림 차원에서 반복적으로 이뤄지기 때문이다.

인지부조화에 의한 심리적 불균형상태는 지속적인 '잡고-놓아줌'의 끌림을 통해 인지적인 부조화를 감소시키려고 노력한다. 소비자는 심리적으로 주어진 환경에서 심리적인 불균형보다는 심리적인 균형을 좋아한다. 백화점에서 느끼는 외부환경의 아름다운 광경은 소비자의 내적 '초라함'이라는 심리적인 불안감을 더욱 가중시켜 마침내는 대상을 소유하고자 하는 '꽉 잡으려는 끌림'으로 지향하게 된다.

이러한 심리적인 차이를 통한 갈등은 대상에 대한 강한 집착에 의한 물질적 욕구의 행위에 해당하지만, 끌림 자체가 지니고 있는 선험에 의한 '잡고-놓아줌'은 어디까지나 끌림 대상과 주체 간의 균형을 갖기 위한 미적인 기제다. 즉, 끌림에서 '잡고-놓아줌'이 지니고 있는 모든 리듬의 제반 현상은 물질적인 끌림 차성이 지니고 있는 선형적인 '주고-받음'이 아닌, 심미적인 순수한 차성에 어우러지는 판타지적인 끌림의 리듬이라 할 수 있다.

'사로잡다', '홀리게 하다'는 끌림의 지향은 마침내 육체적인 수동성으로 대상에 깊숙이 빠진 상태를 의미하지만, 이는 끌림이 지니고 있는 순수 차성의 주름의 '잡고-놓아줌'의 머무는 정도를 의미하며, 끌림 대상과 소비자 주체와의 지속적인 상호작용의 긴장감을 요구하고 있다. 끌림체의 긴장감은 주체 자신이 지니고 있는 모든 지식과 감성적인 영역을 송두리째 빼앗을 정도로 강한 '굴곡-꺾임'이 이뤄지게 하는 끌림 에너지로서 상호 간의 지속적인 합치, 즉 '하나-됨'을 지향한다.

대상 끌림에 대한 사로잡힘은 이미 몸채가 지니고 있는 각 차성의 영역에 대한 구분이 사라진 상태에서 이뤄진 '사로잡혀서-빠짐'의 혼돈상태를 의미한다. 그동안 간직해온 모든 정념과 가치, 습관 등이 송두리째 빼앗겨버린 상태이며, 이때에는 순수한 의미의 즉자가 아닌 대자 차원의 '양여(讓與)'로서 모나드의 '텅 빈 상태'로 나아간다. 양여는 '바라는 것 없이 그대로 돌려주는 것'으로서 소비자 주체가 지니고 있는 의식 지평에 대한 전환점을 바꾸어줌과 동시에 지금까지의 고정적인 관념에 의한 의식 지평[1]에 대한 새롭게 창의적인 '끌림-에로-펼침'의 겹주름이 지워지는 순간적인 끌림이다.

　순간이 지니고 있는 시간의식은 과거·현재·미래에 대한 인식이 순간적으로 소멸하는 수직적인 높고 낮음의 겹침 주름에 의한 끌림이다. 이때 느껴지는 시간은 일반적인 통념의 흐름을 의미하지 않는 소비자 주체의 주관에 의한 정지를 의미한다. 지나가는 시간은 자신의 의식 흐름과는 무관하며, 잠시 시간이라는 물리적인 흐름에서 벗어난 또 다른 초월론적인 의식 지평으로 향하고 있다. 좌측에서 우측의 시간 주름에 의한 수평적인 겹침은 과거 기억의 회상을 통한 자기 현존의 순간 겹침을 의미하지만, 높고 낮음의 수직적인 겹침은 정신과 물질, 영혼과 이성, 신과 인간이라는 이분법적인 사유구조에서의 영원성의 초월론적인 주관[2]을 넘어서는 영토[3]의 겹침을 의미한다.

　라이프니츠 주름의 이층집에서 높고 낮음의 두 층은 단 하나의 같은 세계다. '파사드(facade)-물질'은 아래로 가고, 반면에 '방-영혼'은 위로 오른다. 이때 두 층 사이를 지나가는 주름은 스스로 분화하면서 분산된다. 크기와 무게에 따라 주름이 형성되어 두 개의 층으로 분화 및 분절된다. 이와 마찬가지로 끌림의 사로잡힘은 겉으로 보일 때는 정지되어 있지만, 내면의 주름에서는 끝없는 분화와 분절을 통한 의식의 끌림 지평이 교체된다. 이 과정에서 새로운 초월론적인 끌림 지평이 생기게 되며, 또 다른 주름 겹침에 의한 겹주름이 생성된다.

　또한 수평적인 시간에 의한 겹침 주름은 물질과 영혼, 파사드와 닫힌 방, 외부와 내부를 분리시키거나 또는 그 사이를 몸채의 끌채를 통해 통과

하는 사로잡힘이다. 끌림 객체로서 끌채를 통해 외부와 내부의 통제하는 몸채의 생성이야말로 소비자 주체에 대한 획일성이 아닌 개성적인 창의의 세계를 열어주게 된다. 몸채는 사로잡힘에 의해 더더욱 새롭게 진화하며, 창의적인 주름으로 바뀌게 된다.

라이프니츠의 모나드가 지니고 있는 주름의 형상은 정신적인 풍경의 존재적인 '양태(樣態)'이자 미학적인 '양식(樣式)'이다. 몸채는 주름을 통한 양태적인 풍경을 그릴 수 있도록 순간적으로 나타났다가 사라지는 끌림 에너지다. '잡고-놓아줌'은 그러한 몸채의 순간적인 나타남에서 비롯되는 주름을 변형시키는 창의 에너지로서 몸채의 나타나고 사라짐이라는 대전제 속에서 끌림이 지니고 있는 다양한 양태성을 파악하는 데 매우 중요한 에너지의 원동력이라 할 수 있다.

간혹 시각 이미지의 강력한 흡인력으로 인해 간혹 소비자 중심의 냉정한 개성적인 끌림에서 벗어나 수동적인 입장으로 바뀌어버리는 '사로-잡힘'의 끌림이 있다. '사로-잡힘'의 끌림 에너지는 소비자 주체의 개성적인 시각이 아닌 대상에 의해 수동적인 입장에 처해 있을 때 순간적으로 나타난다. 소비자 개성이 지니고 있는 모나드의 수직적인 겹침 주름의 양태성이 시간과 환경에 맞추어 어떠한 대상에 '사로잡혀 있느냐'에 따라 객체가 지니고 있는 양태성으로 순식간에 동화·흡수되어 자신의 끌림 홀에 영향을 미치게 되다.

오랫동안 지니고 있는 자신의 끌림체에 변화를 일으키는 '사로-잡힘'은 신체 고유의 끌림체에 대한 모든 부분을 통제함과 아울러 새로운 소비자 주체로서 다시금 자신의 아름다움으로 발전시킨다. 즉, 끌림체가 지니고 있는 빛 에너지인 몸채는 끌림의 대상과 반복되는 대상에 따라 얼마든지 바뀌어갈 수 있는 개연성을 늘 함께 지니고 있다. 간혹 이러한 변화의 과정에서 생명의 활력과 새로움이 역동적으로 움직이게 되고 창의를 향한 긍정적인 힘이 생성되는 소비자 주체가 있는가 하면, 전혀 아무런 미동도 하지 않는 소비자 주체의 끌림체 또한 있는 것도 간과할 수 없는 개성적인 끌림이라 할 수 있다.

대상에 의한 '사로-잡힘'은 소비자 주체 스스로를 언제든지 새롭게 이해하고 수용할 수 있는 가능성을 지니고 있으며, 그동안의 반복에 의해 주름진 모나드의 굴곡들에서 새로운 주름 자국을 만들 수 있는 '바탕', 즉 '터'가 만들어진다. 몸채는 '사로-잡힘' 바탕이 지니고 있는 '터'에서 본질적인 몸채의 긍정적인 변화와 태도 속에서 끌림 홀의 역동적인 에너지가 바뀌면서 진화한다. 이러한 진화과정에서 빛 에너지의 생명력이 충전된다. 끌림의 '잡고-놓아줌'의 양태 가운데 대상 '사로-잡힘'은 대상 끌림에 대한 긍정 혹은 적극적인 받아들임의 무조건적인 수용의 결과이며, 능동적인 끌림의 양태성을 생성시키는 것에 적극 동참한다.

또한 소비자 주체로서 끌림의 '잡고-놓아줌'은 상호작용의 균등한 에너지에 의한 '끌려가고-끌어당김'이 발생하기도 한다. '끌려가고-끌어당김'의 지속성은 줄다리기를 통한 힘겨루기에서 볼 수 있듯이 끌림의 주체가 누구이냐에 따라 전혀 다른 끌림 현상이 나타나게 된다. '끌려가고-끌어당김'의 근본적인 양태는 양자가 지니고 있는 끌림 홀의 중심 에너지에서 비롯된다. 이것은 또다시 '바라-봄'에 의해 발생하는 '사로-잡힘'의 한 줄 이음 끌림에서 '서로-바라-봄'에 의한 두 줄 이음 '끌림-끌려짐'의 겹주름이라 하겠다.

따라서 어떤 끌림의 상관관계 속에 서로 다른 끌채의 위치를 가질 수 있는 것은 그 몸채의 '끌림-끌려짐'이 서로 다른 양태성의 차이를 지니고 있기 때문이다. 이때 동일한 끌림 대상도 소비자 몸채의 현실적·초월론적 지향성에 따라 끌채의 역할이 바뀌며, 게다가 순수 끌채, 감각 끌채, 시각 끌채, 지각 끌채의 위치설정에 따른 비중에 필연적으로 연관을 지니게 된다. 끌채는 이러한 '끌림-끌려짐'의 상관관계 속에서 정립되지 않고서는, 즉 몸채가 지니고 있는 끌림이 지향하는 것들이 현존하지 않고서는 전혀 표상되지 않으며, 좀 더 정확히 말한다면 정립될 수 없다.

라이프니츠의 모나드에 대한 부분 없는 전체가 지니고 있는 신적인 존재와 마찬가지로 몸채가 지니고 있는 끌채의 과정적인 변용이 없으면 '잡고-놓아줌'의 끌림에 대한 다양한 현상을 설명할 수 없다. 몸채의 순간성에서 나타나는 선험적 지평과 현실적 공간의 수직적인 지향성과 과거-현재-미래의 지속적인 시간의식 가운데 끌려지는 수평적인 지향성에 대한 충분한 깊이, 그리고 끌림 에너지의 지평과 그에 따른 변양(變樣)에 대한 논의는 필연적이어야 한다.

수평적인 끌림의 시간의식에서 이뤄지는 이음 끌림은 각 이음줄에 따른 '굴곡-꺾임'에서 제각기의 주름진 내용을 가지며, 동시에 각 이음줄의 분절에 따른 수직적인 주름 굴곡의 차이를 지니고 있다. 또한 동일한 대상에 대한 '끌림-끌려짐'의 차이는 시간 객체의 배경이 지니고 있는 공간과 끌채의 과정적인 비중에 따라 순수-감각-시각-지각 끌림에 의한 서로 다른 끌림-차성을 확인할 수 있다.

시각 이미지는 이러한 끌림 에너지의 수동적인 '사로-잡힘'과 '끌림-끌려짐'에 의한 상호관계를 통한 끌림 이미지가 이뤄져야 한다. 특히 시각 이미지에서의 '놓아줌'은 끌림을 지니고 있는 주체 혹은 객체의 배려이자, 여유로움이다. 아무런 끌림이 없는 상태로 돌려준다는 것은 끌림에 의한 속박이라는 구속에서 풀려나는 자유를 만끽할 수 있다. 현대 소비사회에서 이러한 물질적인 풍요를 지니고 있는 상품의 편익은 소비자 주체로부터 '끌려짐의 사로잡힘'에 빠져들도록 하고 있는 점은 좋은 예라 할 수 있다. 자동차, 에어컨, 냉장고, 컴퓨터 등의 소유를 통한 물질적인 편익은 '잡힘-놓아줌'의 끌림 대상에 대한 충성도를 의미함과 아울러 이미 속박된 상태에 놓여 있다.

소비자에게 물질적인 편익을 배제한 상태에서의 삶이란 생각할 수 없으며, 끌림 대상은 일상생활에서 오랫동안 익숙한 가운데 나타난다. 광고 이미지에서 느끼는 소비자의 물질적 욕구에 초점을 맞춘 광고 표현기법과 각종 기획서는 끌림이 지니고 있는 선험적인 사고와는 상반되는 조건화된 이론서로서 어쩔 수 없는 의도적인 양태성의 끌림 이미지를 양산한다. 사진, 키보드와 마우스, 그리고 각종 디자인 도구는 디자이너 자신이 느끼는 정도에 따라 손에 잡히거나 혹은 작업 테이블에 내려놓는 등 수없는 반복을 통해 원하는 시각 이미지가 조건화된 사고의 프레임에서 벗어나지 못하는 가운데 소비자 주체를 설득적 이미지를 만들어낸다.

　이 과정에서 '잡고-놓아줌'이 지니고 있는 광고크리에이터의 끌림 과정은 아무런 선험적 가치와는 전혀 다른 기획서에 충실한 아이디어에 혈안이 되어 그에 적합한 광고 표현에 집착한다. 대표적인 예가 빅 모델 안, 소비자 증명 안이며, 이외의 어떠한 아이디어도 자칫 불안한 가운데 제시하는 경우를 종종 목격하게 된다. 광고크리에이터의 '잡고-놓아줌'은 결국 조건화된 전제에 의한 대상 끌림을 지향하게 되며, 자신이 지향하는 대상 끌림의 완벽한 창의적인 반복과정은 간혹 상품과는 떨어질 수 없는 가운데 소비자 주체를 의식하는 리듬 에너지에 초점을 맞추고 있다.

　주어진 상품의 조건화된 사고의 영토 속에서 손끝에서 느껴지는 '잡고-놓아줌'의 끌림 과정은 광고크리에이터의 신체적인 잉여성이 만들어낸 손과 눈의 복합적인 리듬 가운데 나타난다. 순수 끌림, 감각 끌림, 시각 끌림, 지각 끌림의 새로운 창의의 끌림 홀이 지닌 끌채의 역동적인 회오리 속에서 또 다른 양태성의 끌림으로 변형되어 나아간다.

　흔히 포토샵에서 진행되는 레이어(Layer)를 통한 이미지의 '잡고-놓아줌'은 그 자체가 끌림을 향한 열정적인 행위과정이자 선택에 의한 끌림 에너지다. 레이어(Layer)를 통한 겹침은 빛 에너지의 '접고-펼치는' 과정에서 생기는 주름의 굴곡이 어우러지는 끌림 과정을 직접 눈으로 확인할 수 있는 겹침에 의한 하모니라 할 수 있다. 따라서 모든 광고크리에이터의 창의적인 행위과정이 만들어낸 '잡고-놓아줌'은 앞서 언급한 '굴곡-꺾임', '사로-잡힘'과 '끌림-끌려짐', '접고-펼치는', '리듬-끌림'이 생성한 '끌림-주름'의 인식과정에서 순간적으로 나타나는 융합 끌림이다.

　광고디자인의 조건화된 환경과 마찬가지로 시각디자이너의 창의과정은 주체 자신이 원하는 목적에 따라 서로 다른 주관적인 끌림의 '잡고-놓아줌'이 생성된다. 창의를 위한 아이디어의 한 줄 잇기, 두 줄 잇기의 이음 과정에서 발현되는 끌림 주름은 마치 틸트 업, 다운(tilt up, down), 사물 자체에 의한 순간적인 감동과 같은 반(反)해석적 끌림체의 빛 에너지에 의해 잡히는 순간 살며시 놓아준다.[4] 즉 끌림 대상에 대한 일상적인 '바라봄'

에서 생성된 이미지들은 소비자 주체의 '사로-잡힘'과 언뜻 유사한 의식의 '끌림 접힘'이 주름 겹침 과정을 통해 새롭게 굴곡지어 나타나며, 마치 소비자 생활에서 직접적인 신체접촉을 하는 것과 같이 시각 이미지에 대한 '굴곡-꺾임'에 투영되어 창의적인 끌림 주름으로 느껴지게 된다.

또한 끌림 대상이 만들어놓은 공간에서 실제 소비자 주체의 끌림 이미지는 자신이 직접 그 공간에 있는 판타지적인 착각을 느끼게끔 한다. '굴곡-꺾임'에 의해 새롭게 형성된 끌림 이미지는 지금까지 지니고 있던 끌림체의 끌림 홀이 만들어낸 끌채를 통해 또 다른 '겹침-끌림'의 판타지적인 굴곡의 음영으로 투영된다.

창의적 시각 이미지는 이러한 '잡힘-접힘'의 끌림 과정에서 생성하는 음영의 다채로움에서 솟구친다. 포토샵을 통한 반복적인 레이어의 작업 과정은 그 자체가 끌림이 지니고 있는 '잡고-놓아줌'의 음영이 만들어놓은 환영적인 신비감을 체험하기 위한 손끝의 춤사위이며, 동일한 사진 이미지를 축소, 확대, 왜곡, 자르기, 겹치기 등의 수없는 반복적인 과정에서 최종적인 음영의 투영된 굴곡이 투영될 때 비로소 시각디자이너가 지니고 있는 모나드의 '끌림-잡힘'이 전광석화와 같이 솟구쳐 나타나게 된다.

위의 끌림 과정은 그 자체가 이미 끌림을 잡기 위한 몸부림이며, '끌림 찾기'를 위한 끝없는 빛 에너지의 향연이다. 또한 끌림 이미지를 만들기 위해 대상을 크게 하기, 부분적인 특징을 보여주기, 왜곡하기, 겹치기, 과장하기, 뒤틀리기, 작게 하기, 은유적으로 보여주기, 의인화하기 등의 다양한 기법은 끌림 찾기의 사전적인 체험을 통한 '잡고-놓아줌'을 의미하는 고된 과정이다. 끌림은 스스로 주름 겹침을 생성하는 끌림체이며, 이 주름을 발견하는 과정적인 반복에서 끌림의 양태적인 '잡고-놓아줌'의 행위가 누적되어간다.

또한 '잡고-놓아줌'의 행위의 반복에서 나타나는 '이음-접힘'은 그 자체가 고정적인 상하운동이 아닌 의식과 시간의 흐름과 함께 움직이는 끌림 지향성의 판타지적인 선의 리듬이며, 끌림 이미지를 이차원의 겹침 또는 펼침에 의한 조작적인 행위가 아닌 끌림 리듬이 지니고 있는 3, 4차성의 연결고리로서 창의적인 몸채, 빛 에너지의 선율이라고 할 수 있다. 이로써 일반적인 시각 이미지가 지니고 있는 이차원적 존재는 시각디자이너의 끝없는 창의적인 반복행위를 통해 '이음-접힘'의 자연적인 순수성 끌림의 리듬 세계로 안내받게 된다.

즉, 시각 이미지가 끌림 이미지로 전환되는 순간 이미 시각 이미지는 순전히 상업적인 목적을 위한 정보적인 수단매체가 아닌 꿈과 환상을 소비자에게 제공하는 판타지적인 전달매체로 전환된다. 평면이 주는 단조로움이 마치 소경이 코끼리 다리를 만지는 정도의 막연한 소극적인 끌림으로 여겨질지 모르지만, 소비자 주체가 지니고 있는 모나드에 의해 코끼리의 형상을 '끌림-에로-잡힘'을 향한 연속적인 '이음-접힘'의 향연이다.

이제 평면의 시각 이미지는 평면 자체가 주어진 이차성에서 머무는 것이 아닌 더욱 강한 끌림의 상상적 세계로 이끌어나갈 수 있는 삼차성, 4차성 끌림의 '굴곡-에로-꺾임'이 되어준다. 하나의 시각적인 요소가 더욱 풍부한 상상의 세계로 인도하는 것은 시각 이미지뿐만 아니라 다양한 시각예술에서 발견할 수 있다. 서양화의 역사적인 장르인 사실주의, 인상주의, 후기 인상주의, 초현실주의 등의 갈래에 의한 평면적인 활동은 '끌림-에로-잡힘'을 위한 끝없는 3, 4차성의 끌림 지향을 위한 몸부림이자 그 자체가 작가의 독창적인 자연적인 순수성의 끌림 세계를 만들기 위한 최상의 '잡고-놓아줌'의 반복 속에서 생성된 '이음-접힘'의 주름 겹침이라 할 수 있다.

광고 이미지에서 '잡고-놓아줌'은 소비자 주체의 개성적인 끌림체의 양태성에 따라 '이음-접힘'의 끌림 기운을 다르게 느낄 수 있다. '잡고-멀리-놓아줌', '잡고-가까이-놓아줌'은 소비자 주체마다 다른 끌림 이미지의 양태성을 의미함과 동시에 '잡고-오래도록-놓아줌', '잡고-잠깐-놓아줌'에 따라 끌림 대상에 대한 '이음-접힘'이 갖는 끌림 홀의 회전력과 폭과 거리의 강도를 느낄 수 있다.

또한 '잡고-안에-놓아줌', '잡고-바깥에-놓아줌'은 끌림 대상에 대한 소비자 자신이 소유하고자 하는 자리를 의미하듯 대상에 대한 끌림의 '잡고-놓아줌'에는 끌림 홀의 다양한 양태성을 구분할 수 있다. 이러한 끌림 홀의 양태성 차이로 인해 시각디자이너는 동일 상품에서도 서로 다른 끌림 이미지를 만들 수 있으며, 또한 각 상품이 지니고 있는 끌림체에 대한 양태성을 잘 파악하는 것도 매우 중요한 역할이라 할 수 있다.

선점전략, 브랜드 가치, 포지셔닝, 관여도, 소구점, 타깃 등은 곧 상품의 특징 및 장점을 파악하기 위한 전략적인 마케팅 용어이며, 이것은 이성적인 접근이 곧 감성적인 소비자 주체의 끌림체를 발견하는 데 가능한 용어로 전환할 수 있는 이유가 바로 소비자 개성의 끌림 홀이 지니고 있는 양태성을 객관적으로 전환할 수 있는 보조 역할로서 파악이 가능하다는 점이다. 포토샵, 붓 등의 도구가 시각디자이너의 손끝에서 함께 움직이는 동안 몸과 도구는 하나가 되어 '끌림-보여줌'의 양태적인 주름 겹침의 끌림으로 움직이듯이 끌림 홀의 내적 끌림체는 결국 포지셔닝, 관여도 등의 광고전략의 도구적 수단에 의해 객관화가 이뤄질 수 있다.

테이블 위에 놓여 있는 컴퓨터 화면은 소비자 주체를 위한 자연적인 순수성의 '끌림-자리'이며, 이 도구를 '잡고-움직임-놓아줌'의 끌림체의 양태적인 행위는 끌림 이미지를 창출하기 위한 과정적인 아프리오리의 분위기에 압도되고 만다. 이때 드러나는 모든 움직임은 끌림체로서 광고크리에이터의 독창적인 모나드로서 '이음-접힘'의 '주름-펼침'이라 할 수 있다.

연장으로서 손동작이 이미 끌림체가 함의하고 있는 수없는 얼개의 '주름-펼침'을 보이기 위한 세련되고 부드러움은 모나드의 과정적인 미적 행위라 할 수 있다. 눈에 보이지 않는 끌림체의 연장으로서 손 움직임을 단순한 몸동작으로 파악한다면, 끌림 홀이 지니고 있는 양태성의 주름진 부분을 펼치는 과정과 같은 심미적인 활동이 지니고 있는 '잡고-놓아줌'에 대한 관심을 지니게 한다는 것은 불가능에 가까울 것이다.

자연적인 순수성에 의한 끌림은 수동적인 몸동작에 의해 떠오르는 것이 아닌 '잡고-끌림체-놓아줌'의 반복에 의한 끌림 홀의 생성 속에서 나타난다. 끌림체가 지니고 있는 끌림 홀은 순간적이며, 몸이 지니고 있는 시각디자이너의 주름진 끌림의 양태성에 따라 제각기 다른 자연적인 순수성을 나타낸다. 이러한 창의를 위한 끌림체의 인식을 간과한 광고디자인은 형식에 충실한 지극히 기능적인 분야로 전락하고 만다.

따라서 끌림 이미지의 중요한 점은 창의적인 모나드의 주름진 부분을 현실적으로 어떻게 펼쳐 보일 것인가에 있으며, 이것은 결국 소비자 주체, 광고크리에이터가 지니고 있는 끌림 홀의 '잡고-놓아줌'의 다양성에 있음을 강조한다. 아무런 느낌이 없는 시각 이미지는 소비자 주체가 지니고 있는 몸채를 끄집어낼 수 없는 원인이다. 시각디자이너의 손동작에서 끌림체가 지니고 있는 끌림 홀의 느낌을 자신의 몸에서 파악할 수 없다면 디자인 과정은 매우 지루할 것이다. 왜냐하면 아무런 끌림 없는 손동작은 그야말로 로봇이 움직이는 기능적인 것과 전혀 다를 바 없기 때문이다. 오랫동안 반복된 시각디자이너에게 가장 큰 위험은 이러한 반복에 의해 굳어진 손놀림에서 점점 사라져가는 끌림체의 끌림 홀을 잃어버린 가운데 행위의 반복 속에서 스스로 만족한다는 점이다.

몸이 지니고 있는 끌림체가 사라지면, 스스로에게 생기를 느낄 수 없는 것과 마찬가지로 시각 이미지가 끌림 이미지로 나아가기 위해서는 기능적인 차원의 이성적인 설득 디자인이 아닌 자연적인 순수성을 지닌 소비자 주체로서, 또는 광고크리에이터로서 끌림체의 끌림 홀을 생성할 수 있는 손놀림에서 비롯되는 것임을 강조한다.

2) '끌림 홀-중간자'

끌림은 주체와 주체, 주체와 객체, 객체와 객체가 지니고 있는 각자의 동태성, 양태성, 연속성을 이끌어내는 중간 위치에서 생성한다. '잡고-놓아줌'의 동태적인 역동성은 자연스러운 끌림의 움직임을 의미하며, '관심-무관심'이 지니고 있는 양태성은 끌림의 정적인 상태에서의 느낌을 의미한다.

또한 '접고-펼쳐짐'의 연속성은 그 자체로 끌림 홀이 지니고 있는 끌채의 확장과 응축의 역할을 수행한다. 순수 끌채, 감각 끌채, 시각 끌채, 지각

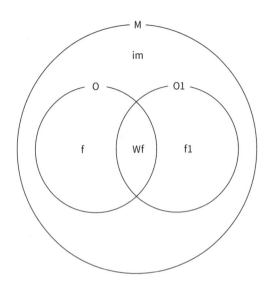

[도표 53] 끌림 홀의 '중간자'

M(Midway): 끌림 홀의 중간자, O(Object): 객체, O1(Object1): 객체 1, f(filter): 끌림 홀의 끌채, f1(filter1): 끌림 홀의 끌채 1, Wf(Wrinkles'fold): 끌림 홀의 '접고-펼쳐짐', im(interval media): 끌림 홀과의 '사이-매체'

끌채는 소비자 주체의 신체적 활동에서 생성되는 아프리오리의 중간자적 끌림 홀이다. 비물질적인 신체로서 끌림체는 부분 없는 전체이며, 생명체의 둘레를 감싸 돌며 스스로 주체와 객체의 중간 위치에 있다. 중간자의 끌림체는 소비자 주체로서 자신의 감각적·정서적이라는 점에 대응하는 자신만의 초월론적인 세계를 지향하고 있다.

이러한 점에서 끌림은 물질적인 신체감각으로서 아프리오리의 끌림 홀로 전이되는 과정적 발생이라 할 수 있다. 즉 주체와 주체, 주체와 객체, 객체와 객체의 중간자적인 '사이-매체'로서 물질적인 신체가 지니고 있는 삼차원 공간의 한계성을 뛰어넘으려는 과정에서 발생한다. 이때 온전히 소비자 주체의 비물질적인 끌림 홀이 주체 혹은 객체와의 연속성에서 우주적인 에너지를 신체로 받아들이게 된다.

예를 들면, 끌림 홀의 감각 끌채는 신체의 여러 감각이 생활환경에서 숨 쉬고 있을 때 촉감보다는 시각에 집중이 이뤄질 경우 나머지 감각은 보조적인 역할을 수행한다. 이때 시각적 끌림은 다른 감각의 양여에 의한 '시각-몰입'의 과정이며, 이 과정에서 모든 감각기능은 시각 끌림의 영토적 확장에 동화·흡수되어 시각 끌채의 확장적인 끌림 홀을 이룬다.

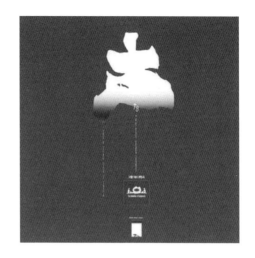

[그림 62] '중간자'에 의한 끌림: 'inner tree'/
Illustrator, 전기순 作.
끌림 이미지의 '중간자'는 객체 간의
순수·감각·시각·지각 끌채와의 '주름-겹침'에
의해 생성된 몸채 에너지다.

    물질적인 신체 감각에 의해 받아들여진 모든 정보는 객관적인 수용 기능을 상실한 착각과 함께 끌림 대상과 공간 속의 객체가 동시에 '시각-몰입'되는 순간 주체와 객체가 하나가 된다. 단지 변화가 이뤄지는 것은 감각에서 시각으로 전이되어 나타나는 끌림 홀에 의한 끌림 대상이 객체에서 '시각-몰입'의 끌림 대상으로 변화하며, 그 변화는 주체 자신 스스로 지니고 있는 끌림체의 '시각-몰입'에 의해 생성한다. 이 생성되는 것이 곧 자연의 순수성을 지니고 있는 끌림 홀로서 중간자(中間子)라 할 수 있다. 즉, 끌림 홀로 인해 주체의 끌림체는 스스로 대상체와 융합함으로써 끌림의 영토 범위를 확장하게 된다.

    물질세계에서 보이는 대상과의 일차적인 양태성은 끌림에 의한 객관적 동일성을 의미하며, 점차적으로 '시각-몰입'으로 인해 보이는 끌림 대상은 더 이상 객체로서 물질적인 대상이 아닌 주체와 객체의 융합에 의한 일체성을 의미하는 자연 그대로의 끌림 홀의 '접고-펼쳐짐'의 판타지적 공간에 스며들게 된다. 끌림 홀의 생성으로 인해 주변의 모든 환경은 '사이-매체'의 새로운 주체와 대상 사이에서 이뤄지는 현실적인 공간으로 나아가게 되어 끌림 홀의 크기와 강도를 통해 끌림의 영토성을 확장시켜나간다.

    루만이 말한 생명 존속을 영위하는 세포와 세포 관계와 같이 중간자로서 상호주관적인 자기 관계적인 체계를 유지하는 것과 마찬가지로 끌림 홀은 이성적인 이해관계가 아닌 자연스러운 순수함 가운데 성장하고 발전하는 관계 속에서 또 다른 '이음-변형체'로 확장된다. 이음 변형체로서 '잡고-놓아줌'에 의한 '이음-접힘'은 끌림 홀의 중간자로서 변형된다. 끌림체마다 이음 간격과 폭, 깊이가 변형될 때마다 새로운 주름 접힘과 펼침이 이뤄지며, 이로 인해 자연 그대로의 순수성이 넘치는 생명체로서 끌림 홀이 생성된다.

이처럼 주체와 객체 사이에는 끝없이 들어오고 나가는 끌림체의 끌림 홀로 인해 각 끌림이 지니고 있는 영토의 지평에 변화가 일어난다. 화이트 헤드의 외연, 내포, 개체, 포착, 그리고 영원한 대상들은 마치 숨 쉬는 호흡처럼 '들어오고 나가는' 모든 활동의 움직임에서 선택되거나 잃게 되는 순간 끌렸던 대상도 또 다른 끌림체에 의해 섞여 전혀 다른 대상으로 보이기도 한다. 즉, 지금까지의 시각적인 끌림에서 중간자가 신체적인 감각 끌채 가운데 청각으로 바뀌게 되는 순간 끌림 대상은 새로운 관점의 관념체로 등장하는 것과 같다.

이러한 변화 가운데 대상 간의 중심을 잃지 않으려고 이음을 단단히 고정시킨 끌림 이음도 어느새 또 다른 끌림체의 관여로 이음에 변화가 일어나 끌림이라는 중간자는 서서히 대상과의 거리를 조정하게 된다. 끌림 이음이 지속적으로 이뤄지는 관계는 '이음-접힘'에 대한 끌림체의 '잡고-놓아줌'의 충성도가 강한 지향적인 양태성을 의미하며, 최종적으로 끌림 홀의 '주름-겹침'이 새롭게 생성된다.

끌림 홀이 지니고 있는 끌채들은 충성도가 강한 지향적인 양태성과 다른 끌림적인 '이음-접힘'들을 걸러냄으로써 소비자 주체의 개성이라는 거대한 '주름-겹침'의 영토 속에서 끌림체의 영토 확장을 통해 주체만을 위한 영원성을 유지하려고 한다. 물, 모래, 자갈 그리고 시멘트는 그 비율에 따라 시멘트의 굳어지는 강도에 차이가 나듯이 끌림이 지니고 있는 자체의 자연적인 순수성에는 아무런 에너지를 지니고 있지 않다. 단지 끌림이 이뤄지는 순간 달라붙는 끌림 홀의 섞임이 얼마만큼의 비율로 적절하게 형성되어 있느냐에 따라 끌림 이음의 '주름-겹침' 탄성이 바뀌게 되듯이 끌림체는 스스로 소비자 주체의 개성에 따라 끌림 홀의 빛 에너지를 지니게 된다.

후설에 따르면 인식대상이 구성되기 이전에 시간 자체가 구성되는 의식의 심층구조에는 의식의 파악작용과 의식대상 간에 이미 상관관계가 주어져 있음을 강조한 바와 같이 끌림 홀의 주체와 객체 간의 상관관계는 다시 시간 흐름이라는 텅 빈 공간 속에서 새롭게 정립된다.

따라서 모든 끌림이 이뤄지는 대상은 체험이 통일적으로 구성되는 내적 시간의식의 끝없는 '이음-자국'으로 남는다. 또한 '이음-자국'으로 인해 생성된 끌림 홀의 양태적인 탄성은 선험의 장과 의식의 장이 구축한 상관관계 속에서 서서히 이성적이며 실제적인 신체의 욕구적인 끌림체로 지향하려고 한다. 자연 그대로의 순수성은 차츰 '이음-자국'의 강력한 이성적인 접착력으로 인해 현실적인 목적성의 흔적을 최대한 증폭시킨다. 시간의식이 만들어낸 침전된 상태로의 세로 방향인 과거지향과 현재와 미래지향의 가로 방향이 교차하는 지점은 주름 접힘과 펼침의 다양한 '리듬-끌림'을 만들어내어 '주름-겹침'이 끌림 대상과 일치하는 경우 더욱 강력한 힘을 제공한다. 동시에 대상과의 거리와 간격이 없는 영토 확장성의 일체감을 느끼게 된다.

결국 시간의식의 교차점에서 드러난 끌림체는 소비자 주체의 현실적인 끌림 접촉점이 아닌 의식 대상 간의 과거지향, 현재지향, 미래지향의 교차에서 드러난 끌림 홀의 강력한 '이음-자국'의 탄성을 지니고 있는 빛 에너지다.

따라서 끌림 홀 자체는 끌채의 '이음-자국'에서 생성된 빛 에너지로서 감각과 지각으로는 체험할 수 없는 초월론적인 선험이며, 생명체 몸의 표피 바깥 또는 내부에서 발생하는 아프리오리의 회오리다. 순간 번쩍하는 번개와 같은 빛인 끌림 홀의 움직임에 대한 포착은 결과적으로 신체적인 느낌을 통해 구체적인 대상으로 떠오른다.

현대과학에 의해 밝혀지고 있는 중간자의 에너지와 마찬가지로 끌림 홀의 상호작용 역시 실제 주체와 대상 사이의 끌림체가 지니고 있는 몸채 에너지를 통해 이뤄지고 있다. 즉 몸채는 주체의 끌채와 대상이 지니고 있 는 끌림적인 요소와의 중간자로서 서로 강한, 약한 상호작용이 일어나는 것을 도와준다. 주체 내부에 생긴 끌림 홀 역시 끌림체에 있는 몸채의 발현 을 의미하며, 살갗의 표층에서 끌채의 투과기능을 통해 몸 바깥의 대상에 포착하게 만든다.

3) '거기-있음'

[그림 63] '거기-있음'에 의한 끌림: 'inner change'/ Illustrator, 전기순 作.
'거기-있음'은 문화적인 객체이자 순수 자연이며, 어떠한 외부의 자극에도 변형되지 않는 정신적이고 미학적인 끌림 홀을 그대로 간직하고 있다.

하이데거는 자신의 저서 『존재와 시간』에서 "문화적 사물들은 단순한 물 질적 덩어리가 아니며, 이것은 문화적 객체로서 정신적이고 미학적인 특정 한 의미를 지니고 있다. 그러나 이러한 의미는 그 의미를 떠받드는 물질적 인 층, 즉 의미의 토대를 이루는 물질적인 밑바탕을 필요로 한다"[5]라고 말 했다. 여기에서 물질적인 밑바탕은 대상으로서 문화적인 의미가 생성되기 전을 의미하는 순수 자연으로서 '거기-있음'이다.

'거기-있음'은 평상시 소비자 주체가 지니고 있는 의식층에서 벗어난 상태에서 '바라봄-보임'이어야 하며, 잠시 대상이 지니고 있는 '거기-있음'의 순수성을 자각했다 하더라도 다시 소비자 주체가 지니고 있는 의식층으로 함몰되는 순간 대상이 지니고 있는 자연적인 순수성은 사라지며, 동시에 의미의 영역으로 환원된다. 하이데거의 시간이 지니고 있는 순간의 의미는 바로 순수 자연을 파악하기 위한 과정적 찰나이며, 소비자 주체가 지니고 있는 시간의식의 해석적 도구로 사용되고 있다.

마찬가지로 끌림 역시 순간적으로 나타나는 '몸채-빛-에너지'의 언어적인 해석일 뿐 끌림 그 자체는 순간에 의해 발현되는 지향성을 지닌 빛 에너지다. 끌림 자체는 신체가 지니고 있는 생리학적 차원에서 발현되는 추상적인 느낌이며, 어디까지나 몸채에 의한 빛의 양태성이라 할 수 있다. '거기-있음'에 대한 순수 자연의 투명성은 소비자의 끌림체가 지니고 있는 의식층의 깊이 혹은 두께를 파악할 수 있으며, 또한 끌림이 지니고 있는 '몸채-빛-에너지'의 반응이 수시로 바뀌는 것을 의미, 가치, 의식 등의 변화로 포착할 수 있다.

겹겹이 쌓인 의식층의 분석적인 시각은 시간이 지니고 있는 순간의식을 통해 여러 다양한 과정적인 의식구조에서 대상을 바라봄으로써 확인할 수 있다. 최종적인 소비자 주체가 지니고 있는 의식체는 전적으로 의식층이 지니고 있는 성분 크기, 깊이, 폭, 밀도, 접착력에 따라 끌림체인 몸채에 영향을 준다. 즉, 소비자 주체가 지니고 있는 의식체는 시간이 지니고 있는 과정적인 흐름에 의해 간혹 순수 자연적인 끌림이 나타났다가 사라지는 현상이 반복적으로 나타난다. '지금-여기'에 마땅한 소비자 주체의 의식체가 정확하게 정위(定位)되지 않는 상태에서의 끌림은 그야말로 애매모호한 끌림 감각으로 단정하는 오류를 범하게 된다.

'몸채-빛-에너지'가 지니고 있는 끌림 그 자체로는 어떠한 느낌이 아닌 몸의 의식 덩어리에 따라 카멜레온의 피부와 같이 신체 살갗에서 변화가 일어나는 피부층과 흡사하다. 신체 바깥인 살갗에 머무르고 있는 몸채는 마치 번갯불과 같이 순식간에 나타났다가 사라지는 신기루와 같다. 각 끌림의 지향성은 소비자 주체의 의식 상태에 따라 빛의 양상으로 바뀌면서 주위의 모든 상품을 '몸채-빛-에너지'로 투사하여 소비자 자신의 끌림체가 지니고 있는 느낌에 의해 순수한 자연의 대상이 순식간에 끌림 대상으로 바뀌게 된다.

현대사회에서 이뤄지는 거의 모든 소비행태는 과거의 상품이 지니고 있는 절대적인 필요성에 의한 생필품의 구입이 아닌 소비자 주체의 끌림체에 의한 순간적인 소비이며, 광고 이미지에 나타난 다양한 끌림 대상의 환상적인 춤사위는 이를 접하는 소비자 주체의 끌림체에 따라 제각기 다른 끌림 대상으로 변화한다. 제품 자체가 지니고 있는 첨단적인 가치에 앞서 또 다른 미적 가치로서의 소비자 주체의 끌림체가 요구하는 끌림 대상으로 동일화하는 것을 주저하지 않는다.

결국 현대의 소비는 광고 이미지가 지니고 있는 환영, 즉 끌림체의 몽환적인 끌림에 의한 구매이며, 구매를 통해 소비자 주체 내면에 쌓여 있는 의식적인 욕구에 대한 만족감을 제공한다. 엄밀한 의미에서 현대사회에서 생산된 모든 상품은 소비자 내면에 숨어 있는 욕구에 대한 현실적인 재화이며, 그동안 만족하지 못한 끌림체에 상응하는 맞춤형의 동일성이다. 곧 소비자 주체의 끌림체를 대신하는 대리물이다.

동종 상품의 다양성 가운데 최종적인 선택은 곧장 소비자 개성에 따른 끌림체에 의한 자연스러운 끌림이며, 이것은 소비자 주체가 지니고 있는 의식 양태성에 의한 결과다. 따라서 소비자 주체의 생활 주위에 가득 찬 상품의 진열은 곧 소비자 끌림체가 지니고 있는 끌림 양상을 펼쳐놓은 끌림 대상이라 할 수 있다. 광고 이미지의 자연스러움은 소비자 주체의 끌림채가 지니고 있는 끌림의 다채로움에 대한 가시적인 결과라 할 수 있다.

숲속에 있는 나무들이 제각기 다른 모습으로 성장하고 있듯이 소비자의 개별적인 소비 욕구는 거대한 숲이라고 하는 집단에 의한 문화, 가치라 지칭하는 많은 나뭇가지에 깊이 빠져 있으며, 소비자 자신의 주체적인 끌림체를 통해 구매가 이뤄지는 순간 새로운 '대상-끌림'으로서 '거기-있음'의 열매가 생성된다.[6]

광고 이미지에 대한 해석적인 연구는 집단적인 소비자 주체의 끌림체에 의한 동조세력에 의해 이뤄지는 것이며, 이로써 공통적인 끌림을 느끼는 것은 소비자 주체의 내면적인 욕구에 의한 독자적인 구매가 아닌 주위의 소비자가 만들어낸 '끌림-환영'의 집단적 '자연-끌림'에 의한 가치구매라 할 수 있다.

　　이러한 집단적인 공통감에 의한 자연 끌림은 이미 끌림이 지니고 있는 환영 속에 갇혀 있는 자연 몸채로서 소비자 주체의 끌림체의 몸채, 즉 빛에너지에 투영되어 다양한 빛을 연출하고 있다. 다른 생명체에서는 발견할 수 없는 몸채의 두께는 오로지 인간에게만 있는 가치로서 문화성을 지닌 살갗의 끌림층이며, 또다시 이것은 소비자 주체 내면에 숨어 있는 욕구의 순수한 끌림과 맞물려 바깥 세계를 지향한다. 가치를 함의하고 있는 끌림층은 주위 환경에 의해 자연스럽게 벗겨지거나 다시 입혀지는, 지극히 바깥환경에 충실한 '자연-끌림'이다. 이것을 통제하고 조절하는 기능은 소비자 주체의 내적 정념(正念)을 통한 정위(定位)에 의한 '바라봄-보임'으로써 '거기-있음'에 있다.[7]

　　외유 끌림에 의한 소비자 구매는 도시 생활이 만들어놓은 다양한 소비공간에서 느낄 수 있다. 한동안 백화점 내부를 둘러보고 있는 동안 느낄 수 있는 끌림은 자연광을 차단한 가운데 인위적인 조명을 통한 환상적인 분위기에서 생성된다. 눈앞에 보이는 고급브랜드는 인위적인 작위를 통한 환영이며, 상품구매와 동시에 소비자 자신이 지니고 있지 않은 금전, 권력, 명예 등 각종 고급브랜드가 지니고 있는 감성적인 인위 끌림의 브랜드 가치를 구매한다.[8]

　　다양한 문화적인 인식 틀에서 벗어난 상태를 의미하는 지고지순(至高至純)의 아프리오리의 끌림 몸채가 생활환경에 따라 전혀 다른 의미를 지니고 있는 것은 끌림 대상이 지니고 있는 근본적인 바탕인 물질적인 구성이라는 점을 간과한 데서 나온 선택이다. 모든 소비자 주체의 끌림은 단지 문화층이 만들어놓은 의식 속에서 자신이 좋아하는 대상 브랜드의 감성적인 가치로 받아들이기 때문이다.[9]

도시 생활세계가 지니고 있는 소비자는 이미 주어진 문화 환경에서 대상을 바라보고 느끼는 것에 익숙해져 있다. 이와 같은 현상은 '자연-대상'과 '문화-대상'에 대한 뚜렷한 구분이 없는 가운데 진행되고 있다. 소비자 자신의 문화적인 정체성에 대한 완전한 이해를 하지 못하는 가운데 끌림 대상에 대한 '바라봄-보임'에 익숙하게 적용되어 있다.

　　이러한 감성적인 현상세계에서 생성하는 끌림의 출발점에 대한 완벽한 이해는 앞서 언급한 끌림 대상이 지니고 있는 가치에 대한 자기 해석적 성찰이 따르지 않고서는 소비자 자신의 문화적인 또는 존재론적인 정체성에 대한 불확실성 가운데 끌림은 늘 떠돌게 되며, 끌림 자체가 지니고 있는 대상 자체의 본질적인 자연스러움에 대한 '거기-있음'에 대한 끌림은 늘 까마득한 느낌으로만 남게 된다. 대상에 대한 자연스러운 순수한 끌림은 어떠한 물질적 · 정신적 대상에 늘 가까이 있으며, 단지 그것을 느끼지 못하는 것은 '자연-순수'에 대한 명쾌한 끌림이 없는 가운데 생기는 소비자 주체로서 끌림체의 불확실한 감성적인 리듬 가운데 생성된 기계적인 무의식의 반복에 의한 끌림 잉여성의 결과[10]라 할 수 있다.

　　광고 이미지는 자연이 지니고 있는 순수로서 '거기-있음'으로 받아들이기 전에 이미 그 밑바탕에는 의미의 정신적인 구성가치로 둘러싸여 있는 끌림 잉여성의 상징적인 결과로 나타난다.

　　이렇듯 '거기-있음'의 '자연-끌림'과는 전혀 상관없는 문화적인 가치로서 광고 이미지는 늘 소비자의 생활세계에 둘러싸여 '의미-끌림'의 조작적인 인위성에 노출되고 있다. 이로써 소비자 주체의 순수 끌림은 차츰 사라지면서 마침내 생활환경이 지니고 있는 인위적인 끌림 객체로서 '자연-대상'일 뿐만 아니라, 마케팅 활동에서는 '문화-대상'으로서 창의적인 끌림에 이르기까지 모든 문화적인 상징성으로 회귀하게 된다.

　　지금까지의 광고 이미지는 상품에 대한 정보전달 및 판매촉진의 역할로 큰 비중을 지니고 있지만, 이제는 시각 이미지 역시 도시 생활세계에서는 매우 중요한 창의와 문화적인 쉼터의 공간이며, 끌림 대상으로서 조작적인 '자연-끌림'으로 받아들여지게 되었다.

이제 자연은 의식이 생성하기 전 소비자 주체의 내면적인 순수의식과 바깥환경의 '문화-대상'에서 만나는 끌림 접점에서 조우하는 '몸채'의 향연으로 전향하게 되었다. 소비자 신체의 최전선으로서 살갗 주위를 맴돌고 있는 빛의 흐름에 의한 대상 끌림은 외부대상을 늘 포용하고 있는 긍정적인 순수바탕에서 생성되는 '거기-있음'의 자연적인 몸채 에너지로 인정하게 되었다.

'문화-대상'에 대한 자연의식은 '거기-있음'에 대한 '바라봄-보임' 속에서 자연적인 대상이 지니고 있는 형태와 색채를 통한 지향성(指向性)과 항상성(恒常性) 그리고 자율성(自律性)과 함께 순리에 의한 조작적 인위의 끌림으로 다가가게 된다. 3가지 형태와 색채 자연이 지니고 있는 생리적인 특징은 이미 오래전부터 인위적인 차원의 조작에서 벗어난 상태에서의 존재론적인 자연적 현상이며, 스스로 그러함이다.

광고 이미지는 이미 그 자체로 형태와 색채를 지닌 자연적인 성질을 지니고 있는 끌림 대상으로 존재하기 위해 늘 고심하고 있다. 시간의 흐름이 만들어놓은 '접힘-펼쳐짐'의 연속성에서 소비자 주체의 '거기-있음'의 자연적인 순수성은 광고 이미지가 지니고 있는 의미의 상징적인 끌림 형태를 통해 소비자 의식을 새롭게 정화시켜나가길 기대하고 있다. 즉, '거기-있음'의 대상적인 끌림 이미지의 형태 언어와 색채 언어의 다양한 리듬의 자율성을 통해 선험적인 끌림 홀을 생성하고 있다. '거기-있음'의 선험적인 끌림의 신비감은 마치 광고 이미지가 상품의 속성을 그대로 드러내지 않고 광고 창의성을 통한 설득과정이 형태 언어와 색채 언어[11]의 자연스러운 리듬에 의한 '거기-있음'의 순수한 끌림으로 소비자의 마음을 움직이게 하려고 하는 것과 같다고 할 수 있다.

이러한 순수한 끌림의 움직임은 형태와 색채 사이에서 이뤄지는 상호교감에 의한 영향 가운데 이뤄지는 지향성이라고 할 수 있다. 또한 역동적인 의식의 움직임은 이미 스스로 중심을 잡으려고 하는 에너지인 항상성을 늘 따라붙게 한다.

이와 같이 지향에 대한 제어기능은 항상성에 있으며, 지향성이 지니고 있는 역동적인 힘을 중도적인 위치에서 조절하는 기능인 자율성을 통해 광고 이미지의 형태와 색채가 만들어놓은 확장, 수축, 긴장, 부드러움 등의 상호 리듬으로 자연스럽게 숨 쉬고 있다. 소비자 주체는 형태와 색채가 지니고 있는 자연, 즉 3가지 성질을 통해 심리적인 에너지로서 지향성에 따른 지혜와 항상성에 의한 생명, 그리고 자율성에 의한 중심이 자연스럽게 소비자 주체의 몸채 에너지를 자극한다.

이러한 강화에 의한 생명 에너지가 커질수록 끌림 이미지는 차이를 지니게 되며, 결국에는 가까이에 있는 시각 이미지 역시 하나의 끌림 이미지로 소비자 주체에게 다가오게 된다. 순수의식을 지니고 있는 자연이 인위적인 조작에 의해 질적인 측면과 양적인 측면이 줄어들수록 광고 이미지가 지니고 있는 자연적인 끌림은 점차적으로 소멸되어 현대 마케팅이 강조하는 자극-반응을 통한 강력한 광고 이미지로 남게 된다. 즉, 창의적인 끌림 이미지가 아닌 설득 커뮤니케이션의 도구적인 차원의 기능만이 살아있는 이미지 변형 매체로 전락하게 된다.[12]

자연이 지니고 있는 본래의 순수성은 어떠한 대상에서도 발견할 수 있는 근본 층으로서 또한 '거기-있음'이다. 소비자 주체와 함께 늘 같이 움직이는 신체는 그 자체가 우주자연과 함께 움직임에도 이를 망각한 현대 소비생활의 바쁜 생활은 점차적으로 광고 이미지에 대한 자연스러움에 앞서 마케팅이라는 인위적인 조작에 의한 수단적인 것으로 판단하게 하여 '자연-이미지'에 대한 근본적인 인식층이 차츰 엷어지고 있다. '거기-있음'이 지니고 있는 자연스러운 '바라봄-보임'은 이미 소비자 주체의 생활세계에 대한 지향성과 항상성, 자율성에 의해 끌림 홀을 새롭게 생성함으로써 순수한 자연의 빛을 발산하는 소비자 주체로서 끌림체의 몸채가 요구된다.

4) '바라봄-보임'

소비자 주체의 '바라봄-보임'은 바깥 세계에서 이미 주어진 끌림 대상에 의한 직관적인 태도에서 출발한다. 또한 끌림체가 지니고 있는 양태성에 따라 끌림의 폭과 깊이에 차이를 갖게 된다. 동일한 대상 역시 '바라봄-보임' 끌림 홀의 층위에 따라 끌림 대상이 지니고 있는 자연적인 순수성은 새로운 유형의 발생적인 포착으로 접합시키려고 한다.

'바라봄-보임'은 소비자 주체 스스로 고정적인 위치에서 광고 이미지를 볼 때 나타나는 명확한 순수성의 끌림을 의미한다. 어떠한 광고 이미지의 내용이 어떠한 기호적인 요소(신호, 기호, 상징, 도상, 지표, 입자, 모나드 등)로 포착되어 '바라봄-보임'에 영향을 미치는 것은 어디까지나 인위적인 파악에 의한 것이며, 자연적인 '바라봄-보임'이 갖는 끌림 대상일 경우에는 이미 이러한 의식적 활동이 멈춘 가운데 생성하는 선험적인 끌림 홀이 왕성한 활동을 할 때 나타난다.

따라서 이때는 끌림 대상과의 현실적인 이해관계를 떠난 가운데 생성하는 '우연성'에 좀 더 초점을 맞추게 된다. 소비자 자신도 모르는 가운데 생성된 '우연성'에 의한 자연스러운 순수성의 끌림은 어떠한 의미도 적용할 수 없는 아프리오리의 선험으로 곧장 나아간다. 이때 펼쳐지는 모든 '바라봄-보임'의 세계는 소비자 주체가 생활해온 환경에서 취득한 자연적인 성정, 즉 문화적인 특성이 난무하는 의식의 장전에 느껴지는 실제적인 몸

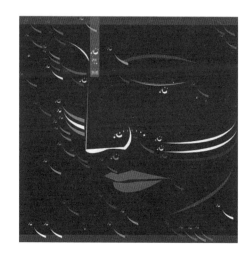

[그림 64] '바라봄-보임'에 의한 끌림: 'inner bird'/Illustrator, 전기순 作.
'바라봄-보임'은 보여지는 대상, 즉 순수 자연에 그대로 끌리는 경우를 의미하며 어떠한 문화적인 특성에 진입하기 전에 느껴지는 선험적인 끌림 홀이다.

끌림의 순수성을 의미한다.[13]

실제 사회생활에서 접하는 다양한 대상 끌림의 주위를 둘러싸고 있는 공간을 문화라고 말하기에 앞서 자연의 빛이라고 하는 항상성이 늘 대상 주위를 감싸고 있듯이 거기에 있다. 빛, 온도, 공기의 감촉 등 자연이 주는 무한한 제공에 대한 소비자 주체의 수용적인 크기, 범위 그리고 형태에 따라 '바라봄-보임'에 의한 대상 끌림의 표정이 바뀐다. 어제 보았던 동일한 노트북도 자연이 지니고 있는 무언의 변화로 인해 크기가 작게 혹은 친숙하게 보이는 것은 주위 자연의 변화에 의한 신체적인 끌림체의 몸채가 자연스럽게 바뀐 까닭이다.

이처럼 바뀌는 소비자 주체의 신체적인 변화에 대한 저항이 없는 가운데 대상에 대한 일정한 항상성을 발견한다는 것은 인간이 지니고 있는 이성적인 판단에 의한 연장적인 욕구에 불과하다. 소비자 주체의 몸은 자연의 일부로서 생물학적인 변화를 일으키는 생명체 가운데 제일 가까이에 있다. 몸 자체의 생물학적인 변화를 소비자 주체 스스로 자각하지 못한 가운데 변화 그 자체에 아무런 감각이 없는 무생물에 대한 끌림을 고착하기 위해 어떠한 정의를 발견한다는 것은 부질없는 시대적인 착오다. 변화는 생물적인 차원의 지극히 자연스러운 현상이며, 이 현상에 대한 자연적 순수성을 거부한 가운데 끌림 대상에서 영원성을 발견한다는 것은 바로 '바라봄-보임'이 지니고 있는 거대한 우주의 깊이와 폭을 간과한 데서 오는 끌림체의 사소한 욕구의 발생에서 기인한다고 볼 수 있다.

시각 이미지는 주위환경이 지니고 있는 자연 대상의 변화에 맞추어 바뀌어야 하는 지극히 사소한 대상일 수 있다. 소비자 주체의 신체적인 변화 가운데 광고 이미지와의 순간적인 만남에 의한 끌림은 오히려 자연이 지니고 있는 변화에 귀속하지 않는 가운데 느껴지는 '바라봄-보임'의 항상성에서 끌림 이미지를 재구성한다는 것을 불가능하게 느껴지게 한다.

소비자 의식이 신체적인 변화로 인해 바뀌는 것은 지극히 자연스러운 현상이며, 이러한 의식변화를 고정화시켜 대상 끌림을 파악한다는 것은 '주름-겹침'의 음영에 의한 교차점을 포착하는 행위에 불과하다. 결국에는

'주름-겹침'이라는 거대한 시간의식으로 바뀌게 되어 또 다른 차원의 인식 지평으로 구성된다.

대상의식은 신체 속에서 가능한 것으로 스스로를 자각 또는 통찰하는 것이며, 신체에 의해 조작된 구성 속에서 '바라봄-보임'은 서서히 자신의 신체를 현실적인 대상으로 간주하게 된다. 끌림 구성이 의식 속에서 가능한 것이라면, 의식과 신체의 순간적인 교착에서 이뤄진 만남에서 끌림 이미지의 '바라봄-보임'에 대한 시각적인 구성은 부분적으로 파악할 수 있다.

모든 끌림 대상에는 자신의 고유한 끌림체의 특성에 따라 안정적인 이미지를 지니고 있다. 그 안정적인 이미지는 소비자 주체의 지각적인 변화 가운데 고유한 대상의 크기와 형태를 가진다. 시각 이미지에 나타난 어떠한 대상도 변화 가운데 끌리는 순간의식에 의한 선택이며, 끌림에 대한 단서가 외부대상의 크기와 형태에만 제한된 것이라면 누구나 쉽게 끌림의 원인을 파악할 수 있을 것이다.

자연이 지니고 있는 변화 속에서 항상성을 지니고 있는 대상의 끌림 속성은 바로 '우연성'에 의한 끌림을 배제하는 가운데 생기는 실제적으로 증명이 가능한 과학적인 범주로 파악할 수 있다. 일반적인 끌림은 어느 한 가지 판단에서 이뤄지는 감각 작용이 아닌 소비자 주체의 '몸-자연'의 생물학적인 변화와 외부환경의 공간이 주는 '공간-자연', 그리고 인위적인 생활공간이 지니고 있는 사소한 '공간-가치', 도심 가운데 윤택하고 편리한 생활을 위해 만들어놓은 문화공간이 지니고 있는 '배치-의미' 등의 바깥 세계가 지니고 있는 서로 다른 차원에서 복합적으로 생성한다고 말할 수 있다.

즉, 인위적인 공간이 소비자 주체가 어떠한 환경에 놓여 있느냐에 따라 주어진 끌림 대상은 제각기 다른 끌림 차성의 위치에서 소비자 주체의 끌림체를 유혹하게 된다. 소비자 주체가 지니고 있는 '몸-자연'의 끌림은 어디까지나 생물학적인 몸의 변화 가운데 발생하는 화학적인 분해·생성을 하는 가운데 끌림체를 유혹하며, 이러한 복합적인 끌림체의 끌림에서는 우연성의 아프리오리를 대신할 수 없다.

다만 신체적인 존재성에 대한 질문을 제외한 가운데 끌림 이미지는 소비자 주체와 광고 이미지의 관계를 통한 '우연성'의 '바라봄-보임'에 의한 것이다. 소비자 주체의 신체적 변화를 심리적인 차원에 밝히고자 하는 것은 끌림이 일어난 후 한참 뒤에 의식된 조작에 의한 분석이며, 끌림의 자연적인 순수성은 이내 사라지고 만다.

'바라봄-보임'에 의한 끌림은 의식이 생기기 전의 '느낌-끌림'에 의한 자연스러운 것이며, 심리적인 움직임이 발생하기 전의 전조현상이다. 이 전조현상이 지니고 있는 영역에 있는 '대상-포착'은 무관심에 의한 '바라봄-보임'이며, 우연성에 의한 사태다. 이러한 사태는 심리상태에 의해 전혀 다른 끌림으로 해석할 수 있지만, 심리적 차원의 의식적인 끌림은 아니다. 전의식이 지니고 있는 끌림의 '바라봄-보임'은 소비자 주체의 '몸-자연'이 지니고 있는 선험적인 직관에 의해 눈에 보이지 않는 몸채의 빛이 지니고 있는 모나드로서 몸 바깥으로 드러난 빙산의 일각이라 할 수 있다.

'바라봄-보임'의 끌림 시각은 눈에 보이는 대상에 대한 몸채, 즉 빛 에너지의 향연이라 할 수 있다. 끌림 홀의 에너지로서 빛의 리듬은 몸채가 지니고 있는 순간적인 끌림에 의한 밝은 광휘로서 온몸을 휘감는다. 이때 보이는 모든 대상은 순간 끌림체의 몸채로 빠져들어 가는 황홀한 상태로 나아감과 동시에 모든 대상을 수용하는 긍정적인 에너지로 전환하게 된다. 즉 '바라봄-보임'의 자연적인 순수성이 지닌 끌림 에너지의 양에 따라 몸채는 나타나거나 사라지며, 느낌이라는 것 역시 동일한 대상에 대해 다른 인상을 주게 된다. 이것은 흔히 일상적인 생활리듬으로 간주하는 몸의 상태를 지칭하는 것이 아닌 또 다른 형태의 끌림 에너지의 폭발을 의미하며, 바깥 세상을 긍정적으로 보이게 하는 긍정적인 '바라봄-보임'의 순수성의 끌림 홀이다.

화이트헤드가 "현실적인 존재는 우주 안에 있는 각 상황과 완전히 한정된 유대관계를 지니고 있으며, 이 유대관계가 그 대상 끌림에 대한 현실적인 존재의 파악이다"라고 한 점에서 알 수 있듯이 끌림은 소비자 신체가 지니고 있는 몸채, 끌림 홀의 에너지 정도에 의해 끌림 대상에 대한 '바라봄-보임'의 유기적 관계의 해석적인 범주가 바뀌며, 동시에 끌림 홀의 에너지 정도에 따라 끌림 대상에 대한 선택적 폭과 깊이에 차이가 있음을 알수 있다.

　어린아이의 몸에서 느껴지는 '바라봄-보임'의 끌림과 나이 든 몸에서 '바라봄-보임'의 끌림이 서로 차이가 나는 것은 끌림 홀의 몸채, 빛 에너지의 강도, 차성의 차이에 의한 긍정성의 해석적인 범주가 바뀌는 것을 의미한다. 소비자 주체의 '바라봄-보임'의 생성 정도는 동일한 끌림 대상에 대한 파악이 나이가 들어감에 따라 생기는 부정적인 측면에 대한 상반된 끌림 에너지로서 건강한 신체와 정신적인 안정에서 강력하게 나타난다. 끌림 대상은 절대적으로 부정적인 파악에서 나타나지 않으며, 늘 긍정적인 끌림체의 역동적인 움직임에서 솟구친다.

　따라서 광고 이미지의 끌림 요소가 소비자 주체에게 '바라봄-보임'의 자연적인 순수성에 아무런 잉여성의 가치가 없다면 그 시각 이미지가 지니고 있는 아이디어가 아무리 창의성이 있다고 하더라도 끌림 홀의 '빛-리듬'이 지니고 있는 생명감 있는 역동적인 끌림 대상이라고 할 수 없다.

2　개성의 사물 체계

1) 차이-사이

광고 표현을 구성하는 시각적인 기호들—사진, 타이포그래피, 일러스트, 캡션, 보디카피, 헤드라인—의 의미들 사이에서 크고-작음, 위-아래, 넓고-좁은, 흑백-컬러, 부드러움-강함, 배경-전경 등의 조형적인 측면, 상품-모델, 남성-여성, 일러스트-사진, 사진-문자 등의 도상적인 측면, 도시 남성-도시 여성, 시골농부-대기업 남성, 다정한-냉정한 등의 의미론적인 측

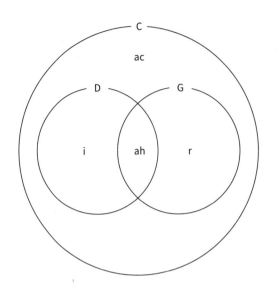

[도표 54] 끌림 이미지의 '차이-사이'

C(Consciousness): 의식, ac(attractive conscious): 끌채 의식, D(Different): 차이, G(Gap): 사이, r(relation): 관계, i(intention): 의도, ah(attraction hall): 끌림 홀

i>r일 때 내적 끌림, r<i일 때 외적 끌림, i=r일 때 끌림 홀 생성

면[14]의 이항대립구조에 의한 '차이'[15]와 상호관계에 의한 '사이'를 지니고 있다.

비주얼이 지니고 있는 조형요소 간의 부드러움과 그렇지 않음, 색채의 차가움과 따뜻함 사이에 있는 끌림의 경우 소비자 주체의 주관적인 해석으로 인해 가변적이다. 즉, 시각디자이너는 적확한 시각디자인을 위해 시각 이미지가 지닌 이항대립의 '차이'와 상호관계의 '사이'에 자신의 내적 끌림 지평의 차연(差淵)[16]에서 움직이는 끌림체를 지니고 있어야 한다.

시각 이미지가 지니고 있는 의미의 차이는 결과적으로 소비자 주체의 차연이라는 커다란 '끌림 홀' 속으로 빠져들게 되어 어떠한 의미 차이를 벗어난 세계를 지향하게 된다. 이항대립구조는 어떠한 체계 혹은 구조 속에 늘 함께 따라붙는 단위 코드로서 더욱 정확한 의미를 전달하는 역할을 한다. 기호 사각형은 각 언어 혹은 조형적인 기호가 지니고 있는 의미의 위상을 명확히 함에 따라 시각디자인의 오류를 최소화하는 데 있다.

이러한 '차이'와 '사이'의 접근 방식은 배치에 의한 분위기에 대한 파악보다는 기능적인 뼈대에 대한 '명증성'을 발견하는 데 초점을 맞추고 있다. 의미의 깊이는 창의 주체의 끌림체가 지니고 있는 특성에 따라 '차이'와

'사이'를 나타낸다. 혹자는 의미 자체의 분석적 사고에 원인이 있다고 주장할 수 있다. 차이를 위한 사이, 또는 사이를 위한 차이는 결국 의미의 연속이라는 끌림체의 형식으로서 겹 주름의 '주름-겹침'을 양상(樣相)하는 결과를 만들어내며, 마지막에는 차이가 지니고 있는 차연의 깊은 심연의 끌림 홀로 다시 태어나게 된다.

따라서 광고 표현에서 의미에 대한 차성은 이차성, 삼차성에서 머무는 편이 낫다. 이항대립이 만들어낸 끝없는 의미의 세계에 빠져드는 것보다 의미 차이에 의한 분위기로 '사이'를 파악함으로써 '끌림 홀'을 구성하고 있는 몸채의 리듬 패턴을 발견할 수 있다. 또한 조형적인 기호들의 사이에서 발견되는 복잡함, 간결함, 따뜻함, 차가움, 부드러움, 강함 등의 끌림 이미지와 사진이 주는 도상적인 기호의 끌림 이미지는 그 자체가 이미 과거의 한 시점을 의미하는 의미론적인 해석 차원으로 전환되어 소비자 주체의 기억을 통한 향수, 추억 또는 즐거움을 주는 끌림 이미지로 다가온다.

따라서 사진 내용이 지니고 있는 시각요소 가운데 자신의 생활세계에서 접할 수 있는 물건이 보이면, 그 물건으로 인해 친근한 이미지의 끌림을 얻을 수 있다. 예를 들면 시각 이미지에서 모델이 상품을 설명하고 있을 때 그 옆에 자신이 자주 사용하는 의자가 놓여 있다고 하자. 이때 전체적인 내용이 지니고 있는 의미와는 전혀 관계없이 나의 생활과 밀접한 관계를 지니고 있는 의자로 인해 평상시의 시각 이미지보다 그 자체로서 흥미를 지니게 된다.

의자가 사진의 배경적인 요소로 역할을 하고 있음에도 오랫동안 시각 이미지에 대한 기억이 사라지지 않는다면, 그 의자와 소비자 간의 눈에 보이지 않는 내적 지평의 '끌림 홀'이 작용하고 있다고 볼 수 있다. 이럴 때 이 의자는 소비자에게 끌림을 지니게 하는 몸채이며, 동시에 그 끌림이 지니고 있는 창의적인 '끌림 홀'을 만들어나갈 수 있다. 휴식을 취하기 위해 앉는 의자, 식사를 위해 앉는 의자, 공부를 위해 앉는 의자, 사무공간에 있는 의자, 놀이공원에 있는 의자, 대표이사가 앉는 의자, 어린아이들의 놀이의자 등의 용도와 높은 의자, 낮은 의자, 편안한 의자, 넓은 의자, 좁은 의자,

다리가 있는 의자, 다리가 없는 의자, 이동식 의자, 고정식 의자 등의 기능에 따라 소비자 주체의 융합된 판타지적인 끌림 홀의 '주름-겹침'이 생성된다.

용도와 기능에 따라 여러 종류의 이미지를 지니고 있는 의자 가운데 광고사진에 있는 의자에 대한 구분적인 분석은 아무런 의미를 지니지 못하며, 단지 의자와 함께 시각 이미지가 지니고 있는 독특한 분위기에 의한 끌림이라는 점에 주목해야 한다. 용도에 따른 의자는 그 자체로 사회에 필요로 하는 관계체계를 의미하며, 기능에 의한 의자는 소비자 주체 자신의 몸이 필요로 하는 편리체계다.

의자가 지니고 있는 관계체계와 편리체계는 상품의 차이를 만드는 데 필요한 시장의 요구이며, 차이에 의한 '끌림 홀'의 사이(즉, 관계)로서 창의의 '주름-겹침'이 생성된다. 이러한 의자가 지니고 있는 차이는 결국 소비자 주체의 사이에 의한 끌림이며, 차이에 의한 사이의 끌림을 통해 조형적인 기호, 도상적인 기호, 의미론적인 기호의 차성에서 사진 속의 의자는 생활세계에 없어서는 안 될 편리한 도구로 끌리게 한다.

가전제품, 전자상품, 자동차, 냉동식품 등 일상생활에 직접적으로 연결되어 있는 수많은 상품 및 식품 그리고 서비스 품목에는 제각기의 관계체계와 편리체계[17]를 통해 '차이'를 내세우고 있으며, 그 차이의 대표성을 조형적인 기호, 도상적인 기호, 의미론적인 기호로 나누어 각 층위의 '사이'를 통해 끌림을 창출한다.

흔히 마케팅에서 상품의 특징 및 장점(benefit)은 이러한 관계체계와 편리체계에 기반을 둔 동일성의 차이를 만들어낸 끌림 이미지다. 차이는 경쟁상품과의 동종 혹은 동일성을 기반으로 한 상태에서 비교우위를 통해 나타난다. 헤겔의 차이는 정반합의 대립구조를 거쳐 모순으로 나아가는 구별의 한 동기를 갖게 된다. 구별은 동일성을 전제로 하는 '돌이켜봄'에 의해 성립하므로 비록 차이가 자사의 상품과 다른 특징 및 장점을 내세운다 하더라도 이 차이는 다시 동종 상품과 동일한 수준의 상품을 생산하게 되어 결국 경쟁, 즉 대립으로 이어진다.

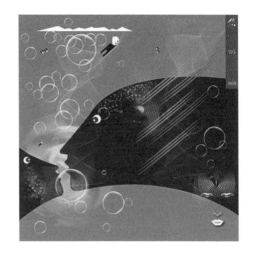

[그림 65] '차이-사이'에 의한 끌림: 'inner time'/ Illustrator, 전기순 作.
끌림 이미지의 '차이-사이'는 시간의식에서 생성·소멸하는 의도와 그에 따른 관계에 의해 끌림 홀의 변화가 나타난다.

그러나 사실 경쟁이 지니고 있는 대립은 상호 간 아무 관련이 없는 사물 또는 사태 사이에서는 나타나지 않는다. 공통된 목적을 추구하는 가운데 발생하는 차이라야 경쟁적인 대립이 성립한다. 그런데 헤겔은 이러한 경쟁적인 구도가 처음부터 차이를 파악할 수 있게 하는 개념의 연관 속에 이미 자리 잡고 있다고 본다.

이를테면, 시각 이미지가 지니고 있는 A와 B의 시각적인 차이를 설명하기 위해선 A와 B의 공통적인 동일성을 전제하고 그 기반 위에서 A와 B의 시각적인 차이를 비교할 수 있어야 한다. 그런 만큼 적어도 A와 B의 개념적으로는 차이를 문제 삼는 순간부터 시각 이미지가 지니고 있는 동일성 위에 같음과 다름을 함께 놓는 경쟁적인 대립으로 연결되지 않을 수 없다는 것이다. 이와 같은 헤겔의 정반합에 의한 유물론적인 해석은 시각 이미지의 차이에 대한 확고한 위상을 확립할 수 있으며, 또한 광고 아이디어가 지니고 있는 개념들 하나하나 속에 스며들어 있는 상호관계의 '사이'에서 느껴지는 새로운 시각 이미지를 체계화하면 할수록 매우 흥미로운 '차이-사이'에 의한 창의적인 끌림이 만들어진다. 시각 이미지의 개념에 의한 차이와 조형요소의 사이에 의한 관계는 상반된 대립을 완충하는 역할을 함과 동시에 시각디자이너의 내적 '끌림 홀'이 지니고 있는 몸채에 의해 새롭게 끌림 이미지로 구성된다. 일련의 이와 같은 반복에 의한 과정 속에서 동종 상품의 '차이-사이'가 지니고 있는 끌림 이미지는 또다시 새로운 지평으로 나아가는 역할로서 모순을 발견하게 되어 서로의 대립적인 차이 자체가 지니고 있는 개념이 존립하지 못한 채 더 고차적인 단계로 나아가는 끌림 홀의 몸채를 촉진시킨다. 시각 이미지의 '차이-사이'에 의한 창의성은 상품 속성이 지니고 있는 특징 및 장점에 대한 목적성을 지닌 시대적인 개념이며, 차이가 지니고 있는 갈등에 의한 해결점은 한 단계 위의 끌림 차성으로 진입함으로써 새로운 끌림 홀을 만들 때 이뤄진다.

또한 눈으로 보이는 모든 대상에는 전경과 배경, 배치와 분위기, 큰 것과 작은 것, 밝은색과 어두운색 등의 대립 속에서 야기되는 모든 모순을 조형적인 기호, 도상적 기호, 의미론적 기호의 관계, 즉 '사이'에서 생기는 해석의 차이를 통해 창의적인 끌림 홀을 만들 수 있다. 들뢰즈가 "밝은 빛과 어둠의 차이에서 그 결과물로 하나의 정체성을 지닌 창의적인 조형물이 출현하는 것이지, 하나의 조형물의 정체성을 결정하는 탁월한 것(이데아)이 있는 것이 아니다"라고 한 점에서 알 수 있듯이 모든 창의성은 조명이 지니는 빛의 미묘한 차이에 의해 생성하며, 창의적인 끌림의 일의성은 몸채의 끌림 홀과 맥락을 같이한다고 볼 수 있다. 차이는 이미 창의적 끌림이 지닌 '지금-여기' 차원에서 시작한 순수 의미이며, 어떤 인위적인 개념에 의한 목적론적인 차원의 '차이-사이'를 부정한다.

특히 동종 상품이 지니고 있는 동일성 가운데 시각 이미지의 차이와 대립 그리고 경쟁 속의 모순이 지어낸 끌림 홀은 어디까지나 소비자 주체에게 지각 끌림에 의한 끌림 홀을 제공할 뿐 들뢰즈의 순수 끌림에 의한 '차이-사이'의 끌림 이미지는 사라지고 만다. '동일한 시각 이미지에서 보이는 대상 혹은 사물이 순수 끌림이냐, 아니면 지각 끌림이냐?'에 대한 갈등적인 대립은 또 다른 차원의 창의적인 차이에 대한 관점이며, 이와 같은 관점은 어떠한 끌림 이미지에서든 동시에 출현한다.

들뢰즈의 차이에 의한 존재는 늘 한 가지 의미이고, 오로지 그 이름들(또는 형식들)만이 다의적이라면, 창의성은 이 '형식'들의 차이를 통해서만 말이나 글로써 분명해질 수 있다고 할 수 있다. 특히 사진이 지니고 있는 다의적인 메시지는 조형적인 요소에 의한 차이를 극명하게 구분할 수 있는 내포적인 조형적 요소가 함께 있어야 한다. 시각적인 요소가 존재로 존속하기 위해서는 어떠한 다의적인 해석에 대한 침투를 막을 수 있는 시각적인 요소를 개발해야 한다.

장 마리 플로슈는 "광고에서의 사진은 다의적인 의미를 지니고 있다. 따라서 헤드라인이 지니고 있는 단일의미를 통해 사진의 다의적인 의미를 하나의 의미로 고착 또는 정착시키는 역할을 하게 만든다"라고 하여 헤드라인의 정박 기능을 설명한 것에서 알 수 있듯이, 시각 끌림의 영역에서 '차이-사이'를 통한 명확한 시각적 대리물의 끌림 이미지는 'v1+v2=V'를 통한 단일 메시지를 제공한다. 즉, 하나의 사진(v1)은 이미 다의적인 해석을 지니고 있으며, 따라서 다른 사진(v2)과의 융합을 통해 확고한 단일의미를 지닌 이미지로 고착시키는 역할을 한다.

언어기호학의 지향은 언어가 지니고 있는 다의적인 의미를 단 하나의 단일자를 파악하기 위한 학문이다. 어떠한 동일한 언어 역시 해석체에 따라 의미가 달라지듯이 이러한 의미의 다중성에 대한 명확한 객관적인 단일 메시지를 확보하기 위해 기표, 기의, 해석체, 일차성, 이차성, 삼차성, 지시 대상, 시니피앙, 시니피에 등의 학문적인 도구를 도입한다. 다중적인 의미의 겹침은 언어 이미지뿐만 아니라 시각 이미지의 의미영역에서도 겹침에 의한 모호함을 가중시킨다. 동일 언어, 동일 이미지에서 나타나는 의미의 다중성에 대해 기호는 의미의 단일화에 앞장선다.

기호가 지니고 있는 다양한 영역에 대한 분석에 앞서 기호 자체가 지니고 있는 의미는 다중이 아닌 단일의미를 선호한다. 왜냐하면 단일적인 메시지가 아닌 중첩에 의한 개념은 결국 중첩이 지니고 있는 의미의 차이로 인해 또 다른 차원의 의미 분리가 이뤄지기 때문이다. 의미는 사물에 있는 것이 아닌 소비자 주체 혹은 시각디자이너의 사물에 대한 관점에 의한 개념으로 발생한 것이며, 사물과의 분리가 가능하다. 사물과 의미의 관계는 사회, 문화 등의 가치 사이에 의한 발생[18]이며, 이러한 발생의 근본적인 원인을 파헤칠 때 비로소 새로운 '차이-사이'의 창의의 끌림이 발생한다.

　시각디자인에서 선택된 시각적인 요소에 대한 의미는 이미 창의 주체에 의해 조작된 것이며, 시각적인 요소가 어떻게 사각형의 흰 바탕에 놓여질지에 대한 의문은 전적으로 시각 끌림에 의한 손놀림에 의해 결정된다. 손놀림은 의미에 의한 기능적인 손놀림이 아닌 감성적인 끌림 홀의 리듬 패턴에 의한 의미창출이다. 감각적인 손놀림과 관념에 의한 의미의 관계는 이미 중간자인 손놀림의 끌림 홀에 있으며, 끌림 홀이 지니고 있는 리듬, 즉 가치, 신념, 문화 등의 패턴에 의해 결정된다.

　리듬은 목적에 의한 단일패턴의 조합, 구성, 체계, 위치 등에 따라 달리 구현되며, 리듬의 최종적인 조화는 감각과 관념의 차이 사이의 패턴유형에서 나타난다. 어둠 속에서 나타난 번개 불빛의 리듬은 번개가 갈라지는 모양에 따라 패턴이 바뀌듯이 리듬은 매 순간 패턴에 의해 조작되며, 새롭게 구성된다. 의식은 이러한 감각의 손놀림과 관념 속의 의미 차이를 하나의 단일적인 것으로 맺어주는 역할을 한다. 의식이 지니고 있는 힘은 몸채의 지각 끌림 홀에서 생기는 창의 에너지다. 기호는 자신을 만든 원인을 직접 지시한다. 자연기호는 인위적인 흔적이 묻지 않은 자연 가운데 있는 기호를 의미하며, 그 지칭하는 사물과 직접적으로 관련한다.

　하지만 지역의 문화, 가치, 습관에 따라 이뤄진 규약을 통한 의미는 기호를 생산한 주체의 의도에서 나오며, 기호는 결국 지향된 지시체를 의미한다. 지시체는 의미 또는 사물이 될 수 있으며, 이를 퍼스는 삼부이론을 통해 의미 재생산에 의해 기호가 사물과 의미, 즉 개념과 새로운 '차이-사이'를 정립할 수 있다고 보았다.

　'차이-사이'의 의미 재생산은 지금까지 지니고 있던 창의 주체 혹은 소비자 주체의 사고방식에 대한 의미전환을 의미하며, 이러한 의미전환을 위해 사진의 단일 메시지에 대한 의미전달을 위한 토대 마련이 필요하다. 이 필요는 바로 사진이 지니고 있는 기호체로서 다의적인 의미를 지니고 있는 해석체의 이차성에 의한 결과로서 사진을 찍은 사람의 의도가 들어가 있는 규약기호다. 의도는 사진을 찍은 사람의 주관에 의한 것이며, 사진에 대한 충분한 설명이 없는 가운데 사진이 지니고 있는 작가의 의도는 받아들이기 어려운 난관에 놓이게 된다. 이유는 사진이 들어 있는 내용의 주관적인 해석이라는 점, 찍힌 대상에 대한 소비자 주체의 관점이 개성에 따라 다르다는 점이다.

이러한 다의적인 문제점에 대한 보완책으로 또 다른 사진을 합성함으로써 전달하고자 하는 메시지를 구체화한다. v1+v2의 합성은 시각적 대리물로서 두 사진을 하나의 사진으로 합쳐서 이뤄진 창의의 시각 끌림이다. 합쳐진 사진이 하나의 이미지로 생각이 바뀌는 순간 창의 주체의 몸채에는 강력한 끌림 홀이 발생한다. 이때 발생한 끌림 홀의 리듬 패턴은 목적성에 일치하는 의식 지평의 '차이-사이'에 의한 조작된 겉주름이며, 여전히 끌림 홀이 지향하는 소비자 주체와 예술가의 순수 몸채로서 '암묵적인 동의'에 의한 '텅 빔'의 속주름은 아니다. 속주름의 순수 몸채의 출현은 소비자 주체의 끌림체의 순수 지평에 의해 매 순간 변화되어 나타나며, 보이는 사물 혹은 대상이 지니고 있는 모순, 대립 사이에서 홀연히 나타난다. 만약 처음부터 동종이 아닌 타 상품과의 차이를 전제하고 대상에 대한 차이를 발견하는 것은 목적성을 위한 의식을 지닌 겉주름으로서 물질적으로 주어진 의식의 끌림 홀이라고 할 수 있다.

들뢰즈가 개념으로 드러낼 수 없는 독특성을 '차이 자체'라고 한 점에서 소비자 주체, 창의 주체는 본래 순수차이에 관한 인식의 전개방식이 지니고 있는 출발점에서 물질로서 이미지의 차이가 있음을 확인한 셈이 된다. 현대인은 아직도 사회체계가 지니고 있는 차이의 두려움, 또는 그로 인해 느껴지는 자기소외를 극복하기 위해 스스로 전체성·동일성을 주장하며, 차이가 지니고 있는 그 자체의 순수한 내면적인 세계를 부정한다. 획일적이며 수동적인 활동이 마치 거대한 사회체계를 움직이게 하는 원동력인 것으로 판단하는 예를 얼마든지 볼 수 있다. 기업문화, 공공기관, 기타 서비스 및 교육기관이 지니고 있는 저마다의 독특한 차이는 곧 구성원의 전체성을 의미하며, 소비자 주체로서의 개성은 사라지고 만다.

들뢰즈는 이러한 사회현상에 대한 동일성에 인간 본연의 차이를 드러냄으로써 개인의 독특한 순수차이를 끄집어냈다. 차이 그 자체가 지니고 있는 가장 큰 매력은 상상력과 다양성이 사라져가는 세상을 향한 새로운 제안이라고 할 때, 시각 이미지가 지니고 있는 전략적인 차이는 소비자 개성 또는 시각디자이너 자신이 지니고 있는 개성적인 차이에서부터 시작해야 하며, 이 '차이-사이'를 통해 끌림이 지니고 있는 몸채 끌림 홀의 다양성을 확보해야 한다.

2) '조각-하나 됨'

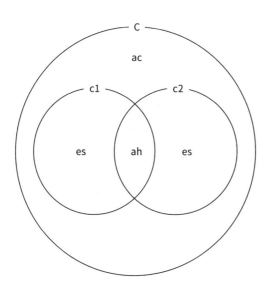

[도표 55] 끌림 이미지의 '조각-하나 됨'
C(Consciousness): 의식, ac(attractive conscious): 끌채 의식, c1(cell1): 조각 1, c2(cell2): 조각 2, es(empty space): 텅 빈 공간, ah(attraction hall): 끌림 홀

모든 끌림은 객체 간에 일어나는 헤아릴 수 없는 '끌림 홀'의 판타지적 춤사위[19]다. 생명체의 수만큼 서로 다른 끌림의 하모니를 추구하며, 끌림 홀의 깊은 계곡으로 빨려 들어간다. 시각 이미지는 의미를 파악하기에 앞서 끌림이 지니고 있는 끌림체의 신선한 자극 없이는 어떠한 동요를 일으키지 않는다.

소비자가 원하는 광고의 의미는 매우 단순하며, 오히려 비-의미적인 메시지의 끌림들이 소비자의 구매 욕구를 일으킨다. 비-의미적인 요소는 광고 및 시각 이미지의 지시물, 접촉, 행동, 복장, 코드 등의 '조각'[20]된 의미의 '하나 됨'에서 발견할 수 있다. 끌림체의 몸채는 인간이 사유 가능한 개념체에 따라 제각기 다른 구성적인 빛을 발광하며, 그 빛은 또다시 개념체에 '살아있는-기운(氣運)'을 제공한다. 몸채와 개념체, 몸채와 생명체가 서로 하나가 되어 나타날 때 그 틈의 조각들을 채워주는 빛 에너지는 끌림체의 끌림에 의해 생성된 '살아있는-기운'이다.

기(氣)는 몸채가 지니고 있는 빛 에너지로서 서로 일치되는 점은 있으나 기의 철학적인 측면과 몸채의 미학적인 측면의 해석적인 범주에서는 또다른 차원의 생명 에너지다. 몸채는 물질적인 공간, 즉 실제적인 의미의 영역에서는 파악할 수 없는 비실제적인 에너지로서 의미와 비의미, 개념과 비개념이 동일한 차원에서 눈에 보이는 신체와의 '하나 됨'에서 이뤄지고자 하는 끌림 에너지이며, 기는 생명체의 근원적인 에너지라는 점에서 출발한 동양철학적인 용어로서 철저히 구분되는 개념이다.

이러한 존재적 개념의 근원적인 접근은 이미 오래전 서양의 그리스, 로마부터 시작하여 현대철학의 실존철학에 이르기까지 수없는 질문의 반복 속에서 성장해왔다. 이 책의 끌림은 존재적 차원의 끌림이 아니며, 상호 대인 커뮤니케이션 사회에서 엮이는 다양한 미적 차원의 소통적인 끌림에 초점을 맞췄다는 점에 차이를 지니고 있다. 특히 들뢰즈의 '차이와 반복', 메를로퐁티의 '신체의 현상학'이 지니고 있는 신체와 몸의 존재적 접목은 '몸틀'을 통해 눈에 보이는 것과 눈에 보이지 않는 것과의 양태성이 끌림체의 몸채가 지니고 있는 역동적인 에너지와는 전혀 다른 차원의 존재적 성격의 '몸 틀'로서 차이를 지닌다.

'살아있는-기운'은 주체 자신이 지니고 있는 끌림체의 원형인 몸채에 더욱 집중하고 강렬하게 느낀 만큼 솟아난다. 모나드 자체는 어떠한 형상을 지니고 있지 않은 가운데 '텅 빈', 즉 부분 없는 전체에서 발생하는 힘과 작용이라면, '몸채'는 객체 간에 발생하는 지향성을 지닌 빛 에너지다. 이

빛 에너지는 '텅 빈' 모나드의 전체 가운데 갑자기 생성되는 강렬한 '조각'[21]
이며 이 조각의 강렬한 빛 에너지는 바로 객체 간의 '하나 됨'을 알려주는
강력한 신호다.

　여기에서 필자가 언급하고 있는 몸채는 빛이 지니고 있는 다양한 의미
와 의미체의 '하나 됨'에서 나타나는 결정체를 의미한다. 이것은 비물질적
이고, 비개념적인 가운데 솟아나는 번쩍거림이며, 이것을 조형적인 시각차
원으로 설명한다면 '점, 선, 면'으로 구성된 복잡하고 다양한 나선형 구조
라 할 수 있다. 왜냐하면, 점, 선, 면은 조형에서 가장 단순한 시각적인 요
소이며 어떠한 복잡한 형태도 이 단위에서 벗어날 수 없기 때문이다.

　따라서 점, 선, 면에 의한 원형, 사각형, 삼각형 등 다양하게 변하는 가
변적이며, 늘 사라졌다가 나타나는 무정형의 끌림이 포착되는 순간 객체의
끌림체에 따라 다양한 '주름-겹침'의 끌림 홀로 발현된다. 끌림 홀이 개념
체로 바뀔 때 나타나는 번쩍거림은 그 끌림의 몸채가 개념체로 바뀌는 순
간 '떠오름'을 지칭한다. 일반적으로 이러한 몸채의 끌림을 통찰할 수 없는
것은 주체 자신이 코키토의 거대한 의식 지평에 갇혀 있기 때문이다.[22]

　물질적 신체가 요구하는 의식 재료의 축적된 의식체는 주체 자신의 내
면에서 움직이는 몸채의 빛 에너지를 순간적으로 포착하지 못한 가운데
다만 추측에 의한 가능성으로만 파악할 뿐이다. 존재자의 의미 겹침은 몸
채 조각의 틈새를 통한 끌림을 통제하는 두터운 의식의 껍질로 인해 순수
성의 텅 빈 몸채를 더욱더 느낄 수 없게 한다. 의식에 의한 지각적인 의미
겹침의 껍질을 벗길 수 있는 방법은 모나드의 구체성에 대한 실천적인 경
험, 기의 실제적인 체험, 믿음에 의한 영적인 종교적 체험, 후설의 노에마와
노에시스의 지향성 등의 체계적인 연구를 통한 성찰과 통찰에 의해 가능
하다.

　눈에 보이는 대상, 눈에 보이지 않는 대상은 그 자체가 의식의 장에 들
어서는 순간 주체의 의식체에 함몰하여 스스로의 의미 겹침에 의해 끌림
체의 순수 끌림은 사라지며 곧장 목적에 의한 지향적 끌림으로 전환된다.
목적에 의한 끌림은 소비자 주체의식의 순수지향의 '조각' 몸채가 순간 목

끌림 이미지의 상징학

498

**[그림 66] '조각-하나 됨'에 의한 끌림:
'동서융합'/ Illustrator, 전기순 作.**
끌림 이미지는 생성·소멸하는 몸채 조각이
만들어낸 다양한 층위의 시간의식 가운데 스스로
순수의식과 '하나-됨'을 파악하는 순간 강력한
생명 에너지의 끌림 홀을 만들어낸다.

적 지향의 '하나 됨'으로 바뀌게 되어 주체 자신의 끌림에 대한 정체성을 모호하게 만든다. 즉, 후설이 "'나' 혹은 '자기의식'은 그 자체로 존재하는 것이 아니라 노에시스(의미작용)가 자신의 내부로부터 부여받은 재료[23]를 통해 만들어낸 의미(노에마)다"라고 한 말에서 재료는 현실적 목적에 의한 끌림 작용의 노에시스의 상관자이며, '몸채'는 라이프니츠의 아무런 주름이 지어지지 않은 순수한 모나드의 조각을 지칭한다고 볼 수 있다.

몸채로서 조각 주름이 펼쳐지는 순간 끌림은 주름진 '의미 조각'의 겹침에 의해 몸채의 순수 끌림이 가려져 더 이상 느낄 수 없게 된다. 부분 없는 전체로서 텅 비어 있는 몸채의 모나드와 의식의 장에서 그나마 몸채의 순수한 빛은 객체 간 생성된 주름진 음영, 즉 끌림 매듭이 형성되는 몸채 조각의 파편에서 희미하게 발견할 수 있다. 몸채의 조각 파편과 함께 어우러지는 끌림 매듭은 순수 몸채와 목적에 의한 의미 몸채와의 '하나-됨'을 형성하는 과정에서 이뤄지는 의미 끌림의 '주름'으로서 끝없는 실타래와 같이 이어져나가는 '주름-리듬'의 단위적인 역할을 한다.

각 주름 매듭에 따른 감정, 사건, 습관, 쾌, 가치, 설계, 이성 등의 끌림의 의미재료들은 소비자 주체가 스스로 능동적으로 만들어나가는 조각 몸채의 단서로서 주름들의 표현방식이다. 이 주름들이 하나의 매듭으로 정립이 이뤄질 때 생기는 몸채 조각의 틈에서 새로운 끌림을 위한 빛이 솟아 나온다. 소비자 주체의 순수, 감수, 시각, 지각이라는 끌림 층위에 따라 끌림 느낌은 각자의 고유한 인식영역에서 다르게 구체화되어 나타난다. 끌림은 동질성, 통일성을 통한 동일 재료에서의 새로움보다는 이질적인 변화 가운데 보이는 '하나 됨'에서 더욱 강한 임팩트를 지니고 있다.

주름 매듭은 서로 간의 이질적인 자료를 통한 '하나 됨'을 의미하며, 이것은 존재와 존재자, 개념과 개념체라고 하는 눈에 보이는 것과 눈에 보이지 않는 것과의 하나 됨과 같은 것이다. '조각-하나 됨'에 의한 끌림은 늘 감동과 설렘을 수반하는 기쁨을 지니고 있다. 객체와 객체로서 떨어져 있는 존재의 냉엄한 현실 속에서 이뤄지는 만남은 이러한 '조각-하나 됨'의 끌림을 지속적으로 지향하고 있으며, 이것은 존재 차원의 모나드 혹은 몸틀이 아닌 서로 다른 객체가 만날 때 생성되는 비물질적인 끌림체로서 '조각-하나 됨'의 주름 매듭이 어우러지는 가운데 솟아오르는 빛의 향연이다.

물질적인 소유를 최상의 가치로 치닫고 있는 현실적인 추구에 대한 지향이 강하면 강할수록 존재로서 객체 차원의 순수 만남인 '조각-하나 됨'의 끌림은 점차 '소유-쾌'의 이기적인 끌림으로 나아간다. 끌림의 '소유', '존재'적 몸채 조각에 따라 전혀 다른 '조각-하나 됨'의 끌림체가 소비자 주체의 몸채를 장악하게 된다. 소유로 끌리면 끌릴수록 존재적 '함-없음[無爲]'[24]이 지니고 있는 도덕적인 '행복-넘침'과는 거리가 먼 물질적인 '쾌'를 향한 목적에 의한 끌림으로 나아가는 것은 소비자 주체의 신체적 욕구가 원하는 편익 끌림이며, 이러한 끌림은 존재론적인 순수 끌림이 아닌 지각을 통한 변형체로서 '조각-하나 됨'의 소유 몸채다.

목적 개념을 지니고 있는 물질적인 끌림 층위는 '소유-쾌'의 몸채 조각의 재료로 인해 차츰 강화되며, '행복-넘침'의 존재적인 '조각-하나 됨'의 순수 끌림은 대신 얇아져서 객체 간의 아무런 감동을 갖지 못하게 된다. 이렇듯 순수 끌림과 지각 끌림의 차이는 이러한 존재와 소유와의 의식적 치중에 의한 지향성으로서 몸채 '조각-하나 됨'의 차이에서 구분이 확연히 드러난다.

현대 소비시장이 추구하는 물질적 첨단과 그에 따른 개성적인 풍요로움은 존재적 차원의 조각이 아닌 지각 끌림에 의한 소유를 지향하는 조각이 소비자 주체의 끌림체에 두텁게 자리 잡게 하는 데 막대한 영향을 미치고 있다. 감각 끌림과 시각 끌림 역시 그 중간에 위치하는 끌림 지평으로서 위계적인 질서를 유지하고 있지만 처음 출발한 끌림 지평이 순수 끌림의 존재냐, 아니면 지각 끌림의 소유냐에 따라 각 끌림 지평의 재료는 영향을 받게 되어 끌림 의식이 바뀌게 된다.

몸채의 조각은 '하나-됨'을 위한 조각이며, 이 객체 간의 '하나-됨'이 이뤄지는 순간 텅 빔의 질료는 하나로 꽉 차게 된다. '꽉 참'은 글자 그대로 어떤 질료가 꽉 차여 있음을 의미할 수 있지만, 끌림에 의한 몸채의 '꽉 참'은 텅 빔이라는 '부분 없는 전체'로서 '꽉 참'으로 파악할 수 있다. 언어적인 사고를 통한 인식은 어디까지나 몸채가 지니고 있는 '하나-됨'의 문턱을 제대로 넘기 위한 안내자로서 역할을 할 뿐 최종적인 도달은 언어적인 사유가 버려진 상태, 즉 '텅 빔'일 때 가능하다.

조각 몸채가 만들어놓은 틈새는 완벽을 추구하는 인식체계의 저 너머에 늘 침묵으로 일관해온 텅 빈 세계에서 오는 창의적 끌림을 의미한다. 이 틈 없는 끌림체계는 기계적인 이성적인 논리에 의한 구조이며, 아무런 감성적인 느낌이 없는 완벽한 체계다. 틈새는 존재와 소유에 대한 구분이 없는 인식 저 너머의 초월론적인 조각 몸채가 현존재에 대한 인식의 장에 들어올 수 있는 창문이다.

존재와 소유에 대한 끝없는 질문을 통한 이원론적인 인식체계의 정립은 조각 몸채의 질료에 대한 명시적인 개념이며, 실제적인 끌림체의 재료는 존재와 소유가 동시에 섞여 있는 가운데 끌림 홀이 생성되거나 사라진다. 창의적인 틈새는 순수와 목적이 지향하는 조각 몸채의 불완전한 인식의 저 너머에서 오며, 현실적인 코키토의 이성적인 꽉 찬 체계가 아닌 비현실적인 초월성으로서 비의미적인 끌림의 텅 빈 조각에서 나타난다.

철학적 사변구조를 언어적인 사유를 통해 완벽하게 세운 체계도 결국은 존재자의 존재에 대한 끝없는 질문에 의해 이뤄진 의미작용, 즉 노에시스의 주름이다. 이미 이 우주에 아무것도 없다면, 내가 존재한다는 의식도 가질 수 없다고 한다면, 의식 덩어리는 나 자신 주변의 텅 빈 대상, 즉 노에마에 의해 '텅 빈' 작용에 의한 노에시스다. 이때 '텅 빈' 작용은 물리적인 힘이 아닌 어떤 신체의 살에 의한 감각 끌림 또는 시각 끌림에 의해 이뤄진 '텅 빈' 끌림이다.

이 끌림의 지속적인 반복은 동일한 '텅 빈' 끌림체를 형성하여 하나의 거대한 '텅 빈' 주름진 몸채의 조각으로 빛나게 된다. '텅 빈' 공간에서 느끼는 신체-주체 사이에는 존재론적인 '텅 빈' 틈새가 있다. 대상조차 대상이라고 할 수 없는 '텅 빈' 공성(空性) 존재의 틈새라는 것은 이미 부분 없는 전체, 즉 개체로서의 부분적인 존재가 아닌 전체성을 지니고 있는 존재의 공성을 파악하는 순간 양분된 신체와 주체와의 틈새에서 전광석화(電光石火) 같은 몸채의 끌림이 솟아난다.

이 솟아남은 신체라는 소유적인 개념과 주체라는 존재적인 개념의 틈에서 나타나는 순수 끌림이며, 신체와 주체가 하나가 될 때 틈새가 지니고 있는 부분이 채워져 신체-주체는 상호주관에 의한 파악이 아닌 '틈새-하나 됨'의 우주적인 몸으로서 몸채의 창의적인 끌림이 나타나게 된다. 시각 이미지에서 느낄 수 있는 창의의 끌림은 소비자 주체로서 존재적인 확인이 가능한 순수한 이미지가 전달될 때 강한 몸채의 빛을 만날 수 있다.

상품의 특징 및 장점에 대한 소개가 아닌 상품이 지니고 있는 자체의 순수성이 강조된 것일수록 강한 끌림을 준다. 상품 콘셉트, 판매 소구, 상품의 특징 및 장점 등 다양한 마케팅인 차원에서 훈련된 시각 이미지일수록 순수 몸채의 강력한 끌림을 받을 수 없다. 소비자에게 상품은 소유개념이며, 소유가 단순히 생활편익을 위한 것이라면 어떠한 상품을 구입해도 별다른 유혹을 받을 수 없을 것이다.

반면에 상품과 소비자 간의 틈새는 물질과 정신이 지니고 있는 '틈새-하나 됨'을 의미하며, 또다시 소비자 자신이 구입한 상품이 곧 자신의 신체와 동격이라는 차원으로 받아들이는 현존(現存)의 성격을 지니게 되는 순간, 소유는 그 자체가 본질적으로 존재와는 상반적인 위치를 지니고 있지만 이 틈새는 모자라는 존재에 대한 채우기로서 의식적인 지각 끌림으로 인해 상품에 대한 매력을 갖게 된다.

몸채가 지니고 있는 다양한 끌림, 즉 순수 끌림, 감각 끌림, 시각 끌림, 지각 끌림에는 제각기의 '틈새-하나 됨'의 끌채, 즉 끌림판이 있음을 확인할 수 있었으며, 이 끌채의 작용은 대상에 의한 노에시스이며, 모나드의 주름이다. 일련의 이러한 몸채가 지니고 있는 끌림이 어떠한 이미지에서 감동을 받을 수 있을까? 또한 시각디자이너로서 감동을 줄 수 있을까? 끌림이 지니고 있는 본질적인 양태에 대한 발견으로 만족할 것인가? 아니면 이발견을 통해 끌림 이미지를 만들 수 있는 방법론을 설명하면 이것은 사회가 요구하는 실질적인 끌림을 위한 방법론이 될 것이다. 이 경우에는 끌림이 지니고 있는 순수감각은 사라질 것이며, 어디까지나 시각디자인을 위한 기능적인 차원으로 전락하고 만다.

몸채로서의 순수 끌림과 기능적인 차원의 지각 끌림의 '틈새-하나 됨'은 시각디자이너의 고유한 몸채의 영역이다. 시각디자인이 지니고 있는 방법론은 결국 몸채의 출현에 의한 끌림에 의한 것이어야 하며, 기능적인 차원의 방법론으로 지향하게 되면 끌림 이미지의 느낌은 사라지고 만다. 결국 창의적인 끌림 이미지는 '틈새-하나 됨'이라는 순수 끌림의 존재와 지각끌림의 존재자와의 틈새에서 이뤄진다.

시각디자인은 이러한 순수감각을 통한 디자인의 지평 위에 지각된 끌림이 이뤄져야만 진정한 몸채의 빛을 느낄 수 있다. 가령, 가느다란 선을 통해 어떠한 인물을 그린다고 하자. 형태를 나타내는 선의 굵기와 질감에 따라 인물이 지니고 있는 느낌은 전혀 다른 인상을 준다. 이것은 인물을 보여줄 때라는 하나의 목적을 띠고 있음에도 선택된 도구와 테크닉에 따라 그인물의 품위가 달라진다. 따라서 선과 인물이 '하나 됨'이라는 느낌을 주기위해선 철저히 선의 굵기, 질감, 테크닉의 조합과 인물의 '틈새-하나 됨'을통한 몸채의 끌림이 느껴져야 한다.

'틈새-하나 됨'을 느끼기 위한 과정은 단순히 테크닉이나 방법만을 터득해서 되는 것이 아닌 '인물-드로잉-시각디자이너'의 통일된 감각이 전해져야 한다. 이 통일된 감각이란 시각디자이너의 정신적인 차원에서 느껴지는 끌림 이미지와 인물의 특징, 그리고 드로잉 감각이 동일한 주름진 모나드가 공통적으로 형성됨을 의미한다. 이것은 곧 끌림 몸채의 하나 됨으로 인해 생기는 역동적인 생명력을 느낄 수 있다.

틈새는 대상과의 '하나 됨'을 지향하는 가운데 발견되는 끌림 에너지다. 이 틈새가 하나의 통일된 공통감각으로 합체가 이뤄지게 되면 비로소 끌림이라는 '시각디자이너-드로잉-소비자 개성' 간의 간주관적인 몸채가 형성된다. 또한 드로잉을 하는 동안 느끼는 시각 끌림에 온전히 하나 됨이 가능하도록 하기 위해 몸이 지니고 있는 여러 가지 감각기능들은 배경적인 위치로 한 걸음씩 물러나 있다. 귀를 통해 들리는 음악소리도 배경음이며, 스쳐 지나가는 바람결을 살갗이 느끼는 감촉 역시 배경감촉으로 시각 끌림인 드로잉의 과정을 온전히 지지하고 있다.

3) '분위기-동일성'

자연에 의한 광고 이미지는 이미 소비자 주체 자신이 평상시 느껴오던 것들에 대한 확인의 능동적인 결과이며, 이 결과에 의해 시각 이미지는 자연적인 끌림 이미지가 된다. 자연에 의한 끌림 이미지는 이미 소비자 주체가 지니고 있는 미적 감성적인 판단이 시각 이미지가 지니고 있는 '분위기-동일성'을 지니고 있는 가운데 끌리는 이미지다. 이 분위기는 오랫동안 익숙한 가운데 느껴지는 감성체이며, 소비자 몸채다.

하지만 '자연을 통한-광고 이미지'는 시각 이미지의 낯선 느낌을 광고 이미지가 지니고 있는 자연스러움을 발견하려고 하는 가운데 생기는 끌림을 의미한다. 이러한 끌림 현상은 순간적인 소비자 주체와 시각 이미지의 공감각을 느끼려고 하는 과정에서 생기는 끌림이라 할 수 있다. 시장흐름이 점차적으로 빠르게 변화하고 있는 현시점에서 많이 발견할 수 있는 끌

**[그림 67] '분위기-동일성'에 의한 끌림:
'하늘소식'/ Illustrator, 전기순 作.**
'분위기-동일성'은 자연적인 혹은 인위적인
대상이 주체의 문화·정서적인 분위기와 동일하게
보일 때 느껴지는 끌림 홀이다.

림이며, 그동안 익숙한 것에 대한 부분을 과감하게 버리고 새로운 것에 대한 문화적인 생활특성을 받아들이는 가운데 생성되는 끌림 이미지라 할 수 있다.

변화를 자연이 지니고 있는 일반적인 과정이라고 본다면, 자연이 지니고 있는 변화 리듬과 마케팅의 변화 리듬 속도에 아무런 차이가 없다면 변화를 느끼지 못하는 가운데 소비자는 광고 이미지에 대한 의도적인 시각이 반영되지 않은 가운데 끌림 이미지로 나아갈 수 있다.

하지만 자연이 지니고 있는 변화와 광고 이미지의 변화는 늘 일정하지 않으며, 따라서 광고 이미지는 '자연을 통한-끌림 이미지'로 늘 바뀌어 나타난다. '자연을 향한-시각 이미지'는 기존의 질서에서 새롭게 지향하는 자연에 대한 광고 이미지일 경우 나타나는 끌림 이미지다. 이와 같은 현상은 신개념의 상품이 등장함에 따라 새롭게 생활세계의 리듬이 바뀔 때 나타난다.

예를 들면, 자동차를 갖고 있을 때와 없을 때의 라이프 스타일은 바뀌게 되며, 자동차로 인해 외출이 잦아지거나 출퇴근 시 생기는 생활리듬이 바뀌는 것과 같다고 볼 수 있다. 평상시의 생활리듬에서 변화의 새로움은 자연을 향하는 가운데 생기는 자연스러운 현상이며, 이 현상이 시각 이미지를 또 다른 차원의 '자연을 향한-끌림 이미지'를 지니게 한다. 소비자 주체는 늘 새로움을 지향하지만 스스로 상품구매에 따른 어려움이 봉착한다면 강한 '자연을 향한-끌림 이미지'로 작용하게 된다.

예를 들면, 로봇을 구매해서 모든 집안일을 대신해줄 수 있는 시각 이미지를 보았을 때의 상품구매력은 강한 끌림 이미지로 소비자 주체에게 전달되지만 직접 구매하기 어려울 경우에는 '자연을 향한-끌림 이미지'로 여운을 지니게 된다. 자연을 향한 끌림 이미지는 미래지향적인 소비자에게 강하게 다가갈 수 있는 고가상품의 광고 이미지라 할 수 있다. 반면에 구매하기 쉬운 저가의 상품일 경우에는 자연에 의한-끌림 이미지가 더욱 강하게 나타난다. '자연스러운-광고 이미지'는 소비자 주체가 지니고 있는 정서적인 면과 동일하게 느껴지는 광고 이미지일 경우에 친숙한 끌림으로 느끼게 된다.

특히 평상시 자신의 문화적인 정체성에 커다란 영향을 미치지 않는 시각 이미지에 해당하고, 저가의 상품이며, 일상생활에서 자주 접할 수 있는 경우라고 할 수 있다. 아무리 좋은 빅 아이디어의 광고 이미지라도 자연스러운 느낌의 광고 이미지가 아니면, 끌림 이미지로 다가갈 수 없는 것은 이러한 이미지가 지니고 있는 자연스러움이 없기 때문에 나타나는 현상이라 하겠다.

따라서 어떠한 시각 이미지도 친숙한 가운데 '자연스러운-끌림 이미지'여야 한다. '자연과 함께-광고 이미지'는 도시가 지니고 있는 인위적인 공간 속에서 생활하고 있는 소비자 주체가 자주 접할 수 없는 자연의 환상적인 광고 이미지일 경우 나타나는 끌림 현상이다. 시각 이미지의 대리만족을 통한 자연과 함께라는 캠페인이 끌림 이미지로 나아갈 수 있는 이유는 바쁜 현대인에게 시원한 청량제 역할을 하기 때문이라 하겠다. '자연과 대립-광고 이미지'는 인위적인 공간이 지니고 있는 시각적인 아름다움이 느껴지는 경우에 해당한다.[25]

거대한 건축물 혹은 내부인테리어의 조형적인 아름다움을 표현한 광고 이미지는 도시기능을 위한 인위성의 '자연과 대립-끌림 이미지'이며, 인위적인 건축양식에서 찾아볼 수 있는 자연은 이미 도시공간에서는 발견할 수 없는 전형적인 시골의 전원에서 확인 가능한 '자연과 동화-끌림 이미지'라 할 수 있다.

하지만 도시 속에 살고 있는 소비자 주체의 생물학적인 신체는 기계적인 신체가 지니고 있는 반복에 의한 성장이 아닌 결국 소비자 주체의 휴식공간의 몸으로 거듭나야 한다. 광고 이미지는 소비자 주체의 '몸-자연'을 위한 문화적 객체로서 정신적인 세계관과 미학적인 끌림 의미를 지니고 있다. 이제 '몸-자연'에 대한 보편적인 관념은 광고 이미지가 단순히 상품을 위한 광고 혹은 마케팅 차원의 획일적인 커뮤니케이션 수단이 아닌 광고 이미지 그 자체가 소비자 주체의 '분위기-동일성'에 대한 끌림체를 수용하는 가운데 주어지는 것이며, 동시에 광고 이미지가 곧 소비자 주체의 '분위기-동일성'을 대변하는 역할로서 근본적인 존재적 개념에 대한 동시적 공감각을 확인하는 객체로서 존립한다.

생활세계에 속해 있는 '정신적인 세계관-물질적 대상'과의 통일적인 공감각을 보여주는 시각 이미지는 단순한 일차적인 기능성 차원의 상품에 대한 정보전달수단으로서 소통 매체를 위한 커뮤니케이션이 아닌 소비자 주체의 '몸-자연'이 주는 전반적인 공통감인 끌림체로서 소비자 주체와 생활주변에 똑같이 숨 쉬고 있는 끌림 이미지다. 끌림 이미지가 지니고 있는 비인간적 생명체는 이제 소비자 주체의 공통감각에 의해 생명력 있는 끌림을 지니게 된다. 바로 소비자 주체의 내적 세계관이 신체 살갗이 지니고 있는 '분위기-동일성'을 통해 활발한 자아 및 대인 커뮤니케이션이 이뤄지기 때문이다.

4) '나타나고-사라짐'

자연에 대한 해석에 따라 '바라봄-보여짐'의 선행적인 과정은 경험과 체험을 통한 몸의 직관과 통찰에 의한 자신의 현존재적인 가치에서 출발한다. 광고 이미지 역시 자연으로서 소비자 주체의 몸에 대한 관심에 따라 다르게 해석·취급된다.

예를 들면, 동양적인 철학은 자연이 지니고 있는 계절의 변화와 낮과 밤, 남자와 여자, 음과 양 그리고 무엇보다 달의 규칙적인 운행과정 속에서 거대한 유기체적인 생명을 지니고 있다. 이로써 인간 역시 자연과 동일한 범주에 속해서 벗어날 수 없음을 통찰한 가운데 순환적 세계관 속에서 광고 이미지의 끌림을 발견한다.

광고 이미지는 소비자 주체의 '순환적 세계관' 속에 갇혀 있는 가운데 '바라봄-보이는' 것이며, 광고 이미지가 어떠한 분위기와 배치에 따른 차림새를 지니고 있는가는 전적으로 소비자 주체의 세계관에 의해 '끌림-작용'이 이뤄진다. 아무런 끌림을 갖지 못하는 광고 이미지에서 동양의 순환적인 의미를 깨달았다면, 이것은 광고디자이너의 의도와는 전혀 다른 의미로 끌리는 현상이다.

결국 정보전달 혹은 상품에 대한 특징 및 장점을 전달하는 광고 이미지에 대해 기획 의도와는 전혀 다른 소비자의 자연스러운 돌출적 행위에 대해 긍정적으로 받아들인다. 왜냐하면 광고 이미지를 보는 소비자 주체의 신체는 이미 제각기 다른 자연환경의 차이를 지닌 끌림체를 갖고 있기 때문이다. 자연광에 의해 보이는 대상이 광고 이미지가 아니더라도 제각기 빛의 수용 여부에 따라 다양한 색을 지니고 있듯이 소비자 주체의 신체 역시 자신의 고유한 색을 머금은 채 시각 이미지에 대한 수용 여부를 결정하게 된다.

빛은 스스로 대상의 드러남으로 자신의 모습을 감추며, 대신 대상을 전경으로 받쳐주는 배경 역할을 한다. 빛의 반사는 빛의 흡수와 동일한 대상과의 부딪침이 이뤄지는 가운데 생기는 현상이며, 매 순간 생동적으로

[그림 68] '나타나고-사라짐'에 의한 끌림:
'inner-nature'/ Illustrator, 전기순 作.
'나타나고-사라짐'은 낮과 밤, 봄, 여름, 가을, 겨울
등의 계절이 지니고 있는 변화 속에서 이뤄진다.
이 과정에서 인간 역시 이 굴레를 벗어날 수
없는 환경에 존재함을 자각하는 순간 끌림 홀의
'나타나고-사라짐'을 깨닫게 된다.

움직이고 있음에도 눈으로 확인할 수 없는 것은 '대상-끌림'에 의해 가려져 있기 때문이다. 빛의 가시광선을 의식하면서 대상을 쳐다본다는 것은 전문적인 시각에 의한 관점에서 설명이 필요할 때 보는 것을 의미한다. 평상시 바라보는 끌림 대상을 감싸주는 빛이라는 존재의미에 큰 비중을 두지 않는 것은 이미 우리 주변에 산재되어 있기 때문이다.

유물론적인 세계관은 자연물을 포함하여 사회적 존재물이 소비자 주체 자신의 의식 밖에 독립하여 존재하고 있으며, 소비자 자신은 그 가운데에 존재하고 그들과 여러 관계를 맺고서 생활하고 있다는 것을 의식하고 있다. 대상이 인간의 의식 밖에서 의식과는 독립적으로 존재한다는 것을 인정하는 것이 유물론의 근본적 특징이다. 유물론 철학은 이러한 자연발생적인 소박한 유물론에서 출발하여 그것을 이론적으로 정립한 것이다. 그 밖에 수많은 현대의 모든 철학적인 세계관은 유신론적인 세계관, 유물론적인 세계관으로 크게 나뉘어 그 흐름 가운데 자신의 철학에 대한 정교한 체계를 만들기를 반복하고 있다.

이 책은 어떠한 세계관이든 이미 신체 바깥에 주어진 자연이라는 엄연한 실제적인 현실에서 시작함과 동시에 자신의 몸이라는 신체리듬이 지니고 있는 자연스러움에서 근본적인 세계관에 대한 해결점을 발견해야 한다

는 점이다. 끌림을 유물론적인 시각에 기초를 둔 감각이론이라고 파악할 수도 있지만, 선험적인 현상적 범주 역시 예외 없이 수용한다는 점에서 좀 더 유신론적인 시각도 있음을 강조한다.

자연은 그 자체가 신의 존엄성을 감싸고 있으며, 우주의 법칙은 이미 신의 영역에 대한 선험적인 영감을 주기에 충분한 단서라고 볼 수 있다. '자연'이 지니고 있는 명제는 글자 그대로 '스스로 그러함'이라는 가운데 이뤄져야 하는 순수 그 자체의 의미를 지니고 있어야 하며, 여러 가지 해석적인 시각에 의한 편중된 세계관은 지양되어야 한다. 자연 그 자체의 순수성을 위해 '거기-그대로-있음'이라는 대전제는 반드시 지켜져야 할 덕목이다. 순수과학의 눈부신 발달이 가져다준 이성적인 판단이 유물론적인 세계관을 증폭시키는 촉매 역할을 하는 것은 어쩔 수 없는 현실이지만, 과학철학이 지니고 있는 엄정성은 유물론적인 사고를 만들어내는 '창의적-끌림'이라는 영역에 대한 인간의 몸 내면의 선험적인 세계임을 간과할 수 없다.

또한 화이트헤드의 유기체적인 세계관(the philosophy of organism) 속에서의 자연은 "현실적인 존재, 즉 눈에 보이는 가시적인 존재라는 차원에서 끝없이 모든 구성단위가 완성 단계로 진행되어가는 과정이라고 보고, 이러한 과정 속에서 다른 것과 관계를 맺게 하는 유기체적인 관계에 의해 구체화가 가능하다고 보고 있다". 이렇듯 세계가 과정과 실재를 통해 완성되는 과정이라고 본다면 눈에 보이는 대상은 소비자 주체와의 완성적인 체계를 만들어가는 과정 속에서 이뤄지는 자기 관계적인 끌림이라고 볼 수 있다.

이와 같이 자연을 끝없이 진행되어가는 흐름의 관점으로 해석하면 세계는 과정의 세계이며, 흐름 속에서 이어지는 각 대상과 대상의 관계 속에서 진행되는 유기체적인 세계와 같이 자연을 보는 세계관에 의해 대상은 수없이 많은 관점에 의해 해석 또는 끌림의 대상으로 전환된다.

이 책에서는 소비자 주체가 지니고 있는 끌림이 단순히 유물론적인 감각이론에 기초한 법칙성의 인식에 관해 감각만을 인식의 원천으로 인정하는 입장을 취하는 것이 아니며 끌림이 지니고 있는 끌림체, 즉 몸채의 '나타나고-사라짐'의 순간적인 활동적 끌림이 지니고 있는 선험적인 자연스러움을 인정한다. 따라서 자연은 일반적으로 상상력에서 유래하는 것, 감각적 경험 이외의 선험적(先驗的)인 것의 역할 속에서 끌림의 순수성으로서 받아들이게 된다.

따라서 후설 이후 메를로퐁티의 신체적 현상학의 자연스러운 접근은 이 책 전반에 커다란 영향을 미치고 있음을 스스로 인정하며, 자연에 대한 순수 끌림이 지니고 있는 현상과 유기체적인 자연관이 지니고 있는 과정적인 흐름은 소비자 주체가 지니고 있는 끌림체인 몸채의 선험적인 체험을 더욱 구체적으로 정립할 것으로 보고 있다.

끌림이라는 단서가 인위적인 조작에 의해 만들어진 문화적인 가치에 의해 움직인다면 문화적인 호기심에 의한 가치 끌림이며, 사람의 손길이 닿지 않은 신비로운 자연에 의한 끌림은 순수한 자연 끌림이라 할 수 있다. 여기에서 자연히 만들어진 환경과 인간이 만들어놓은 환경은 늘 반복적으로 대립·상응·상생을 통해 끊임없이 생성·소멸하는 가운데 서서히 스스로 새롭게 진화한다. 도시환경과 자연환경, 현대 건축물과 그 속에 있는 정원수의 자연물, 인공호수와 자연호수, 도시거리와 가로수의 상관관계는 필요충분에 의한 도시환경 속의 대립에서 공생적인 형태를 지니고 있다.[26]

첨단과학에 의한 도시환경과 스마트폰의 등장에 따른 첨단매체 활용 등의 인위적인 체계는 신비하고 경이로운 자연에 대해 더욱 적극적으로 수용하고자 하는 소비자 주체의 끌림이 점차 그 강도를 더하고 있다. 명상센터, 각종 건강체조 등은 바쁜 도시 생활에 갇혀 있는 소비자 주체에 대한 심신 상태를 대변하고 있음을 알 수 있다.

도시 속에 가득한 광고 문화가 도시 생활이 만들어놓은 단조로움에서 벗어나고자 갖가지 세계를 보여주어 소비자를 유혹하는 것은 단순한 판매를 위한 수단으로서의 활동이 아닌 도시 생활이 지니고 있는 인위적인 차원에 자연의 신비로움을 지속적으로 보여줌으로써 도시자연이라는 새로운 생태학적인 끌림을 발견하려고 하는 자연스러운 현상이라 할 수 있다. 실제 도시는 자연 속에 있으며, 광고 커뮤니케이션은 이러한 자연과 도시의 하모니를 만들어나가는 데 중간자 역할을 하고 있다. 광고 이미지의 대부분 아이디어를 자연에서 얻고 있는 이유도 바로 여기에 있다.

제12장   시각 커뮤니케이션의 자연체계

1 리듬의 자연체계

1) '리듬-지음'

[그림 69] '리듬-지음'에 의한 끌림: 'nothing'/
Illustrator, 전기순 作.
'리듬-지음'은 커뮤니케이션의 주체에 따라
리듬의 속도와 굵기, 폭과 깊이가 각각 다르다.
동일한 대상이라도 서로 다른 소비자 개성의 끌림
홀을 만들어낸다.

시각 이미지는 소비자 간 상호 끌림을 지니고 있는 언어와 비주얼을 통한 미적 커뮤니케이션이다. 커뮤니케이션의 사회적인 상호기능은 화자와 청자 간의 정확한 의사전달에 있다. 시각 커뮤니케이션 주체에 따라 리듬이 지니고 있는 속도와 굵기, 크기, 깊이와 장단이 다르게 느껴진다. 전달하고자 하는 내용이 리듬에 의해 변화가 일어나는 것은 당연한 현상이라 할 수 있다. 어린아이의 장난감에서 느껴지는 리듬은 가볍고 즐거운 리듬으로 다가오지만, 전쟁터에서 사용되는 총기류는 무겁고 긴장감이 도는 리듬으로 다가온다. 주류광고의 경우 브랜드 특성에 따라 차이는 있지만, 대체로 보면 부드럽고 즐거운 리듬으로 소비자 주체에게 다가온다.

특히 맥주 거품이 주는 부드러움은 맥주를 마시고자 하는 소비자의 몸을 충분히 적셔줄 것 같은 시원함과 청량함의 리듬을 준다. 매 순간 스쳐 지나가는 시각 이미지의 종류에 따라 소비자 주체의 몸은 쉴 새 없이 리듬이 지니고 있는 경쾌함과 즐거움, 유쾌함, 엄숙함, 안정감, 신뢰성, 갈등, 질투, 통찰, 영감, 감사, 불평, 친근감, 자애, 자학, 인정, 슬픔 등을 몸소 체험한다. 외부환경의 이러한 차이는 정작 시각 이미지에 의한 것이기도 하지만, 대상에 대한 친숙 정도에 따라 리듬에 대한 해석이 바뀌게 된다.

코키토는 리듬에 의한 이성적인 산출방식이며, 이 리듬이 사라지면 컴퓨터가 가진 기능적인 역할만 수행하는 사람으로 전락한다. 시각 이미지가 지니고 있는 상품판매를 위한 마케팅전략은 시장 리듬의 다양성 속에서 성공적인 리듬을 포착하기 위해 부단히 노력함에도 쉽게 잡히지 않는 것은 리듬 자체가 독립적으로 움직이지 않고 매 순간 '퍼짐'과 '스며듦', 그리고 '사라지고 나타나는' 속성에 의한 결과라고 볼 수 있다.

마케팅은 매 순간 시장의 흐름을 읽어야 하는 숨 가쁜 영역이며, 전략이 생성되는 순간부터 지난 과거의 낡은 마케팅 개념으로 바뀌고 만다. 소비자 주체의 몸 역시 시간에 의해 지속적인 신체적인 리듬이 바뀌게 되며, 나이에 의한 대상 감응이 바뀌는 것은 몸 자체의 세포분열에 의한 '리듬-지음'이라 하겠다. 음악이 작가의 '리듬-지음'에 의해 주변에 울려 퍼지고 있듯이 대자연 역시 매 순간 '리듬-지음'에 의한 순환적인 흐름을 이루고 있다. 시각 이미지에 의한 끌림 리듬 역시 매 순간 소비자 주체가 지니고 있는 '리듬-지음'에 영향을 미치게 된다.

끌림체로서 리듬은 인간이 지니고 있는 미적 커뮤니케이션 접근방식에서 매우 중요한 인식적인 개념임과 동시에 실재적인 끌림을 제공하는 '리듬-지음'이다. 모든 끌림은 그에 따른 다양한 리듬을 지니고 있으며, 이

리듬은 '리듬-지음'에 의해 형성된 결과이며, 끌림 양상은 매 순간 제각기 다르게 포착된다. 길거리에서 숨을 쉬거나 걸을 때도 리듬이 지니고 있는 유연함과 부드러움은 신체 바깥의 최첨단에 있는 살갖 변화와 더불어 적응에 민감하게 움직인다. 인체 내부의 오장육부에는 제각기 자신만의 일정한 '리듬-지음'을 지니고 있으며, 이 리듬이 물질과 정신에 부조화를 일으켜 조화롭지 못하면 여러 가지 질병에 노출된다.

따라서 소비자 주체가 지니고 있는 어떠한 육체와 정신적인 면도 리듬 위에서 작용한다는 것을 깨닫는 것은 곧 신체 바깥경계와 교감이 이뤄지는 살갖이 지니고 있는 끌림체인 몸채에 의한 것이며, 끊임없는 '리듬-지음' 속에서 매 순간 자각하게 된다. 리듬에 대한 끊임없는 교체는 소비자 주체로서 도시 생활을 하고 있는 누구나 노출되어 있다. 리듬이 없는 가운데 이뤄지는 어떠한 끌림도 성립하거나 지각될 수 없다. 직선적이고 단편적인 사고가 유행처럼 움직이는 사회과학적인 접근방식은 이러한 리듬이 지니고 있는 전반적인 흐름에 대한 포착을 거부한 가운데 발생한 진부한 방식이다.

리듬 간격, 리듬 높낮이는 주파수와 같이 매 순간 수십 혹은 수백 가지 리듬이 살갖 표면에서 살아 숨 쉬며 움직인다. 몸채는 이러한 리듬 패턴에 의해 끌림체로 바뀌게 되어 외부대상에 끌려서 달라붙게 된다.

미적 커뮤니케이션은 직선적인 메시지 전달방식인 아닌 곡선적인 끌림에 의한 느낌이다. 또한 직선을 둘러싼 곡선의 조화 속에서 대인 커뮤니케이션이 지니고 있는 친밀감의 차이가 나타난다. 이러한 리듬이 제거된 상태에서의 커뮤니케이션은 곧 기능적인 역할로서 무미건조한 메시지를 주는 것에 지나지 않는다.

끌림은 매 순간 리듬에 의해 대상에 포착되는 빛으로서의 몸채다. 모든 기억에 대한 상기, 떠오름, 생각함, 사고 등은 몸채의 주성분인 빛에 의한 내부적인 '리듬-지음'에 의한 것이며, 지금까지의 모든 사유방식에 대한 단서로서 제공받을 수 있다. 과거지향의 끌림, 미래지향의 끌림, 현실지향의 끌림, 물질지향의 끌림, 정신지향의 끌림 등 각 지향이 지니고 있는 끌림에 스며들어 있는 '리듬-지음'은 매 순간 시각 이미지를 향해 손을 펼치고 있다.

시각 이미지에 대한 즉각적인 태도는 '리듬-지음'이 순간적으로 솟아나온 상태로 수면 위에 떠오른다. 이것은 끌림 대상과 소비자 주체의 '리듬-지음'이 현재라고 하는 생활세계에 고착되는 순간 속에서 이뤄지는 환상적인 빛으로서 몸채의 발현이다. '리듬-지음'의 펼침은 시각 이미지가 지니고 있는 시각적 요소들 간의 시간관계에서의 현존을 의미한다.

헤드라인이 지니고 있는 리듬은 언어적인 사고에 의한 펼침이 이뤄지는 순간 소비자 주체의 내면적인 끌림이 언어적인 끌림 리듬으로 스며들어 이미지가 지니고 있는 구성요소는 배경적인 리듬요소로 받아들여지게 된다. 사진 또는 비주얼 요소가 지니고 있는 리듬은 시각적인 사고에 의한 펼침이 이뤄지면서 언어가 배경적인 리듬요소로 받아들여지게 되어 서로 다른 인식 장에 의해 '리듬-지음'의 펼침이 나타나게 된다.

시각 이미지가 지니고 있는 구성요소는 단순히 커뮤니케이션을 위한 단선적인 메시지가 아닌 '리듬-지음'에 의한 펼침에 의해 소비자 주체에 스며들게 된다. 시각 이미지의 펼침 특성이 시간적인 포착에 의해 순서적으로 '리듬-지음'이 형성되어 소비자 주체마다 전혀 다른 끌림 이미지로 받아들이게 된다. 이성적인 사고에 의한 이미지는 체계적인 코드로 이해가 가능하지만, 이미지가 지니고 있는 펼침은 체계가 아닌 '리듬-지음'이 지니고 있는 느낌에 의한 스며듦이다.

시각 이미지의 자연스러움은 이성적인 의미론을 통한 해석이 아닌 '리듬-지음'의 펼쳐지는 과정적인 차원으로서 끌려질 때 발현되는 빛, 광고 몸채다. 모든 대상이 지니고 있는 이미지의 순간적인 끌림 역시 이성적인 판단이라는 무미건조한 사태에 의한 끌림이 아닌 펼침이 만들어놓은 '리듬-지음'에 의한 스며듦이다. 기억이라는 것은 있었던 사실을 꺼내는 것이 아니라 매번 새로 만든다는 것을 이미 현대과학에서 밝혀진 사실에서 알 수 있듯이 기억은 매 순간 바깥환경에서 주어지는 환경 이미지를 통한 새로운 '리듬-지음'에 의해 생성된 끌림 이미지다.

끌림이 수용되는 과정은 직선, 곡선, 폭, 간격, 두께에 의해 다양하게 스며들어 소비자 주체의 몸채와 더불어 환상적인 이미지를 끄집어낸다. 대상이 지니고 있는 형태와 색에서 끌림 리듬은 여러 가지 리듬을 방사하고 있거나, 소비자 주체의 살갗이 지니고 있는 몸채, 빛의 끌림과 동일성·이질성을 지니게 될 때 긍정적·부정적 끌림 리듬이 형성된다. 긍정적인 끌림이 이뤄지는 관계는 동일성의 경우에서 나타난다. 차이가 지니고 있는 갈등 속에서는 부정적인 끌림이 침투하여 아름다운 '리듬-지음'을 만드는 데 저해한다.

리듬이 지니고 있는 이러한 긍정과 부정의 상반된 리듬의 침투는 불협화음으로 인해 리듬의 선율로 보기 어려운 소음으로 느껴지게 된다. 도시 생활에서 늘 경험하는 자동차 경적과 전자상품에서 나오는 소리의 복합적인 리듬은 신체 바깥을 차지하고 있는 살갗이 지니고 있는 끌림체에 대한 감각 능력을 점차 마비시키고 있다.

또한 직장생활의 업무 과중으로 인한 스트레스는 몸이 지니고 있는 끌림 감각을 무력화시키는 데 한몫을 하고 있다. 이와 같은 물질과 정신이 지니고 있는 리듬의 부조화는 결과적으로 갈등으로 진화되어 불편한 생활 리듬으로 바뀌게 된다. 시각 이미지는 소비생활에서 나타나는 불편한 리듬에 대한 안정적인 리듬을 제공한다. 간혹 정보 과잉의 광고로 인한 스트레스가 리듬을 불편하게 하는 경우도 있지만, 전반적인 시각 이미지는 소비자에게 최대한의 행복 리듬을 주기 위해 '리듬-지음'을 하고 있다.

시각 이미지는 이미 끌림에 대한 감각이 사라진 소비자에게도 새롭게 끌림 세포를 재생할 수 있는 가능성을 늘 지니고 있다. 도시 생활에서 시각 이미지는 청량한 산소 같은 역할을 통해 소비자 주체의 부정적인 리듬을 회복·충전하는 끌림 이미지로 거듭나고 있다. 대자연의 고마움을 늘 생각하게 하는 식품광고, 사람의 정을 강조한 상품광고, 가족 사랑을 통한 공익광고 등 다양한 시각 이미지는 소비자 주체의 몸이 지니고 있는 동적인 리듬, 길고 짧음, 빠름과 느림 등 소비생활의 반복되고 지루한 일상적인 신체리듬에 활력을 불어넣는다.

버스에 붙어 있는 시각 이미지, 지하철 공간에 있는 시각 이미지, 버스 정거장에 붙어 있는 시각 이미지는 단순한 정보전달을 위한 역할로서의 시각 이미지가 아닌 도시가 지니고 있는 차가운 이성적인 느낌을 시각 이미지를 통해 좀 더 인간적인 교감에 앞장서고 있다. 도시 속의 리듬은 소비자 주체 개인이 가진 리듬이 요구하는 감성적인 요구와는 별도로 다수를 위한 질서리듬에 초점을 맞추고 있다. 따라서 소비자마다의 개성적인 끌림은 줄어드는 반면 시각 이미지는 점차 대중적인 시각 이미지로 나아가게 된다. 이렇듯 소외된 소비자 주체의 끌림 이미지는 SNS 등을 통한 자신만의 공간을 통해 더욱 자신만의 감성적인 끌림을 추구하는 '리듬-지음'의 동영상 혹은 시각 이미지를 만들어내고 있다.

일상생활 속에서 리듬이 고착될수록 소비생활은 자본주의 경쟁시장 체제가 지니고 있는 거대한 패러다임에 종속된 지각과 의식체계를 형성한다. '리듬-지음'이 지니고 있는 창의적인 활동 역시 거대한 자본주의 체제에서 벗어날 수 없다. 간혹 기상천외한 '리듬-지음'이 만들어졌다고 해도 소비자 주체의 내적 끌림에는 아무런 감동을 주지 못하는 경계 속에 갇혀 있게 된다. 경쟁시장체계는 시각 이미지에 대해 더욱 공격적인 마케팅 활동을 보여주도록 요구하고 있으며, 그에 따른 시각 이미지는 점차 직선적인 시각 이미지로 바뀌는 모습을 종종 목격한다.

하지만 이러한 주입식 시각 이미지는 소비자 주체로부터 순간적인 임팩트는 있으나 내면 깊숙한 부분에서 떠오르는 끌림에는 아무런 영향을 주지 못한다. 사회체계는 늘 시장이라는 거대한 체계 속에서 움직이는 리듬체계를 지니고 있다. 이 체계는 일정한 경계를 지니고 있는 가운데 차이와 갈등이라는 지속적인 리듬이 생성·소멸되고 있다. 사회체계 리듬은 소비자 주체의 내면적인 리듬과 주어진 공간 사이에서 또 다른 차이와 반복을 통한 '리듬-지음'의 강도와 세기를 만나게 된다. 평상시의 생활리듬이 지니고 있는 안정된 리듬의 반복은 갑작스러운 낯섦에 대해 갈등적인 리듬체계로 바뀐다.

도시 생활의 편의를 위해 수시로 바뀌는 도로 표지판이나 주소는 그

것 자체가 지니고 있는 긍정적인 차원의 변화일지라도 소비자 주체 개인에게 익숙하지 않은 리듬을 만들어낸다면 불편함 속에서 한동안 익숙해질 때까지 기존의 리듬을 고수하게 된다. 고착된 소비자 주체의 리듬은 더욱 편리하고 더 부드럽고 자연스러운 새 리듬의 소비생활이 주어진다고 해도 이미 도시리듬과 '나' 사이의 고정적인 시각에 의해 '리듬-지음'을 벗어나지 못한다. 도시 생활과 소비생활 그리고 자본주의 시장경쟁체제가 만들어낸 지각과 의식의 체계 속에서 이미 적응된 '리듬-지음'을 통해 끌림 이미지의 구조적이고 감성적인 체계를 끄집어내는 것은 자연스러운 현상이라 할 수 있다. 리듬이 지니고 있는 자연스러움은 소비자 신체가 지니고 있는 심장박동 소리와 같이 보편적인 시각언어를 통해 끌림 이미지를 획득하게 된다.

하지만 '리듬-지음'이 지니고 있는 창의적인 사고는 보편적인 시각언어가 지니고 있는 흐름 속에서 새로운 끌림이 생성되는 것을 의미하며, 이 보편성과 창의성이 지니고 있는 경계, 즉 차연(差延, Différance)의 거대한 공간에서 발견할 수 있다. 차연은 리듬이 지니고 있는 일반적인 흐름에 대해 더욱 깊이 있는 심연의 세계로 끌어당긴다. 순간이라는 깊이로 빠져들게 되면, 평상시에 느끼는 일반적인 리듬에서 소비자 주체가 지니고 있는 바깥리듬이 내면리듬으로 스며드는 사이에서 실재적인 리듬이 아닌 순수의식의 리듬으로 전환하게 된다.

의식 너머에 있는 순수차성의 '리듬-지음'은 새로운 시각의 끌림 이미지로 전환하게 된다. 소비자 주체가 바뀌는 매 순간의 의식은 기분전환을 위한 가벼운 리듬이 아닌 순수의식이라는 깊이 속에서 바뀌게 되는 의식차성의 리듬이다. 동일한 시각 이미지에 대한 끌림 태도가 바뀌는 것은 차연이 지니고 있는 깊이에 의한 사고구조의 변환에 의해 발생한다.

백화점에서 사고 싶은 옷을 고를 때 생기는 리듬이 바람에 의해 출렁거리는 수면 위에 발생하는 물결 같은 가벼운 '리듬-지음'이라면, 차연에 의한 '리듬-지음'은 시간의 흐름에 의해 변화가 생기는 물의 온도, 색, 농도에 의해 생기는 전혀 다른 의식차성의 리듬이다. 흐르는 물의 깊이는 곧 대상과 소비자 주체 사이에서 생기는 '끌림-차연'의 깊이를 의미한다. 간혹 발생하는 수면 위의 물결에 의한 대상 끌림의 '리듬-지음'은 곧 바람이 지니고 있는 유행의 가벼운 리듬에 의한 끌림이다.

리듬에는 물의 지니고 있는 깊이, 즉 수직적인 구조에 의한 차연의 깊이를 자각할 수 있으며, 끌림 대상이 지니고 있는 끌림은 단순한 수평적 리듬이 아닌 수평·수직에 의한 사선적인 끌림으로 안내하게 된다. 리듬사선이 지니고 있는 끌림은 늘 변화를 추구하는 현대시장의 현실적인 흐름에 따라 움직이며, 소비자 주체의 생활리듬에 의해 조작된다. 사선이 지니고 있는 경사가 가파를수록 대상 끌림의 순간적인 리듬은 차연 속으로 안내된다. 또한 물의 깊이와 리듬사선은 대상 이미지에 따라 수시로 변화가 가능한 '리듬-지음'이라 할 수 있다.

2) '길이-진동'

[그림 70] '길이-진동'에 의한 끌림: 'Moment'/ Illustrator, 전기순 作.
'길이-진동'은 주체와 대상 간의 깊이에 따라 주어지는 차성이며, 서로의 동일성에 대한 끌림 정도에 따라 진동의 폭과 넓이가 바뀌게 된다.

'길이-진동'은 소비자 주체의 내적 생각의 깊이에 의해 길이가 주어지며, 바깥의 물질적인 반응에 따라 진동이 바뀐다. 길이는 대상이 지니고 있는 내용의 깊이에 따라 정도의 차이가 있으며, 진동은 외적인 관여 정도에 따라 진동의 진폭에 차이를 지니게 된다. 도시, 농어촌에 따라 서로 다른 '길이-진동'으로 소비자 주체의 정신과 물질에 직접적으로 스며든다. 대자연이 만들어놓은 리듬은 일정한 '길이-진동', 높낮이, 두께, 폭 등의 시각적인 느낌을 통해 일정한 규칙적인 안정감을 지니고 있다. 음악이 지니고 있는 멜로디의 높낮이에 따라 경쾌하고 즐거우며, 때로 잔잔한 느낌을 주는 것은 규칙적인 리듬에 의한 자연스러움이며, 이 리듬이 소비자 주체의 내면적인 정신상태가 지니고 있는 리듬과 일치할 때 끌림의 '길이-진동'이 움직인다.

몸으로서의 물질과 마음으로서의 정신은 서로 만날 수 없는 대립구조이면서도 상호교환을 위한 진동체계를 지니고 있다. 몸은 항상 정신의 '길이'와 함께하는 물질의 '진동'으로 이뤄져 있는 진동체계다. 호흡, 심장소리, 말하는 것은 모두 몸이 지니고 있는 진동에 의한 것이며, 이 진동이 정신과 함께 움직일 때 생명진동의 자연스러움이 생성된다.[27] 몸의 건강상태는 정신에 영향을 주게 되며 결과적으로 '진동-지음'의 '길이-진동'이 바뀌게 된다.

반면, 바깥환경이 지니고 있는 진동향연은 매 순간 소비자 주체의 몸채에 영향을 주게 되어 주체 자신도 모르는 사이에 수동적인 진동을 소유하게 된다. 첨단 상품광고 속에서 배치에 의한 시각적인 '길이-진동'의 적극적인 요청이 소비자 주체의 내면적인 안정진동을 취하게 하기보다는 오히려 첨단이 지닌 매력에 의해 끌림 진동으로 순간 바뀌게 될지 모른다. 즉, 진동의 '길이-진동'이 지니고 있는 안정에서 매력에 의한 수동적이면서 능동적인 끌림은 이미 자연스러운 소비생활에서 넘쳐흐르고 있다.

시각 이미지가 지니고 있는 모델의 표정에서 느껴지는 '길이-진동'은 이제 단순한 시각 이미지의 강조라기보다는 끌림 이미지로 나아가기 위한 과정적인 스며듦이다. 끌림은 자극-반응에 의한 물리적이며 기계적인 시각이 아닌 진동에 의한 자유로운 스며듦에 의한 다채로움이다.

물질적 객체로서의 소비자 주체의 몸과 정신으로서 마음의 두 항은 이제 광고 속에서 새롭게 시각과 의미로 나누어 진동으로 전달된다. 물질과 정신이 지니고 있는 소비자 주체의 의식이 만들어놓은 리듬의 '길이-진동'은 시각 이미지의 끌림 이미지로 스며들게 된다. 소비생활은 이미 그 자체가 광고 속의 끌림 이미지이며, 투영된 리듬이다. 소비생활의 리듬을 떠난 시각 이미지가 아무런 끌림이 없는 것은 실재적인 생활 가운데 느껴지는 감성적인 몸채와의 소통에 영향을 주지 못하기 때문이다.

따라서 어떠한 시각 이미지도 실재적인 진동 가운데 지음이 있어야 한다. 청자와 화자가 누구냐에 따라 진동이 지니고 있는 동일한 단어도 어떠한 지역과 문화 환경에서 사용되느냐에 따라 의미해석에 차이가 있다, 이러한 차이는 의사소통에 오해와 갈등을 불러일으켜 상호 간 의사 단절이라는 커다란 장벽에 갇혀버리고 만다.

현대사회가 지닌 가장 큰 폐해는 각자의 사회적인 위치와 소유 정도, 지식 정도에서 제각기 다른 주장과 설득을 주장함에 따라 갈수록 갈등적인 해석이 점점 커져가고 있다. 이러한 사회적인 커뮤니케이션의 부조화에도 시각 이미지의 커뮤니케이션이 성공적으로 이뤄지는 것은 '자연-그대로'의 친숙한 관계에 근거한다. 신뢰를 바탕으로 만들어진 상품에 관한 시각 이미지는 소비자 주체에게 매우 중요한 커뮤니케이션 파트너로서 가까이에서 소비생활을 도와준다. 각종 신상품의 등장과 새로운 정보에 대한 공유는 광고 혹은 홍보적인 매체를 통해 알려주며, 도시 생활의 복잡함에서 별다른 어려움 없이 소비생활을 할 수 있도록 도와주는 산소 같은 유익한 존재다.

이렇듯 흔한 시각 이미지는 상품에 따른 끌림의 '길이-진동'을 통해 소비자와 공존한다. 가전제품, 전자상품, 자동차, 금융, 건설, 화장품 등 상품에 따른 성격은 끌림 리듬이 형성되어 만일 소비자에게 이러한 시각 이미지에 대한 자연스러운 수용적인 태도가 없다면 시각 이미지는 더 이상 끌림 이미지를 만들어낼 수 없는 쓸모없는 대상으로 남게 된다. 소비자의 생활편익에 최대한 가까이 가기 위한 역할을 지니고 있는 시각 이미지의 근본적인 밑바탕에 부정적인 시각이 있다면 아무리 좋은 빅 아이디어라도 소비자 주체의 내적인 끌림에 다가갈 수 없다. 즉, 시각 이미지에 대한 숭고한 정보전달에 대한 아무런 거리낌이 없는 상태에서의 대상으로서 '바라봄-보여짐' 가운데 광고 커뮤니케이션의 '길이-진동'을 확인할 수 있다.

화장품이 지니고 있는 상품의 진동은 그야말로 화려하고, 다양한 컬러를 통해 시각적인 진동을 만들어내며, 시대적인 문화에 따른 패션과 브랜드에 민감한 고관여 감성 상품으로 널리 알려져 있다. 시각 이미지가 지니고 있는 진동은 전형적인 곡선으로 흐르는 가느다란 선들의 조화 가운데 나타나는 끌림 이미지다. 전반적인 진동은 브랜드 이미지에 충실한 환상적인 끌림 이미지를 만들어낸다.

자동차의 경우에는 고관여 이성상품으로 자동차가 지니고 있는 브랜드에 따라 직선과 곡선의 진동을 통해 품격의 이미지를 만들어낸다. 벤츠의 경우 클래스를 나누어 상품의 품격과 격조를 표현한 것은 대표적인 끌림이 지니고 있는 '진동-지음'이라 하겠다. 고객에 따른 품격이 클래스에 따라 세련되고 우아한 진동을 만드는 것은 곧 끌림 이미지를 만들어내는 기본적인 단위다. 상품에 따라 끌림 이미지가 지니고 있는 '길이-진동'의 향연은 도시 곳곳에 넘쳐흐르고 있다. 진동에 의한 움직임을 포착하는 것은 어디까지나 소비자 주체의 몸채에 의한 순간 끌림이다.

도시 속의 환경진동, 상품진동, 공간진동, 교통진동, 주거진동, 사회체계진동 등 진동은 소비자 주체의 맥박과 호흡, 길이, 크기에 따라 다르게 받아들여진다. 음악장르에 따라 다르게 진동이 받쳐주듯이 소비자 주체의 생명진동은 외부환경이 지니고 있는 갖가지 진동을 종합적으로 파악·수용하는 가장 밑바탕이 되는 진동이다. 통제가 불가능한 감정적인 진동은 호흡이 지니고 있는 진동의 깊이, 폭과 연결되어 있다.

모든 대상에 대한 직관적인 판단과 해석은 호흡의 종류에 따라 방식이 다르게 표현된다. 마라토너가 바라보는 대상적 끌림은 호흡이 지니고 있는 깊이와 폭에 의해 일반적인 호흡과는 전혀 다른 '길이-진동'을 지니게 되어 시각 이미지가 지니고 있는 끌림 이미지의 해석적인 차이를 지니게 한다.

긴 호흡을 주장하는 명상가가 바라보는 대상 끌림은 변화하는 끌림 이미지에 대한 즉각적인 태도에 앞서 대상에 대한 깊이 있는 관조적인 '길이-진동'을 만들어낸다.

이렇듯 엄밀한 의미에서 호흡의 일반적인 길이와 폭에서도 서로 다른 차이리듬을 지니고 있으며, 소비자 주체의 소비성향에 의해 전혀 다른 '리듬-지음'을 지니게 된다. 일반적인 시각 이미지는 공통감이라는 발견할 수 없는 막연한 느낌에 의해 주어지는 불안정한 리듬이며, 그 저변에 숨어 있는 소비자가 지니고 있는 호흡의 길이와 특징에 대한 아무런 과학적인 근거를 제공하지 못한다.

후설에게 지각은 직관에 의한 근원적인 양태라고 한 근원적인 호흡에 의한 것이라 할 수 있다. 즉 호흡이 지니고 있는 장단과 고저에 의한 의식의 흐름은 일정하지 않으며, 순간적인 '시간-공간'의 포착에 의한 몸채인 것이다. 소비자의 생활세계가 '시간-공간'적인 감성적 현상세계로 존재하는 한 직관에 의한 끌림은 호흡에 의한 의식차성이 머무는 순간에 의해 이뤄진다.

3) 몸채-율동

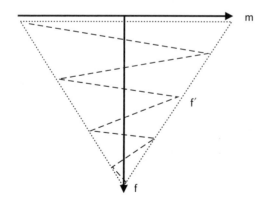

[도표 56] '몸채-율동'의 끌림 홀
m(movement): 율동, f, f'(fold): 매듭

따라서 몸채가 지니고 있는 끌림 홀의 기질적 판단은 자연스러운 현상이라 할 수 있다. 끌림 홀의 매듭질은 끌림 대상이 지니고 있는 언어적인 요소, 형, 형태, 선, 점, 면의 조형적인 요소, 사진, 영상물 등의 시각적인 요소가 지니고 있는 부분 혹은 전체를 수용할 때 발생하는 매듭지어짐에 의한 율동으로 나타나고, 이 율동이 어떻게 매듭지어 구성되는가는 전적으로 몸채의 기질적인 면과 무관하지 않으며, 끌림 홀의 매듭질 역시 여기에 영향을 받음을 알 수 있다.

위의 [도표 56]에서 빗금 친 매듭질에 따라 다양한 형(形)과 질(質)의 율동이 생성된다. 끌림 율동의 깊이가 깊어질수록 현실적인 시간보다 내재적인 소비자 주체의 시간이 확대되면서 끌림 매듭질의 간격은 평상시 익숙한 순간적인 율동보다 더 팽창되어 확장된다. 생활세계에서 소비자 자신의 생활세계에서 자주 만나는 물질적인 대상, 또는 생명을 지닌 대상은 이미 소비자의 끌림 율동에 굳어져 있다.

커다란 환경적인 변화 또는 소비자 주체의 인식 지평이 바뀌지 않는 한 끌림 율동은 단단하게 고정적으로 엮여 '편안함-안정'이 주는 리듬으로 정착된다. 순간체계에 의해 만들어진 끌림 매듭은 소비자의 인식 지평에

[그림 71] '몸채-율동'에 의한 끌림: 'Nothing Tree'/ Illustrator, 전기순 作.
'몸채-율동'은 선험적인 매듭, 초월론적인 매듭, 목적의식에 의한 매듭 등 시간의식의 수평과 수직에 의한 '몸채-매듭'에서 생성·소멸하는 가운데 몸채 조각의 끌림 율동을 만들어낸다.

따라 서로 다른 율동 이미지를 만들어낸다. 끌림 매듭 자체가 지니고 있는 율동은 선에 의한 연합이 아닌 의식공간의 율동을 의미한다. 뫼비우스의 띠처럼 서로 전혀 다른 공간을 만나게 하는 매듭과 같이 공간은 그 자체가 역동적인 선의 율동을 지닌 에너지로서의 몸채다.

끌림 대상에 따라 바뀌는 공간 속에서 움직이는 에너지의 흐름은 그 자체가 '율동-이음'을 위한 리듬이라고 할 수 있다. 율동이 만들어낸 공간은 '율동-지어짐'을 만들어내는 도구적인 차원이다. 순간체계를 통한 '율동-지어짐'은 지금까지 소비자의 외부 끌림에 의한 수동적인 태도를 능동적인 태도로 바꿔주는 역할을 함과 동시에 소비자 개성을 위한 주체로 나아가게 만드는 에너지를 제공받는다.

존재에 대한 질문을 정신과 물질이라는 상반된 시각에서 진행되어온 모든 인식의 범주에서 벗어나 여기에서는 끌림이 지니고 있는 객체과 주체의 동일점에서 이뤄지는 끌림 홀에서 소비자 주체의 본질적인 해답을 구할 수 있다. 사물객체의 인식이 이뤄지는 순간부터 모든 끌림 대상은 소비자 주체마다의 끌림 홀에 의한 '율동-지어짐'이며, 시간의식의 객관적인 연장에서 끌림 의식은 개성을 창출하게 만드는 원형적인 끌림 에너지에 의한 몸채다.

끌림은 물질과 정신이 구분되어 있지 않은 가운데 발현되는 상보적인 관계 속에서 이뤄지는 활동이며, 주어진 신체가 지니고 있는 감성에 따라 율동에 의한 '매듭-차이'를 지니게 된다. 과거 사상에 의한 체질론을 예로 드는 것은 단순히 신체감성에 대한 구분을 짓기 위한 단서적인 내용을 제공할 뿐 이 사상을 통해 소비자 개성을 분석하자는 의도는 아니다.

현대는 끌림에 의한 원형적인 몸채를 통해 소비자 개성의 원형을 재확인해볼 필요가 있다. '율동-지어짐'은 소비자 주체가 지금까지의 체험을 통한 묶음의 연속이며, 개성창출이 이뤄진 근원적인 실마리를 해결할 수 있다. '율동-지어짐'은 늘 공간성, 즉 끌림 홀을 지니고 있는 몸채에서 이뤄지는 끌림 의식에 속한다. 이것이 시간객체에 의해 현실화될 때 비로소 끌림의 내적 의식은 생성되며, 소비자 개성이 구체화된다.

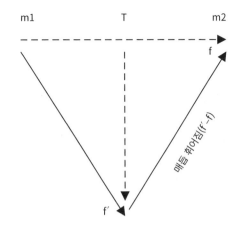

[도표 57] 매듭의 '율동-휘어짐'
m1, m2(movement): 율동, f, f'(fold):
매듭, T(Time): 순간
    수평과 수직에 의한 순간의식을
통한 끌림 과정에서 생성하는 매듭의
'율동-휘어짐'

비공간적인 인식은 평면적인 사고, 글쓰기, 그림 그리기 등을 통해 소비자 주체 내적 지평의 의식공간을 평면으로 끌리기를 종용했으나, 현대 첨단과학이 만들어놓은 홀로그램, 가상증강현실, 3D 프린터기, 컴퓨터프로그램 등 입체물의 생산과정은 평면적인 인식에서 공간이라는 조형요소의 필요성이 증가하고 있는 추세다. 소비자 개성은 스스로 비공간적인 사고에서 공간적인 끌림 매듭을 통한 몸채의 공간적인 사고를 좋아한다.

몸의 전체성은 세포들의 자기 관계적 체계에 의한 개성적인 창출에서 비롯된 공간적인 의미를 지닌 융합체이며, 이 융합에 의한 에너지의 개성적인 율동(m)이 몸채의 '율동-지어짐'으로 나아간다. 분명한 점은 몸채의 '율동-지어짐'이 없는 가운데 이뤄지는 모든 사고는 물질이든 정신이든 기존의 선입에 의한 사고과정이며, 지금까지의 모든 이론에 통제를 받는다.

몸채는 몸이라는 현존재에서 새로 부여받은 어떠한 사회적인 구속 또는 문화, 환경과는 관련이 없는 끌림 세계와의 순수교감에 의해 '율동-지어짐' 가운데 몸 주위를 휘몰고 있는 몸채다. 생물학적인 차원에서 몸과 몸채는 서로 떨어질 수 없는 관계로 주어져 있지만, 소비자마다의 개성적 창의성은 의식의 공간에서 생성된 '생각함'이 아닌 몸 주변을 휘감고 있는 몸채의 '율동-지어짐'의 소용돌이에 의해 생성과정을 거치게 된다.

어떠한 시각 이미지도 이러한 생각 이전의 순수, 감각, 시각, 지각이 지니고 있는 몸채에 의한 끌림이 이뤄지지 않는다면, 매우 무미건조한 평범한 아이디어 혹은 조잡한 창작으로 전락하고 만다. 끌림 홀이 이뤄져가는 과정으로서 '율동-지어짐'은 그 자체가 창의의 과정이며, 선험적이고 초월론적인 시뮬라크르를 이뤄낸다.

현존재는 몸채를 통해 초월론적인 존재와 소통할 수 있으며, 매 순간 나타나는 끌림 홀의 지속성이 길어질수록 몸채의 환상적인 공간이 몸을 둘러싸 객관적인 시간의식과는 전혀 다른 '시간-멈춤'의 끌림 홀이 만들어 놓은 '율동-지어짐'의 창의성에 오랫동안 머물게 된다. 이때 대상은 구체적으로 보이지 않으며, 대상이 지니고 있는 모든 구성요소가 해체되어 홀에 흩어져 차츰 사라진다. 사라지는 세계는 또다시 구조, 구성, 조합, 자리바꿈을 통한 '율동-지어짐'이 이뤄져 의식 지평으로 떠오르게 된다.

보이는 대상이 지니고 있는 객체로서 시간흐름과 소비자 주체 내면의 끌림 홀에 의한 '시간-멈춤' 사이에는 서로 다른 시간의식이 흐르게 되어 팽창·긴장에 의한 강한 끌림 에너지를 느끼게 된다. 창의성이 지니고 있는 새로움의 변화는 주체와 객체의 서로 다른 시간의식에서 이뤄지며, 이러한 시간의 왜곡된 현상은 지역의 문화와 환경에 따라 커다란 '매듭(f)-율동(m)'의 폭과 깊이의 차이를 가져다준다.

끌림 시간이 지니고 있는 속도는 대상이 지니고 있는 시간객체를 빠르게 또는 천천히 느끼게 되며, 객체와의 시간의식에 의해 매 순간마다 빠르게, 느리게 변화를 갖게 된다. 예를 들면, 도시공간의 백화점 내부에서 느끼는 시간의식과 고속도로에서 자동차를 운전하고 있는 상태에서 느끼는 시간의식을 비교하면 주체의 끌림 홀은 주어진 대상이 지니고 있는 환경 및 객체에 따라 시간의식의 '매듭-휘어짐'을 경험할 수 있다. 동일한 시각 이미지도 백화점 내부에서 볼 때와 옥외에서 볼 때 느껴지는 끌림 의식은 '매듭-지어짐'의 다채로운 '매듭-율동'을 경험한다. '끌림 홀'은 주어진 물리적인 시간과 공간을 어떻게 수용하느냐에 따라 끌림시간에 의한 '매듭-지어짐'의 형상과 깊이가 바뀌게 된다.

끌림의 순간의식인 '세계-터-있음'은 도시와 시골에 따른 환경이 서로 다른 시간의식을 지니고 있는 가운데 '매듭-율동'이 이뤄진다. 소비자의 내적 지평에 따라 끌림 홀의 몸채가 달리 형성된다. 생활세계가 지니고 있는 '매듭-율동'은 공간마다 지니고 있는 시간흐름에 맞추어 '빠르게' 혹은 '느리게' 움직이고 있다. 물리적인 시간흐름은 일반적으로 과거·현재·미래의 차성을 띠는 가운데 수평적으로 흐르고 있다.

끌림 리듬의 흐름은 수평이 아닌 수직의 끌림 시간에 의해 순간의식 속으로 빨려 들어간다. 매듭은 끌림 홀의 수직에 의한 매듭이며, 수평이 지니고 있는 흐름과의 연속성에서는 리듬이 공간을 휘젓게 된다. 수직매듭이 구축한 끌림 홀의 깊이는 수평적인 리듬에 의해 영향을 받으며, 몸채의 형상 역시 변형을 이루게 된다. 수평과 수직이 구축한 끌림 홀의 변형은 소비자 주체의 끌림 지향에 의해 지배를 받는다.

리듬은 대상과 주체와의 주어진 공간, 환경에 의한 시간리듬의 차이에서 만들어지는 왜곡된 공간의 리듬을 의미하며, 매듭은 이러한 리듬(a)이 지니고 있는 공간 속에서 느껴지는 끌림의 수용태의 매듭을 의미한다. 몸이 지니고 있는 수용적인 감각은 몸 바깥의 경계부분인 살에서 비롯되며, 이 살의 역동적인 힘에 의해 분출된 에너지의 결정체인 몸채의 선험적인 순수와 실존적인 감각, 시각, 지각 끌림의 매듭(b)에서 출발한다.

[도표 57]에서 객관적인 시간흐름(t1-T-t2)은 일반적으로 과거(t1), 현재(T), 미래(t2)의 차성을 띠는 가운데 수평적으로 흐르고 있다. '매듭-휘어짐(a-b)'은 현존재에 있는 소비자 주체의 끌림 의식에 깊이 연관되어 있으며, 그 깊이에 따라 객체적인 시간과는 동떨어진 깊이의 '시간-멈춤'의 상태인 끌림 시간에 빠져들게 된다. 이로써 끌림 홀의 '매듭-휘어짐'이 발생한다. 매듭-휘어짐은 시간에 의한 휘어지는 정도를 의미하며, 그 정도에 따라 매듭이 지니고 있는 형질리듬에 의해 다양한 끌림 홀을 형성한다.

시각 이미지에서 눈에 들어오는 언어적인 요소인 헤드라인과 보디카피 그리고 캡션, 시각적인 요소인 이미지와 캐릭터 그리고 강조를 위한 터치 등은 언어적 사고와 시각적 사고를 통한 멀티융합에 의한 '율동-지어짐'의 회오리이며, 두 가지 사고가 지니는 대비와 강도, 차이, 가치에 의해 소용돌이의 끌림 홀은 깊이와 폭을 달리한다.

또한 두 가지 형식적인 차이에 의한 끌림 홀 외에도 정신적인 가치와 물질적인 가치가 동시에 몸채 에너지로서 바뀌어 끌림 홀의 깊이와 폭에 참여한다. 이러한 상반된 의식의 연합과정은 동일하게 좀 더 분석적으로 파헤쳐나갈 수 있다. 즉 배경과 전경, 흑과 백, 자연 이미지와 인위적인 이미지, 형태의 크기와 종류, 보색 대비, 이미지의 부드러움과 강함, 도시와 시골 등 시각 이미지의 이항대립구조는 끌림 홀의 에너지로서 작용한다.

소비자 주체의 '율동-휘어짐'은 이처럼 다양한 대립에 의한 구성작용이 순수, 감각, 시각, 지각이 지니고 있는 끌채에 의해 정립됨과 동시에 홀의 매듭 질을 결정하는 중요한 역할을 한다. 몸채가 아닌 소비자 주체의 정신적·물질적 활동에 관한 모든 측면을 경험으로 한 자기형성과정이며, 이 작용은 객체적인 불멸성의 원리에 따라 그것을 넘어서는 창조성을 언급하는 화이트헤드의 유기체적인 세계관에서 볼 때 몸채는 또 다른 내적 지평의 개성창출이며, 끌림 홀이 지니고 있는 순간체계의 시뮬라크르다. 끌림 지속은 끌림 홀이 지니고 있는 '매듭-지어짐'의 점성과 구성성분에 따라 제각기의 다양한 '리듬-율동'의 몸채가 형성되는 것을 의미한다.

2 채움의 사물체계

1) '간격-채움'

끌림 간격은 끌림 진동과는 또 다른 차성의 소비자 주체와 끌림 대상과의 물질적 또는 정신적 '간격'이 만들어낸 끌림체계다. 스마트폰은 대표적인 뉴미디어로서 소비자 주체가 생각하는 모든 관심영역에 대해 대신 도와주는 정보 역할을 해준다. 도시 생활에서 스마트폰은 늘 자신의 손바닥에 머문다는 사실이며, 스마트폰에 대한 신뢰감과 친밀감은 소비자 주체의 신체

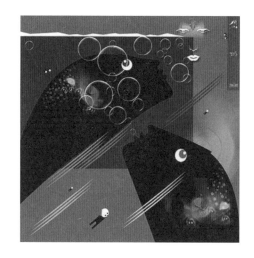

[그림 72] '간격-채움'에 의한 끌림: 'Mute'/ Illustrator, 전기순 作.
'간격-채움'은 주체와 대상 간의 물질적 또는 정신적 간격을 의미하며, 서로의 간격 정도에 따라 채움이라는 끌림 홀이 강력한 생명 에너지를 생성한다.

와 하나라는 동질감을 줄 때 강력한 '간격-채움'의 끌림을 제공한다. 소비자 주체가 지니고 있는 생각과 느낌은 곧바로 스마트폰을 통해 확인이 가능하며, 어떠한 대상에 대한 끌림도 스마트폰을 통해 확실하게 증명되는 가운데 이뤄진다.

이와 같은 현상은 스마트폰이 소비생활 속에 깊이 관여함에 따라 생기는 자연스러운 끌림이라 할 수 있다. 스마트폰이 없는 가운데 보이는 대상은 대상에 대한 아무런 정보가 없는 가운데 생기는 단순한 '간격-채움'이 이뤄지는 자연적인 생활공간이다. 반면에 스마트폰을 들고 있는 가운데 보이는 공간은 단순한 공간지각이 아닌 가상공간과의 겹침에 의한 환상적 공간을 만들어낸다. 왜냐하면 실제적인 현실과 스마트폰이 만들어낸 유튜브, 소셜네트워크, 각종 음악과 오락 및 정보공간 등은 소비자 주체와 늘 함께 움직이며, 매 순간 현실적인 공간과 같이 움직이기 때문이다.

소비생활의 중복적인 공간의식은 '간격-채움'이 주는 끌림에 기인한다고 볼 수 있다. 어떠한 끌림 대상도 찾아가는 끌림이 아니라 찾아오는 끌림이 더욱 강한 '간격-채움'을 지니고 있다. 이미 손바닥에서 모든 정보를 공유할 수 있는 스마트폰의 끌림은 대표적인 소비자 주체와 대상의 '간격-채움'에 의한 대상이다. 손바닥은 소비자 신체의 일부분이며, 그보다 가까이에서 소비자 주체를 끌어당기는 대상은 찾아볼 수 없다.

대상과 소비자 주체의 간격은 또 다른 의미의 끌림을 만들어낸다. 소비자 주체와 전시장에 걸려 있는 작품의 간격은 작품을 바라보는 소비자 주체의 의도에 따라 바뀌게 된다. 좀 더 자세하게 보고 싶을 때 작품 가까이 다가가서 보고자 하는 마음은 누구에게나 있듯이 소비자 주체와 대상의 간격은 끌림에서 자연스러운 단위적인 끌림 요소다. 바깥환경에서 주어진 간격은 주어진 공간과 생활환경에 맞추어 공통적인 거리를 지니고 있다. 전시장에서 느낄 수 있는 간격은 공간이 차지하는 크기와 작품 크기에 따라 차이를 지니고 있듯이, 시각 이미지를 대하는 소비자 주체와의 간격은 장소와 매체에 따라 다르다. 즉 공공장소에서 보이는 시각 이미지와 아침 식사시간에 조간신문을 볼 때의 끌림 이미지, 스마트폰에서 보이는 끌림 이미지는 전혀 다른 '간격-끌림'으로 느껴진다.

이러한 간격은 실재적인 공간에서 느끼는 '간격-공간'에 의한 끌림의 차이를 느끼게 한다. 이와 같이 간격은 공공장소, 백화점, 갤러리, 커피숍, 서점 등 주어진 공간적인 환경에 따라 시각 이미지가 지니고 있는 자연스러운 끌림 이미지에 영향을 미친다. '간격-당김'은 눈과 정신이 지니고 있는 차이에 의해 새롭게 형성된다.[28]

일반적으로 보이는 실질적인 공간이 주어지는 간격은 실제 눈을 통한 거리를 측정할 수 있지만, 소비자 주체 내면에 숨어 있는 물질적인 신체와 정신적인 의식층의 간격은 측정할 수 없는 구조로 되어 있다. 신체가 요구하는 맛있는 음식을 먹고자 하는 욕구, 성적 욕구, 재물에 대한 소유욕 등에 의한 대상 끌림은 정신적인 끌림에 앞서 소비자 신체가 지니고 있는 본능적인 지향이다.

이러한 욕구가 신체의 전반적인 끌림을 신체가 요구하는 지향으로 나아가게 된다. 반면 정신적인 욕구인 진리를 추구하는 마음, 사랑하는 마음, 의로운 마음, 봉사하는 마음, 믿는 마음 등이 요구하는 대상 끌림은 소비자 주체의 의식층의 지향에 의해 나타난다. 신체가 요구하는 끌림과 정신이 요구하는 끌림의 상관관계 속에서 끌림의 '간격-채움'은 늘 존재한다.

소비자 주체가 존재적인 차원에 의식을 끌어올리는 순간부터 보이는 시각 이미지는 물질적인 차원의 상품에 대한 정보제공에 앞서서 시각 이미지가 지니고 있는 창의적 아이디어에서 끌림을 발견하게 된다. 창의적 아이디어를 지니고 있는 시각 이미지는 소비자 주체에게 상품이 지니고 있는 물질과 정신의 균형적 감각을 한껏 고양시켜준다.

소비생활이 지니고 있는 일반적인 사고의 리듬은 늘 새로운 자극을 원하지만 그렇지 못한 현실적인 상황에서 고품격을 보여주는 시각 이미지, 신세계에 대한 동경, 아름다움의 결정체 등의 광고아이디어는 새로운 정신적인 재충전을 갖게 한다. 소비자 주체와 시각 이미지의 '간격-당김'에서 발생하는 재충전의 자연스러움은 늘 물질적인 상품과 정신적인 소비자 주체로서 존재와의 무게중심에서 비롯된다.

시각 이미지의 끌림은 정신적인 균형 상태에서 이뤄지지 않는 영역이며, 소비자 주체가 어떠한 정신적인 불균형에서 벗어나고자 할 때 보이는 '간격-지음'이다. 정신적인 불균형은 바쁘게 움직이는 현대 소비생활에서 자주 나타나는 현상이며, 특히 물질적인 존재로서 신체가 지니고 있는 욕구에 대한 강한 끌림은 정신적인 중심축이 강한 소비자 할지라도 시각 이미지의 창의적인 이미지에 빠져들게 된다. '간격-지음'은 보편적인 시각으로 확인이 가능한 틈을 의미하지만, 끌림 간격은 실제로 눈으로는 확인할 수 없는 끌림에 의한 틈새다. 간격은 대상과 대상 간의 거리에 의한 파악임과 동시에 끌림이 움직일 때 나타나는 현실태로서 물리적 신체로서의 끌림점과 정신적 상태의 끌림점과의 거리라고 볼 수 있다.

끌림점이 의미하는 것은 자극에 대해 몸과 마음의 지평에 의한 차성을 의미하며, 이 차성의 거리는 일반적으로 직선으로 파악하지만 끌림에 의한 '간격-당김'은 직선, 곡선, 사선을 통해 다양한 간격의 강도를 나타내고 있다. 간격이 지니고 있는 당김에 의한 긴장감은 끌림 에너지의 다채로운 끌림 장을 형성하게 되어 소비자 주체의 개성적인 몸채로 재현된다. 빛이 지니고 있는 내부의 화려한 진동간격과 강도로 살아남는다.

몸채의 내적 끌림 관계는 '간격-당김'에 의해 구조되어 소비자 주체의 개성적인 지평적 의식체로 남아 외부대상과의 이중적인 간격을 형성한다. 시각 이미지와 소비자 주체와의 끌림 이미지에 의한 이중적인 결합은 '간격-당김'의 관계성 속에서 결합된다. 끌림이 지니고 있는 관계성은 '간격-채움'으로 시작된다. 즉 동양철학에서 말하는 "모든 사물은 변한다"고 하는 사상적인 테두리와 "모든 사물은 흐른다"고 한 헤라클레이토스의 말에서 확인할 수 있듯이 모든 사물은 '간격-채움'의 끝없는 행진이며, 이 '간격-채움'의 과정에서 서로 다른 끌림 에너지가 생성 혹은 소멸된다.

이러한 논변을 통한 끌림의 '간격-지음'은 시간이 지니고 있는 물리적인 항상성에서 구별할 수 있는 몸채다. 끌림이 지니고 있는 '간격-지음'에는 위상적인 지평에 의해 구조화되지 않은 자유로운 틈의 연장이다. 연장이 지니고 있는 관계성은 끌림 이미지가 지니고 있는 양태적인 성질에 따라 다르게 구조화된다. 소비자 주체와 시각 이미지, 정신과 물질, 내면 끌림과 바깥 끌림, 의식 장과 끌림 장이 지니고 있는 연장은 실제적인 '간격-지음'에 의해 구체화되어 나타난다. 깊이, 폭, 길이, 곡선 등이 구체적으로 '간격-지음'으로 나타날 때 눈에 보이지 않는 끌림은 현실적인 존재로서 체화된다.

두 개의 점이 직선을 형성하고, 세 개의 서로 다른 점이 완전한 평면을 형성할 때 끌림의 '간격-지음'은 최단거리로서 직선이 아닌 변형이 가능한 선과 점들의 복합체로서 빈 공간을 채운다. 끌림이 지니고 있는 몸채의 빛 에너지의 변형에 의해 끌림은 소비생활이 지니고 있는 공간의 신체활동에 의해 '간격-지음'이 구성 및 조작된다.

실제로 몸은 시각 이미지에 푹 빠져들고 있지만, 마음이 내키지 않는 경우를 종종 경험하는 것은 신체를 구성하는 최전선인 살갗이 바깥세계와 직접적인 소통을 정신에 앞서 먼저 체화하기 때문에 일어나는 과정적인 끌림 '간격-채움'에 의한 것이라 할 수 있다.

2) '우연-만남'

우연은 소비자 주체의 몸에서 발현되는 의식적인 목적이 아닌 자연스러운 느낌으로 나아간다. 이 우연적 만남은 지금까지의 끌림과는 전혀 다른 소비자 주체의 아프리오리의 차성에서 나타나는 지향성으로 파악한다. 우연성은 현실적인 목적성과는 동떨어진 끌림 홀의 창의적인 생명 에너지라 할 수 있다. 관여도에 따라 상품을 분류하던 방식이 이성적인 파악에 의한 이론적인 접근이라면, 우연성에 의한 분류 방식은 선험에 의한 몸채의 자유로운 끌림에 의해 생성·소멸하는 초월론적인 끌림의 생명 에너지라 할 수 있다.

이미 현대 마케팅 영역에서 소비자의 관여 정도에 따라 고관여 이성상품(자동차, 에어컨 등), 고관여 감성상품(냉장고, 패션의류 등), 저관여 이성상품(노트북, 스마트폰 등), 저관여 감성상품(화장품, 저가 장식류 등)으로 나누어 소비자의 태도 및 반응을 연구하는 것은 우연이 아닌 목적성에 의한 이성적인 절차이며, 우연은 이러한 절차와는 상관이 없는 지극히 초월론적인 끌림 차성이 현실적인 목적상의 차성에 겹쳐서 만날 때 확인할 수 있다. 이것은 어디까지나 순간적인 통찰 또는 직감으로 재해석되어 현

[그림 73] '우연-만남'에 의한 끌림: 'sky fish'/Illustrator, 전기순 作.
'우연-만남'은 주체와 대상 간의 물질적 또는 정신적 간격을 의미하며, 서로의 간격 정도에 따라 채움이라는 끌림 홀이 강력한 생명 에너지를 생성한다.

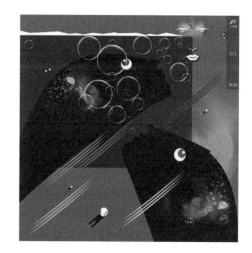

실적인 목적성의 끌림으로 귀속한다.

소비자 몸-느낌이 지니고 있는 현실적인 직감은 어떠한 이유에서든 관여되어 있는 대상에 의해 물리적인 거리의 원근, 또는 가격과 가치가 지니고 있는 정신적인 강도에 따라 차이가 난다. 하여튼 우연성의 지대는 소비자 신체의 살갗에서 생성되는 것이 현실의식으로 전이되는 순간 우연의 본질적인 의식에 의해 사라진다. 즉, 우연은 피부가 지니고 있는 일반적인 촉감뿐만 아니라 피부를 둘러싸고 있는 눈에 보이지 않는 끌림 에너지인 '우연-만남'에 의해 새로운 선험적인 차성으로 발달한다.

대상이 지니고 있는 느낌에 대한 실제적인 감각은 피부에서 직접적인 확인이 가능하지만, '우연-만남'이 지니고 있는 초월적인 느낌은 그 자체가 몸 바깥 혹은 몸 내면에서 순간 나타났다가 사라진다. 우연은 느낌에 의해 원초적으로 느껴지는 신체 바깥의 또 다른 느낌의 차성이다.

로티는 "인간은 우연하고도 일시적인 고안물"이라고 하여 기존의 인과율이 지니고 있는 모든 진리를 거부했듯이, 시각 이미지에 나타나고 있는 새로운 창의적인 끌림의 생성은 '우연-만남'에 의한 일시적인 고안물이라 할 수 있다. 완벽한 마케팅이론을 토대로 한 시각 이미지도 최종적으로 표현된 이미지의 다양한 변수적인 요인이 이성적인 접근으로는 해결할 수 없는 우연적인 끌림이 늘 도사리고 있는 것은 바로 이러한 우연성에 의한 느낌을 배제할 수 없기 때문이다. 시각디자이너가 광고아이디어를 위한 창의적인 활동을 하면서도 정작 자신의 활동이 이성적인 논리와는 또 다른 형식의 차성에 머물고 있음을 발견하는 것은 우연성의 장에서 새로움을 추구하고 있기 때문이다.

로티가 바람직한 인간상으로 창의성이 있는 사람을 꼽은 이유는 주어진 모든 인과율은 고정 불변적이며, 미래지향적이 아닌 인식의 장으로 설득하고 있으며, 창의성을 지닌 인간 본연의 주체를 늘 억압하는 것으로 파악하고 있기 때문이다. 모든 체계적이고 분석적인 철학이 지니고 있는 이러한 고정적인 이론적 접근이 야기한 가장 큰 병폐는 창의성이 주는 신선한 자극을 저해하는 것이라고 파악한 것으로 미뤄볼 때 '우연-만남'의 우연성은 매 순간 소비자 주체 생활을 통해 일어나는 개성창출과 개인의 느낌이 지니고 있는 미적 감수의 끌림이다. 지금까지의 모든 진리는 역사적인 맥락 아래 만들어진 우연에 의한 연대를 통해 이뤄진 것이라면, 시각 이미지가 지니고 있는 창의적인 끌림에는 공간과 환경이 만들어낸 우연적인 사건에 의해 구성된 환상적인 '우연-만남'이 있다.

화이트헤드는 자신의 저서 『과정과 실제』에서 "느낌의 해석적인 차원은 자신이 느끼는 감정에 있는 느낌을 이미 기분이라는 전체적인 몸 감각이라는 범주에 포함되어 있다"고 한 점에서 알 수 있듯이 끌림은 이러한 기분이라는 전체적인 몸 감각의 범위를 벗어난 느낌의 타자로서의 끌림체를 의미하며, 소비자 주체의 기분과는 전혀 다른 차원의 초월적인 끌림을 의미한다. 소비자 주체에게 나타났다가 사라지는 빛 에너지는 끌림체로서 소비자 주체를 초월하는 끌림 에너지다. 끌림이 지향하는 것은 소비자 주체의 의도와 상관없는 가운데 움직이는 느낌이며, 초월적인 존재로서 몸채다. 그렇다고 해서 소비자 신체와는 전혀 관계성을 지니고 있지 않은 끌림이 아니며, 늘 신체 바깥과 내면에 현실과는 전혀 다른 차성으로 존재한다.

존재적인 의미는 물질적인 연장을 지니고 있지 않은 빛-존재를 의미하며, 현존하지 않은 가운데 나타났다가 사라지는 '우연-만남'의 몸채다. 끌림은 목적적인 지향을 지니고 있는 의식 가운데 살아있다. 끌림이 지금의 끌림인 것은 그 끌림을 지니고 있는 소비자 주체의 의식의 장에 따라 현존재로서 당위성을 발견하기 위함이다. 즉 의식이 지니고 있는 기질은 소비자 주체의 성정에 따라 다르게 구현되며, 끌림 역시 그에 따라 초월론적인 존재로서 신체 피부에 살짝 붙었다가 사라진다. 자신과는 실제적인 연관은 없지만 전혀 없앨 수 없는 의식 차성 간의 통로로서 '우연-몸채'의 자연스러움에 있다.

하지만 끌림에 관련해서 느끼는 소비자 주체는 늘 자신이 지니고 있는 신체에 의해 발현되는 감각적인 끌림이라는 제약에 의해 구속된다. 따라서 끌림이 지니고 있는 순수 끌림의 우연적인 만남은 소비자 몸의 지고 지순한 상태에 머무르지 않는 한 끌림체로서 몸채의 빛 에너지는 환상적인 끌림 이미지로 남아 있게 된다. '우연-몸채'가 지니고 있는 우연적인 끌림은 소비자 자신을 넘어서는 감각적인 인상으로 여운을 지니게 되어 초월적인 창조성을 갖게 된다.

또한 소비자 개성이 지니고 있는 자연적인 체계로서 의식의 지평과 시간의 종속적인 흐름은 늘 우연과 함께 어우러져 새로운 기질(氣質)의 지각적인 장을 만들어낸다. 우연성이 지니고 있는 순간은 시간 속에 갇혀 있음과 동시에 시간이 지니고 있는 물리적인 흐름에 전혀 상관하지 않는 정신적인 차연의 깊은 의식 속에 빠져드는 순간 열려 있다. 우연은 필연이라는 현실적인 판단을 유보하는 사태이며, 실재적인 경험이다. 계획적인 스케줄을 넘어서 또 다른 차원의 필연을 현실적으로 우연적인 행위로 파악한다고 하면, 자신의 세계에 갇혀 있는 소비자의 움직임을 객관적으로 판단할 수 있다. 어떻게 보면 우연은 현실적인 삶이 절대적인 세계가 아님을 알려주는 메시지라고 할 수 있다.

소비자 자신의 시간적인 지평을 가진 지각적인 장에 의해 현재, 현재에 앞서는 모든 과거, 미래에 현전하는 것은 곧 실재적인 삶의 치우침에 의한 지향성이며, 간혹 느껴지는 우연의 필연적인 사건으로 인해 소비자 자신의 삶이 완전성을 지닌 삶이 아님을 깨우쳐준다. 끌림은 우연을 통한 현실적인 당연성을 거부하는 몸채의 자연스러운 소식이다. 현실적인 의식의 저 건너편에 또 다른 실재가 존재함을 전해주는 매개로서 우연은 늘 소비자 주체의 신체를 드나들고 있다. 어릴 적 경험이 나의 신체의 한 조각으로 사라지는 순간 그 기억은 우연이라는 거대한 우주공간 속으로 재생산이 이뤄져 현실적인 끌림 대상으로 다시 나타날 수 있다.

시각 이미지는 이러한 과거의 단편적인 추억 또는 회상을 통해 소비자 주체의 내적 끌림을 끄집어내어 바깥지향을 하도록 바꾸는 끌림 이미지다. 어릴 적 뛰놀던 시골(시냇물, 뒷동산, 고추잠자리, 장검다리, 고추밭 등의 자연적인 산골 배경)의 아름다움은 그 자체가 신비로움이며, 우연에 의한 몸채의 신기루다. 이것이 소비자 주체의 내면적인 끌림에 내재되어 있는 이상 시각 이미지의 시골에 대한 재현적인 이미지는 이성에 의한 창의적 과정에서 벗어난 또 다른 차원의 실제적인 '우연-끌림'으로 지향한다.

또한 이것은 과거회상을 위한 단순회귀의 이성적인 과거와 현재 겹침에 의해 일어나는 완전한 세계가 아닌 비개성적·미규정적·초월론적 현상이라 할 수 있다. 소비자 주체의 몸은 주어진 생활환경이 지니고 있는 색, 온도, 공간, 개, 고양이 등이 주위에 있음을 알고 있으며, 부엌에서 밥하는 소리, 라디오에서 들리는 음악소리, TV, 컴퓨터, 냉장고 등에서 들리는 각종 소리가 주위를 감싸고 있음을 안다. 몸이 움직일 때마다 의식과 함께 신체 외부 혹은 내부에서 생성·소멸하는 '우연-몸채'의 순간적인 비실재적인 장에 의해 소비자 주체의 끌림은 과거 또는 현재에 실재한다.

현실적인 실재생활에 침투하거나 스며들어오는 우연이 다시금 실존 속으로 용해되어 사라지거나 육안으로 보이는 대상 속으로 투영되어 현실적인 느낌으로 전이된다. 현실적인 느낌이 발생하기 전의 '우연-몸채'의 과정적인 움직임은 순수느낌에 의한 포착으로 받아들일 뿐 오랫동안 소비자 주체 몸과 함께 지녀온 태고의 본능에 의한 흔적이라는 것을 간과하고 만다. 의식이 지향하는 이성적인 체계에 대한 리듬을 파악하기 전에 발생하는 불규칙적이며 비과학적인 우연성이 지니고 있는 공간이 있음을 안다는 것은 현실이라는 실재가 지니고 있는 완벽함이라는 것이 결국 우연-몸채라는 불완전한 토대 위에 구조된 것임을 안다.

끌림은 모든 소비자 주체가 지니고 있는 의식, 감각, 느낌이라는 것 위에 인식적인 파악으로는 가늠할 수 없는 미결정의 초월론적 우주가 지니고 있는 '우연-몸채'다. 소비자 주체의 삶은 자신의 삶으로부터 사방으로 빠져나가며, 동시에 사방에 있는 온갖 우연적인 끌림이 자신의 삶에 가득 차게 된다. 이러한 반복에 의해 빠져나가고 들어오는 거대한 과정은 바다에서 볼 수 있는 파도의 밀물과 썰물과도 같은 현상이 지속적으로 일어난다. 밀려나가고 들어오는 파도는 시간의 흐름 속에서 반복적으로 나타나지만, 내용적인 면에서는 전혀 다른 끌림 작용이 매 순간 주변 활동으로 지향하고 있다. 우연이 만들어낸 파도와 같은 움직임은 늘 새로운 끌림으로 소비자 주체의 몸을 채우고 떠난다.

자신의 실존은 이미 비개성적이 되었으며, 소비자 주체의 실존을 회복한다는 것은 오히려 개인의 취향에서 발견할 수 있을 뿐 거대한 바다가 지향하는 파도의 일정한 반복은 동일성으로 다시 회복한다. 우연이 만들어 낸 이러한 끌림 현상은 늘 가까운 곳에서 먼 곳으로, 내면에서 바깥으로 이행하기 때문에 과거와 현재를 분리하여 의식의 장을 분리한다는 것은 불가능해 보인다. 과거와 현재는 물질적으로는 만날 수 없지만 정신적인 사유구조에서는 자유롭게 왕래가 가능하며, 우연이라는 순간적인 교차지점에서 현실적 물질 공간으로 드러난다. 우연은 흔적이라는 무의식이 이뤄 낸 끌림의 한 조각이라고 볼 수 있다. 흔적은 구체적인 과거경험의 재현이 아니라 과거 흔적을 통한 새로운 환상적 끌림이다.

사실 소비자 주체는 시각 이미지를 통해 현실적인 존재로 남아 있는 것을 원하지 않는다. 오히려 시각 이미지를 통해 소비자 주체 자신이 지니고 있는 '우연-몸채'를 통해 현실이라는 실재적인 공간을 벗어난 비실재성의 우연과 함께 존재하는 끌림 공간을 지향한다. 이 공간은 소비자 주체가 늘 그리던 환상적인 공간이며, 어떠한 주체도 침범할 수 없는 자신만의 구성에 의해 조작된다. 이는 소비자 주체가 자신의 지각과 기억이 결국 시각 이미지에 대한 구체적인 상품정보에 있지 않고 도시 생활이 만들어놓은 환상적인 문화공간에서 자신만의 우연한 끌림으로 매 순간 거주할 수 있는 이미지로 자신을 실재하게 한다.

소비생활에서 이러한 끌림이 만들어준 '우연-몸채'가 없다면 모든 존재는 환상적인 세계와 물질적인 세계가 서로 교환할 수 없는 메마른 세계로 나아가게 될 것이다. 초월의식과 실재적인 의식이 서로 왕래하고 존재할 수 있는 이유는 '우연-몸채'라는 순간적인 나타남에 의해 서로 현실적인 접촉이 가능하기 때문이다.[29]

시각 이미지는 이러한 미완의 끌림 세계를 왕래할 수 있는 소비자 주체 생활에서 가장 가까이 접근할 수 있는 우연의 장이다. 새로운 상품의 등장과 함께 브랜드 이미지의 상징적인 표현은 시각 이미지에서 확인할 수 있는 특권을 지니고 있다. 최첨단매체와 더불어 환상적인 세계를 만들어내는 시각디자이너의 상상력은 소비자생활의 단조로움에 활력을 불어넣어줌과 동시에 끌림이 지니고 있는 우연의 세계를 자극한다.

현실이 지니고 있는 정신과 물질의 시간성은 늘 생활리듬을 규칙적으로 하도록 요구하고 있다. 소비자 신체가 지니고 있는 존재적인 느낌이 늘 실재적인 현실에서 무한한 가능성의 세계를 지향하고 있음에도 그럴 수 없는 신체의 물리적인 제약은 정신적인 상상력을 통해 새로운 세계에 대한 탈출을 모색한다. 이때 시간성이 소비자에게 무언의 반복적인 행위를 요구하고 있는 동안 시각 이미지의 물리적 공간의 펼쳐짐은 곧장 판타지적 세계로 빠져드는 새로운 끌림 이미지로 유혹되기를 바라고 있다.

3) 감싸줌-쓰임새

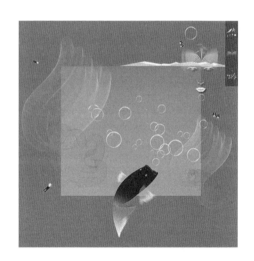

[그림 74] '감싸줌-쓰임새'에 의한 끌림: 'Mute'/
Illustrator, 전기순 作.
'감싸줌-쓰임새'는 소비자 주체 혹은 대상이
지니고 있는 몸채에 따라 서로 다른 체용을 지니게
된다.

모든 대상은 자신이 필요로 하는 내용을 담고 있다. 또한 대상 스스로 내용을 포장하는 그릇을 지니고 있다. 용기의 형태와 크기 그리고 재질에 따라 담고자 하는 내용이 구분된다. 물질적인 대상은 대상이 지니고 있는 재질에 따라 그 쓰임이 다르다. 나무의 예를 들면, 일직선으로 뻗어난 적송의 경우는 재질의 우수성으로 전통 기와집의 대들보로 쓰인다. 또한 아름답게 뻗어난 소나무 혹은 동양란은 관상용으로 정원수로 쓰이거나 가정용 화분 위에 놓여 우리의 눈을 즐겁게 한다.

이와 같이 모든 대상이 지니고 있는 특징에 따라 그 쓰임새가 다른 것은 예나 지금이나 동일하게 적용된다. 여기에서 다음과 같은 사실을 알 수 있다. 즉 대상 그 자체의 외형적인 그릇은 '감싸줌-체(體)'이고, 그릇 안에 있는 내용은 '쓰임새-용(用)'에 해당한다. 대상 끌림은 소비자 주체가 지니고 있는 '감싸줌-몸채'에 의한 '쓰임새-끌림'이라 할 수 있다. 이때 몸채는 끌림을 만들어내는 정적인 '감싸줌-체'이며, 끌림은 몸채에 의해 움직이는 동적인 '쓰임새-용'이라 할 수 있다.

순간적으로 나타나는 빛의 성정을 지니고 있는 몸채의 모든 감각과 의미작용에는 제각기 고유한 끌림의 몸을 지니고 있다. 끌림이 일어나는 것은 소비자 주체가 지니고 있는 끌림 홀의 종류에 따라 대상 끌림의 차이가 나타난다. 물질과 정신, 물질과 생명, 의미와 감각, 지성과 직관 등의 이원론적인 사고에는 그에 따른 감싸줌의 형성체가 있는 가운데 쓰임새가 주어진다. 즉 물질이라는 거대한 그릇에서 운용되는 생명은 '감싸줌-쓰임새'에 의한 사고유형이며, 의식이라는 거대한 장에서 의미가 생성하듯이 어떠한 끌림에도 이를 담아내는 그릇으로서 몸을 지니고 있다.

전경과 배경, 형태와 배치, 카피와 비주얼, 분위기와 배치 등은 대립적인 구조뿐만 아니라 그 내면에 숨어 있는 끌림에 의한 '감싸줌-쓰임새'가 숨어 있다. 즉 형태를 통해 나타나는 분위기는 그 자체로 이미 형태-감싸줌, 분위기-쓰임새의 이면에 눈에는 보이지 않는 끌림 조명을 파악할 수 있다. 몸채는 소비자 개성에 따라 바뀌며 그 몸채가 지니고 있는 감싸줌, 즉 관찰하는 주관자로서의 끌림을 통해 미적인 대상을 포착하게 된다.

몸채와 미분화된 신체는 서로가 아직 끌리는 대상에 대한 '감싸줌-쓰임새'의 명철한 인식을 할 수 없는 것을 의미하며, 서서히 늙어가는 자신의 신체에 따라 바뀌는 끌림에 대해 아무런 의구심을 지니지 않은 채 몸과 정신을 하나의 물질로 파악하게 된다. 즉 '감싸줌-쓰임새'가 지니고 있는 끌림은 몸채로서 늘 바뀌며, 주변 환경에 의해 시시각각 변화를 추구하는 체계임을 소홀히 한 가운데 발생한 오류다.

시각 이미지에서 많이 나타나는 '품격'을 예로 들어보면, 이 품격은 30대, 40대, 50대 등 나이에 따라 담기는 끌림의 '감싸줌-쓰임새'에 차이가 있음을 알 수 있다. 꿈, 희망, 소망, 도전, 안정 등이 지니고 있는 단어는 소비자 주체의 나이 및 성별에 따라 끌림의 '감싸줌-쓰임새'가 전혀 다른 차원으로 해석이 이뤄지며, 몸채의 성정에 따라 서로 다른 느낌으로 전달된다.

마찬가지로 끌림 대상은 소비자 주체가 바라보는 눈의 시각에 따라 끌림의 '감싸줌-쓰임새'가 바뀌게 된다. 즉 동일한 대상도 인상주의적인 시각, 낭만주의적인 시각, 사실주의적인 시각 등에 따라 끌림의 '감싸줌-쓰임새'가 바뀌게 되어 끌림이 지니고 있는 일반적인 시 지각이 있을 것이라는 어떤 특수한 방식을 제공한다는 정당성은 이제 배제되어야 한다.

모든 이론적인 근거는 눈에 보이지 않는 체계를 통해 변화하는 것을 포착하는 것이며, 그 자체가 진리인 것은 아니다. 또 다른 차원에서 지금까지 감싸줌의 역할로서 몸채는 신체가 지니고 있는 감싸줌의 시각에서 볼 때 사용되는 쓰임새이며, 물질이 지니고 있는 상태에 따라 몸채 자체가 지니고 있는 빛의 지평에 차이를 지닌다. 즉 신체가 지니고 있는 지각의 경험은 주체의식에 의해 변형되는 감싸줌이며, 주체의식의 오래된 축적에 의해 몸채의 조명이 바뀌게 된다.

그동안 주체가 대상을 바라볼 때 일정한 관점(perspective)에 의한 판단의 지속성은 몸채에 영향을 주며 이는 다시 끌림이라는 미적 느낌에 영향을 미치게 된다. 이러한 미적 관점이 지니고 있는 지속적인 반복은 일정한 주체의식의 지평으로 자리 잡게 되어 대상에 대한 판단과 아울러 자신의 신체를 조작한다.

끌림은 이러한 의식 지평이 지니고 있는 몸채에서 움직이는 쓰임새이며, 이것은 또다시 시지각 끌림에 의한 신체의 '감싸줌-쓰임새'로 환원된다. 따라서 몸채에 의해 감싸주고 있는 끌림은 몸채의 지평이 지니고 있는 형, 형태, 질감 또는 언어가 지니고 있는 질[質性]에 따라 끌림이 지니고 있는 쓰임의 방향에 차이를 지니게 된다.

결국 시각 이미지가 지니고 있는 끌림 대상은 두 가지 끌림 시각에 의해 쓰임새가 작용한다. 하나는 바라보는 소비자 주체가 지닌 몸채의 감싸줌에 따라 끌림 대상이 바뀌는 직관적인 끌림 작용이며, 또 다른 하나는 끌림 그 자체가 끌림 대상에 있을 때 발생하는 끌림 작용이다. 지금까지 끌림의 방향성은 대상을 바라보는 소비자 주체로부터 시작하는 끌림 시각이라면, 후자는 대상 그 자체가 소비자 주체의 몸채를 자극하는 경우의 끌림 시각이다.

쌍방향의 끌림이 동시에 이뤄지는 경우도 있지만, 그것은 먼저 언급한 두 가지 끌림 방향에 대한 충분한 논의가 이뤄진 가운데 설명할 수 있다. 먼저, 첫 번째 끌림은 일반적인 끌림 지향을 지니고 있는 현상이며, 흔히 소비자 주체의 개성이 주축이 이뤄진 가운데 생성된 몸채에 의해 끌림이 이뤄진 자연스러운 쓰임새다.

예를 들면, 소비자 주체가 평소 '자유'에 관심을 지니고 있다고 하자. 그러는 가운데 우연히 도로를 걷다가 유럽여행사의 사인물을 보았을 때 시각 끌림은 다른 어떠한 소비자보다 강한 시선을 끌었을 것이다. 평상시에 잘 보이지 않던 여행사의 사인물이 눈에 '갑자기' 띄는 것은 여행이라는 단어가 생성되기 전 단계에서 발생한 끌림이라고 하겠다. 사전에 여행을 생각한 가운데 눈에 띄는 여행사의 사인물은 소비자 주체의 의도적인 방문에 의한 조작된 것이라면, 평상시 여행에 대한 생각이 전혀 없던 가운데 '자유'라는 해방된 생각을 하는 가운데 갑자기 눈에 띈 것이다.

여기에서 '자유'라고 하는 언어가 신체 바깥의 끌림체인 몸채를 감싸줌으로써 여행사의 사인을 보는 순간 해방이라는 '쓰임새'를 확인한 것이 된다. 이때 신체의 최전선에 있는 살과 눈을 통해 '자유'라는 빛의 몸채가 여행이라는 사인 물을 휘감아 돈다. 시각 이미지 역시 소비자 주체의 관심 영역에 따라 끌림 차이를 나타내는 것은 이러한 몸채의 감싸줌의 지평에 의해 생성한다.

두 번째의 경우는 그 반대로 전혀 생각하지 않은 가운데 강력한 대상 끌림의 감싸줌에 의해 소비자 주체 자신이 쓰임새로 바뀌게 된다. 이것은 시각 이미지가 강력한 최첨단의 상품이거나 또는 시각 이미지 자체가 독창적일 때 나타나는 경우라 할 수 있다. 또는 여성의 경우 신상품의 화장품이라든가 빅 모델의 아름다운 모습에서 끌림이 생성되는 것을 의미한다. 이 순간에는 소비자 주체가 시각 이미지에 있는 상품을 구매하거나 또는 그와 관련된 상품에 대한 관심을 지니게 된다. 끌림 대상이 감싸줌이며, 소비자가 그 상품에 의해 쓰임을 지니게 된다. 후자의 '감싸줌-쓰임새'를 위해 시각디자이너는 빅 아이디어를 만들기 위해 노력한다.

세 번째는 쌍방향에 의한 '감싸줌-쓰임새'가 동시에 이뤄지는 것을 의미하며, 이것은 소비생활에서 늘 생각해오던 것을 쇼핑을 통해 구매할 때 소비자와 상품 상호 간의 지속적인 차이의 갈등 속에서 이뤄진다.[30] 끌림 '감싸줌'은 보자기에 소중한 선물을 포장할 때 느끼는 성정이라 할 수 있다. 이때 포장된 선물은 끌림 '쓰임새'로서 끌림 대상에 전달된다. 즉 포장된 선물에 따라 그에 어울리는 포장이 필요하듯이 끌림 '감싸줌-쓰임새'에는 소비자의 주체의식을 사로잡고 있는 '감싸줌'에 따라 보이는 대상 끌림의 선택적 '쓰임새'가 이뤄진다.

지각함이 인식적으로 대상에 대한 무관심적인 고찰행위라고 파악한다면, '감싸줌-쓰임새'는 그 자체가 눈에 보이지 않는 감성적인 끌림체로서 순수지향성을 지닌 몸채다. 다만 평상시 소비자 주체의 의식 지평에 따라 바뀌는 '바라봄-보여짐'의 변형적인 시각은 끌림 '감싸줌-쓰임새'에 매 순간 영향을 주게 된다. 후설에게 지각함이란 소비자 주체의 개성적인 관심에 의해 발생한 행동들을 수행하는 과정 속에서 대상을 지각하며 보존한다.

신체를 감싸고 있는 끌림체로서 몸채는 신체가 감각적으로 경험하면서도 또한 활동적으로 행동하는 신체 범위 내에서, 자아적인 '감싸줌-쓰임새'의 끌림 운동을 포함한다. 소비자 주체가 끌림 대상을 손에 넣고, 사용하고, 소모하고, 타고, 앉고, 쓰고, 잡고, 칠하고, 신고, 입고, 먹고, 베고, 눕고, 쳐다보고, 듣는 모든 신체적인 행위에는 이미 '감싸줌-쓰임새'에 의한 신체를 통한 몸채의 활동성이 이미 깊숙이 스며든 가운데 느끼게 된다.

끌림체로서 몸채는 이제 신체의 다른 부분으로 지각되지 않으며, 단지 '감싸줌-쓰임새'에 의해 '신체-몸채'가 동일한 소비자 주체의 몸으로 지각된다. 오히려 소비자 주체는 끌림 '감싸줌-쓰임새'을 스스로 경험하고 행위하는 동안 이미 언제나 자신의 신체 속에 머무를 수밖에 없다는 식으로만 파악한다. 끌림 '감싸줌-쓰임새'가 지니고 있는 의식이라는 거대한 바다에서는 스스로 드러나지 못하는 물방울 같은 존재로 늘 끌림을 감싸주고 있는 몸채에 머무르고 있다.

현대 커뮤니케이션에 필요한 소통과 화합은 끌림 '감싸줌-쓰임새'를 통해 가능하며, 이항대립적인 분절적인 사고에 의해서는 절대 소통할 수 없다. 단지 서로의 입장을 확인하는 차원에서 대화는 끊임없이 평행선을 달리게 된다. 우리는 자연 속에서도 자연스럽게 낮과 밤, 남과 여, 흑과 백, 전경과 배경, 언어적 사고와 시각적 사고, 산과 바다, 물과 불 등의 이항대립을 지니고 있음을 알고 있다.

이러한 음과 양의 철저한 차이와 그에 따른 성격에 대한 구분만 강조한 나머지 끌림 '감싸줌-쓰임새'라는 서로 간의 상생에 관한 존재성에 대한 깊이 있는 신뢰가 없는 가운데 자신의 입장만을 주장하는 대화 단절의 사고가 우선시되고 있다. 이항대립구조가 지니고 있는 분절적인 인식은 결국 서로의 차이에 대한 신뢰성이 수반되는 가운데 성립되는 '감싸줌-쓰임새'다.[31]

매 순간 바뀌는 의식의 흐름 가운데 어느 한 순간의 의식단서를 색출한다고 가정하자. 의식 덩어리의 입자가 단어 혹은 단일 이미지로 보일 때 이것은 끌림 대상에 대한 감싸줌의 원인 제공의 단서로서 남게 된다. 어떠한 끌림 대상도 순간에 의한 선택이며, 이 선택을 하는 순간 소비자 주체의 의식단서가 무엇이냐에 따라 끌림 대상의 '감싸줌-쓰임새'를 파악할 수 있다. 감싸줌은 어릴 적 어머니의 품에서 자라나는 과정에서 만들어진 무의식적 끌림 활동과 같은 순수한 질적(質的) 활동이다. 감싸줌에 의한 움직임은 그 자체가 순수한 그러함의 실제적인 양적(量的) 쓰임새이기 때문이다.[32]

　어머니의 품에 안긴 채 잠을 자는 어린 아기의 모습은 그야말로 천진한 모습이고, 이 모습은 관찰자의 시각에서 바라본 끌림이며, 정작 어린 아기는 그 포근한 느낌에 푹 빠져 있어 자신의 모습이 어떠한 모습으로 보이는가에 대해서는 전혀 관심을 두지 않는다. 이미 어머니의 품을 통한 '감싸줌-내맡김'이라는 거대한 끌림 홀의 질적인 끌림 차성에 빠져 있으므로 '감싸줌-쓰임새'가 어떻게 이뤄지는지 전혀 깨닫지 못하는 것과 같다고 볼 수 있다.

　신체가 받아들이는 바깥환경의 모든 대상은 이미 소비자 주체의 몸에 대한 쓰임을 갖도록 만들어놓은 환경적인 차원의 감싸줌이라 할 수 있다. 물, 공기, 나무, 불, 돌멩이, 햇빛, 흙 등의 자연환경과 도시, 건물, 백화점, 자동차 등의 인위환경은 모두 소비자 주체의 몸을 감싸고 있으며, 동시에 몸의 생명유지에 필요한 소중한 목적적 쓰임새의 존재들이다.

　그러나 일반적인 소비자 주체의 선택적인 끌림은 생명을 존속시키고 있는 대자연의 감싸줌이 지니고 있는 거대한 우주적 사고에 대한 의식이 없는 가운데 생기는 소비자 주체의 인위적인 환경과 생활세계에 갇혀 자신의 삶에 관련된 의식 가운데 생긴 순간적인 끌림에 의한 판단과 선택적 '쓰임새'에 집중한다. 소비자 주체의 사물의식은 실제적 사물의 경험에 의한 의식이며, 자연이 지니고 있는 우주 또는 세계의식은 비실제적인 대상경험이라는 점에서 이 두 의식의 차이가 이뤄진다.

　첫 번째 의식은 개별적인 차원이라면, 두 번째 의식은 생명체가 이뤄진 근본적인 원인에 대한 깊이 있는 사색을 통해 이뤄지는 객체가 홀로 존재할 수 없음을 일깨워주게 하는 전체적인 사고라 할 수 있다. 즉, 끌림 '감싸줌-쓰임새'는 소비자 주체의 전체성을 통한 개별성의 의식과정에서 확인할 수 있는 소비적인 행태라 할 수 있다. 생활세계의 모든 대상은 소비자 개성 중심의 사고에서 출발한 '감싸줌-쓰임새'이며, 이러한 대상들의 실제적인 지각범위는 자연환경이라는 거대한 규모를 받아들이는 소비자 개성의 관습적인 태도에 따라 다르게 주어진다.

관습이 지니고 있는 가치와 의식의 차이는 소비자 개인에 따라 시각 이미지에 대한 끌림의 차이를 제공한다.[33] 즉, 시각 이미지 가운데 헤드라인의 경우 문어체에 의한 구조적인 설득에 앞서서 관습적인 구어체에서 더 확연한 끌림을 얻는 경우는 구어체에서 이미 정서적인 끌림이라는 '감싸줌'이 구어체를 통한 의미전달의 '쓰임새'를 더욱 확고하게 받아들이도록 한 예라 하겠다.

헤드라인이 지니고 있는 글자의 형태와 색은 또 다른 차원의 끌림 이미지를 지니게 한다. 일반적인 글자는 의미전달을 위한 수단으로서 역할을 하고 있다고 보면, 글자는 의미를 감싸주고 있으며, 의미는 글자를 통해 쓰임새의 역할을 지니고 있다. 또한 글자의 형태와 색은 또 다른 차원의 끌림 '감싸줌'이며, 이것은 글자가 지니고 있는 의미를 감싸고 있는 역할에서 시각적인 차성에 의해 '감싸줌'을 받고 있다.

헤드라인이 지니고 있는 서체의 종류만 하더라도 헤드라인, 견고딕, 명조, 신명조, 견명조, 신문명조, 태명조, 태고딕, 세고딕 등 다양한 서체에 따라 동일한 의미를 지니고 있는 글자도 다른 차원의 인식적인 끌림으로 받아들여지게 된다. 이때 받아들여지는 영역을 흔히 타이포그래픽을 통한 시각적인 작업을 통해 더욱 끌림에 대한 극적인 연출을 시도하는 점은 바로 의미라고 하는 인식영역과 시각이라고 하는 시지각 영역이 '감싸줌-쓰임새'의 극적인 끌림 이미지를 만들기 위한 노력이라고 볼 수 있다.

시각을 통해 지각한다는 것은 의미를 통해 인식한다는 것과는 근본적인 출발점이 다르게 접근하는 과정적인 끌림을 의미하는 것이며, 의미와 시각이 서로 어떻게 '감싸줌-쓰임새'를 갖추고 나아가느냐에 따라 전혀 다른 끌림 이미지를 지니게 된다. 헤드라인의 색 역시 기존의 의미영역에서 느낄 수 없는 시지각을 통한 끌림 홀을 만들게 되며, 이것은 글자의 의미와는 전혀 다른 차원의 메시지 수용과 해석적인 방법을 지니게 한다.

소비자 주체가 지니고 있는 저마다의 개성적 연출은 의미에 앞서서 언어적인 사고 이전의 시각적인 전달매체를 통해 시각적 사고를 먼저 하기를 종용하고 있다. 어딘지 모르게 끌리는 색은 그 색이 지니고 있는 의미를 해석하기에 앞서 선행하는 소비자 개성적인 끌림이다.

색이 지니고 있는 의미는 헤드라인이라고 하는 의미영역에서 보조적인 역할을 하고 있는 이상 의미라고 하는 언어영역에 포함된 색이라고 볼 수 있다. 이러한 색의 경험은 색이 지니고 있는 고유한 성격을 드러낼 수 없는 가운데 시각적인 '감싸줌'의 역할을 하게 된다. 즉 헤드라인이 전달하고자 하는 메시지의 의미를 보다 강력하게, 또는 부드럽게 하고 있다. 그리고 바로 이 점이 메시지의 수용과정에서 나타나는 언어적 사고와 시각적 사고의 '감싸줌-쓰임새'의 끌림 과정이다.

언어적 사고는 '의미 장'으로서의 '감싸줌'이며, 시각적 사고는 '시각 장'으로서의 '쓰임새'다. 시각 이미지의 헤드라인에서 느끼는 '감싸줌-쓰임새'는 헤드라인의 서체와 색, 형태, 크기, 위치가 어떻게 주어지느냐에 따라 다양한 끌림 홀의 '감싸줌-쓰임새'가 형성되어 소비자 주체의 '바라봄'에 차이를 나타낸다.

의미 장과 시각 장은 보이는 대상이 어떠한 것이든 간에 동시에 펼쳐지며, 이 펼쳐지는 순서, 강도, 크기, 습관, 가치에 의해 바라보는 소비자 주체로서 '감싸줌-쓰임새'의 위상이 바뀐다. 시각 이미지에서 동일한 색이 배경으로 쓰일 때와 글자에 쓰일 때 느낌이 다르게 다가오는 것은 면적과 크기, 위치에 의한 차이뿐만 아니라 의식의 영역에서 의미 장, 시각 장 가운데 어느 부분에 더 초점을 맞췄느냐에 따라 전혀 다른 성격의 색 이미지를 전달한다.

가령, 헤드라인에 빨간색을 적용했을 때는 전달하는 헤드라인의 의미를 강한 인상, 열정을 주기 위한 끌림으로 다가오지만, 배경에 빨간색을 적용했을 경우에는 강력한 경고 또는 조심을 전달하기 위한 끌림으로 느껴진다. 혹은 어느 곳에 칠해져 있느냐에 따라 서로 상이한 느낌을 준다. 이러한 차이는 색 그 자체의 고유한 느낌을 시각적으로만 보여주었는가? 아니면 보조적인 역할로서 의미를 먼저 떠오르게 한 뒤에 시각을 수반하는 느낌으로 보여주었는가에 따라 전혀 다른 끌림 홀을 만들어준다.

시각 이미지 가운데 색으로만 승부한 베네통의 광고는 색으로 전면을 가득 채운 뒤 모델들은 색에 대한 우선권을 주기 위해 등장시킨 좋은 '감싸줌-쓰임새'로서 일반적인 시각 이미지가 지니고 있는 색에 대한 '감싸줌-쓰임새'의 끌림 과정과는 정반대의 끌림을 제시한 예라 할 수 있다.

시각 이미지에서 빼놓을 수 없는 부분이 비주얼이다. 비주얼이 지니고 있는 표현기법이 사진, 일러스트, 추상적인 표현, 인물 캐릭터, 아이디어적인 표현 등 어떻게 적용했느냐에 따라 '감싸줌-쓰임새'의 끌림 이미지가 전혀 다르게 나타난다. 전경에서 보이는 비주얼은 시각 장에서 의미 장으로 끌림 과정이 이뤄지는 공간이다. 이 공간에서 비주얼이 지니고 있는 형태가 구체적이며 사진을 통한 실제적인 느낌을 주는 경우에는 시각적인 감싸줌이 강한 끌림 이미지라 할 수 있으며, 추상적이며 분위기를 위해 표현된 경우에는 시각적인 느낌에 앞서서 의미적인 영역에 좀 더 치중했으므로 의미적인 감싸줌이 강한 끌림 이미지라 할 수 있다.

모든 앎의 대상은 눈앞의 존재로서 현존하거나 또는 소비자 자신을 대신하는 표상을 통해 의식 속에 나타나기도 한다. 추상적인 표현은 소비자 주체가 지니고 있는 내면의 의식 가운데 있는 가치와 습관, 신념에 의해 생긴 앎에 의해 끌림이 이뤄진다고 볼 수 있다.

시각 이미지에서 추상적인 이미지의 경우에는 소비자 주체의 개성에 의해 표상된 것과 일치가 이뤄졌을 때 더욱 강력한 의식적 끌림과 추상적인 '감싸줌-쓰임새'의 끌림 홀이 발생한다. 이미 의식의 장에 들어선 상태에서 바라보는 대상은 의식상태가 지니고 있는 구조적인 양태에 따라 대상 끌림의 차이를 나타내며, 이것은 곧 의식이 대상을 '감싸줌'의 양태로 진화하여 흩어져 있는 의식 상태를 단일 의식체계의 '쓰임새'로 구체화한다.

대상이 지니고 있는 끌림 이미지는 소비자 의식의 관념적인 지향성에 의해 정박된다. 관념이 잉태한 어떠한 의식의 양태도 끌림에 의해 형성된 자기 관계적인 체계이며, 동시에 자기지향적인 의도에 의해 고정된다.[34] 글자가 지니고 있는 의미는 소비자 주체가 지니고 있는 의식 양태라는 거대한 바다에 흘러들어오는 강물이며, 이 물줄기가 지니고 있는 글자 의미들의 집합체들은 새로운 상징체로 의식 양태를 변형 혹은 진화시켜나간다. 반면에 의미에 의한 의식의 변형이 좀처럼 바뀌지 못하는 것은 몸채라고 하는 끌림체의 순간적인 에너지가 부족한 경우에 발생하며, 이러한 현상은 나이에 의한 신체의 노화에 따른 것이다.

'의미'가 '의식'의 '감싸줌-쓰임새'에서 '의식'이 '의미'의 '감싸줌-쓰임새'로 끌림 양태가 전환되는 것은 신체적인 나이에 의한 몸채의 변형에 의한 것이다. 몸채는 소비자 주체의 끌림체를 감싸주고 눈에 보이지 않는 에너지이며, 동시에 끌림체의 '쓰임새'를 구체화시켜준다. 또한 이러한 몸채는 살아있는 생명체에 속해 있으면서도 생명체를 벗어난 자연이라는 공간 속에서 살아 숨 쉬고 있다.

소비자 주체의 신체에 들어와 있는 몸채는 소비자 주체의 의식 양태에 따라 변형이 이뤄지며, 순수 그 자체의 몸채는 자연환경에 귀속되어 있다. 자연이 인간을 감싸주듯이 몸채는 소비자 주체의 몸을 감싸고 있다. 인간은 자연 속에서 그 쓰임새를 지니고 있으며, 그 쓰임새의 양상에 따라 몸채의 감싸줌이 바뀌게 된다.

시각 이미지에 나타난 전경과 배경에서 알 수 있는 것은 배경이 있음으로써 전경이 생겨났음을 이해할 수 있다. 전경의 쓰임새는 배경이 지니고 있는 감싸줌에 따라 쓰임새의 지향적인 의도가 바뀌며, 위치에 따른 배치에 따라 전경과 배경이 지니고 있는 끌림의 차이를 지니게 된다.

움직이지 않는 정적인 끌림 이미지는 반드시 주변 환경에 의해 처음 의도한 메시지가 전혀 다른 메시지로 바뀔 수 있다. 헤아릴 수 없는 수많은 생명체를 지니고 있는 자연은 시시각각으로 변화를 추구하며, 정적인 이미지에 대해 주변은 끝없는 변형적인 끌림 의식이 바뀌게 되어 처음 대했던 끌림 이미지가 아닌 대상으로 해석하게 된다.

모든 이항대립구조에서 느껴지는 끌림은 대립에 의한 갈등구조가 아닌 '감싸줌-쓰임새'에 의한 상호작용이며, 이러한 인식의 전환이 몸채 에너지가 충만한 소비자 주체에서 접할 수 있다. 기표/기의, 표현면/내용면, 내용/실질이 지니고 있는 기호학적인 분석과정[35]은 '감싸줌-쓰임새'의 전형적인 유형이라 할 수 있으며, 이 분석과정에서 나타나는 기호 사각형은 의미의 명확성을 밝히기 위한 도구일 뿐 그로 인해 발생하는 이항대립에 의한 분리적 사고를 지향하기 위한 도구는 아니다.

객관적인 사고와 주관적인 사고가 지니고 있는 경계의 부정확성 역시 '감싸줌-쓰임새'를 기초로 한 사고이며, 절대 분리의 사고를 주장하기 위한 언어적인 도구는 아니다. 모든 끌림의 기본적인 양태로서 '감싸줌-쓰임새'는 이제 눈에 보이는 끌림 대상과 더불어 눈에 보이지 않는 인식대상을 총체적으로 끌리게 하는 몸채의 근간이 된다.

1 후설은 인간의 신체뿐 아니라 정신과 결부되어 있는 이 '지평'은 시각영역의 극한을 나타내는 보이는 것과 보이지 않는 것을 구분 짓는 경계로 파악하고, 과학적으로 분석하면 존재하지 않지만 또한 환상적인 세계를 의미하지 않는다. 이 책에서는 대상 끌림에 '사로잡히는 순간' 의식 지평이 새롭게 바뀔 수 있다는 점을 강조하고자 한다.

2 후설의 "초월론적인 주체는 현존의 체험이 존재할 수 있도록 해주는 역할을 한다. (중략) 초월론적 초월세계는 초월론적 주관의 현재 체험의 지평들의 총체라 할 수 있다"에서 알 수 있듯이 초월론적인 주체는 단일한 모나드로서 몸채이며, 이 몸채의 총체를 지니고 있는 끌림체는 곧 초월론적 초월세계의 총체라 할 수 있다.

3 후설의 초월론적인 모나드의 총체를 이 책에서는 초월론적인 생동하는 자기현존을 초월론적 전체 주관의 몸채, 즉 '나는 생각한다'의 반성적인 수행을 통한 몸채라 부르고, 이러한 몸채를 넘어서는 초월론적인 주관의 잉여성 영토를 생동하는 자기현존의 '끌림의 영토'라 한다.

4 롤랑 바르트(2015), 변광배 옮김, 『롤랑 바르트, 마지막 강의』, 민음사, pp. 147-150.

5 Martin Heidegger (2001), *Being and Time*, Translated by John Macquarrie & Edward Robinson (Oxford UK & Cambridge USA Blackwell Press), pp. 86-90.

6 앨런 윌리스(2007), 황학구 옮김, 『아티사의 명상요결』, 청년사, pp. 161-165.

7 Ibid., p. 157.

8 Charles R. Taylor (2007), *Cross-Cultural Buyer Behavior*, Elsevier Jai, p. 97.

9 Ibid., p. 99.

10 펠릭스 가타리(2003), 윤수홍 옮김, 『기계적 무의식』, 푸른숲, pp. 237-247.

11 칸딘스키(1999), 權寧弼 옮김, 『예술에 있어서 정신적인 것에 대하여』, 열화당, pp. 64-67.

12 철학아카데미(2002), 『기호학과 철학 그리고 예술』, 소명출판, p. 198.

13 존 피스크(2009), 강태완·김선남 옮김, 『커뮤니케이션학이란 무엇인가』, 커뮤니케이션북스, p. 224.

14 마틴 졸리(Martin Joly)는 자신의 저서 『이미지와 기호』에서 이미지에 대한 기호작용을 조형적인 기호와 도상적인 기호에 관한 이분법적인 관계 차원에서 나누어 설명하고 있다. 필자는 조형과 도상이 지니고 있는 융합에 의한 해석을 의미론적인 차원으로 한 단계를 만들어 소개했다.

15 질 들뢰즈(Gilles Deleuze, 1925~)의 『차이와 반복』에서 "시공의 반복은 삶의 에너지다. (중략) 반복된 시간 속에서의 미세한 차이를 발견한다면 내 인생의 차이를 만들어내고 있다"라는 문장은 그의 사물에 대한 깊이 있는 통찰(通察)과 내면의 깊은 성찰(省察)을 통해 나온 말이라 할 수 있다. 마찬가지로 비물질로서 이뤄진 끌림체는 내면의 깊은 통찰과 성찰을 통해 얻을 수 있으며, 시각 이미지의 지루한 반복 속에서 주체와 객체 또는 조형적인 기호들의 관계, 즉 사이에 대한 미세한 '차이'를 발견하는 순간 생명 에너지인 '주름-겹침'의 '끌림 홀'을 접할 수 있다.

16 자크 데리다(Jacque Derrida)는 차연(差延, différance)은 차이의 개념뿐 아니라 연기(延期), 지연(遲延), 연장(延長)이라는 의미를 통해 두 가지 변별된 차이의 연장을 통해 한쪽으로 영원히 환원되지 않음을 주장한다. 이 책에서 '사이'는 이러한 차연의 깊은 끌림 홀에서 생성되는 상호 관계의 주름-겹침을 의미한다.

17 장춘익 외(2001), 『하버마스의 사상』, 나남출판.

18 오세철(1979), 『문화와 사회심리이론』, 박영사.

19 장 보드리야르는 "사회 전체가 광기에 의한 젖어 있음에도 스스로의 광기를 숨기기 위한 일환으로 광기의 범주를 만들어 이것만이 미친 것이고 미친 것은 사회 안에 있는 것이 아니라 다른 곳에 있다고 가장하기 위해 광기의 모델을 만든다"라고 주장한 바와 같이 객체 간의 대화는 상호 간

끌림 이미지의 확대재생산에서 소통의 원활함에 만족한다. 이러한 끌림 현상이 상호 커뮤니케이션 사회 각 범주에서 이뤄져 있음을 확인할 때 비로소 끌림 홀의 깊은 판타지적인 춤사위로서 시뮬라크르를 경험하게 된다.

20 러시아의 형식주의자 로만 야콥슨의 의사소통 이론에 의하면, 의미는 발화자와 수신자 간의 메시지뿐만 아니라 지시물, 접촉, 코드라고 하는 주변적인 상황에 따라 바뀐다고 주장하여 발신자와 수신자 간의 물리적·심리적 연결의 중요성을 지적했다. 시각 이미지의 경우 수신자인 소비자 주체는 능동적인 시각 이미지에 대한 주목을 받기 위해서는 메시지와 직접적인 관련이 없는 '비-의미적'인 조각들의 융합에 의한 '끌림-홀'이 필요하다.

21 조각은 몸채의 단위적인 개념으로서 어떠한 형상을 지니고 있지 않은 모나드의 텅 빈 공간과 같다. 몸채 조각이 지니고 있는 빛 에너지는 텅 빈 공간의 재료를 의미하며, 이 재료 그 자체는 몸채 조각마다 다른 순간적인 빛 에너지를 생성하게 만든다.

22 리차드 M. 자너(1993), 최경호 옮김,『신체의 현상학』, 인간사랑.

23 재료(材料)는 존재자의 내적 지평의 질료적인 성분을 의미하며, 여기에서 재료는 비물질적인 신체로서 끌림체를 구성하고 있는 몸채, 텅 빈 공간이 만들어내는 빛 에너지의 조각을 의미한다.

24 무위(無爲)는 존재 그 자체의 차성에 머물고 있는 노자(老子)의『도덕경』에 나오는 상선약수

(上善若水)의 경지를 지칭하며 동양철학에서 매우 중요한 개념이다. 서양철학이 이원론적인 사고를 통한 존재의 끝없는 분석적 사고를 통한 인간 이성의 비판적 과정이라면, 동양철학은 자연과 인간의 일원론적인 합일을 통한 지고지순(至高至順)한 무위의 경지에 오르는 것을 최고선이라 파악하여 이에 도달하기 위한 다양한 도덕경전이 주류를 이뤘다.

25 마크 고베(2000), 안장원 옮김,『감성디자인 감성브랜드 뉴트렌드』, 김앤김북스, p. 336.

26 스기우라 고헤이(2005), 송태욱 옮김,『형태의 탄생』, 안그라픽스, p. 49.

27 요하네스 피셜(1988), 백승균 편역,『생철학』, 서광사, p. 84.

28 장 마리 플로슈(1994), 박인철 옮김,『조형기호학』, 한길사, pp. 15-26.

29 이남인(2004),『현상학과 해석학』, 서울대학교 출판부, pp. 82-89.

30 Jean-Marie Floch(2001), *Semiotics, Marketing and Communication*, Palgrave, p. 9.

31 Ibid., p. 19.

32 R. G. Collingwood (1977), *Philosophical Method*, Clarendon, pp. 104-116.

33 Harbermas J. (1984), *The Theory of Communication Action*, Vol. I, Beacon Press.

34 Rodrigo Magalhaes (2009), *Autopoiesis in Organization Theory and Practice*, Emerald, p. 39.

35 백선기(2010),『광고기호학』, 커뮤니케이션북스, p. 45.

제6부 끌림 이미지의 원형적 상징성

제1장   신체 외적 '배치-분위기'

1   전체-조건화

[도표 58] 조건화된 전체에 따른 끌림 분위기
TM=Total-condition Mood(전체-조건화 분위기), t=time(시간), s=space(공간), Co=Consumer(소비자), Cs=Condition system(조건화 체계), ai=attractive image(끌림 이미지), tm=total mood(전체 분위기), AI=Advertising Image(광고 이미지)

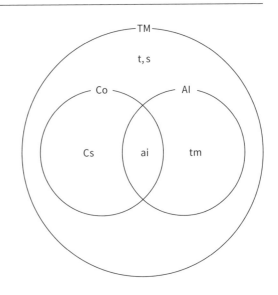

소비자 주체의 몸은 시각 이미지 주변에 있는 배경적인 요소(도시, 편의점, 백화점, 아파트, 자동차 등)와 생명을 존속하기 위한 욕구적인 요소(식품, 의류, 음식, 집, 가구, 전자상품 등)를 갖춘 도시공간(백화점 공간, 사무실 공간, 의류매장 등)에 놓여 있다. 도로변의 화려한 네온사인, 빌딩, 옥외광고, 영상물 등 소비자에게 무차별적으로 노출되어 있는 인위적인 환경은 지각이라는 의식의 차원으로 전환되기 전까지 무의식적인 끌림이 지속적

으로 나타난다. 무어라 말로 형언할 수 없는 밤의 현란한 분위기가 완전히 몸에 체득되기 전까지 전체 분위기는 호기심으로 가득 찬 환상적인 신비로 보이게 된다.

이와 같은 거리의 화려한 네온사인을 가로질러 약속장소인 음식점에 들어갔을 때는 이미 많은 사람이 식탁에서 이야기를 나누며 식사를 하고 있다. 이때 반가운 친구와 인사를 건네며 정해진 식탁에 앉았다고 하자. 그리고 테이블에 놓인 메뉴판을 지각하며 자신이 먹고 싶은 메뉴를 선택한다. 음식이 나오기 전까지 잠시 주위를 돌아보고 다른 일행들이 주어진 식탁에서 맛있는 음식을 먹고 있는 것을 지각하며 다시 분위기를 파악한다. 주문한 음식이 식탁 위에 놓이는 순간 그 음식에 집중하며, 주변의 소란스러움에 아랑곳하지 않고 먹는 일과 친구와의 대화에 집중한다.

지금까지의 내용에서 전체가 주는 분위기는 도시의 화려한 네온사인에 둘러싸여 있는, 자신도 모르는 음식점에서 식사를 할 때까지를 의미한다. 위의 내용에서 지적할 수 있는 내용은 지금 쓰고 있는 글이 전체를 지니고 있는 도시의 배경적인 의미를 제한한다는 점이며, 자신이 지각한 관심영역에만 초점을 맞춘 가운데 시간의식을 조건화한다는 점이다. 도시의 화려한 네온사인은 어디까지나 소비자 주체의 내적 관심에 의해 표상된 조각이며, 순간 사라지는 이미지의 한 파편일 뿐이다. 전체에 대한 조건화는 매 순간 나타나는 소비자 주체의 내적 끌림에 의한 순간적인 이미지의 연결점에서 드러나는 것이라 할 수 있다.

음식점에 들어가 식탁에 앉기까지 움직이는 소비자의 몸은 무조건적인 외부 끌림을 받는 상태로 노출된 것이다. 도로의 네온사인과 각종 음식점 및 커피전문점의 화려한 조명 등은 소비자 주체의 눈길을 사로잡는 대표적인 시각적인 끌림 요소로 바깥 분위기를 조성한다. 그 주위에는 또 다른 시각적인 끌림이 겹쳐져 있음에도 눈길을 생략하는 것은 다만 전체가 주는 조건화에 대한 분위기를 몸으로 체득하는 것으로 만족하기 때문이다.

여기에서 전체성은 소비자 주체의 몸이 지니고 있는 끌림체에 직접 혹은 간접으로 영향을 미치는 바깥 분위기의 총체적인 공감각의 집합체라 할 수 있다. 전체가 주는 분위기는 소비자 주체의 조건화에 의한 내적 끌림이며, 아무리 많은 외적 끌림이 외부에 노출되어 있다고 하더라도 소비자 주체가 지니고 있는 의식의 지평과 아무런 동일성의 끌림이 없는 경우에는 전체성의 조건화에서 차츰 멀어져간다.

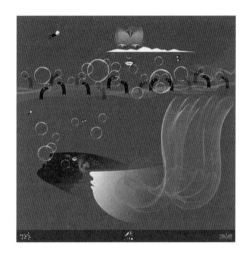

[그림 75] '전체-조건화'에 의한 끌림: 'inner light'/ Illustrator, 전기순 作.
'전체-조건화'는 신체 외적인 전체성에 의해 조건화되어 끌림 홀을 이루게 되는 것을 의미한다. 따라서 전체성은 소비자 주체의 공감각적인 합목적성의 조건에 의한 원형적인 끌림이라 할 수 있다.

빌딩 숲에서 느낄 수 있는 전체성의 분위기는 오직 빌딩 그 자체로 제한된 독립적이거나 떨어져 있는 개별적인 분위기가 아니라 몸의 공감각이 느끼는 끌림의 전체성으로서 네온사인, 옥외광고물, 버스정거장, 컬러, 건물, 각종 음식점 및 상점, 지나가는 남녀노소, 자동차 경적소리 등 빌딩 주위의 분위기를 만들어내는 모든 대상과 연결되는 합목적성을 지닌 원형으로서 전체성을 의미한다. 주변의 모든 끌림 대상은 동시성을 통해 소비자 주체의 내부 끌림의 동일성으로 통일된 조건화된 융합으로 총체적인 끌림을 흡수한다. 융합은 개별적인 요소가 지니고 있는 특징적인 끌림이 뒤섞이는 것이 아니라 전체가 지니고 있는 통일성의 원형적인 끌림으로 파악되어 흡수된다.

혹자는 사용하는 의식이라는 생각에 대해 이미 오랫동안 누적된 전체 끌림 환경에 의한 표상이며, 하나의 느낌이며, 빛 에너지로서 전체적인 분위기로 원형적인 끌림을 파악하기도 하지만, 필자는 원형적인 끌림은 곧 이 순간에 느껴지는 공감각의 원형을 한순간에 파악하는 순간 드러나는 직감이며, 전체성의 끌림임을 강조한다.

모든 시간이 지니고 있는 역사적인 흔적은 지금 이 순간 동시에 떠오르는 시간의식에 의한 잔존일 뿐 그 이상의 원형적인 의미는 어디에서도 발견할 수 없는 과거의 순간이 만들어놓은 전체성에 의한 결과물이기 때문이다. 이 도시의 밤 분위기는 대략적으로 눈에 띄는 몇 가지 요소를 통해 나열한 것이며, 이것 이외의 다양한 도시의 밤거리에 대한 소비자 주체의 끌림은 증폭될 것이며, 그 증폭된 만큼 소비자 의식에서 도시 전체가 지니고 있는 전체성의 분위기를 파악하고 수용할 것이다.

평상시에 전혀 관심을 두지 않은 빌딩의 각종 네온사인과 밤거리의 현란한 발걸음은 말로 표현할 수 없는 가운데 소비자 주체의 몸은 자연스럽게 조건화되어 스스로 전체성의 원형적인 끌림에 빨려 들어간다. 조건화는 소비자 주체의 의도적인 행위와는 관계없는 바깥 환경에 의한 몸의 상태를 의미한다. 조건화의 누적된 상태는 결국 소비자 주체의 개성적인 정체성의 근간이 된다.

문제는 어떻게 하여 하나하나가 지니고 있는 도시의 여러 가지 끌림 요소들이 전체적인 분위기를 만드는가는 전적으로 소비자 주체의 의식의 장에 스며드는 끌림 방식에 따라 다르게 느껴진다. 즉 끌림 요소의 합치, 융합, 병치, 비교, 순응, 대치 등 다양한 형태의 조건화 끌림 방식은 소비자 신체가 지니고 있는 몸의 전체적인 분위기와 원형적인 끌림을 만들어낸다.

동일하게 조건화되어 있는 환경에서도 서로 다른 신체적인 분위기를 지니게 되는 것은 이러한 끌림 방식에 따른 과정적인 차이를 갖기 때문이다. 또한 소비자 신체의 조건이 지니고 있는 환경, 인종, 나이, 성별, 신체적인 크기, 감성 정도에 따라 과정이 지니고 있는 스며듦의 순서와 리듬, 패턴이 바뀌어 조건화된다. 이렇듯 끌림이 지닌 전체적인 분위기는 그 자체의 개성적인 차이뿐만 아니라 외부 끌림에 대한 감응에도 차이를 지니게 되며, 이에 따른 근원적인 소비자 주체의 끌림 원형을 발견한다는 것은 매우 흥미로운 일이 아닐 수 없다.

다만 끌림이 이뤄질 수 있는 공간과 시간은 실제적인 조건이며, 이 조건을 넘어선 끌림은 초월론적인 의식의 현상으로 또 다른 차원의 원형으로서의 끌림 차성이다. 어린아이의 경우 끌림은 스스로 바깥 환경의 전체성에 대한 파악이 이뤄지기 전 단계의 방치에 의한 조건화된 원형적인 끌림이며, 능동적인 끌림이 아닌 부모, 형제 또는 보호자에 의해 수동적인 무조건적 원형으로서 끌림의 전체성을 지니게 된다.

제임스의 조직화이론에 의하면 '하나의 분석되지 않은 덩어리'에 막연한 전체성으로서 신체적인 끌림 조건화로 정착하는 것으로 파악하여 어린아이의 전체적인 분위기에 의한 끌림의 조건화는 성인이 되어서도 의식의 중심적인 역할로 자리 잡게 되는 경우도 있다. 소비자 주체의 내적 끌림의 조건화는 주로 어린 시절의 분위기가 성인이 되어서도 영향을 미치는 경우 이러한 무의식적인 조건화에 의한 전체성의 원형적인 끌림 때문이다.

소비자 주체라는 성인의 입장에서 체험되는 전체적인 분위기의 끌림은 결코 어린아이와 같은 맹목적인 끌림의 감응이 아닌 사물 자체가 지니고 있는 끌림 요소의 원인을 발견하여 자신의 내적 끌림에 대치 혹은 감응하려고 하는 끌림 홀의 끌채로서의 훈련이 발달해 있다. 즉, 어떠한 외적인 끌림에 대해 전체적으로 흡수·융합하여 또 다른 자신의 조건화된 신체로 거듭나는 것은 스스로 이성적인 파악을 통해 통제가 가능하다.

이러한 것에 대한 구분과 분석의 반복에 의한 수용, 끌림 홀이 지니고 있는 끌채에 의한 반향은 소비자 주체의 조건화된 전체성의 끌림을 더욱 성숙하게 만들어낸다. 끌림 이미지는 이러한 전체적인 분위기 가운데 대표적인 창의적인 끌림을 지니고 있는 대상이며, 현대라는 첨단과학에 의한 삶을 영위할 수 있도록 각종 정보를 제공하는 끌림의 원형으로서 창의의 장이라 할 수 있다. 끌림 이미지가 시간의식에서 확인할 수 있는 과거의 끌림과 지금이라는 소비자 주체의 전체적인 끌림을 분별하여 파악할 수 있을 때 더욱 깊이 있는 시간의식의 전체성으로서 원형적인 끌림으로 단정할 수 있다.

1980년대, 1990년대, 2010년대의 끌림 이미지는 어디까지나 그 시대의 정점에서 요구하는 끌림이며, 그것이 그대로 지금 이 순간에 끌려야 하는 이유는 그 어디에서도 당위성을 찾아볼 수 없다. 끌림 이미지가 지니고 있는 전체성의 조건화는 결국 시대성이라는 시간적인 통시성과 각 상품이 지니고 있는 특징 및 장점에 의한 차이를 지니고 있는 동일한 시간으로서 공시성의 교차점에서 파악할 수 있는 원형적인 끌림을 동시에 통찰할 때 가능하다.

이를 좀 더 세부적으로 나누어 예를 들면, 현재 바다에서 배를 타고 있다고 하자. 주변 환경으로서 배와 물결치는 파도가 눈에 띄는 끌림 이미지는 시간에 의한 변화가 지속적으로 일어나는 통시성 속에서의 전체적인 분위기 파악이라고 할 수 있다.

또한 파도가 점점 거세지거나 약해지는 것은 시간의 변화에 의한 바람의 세기에 따른 파악으로서 시간성에 초점을 맞춘 전체성의 분위기다. 반면 배에서 '하늘과 드넓은 바다로 가득 찬 자연'을 보고 있을 때는 시간의 흐름과는 관계하지 않은 가운데 단지 공간적인 차원의 '지금-여기'가 지니고 있는 공시성으로서 전체적인 분위기의 조건화된 끌림 이미지다.

공시성과 통시성 그리고 시간성이 지니고 있는 전체적인 분위기의 조건화는 늘 소비자 주체의 내적 끌림의 중심축에 의해 포물선을 갖게 된다. 즉, 소비자 주체의 몸은 '시간-공간'의 전체적인 분위기를 조각하는 가운데 조건화되어가는 내적 끌림의 과정적인 빛 에너지의 원형적인 끌림 홀의 회전축을 지니게 된다.

바쁜 도시 생활로 인해 자연스럽게 만들어진 계획은 소비자 주체에게 늘 해방된 자유를 만끽하고 싶은 느낌을 갖게 한다. 이때 시각 이미지에서 '바다-하늘'이 주는 전체성을 지닌 환경 제공은 소비자 주체의 갇혀 있는 도시 생활에서 느끼지 못하는 신선한 청량제 역할로서 전체적인 분위기를 끌리게 하고 있다. 깨끗하고 맑은 순수 자연이 끌리는 이유는 시골풍경, 흙 냄새, 오래된 나무, 농사짓는 모습, 자연 속의 정자, 논과 밭, 계곡 등 도시 생활에서 직접적으로 경험할 수 없는 대자연에 동화된 전체성을 시각 이미지를 통해 간접적으로 조건화하기 때문이다.

결국 끌림 이미지는 소비자 주체 자신의 삶 가운데 또 다른 체험을 위한 조건화된 끌림을 표현한 것이라 할 수 있는 끌림의 장이며, 조건화된 끌림으로서 이미지를 구현한다. 끌림 이미지의 분위기는 늘 소비자 주체의 몸이 실현 가능한 조건화된 전체성으로서 원형적인 분위기가 스며들어 있어야 끌림이 가능하다. 보이는 대상은 '전체-부분'을 지니고 있는 분위기의 끌림에 의한 것이며, 시각적 낯섦을 통한 비현실적인 호기심은 궁극적인 소비자 주체의 내적 의식의 원형적인 끌림과는 다른 차원의 어설픈 임팩트다.

따라서 끌림 이미지 전체가 지니고 있는 분위기는 '조건화된 실현 가능한 체계'의 거대한 전체성의 원형적인 끌림에서 비롯됨을 알 수 있다. 전체성이 지니고 있는 범위가 소비자 주체의 개성적인 관점에 의한 원형적인 파악에서 출발하는 것이라면, 끌림 이미지 역시 일반적인 임팩트에 의한 효과가 아닌 소비자 주체의 전체성을 구축하는 원형적 이미지에 초점을 맞출 때 생성하는 것임을 알 수 있다.

이제 조건화된 전체성의 원형적인 이미지는 소비자 주체의 의식의 부분을 위한 대전제를 의미하는 끌림체계이며, 하나의 끌림 홀이다. 예를 들면, 실제 소비자를 위해 계획된 백화점 내부의 전체적인 분위기 생성과정을 파악할 수 있다. 창문 없이 밝은 조명과 층마다 특징적인 상품을 진열하거나 인위적인 공간과 시간은 제 나름의 독특한 조건화된 분위기를 통해 전략적 판매촉진 역할을 한다. "살아있는 자연을 마시자" 같은 광고 슬로건은 깨끗하고 오염되지 않은 청량음료를 의미함과 동시에 자연에 대한 향수를 불러일으킨다.

또한 '자연 회귀'라는 '조건화된 체계'로서 전체적인 분위기를 고양하고 있는 가운데 자신의 상품에 대한 부분적인 신뢰를 강조하는 끌림이 숨어 있다. 전체적인 조건화의 분위기는 시각 이미지가 지니고 있는 시각적인 요소의 배치에 따라 다르게 나타나며, 동일한 내용도 전혀 다른 분위기를 제공한다. 배치는 전적으로 소비자 주체의 내적 끌림으로 스며드는 정도에 따라 다르게 생성된다.

일반적으로 배치는 가운데를 중심축으로 이뤄지는 것이 일반적이지만, 배치에 의한 균형은 정신적인 체계와 사유방식에 따라 다르게 나타난다. 특히 끌림이 지니고 있는 생각 이전의 느낌이라는 것은 일정한 원칙을 지니고 있지 않은 가운데 일어나는 역동적인 빛 에너지로서 외부 끌림에 의한 선행적인 조건을 싫어한다. 광고 표현을 위해 선택한 시각적인 요소를 최종적인 위치에 배치시키기 위한 제작과정은 눈에 보이지 않는 복잡하고 다양한 선의 궤적이 사각형의 흰 바탕에 그려져 있다.

시각 이미지에서 배치는 크기와 폭의 수정, 색채 보정 등을 포함하는 가운데 이뤄지는 선의 행로로 나타난다. 배치과정에서 나타나는 인상은 전체적인 분위기가 확실히 나타나지 않은 가운데 나타나는 혼동의 덩어리로 내적 끌림을 자극한다. 의식이 지니고 있는 조건화된 분위기는 이미 오랫동안 반복에 의한 내적 끌림의 완성체이며, 끌림 홀로서 늘 감각적으로 움직이고 있다. 이 내적 끌림에 의한 만족된 배치를 발견하기까지 오랫동안의 혼동된 정신과 의식의 만족이라는 전체적인 분위기 없이는 끊임없이 완성된 배치를 향해 움직인다.

마치 조각가가 보잘것없는 화강석으로 훌륭한 조각품을 만들어내듯이 시각 이미지의 시각적인 요소는 끌채를 통해 매 순간 움직이는 내적 끌림을 제어한다. 선택된 하나의 이미지는 단순한 시각적인 요소가 아닌 내적 끌림의 끝없는 제어과정에서 건져 올린 이미지의 한 조각이며, 이 조각이 전체적인 분위기를 만들어내는 절대적인 끌림 요소임을 알 때 오는 정신적인 상태는 점차 수평에서 수직으로 시간을 흐르게 하는 고조된 몸채, 즉 빛 에너지의 생명감을 느끼게 한다.

마찬가지로 사각프레임이 만들어놓은 텅 빈 공간에서 제자리를 발견했을 때의 성취감은 몸채에 대한 더욱 큰 에너지를 느끼도록 해준다. 광고 제작을 위한 이미지의 선택은 상품이 지니고 있는 특징 및 장점이 지니고 있는 조건화된 가운데 이뤄지는 전체적인 분위기의 내적 끌림에 있다. 내적 끌림은 전략이라는 이성적인 논리에 의해 차성을 벗어난 감성적인 느낌에 의한 끌림으로서 또 다른 감각차성이다. 이성적인 논리가 강한 경우에는 즉흥적인 떠오름에 대한 불규칙성과 비논리성에 혐오감을 느낀다. 자신이 만들어놓은 이성적인 체계에서 움직이는 어떠한 감성적인 끌림은 쉽게 받아들이지만, 그렇지 않은 자유분방한 끌림에 의한 배치 혹은 끌림에 대해서는 냉정하다.

하지만 늘 혼돈이라는 감각적이며 원초적인 끌림 감각이 우선시되어야 하는 것은 모든 창의적인 행위가 혼돈이라는 카오스에서 비롯된 끌림 홀의 빛 에너지이기 때문이다. 시각 이미지에서 어떠한 조건화를 위한 체계도 일차적인 혼돈 속에서 만들어진 이성적인 체계라면, 지금까지의 내용종목을 토대로 한 체계의 융합, 합치, 병합, 뒤섞임에 의한 조건화는 이차적인 이성을 통한 체계라 할 수 있다.

혼돈은 광고아이디어를 만들어내기 위한 일차적인 정신 상태이며, 어떠한 경계와 영역이 없는 무한지대의 뒤섞임으로만 존재하는 텅 빈 상태다. 이 상태에서 떠오르는 한 줄기 빛 에너지의 그 무엇을 이야기할 때 비로소 실재적인 이미지로 이름 붙여지고 조건화된다. 동양적인 사유방식에 의하면, 사람마다 기질 차이에 의해 정신적인 상태에 따라 혼돈의 정신 상태에서 떠오른 것에 차이를 주듯이 시각 이미지에서의 조건화는 절대적으로 시각디자이너의 전체적인 분위기에서 배치에 의한 끌림이 이뤄진다.

문득 떠오른 것의 돌출된 이미지 자체는 내적 끌림에 의한 순수 끌림이며, 그 자체의 좋고 나쁨에 대한 판단은 어디까지나 조건화된 전체적인 분위기에 의해 이뤄지는 선택에 의한 주어짐이다. 시각 이미지에서 볼 수 있는 순수 끌림은 바로 이러한 조건화된 분위기에서는 결코 드러낼 수 없는 창의적인 배치에 의한 외적 끌림이라 할 수 있다. 어떠한 조건화된 전체적인 분위기에서 주어진 드러냄이 차츰 소비자로부터 외면당하는 것은 바로 창의적인 일차적인 혼돈이 사라지고 있기 때문이다.

시각 이미지는 늘 바깥환경이 지니고 있는 조건화된 전체 분위기에서 살아 숨 쉬는 창의적인 감각으로서 시각디자이너의 내적 끌림에 의한 배치 가운데 나타나는 몸채의 환상적인 공간이다. 끌림체가 보기에 소비자 주체의 몸은 자신이 활동할 수 있는 공간이자 존재하는 다른 모든 조건화된 전체적인 분위기를 수용하는 조직체로 파악할 수 있다. 신체세포가 지니고 있는 각각의 조직은 외부환경에 의한 체험에 의해 구성되어 움직이는 살아있는 생명체이며, 사유라는 최종적인 끌림의 영역으로 전달하여 외부 끌림에 대한 동시성으로 자신을 조건화한다.

각 세포의 활동은 소비자 주체의 생명이라는 단위조직의 활동이며, 매 순간 외부와의 접촉 혹은 환경이 지니고 있는 것을 충분조건으로 받아들이려고 한다. 외부조건과 내부조건의 전체적인 분위기가 일치될 때까지 세포는 끊임없이 자기재생산을 하여 끌림체의 끌림 홀을 생성하게 하는 몸채, 즉 빛 에너지를 활발하게 움직이게 한다. 빛 에너지는 신체가 지니고 있는 생물학적인 눈으로는 파악하기 어렵지만, 명상적인 깊이에 들어간 사람의 경우는 내적 끌림의 빛 에너지를 통찰할 수 있는 정력(定力)이 생기게 된다.

소비자 주체마다 끌림 분위기는 바로 누적된 내적 및 외적 끌림에 의해 생성된 끌림체에 의해 생성되어 의식의 장에 영향을 주게 된다. 조건화된 전체성으로서 원형적인 분위기의 끌림에 대한 체화는 소비자 주체의 개성적인 끌림 홀을 체계 및 조직화한다. 의식의 조직화는 소비자 주체마다의 인생관 및 세계관을 통해 끌림 대상에 대한 자기동일성을 지향한다. 궁극적으로 성인의 경지에 오르기 위해 물질적인 욕구의 극복을 최선의 가치로 보는 한자문화권의 조건화된 전체적인 분위기는 자연과의 동화를 통한 의식체계를 근원적인 출발로 한다.

이데아의 세계와 현상의 세계를 구별하여 정신과 물질, 마음과 몸을 둘로 나누어 생각하는 이원론적인 인간중심적인 세계관을 토대로 한 서양문화권의 조건화된 전체 분위기는 자연과의 동화가 아닌 자연과의 대립 또는 초월할 수 있는 유일한 존재로서 인간중심의 의식체계를 근원적인 출발로 했다. 끌림의 조건화된 전체 분위기로서의 조직화는 위의 두 가지 의식체계로 선택적인 전환이 이뤄지는 순간부터 순수 끌림의 개별적인 돌출이 소비자 주체의 고유한 내적 지평이 지니고 있는 의식적인 체계와 연관지으려고 한다.

대상에 대한 순간적인 끌림이 이뤄지는 것은 이미 조건화된 전체적인 분위기에서 일어나는 현상이며, 이 현상에 대한 의식의 조직화는 주변에 의한 끌림이 아닌 내적 끌림의 조건화된 두 가지 관점에서 생성된다. 전자의 기(氣), 운(運)이 동양사상에서 빼놓을 수 없는 기본단위라면, 이를 대신하여 서양사상에서는 주름, 쿼크, 신의 입자 등의 발견이 자연과 인간의 서로 다른 차원의 과학적인 조건화의 중심이 인간 이성에 있음을 단적으로 보여준 단서임을 알 수 있다.

마찬가지로 끌림에 대한 기본적인 단서는 느낌이라는 인간 중심의 미학적인 차원의 미소라 할 수 있다. 순간적인 느낌에 의한 끌림의 생성은 어떠한 사상적인 토대를 갖춘 의식 이전의 빛에 의한 원시적인 순수한 기(氣) 에너지다. 동서양의 두루 공통된 단서는 인간 내부에 있는 빛에 대한 끊임없는 향연에 있으며, 이것은 이성과 감성이 나눠지기 전의 순수한 기(氣, 빛)에너지로 지금도 여전히 탐구대상이 되고 있다.

> 후설의 현상학에서
> "자신의 둘레를 휘감고 있는 어떠한 미혹에도 물들지 않은
> 오로지 적나라한 순수 존재들만이 숨 쉬고 있어
> 나의 지향 시선이 거기 머무르자
> 눈부신 그 바닥,
> 존재가 되어 튀어 나오고 있었다.
> 순수한 빛에 이끌리어
> 무(無) 자체가 되어 떠올라서는 이렇게 존재한 가운데 섰건만
> 바닥을 대면하기에는
> 빛의 움직임들이 너무나도 뚜렷했다."[1]

여기에서 확인할 수 있는 빛은 태고의 원형적인 에너지로서 기(氣) 또

는 생명을 의미하며, 이 책에서 주장하는 끌림체가 지니고 있는 끌림 홀의 몸채, 즉 빛 에너지다. 끌림의 원형은 빛이며, 이러한 빛에 대한 체험은 소비자 주체가 지니고 있는 조건화된 내적 끌림의 전체 분위기에 의해 끌린다. 시각 이미지에서 끌림 이미지가 있는 것은 소비자 주체 자신의 내면적인 조건화에 의한 끌림이다. 순수 끌림으로 보여진 시각 이미지는 의도적인 전략에 앞서서 소비자 자신의 내적 끌림으로 받아들이게 된다.

전체성으로서 원형적인 빛의 끌림에 의한 시선 끌림은 시각 이미지를 제작하는 광고디자이너에게는 자칫 아무런 설득력을 지니지 못하는 것으로 해석되거나 무시할 수도 있다. 왜냐하면 광고는 이미 상품구매를 위한 마케팅 활동 가운데 소비자에게 가장 가까이 갈 수 있는 수단으로서 전략적인 의도로 포장되어야 하며, 그 외의 어떠한 끌림의 깊이—사물, 즉 광고 이미지 저 너머의 탈현재화(脫現在化)된 원형적인 빛의 신비[2]—를 끄집어 낸다는 것은 소비자 주체를 설득하기에는 비현실적인 것으로서 광고효과 차원에서는 별다른 소득이 없기 때문이다.

하지만 현대 최첨단 경쟁체제에서 광고 표현은 단순히 자사 상품의 소개로만 그치는 수단이 아닌 미적 차원의 문화 창출을 하는 광고크리에이션임을 적극적으로 수용함으로써 소비자 주체는 끌림의 원형적인 가치를 바라게 되었다. 이러한 원시적 태고의 빛을 머금고 있는 광고 이미지가 이윤을 추구하는 현실적인 요구에 앞서서 문화 창출에 더욱 깊은 관심을 갖고 있을 때 순간적인 끌림의 몸채, 즉 빛 에너지를 통한 크리에이션으로 나타난다. 상품에 대한 과장된 표현을 요구하는 광고주일수록 광고 이미지는 현실적인 이해를 바탕으로 한 형식적인 내용이 빈 공간을 가득 채우게 한다.

또한 시각적인 이미지 역시 조악하여 어떠한 끌림이라는 단서도 찾을 수 없다. 하지만 소비자 주체의 감성적인 욕구(need)를 위한 무한 서비스라는 차원에서 과감한 투자를 하는 끌림 이미지의 경우 여유로운 여백과 이미지의 화려함이 아닌 단순함을 느낄 수 있다.

이렇듯 조건화된 전체적인 분위기는 어떠한 끌림으로 조건화하느냐에 따라 끌림의 빛 에너지인 몸채를 지닌 끌림 대상이 된다. 기운생동(氣運生動)은 생각이 일어나기 전의 소비자 주체의 몸에서 나타나는 아프리오리의 생명 에너지이며, 이 에너지의 정도에 따라 끌림 디자인의 생명력에 차이를 지니게 된다. 생명 에너지가 없는 시각 이미지 또는 대상은 감성적인 끌림이 아닌 주체의 이성적인 사고에서 출발한 시각디자인의 경우 잘 나타난다. 아무런 끌림이 없는 레이아웃과 이미지의 선정은 매우 무미건조하며, 소비자 주체에게 지루한 느낌을 제공한다. 동서양의 미적 관점 가운데 두드러지는 '여백'과 '꽉 채움'은 끌림 차이에 대한 대표적인 감성언어로 의식 이전의 끌림 언어라 할 수 있다.[3]

이 두 단어가 지니고 있는 분위기는 '여백'의 경우 화선지 위에 놓여 있는 하얀 바탕을 하나의 공간으로 파악하여 쉼이라는 여유 있는 공간을 표현하려고 한 점, '꽉 채움'의 경우 하얀 캔버스 위에 컬러 겹침의 채움을 통해 화가 자신의 끌림 대상에 대한 인상을 꽉 채워서 표현하고자 한 점은 끌림을 위한 표현이라는 차원에서 두드러진 '여백'과 '꽉 채움'의 차이라 할 수 있다. 미적 감성의 이면에 깊이 자리 잡고 있는 조건화된 전체 분위기의 미적 끌림 구조는 일반적인 생활환경과는 거리가 먼 내적 끌림의 분위기라 할 수 있다.

동양인이 지니고 있는 의식구조에는 이미 자연은 여백과도 같은 쉼터이자 안식처로 '체(體)'와 '용(用)'이라는 단어를 통해 대상과 주체가 본래 둘이 아닌 하나임을 통찰한 가운데 생긴 우주적인 공간이라 하겠다. 즉 흰 바탕에는 본래의 순수한 자연의 충일한 에너지를 지니고 있는 우주적인 몸의 체(體)이며, 그 위에서 일필휘지(一筆揮之)를 통한 평사낙안(平沙落雁) 같은 섬세한 붓의 움직임은 흰 바탕이 지니고 있는 빛 에너지를 품수(稟受)한 가운데 나타난 용(用)이다.

물아일여(物我一如)의 경지에서 움직이는 조건화된 전체 분위기를 시각디자인을 통해 표현했다면, 이것은 상품에 대한 구매력을 소비자 주체에 대한 새로운 동양적인 미적 텅 빔에 대한 완벽성을 추구하는 감성의 힘에서 생겨난 겹침의 꽉 채움이며, 이를 통해 빈 공간에 대한 재생산적인 여운을 갖게 했다. 서양문화가 지니고 있는 채움의 미학은 꽉 채우는 것을 전제로 한 완벽성을 추구하는 가치로 이어온 미적 관점이라 할 수 있다.

결과적으로 캔버스의 겹침과 채움의 감성에 의한 차이는 서로 다른 미의식을 지향하게 되어 전혀 다른 겹침 두께의 미학적 관점을 오랫동안 지니게 되었다. 최근 동서양의 흰 바탕에 대한 감성적인 접근이 이제 TV, 노트북, 컴퓨터, 스마트폰 등의 첨단 영상매체에 의해 다시금 자리 잡게 되어 어느새 여백과 채움의 상반된 미적 관점이 스마트폰에서 융합되어 있음을 알 수 있다. 스마트폰의 사각 프레임은 이제 동서양의 인식구조를 융합을 통해 얼마든지 변화를 추구할 수 있는 장이 되었으며, 더 나아가 새로운 미적 인식의 끌림 미디어로 진화하고 있다. 소비자 주체의 빛은 이제 미디어의 바탕화면에서 빛을 확인할 수 있는 시대가 되어 스마트폰과 소비자 주체는 서로 신체의 한 부분으로 조건화된 전체성으로서 원형적인 분위기를 지니게 된 것이다.

미적 끌림은 화랑에 있는 순수 작품에만 국한되어 있던 과거에서 현대는 손바닥의 스마트폰 공간으로 진화되어가고 있다. 스마트폰의 바탕은 캔버스와 화선지의 경계가 없는 끌림 홀의 빛 에너지로서 몸채공간이며, 이것은 소비자 주체의 신체가 지니고 있는 빛에서 벗어나 자신의 끌림 공간으로 전이된다. 소비자 주체의 의식에 따라 통제가 이뤄지는 뉴미디어 상호작용의 조건화는 전체적인 분위기구조로 소비생활에 깊숙이 스며들게 되었다.

소비자 주체의 존재의 충만이 살아 숨 쉬고 있는 곳으로서 신체는 물질적인 스마트폰이라는 소유물에 의한 강한 끌림으로 인해 몸채, 즉 빛 에너지가 점차 몸으로부터 빠져나가는 느낌을 받게 된다. 과학이 만든 인위적인 빛은 신체가 지니고 있는 순수 빛과는 서로 다른 빛이며, 소유와 존재의 상반된 조건화 가운데 차츰 융합의 분위기로 지향하게 된다. 몸 자체가 지니고 있는 순수 끌림에 의한 지향성이 '지금-여기'에서 갑자기 솟아오르는 존재로서 빛의 향연이라면, 뉴미디어에 의한 스마트폰의 화려한 빛의 바탕은 '지금-여기' 손바닥 위에서 솟아오르는 소유로서 물질적인 빛의 향연이라 할 수 있다.

앞서 언급한 동양과 서양이 지니고 있는 미적 관점의 차이 역시 소유와 존재의 양극성이 지니고 있는 관점에서 출발한 끌림 의식과는 떼려야 뗄 수 없는 상관관계에 의한 충분조건이며, 끌림으로서 전체적인 분위기를 만들어나가는 데 생성되는 자연스러운 충분조건이다. 이제 조건화된 전체 분위기는 하나의 조건에 의한 분위기가 아닌 존재와 소유에 의한 소비자 주체의 정신적 융합에 의해 나타남을 알 수 있으며, 물질 혹은 정신의 응집력에 따라 몸채의 순수한 빛의 색상이 바뀌게 된다. 시각 이미지에 나타나는 다양한 색상은 디자이너의 소유와 존재의 무게중심에 의한 조건화된 전체 분위기로서 차이를 지니게 된다.

제임스는 조직화된 체계를 이미 '몸-전체'라는 구성체계에 귀속되어 있는 '감각적인 전체'로 파악하고자 했다. 조직화는 조건화의 반복에 의한 소비자 주체의 개성적인 의식체임과 동시에 끌림체로서 끌림 홀의 몸채를 구성한다. 자연이라는 공간에서 아무런 차이를 느낄 수 없는 빛 에너지가 소비자 주체의 몸채에 의해 새롭게 조직화되어 서로 다른 빛 에너지의 흐름을 지니게 된다. 이 빛 에너지의 미분화된 생명, 기(氣) 덩어리는 몸이라는 전체성의 조직화에 따라 다르게 스며들어 동일한 시각 이미지에 대해서도 서로 다른 끌림 반응을 나타낸다.

소비자 주체의 몸은 그 자체가 조직화된 감각체이며, 이 조직화가 소비자 주체의 지속적인 의식작용에 의한 의식대상의 선택과정에서 축적된 끌림 홀의 몸채라고 본다면, 어떠한 선택적인 과정에 의해 끌림체로서 끌림 홀이 형성되었는가에 대한 물음이 나타난다. 이미 의식체로 전환되기까지 생성된 무수히 많은 감각체의 체험적인 과정을 분별 또는 차별화하여 추출한다는 것은 감각 끌림이 지니고 있는 응집과정의 개수, 크기, 강도, 패턴, 폭, 위치, 리듬, 속도 등 다양한 경우의 수로 인해 어떠한 실마리도 제공하지 않는다.

따라서 조건화된 전체적인 분위기에 의해 파악된 시각 이미지 뒤에는 본래의 혼돈적이고 미분화된 모습의 소비자 주체의 조직화된 직관에 의한 감각 끌림체가 흘러가고 있음을 내포하고 있다. 소비자 주체의 끌림체에서 생성된 끌림 홀의 몸채는 대상체로서 광고 이미지의 전체적인 분위기와 서로 동일한 끌림 홀의 무리가 드러날 경우 끌림 이미지로 어느 한순간 주관이 지니고 있는 것이 돌출하여 눈길을 끌게 된다. 즉 끌림은 어떠한 이미지나 관념을 지니고 있으면서 이 관념에 대응하는 끌림 홀, 하나의 몸채나 한 무리의 몸채를 찾고 있다.

광고 이미지에서 느껴지는 끌림 이미지는 소비자 주체의 조직화 속에서 구성된 내적 의식의 끌림체와 바깥환경의 조건화된 전체성의 분위기에서 새로운 전체성의 원형적인 끌림체를 지향하려고 할 때 느껴지는 몸채, 빛 에너지다.

2 부분-조건화

시각 이미지의 분위기는 주어진 주변 환경에 따라 다르게 해석된다. '이미-주어짐'은 부모에 의해 태어나서 자라온 환경을 의미하며, 이것은 소비자 주체의 의지와는 전혀 상관이 없는 자연적인 '시간-공간'이 만들어놓은 사유와 관점을 초월한 '나-여기-있음'과 연결되어 끌리는 자연스러운 현상이다. 일반적으로 소비자 주체는 도시 환경에 적응하기 위해 주어진 주거공간에서 사회생활을 '주변-에서-전체'로의 시각으로 자신의 신체적 활동범위를 넓혀나간다. 여기에서 신체가 지니고 감각기능은 주변 환경이 지니고 있는 영토의 부분에 의해 조건화되어간다.

이러한 영토에 의한 조건화는 오랜 기간 동안 몸의 조직화에 의해 전체적인 분위기에서 부분적인 조건화로 옮겨진다. 부분의 영토성은 차츰 전체적인 분위기를 변형시켜나가기 위한 필요와 충분조건을 모두 충족시켜주는 끌림체의 원형적인 기반을 지니고 있다.

소비자 주체의 영토성에 의한 부분 끌림은 전체적인 끌림 분위기와는

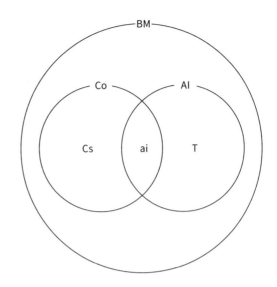

[도표 59] 조건화된 부분에 따른 끌림 분위기
BM=Boundary-condition Mood(부분-
조건화 분위기), Co=Consumer(소비자),
Cs=Condition subject(조건화 주제),
ai=attractive image(끌림 이미지),
T=Territory(영토), AI=Attraction Image(끌림
이미지)

또 다른 끌림 홀을 의미하며, 전체성으로서 소비자 주체의 끌림 분위기와
는 전혀 다른 환경인 소비자 주체의 개성적인 영토성에서 노출되어 나타나
는 지극히 미미한 몸채라 할 수 있다. 부분은 바깥으로 노출된 전체성과는
상반된 가운데 조건화된 영토성의 즉자로서 흔히 대자적인 입장에서 사회
생활하는 소비자 주체인 경우에는 파악하기 어려운 끌림 분위기라 할 수
있다.

일반적인 끌림은 타자의식을 기반으로 한 전체적인 분위기에 의해 생
성된다. 타자의식은 물질과 정신의 의미를 지니고 있는 실제적인 객관으로
의 소비자 주체를 의미하는 대자 차원의 끌림이라 할 수 있다. 시각 이미지
가 지니고 있는 전체성의 공통감이 타자와의 간주관적인 의미형성체 가
운데 이뤄진다면, 부분 끌림이 소비자 주체에게 끌림 이미지로 눈길을 사
로잡는 것은 영토성이 지니고 있는 실제적인 사회적 수준, 정신연령, 소유
한 물건 등에 의한 주체 자신의 부분적인 조건화에 의한 끌림이라고 할 수
있다.

물질적인 신체가 지니고 있는 공간성은 '개인-세계'의 시각에서 볼 때
부분적인 분위기에 휩싸인 존재임을 알 수 있다. 이 공간이 지니고 있는 주

변 환경의 둘레의 폭, 넓이, 길이가 지닌 것은 세계가 지니고 있는 전체적인 시각에서 바라볼 때 부분적인 조건화에 의한 끌림 분위기에 있음을 알 수 있다. 끌림은 소비자 주체 개인의 누적된 전체적인 분위기를 형성하는 가장 기본단위의 모나드 환경에서 벗어나지 못한다.

끌림은 몸이 움직이는 제한된 범위에서 나타나는 영토성의 부분적인 분위기의 조건화이며, 이 조건화는 몸이 움직이는 동안 지속적인 변형을 일으킨다. 하지만 끌림이 의식의 장으로까지 지속되면 이는 더 이상 끌림체의 전체성을 지닌 몸채가 아닌 의식체의 부분적인 기억으로 생생하게 남게 된다.

[그림 76] '부분-조건화'에 의한 끌림: 'inner voice'/ Illustrator, 전기순 作.
'부분-조건화'는 신체 외적인 대상에 대한 즉자 차원의 초월론적인 타자가 아닌 타자의식의 물질과 정신을 함축하고 있는 대자로서 동일성의 의미를 발견할 때 끌림 홀이 생성한다.

끌림은 '지향작용-지향대상'을 통해 나타나는 지극히 순간적 느낌에 의한 의식 이전의 선험적인 추상체다. 신체와 의식은 서로 한정할 수 없는 평행적인 상태에서 서로를 지켜보는 위치에서 관찰한다. 관찰자로서의 평행선이 신체와 의식의 합일이 이뤄진 교차에서의 끌림으로 생성할 때 순간적인 충돌에 의한 즉자적인 영토성으로 지향한다. 또다시 전체성으로서 조건화된 대자로서 서로 다른 차성의 위치를 고집하기 위해 즉자적인 태도로 돌변한다.

신체적인 화학작용이 지니고 있는 제반적인 연구가 물질을 기초로 한 기초과학이라면, 의식에 관한 연구는 심리 및 현상적인 철학 등의 제반적인 연구가 정신을 기초로 한 인문과학으로 치닫게 되어 끌림 자체는 서로 양분화된 가운데 줄곧 전체성에 조건화된 평행선을 지향하게 된다. 의식의 영역에서도 즉자와 대자, 전체와 부분이 지니고 있는 양분된 평행선은 줄곧 차이를 주장하는 가운데 독자적인 부분의 영토를 점차 확장시켜나간다. 부분적으로 조건화된 끌림은 즉자와 대자의 의식이 순간 부분과 전체로서 몸과 의식이 교차적으로 융합될 때 이 순간적인 충돌에 의해 빛 에너지인 몸채, 빛 에너지가 발현된다.

끌림 이미지에서 느낄 수 있는 빛 에너지는 의식과 몸이 지니고 있는 전체적인 분위기에서 부분적인 교차 충돌이 만들어낸 조건화된 분위기에 의해 생성된 것이다. 신체의 움직임은 어디까지나 바깥세계와의 공통감을 통해 나타나는 조건화된 분위기에서 생성된다. 이 운동의 신체적인 구체성과 의식의 추상적인 운동과는 또 다른 간격에 의한 부분적인 끌림 분위기를 형성하게 된다.

전체성으로서 조건화된 신체와 의식의 '간격-메움'은 내적 끌림을 위한 과정이며, 신체 앞에 펼쳐지는 끌림 이미지와의 최종적인 '끌림-접점'을 만드는 부분적인 끌림 홀이다. 끌림 이미지에 대한 '즉자'와 '대자'적인 파악에 의한 바라봄은 서로 간의 평행적인 지향작용을 일으킴과 동시에 교차에 의한 부분적인 끌림의 창의적인 방식을 잉태하게 된다. 즉, 신체와 의식의 '간격-메움'이 또 다른 즉자와 대자적인 방식에 의해 대상 끌림은 서로 다른 부분적인 분위기를 만들기 때문이다.

소비자 주체로서 즉자의 경우 이미 대상은 즉자가 지니고 있는 획일적인 방식에 의해 분위기가 형성되고 그에 따른 지향적인 끌림 이미지가 눈에 들어오게 된다. 대자인 경우에는 대상과의 간주관적인 방식에 의해 분위기가 바뀌게 되고 신체와 의식의 간격이 더욱 밀착하게 되어 문화성을 지닌 가치지향으로 끌림이 바뀌게 된다.

메를로퐁티가 『지각의 현상학』에서 "즉자적인 태도는 우리의 신체가 어디에 있는가를 생의 매 순간일지라도 알지 않으면 안 되고, 또한 자동적인 운동조차 의식에 나타나야 한다. 이러한 즉자적인 태도 유지는 사실상 불가능하며, 우리의 신체에 즉자적인 운동은 없다"고 한 점에서 알 수 있듯이 모든 객관적 공간이 지적 의식에 대해서만 존재한다면, 신체가 지니고 있는 대자적인 운동은 공간에 조건화된 의식에서 부분적 끌림으로 존재한다. 신체에 의해 조건화된 공간은 의식 활동이 이뤄지는 공간과는 또 다른 느낌의 부분적인 끌림이며, 이 부분으로 조건화된 분위기는 시각 이미지에서는 쉽게 드러나지 않는 끌림 이미지로 수용된다.

예를 들면, 시각 이미지가 지니고 있는 의미가 의식의 장에서 이뤄지는 끌림 이미지의 영역이라면, 의미로 파악이 불가능한 시각적 요소의 '간격-메움'에 의한 틈, 색상, 크기, 위치, 겹침 등은 어디까지나 느낌에 의한 신체적인 끌림 이미지라 할 수 있다. 이러한 '간격-메움'의 교차적인 조건화는 평행선의 획기적인 영토성으로서 독특한 끌림의 원형적인 부분 분위기를 만들어낸다.

시각 이미지를 제작하는 과정에서 생기는 분위기는 언어에 의한 대자적인 차원의 설득공간에서는 눈에 들어오지 않는 즉자와 대자 간의 '틈새-메움'의 끌림 에너지에 의한 것이다. 또한 이미지의 다의성을 언어를 통해 하나의 메시지로 만드는 것은 정박 기능을 주장한 바와 같이 동일하게 광고제작과정에서도 느낄 수 있다. 즉, 동일한 비주얼 요소가 사각형의 빈 공간의 어느 부분에 위치하느냐에 따라 전혀 다른 분위기를 주는 것 역시 다의성의 끌림이라 할 수 있다. 따라서 전체성의 조건화된 끌림에서 기획된 광고 아이디어 역시 광고디자이너의 끌림체의 성향에 따라 서로 다른 분위기가 연출되며, 결과적으로 의식의 동일화에서 이루어진 전체성은 부분적인 조건화의 끌림 이미지인 '틈새-메움'의 이미지로 조각되어 드러난다.

의식과 신체, 정신과 물질, 즉자와 대자 간의 틈, 간격, 차이에 의한 채움, 메움, 극복의 과정적인 에너지는 곧 소비자 주체의 몸채가 지니고 있는 부분적인 영토성의 빛 에너지에 의한 조건화 작용이다. 조건화에 의한 분위기는 즉흥적인 기분이 아닌 내면 깊숙한 곳에서 솟아오르는 즉자와 대자의 교차에 의한 창의적인 원형 끌림이다.

흔히 '레이아웃이 좋다', '비주얼이 감각적이다', '터치가 세련되었다', '컬러가 좋다'라는 말로 단정 짓고 더 이상의 이성적인 접근이 불가능한 것은 시각디자이너 혹은 소비자 주체의 주관적인 해석으로 간주하는 조건화된 교차로서의 끌림 분위기를 말(발화, Parole)로 완벽하게 드러낸다는 것이 사실 어렵기 때문이다. 이것은 시각디자이너의 몸동작에 의한 교차로 순수 끌림을 통해 느끼는 차성으로서 부분적으로 조건화된 영토성의 몸채다. 일반적인 대상에 의한 파악은 언어적 사고에 의해 보이는 것에 가능한 의미를 제공함으로써 인식의 매 단계에 개입하여 언어사고의 영역을 차츰 언어과학의 한 분야로 영토를 확장해나가는 것만은 확실하다.

하지만 언어적인 사고와 시각적인 사고 저 너머에서 오는 '끌림-이것'은 언어적인 체계로 방향을 가리킬 수는 있지만, 언어 자체의 체계와는 늘 간격을 두는 가운데 겨우 시각적인 사고를 통한 몸동작으로 구체화한다는 점이다. 끌림체로서의 몸채는 언어가 의미하는 것의 추상명사로서 가늠하는 것으로 만족할 수 있지만, 늘 잡히지 않는 부분적인 조건화에 의한 분위기는 언어적인 사고를 넘어선 가운데 생성되며 곧 소멸된다. 마치 유명한 화가의 작품에서 느껴지는 끌림체의 몸채가 순간 분위기를 만들고 난 뒤 화가 자신도 그 당시의 체화되었던 몸채를 다시 지닐 수 없듯이 늘 순간에서 머물다가 사라진다.

자연과학과 사회과학에서 주로 사용되는 가설연역적인 방법을 가정하는 것과 같이 끌림체로서 몸채는 그냥 말로 설명할 수 없는, 그래서 늘 가설 속의 블랙홀 그 자체의 텅 빈 의미로 존재한다. 끌림체의 몸채가 지니고 있는 언어과학의 설득적인 검증과정을 위해 소비자 주체이면 누구나 체험할 수 있는 동일한 끌림을 재생하기 위한 부분적인 조건화를 발견해야 한다. 제작을 통해 실제 창의적인 행위를 느낄 수 있는 것은 자신의 순수한 끌림에 의해 제작된 시각디자인의 반복적인 실증을 통해 조건화된 부분적인 분위기에 대한 끌림 에너지를 보일 수 있는가에 있다.

이미 시간의식이라는 대전제와 전체성의 조건화를 모두 정지시킨 다음 끌림체의 몸채에 대한 선험적 의식과 인식, 그리고 신체와의 상호 교감에 대한 파악은 실제 손으로 무언가를 표현하고자 하는 크리에이터의 내면에서 움직이는 끌림 홀의 간격, 틈새, 사이에서 일어나는 부분적인 분위기의 조건화 속에서 끌림 현상을 발견할 수 있다. 신체의 부분적인 조건화가 이뤄진 분위기가 공간이라는 '세계'에 지향하는 순간, 몸채의 움직임은 여러 형태인 방사, 리듬 곡선, 강한 직선 등으로 움직이게 된다.

모든 시각 이미지의 끌림 대상은 이미 소비자 주체와 상호 감각적인 통일성에서 조건화된 분위기가 만들어진다. 소비자 주체의 내적 끌림과 외적 끌림 요소와의 교차적인 충돌이 이뤄지는 다양한 현상은 주체마다의 조건화된 분위기에 따라 달리 나타난다. 공간에 주어진 운동은 운동에 대한 사고 이전의 몸채가 지니고 있는 양상에 따라 끌림의 현란한 움직임이 발생한다.

소비자 주체의 능동적인 끌림은 신체의 조건화된 분위기에 의해 대상에 즉각적으로 포착한다. 말하자면 끌림은 소비자 주체 혹은 시각디자이너의 관념이나 이미지를 지닌 상태에서 찾고 있는 몸채나 몸채 무리의 순간적인 지향에 솟구치는 몸짓이다. 몸짓은 뚜렷한 방향을 제시하는 의도가 아닌 신체를 둘러싸고 있는 공간에 대한 끌림체의 확인이며, 사고된 또는 표상된 공간을 의미하지 않는 가운데 움직이는 원초적인 움직임이다.

신체를 둘러싸고 있는 공간 그 자체가 소비자 주체의 전체성의 끌림 작용으로 조건화되어 있는 것과 같이 몸채는 끌림 작용을 위해 신체 살갗에 살아 숨 쉬고 있는 부분적인 조건화의 빛 에너지로서 몸짓의 지향성에 따라 떠오르거나 사라진다.[4] 이것은 '나는 생각한다'의 지배 아래에서 움직이는 몸짓이 아니라, '신체-살갗'으로서 바깥세계와 직접적으로 맞닿은 표피에서 솟구치는 몸채로서의 빛 에너지이며, 주체 내부의 의식 지평과 신체 살갗 그리고 외부대상과의 상호감각적인 통일성을 향해 놓이게 함으로써 발생한다.

몸채는 그 자체로는 이성적으로 파악할 수 없는 빛의 양태성이며, 매 순간 생각과 의식 그리고 대상 사이에서 나타났다가 사라지는 생명 에너지라 할 수 있다. 동양철학에서는 기(氣)라 하여 공간에 늘 존재하고 있는 살아있는 생명 에너지로 간주하여 적극적인 몸짓을 통해 우주 속의 기운을 획득하려고 하는 것이 좋은 예라 할 수 있다. 단순히 이것을 우주공간이 지니고 있는 몸채 자체의 현상적 끌림체로 받아들이지 않고 물질적 신체에서 생성하는 의도적인 끌림 에너지로 판단하는 순간 대자연의 기운생동(氣運生動)을 감응한다는 것은 불가능에 가깝다고 할 수 있다.

코키토 이전의 대상을 향해 일어나는 끌림에 의한 몸짓 그 자체는 지각, 기억, 의미, 초월이라는 떠올림에 의한 표상이 아니라 이미 현존재의 양식에 던져진 기투에 의한 창의적인 관계로 유지하려고 한다. 신체와 생각, 신체 살갗과 몸짓, 몸짓과 대상 끌림은 공간이라는 주어진 우주적 빛 에너지를 수용 혹은 배척할 수 있는 '사이-분위기'를 연출한다. 사이가 지니고 있는 분위기가 기계론적인 패턴으로 조건화되어 있는 경우 우주라는 공간에 가득 찬 에너지를 흡수할 수 있는 부분적인 조건화의 신체적 창의성은 더 이상 발견할 수 없게 된다.

반면, 인간과 우주 사이가 만들어놓은 관계에서 넘치는 우주의 생명 기운을 담을 수 있는 저장장치로서 몸채가 활성화되어 있는 신체의 경우에는 '사이-분위기'에 의한 넘치는 생명감을 느낄 것이다. 이제 '사이-분위기'는 소비자 주체의 개성적인 몸짓에서 발견할 수 있는 부분적인 조건화에 의한 분위기임을 명확히 알 수 있다. '사이'에서는 조건에 의한 소비자 주체에 따른 몸채의 '무리-지음'을 제각기 발견할 수 있으며, 이 무리가 만들어놓은 형상은 실제 표상에 의해 전이되어 나타난다. 몸채 무리는 그 자체가 어떠한 가능성을 만들 수 있는 조직화된 덩어리가 아니며, 매 순간 주변이라는 부분적인 분위기에 의해 쉽게 변화가 용이한 기체(氣體)로서 빛에너지라 할 수 있다. 우주공간은 '진공'상태의 텅 빈 공간이 아니라 신체가 살아서 움직이도록 조종하는 유기적으로 순환하는 생명체로서 빛의 공간이다.

또한, 몸채는 신체가 지니고 있는 외형 및 내형의 구조에 따라 스며들거나 침투하는 성질을 지니고 있으며, 즉 수용체의 부분적인 조건화에 따라 우주공간에 가득 찬 기운의 저장 정도에 따라 차이를 지니고 있다고 볼 수 있다. 끌림 이미지는 단순한 이미지체로서 '거기-있음'이 아닌 우주에 가득 찬 생명 에너지를 끌어당기는 매개로 창의적인 대상적 끌림체로서 '여기-있음'이다.

일반적으로 신상품이 눈길을 끄는 것은 창의성에 의한 새로움이 대상에 있기 때문이다. 대상이 지닌 끌림의 창의성이 소비자 주체의 내면에 도사리고 있는 우주적인 생명 에너지를 끄집어내는 원형적인 힘을 지니고 있는 것은 곧 몸채의 자유로운 변환에 의한 것임을 알 수 있다. 이제 끌림 이미지가 지니고 있는 창의성은 그 자체가 우주에 가득 찬 기운을 수용하도록 하는 매개로서 지금까지의 모든 의식을 순서적으로 내면의 깊이에서 솟아나오는 단계, 즉 '생각 이전의 단계, 생각, 생각 이후의 판단' 등 과정적인 이성적 체계를 마비시켜버린다. 의식이 지니고 있는 거대한 체계에서의 닫힌 세계를 새로운 창의적인 초점을 맞춘 세계로 지향하는 것이라 할 수 있다.

하지만 끌림에 우선권이 주어진다면, 순서는 '끌림 이전의 분위기, 끌림, 끌림 이후의 조건화된 분위기'라는 과학적인 이성적 체계가 없는 무질서의 세계로 나아갈 수 있다. 코키토는 끌림에 비해 무겁다. 신체 살갗에서 전달되는 끌림 분위기는 코키토가 만들어낸 분위기에 비해 가벼우며, 쉽게 나타났다가 사라지는 아지랑이와 같은 빛의 결정과도 같다. 가끔 끌림 분위기의 무질서한 혼란은 주체 의지에 의해 환기되어 코키토 이전의 아프리오리로 사라진다. 아프리오리의 기화된 빛 에너지는 우주공간에 늘 맴돌고 있으며, 늘 수시로 신체에 들어왔다가 사라지는 가운데 창의적인 새로운 끌림 공간으로 '지금-여기'에 나타난다.

신체 살갗 혹은 신체 내부 깊숙이 침투가 가능한 성질을 지닌 빛 에너지인 몸채는 늘 생각 이전의 실존적인 기투(企投)로서 신체의 원형에 더욱 가까이 다가갈 수 있다. 환경에 의해 주어진 시각디자인에는 기획의도와는 전혀 관계가 없는 흰 공간이 있었으며, 이 공간 자체가 이미 부분적인 조건화로서 끌림 감각에 의한 의도성이 가미된 경우라 하겠다. 단순히 시각적인 이미지를 드러내기 위한 영토로 해석되는 순간 끌림이 지니고 있는 원형적인 끌림 홀의 몸채는 결코 만날 수 없게 된다.

간혹 소비자 주체의 신체 외부를 둘러싸고 있는 몸채의 감각적인 끌림에 대한 확신을 동양철학의 깊이에서 파악한 광고디자이너라면 흰 바탕을 여백이라 하여 끌림 이미지를 흰 바탕과 더불어 새로운 차원의 미의식으로 지향하려고 한다. '흰 공간'과 '여백'은 동일한 흰 바탕을 지시함에도 수용하는 소비자 주체의 조건화된 부분적인 내적 끌림 지평에 따라 차이를 지니는 것은 바로 이러한 원형적인 끌림의 기투를 발견하는 가운데 생성된다.

이와 같은 공간의 해석적인 차이가 만들어낸 '사이-분위기'의 개성적인 끌림의 부분적인 조건화는 결과적으로 '시각-차이'라는 엄청난 결과를 초래하게 되어 창의성이 있는 의식의 장으로 확장되어나간다. '여백'과 '흰 바탕'이 거대한 소비자 주체에게 동양과 서양의 전체와 부분, 부분과 전체에 대한 관념적인 의식체계에 기투되어 탄생한 미의식이라고 한다면, 간혹 일반적인 소비자에게 감당할 수 없는 의식체계에 대한 필요 이상의 설득을 강요한 것이라 할 수 있다.

단지 시각 이미지가 지니고 있는 상품에 대한 정보전달로서의 역할을 지니고 있는 차원에서 바라볼 때 전체와 부분이 지니고 있는 의식체계의 대전환을 요구하는 것은 부당한 행위이며, 강요라 할 수 있다. 다만 흰 바탕이 주는 이미지가 쉼터로서 '거기-있음'이라는 자연스러운 끌림이 생성된 가운데 느낀 공간이라면 그 공간은 동양적인 여백으로서 순수 지향의 끌림이다.

동양인으로서 기투된 끌림체의 비물질로서 신체가 이제 흰 공간이 하나의 여백으로 보이는 것은 어디까지나 서양인이 이해하지 못하는 끌림 이전의 몸짓에 의한 순수 지향이며, 신체와 몸채 사이에서 생성된 객관적 세계 이전의 선험적인 분위기에 의한 부분으로서 조건화된 것이라 할 수 있다. 몸짓이 주어진 조건화된 공간에 의해 운동을 생성하듯이, 끌림 역시 조건화된 소비자 주체의 신체가 지향하는 '몸채'에 의해 끌림 대상과 부분적으로 통섭(通涉)된다.

소비자 주체의 내적 끌림이 지어내는 몸채의 갖가지 지향은 여기와 저기, 지금과 미래의 공백을 채워준다. 시각 이미지를 통해 느껴지는 끌림의 조건화는 비로소 현존하는 신체의 개연성에 만족을 주는 끌림 이미지의 초월적인 공간으로 바뀌어간다. 이 공간은 현존하는 신체와는 별개로 과거·현재·미래의 시간공간에 의한 조건화된 부분으로서 분위기를 자아내는 소비자 주체의 체험적인 끌림 공간이라 하겠다. 이로써 광고 이미지가 단순히 현실적인 상품을 전달하는 수단이라는 기능을 벗어난 또 다른 기능을 발휘하는 끌림 이미지의 관문이라 할 수 있음이 증명된 것이다.

단 하나의 시각적인 요소가 신체를 둘러싸고 있는 주위 공간을 순식간에 초월한 세계로 안내하는 순수한 빛으로 바뀌는 순간 시각 이미지는 단순한 커뮤니케이션의 매체기능에서 벗어난 미적 감응의 끌림으로 초대받게 된다. 순수한 빛의 움직임을 지니고 있는 시각 이미지는 그 자체가 끌림체로서 '대상-몸채'이며, 늘 소비자 주체의 마음 깊숙한 곳에서부터 울림을 받게 된다. 부분적인 시각요소의 조건화된 분위기는 소비자 주체의 신체와 순수한 빛의 체험 가운데 발생하는 '지금-여기'의 순수한 끌림 홀이며, 부분은 신체 내부 및 외부의 바깥경계에서 늘 역동적으로 움직이는 빛 에너지의 다채로운 끌림에 의한 체험공간으로 확장된다.

시각디자인의 핵심이라 할 수 있는 전략적인 기획의도 이외의 요소, 시각적인 사고와 언어적인 사고에 의한 끌림 분위기는 기획의도에 조건화된 의도임에도 언어적인 체계를 통해 해석할 수 없는 또 다른 영역의 아프리오리의 영토성이다. 몸채가 지니고 있는 빛 에너지의 순수 끌림이 나아갈 수 있는 것은 부분이 지닐 수 있는 조건화된 분위기에 의한 영토에서 가능한 것이며, 즉자적인 태도에서 발생한 내적 끌림체의 영토인 아프리오리에 의해 비롯된다.

또한 시각 이미지의 끌림 과정에서 느낄 수 있는 것은 주변 분위기에 대한 태도에서 한 걸음 더 나아가 소비자 주체의 비물질적인 신체로서 끌림체와의 동일성에서 발현된다는 점이다. 일상생활의 먹는 음식에서 생활

공간이 주는 몸의 행동은 주변 환경에 맞춰나가는 과정에서 발생한다.

레스토랑의 경우 식탁이 갖는 크기와 형태, 위치에 따라 끌리는 정도가 다르게 나타나는 것은 주변 분위기의 수용 정도에 따라 낯섦과 친숙함으로 다가가게 된다. 전체적인 소비자 주체의 생활환경은 인류라는 보편적인 분위기를 지니고 있지만, 레스토랑이 지니고 있는 다문화적인 특수성에 따라 환경은 주변적인 분위기를 지니게 되어 소비자 주체의 생활방식에 따른 부분적인 차이와 동일성의 조건화된 끌림 요소를 지니게 된다.

간혹 끌림은 문화의 낯섦에서 더욱 극적인 설렘으로 다가온다. 동일한 시각 이미지 역시 주어진 문화 환경에 따라 다르게 파악되는 것은 주변이 지니고 있는 오랜 과정의 문화적인 전통성에 익숙한 끌림체의 조건화된 부분적인 분위기에 의한 것이며, 이 분위기는 소비자 주체의 내적 의식의 문화적인 영토성과 함께 스며들어 있다. 분위기가 지니고 있는 문화적인 차이는 상품특성에 직접 혹은 간접적인 영향을 미치게 된다.

장소에 따른 문화 환경이 지니고 있는 독특한 분위기는 곧 소비자 주체의 내면적인 끌림체의 정체성에 영향을 미치는 '끌채'에까지 영향을 주게 된다. 제임스는 '심리적인 부가된 의식'이라 하여 대상 끌림은 '이미-주어짐'의 문화 환경이 지니고 있는 친밀감에 의해 차이가 있음을 강조했다. 생활세계에서 늘 접하는 공간인 백화점, 커피숍, 레스토랑, 극장, 도서관 등 공공장소의 주변 환경에 따라 보여지는 시각적 끌림 이미지는 문화성이 지니고 있는 익숙함의 정도에 따라 끌림체에게 색다른 차이로서 부분적인 조건화로서 끌림 홀을 생성하게 된다.

동일한 시각 이미지도 가정, 회사, 스마트폰 등 주어진 매체와 공공장소에 따라 다르게 시지각의 차이를 주는 것 역시 장소가 주는 익숙함에서 비롯되는 문화성의 끌림이다. 바로 주변의 문화 환경에 의한 주변의식이 소비자 주체의 몸에 스며든 익숙한 상태에서의 시각 이미지가 더 이상 끌림 이미지로 느껴지지 않는 것은 바로 이러한 익숙함에 기초한 이미지의 적응이라 할 수 있다. 즉, 아침에 커피를 마시면서 조간신문을 볼 때 느껴지는 시각 이미지와 저녁 퇴근 무렵 거리에서 보이는 시각 이미지에 대한 끌림 분위기는 주변 환경의 공시성과 통시성에 의한 조건화에 의한 주관적인 인식으로서 소비자 주체의 끌림체에 의해 부분적으로 변형되어 나타난다.

따라서 끌림체의 문화성은 시각 이미지의 이성적인 체계에 의한 조건화로 주어지며, 저녁의 감성적인 느낌은 시각 이미지의 감성적인 체계를 통한 조건화가 나타난다. 또한 아침햇살이 지니고 있는 상쾌함은 기질에 의한 시각, 종교적인 수직관에 의한 시각, 자연의 순환관에 의한 시각 등 소비자 주체의 내적 지평이 지니고 있는 인식의 영토성에 따라 끌림 이미지에 대한 조건적인 체계가 정립된다. 시각 이미지가 처해 있는 상황은 전체적인 분위기에 대한 조명을 파악하기 위한 단계에서 출발하여 이 분위기에 대한 몸의 순응 가운데 소비자 주체의 끌림 이미지로서 부분적인 조건화로 정착된다.

소비자 주체의 조건화 체계(Cs)는 외부적인 환경에 의해 늘 변화가 이뤄지는 변용의 체계라 할 수 있다. 신상품의 등장은 새로운 조건화를 위한 체계를 갖추고 시각 이미지에 대한 끌림 이미지를 발견한다. 신상품이 등장할 때마다 새로운 특징 및 장점(USP)을 소개하는 것은 지금까지 소비자 주체의 내적 인식 지평에 영향을 미치게 되어 조건화에 변화를 요구하게 된다. 내적 지평은 오랫동안 만들어진 시간과 공간에 의한 누적된 가치관의 고정화된 조건적인 영토성의 지평이며, 이 가치관이 지니고 있는 영토를 신상품이 지니고 있는 특징 및 장점을 통해 더욱 강화하거나 새로운 조건화로 변화를 모색하는 것은 외부환경의 전체성에서 비롯되는 인위에 의한 조작적인 끌림이다.

조건화는 일반적으로 상품에 대한 긍정적인 조건일 경우 '순응'을 통한 끌림 반응을 나타내지만, 상품이 지니고 있는 부정적인 조건일 경우에는 '대치'의 조건화 체계를 정립한다. 조건화 체계는 상품에 따라 다양한 체계를 형성하며, 소비자 주체의 생활은 다양한 조건화 체계(Cs, Cs1, Cs2,……, Csn)가 자신의 몸 주위를 둘러싸고 있다. 이러한 조건화가 지니고 있는 끌림체로서 소비자 주체의 몸채는 매 순간 주변에 의한 부분의 조건화가 바뀔 때마다 끌림의 기질적인 끌채의 영토적인 성정이 바뀌어나간다. 끌림의 기질적인 분위기의 변화 속에서 시각 이미지는 또다시 새로운 부분적인 조건화로 바뀌게 된다.

예를 들면, 기(氣)는 동양사상(東洋思想)에서 핵심적인 단어로서 눈에 보이지 않는 에너지다. 현대 첨단과학을 통해 몸에 나타나는 기에 대한 실제적인 현상을 파악하려는 많은 과학자들이 있지만, 아직도 기에 대한 전반적인 사상의 깊이는 관념적인 조건화 체계로 남아 있을 뿐 기에 대한 명확한 실체를 밝히지 못하고 있다.

이렇듯 기가 움직이는 현상의 근원적인 원형 에너지로서 일반 자연과학이 밝혀낸 물리법칙에 의한 힘과는 다른 차원의 초과학적인 에너지로서 끌림은 현실과 이상세계의 간극에서 움직이는 초자연적인 빛 에너지에 의해 생성된다.[5] 흔히 서양의 포스(Force)를 기(氣)라 하는데, 기는 누구에게나 있으며, 이러한 힘은 물리적인 힘이 아닌 초현상적인 빛 에너지로 간주한다. 기에 편중된 시각은 결국 부분적 조건화에 의한 끌림으로 시각 이미지의 빈 공간, 즉 여백이라는 미의식 속에 모든 초현상의 기적인 에너지를 함축시키고 있다.

소비자 주체의 '몸채'와 '기'는 엄연히 구분되는 인식적인 개념으로 비신체적인 감각체다. 다만 언어과학이 지니고 있는 한계, 즉 유일하게 빛으로 설명해야 하는 유사성을 지니고 있지만 몸채는 미적 행위를 통해 생성하는 창의성으로서 끌림 홀의 에너지라 할 수 있다. 기(氣)를 동양의 순환적인 섭리와 생명성에 그 원형적 근거로 파악한다면, 몸채는 공간적인 제한을 받는 조건화된 물질의 전체성에 포함되는 가운데 발현되는 비물질적인 신체인 끌림체의 부분으로서 조건화된 끌림 홀의 빛 에너지를 의미한다.[6]

기(氣)적 느낌이 순환적인 세계관과 '인간이 자연'이라는 동일성으로 파악한 가운데 생성하는 우주적인 에너지라면, 몸채는 물질과 비물질이 지니고 있는 신체와 끌림체의 전체 혹은 부분에 의한 조건화된 가운데 생성하는 아프리오리의 순간적인 빛 에너지의 소용돌이라고 할 수 있다.[7] 현대에 들어와서 기를 바탕으로 한 기질은 소비자 주체에 따른 개성적인 취향과 몸의 체질적인 현상에 따른 차이를 강조하면서 과학적인 이론적 근거를 제시하며, 기질에 따른 조건화를 통해 서로 다른 기의 느낌을 표출하는 데 망설이지 않는다. 즉, 자신도 모르게 끌리는 대상은 소비자 주체 자신이 필요로 하는 것의 본능적인 미적 관점의 성정(性情)에 의한 것이다. 기질지성(氣質之性)의 성품은 소비자 주체가 타고난 기질에 의해 이뤄지는 본연지성(本然之性)이라 한 점 역시 자연과 동화된 순수한 신체의 기적 체험을 강조한다.

소비자 개성은 어디까지나 타고난 품부(稟賦)에 의한 기질지성으로서 품성에 따른 조건화에 맞는 시각적인 끌림 이미지를 추구하게 된다. 이러한 시각은 몸채 역시 기질에 따른 다양한 빛의 컬러를 연출할 수 있는 기(氣)적인 에너지로서 설득이 가능하다고 볼 수 있다.

한편 동양적인 조건화에 의한 사유방식은 소비자 주체와 시각 이미지에서 만나는 조건화된 통일성에 의해 구체화된다. 즉, 시각 이미지에서 동양적인 느낌의 이미지이거나 이미지 주위에 빈 공간[8]을 많이 두어 충분한 여백의 미를 갖출 때 동질적인 끌림을 지니게 된다.

'지금-여기'의 조건화는 소비자 주체의 순간적인 체계를 의미한다.[9] 이 가운데 오랫동안 서구과학에 의한 논리적이며 순간체계적인 과학을 통해 교육을 받았더라도 한번쯤은 동양적인 사유방식에 자신을 '지금-여기'에 새롭게 조건화시켜보기도 한다.[10] 이것은 시각 이미지에 대한 적극적인 수용태도에서 통일성이 이뤄지는 조건화이며, 대상에 대한 아무런 동질성을 따질 겨를이 없는 바쁜 소비자는 자신만의 개성적인 조건화에만 집착할 뿐 시각 이미지에 대한 끌림은 어디까지나 소비자 자신의 깊은 아프리오리의 잠재태로 남게 된다. 이미 동양적인 사유방식으로 살아온 소비자가 시각 이미지의 빈 공간을 쳐다보았을 때의 끌림 홀은 여백의 미로 더욱 친밀하게 자신과 동일성의 조건화로 소용돌이치며 나아가게 된다.[11]

소비자 주체와 대상과의 동일성, 즉 합체가 일어날 경우 강력한 끌림체로서 몸채는 활기를 띠며 서로를 끌어당기는 힘을 느끼게 된다. 동양적인 시각에 의하면, 감성이 풍부하다는 것은 주어진 대상에 대한 조건화로 소비자 주체 자신이 쉽게 물화(物化)가 가능한 경우를 의미하는 변용(變容)으로서 체화한 경우라고 말할 수 있다. 동양에서의 물화가 정신수양의 일환으로 제작된 산수화의 독특한 작품의 여백을 의미한다면, 현대의 물화는 시각적인 표현이 가능한 끌림 이미지에서 물화된 부분적인 조건화된 체험 가운데 발견할 수 있다. 정신성의 고양이 시각 이미지의 창의성에 의한 끌림으로 전이되면서 몸채에 자극을 주는 것이라 하겠다.

위의 동서 철학이 지니고 있는 생각하는 방식의 생성은 소비자 신체를 둘러싸고 있는 모든 감각적인 끌림 에너지와 소비자 주체의 의식과 일치할 때 적극적인 방식으로 흡수하지만, 그렇지 않은 경우에는 거부 또는 호기심으로 평행선을 유지한다. 이를 다시 뒤집어 설명한다면, 소비자 주체의 의식과 정신은 어디까지나 끌림에 의한 자연적인 순수집합체이며, 끌림체에 의해 형성된 전체성의 조건화로 파악할 수 있다.[12]

이러한 과정 속에서 또다시 신체 주변의 공간이 새로운 끌림을 제공받을 경우 형성될 수 있는 일종의 내적인 끌림체로서 몸채가 부분으로 형성되어가게 되어 최종적인 전체성에 영향을 주게 된다. 의식이라는 거대한 덩어리에 흡수·병합이 이뤄지기 전의 몸채의 빛 에너지는 늘 끌림 순간에 나타나는 조건화의 주변이다. 주변이 주는 조건화는 신체 외부의 살갗에 의해 쉽게 포착되며, 포착된 알갱이들의 집합체인 몸채는 스스로 빛을 지니며 독자적인 행동에 나서는 것을 주저하지 않는다.

이제 끌림은 동양과 서양적인 사유의 의식에 함몰되기 전 최전선에 있는 빛 에너지이며, 이 에너지에 의한 몸의 감각은 늘 살아있는 생명체로 창의적인 조건화로 나아간다. 몸 바깥 주변이 지니고 있는 이러한 끌림은 늘 관심대상 주위를 맴돌며, 동일한 끌림의 조건화로 이어짐과 동시에 소비자 주체는 자신의 끌림체에 스스로 몸을 맡기는 역할로 전환이 이뤄진다. 감각이 지니고 있는 모든 행위는 그 자체로 대상을 인식할 수 있지만, 그 감각이 지니고 있는 끌림의 지향에 대한 것은 최종적인 전체성으로서 의식의 조건화가 이뤄질 때 구체화된다.

따라서 끌림 자체가 지니고 있는 몸채의 빛 에너지는 늘 의식의 조건화가 이뤄지기 전 단계에 몸의 최전선인 비물질로서 살갗에 나타나는 현상이며, 주체의 몸이 느끼는 감각과 대상 사이에서 밀고 당기는 살갗의 '주변-조건화'다.

"모든 외적 지각은 마치 모든 나의 신체의 지각이 외적 지각의 언어 속에서 해명되고 있듯이 나의 신체의 어떤 지각과 즉각적으로 동의어로 지각한다. 따라서 이러한 신체 구조는 지각 가능한 세계 속에 그대로 전달되고 있다. 그러므로 신체적인 도식이론은 지각이론이다"라고 말한 메를로퐁티의 지각이론에서 알 수 있듯이 신체의 도식화는 이미 감각이 지니고 있는 것 이상의 확장적인 느낌에 의한 인식 범위를 인정하는 것이 된다. 신체의 감각언어는 피부조직이 지니고 있는 수많은 세포와 세포의 신경회로와의 자기 관계적인 체계를 통해 생명을 유지하고 있는 형상을 눈으로 직접 확인할 수 없지만 지금 이 순간에도 활발한 운동을 통해 변화를 지향하고 있다.

세포의 자기 관계적인 체계는 늘 주변의 조건화를 위해 준비하는 과정의 연장선에서 활발하게 활동하고 있다. 다만, 이러한 활동을 매 순간 파지하지 못하는 의식은 신체 주위의 바깥활동에 대해 세포의 움직임만큼 민첩하지 못하기 때문이다. 세포가 활성화되어 극에 다다를 경우 나타나는 활동 에너지가 대상 끌림에 더욱 적극적인 태도를 보이는 것은 당연한 현상이라 할 수 있다. '부분-조건화'는 지각을 통한 의식이 움직이기 전 단계의 '살갗-끌림'에 의한 '알아 챙김'보다 앞서 발생하는 선험적 끌림체의 끌림 홀에서 이뤄진다.

끌림 이미지에 대한 포착은 '살갗-끌림'을 통해 분위기 파악이 이뤄진 의식의 상태에 선행하는 '부분-조건화'에 의해 생성되며, 곧 소비자 주체의 즉자적인 양태성을 지닌 현존재로서 '지금-여기'의 몸채로 투영된다.

3 지금-조건화

몸채는 의식이 활발하게 움직이기 전의 끌림 홀에 의해 몸 주위를 감싼다. 끌림이 지니고 있는 모든 지향적인 에너지는 이 몸채에 의한 끌림 홀의 '부분-조건화'를 통해 의식체계가 만들어짐으로써 포착할 수 있다. '부분-조건화'가 만들어놓은 소비자 주체의 선험적인 의식이 진행되는 동안 신체적인 끌림은 어디까지나 공허한 물질적인 욕구에 의한 느낌으로 수용되며, 끌림 홀이 지니고 있는 순수성의 몸채, 빛 에너지와는 전혀 관련이 없는 본능적인 감각 끌림으로 폄훼된다.

　단순한 물질적 세계로서 본능에 의한 느낌이 아프리오리의 몸채와 연합이 이뤄지는 순간, 끌림 홀은 소비자 주체의 신체적인 조건에 따라 크게 응축(凝縮)·순응(順應)·확산(擴散)의 3가지 지향성으로 신체 바깥의 대상과 체현(體現)한다. 3가지 몸채는 '지금-조건화'의 소비자 주체가 지니고 있는 영토 가운데 존재하며, 시간의 흐름과 함께 역동적으로 바뀌어간다.

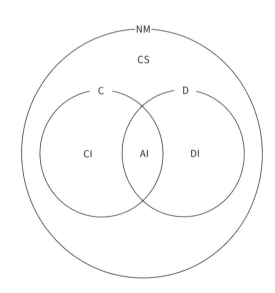

[도표 60] 조건화된 지금에 따른 끌림 분위기
NM=Now-Condition Mood(지금-조건화 분위기), C=Condensation(응축), CI=Condensation Image(응축 이미지), AI=Adaptation Image(순응 이미지), D=Diffusion(확산), DI=Diffusion Image(확산 이미지), AI=Attractive Image(끌림 이미지), CS=Consciousness System(의식체계)

응축(凝縮, Condensation Image)은 흔히 긴장된 상태의 신체적인 상황을 의미하지만, 끌림 홀의 조건화된 의식은 이러한 몸 상태와는 상관이 없는 가운데 몸과 의식의 일원론이 아닌 이원론적인 차원의 의식으로 지향함에 따라 소비자 주체 스스로 자각할 수 없는 몸채의 존재성에 의문을 던지게 된다. 응축의 최소 단위로서 '점'은 어디까지나 개념적인 미립자로서 쉽게 인식할 수 없는 몸채의 결정체라고 볼 수 있다. 끌림 대상의 대소·장단과는 상관 없이 오직 점에 의한 연합점의 집합이 하나의 미립자의 점으로 응축되는 순간 대상 자체가 지니고 있는 성정(性情)의 정적인 요소와 동적인 요소와의 거대한 끌림 회오리는 결국 미세한 끌림점의 시간의식으로 사라지게 된다.

순간의식에 의한 외부대상의 끌림점과 아프리오리에 의한 끌림점의 교차 속에서 '지금-조건화'는 서서히 그 교차의 공간 주위를 끌림점의 응축으로 표현한다. '지금-조건화'에 의한 끌림 지각은 언제나 대상과의 상징적인 연관 속에서 끌림을 응축·순응·확산으로 구체화한다. 그 가운데 응축의 반응을 보인 끌림 홀의 끌림점이 구축한 다양한 점의 양태적인 특징은 끌림 지각의 영역에서 명확한 긴장과 개별적인 특징으로 돌출되어 나타난다.

마찬가지로 순응(順應, Adaptation Image)은 응축에 의한 점의 긴장과 독립적인 돌출이 만들어놓은 '지금-조건화'에 의한 끌림 의식의 장이 아닌 '받아-들임'의 수용적인 양태성을 지닌 상태로서 평면적이며, 수평에 의한 가라앉은 듯한 끌림 이미지를 제공한다. 이 상태는 어떠한 환경도 받아들일 수 있는 태도로 부드러운 '지금-조건화'에 의한 끌림 조건이며, 본다는 것은 눈이라는 물질적인 요소에 의한 신체적인 조건화에 의한 물끄러미 바라보는 가운데 생성되는 끌림이라 할 수 있다. 순응이 지니고 있는 환경적인 요소는 어쩔 수 없는 일정한 감각을 수용하면서 관계 지워지는, 지각주체와 동시에 세계 공존이다. 신체가 지니고 있는 물리적인 공간에 대한 수용적인 신체적 상태는 순응이라는 거대한 '지금-조건화'에서 가능하다.

[그림 77] '지금-조건화'에 의한
웅축·순응·확산에 의한 끌림 이미지:
'Moment'/ Illustrator, 전기순 作.
'지금-조건화'는 신체 외적인 대상에 대한 '받아-
들임'의 수용적인 끌림체의 몸채가 형성된
신체적인 조건화에 의한 끌림 홀을 의미한다.

'세계-속의-신체'가 의미하는 첫 번째 단서로서 순응이라는 거대한 끌림 지평에 의해 몸채는 늘 물질적인 신체에 의해 조건화된다. 몸채는 현재화된 시간이 지니고 있는 장소에서 현전하는 순응적 끌림이며, 이 끌림이 지니고 있는 '지금-조건화'는 매 순간 현재라는 시간적 폭이 만들어낸 또 다른 차원이 늘 도사리고 있는 가운데 변화를 만들어내는 순응의 원형적인 영토에서 시작된다.

모든 끌림 이미지는 '지금-조건화'된 끌림의 웅축·순응이 제공하는 영토 가운데 수용되는 소비자 주체의 능동적인 끌림의 확산이다. 소비자 주체의 '세계-속의-신체'라는 거대한 확산적인 개념은 웅축과 순응이라는 '지금-조건화'의 끌림일 때 가능하다. 시각 이미지가 웅축 또는 순응이라는 신체적인 조건에서 내적 의식과 합체가 이뤄질 때 끌림의 확산적인 느낌이 살아 움직인다. 전혀 다른 이질적인 환경에서 만들어진 끌림 이미지가 낯설게 느껴지는 것은 '지금-조건화'가 만들어낸 내적 지평의 웅축과 순응에 대한 신체적인 조건의 양태가 제각기 '차이-끌림'으로 조건화되어 더 이상 확산적인 끌림이 이뤄지지 않기 때문이다.

따라서 순응에 대한 신체적인 조건은 이미 공통된 기반, 공통적인 여건이 갖춰진 '확산'이 요구되는 가운데 성립하는 것을 전제조건으로 한다. 지금이라는 현재화된 장소는 상징적인 연관을 위한 공통의 기반이다. 시각 이미지가 지니고 있는 구체적인 정보는 현재가 지니고 있는 공통적인 기반 위에서 가능한 정보이며, 신체적인 조건의 양태에 따라 인과적인 불분명성에 의한 끌림의 선택은 상이한 순응에 의한 끌림으로 확산된다. 확산(擴散)은 어떠한 응축, 순응의 조건 속에서도 구속되지 않은 결과로서 물질적인 '세계-속의-신체' 끌림 양태로 느껴질 때 비로소 가능한 끌림 이미지라고 할 수 있다. 끌림 홀의 확산은 늘 인과적인 순응 또는 응축이 만든 신체조건에서 해방된 에너지의 충일한 상태를 의미한다.

또한 확산적인 '지금-조건화'가 '전체-조건화'에 적합한 정신적인 신체로 느껴질 때 가시적인 끌림을 포착하게 한다. 무조건적이며, 확산에 의한 주체의식이 결여되어 있는 몸채의 최적화된 양태를 의미한다. 눈에 의한 현시적인 직접성으로서 쾌와 불쾌에 대한 끌림 포착은 끌림 지향의 원형적인 질료로서 응축·순응·확산에 의한 직관적인 통찰로 가능하다. '확산-끌림'은 포괄적으로 주어진 물질적인 신체의 수용 감각이 골고루 퍼져 있는 끌림 에너지로서 어떠한 시각적인 끌림도 의식과 동떨어진 가운데 생성하는 끌림 홀의 우주적인 관념에 의한 '지금-조건화'에서 이뤄진다고 할 수 있다.

소비자 주체의 내적 끌림 지평이 '확산'에 의한 끌림 홀로 가득 찰수록 순응과 응축은 상대적으로 축소화되어 자기지향을 위한 '부분-조건화'에 의한 끌림보다는 우주 차원의 관용적 지향으로 퍼지게 된다. 응축(Condensation), 순응(Adaptation), 확산(Diffusion)적 차성의 선택적인 비중에 따라 소비자 몸채의 끌림 양태성은 바뀌게 된다. 즉 C>A>D의 몸채를 지닌 소비자 주체는 스스로 시각적인 측면에 더욱 초점을 맞추어 '부분-조건화'에 의한 끌림 대상을 파악하게 되며, 스스로의 주관적인 판단에 의해 끌림 대상이 수시로 바뀌는 양상을 흔히 보게 된다.

특히 남녀가 이미 서로 다른 몸의 구조를 지니고 있듯이 응축된 몸채

구조 역시 남녀의 성적인 구분에 의해 또다시 새로운 층으로 응축적인 '부분-조건화'가 형성되어 하늘과 땅, 나뭇가지와 뿌리, 낮과 밤, 밝고 어두움이 서로 반대로 뻗어나가려는 성질과 마찬가지로 스스로의 독자적인 차별성을 추구하게 한다. 응축된 끌림 에너지가 형성한 음극과 양극의 차이는 또다시 응축된 몸채가 지니고 있는 3가지 지향성으로 분화되어 상승, 하강의 끌림 지향을 통해 '지금-조건화'의 끌림 양태로 전환된다. '지금-조건화'의 끌림은 소비자 주체의 신체적인 조건에 의해 동일 대상에 대해 전혀 다른 응축된 끌림으로 결합되어 서로 다른 끌림 홀을 지향하게 된다.

응축에 의한 끌림 홀의 순환적인 양태성	끌림 홀의 시각화	양에 의한 상승적인 끌림 홀	음에 의한 상승적인 끌림 홀
응축(Condensation)	●	+	-
순응(Adaptation)	—	+	-
확산(Diffusion)	\	+	-

의식층은 끌림 홀이 지니고 있는 몸채의 양태성에 의해 생성된 언어적 사고의 영토적인 의미로서 또 다른 층의 이성적인 결합층이라 할 수 있다. 이 결합층은 위의 도식에서 알 수 있듯이 상승과 하강 에너지의 순환구조가 만든 몸채의 응축된 끌림층에 의해 매 순간 '지금-조건화'로 의미화된다. 끌림 이미지는 끌림 홀의 양태성에 따른 선택적인 순환과정이며, 이 과정에서 순간적인 선택에 의한 '지금-조건화'로 표상된다.

의식의 흐름과 끌림의 흐름에 역행이 이뤄져 응축된 몸채의 끌림 홀을 왜소한 형국으로 표상해나갈 경우에는 차츰 거대한 의식의 장에 함몰되어 영원히 끌림 홀의 정체적인 양태성을 포착할 수 없는 상황으로 치닫게 된다. 의식의 장이 구축한 과격한 이성적 논리의 성격과 과학적 판단은 몸채가 지니고 있는 끌림 홀을 더더욱 감각적이고 선험적인 차성으로 나아가는 것을 차단한다.

의식이 강한 소비자 주체가 끌림에 대한 아무런 감각을 느끼지 못하는 것은 이성적인 지각에 의해 끌림 홀의 몸채가 응축되거나 소멸되었기 때문이라 할 수 있다. 끌림 홀의 순응과 확산 역시 의식층이 지니고 있는 교차의 종류에 따라 다양한 끌림 양태로 전이되거나 사라지게 되는 경우도 이와 같은 이성적인 의식에 의한 결과라 할 수 있다. 끌림 홀의 양태성은 '지금-조건화'의 순환성에 의해 매 순간 바뀌며, 몸의 조건에 따라 수시로 바뀌는 몸채의 빛 에너지는 끌림체에 의해 융합·분리·해체를 반복한다.

시각적 끌림의 '바라봄'은 결국 끌림 대상에 대한 끌림 홀의 응축·순응·확산에 의한 몸채의 '지금-조건화', 즉 '바라봄'이며, 의식의 장으로 함몰되기 전의 아프리오리의 비물질적인 신체, 끌림체의 현현화가 왕성해진 확산적 끌림 홀의 영토에 머물고 있다고 할 수 있다.

또한 끌림 홀의 양태성의 원형적인 본질은 소비자 주체의 생활세계에서 비롯된 다양한 내적 지평과 외적 지평에 의한 '지금-조건화'에 의한 선험적인 영토에서 잉태한다. 동일한 대상을 과거·현재·미래라는 시간의 흐름 가운데 동시에 현전하여 나타나는 내적 지평의 의식 덩어리와 동일한 대상이 다른 외부대상과의 관계를 통해 형성된 외적 지평의 지각 덩어리가 '지금-조건화'라는 순간의식의 교차적인 뒤틀림에 의해 새로운 차성의 끌림 홀로 현전한다.

이러한 내적 지평과 외적 지평 사이의 왜곡된 뒤틀림은 또다시 창의성이라는 경이적인 끌림으로 소비자 주체의 끌림 홀을 자극하게 된다. 또한 끌림 홀의 몸채에 의해 생성된 내적 지평은 고정적인 실제가 아닌 스스로 변형하는 미세한 입자로서 기체에 가까운 빛 에너지의 무리이며, 신체 살갗이 만들어놓은 물질적인 영토성의 경계를 무시한 가운데 수시로 넘나든다.

'지금-조건화'에 의한 끌림의 내적 지평과 외적 지평의 뒤틀림은 일정한 관계를 지니고 있지 않는 매우 불규칙한 양상으로 나타나게 되어 그동안 지니고 있던 끌림의 원형적인 양태성은 차츰 왜곡된 뒤틀림으로 인해 사라지게 된다. 일반적인 명쾌한 해석이 가능한 끌림은 늘 내적 지평과 외적 지평에 대한 이성적 사고에 기반을 둔 설득 가능한 끌림이라면, 그렇지 않은 왜곡, 뒤틀림, 엉킴, 반사, 투영, 겹침 등의 '지금-조건화'에 의한 끌림 홀의 양태성들은 애매모호한 가운데 더욱더 끌림 홀의 궁극적인 호기심을 자극한다.

소비자 주체의 내적 지평과 외적 지평이 만나는 '지금-조건화'의 교차에서 일어나는 끌림 회오리는 마치 거대한 토네이도 같은 순간적인 끌림이 이뤄지는가 하면, 동일한 시간과 공간에서 동시 다발적인 끌림 회오리가 발생하기도 한다. 이러한 다양한 양태의 끌림 몸채의 활발한 움직임은 환경이라는 내적 지평, 외적 지평의 동일한 균형을 유지하는 조건 속에서 가능하다. 끌림 이미지에 있는 다양한 끌림 요소들은 소비자 주체의 내적 지평에 따라 응축·순응·확산이 지니고 있는 끌림 홀의 강도와 병렬순서에 따라 서로 다른 느낌을 제공한다.

이러한 몸채의 다양한 끌림 유형을 느낌에 의한 인식 차원으로 환원하는 경우가 있지만, '느낌'이라는 거대한 언어 속에서 또 다른 감각적 차원의 빛으로서 끌림 홀의 양태성은 마치 엄마의 품을 늘 그리워하는 어린아이의 여리고 천진스런 눈망울처럼 느껴진다. 느낌의 일반적인 이해는 신체가 '자연-함께-있음'이라는 소비자 주체의 내적 지평을 충분히 설득할수 있는 이성적인 논리 대상에 쉽게 나타나지만, 끌림 홀의 몸채는 신체가 '자연-속에-있음'이라는 내적 지평을 지닌 가운데 느낌의 핵심에 있는 것이 아닌 주변으로서 끌림 에너지가 대상에 맞추어 나타났다가 사라지기 때문이다.

메를로퐁티의 내적 지평은 동일 대상에 대한 과거·현재·미래에 따른 시간 흐름에 대한 지평으로서 지금을 포괄하는 조건화를 지니고 있다. 동일한 대상은 곧 자연이라는 우주공간이 지니고 있는 범위를 의미하며, 이것은 오랫동안 어떻게 소비자 주체에 따라 지평이 형성되었는가에 따라 '함께' 또는 '속에'라는 의미를 지니게 된다. 신체가 움직이지 않는 상태에서 침묵이 지속될수록 대자연이 신체를 감싸주는 내적 지평으로 확산되어 '자연-속에-있음'이라는 순수몸채를 접하게 된다. 마찬가지로 신체가 바쁘게 움직일수록 '자연-함께-있음'에 의한 동등한 위치의 느낌에 의존하는 내적 지평의 응축에 의한 순응이 이뤄지게 된다.

끌림 홀이 지니고 있는 몸채의 '나타남-사라짐'을 생활세계의 의식 가운데 있는 소비자 주체의 내적 지평에서 파지(把持)한다는 것은 쉽지 않은 일이다. 신체 움직임에 의해 몸채의 응축·순응·확산에 의한 다양한 무리는 순식간에 선험적인 자연의 원형으로 환원되거나 태허(太虛) 속으로 사라지고 만다. 신체의 내적 지평인 '자연-속에-있음'에서 '자연-함께-있음'으로 교체되는 지금 이 순간에 느껴지는 순수한 끌림 홀이 생성할 때 비로소 조건화된 동일성의 끌림 대상으로 받아들여진다.

물질적인 '소유'와 정신적인 '채움'의 간극에 의한 갈등적인 끌림 구조 속에서 끌림 홀의 '지금-조건화'는 늘 새로운 영토로 채워지며, 매 순간 변형을 요구하는 탈영토의 끌림 홀로 나아간다. 시각 이미지가 지니고 있는 단순한 정보전달이 갖는 일반적인 메시지는 '소유-채움'의 영토성을 변형할 수 있는 끌림 배치가 있어야 하는 이유가 바로 끌림이 지니고 있는 '지금-조건화'의 원형적인 에너지에 의한 것임을 알 수 있다.

소유에 대한 강력한 에너지를 지니고 있는 소비자 주체는 '자연-함께-있음'에서 바라보는 느낌에 의한 '지금-조건화'의 물질적인 끌림이며, 채움에 대한 강력한 에너지를 원하는 소비자 주체는 '자연-속에-있음'에서 바라보는 느낌에 의한 '지금-조건화'의 비물질로서 정신적인 끌림이다. 이 두 가지 만족이 동시에 이뤄지는 끌림 이미지는 비록 강한 임팩트를 지니고 있지 않더라도 '지금-조건화'의 융합된 가운데 탈영토로서 창의적인 끌림 이미지로 나아가게 된다.

따라서 '소유-채움'은 소비자 주체의 수직적인 시간이 지니고 있는 '지금-조건화'의 상승적인 에너지로서 물리적인 시간과는 별도의 정신적인 깊이를 지향하는 순간이며, 이 시간의식은 점차적으로 '자연-함께-있음'에서 '자연-속에-있음'의 내적 지평을 토대로 '대상-끌림'의 탈영토성을 지향하게 된다. 명상을 한 후에 몸의 조건화가 수직적인 시간의 운행을 하는 동안 내적 지평의 '만족-느낌'을 갖게 되는 것은 '지금-조건화'에 의한 끌림 홀의 '내적-끌림'이 확산적인 몸채로 변형한 것이라 할 수 있다.

끌림 홀의 확산 정도에 따라 시각 이미지의 조건적인 끌림이 발생한다. '소유-채움'이 물질과 정신의 상반된 에너지를 지니고 있음에도 현대과학문명이 점차 하나의 '만족-느낌'의 확산적인 끌림으로 진행하고 있는 것은 정신적 지향으로서 '물질-비움'에 의해 '자연-속에-있음'의 '지금-조건화' 끌림을 추구하고 있다.

물질적 차원의 몸이 단지 시각적인 대상을 소유개념으로 파악한다면, 몸채는 몸이 지니고 있는 모든 장기의 기능에서 살아 숨 쉬는 가운데 생성된 채움의 정신적인 에너지다. 어느 장기에서 어떤 힘이 생기는가에 대한 의문은 한의학적인 차원에서 깊이 연구된 바 있다. 몸채는 몸의 총체적인 가운데 나타나는 끌림 에너지를 의미하는 지극히 정제된 빛이다. 몸에 따라서는 한 번도 끌림 에너지를 경험하지 못한 채 한평생을 보내는 경우도 있다. 왜냐하면, 몸채는 몸이 지니고 있는 다양한 에너지 가운데 가장 신비로운 에너지의 결정체이기 때문이다.

소비자 주체의 생체 에너지의 유형에 따라 달리 느낌을 표현하는 것은 단지 육체가 지니고 있는 욕구를 의미하는 것이며, 끌림 에너지가 지니고 있는 결정체로서 빛 에너지는 아니다. 선험적인 유학에서 성(性)이라는 글자를 분석하면, 마음 심(心)과 날 생(生)의 합성어로서 '마음생김'을 의미한다. 마음생김은 곧 마음이 생기기 전의 몸의 조건(Condition)을 전제로 한다. 이 조건은 매 순간 바뀌며, 몸의 조건 상태에 따라 변화한다. 이 변화를 물질적인 몸에 맞춰서 하는 마음생김은 오욕칠정(五慾七情)을 통해 쉽게 파악이 가능하지만, 마음생김 이전의 조건화된 몸은 소비자 주체의 세계관에 따라 천차만별로 나타난다.

유학에서 말하는 인의예지신(仁義禮智信)은 몸채로서 군자의 덕목이며, 각 종교 혹은 이데올로기에 의한 몸채의 조건화는 자비, 사랑, 봉사, 희생 등 다양한 삶의 덕목으로 바뀌게 된다. 위의 내용에서 알 수 있는 것은 느낌이 지니고 있는 주체의 본바탕이 지니고 있는 몸채 무리의 본바탕에 따라 상이한 차이를 지니고 있다. 이러한 가치, 문화, 이데올로기로 이뤄진 끌림 가치는 끌림 홀의 응축·순응·확산에 의한 몸채, 빛 에너지의 다양한 활동 가운데 생성하는 의식의 장에서 생성되는 끌림으로 바뀌어 나타난다.

의식 이전의 자연발생적인 끌림 홀의 몸채에 대한 원형적인 성질을 파악함으로써 끌림 자체가 순수한 빛에 대한 '지금-조건화'가 이성적 의식의 가치가 아닌 몸 그대로의 순수한 영토성을 의미하는 끌림 홀이 있음을 강조하고자 한다. 즉 '지금-조건화'는 물리적인 시간의 흐름을 지니고 있지 않으며, 의식 또한 과거·현재·미래에 대한 어떠한 관념이 없는 위상에서 끌림 홀의 전광석화와 같은 에너지를 지니고 있다. 실제 이러한 체험을 이루기 위한 숱한 과정적인 고행을 받아들이는 수행자들의 발자취는 몸채, 빛 에너지의 극적인 만남을 위한 '지금-조건화'의 숭고한 가치를 위한 조건화 속에서 생활하고 있다.

현실적 이해와 물질적 쾌락에 대한 끌림이 지극히 일반적이라면, 지금이 지니고 있는 찰나의 미분적인 조건화된 끌림 홀의 성찰은 물질적인 쾌락과는 거리가 먼 아프리오리의 정신적인 끌림이라 할 수 있다. 이때 모든 끌림 홀이 지니고 있는 몸채, 빛 에너지의 회오리는 보이는 대상·공간·도구와 격리된 순전히 몸 그 자체의 존재론적인 사유에서 출발한다. 소유를 위한 끌림은 전적으로 현실적인 대상·공간·도구에 대한 물질적인 몸의 끌림에서 출발하는 의식에 의한 것이며, 시각 이미지가 지니고 있는 소유 끌림은 대부분 화려하거나 첨단적인 기능을 통한 끌림을 지향한다. 소유에 대한 만족은 결과적으로 또 다른 소유적 욕구 차성으로 변형되어 순수한 빛의 원형은 차츰 소멸되고 만다.

시각 이미지는 소유라는 내적 지평을 위해 유·무형의 정신적인 가치로 포장되며, 곧 그 가치는 상품 속에 깊이 스며들어 소비자 주체를 끌리게 한다. 그 가운데 대표적인 가치는 '지금-여기'의 대상·공간·도구가 지니는 신뢰성(Crediblity)에서 찾을 수 있다. 결국 정신과 물질의 이중적인 끌림은 늘 끌고 당기는 가운데 생성되는 끌림 홀의 응축·순응·확산의 자취 속에서 소비자 주체가 지니고 있는 끌림체의 '지금-조건화'의 양태성이 성립된다.

시각 이미지의 대상인 '지금-여기'는 순수직관에 의한 판단이 생성되는 끌림 공간이다. 도구적 매체로서 신문, TV, 스마트폰 등이 지니고 있는 시각 이미지의 시간과 공간은 서로 다른 끌림 차성을 지니고 있다. 특히 공시성과 통시성이 동시에 현존하고 있는 '지금-여기'의 도구들은 이미 소비자 주체마다 조건화가 주어진 개성적인 시간의식과 소비생활의 패턴에 의해 방금 전에 진행했던 과거의식 속에서 구체화된다.

현재는 곧 과거 느낌이 지니고 있는 기억(a:, b:, c:, …… 등)의 합치에 의해 새롭게 조건화되어간다. 'a:'에서 ':'는 'a'의 느낌을 의미한다. 기억소자(素子)로서 a와 b의 융합은 서로 간의 느낌 ':'에 의한 사전적인 신뢰를 토대로 이뤄지는 '지금-여기'의 도구적 끌림이다. 느낌은 의식이 생성되기 전의 순수감각을 의미하며, 보이는 도구적 대상 'a'와 기억 속의 소자 'b'가 서로 조건화가 이뤄지기 전 단계로서 직감에 의해 생성된다.

따라서 '지금-여기'는 새로운 끌림체로서 몸채가 형성되는 '조건의 장'이라 하겠다. 조건의 장은 매 순간 받아들이는 느낌의 융합에 의해 늘 새롭게 정립되는 '공시성-통시성'을 갖춘 신뢰성을 지닌 끌림 장이라 할 수 있다. 모든 순간적인 끌림은 '지금-여기'에서 또 다른 조건화가 다르게 나타난다. 빛 에너지로서 몸채는 의식이 형성되기 전 단계의 끌림에 의한 전의식에 의존한다.

또한 '지금-조건화'는 과거의식에 의해 생성되는 전의식과 대립하는 수직적 끌림 홀의 순수 차원으로서 지금을 의미한다. 눈앞에 놓인 것을 지각하는 순간 시간의식이 곧장 과거의식으로 치닫게 되면, '지금-여기'가 지니고 있는 순간성은 수직적 깊이를 지니고 있는 끌림 홀의 신뢰성과 결코 만날 수 없는 과거·현재·미래라는 진행형으로서 어느 고정화된 의식 속으로 사라지게 된다.

후설이 『시간의식』에서 "지금은 지각된 것, 즉 그 자체로 주어지는 것이 아니라 현전(Representation)된 것이다. 이 '지금'은 주어지지 않은 어떤 '지금'을 우리에게 표상한다"고 한 점에서 알 수 있는 것은 소비자 주체에게 주어지지 않은 것은 시간이 지니고 있는 물리적인 흐름에 의한 과거·현재·미래의 수평적인 '지금'이 아닌, 끌림체의 창의적인 원형으로서 수직적인 끌림 홀의 '지금-여기'를 함축하고 있다. 즉, 소비자 주체의 의식 흐름이 시간의식에 의해 표상되기 전의 원형적 순수 끌림 홀을 강조한 점이라 할 수 있다.

시간의식의 고정된 체계의 수평적인 흐름과 매 순간 생성되는 소비자 주체의 수직적 끌림 홀이 지니고 있는 응축·순응·확산의 순수한 몸채가 개별적으로 생성·소멸하는 한 '지금-조건화'는 늘 새로운 끌림의 원형으로서 시간의식의 층위를 지니게 된다. 이제 끌림의 '지금-조건화'는 소비자 주체의 '공시성-통시성'이 서로 만나는 접점에서 주어지는 순간적인 느낌에 의한 수직적 상승의 끌림 홀을 생성하는 아프리오리의 시간의식이라 할 수 있다. 이 조건화 체계의 변용은 매 순간 발생하며, 이것을 지속 가능하게 하는 것은 신뢰성을 바탕으로 한 끌림 홀이 소비자 몸에 '확산'의 에너지로 넘쳐 있을 때 가능하다.

끌림 홀을 자각하지 못하고 물질적인 편익에 만족하며 살고 있는 의식 체계는 소비자 주체에게 기능적이며 수동적인 움직임에 익숙하여 수평적인 시간의식에 강한 닫힌 에너지에 능동적으로 수용한다. 창의적인 원형이 지니고 있는 수직적인 끌림 홀에 의한 '지금-조건화'의 상승적인 열정의 시간의식은 서서히 자신의 물질적인 신체와는 동떨어진 관계로 점점 멀어지게 된다. 끌림 홀이 지니고 있는 몸채의 회복은 곧 소비자 자신의 새로운 '지금-조건화'를 위한 아프리오리의 끌림이 선행하는 가운데 가능하다.

마찬가지로 '지금-조건화'가 지니고 있는 끌림 홀에 대한 아프리오리의 끌림이 없는 시각 이미지는 어떠한 아름다운 배치를 통해 분위기[13]를 표현하더라도 기능적인 차원으로서 수용할 뿐 더 이상 창의적 신뢰성의 원형적 끌림은 획득하기 어렵다고 할 수 있다. 진실성은 '시간-공간'이 지니고 있는 자연 그대로의 순수 그 자체로 소비자 주체의 몸채에 감응할 때 이뤄지는 끌림이다. 직감은 '지금-여기'의 순간의식을 통한 진실성이며, 이것은 주어진 현실적인 가치로서 수평적인 시간의식인 기억을 통해 융합 또는 대치가 이뤄져 현실적으로 구체화되어 나타난다. 끌림의 신속함은 수직적인 끌림 홀의 수평적인 시간의식으로 전환될 때 나타나며, 일반적인 수평적 시간의식 속에서 나타나는 물질적인 끌림과는 전혀 다른 양태성의 원형적인 끌림일 때 생성한다.

깊은 명상에 빠져든 사람의 경우를 예로 들면, 수평적인 시간의식은 오랜 기간 정지가 이뤄진 의식의 상태이며, 수직적인 열정의 끌림 의식이 왕성하게 움직일 때 '지금-조건화'의 아프리오리의 원형적인 끌림체계에 머물게 된다. 소비자 주체의 개성적인 의식은 현실적인 물질적 끌림과는 서로 다른 '지금-여기'의 원형적인 아프리오리의 끌림 공간과의 평행적인 이종성(二種性)의 지향을 동시에 갖추고 있다. '지금-조건화'에 의한 끌림 공간을 지니고 있지 않은 소비자 주체는 스스로의 고정적인 물질적 세계관이 지니고 있는 편익에 대한 만족과 동시에 주어진 기능적인 역할에 성실하게 움직이면서 창의적인 끌림 홀을 발견할 수 없는 수동적인 유형의 생활패턴을 간직하고 있다.

소비생활의 시간은 늘 동일하게 주어지지만 소비자 주체가 지닌 의식의 양태성에 따라 서로 다른 '지금-조건화'의 끌림 작용을 갖게 된다. 도시생활을 하는 소비자 주체 자신이 소유하고 있는 물질적인 시간의 질과 양적 소비는 수평적인 시간의식에 의한 의식적인 끌림으로 나타나는 반면, '지금-여기'가 지니고 있는 수평과 수직의 순간의식 연합에 의한 교차는 하나의 거대한 토네이도와 같이 소용돌이를 치며 원형적인 끌림 홀의 탄생을 예고해준다. 순간의식이 지니고 있는 끌림 홀의 회오리는 도시 생활을 하고 있는 소비자 주체의 개성적인 라이프 스타일을 대변하듯이 매 순간 토네이도의 소용돌이를 제공해주는 대상 끌림의 창의성에서 만족한 소비생활을 하고 있다고 볼 수 있다.

소비자 주체가 소유하고 있는 '시간-공간'은 그 자체가 소비자 주체의 기질을 대변하는 기능적인 역할로서 언제든지 대체 가능한 영토성의 개성적인 공간이다. '지금-여기'는 소비자 주체의 개성적인 취향에 의해 조건화되어 나타난다. 사회생활이라는 거대한 공간 역시 이를 이루고 있는 사회인의 개성적 취향의 '즐거움'에 의한 '시간-공간'이며, 사회구성원의 '취향-

즐거움'에 의해 독특한 분위기를 생산한다. 그 속에서 좀 더 세분화된 개성적인 공간을 점유하는 것은 지극히 당연한 소비자 주체의 즉자적인 취향의 끌림 공간으로 나아가게 된다. 이미 어떠한 사물이 놓인 공간은 이미 과거라는 단서를 통해 사전적인 공간 분위기를 파악할 수 있다. 왜냐하면 '지금-여기'라는 기준점을 통해 여러 가지 관념적인 사유가 가능하기 때문이다.

'지금-여기'는 과거·현재·미래에 대한 수평적 분위기의 시간의식을 의미함과 동시에 위치가 지니고 있는 수직적 분위기의 '지금-조건화'를 객관화할 수 있다. '지금-여기'는 거대한 '공시성-통시성'의 흐름 가운데 있는 한 고정점이며, 절대성을 지니고 있지 않은 가운데 끌림 홀의 몸채는 매 순간 섬광처럼 나타났다가 사라진다. 지나간 과거에 놓인 사물에 대한 끌림을 '지금-여기'에서 느낀다는 것은 기억에 의한 회상으로서 지금 이 순간이 지니고 있는 끌림 홀의 수직적인 아프리오리의 빛 에너지로서 몸채는 아니다. 단지 주어진 사물을 통해 과거의 분위기를 간접적으로 느낄 뿐 이 순간을 '지금-조건화'에 옮겨놓는다는 것은 수직적인 분위기의 순간적인 끌림 에너지를 간과한 결과라고 볼 수 있다.

따라서 끌림 대상에 대한 분위기는 의식적 회고가 아닌 '지금-조건화'에 의한 아프리오리의 끌림 홀이며, 나타나고 사라짐의 반복 속에서 끌림체의 양태성이 바뀌어간다. 바쁜 일상생활 속에서 분위기의 변화를 알아챙기는 것은 곧 끌림체의 변화가 바뀔 때 생성되는 양태성의 끌림을 의미하며, 소비자 주체의 물질적인 신체의 각 부분이 연장된 가운데 생성된 끌림 홀의 각 고정점으로 옮겨놓는 순간부터 소비자 주체의 개성적인 분위기가 나타난다.

또한 순간으로서 '지금-여기'는 수평적인 통시성의 물리적인 공간에서 늘 분위기를 새롭게 창출하는 조건화된 끌림의 시작점임과 동시에 아프리오리의 수직적인 연장 공간과 어울릴 수 있는 '끌림-공간'으로 재탄생하는 끌림 홀이라 할 수 있다. 소비자 주체의 오래된 생활습관이 만들어낸 '공시성-통시성'은 이미 자신만의 취향을 드러낸 누적된 '만족-공간'이며, 만족된 공간이 주는 오랜 친숙함은 소비자 주체의 고유한 끌림 이미지로 나타난다. 간혹 소비자 주체의 눈앞에 나타난 시각 이미지가 자신과 전혀 다른 분위기를 지니고 있을 경우, 지금까지 소비자 주체가 살아온 분위기를 바꿀 수 있는 능동적 형태의 '끌림-공간'으로서 조건화는 창의적인 끌림 에너지에 의해 생성된다.

광고디자인의 경우 사실 주어진 끌림 이미지가 지니고 있는 기능성은 단지 상품의 특징 및 장점에 초점을 맞춘다. 그럼에도 끌림 이미지가 지니고 있는 다양한 분위기가 소비생활에 영향을 미치는 것은 끌림 이미지에 담고 있는 '지금-여기'의 조건화를 위한 충분한 창의적인 끌림 에너지를 생성하고 있기 때문이다. 사회가 요구하는 다양한 끌림 이미지에서 시작해서 최첨단의 신상품에 대한 시각 이미지, 일상생활에 필요한 소모품에 대한 시각 이미지가 가진 분위기는 늘 새로운 것에 대한 창의적인 분위기를 지니고 있다. 이 창의적인 분위기는 짧은 시간이지만 소비자에게 '지금-여기'의 신선한 청량제로서 조건화를 만들어낸다.

이러한 순수 끌림에 의한 조건화는 상품구매와 관련 없이 소비자 주체의 몸에 그대로 스며들면서 시간의 흐름을 잠시 수직의 공시성으로 끌리게 한다. 시각 이미지가 지니고 있는 분위기의 창의적인 생성은 주어진 프레임에서 끌림체의 선험과 의식, 자연과 문화, 언어와 시각, 상징과 의미의 이항대립구조를 통한 순간적인 끌림 회오리를 만들어낸다. 순간 끌림을 위한 창의적인 과정은 그 자체가 수직적인 사고에 의한 새로움을 위한 열정적인 시간이며, 어떻게 주어진 시간을 소비하느냐에 따라 시간이 지니고 있는 질적인 빠르고 느림의 차이를 만들어낸다.

시각 이미지를 위한 전반적인 창의과정은 소비자 주체와 상품을 통한 창의성이라는 대전제 속에서 언어적 사고와 시각적 및 청각적 사고에 적극적으로 자극하는 '지금-조건화'를 위한 준비과정으로 해석하지만, 창의적인 순간은 물리적인 시간의 규칙적인 흐름이 아니라 역동적으로, 정적으로, 깊고 얕게, 혹은 저 멀리 다른 장소로의 이동을 통한 리듬을 지닌 가운데 분위기를 새롭게 창출하는 시뮬라크르의 시간이다.

끌림의 순간을 통한 연속성은 다양한 끌림 리듬을 형성하는 가운데 소비자 주체와의 새로운 끌림 교차의 끌림 이미지를 만들어낸다. 끌림 이미지의 성공적인 접목이 시각 이미지에서 우러나는 것이 아닌 어느 한 부분에서 일어날 때 분위기는 왜곡되어 공통감과 전혀 다른 개인적인 취향으로 나아간다. 물리적인 '자연-시간'은 끌림에 의한 '끌림-시간'과는 전혀 다른 시간적 양태성을 지니고 있다.

자연 속에 있는 끌림 이미지는 그 속에서 자연스럽게 자연과 동조하며 여유로운 분위기가 생성되는 '끌림-몸채'라고 본다면, 문화 속에 있는 끌림 이미지는 그 속에서 인위적인 기호, 상징에 의해 시간적 리듬의 빠르고 느리게, 높고 낮게, 멀고 가깝게, 형상(Topology)의 복잡함과 간결함 등의 양상에 따라 소비자 주체로서 '끌림-몸채'의 끌림체가 생성된다. 자연에 의한 분위기는 문화에 의한 분위기와 늘 교착되어 움직이며, 어느 한쪽으로 치우칠 경우 끌림 이미지의 왜곡은 소비자 주체의 내적 끌림 양태에 의해 교차되어 표출된다.

따라서 시각 이미지를 소비자 주체의 공통적인 느낌에서 찾으려고 할수록 아무런 설득력이 없는 간주관적인 이성적 내용으로 변형하게 되어 교착으로 생성된 창의적인 끌림이 금방 소멸되어버린다. 시각디자이너의 주관적인 분위기에 대한 해석은 그 자체로 창의성의 교차를 지닌 분위기이며, 소비자 주체가 지니고 있는 보편적인 끌림 분위기와는 다른 영토로서 확장되어 나타난다. 시각 이미지가 지니고 있는 창의성은 이러한 분위기의 교차에 의한 새로운 영토성의 간극이 확장되어 나타나는 끌림 이미지다.

반복 노출에 의해 느껴지는 시각 이미지의 누적된 분위기는 결과적으로 아무런 끌림 유혹을 지니고 있지 않은 적응된 생활공간으로 받아들이게 되어 끌림이 지니고 있는 참신성을 쇠퇴하게 만든다. 따라서 소비자 주체의 기억에 남기기 위한 수단으로서 가치, 신뢰를 높이기 위한 전략적인 시각 이미지의 노출은 이미 오래된 낡은 방식의 설득 방법을 고집하는 것과 같다.

간혹 오래된 대상, 개념의 지속적인 포지셔닝이 특별한 가치로서 기억에 남아 있는 예로서 초코파이의 '우정', 유한킴벌리의 '우리 강산 푸르게 푸르게'의 콘셉트는 소비자 주체의 내적 끌림 이미지로 접목시키는 데 성공한 분위기의 소중한 '가치-끌림'으로서 기억되기도 하지만, 어디까지나 제품이 지니고 있는 개념과 대상이 물리적인 시간에 의한 변화와 맞설 수 있는 것은 '가치-끌림'의 진실성에 기초한 드문 예라 할 수 있다.

끌림 이미지는 자연스러운 변화와 맞서서 오랫동안 하나의 이미지 혹은 개념으로 살아있는 한 시간의식이 지니고 있는 보편적인 것과 구별되는 특별한 순간성의 교차에서 생성한다. 이러한 분위기는 쉽게 얻을 수 있는 것이 아닌 무형의 비기능적인 '가치-끌림'으로 '순간-끌림'이 만들어놓은 자연 혹은 문화적인 이미지에서 고품격의 숭고한 분위기로 이끌어나가기도 한다.

끌림의 가치는 소비자 주체가 지니고 있는 문화적인 체계에 따라 시간과 공간 속에서 분위기의 수용적 차이에서 생성되는 순간성에서 살아남는다. 간혹 오래되고 낡은 기구, 소중하고 귀한 것, 민속, 문자 등에 대한 가치를 위해 소장하는 행위는 소비자 주체의 문화에 대한 수용적인 태도에 의한 소유적인 끌림으로 파악할 수 있지만, 이것은 전적으로 물질적인 시간의 공백을 메우려고 하는 주체 자신의 노력 결과이며, 끌림이 지니고 있는 순간성의 공시성과 동일한 사태를 지속시키기 위한 일환으로 받아들일 수 있다. 가치의 취사선택은 한 개인 혹은 연대에 의한 의미 부여이며, 숭고한 의미는 늘 희생과 봉사라는 시대적인 요구에 의해 분위기의 상징적인 끌림 차원을 달리한다.[14]

분위기의 가볍고 무거운 느낌은 바로 이러한 가치의 기반 위에 누적된 결과이며, 시각 이미지는 이러한 가치에 대한 상기·회상·자각을 통해 전달하는 분위기 매체다. 시각 이미지는 눈 끌기를 통한 '순간-끌림'과 의미를 통한 '가치-끌림'이 지니고 있는 길고 짧음, 오래되고 새로움, 높고 낮음의 배치에 의한 '분위기-리듬'을 만들어낸다. 현재가 지니고 있는 새로움은 곧 진실함이라는 오래된 지나간 과거의 '가치-대상'과 늘 갈등적인 배치를 지닌다.

　신화적인 대상이 지니고 있는 시간과 현재의 새로운 분위기는 일정한 간격을 통해 '주고-받는' 상호관계적인 친밀감을 주기도 하지만, 일반적으로 나타나는 분위기는 소비자 주체의 개성적인 끌림 이미지로 수용되어 전혀 다른 배치로 관념화된다. 실제 주어진 시각 이미지가 순식간에 소비자 개성의 내적 끌림 이미지로 바뀌는 순간 시각 이미지가 지니고 있는 의도적인 끌림 이미지는 사라지고 오직 소비자 주체 자신이 지니고 있는 내적 끌림 이미지로 승화되어간다. 물질적 공간 속에서 바라보이는 시각 이미지가 단지 시지각의 특이함에서 '끌림-분위기'를 발견한다면, 물질적 시간은 '지루함-끌림'의 분위기로 진행되길 요구함에 따라 시지각의 끌림 분위기는 마침내 지난 유행의 기능적인 차원으로 전락하고 만다.

　결국 시각 이미지의 외형적 레이아웃을 통한 배치는 기능적 차원의 테크닉에 불과한 것이 되고 최종적인 끌림 이미지의 흔적은 시간 속의 영원성을 지닌 내재적인 '끌림-분위기'의 감춰진 선험차성의 교차적인 분위기로 환원하고 만다.

　따라서 분위기의 기능적인 레이아웃을 현실적인 효과를 위해 극대화한다면, 신화적인 역사성을 지니고 있는 '가치-순간'에 의한 배치와 분위기는 선험의 차성으로서 거듭된 끌림 홀의 이미지로 남게 된다. 시각 이미지의 형식화로서 상업적인 인식의 저변은 곧장 단조로운 기능적 수단의 커뮤니케이션을 지향하게 되어 선험 차원의 분위기를 지닌 끌림 이미지를 발견하기가 점차 어렵게 되었다. 마치 눈에 보이는 환한 불빛이야말로 최고의 끌림이라는 착각에서 헤어나오지 못하는 하루살이의 삶과 같이 영원성의 끌림에 의한 선험적인 배치는 오랫동안 누적된 낡은 끌림 분위기에 대한 탈출에서 비롯되며, 어떠한 배치이든 기존의 가치에 의한 퇴행적인 신화 관념이 아닌 새로움에 대한 끊임없는 추구에서 생성되는 끌림 에너지에 의한 '끌림 홀'의 탄생으로 생성된다.

　물리적인 시간을 몰아내기 위한 단서로서 신화적인 요소는 매 순간 배치에 의해 자기도취적인 새로움으로 나아가기도 하지만 이것은 어디까지나 신화 속에 갇힌 상태에서의 나아감이며, 더 이상의 끌림 분위기를 만들어나가는 데는 늘 한계에 부딪히고 만다. 신화 속의 광고아이디어 창출은 시각디자이너 자신의 의식 덩어리가 만들어낸 생명에 대한 '관점-차이'에 의한 자기도취의 강박관념이다. 신화가 지니고 있는 체계, 즉 동양적인 세계관, 종교적인 신념을 통한 세계관, 서양적인 유물론, 무속신앙에 따른 자연관 등이 구축한 이론적인 무의식적 배경은 시각 이미지의 저변에 깊숙이 자리 잡고 있다.

또한 현대사회에서 빼놓을 수 없는 최첨단 과학의 맹신적인 믿음에 의한 가치는 또 다른 신화적인 끌림 이미지로 포장되어 시각 이미지로 채색되어간다. 시각 이미지가 지니고 있는 화려한 분위기는 앞서 언급한 다양한 세계관 및 인생관이 차지한 공간에 의한 끌림 이미지로 수놓여 있다. 이때 주위 공간의 왜곡에 의한 교차 및 중복이 만들어낸 소비자 주체의 내면적 믿음은 소원을 위한 기본단위에 속하는 배치로 나아가게 된다. 이 믿음 배치의 내면적인 의도가 시각 이미지에 드러날 때 시간을 벗어난 초월적인 끌림 분위기를 만들어낸다. 믿음이 강할수록 상품에 대한 신뢰성을 위해 분위기는 늘 반복적으로 나타나며, 오래된 대상과의 교섭을 통해 신비적인 끌림 사물로 변화되어 나타난다.

'지금-여기'에 있는 모든 대상 가운데 가장 오래된 끌림 분위기가 있다면, 그것은 가장 오래됨이라는 가치를 꾸준히 존속시키는 가운데 발생한 '가족-사랑-분위기', '친구-우정-분위기'라 할 수 있다. 이외의 종교, 사회적 지위, 권력, 재산, 명예 등의 가치는 가장 오래된 믿음의 가치에 앞서 도전적인 노력에 의한 획득이며, 소유적인 욕구에 의해 발생한 외형적인 화려한 끌림이다.

특히 모든 감동, 슬픔, 효, 사랑, 우정, 노력, 봉사, 희생 등의 스토리는 소비자 주체의 가족에 의해 생성되며, 사회에서 보는 최소단위의 혈연관계를 유지하고 있는 가장 원시적인 끌림의 형태라 볼 수 있다. 가족이 지니고 있는 원시자연의 분위기가 곧장 시각 이미지가 지니고 있는 상품의 가치로 전이되어 나타나는 현상은 현대사회의 세분화되어 있는 시장경쟁체제에서 누구나 선호하는 역사적인 시간의 '끌림-구성'라 할 수 있다. 가족 간의 연대가 쌓아올린 믿음에 의한 구성은 가족마다 개성적인 분위기에 따라 전혀 다른 문화적인 가치의 서열과 배치를 지니고 있다. 즉 부모, 형제, 자매, 친척이 구성하고 있는 관계성의 밀도에 따라 반복의 사랑과 믿음 구조가 바뀌듯이 시각 이미지의 핵심적인 개념을 언어적 사고, 시각적 사고, 청각적 사고 등 어느 부분에 강도를 높여주느냐에 따라 분위기와 배치의 리듬구조는 바뀌게 된다. '공시성-통시성'의 흐름은 곧 분위기의 새로운 탐색을 의미하며, 이러한 탐색과정에서 시각디자이너의 지속적인 창의성을 요구하게 된다.

분위기의 기호화는 사실 시각 이미지를 만드는 시각디자이너의 끌림체가 지니고 있는 몸채, 즉 끌림 에너지의 순간적인 느낌에 의한 결과이며, 그 어떠한 체계적인 논리를 필요로 하지 않는다. 시각 이미지를 위한 마케팅의 숨소리를 직감으로 느낄 수 있는 '끌림체-몸채'를 지니지 않는 이상 다양한 교차의 독창적인 분위기를 끄집어낸다는 것은 쉽지 않은 일이다.

시각 이미지의 끌림체계는 사실 진실성에 근거한 신뢰에 근간을 두는 것이 아닌 소비자 주체와 시각디자이너 그리고 상품과의 수많은 '지금-조건화'의 교차에 의해 생성되는 끌림 홀의 창의적인 '배치-분위기'에서 생성된다.

제2장   신체 내적 '몸채-빛 에너지'

1   응축-점

[도표 61] 응축을 통한 점의 이미지

C=Condensation(응축), CP=Condensation
Point(응축 점), I=Intersect(교차),
HE=Horizontal Energy(수평적 에너지),
VE=Vertical Energy(수직적 에너지),
Co=Combination(결합)

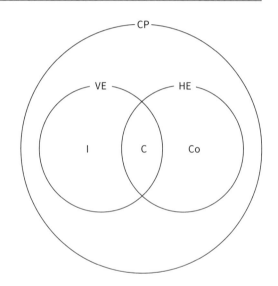

응축은 대상과 대상 간의 긴장·이완·압축에 의한 교차와 결합을 통해 확인할 수 있다. 응축이 지니고 있는 근원적인 뜻은 외부압력을 통해 기체가 액체로 바뀌어가는 과정을 의미한다. 이 응축이 끌림 에너지의 근원적인 힘으로 느끼는 것은 어떤 대상에 대해 끌리는 소비자 주체의 어떤 에너지가 하나의 대상으로 집중되어 나타나는 순간적인 응결된 에너지라 할 수 있다. 이 에너지의 방사는 순간적이며, 강렬하게 상대방에게 전달된다.

시각 이미지의 경우 눈에 끌리는 시각적인 요소가 있을 때 주의 깊게 보는 것은 몸채의 응축에 의한 끌림이다. 소비자 주체는 늘 자신만의 개성적인 면을 추구하기 때문에 '응축(C)'은 순응(A)과 확산(D)에 비해 비중이 높게 나타난다. 즉, C>A=D의 밀도는 현대 소비자에게서 쉽게 찾아볼 수 있는 끌림 질료라 할 수 있다. 신체적인 움직임은 몸채의 '응축'에 의한 끌림체로 대상을 지향한다. 응축이 지니고 있는 자유로운 객체적인 점들(points)의 성격은 매 순간 눈을 통해 외부대상으로 튀어간다.

시지각에서 가장 기본적인 단위로 구성된 점들의 집합은 서로 다른 응축된 끌림체로서 신체와 함께 내적 혹은 외적 공간으로 연장되어 있다. 응축이 지니고 있는 점들의 교차점에서 동일한 대상에 대한 서로 다른 시지각을 나타냄과 동시에 의미를 생성한다. 응축은 단 하나의 점만을 의미하는 객체적인 질료가 아닌 수많은 점의 교차이며, 이 교차를 통해 일정한 시각의 대상을 파악한다.

흔한 대상을 끌림 이미지로 파악할 수 있는 것은 수없이 많은 점의 교차에 의해 생성된 창의적인 이미지 때문이다. 단순한 한 컷의 이미지가 아닌 소비자 주체가 지니고 있는 몸채의 응축을 통한 점들과 끌림 대상과의 접점에서 강한 창의성을 지닌 끌림을 느끼게 한다. 시지각에서 강조하는 전경과 배경의 관계적인 모호성은 이 점들의 교차점에서 생성된 착시에 의한 끌림의 지속성이 만들어낸 것임을 알 수 있다.

전체와 부분이 지니고 있는 시각적인 요소는 끌림 에너지를 통한 점들의 깊이에 의한 다채로운 시각연출이며, 이는 지각하는 소비자 주체의 응축된 끌림 에너지로 파악할 수 있다. 전체와 부분, 전경과 배경에 대해 객관적인 파악을 한다는 것은 응축에 의한 점들의 무한한 교차를 통한 움직임을 간과한 데서 오는 오류를 범하게 된다.

일반적인 시각 이미지의 설득에 성공한 예는 이러한 응축된 에너지의 공통분모에 의한 객관성의 발견에 의한 것이라 할 수 있다. 응축은 점들의 교차에 의한 착시뿐만 아니라 동일한 대상에서도 서로 다른 해석적인 차성을 지니게 한다. 해석은 의미의 차성으로 이미 진입한 상태에 머무르고 있는 전혀 다른 신체적인 조건이며, 이 해석적인 의미는 어디까지나 끌림 이전의 신체적인 조건으로 환원이 이뤄져야 한다.

소비자 주체의 신체적인 조건은 제각기 다른 응축된 끌림 에너지를 지니고 있는 가운데 대상을 지각하며, 동시에 해석한다. 시지각에 의한 동시적인 파악은 직관에 가까울수록 응축이 지니고 있는 점들의 순수성에 접근할 수 있다.

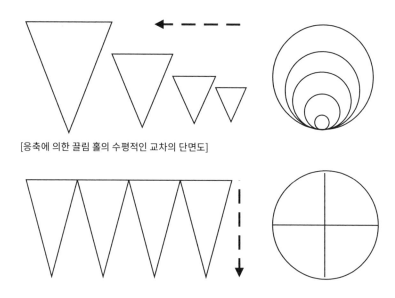

[응축에 의한 끌림 홀의 수평적인 교차의 단면도]

[응축에 의한 끌림 홀의 수직적인 결합의 단면도]

[도표 62] 응축에 의한 끌림 홀의 수평과 수직에 의한 교차와 결합의 단면도

직관은 어디까지나 지각에 의한 판단 이전의 순수 끌림에 의한 파악이라 할 수 있다. 응축은 교차와 겹침, 펼침과 접힘에 의한 합체(合體)로 나타난다. 교차는 점과 점의 수평적인 만남에서 발생하는 불규칙적인 선에서 응축된 몸채의 끌림 에너지가 생성된다. 점이 지니고 있는 질료적인 차이는 교차·겹침이 동시에 수평적으로 일어나서 수직적인 펼침과 접힘으

로 재생한다. 수직적인 접힘에 의한 펼침은 형상이라는 시각적인 요소로
나타나 지각적인 끌림으로 환원된다. 수평과 수직이 지니고 있는 응축의
과정은 점의 특질을 새롭게 형성하여 외부대상과의 연장적인 지향으로 끌
림 이미지를 만들어낸다.

처음 눈으로 지각하는 대상이 형상이 지니고 있는 테두리에서 끌림
을 받았다고 하자. 이때 보이는 불규칙한 선들은 그 자체가 이미 응축에 의
한 몸채의 교차 · 겹침에 의해 생성된 끌림 이미지로서 이미 상징적인 선들
로 이뤄진 주관적인 형상으로 포착된다. 소비자 주체가 이러한 눈에 쉽게
띄지 않는 점의 구성적인 응축된 끌림이 선에 의해 가려져 있다는 사실을
모르는 가운데 끌려지는 것은 점이 지니고 있는 몸채와 자신과 동일한 위
치(class)에 있음을 간과한 데서 온 결과다. 위치는 점이 지니고 있는 형, 질
감, 크기에 의해 서로 다른 끌림으로 나아가는 평면적인 공간으로 응축이
지니고 있는 수평에 의한 교차 · 겹침에 의해 나타난다. 최종적인 끌림 회
오리의 정점에 근접할수록 위치는 소비자 주체의 개성적인 독특한 특성을
지니게 된다.

**[그림 78] '응축-점'에 의한 끌림: 'Moon'/
Illustrator, 전기순 作.**
'응축-점'은 소비자 주체의 끌림체가 하나의
객체인 끌림 대상에 집중할 때 나타나는 창의적인
끌림 홀이다.

시지각에 의한 끌림 이미지는 소비자 주체의 독특한 개성에 의해 끌려지는 점으로 주체와 대상 간 합체가 이뤄진다. 응축이 만들어놓은 각 점과의 교차는 선, 면이라는 추상적인 견해를 낳게 한다. 선은 두 점 사이에서 생기는 공간을 의미하며, 공간의 폭이 깊고 얕음에 따라 선의 추상성이 강하게 또는 약하게 생성된다. 응축이 만든 점의 형상 역시 끌림 홀에 있는 에너지의 형상을 추상화한 것이며, 이것을 실재하는 점으로 파악하는 것은 가설에 의한 연역적인 방법을 필요로 한다.

다만 점이 지니고 있는 추상성이 대상의 한 부분에 초점을 맞출 때 나타나는 생명 에너지라고 본다면 이 점 자체의 고유한 생명 에너지를 인정해야 한다. 만약 끌림이라는 용어가 단순히 무생물적인 언어이며 지시대명사라면 더 이상의 의미를 부여한다는 것은 부질없는 해석학적인 현상 차원에 머무를 것이다.

그러나 대상에 대한 '끌림-관심'이 많을수록 생명력이 감도는 것은 끌림 자체에 실질적인 생명력인 '몸채-빛 에너지'가 있음을 파악할 수 있다. 예를 들면, 식물에 대한 관심을 많이 갖는 경우와 그렇지 않은 경우의 차이가 분명히 구분되는 것은 관심이 지니고 있는 몸채, 응축된 끌림 에너지로 인해 대상은 자신도 모르는 가운데 활기찬 모습을 갖게 된다. 이는 응축된 점 자체가 무생물의 점이 아닌, 최소단위의 생명구조를 지니고 있는 생명점(生命點, the life of point)임을 알 수 있다.

흔히 알[卵]은 그 자체가 이미 닭이라는 생명체를 품수(稟受)하고 있듯이 소비자 주체의 몸에서 뻗어나오는 끌림 에너지는 그 자체가 생명 에너지를 지니고 있는 생명점이라 할 수 있다. 생명점은 응축에 의해 이뤄진 몸채의 끌림점을 의미한다. 생명점이 지니고 있는 특성은 소비자 주체가 오랫동안 간직해온 에너지의 결정체이며, 이 결정체와 대상의 끌림 정도에 따라 끌림 회오리의 응축 깊이에 따른 위치적인 클래스가 형성된다.

이 클래스는 생성과정 속에서 각 위치가 제공한 '끌채'를 통해 정리된다. 각 클래스에 따른 생명점은 제각기 다른 추상적인 교차와 겹침 속에서 매 순간 생명을 지닌 끌림 에너지를 생성하게 된다. 개개의 점이 지니고 있는 독특한 특성에 대한 정의는 불가능하더라도 클래스가 만들어놓은 위치에 따라 교차·겹침에 의해 형성된 생명점은 어느 정도 구분할 수 있는 특성을 지니게 된다. 이때는 이미 생명점에 대한 의미부여를 할 수 있는 위치에 다다르게 되어 의식이라는 영역으로 해석할 수 있다.

생명점에 대한 의미를 해석하기 전의 강한 생명점은 그 자체가 순수한 끌림 에너지로서 자격을 부여받게 된다. 끌채를 통한 의미영역에 포함된 끌림 에너지는 이미 현실적인 이해와 결부되어 생명점의 순수성을 상실하게 된다. 시각 이미지에서 보이는 모델의 순수한 표정에서 밝은 에너지가 느껴지는 것은 생명 에너지의 끌림을 한껏 발산하고 있기 때문이다. 또한 눈빛과 표정, 몸동작이 지니고 있는 순간적인 끌림은 모델 자신이 그 순간 응축된 자신의 생명점에 의한 매력으로 환원된다.

마찬가지로 시각 이미지의 예술적인 힘은 생명점이 시각 이미지의 시각요소인 헤드라인, 레이아웃, 비주얼, 일러스트 등에 스며들어 있으므로 끌림 이미지로 소비자 주체의 마음을 사로잡게 된다. 수평 에너지의 끌림이 만든 응축의 교차·겹침은 스스로 위치를 통한 클래스를 형성했다면, 수직 에너지가 지니고 있는 결합·접힘이 지니고 있는 끌림은 스스로 만들어놓은 깊이의 높낮이를 대등한 위치로 하여 단일한 생명점을 생성한다. 즉, 각 클래스가 만들어놓은 수평적인 차별적 조건들을 충족하는 단 하나의 생명을 추구하는 점이라 할 수 있다. 또한 하나의 생명점이 수직으로 상승하는 에너지는 더 이상의 위치를 추구하지 않는 텅 빈 공간의 생명점이다. 끌림 에너지가 지니고 있는 이러한 텅 빈 공간의 생명점은 주위의 어떠한 교차와 결합이 없는 가운데 상하를 자유로이 왕래할 수 있는 끌림 에너지로 바뀌게 된다.

응축에 의한 생명점의 생성은 끌림을 지니고 있는 몸채의 다채로운 움직임에 대한 설명이며, 이 이상의 끌림체에 대한 생명점을 전개한다는 것은 여기에서 다루고자 하는 끌림 이미지의 상징이 지니고 있는 현실적인 문화적 목적과 상관없는 응축의 수학, 물리학적인 또는 화학적인 세부사항을 끌어들이는 것이 된다. 소비자 주체가 시각 이미지에 끌리는 것은 소비자 자신의 끌림체인 몸채가 지니고 있는 수평과 수직 에너지의 응축에 의해 발생하는 지역의 문화성을 넘어선 순수한 미적 감성의 생명점[15]임을 강조한다.

2 순응-선

소비자 주체의 '순응-선'은 시각 이미지에 대한 특별한 지식을 지니지 않은 가운데 느껴지는 순수한 끌림 이미지이며, 자신의 몸채가 지니고 있는 끌림 지각과 특별한 관계를 지니고 있지 않은 상태에서 발생한 끌림이다. 시지각이 지니고 있는 신체적인 순응은 어디까지나 자연이 정한 바에 의해 나타난다. 어떠한 대상도 눈을 통한 의식적인 파악을 기대한다는 것은 쉽지 않다. 시지각은 어느 정도 사물에 대한 의식적인 사유가 있어야 가능하다. '몸채-끌림체'가 보기에 몸은 자기가 태어난 공간이자 존재하는 다른 모든 끌림 대상의 중간자다.

따라서 시지각은 중간자에 의해 나타나는 '시각-지각'이라 할 수 있다. 즉, 몸채에 의해 끌려지는 것을 대신 사유·파악·판단하여 의미를 부여한다. 몸채의 순응은 시지각이 만들어놓은 조건화 속에서 늘 함께 공존하고 있다. 순응과 시지각은 서로 밀착될 수 있도록 매우 섬세하게 엮여 있다. 지각적인 응축에 의한 동일성의 그루핑은 순응-끌림을 전제로 한 지각적인 끌림이라고 할 수 있다.

이로써 몸채의 순응은 스스로 드러내지 않은 가운데 시지각의 판단에서 살아난다. 간혹 시지각의 판단은 이러한 순응의 자연스러운 바라봄에 반하여 늘 사건과 접해 있다. 사건 속에서 시지각은 자신의 정체에 대한 의식을 확인하여 관철하고자 한다. 지각에 의해 이뤄진 '의미체계'는 소비자 주체 스스로 만든 조건화의 현실적인 응축-끌림이라 할 수 있다.

순응은 늘 시지각을 휘감아 도는 몸채의 자연스러운 에너지다. 어떠한

신체적인 조건화에서도 시지각은 명목상의 코키토이며, 실제적인 감싸줌
이라는 순응에 의한 자연스러운 동일성을 의미한다.

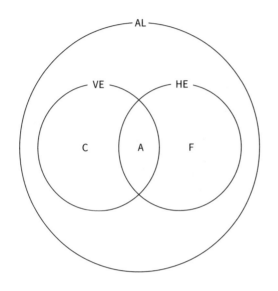

[도표 63] 순응을 통한 선의 이미지
AL=Adaptation Line(순응 선),
A=Adaptation(순응),
C=Circle Round(회전), HE=Horizontal
Energy(수평적 에너지), VE=Vertical
Energy(수직적 에너지), F=Fold-up(접힘)

또한 시지각은 공간에 의해 조건화된 신체와 사유 사이에서 독자적인
'끌림체-몸채'의 차이와 동일성의 코키토 차원을 도입한다.[16] 즉 시지각은
신체의 조건화로 생성된 몸짓에 의한 사유체계이며, '보는 것에 대한 끌림'
과는 다른 차원의 것으로 넘어간 것이다. 눈에 맺힌 대상의 위치와 각도에
따라 대상이 움직이고 있는 차이와 동일성을 몸채 스스로 새롭게 파악한
다. 몸채는 스스로 대상에 대해 인식하기를 거부하며, 물질적인 신체가 우
선적으로 파악되기를 종용한다. 몸채 자신은 드러내기보다는 늘 숨어 있
는 것을 좋아하며, 간혹 대상에 대한 끌림이 느껴질 때는 이미 소비자 주체
의지와는 상관없이 끌려간다.

그리고 소비자 주체의 시지각은 순간적으로 일어난 사건인 '몸채-빛
에너지'의 끌려진 것에 대해 해석적인 차원으로 변명하려고 노력한다. 모
든 대상에 대한 인식은 이미 해석학적인 차원의 범주에 있는 시지각의 사
건이다. 몸채의 순응은 현상학적인 차원의 직관적인 파악이며, 이 파악에

대한 시지각적 접근은 이미 과거의 흔적을 조사하는 결과로 남게 된다. 몸채와 느낌은 전혀 다른 신체적인 현상이며, 느낌이 오랫동안 친숙한 몸과의 관계에 의한 감각이라면, 끌림 에너지는 느낌과는 또 다른 성질의 순응에 의한 빛 에너지로서 소비자 주체마다의 원시적 사유방식에 의존하는 몸채다.[17]

순응은 몸 주위를 둘러싸고 있는 현실공간과 타협적인 시지각 에너지다. 이 에너지가 '응축'으로 바뀌거나 '확산'에 의해 우주공간으로 사라지게 되면 모든 정신적인 몸채 에너지는 순간 소멸하여 마치 눈으로 지각하는 모든 시지각적인 판단이 물질적인 차원으로만 구성된 것으로 단정한다. 순응은 대상과의 상호 '공통감'에 의한 느낌을 통해 확인할 수 있다.[18]

오랜 대상과의 친숙성에서 순응은 차츰 가느다란 선에서 두터운 선으로 바뀌게 되어 서로의 공통적인 지향성에 동조한다. 이 순응은 평상시 익숙한 것에서 어떤 에너지가 하나의 대상으로 집중되어 나타나는 선의 리듬 에너지라 할 수 있다. 부드러운 선, 곡선, 직선, 강한 선, 굴곡이 심한 선 등은 순응에 의해 형성된 현실공간의 빛 에너지다.

시각 이미지의 경우 선의 요소가 강한 리듬요소가 있을 때 순응은 새롭게 재탄생한다. 응축에 의한 순간적인 끌림이 순응으로 변하는 것은 주어진 시각 이미지가 지니고 있는 분위기에 따라 차이리듬을 갖기 때문이다. 시각 이미지가 상품을 전달하기 위한 수단이 아닌 미적 대상으로 바뀌는 순간 물질적인 공간에서 정신적인 공간의 순응 끌림으로 진화한다.

물질적인 극점은 이미 화이트헤드가 지적한 바와 같이 현실공간에서 주어진 시간이라는 개념 속에서 존재하지만, 정신적인 극점에서는 시간과는 전혀 다른 차원에 있다. 이 두 극점이 서로 이어지는 선상(線上)에서 현실적인 몸채의 순응적 변화가 나타난다. 선상은 소비자 주체의 내적 지평[19]이 만든 가치에 의해 선의 굵기와 폭 그리고 리듬이 다르게 표출되어 신체 밖의 대상과 끌림 에너지를 상호 교환한다.

이 순응이 지니고 있는 선의 리듬이 소용돌이가 어떻게 전개되느냐에 따라 끌림 대상이 지니고 있는 깊이의 높낮이를 가늠할 수 있다. 시각 이미

[그림 79] '순응-선'에 의한 끌림: 'inner-change'/ Illustrator, 전기순 作.
'순응-선'은 끌림 대상과의 친숙성에서 나타나는 지향성에 의한 연속성의 끌림 홀이다.

지가 미적 대상으로 오래 머무는 동안 '순응-(A)'은 더욱 적극적인 시각, 청각, 촉각 등의 공감각을 통해 주체 자신의 리듬을 발견하려고 한다. 미적 깊이는 소비자마다 체험과정이 다르듯이 순응이 지니고 있는 리듬선은 소비자 주체 자신이 지니고 있는 몸채-끌림 에너지의 깊이와 상관관계가 있다. C>A=D의 몸채에 의한 신체적인 움직임은 순응이 지니고 있는 자유로운 객체적인 선들(Line)의 끌림 리듬을 의미한다. 따라서 매 순간 주어진 신체적인 조건을 통해 바깥의 미적 대상과의 끌림 리듬의 합일점을 찾아낸다.

순응에 의한 움직임은 현실적인 세계에 조응하기 위해 스스로 선을 만들어내어 외부대상을 자신의 끌림 대상으로 간주한다. 즉, 정신적인 극점이 지니고 있는 가치는 물질적인 극점으로서 바깥 끌림 대상을 발견해야 비로소 순응에 의한 자기 관계적 끌림 회오리가 형성되어 새로운 창의의 리듬을 형성한다.[20]

또한 선이 지니고 있는 리듬은 크기, 폭, 길이에 따라 정신적 가치에 의해 신체에 스며들거나 또는 물질적인 소유로 흘러나간다. 즉, 순응에 의한 선의 끌림체로서 몸채 에너지는 신체의 내적 공간과 외적 공간이 접혀짐으로써 끌림 회오리를 만들 때 나타나는 선적 연장이다. 정신과 물질의 극점이 만들어놓은 순응이 지니고 있는 선들의 리듬점에서 동일한 대상에 대한 서로 다른 시지각적인 느낌을 생성한다.

순응은 단 하나의 선만을 의미하는 객체적인 질료가 아닌 수많은 선의 겹침이며, 이 겹침을 통해 일정한 시지각의 끌림 대상을 파악한다. 시각 이미지를 끌림 이미지로 파악할 수 있는 것은 수없이 많은 정신적인 가치와 물질적인 재화가 만들어놓은 선들의 겹침에 의해 생성된 이미지이기 때문이다. 단순한 한 컷의 이미지가 아닌 소비자 주체가 지니고 있는 몸채의 순응을 통한 선들과 시각 이미지의 선들의 리듬점에서 강한 끌림을 받게 된다. 시지각에서 강조하는 전경과 배경의 관계적인 모호성은 이상적인 극점과 현실적인 극점의 사이에서 만들어진 선의 부정확성에서 생성된다. 선은 그 자체가 일정한 리듬을 지니고 있으며, 부정확한 선의 경우 오히려 끌림에 방해되는 역할을 하게 된다.

따라서 시각 이미지가 지니고 있는 전체와 부분이 지니고 있는 시각적인 표현 요소는 소비자 주체의 순응된 가치 위상에서 규칙적인 선들의 깊이에 따른 하나의 끌림을 파악할 수 있다. 전체와 부분, 전경과 배경에 대한 객관적인 파악을 한다는 것은 순응 에너지가 지니고 있는 끌림 가치에 의한 선들의 무한한 교차 속에서 이뤄진다. 일반적인 시각 이미지의 설득에 성공한 예는 이러한 '순응-선'의 공통분모에 의한 객관성의 발견에 의한 것이라 할 수 있다.

순응은 소비자 주체의 정신적인 극점이 지니고 있는 '가치-교차'에 의한 서로 다른 해석적인 차성을 지니게 한다. 해석은 의미의 차성으로 이미 정신적인 극성이 지니고 있는 순수성과는 다른 이성적인 입장이 작용한 상태에 머무르고 있는 신체적인 조건화에 있다. 이 해석적인 의미에 대한 환원은 또다시 끌림이 지니고 있는 몸채의 순수영역으로 바뀌어야 한다. 일반적인 소비자 주체의 신체적인 조건은 양 극점에 따라 서로 다른 순응-몸채의 끌림 에너지를 지니고 있다.

순응은 수직에 의한 겹침, 수평에 의한 접힘에 의한 합체로 나타난다. 순응에 의한 겹침은 점과 점의 수직적인 선의 회오리 리듬에서 발생하여 수평적인 선의 접힘으로 인해 매 순간 부정형적인 리듬을 만들어낸다. 이러한 끌림 회오리의 부정형적인 리듬은 의식이 일어나기 전의 초월론적인 현상이라 할 수 있다.

이러한 초월론적인 현상이 현실적인 외부대상과의 조우가 일어날 때 생기는 소비자 주체와 대상 간의 '순응-선'은 또 다른 차원의 끌림 에너지로 환원된다. 눈에 의한 '보여짐'은 이미 대상에 대한 순응이라는 시각 장이 의미의 장을 뒷받침하고 있다. 순응을 통한 '바라봄'은 끌림 대상에 대한 긍정적인 에너지가 투사된 시각에 의한 끌림이다.

시각에 의한 순응은 내면적인 몸채의 순응 회오리 선의 겹침과 접힘에서 외부대상에서도 동일하게 적용되어 움직인다. 끌림 회오리가 외부대상과 수평적인 '순응-선'의 리듬이 생성되는 순간 수직적인 접힘에 의한 회오리가 발생한다. 시각 이미지가 지니고 있는 다양한 선의 집합은 오브제에 대한 명확한 의미를 파악하기 전에 이미 끌림에 대한 초월론적인 순응이 이뤄지게 된 셈이다.

소비자 주체의 주관적인 끌림은 공유적인 의미에 의한 파악이 아니라 순수한 신체의 조건화에 의해 만들어진 몸채의 직관적인 판단에 의한 것이다. 선이 지니고 있는 점의 구성적인 역할은 이제 또다시 선이 지니고 있는 순응의 차원에서 재편성이 이뤄져 대상에 대한 끌림 리듬을 제공한다. 순응이 아닌 선의 역행(逆行)에 의한 느낌은 끌림 에너지가 생성되지 않는다.

단지 느낌이라는 신체적 조건에 의해 또 다른 끌림을 지향한다. 외부대상에 대한 쾌·불쾌는 어디까지나 순응이 지니고 있는 선의 리듬과는 전혀 다른 차원의 신체적인 느낌이며, 이 느낌은 끌림이 지니고 있는 몸채 에너지를 방어하는 역할을 한다고 볼 수 있다. 끌림은 순간에 의한 대상 끌림이어야 하며, 이러한 끌림이 아닌 느낌은 몸채 에너지가 생성되지 않는 신체가 지니고 있는 본능적인 방어기제라 할 수 있다.

이처럼 '순응-선'은 대상에 대한 좋아함, 쾌, 사랑, 우정 등 지극히 본능에 충실한 긍정 에너지에 의해 생성된다. 소비자 주체의 조건화된 신체

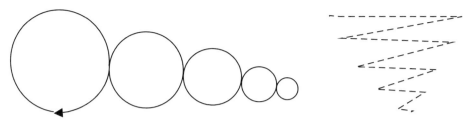

수평적인 접힘: 각 접힘은 끌림 대상이 지니고 있는 양 극점의 개체 수에 따라 수평적인 차이를 지닌다. 위의 단면은 5가지 극점을 통해 끌림 홀이 이뤄지고 있음을 표현했다. 또한 원의 크기는 극점이 지니고 있는 가치의 폭을 의미하며, 정신적인 극점과 물질적인 극점의 상관관계에 의해 주어진다. 화살표는 순응선이 지니고 있는 리듬을 의미한다.

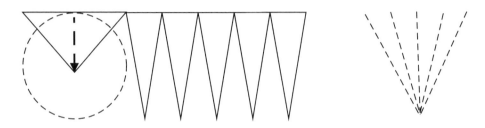

수직적인 겹침: 각 겹침은 끌림 대상이 지니고 있는 양 극점의 개체 수에 따라 수직적인 차이를 지닌다. 위의 단면은 5가지 극점을 통해 끌림 홀이 이뤄지고 있음을 표현했다. 또한 원의 크기는 극점이 지니고 있는 가치의 폭을 의미하며, 정신적인 극점과 물질적인 극점의 상관관계에 의해 주어진다. 화살표는 순응선이 지니고 있는 리듬을 의미한다.

[도표 64] 순응에 의한 끌림 홀의 수평·수직에 의한 접힘과 겹침의 단면도

가 이미 대상에 대한 긍정적인 시각이 전제하지 않는 경우 어떠한 미적 대상이 눈앞에 있어도 끌리지 않는 이유는 바로 내면적인 끌림 회오리의 순응에 의한 선이 부재한 까닭이다. 부정은 순응이 지니고 있는 리듬선의 끌림 에너지를 지니지 못한 가운데 발생하는 소비자 주체의 가치평가에 의해 발생한다.

가치평가는 느낌에 대한 주체 자신의 이성적인 판단에 의한 해석적인 판단이며, 이성적으로 조건화된 느낌이다. 즉, 소비자 주체의 내면적인 가치의 통일성이 만들어낸 가운데 나타난 외부대상의 표출된 느낌 반응이다. 대상에 대한 부정적인 느낌은 소비자 주체의 가치평가에 의한 개념과 대상이 상충할 때 발생하는 기운(氣運)이다. 주체의식을 통한 일반적인 느낌은 기본적으로 가치에 의한 목적의식에 의해 조종당한다.

따라서 시각 이미지가 지니고 있는 끌림 이미지에 대한 적응은 통일성과 끌림 리듬 선에 의해 새롭게 긍정적인 순응이 이뤄진다. 부정적인 적응의 경우 순간적인 끌림이 내적으로 발생했다 하더라도 금세 끌림에 대한 몸채가 사라지는 이유는 근본적인 차성인 순응 에너지가 없기 때문이다. 따라서 긍정에 의한 끌림 에너지의 생성은 목적을 위한 의도적인 느낌에서 벗어난 '순응-리듬'이 지니고 있는 선험적인 주체의식에서 주어진다.

소비자 주체는 이러한 눈에 쉽게 띄지 않는 선의 구성적인 순응 끌림이 부정적인 느낌에 의해 가려져 있다는 사실을 모르는 가운데 끌림 이미지에 대한 환상적인 의미를 지니고 있다. 순응이 의미하는 순수하게 받아들이는 상태는 몸채가 지니고 있는 긍정적인 에너지의 충일 가운데 생성되는 선적인 기운이다. 선이 지니고 있는 기운은 처음이라는 현재와 나중이라는 미래의 지향성을 지니고 있으며, 소비자 주체의 몸채가 지니고 있는 조건에 따라 다르게 나타난다.

순응에 의한 지향적인 의도는 끌림 회오리가 이뤄지는 선의 공간으로 수평에 의한 접힘·겹침으로 진행한다. 순응에 의한 끌림 회오리의 선의 지향적인 리듬은 소비자 주체의 개성적인 독특한 특성을 갖추게 되어 시지각이 지니고 있는 선의 리듬을 통해 주체와 대상 간 순일한 상태가 만들어진다.

순응이 만들어놓은 각 선의 겹침과 접힘은 또 다른 끌림 회오리의 추상적인 선의 리듬을 낳게 한다. 공간의 폭이 깊고 얕음에 따라 선의 추상성이 강하게 또는 약하게 생성된다. 주어진 공간에서 선의 리듬은 역시 공간의 형상에 따라 추상화되어 나타난다. 단순한 물리적인 느낌에서 선의 끌림 리듬을 지각한다는 것은 느낌 자체가 지니고 있는 순응에 의한 선의 리듬을 파악한 것이라 할 수 있다. 과거의 끌림 흔적인 현재의 끌림 대상에 의해 재생할 경우 나타나는 순응에 의한 선의 리듬은 소비자 주체의 개성적인 몸채에 의한 것임을 알 수 있다.

이때 끌림에 의해 발현되는 몸채의 빛 에너지는 소비자의 자각 정도에 따라 끌림에 차이를 느낄 수 있다. 과거의 끌림점이 현재의 끌림점과 동시에 이어질 때 나타나는 끌림선의 순응은 접힘과 겹침에 의해 순간적으로 나타난다. 선이 지니고 있는 리듬에는 곡선에 의한 리듬뿐만 아니라 칸딘스키가 말한 각진 선, 곡선의 반복, 중심으로부터 반복에 의한 선, 병행하는 선, 대칭에 의한 선 등 다양한 선의 리듬을 발견할 수 있다.

다만 이 선이 지니고 있는 것이 아무런 느낌이 없는 선이 아닌 끌림 에너지에 의해 발현되는 소비자 주체의 '몸채-빛 에너지'를 통한 내적 끌림의 추상적인 선을 의미하는 것임을 강조한다. 시각에 의한 선의 드러남은 의미 없는 선의 나열이 아닌 끌림 회오리의 순응이 지니고 있는 신체적인 조건에 의한 개성적인 표출이다.

단순히 '물끄러미-바라봄'에 의한 시각은 시각 이미지와 소비자 주체가 어떠한 상관관계를 지니고 있지 않은 상태이며, '끌림-당김'이라는 지향적인 의식이 발생하지 않은 상태다. 다시 말해 시지각은 소비자 주체의 기질적인 특성에 의해 생성되는 지향적 파악이다. 기질에 따른 소비자 주체의 몸은 이미 체질론, 기질론, 음·양오행론 등의 학문적인 지식체계를 통해 조건화되어 구체화했다.

특히 사상체질론(四象體質論)은 사람의 신체를 저마다 다른 신체적인 특징인 태양인, 태음인, 소양인, 소음인으로 구분해서 한약을 처방하고 있다. 이러한 한의사의 처방이 결코 비과학적이 아닌 것은 이미 우리가 살고 있는 자연공간이 자연의 순응이라는 이치를 뿌리를 둔 조건화된 사상이기 때문이다. 봄, 여름, 가을, 겨울의 순환관과 하늘과 땅이 지니고 있는 음양적인 순환관의 이치는 소비자 주체 역시 자연에서 태어난 생명체로서 자연과 동일한 조건화 속에서 순응하기를 요구하고 있다.

하지만 현대 자본주의 시장경쟁체제가 낳은 수직과 수평의 끌림 회오리는 유물론적인 가치관으로 끝없이 상승 혹은 뻗어가려는 욕구에 의해 형성된 조건화된 긴장상태로 나아가고 있다. 이 긴장은 몸채의 응축으로 전이되어 순환적인 자연관에서 수직적인 상승으로 치닫게 한다. '끌림-순응'이 지니고 있는 조건화된 거대한 자연의 동양적인 순환관에 대한 이해는 차츰 소멸하여 소비자 주체의 강력한 수직과 수평의 무한한 지향성의 조건화가 자신의 내적 지평으로 스며들게 되어 행동 전반의 가치에 영향을 미치게 된다.

이러한 소비자 주체의 내면에 지니고 있는 사상 전반의 조건화된 체계에 따라 소비자 주체 자신의 전체적인 분위기를 만들어 순종한다. 조건화된 체계의 기본적인 단위를 'a', 또 다른 조건화된 체계를 'b'로 본다면 'a' 또는 'b' 자체에만 순응할 경우에는 절대적인 가치를 지닌 소비자 주체이며, 어떠한 것과도 타협하지 않는 유형이라고 할 수 있다.

조건화는 현대 소비사회의 다양한 문화를 지니고 있는 가운데 생기는 자연스러운 현상이다. 어떠한 조건화에 강하게 관여되어 그 체계에 대한 충성도가 높을수록 전체적인 분위기는 자연스럽게 조건화된 체계가 만들어놓은 분위기에 순응하게 된다. 시각 이미지에서 조건화된 체계는 광고하고자 하는 상품이 지니고 있는 가치와 진실성에 의해 밀접하게 연결되어 있다.

또한 소비자 주체가 지니고 있는 내적 지평의 조건화의 충성도와 일치되는 순간 끌림이 일어난다. 내적 지평의 조건화는 소비자 주체를 체(體)와 용(用)의 과정적인 순서를 통해 체화된다. 매 순간 바뀌는 환경에 의한 조건화는 끌림의 체용에 의해 늘 바뀌어 나타난다. 대상과의 '끌림-지향성'은 결국 조건화에 의한 소비자 주체의 내적 지평에 의해 기질적인 변화가 나타난다. 기질, 내적 지평, 체와 용, 노에마와 노에시스라는 제각기 다른 세계관에 의한 융합적인 끌림에 의해 창의적인 '순응-끌림'이 생성된다.

소비자 주체의 끌림은 바깥환경과 내면환경의 차이에 따른 순응과정에서 생기는 빛 에너지에 의한 기운이라 할 수 있다. 기운이 지니고 있는 에너지는 눈에는 보이지 않은 빛의 결정체로서 따뜻한 순응적 끌림 몸채다. 동양철학에서 가장 핵심적인 언어로서 기는 만물의 생성과 소멸, 움직임을 기가 아닌 것이 없는 것으로 통찰하고 기의 흐름을 통해 생명체의 질

[質成]을 파악했다. 목화토금수의 오행과 음양의 이원론적인 구분은 기적인 차원에서 더욱 과학적인 체계를 정립했으며, 주역과 한의학, 명리 등은 기의 체용에 따른 기질적인 차이를 통해 소비자 주체의 길흉화복에 관한 연구를 집대성했다.

특히 한의학의 기 철학에서 경혈과 경락을 통한 침술 의학은 동양철학이 낳은 과학이라 할 수 있다. 실제 한의학 전체를 통한 조건화와 서양의학의 부분을 통한 조건화의 전체와 분석에 의한 차이가 서서히 하나의 통합적인 체계를 통한 학문으로 새롭게 도입되는 것은 흥미로운 학문의 체계라할 수 있다.

동서양이 지향하는 통합체계와 분석체계의 양분된 의식의 첨예화 속에서 새롭게 융합적인 시각이 필요로 하는 것은 시지각의 조건화된 이미지 구축에 중대한 문제가 아닐 수 없다. 전체 속의 부분과 부분 속의 전체는 전혀 다른 끌림 이미지를 만들어낸다. 부분 끌림에 의한 분위기는 분석적인 사고에 의한 조건화이며, 전체 끌림에 의한 조건화는 이미 통합적인 내적 지평에 의한 조건화다.

이러한 전체를 통한 부분적인 지향, 또는 부분을 통한 전체적인 지향 과정의 차이가 이뤄낸 조건화의 분위기는 '순응-감싸줌'의 '합체-끌림'에 의한 통섭적인 과정이다. 소비자 주체에게 시각 이미지는 전체와 부분이라는 두 가지 거대한 관점을 하나의 통섭인 '끌림-순응'으로 환원하는 끌림 이미지다.

각 소비자 주체의 내적 지평이 만들어놓은 의식의 조건화는 언제든지 변용이 가능한 상태이며, 자기 관계적인 끌림 생성체계다. 에리히 프롬의 『소유와 존재』의 차성 역시 소비자 주체의 내적 지평이 구축한 의식의 조건화이며, 어느 한쪽으로 치중되어 나타나는 것은 조건화의 체계에 대한 충성도가 높은 현상이라 할 수 있다. 끌림체로서 몸채 역시 소비자 주체가 만들어놓은 내적 지평의 조건화가 발화된 순응된 분위기다.

소비자 주체가 소비를 위한 물질적인 존재임을 전제로 하는 것은 내적 지평의 고정적인 세계관에 의한 조건화된 순응이다. 순응은 응고된 이데올로기 혹은 체계에서도 순응하며, 스스로 바뀌어가는 것을 지각하는 끌림체로서 몸채다. 물질적인 몸이 지니고 있는 제한된 공간 속에서 몸채는 얼마든지 내적 지평에 대한 교체가 가능하다. 수직적·수평적·순환적 세계관은 태어나서 알게 된 지식체계이며, 이 지식체계를 통해 순수 자연의 몸이 지니고 있는 조건화의 순응에 대해서는 아무런 이의를 제기할 수 없다. 분위기는 어떠한 경직된 구조와 체계에서는 늘 조건화로 생성·소멸하는 유연한 끌림에 의한 것이며, 영원성을 기대하는 것은 인간이 지니고 있는 진실한 가치에 의한 환상적인 바람이다.

자연 속에서 갇혀 있음이 마치 자신의 삶 전체가 자연 속에 갇혀 있는 것처럼 느끼는 것은 자연에 대한 강박관념에 의한 거부에 따른 것이며, 몸 그 자체가 자연이라는 가장 소중한 깨달음에 대한 조건화가 생성되지 않은 결과다.

동일한 시각 이미지에 대한 분석을 아무리 객관적으로 파악한다고 해도 조건화된 의식이 동일하지 않으면, 분석에 대한 과학적인 노력은 허사가 되고 만다. 따라서 끌림 이미지는 소비자 주체의식의 철저한 조건화에 대한 전체성을 파악하는 것이 우선해야 한다. 장소에 따른 문화환경의 주변 분위기는 소비자 주체가 평상시 지니고 있는 조건화를 조정하여 새로운 분위기를 연출하여 시각 이미지에 대한 또 다른 '끌림-자극'을 받는다.

조건화는 몸의 본능과 깊은 연관을 지니고 있는 소비자 주체의 존재에 대한 근원적인 가치체계에 의해 형성된 기질적인 특징이라 할 수 있다. 몸은 그 자체로 소우주이며, 자연의 질서와 공유하도록 설계된 생명체라는 가장 순수한 사유 속에서 다양한 철학과 존재방식을 소비자 주체마다 자신의 체질에 맞게 시각 이미지를 흡수 또는 방어한다.

이러한 태도는 시각 이미지에 대한 긍정적인 수용을 위한 자기방어기제가 움직이는 자연스러운 현상이다. 만일 소비자 주체가 소유에 대한 강박관념이라는 기질적인 특성을 지니고 있는 경우에는 어떠한 문화환경이 자신의 몸을 둘러싸고 있다고 하더라도 일단 시각 이미지에 대한 끌림 여부와 관계없이 상품에 대한 관심을 보일 것이다.

하지만 일반적인 소비자의 경우 소비적인 생활 전반에 대해 가치를 통한 소유를 행하며, 이때 보이는 대상에 대한 가치판단의 조건화된 체계가 내적으로 움직이게 된다. 몸이 지니고 있는 기질은 이미 상품과 무언가의 끌림이라는 느낌이 작용함과 동시에 시각 이미지에 대한 흥미를 갖게 된다. 한의원에서 느껴지는 분위기가 동양적인 사유방식을 지니고 있는 순환적인 환경이라면, 시각 이미지에 대한 끌림은 상품의 특징과 관계없이 건강과 무병장수와 연관된 조건화된 체계로 바뀌게 된다.

또한 서양의 고전적인 분위기를 띠고 있는 레스토랑에서 보여지는 시각 이미지는 귀족의 품위를 상징하는 격식으로 소비자 주체의 끌림 이미지의 조건화된 체계로 전이가 이뤄진다. 시각 이미지의 전체적인 분위기는 광고 표현이 지니고 있는 헤드라인과 비주얼의 배치에 의한 끌림에 앞서서 소비자 주체의 내적인 조건화의 강도와 주변의 문화환경에 의해 나타난다.

시각 이미지의 부분이 지니고 있는 끌림이 서로 전체적인 분위기와 연관이 있을 때 새로운 끌림 이미지로 태어난다. 즉, 소비자 주체 몸의 끌림은 "주변 환경이 정하는 바에 따라 소비자 주체가 바라보는 시지각의 조건화로 전이되어 분위기를 파악한다". 따라서 시지각이 지니고 있는 절대적인 규칙이 실재한다고는 생각할 수 없다. 다만 주변 환경이 지니고 있는 문화적인 특성이 주는 분위기에 의해 시지각은 사유가 가능하다.

종교 혹은 절대적인 이데올로기에 의한 시지각이라는 것은 소비자 주체의 사유방식과는 전혀 다른 차원의 의식 고정화에 의한 결과이며, 순수한 몸이 지니고 있는 자연스러운 분위기에 의한 스며듦에 의한 조건화와는 전혀 다르다. 소비자 주체의 몸은 늘 주변의 환경에 민감하게 반응하며, 동시에 시지각에 매 순간 조건화된 체계를 만들어준다.

이러한 조건화는 소비자 주체의 몸의 사유상태에 의해 순서적으로 파악이 이뤄진다. 몸이 지니고 있는 물질적인 기능은 비물질적인 기능으로서 분위기를 조장한다. 비기능적인 끌림으로서 몸의 수용태인 몸채는 소비자 주체의 몸의 최첨단인 살갗에서 늘 대기하여 주변 분위기에 스스로 순응한다. 몸채는 세포 혹은 그보다 작은 개체로서 눈에 보이지 않는 빛의 결정체이며, 분위기를 휘감아 도는 에너지로서 소비자 주체의 몸 살갗에 있다. 조건화에 의한 몸채의 변용은 대상 끌림에 따른 조건화로 움직이는 비물질적인 에너지다.

따라서 몸채는 소비자 주체의 기질적인 특징에 의해 차별적인 분위기를 요구할 수 있으며, 그 요구는 어떠한 외적 강요로 생성된 조건화된 분위기에 의해 조작되거나 변형이 이뤄지지 않는다.

3 확산-형

확산은 소비자 주체의 물질적인 신체의 형에 따라 끌림 대상에 조건화된 동일성으로 나타나는 끌림 홀을 의미한다. 물리적인 공간에서 주어진 주체의 다양한 신체로서의 형은 내적 혹은 외적인 에너지에 의해 동일한 압

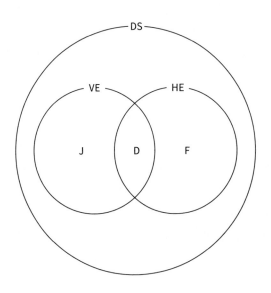

[도표 65] 확산을 통한 면의 이미지
D=Diffusion(확산), DS=Diffusion Shape(확산 형), J=Joint(이음), F=Fabric(구성), HE=Horizontal Energy(수평적 에너지), VE=Vertical Energy(수직적 에너지)

력으로 서로 교착되어 있다. 끌림 에너지는 밀고 당기는 교착된 힘에 의해 늘 신체 살갗에 끌림체와 함께 골고루 퍼져 있다.

바깥공간과 내적 공간의 확산이 갖는 끌림 에너지의 근원적인 힘은 소비자 주체의 형(shape)에서 나타난다. 형은 확산 에너지에 의해 구체화되어 시지각의 영역으로 조건화된다. 시지각의 형은 물질적인 신체의 '눈을 통해 바라봄'에 대한 생각으로 넘어간 것이다. 이 단계에서의 형은 구성적인 시지각에 의해 구체화된다.

[그림 80] '확산-형'에 의한 끌림: 'inner-change'/ Illustrator, 전기순 作.
'확산-형'은 소비자 주체의 물질적인 신체의 형에 따라 끌림 대상에 확산되어 나타나는 조건화된 동일성의 끌림 홀이다.

소비자 주체의 신체 내적 공간의 확산적 끌림 에너지는 순응에 의해 외적 끌림으로 지향함과 동시에 확산에 의한 형에 집착하게 된다. 확산은 내적 끌림이 응축에 의한 점에서 순응에 의한 선을 통해 형을 지니고 있는 몸 전체로 퍼지는 경우다.

형 자체의 이미지는 소비자 주체의 내적 공간에서 바깥공간으로 확산되는 순간 형성되는 끌림 에너지에 의해 생성된다. 따라서 확산은 형이 이뤄지기 전의 끌림-이음(Joint)에 의해 다양한 끌림 에너지를 지니고 있다. 이음은 상대와의 연속적인 관계에 의해 형성된 끌림 에너지의 연결을 의미하며, 이 연결의 지속적인 관계에 의해 구성(Fabric)된다고 할 수 있다. 형이 일정하게 유지할 수 있는 것은 매 순간의 이음에 의한 구성에 의해 끌림체로서 몸채가 생성되기 때문이다. 가령 어떤 형을 포착했을 때 아무런 감응이 없었다면 소비자 주체의 내적 끌림 에너지가 순응적인 상태로 나아가지 못한 경우라 할 수 있다.

따라서 형으로서의 확산적인 이미지를 구축할 수 없게 된다. 소비자 주체의 바깥에 형성된 시지각에 의한 형은 이미 끌림 에너지라는 유전적인 형질에 의해 구성된 '끌림-이음'이다. 소비자 주체마다 서로 다른 끌림 형질을 타고나는 것도 이음-구성에 의한 확산이라는 개성적인 끌림 에너지를 지닌다. 정신과 물질, 영혼과 신체, 시지각과 의식, 실재론과 초월론 등의 모든 상대적인 관계는 이음에 의해 구성된 확산적인 소비자 주체의 개성적인 끌림 에너지다.

이와 같이 일반적으로 보여지는 모든 대상이 동일한 형을 지니고 있다고 하더라도 소비자 주체의 내적 끌림, 즉 눈에 드러나지 않는 '끌림-이음'에 관계된다. 확산은 '끌림-이음'이 만들어놓은 신체가 지니고 있는 한계성인 폐쇄적인 공간에서 움직이는 보편적인 끌림 에너지에서 빠져나온 기운이며, 이 에너지가 순응 혹은 응축으로 바뀔 때 외부대상을 지향하게 된다. 귀로 들을 수 있는 모든 소리에 대한 파악 역시 끌림 이음에 의한 구성적 리듬에 차이를 지니게 된다.

따라서 눈에 보이는 끌림 대상은 그 이미지 자체가 지니고 있는 형의 확산으로 누구나 공감하는 끌림이 아닌 소비자 주체의 선험적인 끌림 이음에 의한 구성에 끌리게 된다. 소비자 주체의 내적 끌림이 지니고 있는 강도는 곧 외부대상에 대한 끌림 이미지가 산재되어 있음을 의미하며, 강도의 세기에 따라 동일한 대상에 대한 끌림에 차이를 지니게 되는 것도 이러한 내적 몸채의 확산적인 양에 의해 나타나게 된다. 내적 끌림 회오리가 지니고 있는 에너지는 확산에 의해 타원, 원의 형상을 지니고 있다. 즉, 순응이 지니고 있는 선은 늘 닫힌 면을 향하여 나아가고자 하는 힘이 작용함과 동시에 지속적인 운동을 하려고 하는 특징을 지니고 있다.

끌림 회오리는 선에 의한 회전을 통해 원의 형을 지니게 되어 스스로 나선형으로 전진하려는 성질을 지니고 있다. 순응과 확산에 의한 절묘한 만남은 내적 끌림 회오리를 만들어나가는 데 기여하고 있다. 위의 확산에 의한 끌림 회오리는 어디까지나 소비자 자신이 느끼는 내적 끌림에 의한 직관적인 판단이며, 이 판단이 외부대상과 맞물려 움직일 때 새로운 끌림 이음을 생성한다. 이음에 의한 끌림이 단일 혹은 다중적으로 움직이는가에 따라 외부대상에 대한 구성적인 끌림 리듬이 형성된다. 시지각에서 형이 지닌 힘은 표면 전체가 확산적인 에너지에 의해 골고루 분산되어 있음을 의미한다.[21]

시지각은 공간과 소비자 주체의 몸채인 끌림 에너지에 의한 정신과 몸의 결합체라는 독자적인 차원을 도입한다. 특히 시각 이미지에 있는 눈에 띄는 끌림 대상은 소비자 주체의 내적 공간의 확산이 지니고 있는 형에 의해 선택된다. 이 선택은 시각 이미지가 지니고 있는 독특한 아이디어에 앞서서 소비자 신체의 조건화된 확산적인 끌림 에너지에 의해 이뤄진다. 시지각 행위는 이미 조건화된 신체에 함몰된 상태에서의 움직임이며, 이 상태는 내적인 확산이 지니고 있는 끌림 에너지와 동일화되어 대상을 지각하게 된다.[22]

형이 지니고 있는 이미지의 윤곽은 폐쇄된 공간에서 확인이 가능하며, 시각 이미지의 경우 사각형의 프레임이 지니고 있는 닫힌 공간에서의 확산에 의해 눈에 띈다. 사각형의 프레임이 지니고 있는 확산적인 끌림 에너지는 또 다른 형에 의한 확산을 끌리게 한다. 확산이 지니고 있는 끌림 에너지는 형이 지니고 있는 원형적인 각도에 의해 '이음-구성'이 다르게 연출된다.

[도표 66] 원의 형에서 나타나는 확산 에너지

선이 지니고 있는 순응은 면의 삼각형, 사각형, 원의 원형적인 형태에 따라 수축과 확대로 변형되어 나타난다. 삼각형은 예각에 의해 형이 지니고 있는 확산적인 끌림 에너지가 내적으로 모여드는 수축 또는 응축으로 변형되어 점의 끌림 에너지로 진행되는 반면, 사각형은 직각에 의해 형의 확산이 내적 혹은 외적인 상황으로 변형이 서서히 진행하게 된다.

원은 둔각에 의해 생성된 확산 에너지로서 일반적인 끌림 이미지는 이러한 둔각에 의한 방향으로 지향한다. 모든 끌림 이미지가 지니고 있는 형은 원에 의한 둔각에 원형적인 기반을 갖고 있다. 끌림 에너지의 선의 형태는 눈에 보이지 않는 에너지의 응결된 상태를 의미하며, 늘 수시로 변형된 모습으로 끌림 대상의 형을 감싸고 있다.[23]

눈에 보이는 모든 시지각 이미지는 대부분 사각형의 프레임에 갇힌 상태에서 확산적인 끌림 에너지에 의해 파악되고 해석된다. 시각디자인은 확산에 의한 응축과 순응에 의한 끌림이며, 이것이 시각 이미지가 지니고 있는 구체적인 모델 또는 상품으로 구체화될 때 이러한 끌림 에너지는 구체적인 이미지에 동화되어 보이지 않게 된다. 소비자 주체의 신체적인 움직임은 몸채의 '확산'에 의해 자연스럽게 나타나지만 어느 대상에 포착되는 순간 확산에 의한 자연스러운 끌림 에너지는 순응을 통해 응축으로 나아가게 된다.

소비자 주체는 늘 자신만의 개성적인 면을 추구하므로 '확산(D)'은 형이 지니고 있는 특징에 의해 순응 또는 응축되어 나타난다.[24]

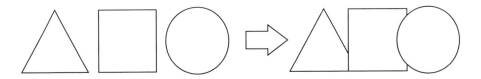

[도표 67] 확산이 지니고 있는 형의 기본단위인 삼각형, 사각형, 원은 끌림 '이음-구성'에 의해 서로 다른 끌림 에너지를 형성한다.

시지각에서 형들의 집합은 확산에 의한 끌림체로서 조건화된 신체와 함께 내적 혹은 외적 공간으로 연장되어 있다. 또한 확산이 지니고 있는 서로 다른 개성적인 면들의 교차점에서 동일한 대상도 전혀 다른 의미를 생성한다.

확산은 단 하나의 면만을 의미하는 객체적인 질료가 아닌 수많은 면의 '이음-구성'에 의한 소비자 주체의 끌림 에너지다. 확산에 의한 파악은 이미 점이 지니고 있는 응축에 의한 에너지와 선이 지니고 있는 순응에 의한 에너지의 지향성에 대한 판단을 선행해야 한다. 즉 점은 점차 선으로 나아가고자 하는 에너지를 생성하며, 동시에 선은 면을 지향한다. 점, 선, 면이 고정적인 상태에서 보이는 대상을 구성하는 요소가 아니라 엄연히 독자적인 차원으로 성장하기를 원한다.[25]

형이 지니고 있는 불규칙한 선의 나열들은 점, 선, 면의 성장에 의한 과정적인 유기체임을 확인할 수 있는 근거가 된다. 흔히 씨앗에서 자라나는 새싹줄기가 점차 정해지지 않은 형으로 만들어나가는 것과 같은 현상이라 볼 수 있다. 소비자 주체의 신체적인 조건은 씨앗의 종류를 뚜렷하게 구분할 수 있을 뿐만 아니라 선의 폭과 두께, 면의 형을 구분할 수 있는 것은 끌림 에너지가 지니고 있는 원형을 통해 가능하다고 볼 수 있다.

끌림 대상은 응축·순응·확산에 의한 총체적인 끌림 에너지에 의해 끌려지는 지극히 자연스러운 현상이라 할 수 있다. 응축·순응은 확산에 의해 가려져 구분하기 어렵지만 끌림 '이음-구성'에 의해 파악이 가능한 것은 점, 선, 면이 지니고 있는 가장 근원적인 에너지인 응축·순응·확산을 통해 접근이 용이하기 때문이다.

이제 시각 이미지가 끌림 이미지로 파악할 수 있는 것은 수없이 많은 면의 '이음-구성'에 의해 생성된 끌림체이기 때문이다. 단순한 한 컷의 이미지가 아닌 소비자 주체의 확산을 통한 면들과 시각 이미지의 면들의 '이음-구성'에서 강한 끌림을 받게 된다.[26]

시지각에서 강조하는 전경과 배경의 관계적인 모호성은 이 면들의 '이음-구성'에서 생성된 착시에 의한 끌림의 지속성이 만들어낸 것임을 알 수 있다. 또한 시각 이미지가 지니고 있는 전체와 부분이 지니고 있는 시각적인 요소는 끌림 에너지를 통한 면들의 깊이에 의한 다양한 시각연출이며, 이것은 지각하는 소비자 주체의 확산적인 끌림 에너지에 의해 파악할 수 있다. 전체와 부분, 전경과 배경에 대한 객관적인 파악은 확산 면들의 무한한 '이음-구성'을 통해 가능하다고 볼 수 있다.

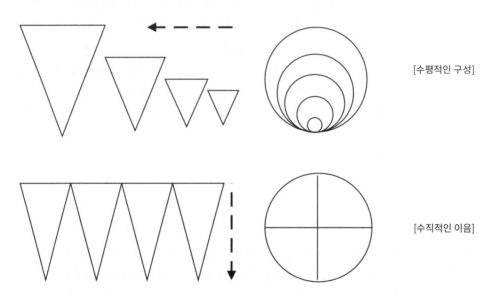

[수평적인 구성]

[수직적인 이음]

[도표 68] 확산이 지니고 있는 끌림 홀의 수평·수직에 의한 구성과 이음 단면도

의미는 해석적 현상학이 지니고 있는 언어적인 사유구조로서 시지각에 의해 나타나는 현상을 의미라는 도구를 통해 해석하는 언어체계이며, 확산이 지니고 있는 시지각적 이미지의 끌림 에너지에 접근한다는 것은 불가능하다. 다만 소비자 주체가 이미 진입한 상태에 머무르고 있는 전혀 다른 신체적인 조건이며, 이 해석적인 의미는 어디까지나 끌림 이전의 신체적인 조건으로 환원[27]이 이뤄져야 한다.

소비자 주체의 신체적인 조건은 제각기 다른 확산적인 끌림 에너지를 지니고 있는 가운데 대상을 해석한다. 해석에 의한 의미와 시지각에 의한 직관적인 판단이 순간이 지니고 있는 동시성에 가까울수록 확산이 지니고 있는 면들은 스스로 끌림이라는 하나의 단순한 느낌으로 바뀌게 된다. 단순한 느낌은 순간이 지니고 있는 확산의 동시성에 의해 원인을 결과로 이끄는 벡터의 환원적인 순응 끌림으로 전개된다. 원인에 의한 물리적인 느낌은 외부대상의 의미를 통한 작위의 끌림이며, 이러한 의도에 의한 끌림은 또다시 확산 에너지의 환원적인 인식 너머의 끌림 에너지의 몸채로 옮겨간다.

확산이 지니고 있는 전개방식은 늘 내부에서 외부로의 '퍼져나감'을 의미하듯이 몸채의 응축된 점은 스스로 늘 바깥으로 지향하고자 하는 순응적인 확산을 지니고 있다. 이 퍼져나감이 구축한 형의 다양성은 또 다른 조건화된 환경과 신체를 제공받게 되어 개성적인 변화를 추구하게 된다. 소비자 주체의 변화된 신체적인 에너지는 확산에 의해 스스로 과거의 많은 끌림체의 '이음-구성'에 의해 적응된 형으로 조건화되어간다.

이음은 수직적인 끌림 회오리의 전개과정에서 이뤄진다. 즉, 과거의 객체적인 끌림의 불멸성을 통해 이음이 연속적으로 구체화되어 나타난다. 이와 동시에 구성은 면과 면의 수평적인 끌림 회오리에서 발생하는 불규칙적인 면에서 확산에 의한 끌림 에너지가 생성된다. 즉, 순간적인 동시성이 제공한 다양한 끌림은 그 자체가 확산에 의한 면의 집합체다.

확산 면이 지니고 있는 질료적인 차이는 서로 구성적인 차원에서 조합과 배치가 이뤄져 전혀 다른 면의 끌림 회오리를 재생한다. 시각 이미지에서 매 순간 선택된 언어적인 요소, 시각적인 요소 등의 응축된 점들의 집합체는 하나의 거대한 순응에 의한 선으로 형성하여 확산에 의한 면으로 퍼져나가 끌림 회오리가 지니고 있는 '이음-구성'을 더욱 견고히 하게 된다. 이는 순간에 의해 일어나는 동시적인 과정이며, 이 과정을 포착한다는 것은 끌림이 지니고 있는 근본적인 에너지에 대한 직관적인 체험에 근거한다.

시각 이미지에서 또는 끌림 대상이 지니고 있는 어떠한 예술적인 대상도 이러한 고유한 끌림의 응축·순응·확산에 의한 법칙성을 무시한 채 의미영역의 해석만을 고집한다는 것은 끌림이 지니고 있는 빛 에너지, 즉 몸채의 변화무쌍한 확산의 '이음-구성'을 무시한 언어적 사고의 한계라 할 수 있다.[28]

　일반적인 시각 이미지의 설득에 성공한 예는 이러한 소비자 주체의 확산된 끌림 에너지가 지니고 있는 공통적인 시지각의 요소에 의한 끌림 이미지의 생성에 의한 것이라 할 수 있다. 확산은 형들의 이음에 의한 착시뿐만 아니라 동일한 대상에서도 서로 다른 시지각적인 이미지를 지니게 한다. 시지각적인 이미지는 그 자체가 언어적 의미가 아닌 순수한 시각을 통한 상상이며, 이것은 신체가 지니고 있는 눈을 통해 이뤄지게 하는 또 다른 상상계다.

　소비자 주체의 신체적인 눈은 끌림 이미지가 생성되기 이전의 신체적인 몸채의 조건으로 환원이 이뤄져야 한다. 소비자 주체의 신체적인 조건은 제각기 다른 확산적 끌림 에너지를 지니고 있는 가운데 대상을 시각하며, 동시에 지각한다. 시지각에 의한 동시적인 파악은 직관에 가까울수록 확산이 지니고 있는 형들의 순수성에 접근할 수 있다. 직관은 어디까지나 시지각에 의한 판단 이전의 순수 끌림에 의한 파악이라 할 수 있다. 확산은 형과 형의 수평적인 만남에서 발생하는 불규칙적인 구성에서 창의적인 끌림 에너지가 생성된다.

　형이 지니고 있는 질료적인 차이는 또다시 수직적인 이음으로 재생한다. 수직적인 이음에 의한 형의 구성적인 결합은 형상이라는 시지각적인 요소로 나타나 끌림의 깊이로 환원된다. 수평과 수직이 지니고 있는 '이음-구성'의 확산과정은 형의 특질을 새롭게 만들어내어 외부대상과의 연장적인 지향으로 시지각의 끌림 이미지를 만들어낸다.

　처음 눈으로 지각하는 대상이 형상이 지니고 있는 테두리에서 끌림을 받았다고 하자. 이때 보이는 불규칙한 선들은 그 자체가 이미 확산에 의한 '이음-구성'에 의해 생성된 끌림 이미지이며, 이미 소비자 주체의 시지각의 상징적인 선들로 이뤄진 주관적인 형상으로 포착된다. 소비자 주체가 이러한 눈에 쉽게 띄지 않는 형의 구성적인 확산된 끌림이 선에 의해 가려져 있다는 사실을 모르는 가운데 끌려지는 것은 선 이전의 점이 지니고 있는 동일한 조건화된 몸채로 위치(class)하고 있음을 간과한 데서 온 결과다. 위치는 점이 지니고 있는 형, 질감, 크기에 의해 서로 다른 끌림으로 나아가는 평면적인 '이음-구성'의 공간으로 확산이 지니고 있는 끌림 에너지에 의해 나타난다.

최종적인 끌림 회오리의 정점에 근접할수록 위치는 소비자 주체의 개성적인 독특한 빛의 존재적인 특성인 몸채를 지니게 된다. 시지각에 의한 끌림 이미지는 소비자 주체의 독특한 빛 에너지에 의해 끌려지는 확산에 의한 대상 간 합체(合體)가 이뤄진다. 확산이 만들어놓은 각 형들과의 '이음-구성'은 점, 선, 면이라는 추상적인 견해로 유기체적인 상호관계를 낳게 한다. 형을 나타내고 있는 선은 이미 형을 위한 배경이며, 형의 전경에 두루 퍼져 있는 빛 에너지에 의해 공간의 폭이 깊고 얕음의 추상성이 강하게 또는 약하게 생성된다. 확산이 만든 형의 이미지 또한 끌림 홀에 있는 '이음-구성' 에너지의 형상을 추상화한 것이며, 이것이 실재하는 끌림 이미지로 나아가기 위해서는 적극적인 소비자 주체의 조건화된 몸채로 투영된 외부대상과의 합체에 의한 객관성이 요구된다.

다만 형이 지니고 있는 실제적인 추상성이 외부대상의 한 부분에 초점을 맞춘 끌림 에너지라고 본다면 전체로서의 형은 사라지게 된다. 확산에 의해 빛은 형을 둘러싸고 있다. 이 둘러싸고 있는 확산적인 끌림 에너지는 물질적인 대상에 대해 새로운 생명력을 감돌게 한다. 이 생명력은 어디까지나 끌림에 의한 소비자 주체의 몸채와 대상 간의 끝없는 에너지의 '이음-구성'에 의해 생성된다.

예를 들면, 소비자 주체의 관심이 지니고 있는 대상에 어떠한 에너지를 부여한다는 것은 자신의 관심에 의한 끌림 에너지의 공급을 의미하며, 이때 나타나는 에너지의 결정체는 비생명적인 물체에 또 다른 에너지의 몸채를 지니게 된다. 확산된 끌림 에너지로 인해 대상은 자신도 모르는 가운데 끌림 이미지로 활기찬 모습을 갖게 된다. 확산된 형의 끌림이 지니고 있는 특성은 소비자 주체가 오랫동안 간직해온 에너지의 결정체에 의한 반복이며, 이 결정체와 대상의 끌림 정도에 따라 끌림 회오리의 확산적 '이음-구성'의 깊이에 따른 위치적인 클래스가 형성된다.

각 클래스에 따른 끌림 에너지는 제각기 다른 추상적인 '이음-구성' 속에서 끌림 이미지를 생성한다. 끌채를 통한 시지각의 영역에 포함된 끌림 에너지는 이미 현실적인 이해와 결부되어 끌림 에너지의 순수성을 상실하게 된다. 시각 이미지에서 느껴지는 갖가지 형의 '이음-구성'에 의한 순수성은 과장에 의한 표현이 아닌 있는 그대로의 형이 지니고 있는 조합에서 생명 에너지의 끌림을 한껏 발산한다.

시각 이미지의 확산에 의한 끌림 이미지는 시지각 요소인 헤드라인, 레이아웃, 비주얼, 일러스트 등의 '이음-구성'에 의한 형의 끌림을 의미한다. 수평 에너지의 끌림이 만든 확산의 구성은 스스로 위치를 통한 클래스를 형성했다면, 수직 에너지가 지니고 있는 이음이 지니고 있는 끌림은 스스로 만들어놓은 형의 깊이에 대한 높낮이를 대등한 위치에서 클래스를 형성한다. 즉, 각 클래스가 만들어놓은 수직과 수평적인 '이음-구성'의 조건들을 충족하는 단 하나의 끌림 이미지를 추구하는 텅 빈 공간의 확산에 의한 형이다.

끌림 에너지가 지니고 있는 이러한 텅 빈 공간의 생명점은 주위의 어떠한 이음이 없는 가운데 상하를 자유로이 왕래할 수 있는 끌림 에너지로 바뀌게 된다. 확산에 의한 형의 생성은 소비자 주체가 시각 이미지에 대한 관심에서 시작되며, 소비자 주체로서의 끌림체인 몸채가 지니고 있는 수평과 수직 에너지의 확산적인 이미지 구축에 의해 발생한다.

1 에드문트 후설(1997), 카를 슈만 편집, 최경호 옮김, 『순수현상학과 현상학적 철학의 이념들』, 문학과 지성사, pp. 5-13.

2 미셸 푸코(2003), 이정우 옮김, 『지식의 고고학』, 민음사, pp. 79-83.

3 전기순(2000), 「광고 표현의 '여백디자인에 관한 연구'」(코바코 공모논문), 광고연구.

4 레슬리 화이트(2002), 이문웅 옮김, 『문화과학』, 아카넷, pp. 33-52.

5 폴리쾨르(2003), 김윤성·조현범 옮김, 『해석이론』, 서광사, pp. 104-110.

6 조광제(2004), 『몸의 세계 세계의 몸』, 이학사.

7 최재성(2003), 『루만의 체계이론과 교육학적인 문제』, 한국교육철학, Feb, Vol. 29.

8 한국현상학회 편(2001), 『예술과 현상학』, 철학과 현실사, pp. 377-391.

9 피종호(1996), 「문학으로서 체계이론」, 『한국사회학 27집』.

10 전기순(2007), 「광고제작과정의 '순간체계(The Moment System)」, 한국상품학회.

11 전기순(2000), 「광고 표현의 '여백디자인에 관한 연구'」(코바코 공모논문), 광고연구.

12 게오르크 루카치(2002), 반성완 옮김, 『미학』 제4권, 미술문화, pp. 76-87s.

13 장 보드리야르(2000), 배영달 옮김, 『사물의 체계』, 백의, pp. 100-101.

14 스티븐 로저 피셔(2010), 박수철 옮김, 『문자의 역사』, 21세기북스, pp. 32-45.

15 SunHee Kim Gertz·Jaan Valsiner·Jean-Paul Breaux (2007), *Semiotic Rotations*, Gerts Valsiner Breaux, pp. 3-14.

16 Philip P. Wiener (2002), *Charles Sanders. Peirce Selected writing*, Dover, pp. 124-130.

17 SunHee Kim Gertz·Jaan Valsiner·Jean-Paul Breaux (2007), *Semiotic Rotations*, Gerts Valsiner Breaux, pp. 51-53.

18 Stafford Beer (2010), *Autopoiesis and Cognition*, Kluwer, pp. 15-26.

19 Ibid., pp. 73-76.

20 Stafford Beer (2010), *Autopoiesis and Cognition*, Kluwer, pp. 77-78.

21 칸딘스키 예술론(1963), 차봉희 옮김, 『점 선 면』, 열화당, pp. 71-78.

22 에드문트 후설(1997), 이종훈 옮김, 『시간의식』, 한길사, pp. 208-210.

23 칸딘스키 예술론(1963), 차봉희 옮김, 『점 선 면』, 열화당, pp. 48-64.

24 Rudolf Arnheim(1954), *Art and Visual Perception*, California Press, pp. 96-159.

25 칸딘스키 예술론(1963), 차봉희 옮김, 『점 선 면』, 열화당, pp. 65-82.

26 Rudolf Arnheim (1954), *Art and Visual Perception*, California Press, pp. 42-93.

27 에드문트 후설(1997), 이종훈 옮김, 『시간의식』, 한길사, pp. 94-97.

28 장 보드리야르(2003), 하태완 옮김, 『시뮬라시옹』, 민음사.

제7부 끌림 이미지의 간주관적 상징성

제1장 간주관적 광고 커뮤니케이션의 체계

1 끌림 '자리'

1) '자기-자리'

[도표 69] 몸채에서 생성하는 기호 삼각형의 구심적 '자기-자리'
I(Interpretant): 광고디자이너, R(Referent): 소비자 주체, S(Sign): 광고 이미지, s-s(seat-self): 자기-자리, S-I(Sign-Interpretant): 광고 이미지-광고디자이너, S-R(Sign-Referent): 광고 이미지-소비자 주체, I-R(Interpretant-Referent): 광고디자이너-소비자 주체

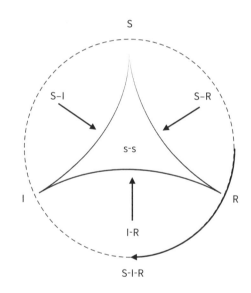

자리는 스스로 변형될 수 있는 유기체적 구성체로서 끌림이 이뤄지는 순간 소비자 주체의 자리가 펼쳐지다가 사라진다. 소비자 주체의 신체를 둘러싸고 있는 공간이 '자리'의 끌림체, 즉 각각의 대상이 그 상대적인 위치를 갖는 연속성으로서가 아니라 사물 그 자체, 영원히 연장되는 비물질적

인 끌림체로 체험되는 순간 간주관적인 '자기-자리'가 생성되어 나타난다.[1]

시각디자이너와 소비자 주체 간의 끌림 이미지를 표현하기 위해서는 시각디자이너 자신의 끌림체로서 '자기-자리'에 대한 구성적인 체계와 객체로서의 끌림점이 요구된다. 자리(Seat)는 일정한 응축된 끌림점의 집합이라고 할 수 있으며, 자리에 대한 비물질적인 신체의 끌림체로서 몸채, 즉 끌림 에너지의 특징을 발견해야 한다.

'자기-자리'는 소비자 주체, 광고디자이너 또는 유기적인 객체인 광고 이미지의 주체로서 제각기 끌림의 경험 범주를 한정하는 공간에 속해 있다. 느낌이 지니고 있는 다양성 가운데 광고디자이너의 독자적인 끌림 범주에 대한 뚜렷한 '자기-자리'는 소비자 주체와의 상호적인 확장성을 위해 염두에 두어야 할 구성과 구조적인 짜임새로 조작되어 있다.

그래서 소비자 주체의 일상의 주관성과는 다르게 '자기-자리'에 대한 명백한 구성범위를 통해 상품에 대한 욕구를 지니고 있는 소비자의 간주관적인 '자리-끌림'을 발견한다. 소비자 주체는 객체로서 개성적인 끌림의 '자기-자리'를 지니고 있으며, 상품이 지니고 있는 이점(benefit)에 따라 소비자 자신이 지니고 있던 '자기-자리'에 대한 구성적 체계가 바뀌게 된다. 이 '자기-자리'는 끌림 이미지를 생성하기 위한 상호 간의 무의식적인 잉여성의 영토이며, 지금까지의 주관성을 통해 창출하거나 포착하려고 하는 객관의 특성에 대한 관심을 잠시 비워두고 자리에 대한 복합적인 결합을 통해 또 다른 창의의 끌림 이미지를 추출할 수 있다.[2]

소비자 주체의 비물질적인 몸채의 전면성이 지니고 있는 끌림 에너지에 의한 시지각적인 요소는 주체마다 서로 다른 문화적인 습관으로 인해 동일한 요소도 다르게 해석하게 된다.[3] 따라서 간주관적인 차원의 '자기-자리'에 대한 폭넓은 인식이 필요하다.

먼저, '자기-자리'는 일정한 균형을 유지할 수 있어야 하며, 지속성이 있는 자리여야 한다. 광고디자이너가 자신이 만들어야 하는 광고 표현에 대한 무의식적인 자리에서 의도적인 자리로 옮겨져야 하는 주된 이유는 소비자 주체에 대한 의미를 파악하기 전에 '자기-자리'에 대한 이해가 선행

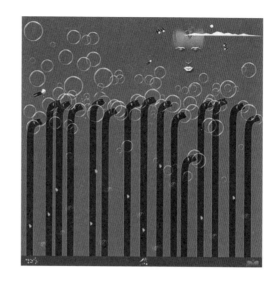

**[그림 81] '자기-자리'에 의한 끌림: 'Mute'/
Illustrator, 전기순 作.**
비물질적인 몸채(body itself)를 통해 생성된
회오리의 구심력을 통해 '자기-자리'의 끌림
자리로 발화된다. 이는 주위 환경이 지니고 있는
문화적·종교적·정치적·도덕적 차원 등의
영향에서 탈영토화하는 가운데 생성된 창의의
'자기-자리'다.

되어야 더욱 확고한 끌림 이미지를 창출할 수 있기 때문이다.

예를 들면 동일한 조건에서 상품에 대한 끌림 이미지를 표현한다고 하더라도 광고디자이너가 지니고 있는 끌림체의 '자기-자리'가 어린이가 좋아하는 스타일을 잘 묘사하는 경우와 성숙한 남녀의 성적인 면에 깊이 빠져 있거나 천착되어 있는 경우, 동일한 가전제품에 대한 콘셉트를 두고 시각디자인을 한다고 하면 전혀 다른 끌림 이미지의 '자기-자리'를 연출하게 되는 경우[4]를 종종 목격하게 된다.

이처럼 시각디자이너의 '자기-자리'에 대한 끌림체의 발견은 광고 이미지를 끌림 이미지로 느끼게 하는 데 매우 중요한 '몸채 포지셔닝'이라 볼 수 있다. 따라서 '자기-자리'를 위한 끌림체의 균형적인 감각은 핵심사용자인 소비자 주체의 개성적인 면을 파악하는 데 중요한 감각이라 할 수 있다. 균형은 평소 광고디자이너가 좋아하는 크기, 색, 형태, 면, 공간, 배경에 대한 느낌을 파악할 때 나타나는 끌림 에너지이며, 미적인 감각이다.

특히 20~30대가 지니고 있는 역동적인 에너지에 의한 끌림을 표현할 때는 광고디자이너 자신의 '자기-자리'와 비교해서 강하게 또는 약하게 광고 이미지에 대한 조절을 충분히 할 수 있어야 한다. '자기-자리'는 위의 내용처럼 광고디자이너와 소비자 주체에게도 요구되는 끌림체의 몸채로서 끌림 에너지를 파악하는 데 필요하다. 끌림 에너지의 개체적인 중요성을 '자기-자리'를 통해 대신해주기도 하지만, 끌림의 변형을 위해 여러 가지 형태로 '자기-자리'가 바뀌기도 한다.

이제 조건화된 환경에 의해 '자기-자리'는 늘 변형이 가능하며, 이때 발생한 변형은 의도적인 인식범위에서 일어나는 끌림 영토다. 최초의 '자기-자리'는 신체가 지니고 있는 순수 상태의 끌림체를 의미하며, 이후에 일어나는 변형적인 자리는 타자로서 소비자 주체와의 확장을 통한 끌림의 공감대를 형성하기 위해 구축된 '자기-자리'다.

응축된 끌림점들의 집합체로서 '자기-자리'는 평면적이며, '자기-자리'의 응축에서 확장으로 나아감에 따라 층위의 계층적인 구조를 갖게 된다. 즉 물질과 정신의 '자기-자리', 시각과 의미의 '자기-자리', 배치와 분위기의 '자기-자리', 배경과 전경의 '자기-자리' 등 다양한 광고디자이너의 확장적인 층위 구조는 '자기-자리'가 지니고 있는 양태를 포착하는 데 중요한 단서를 제공한다.

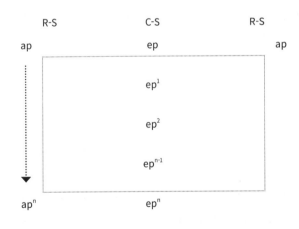

[도표 70] 끌림 회오리에 의해 형성된 '자기-자리'의 층위

R-S(Ream-Seat): 가장-자리,
C-S(Center-Seat): 중심-자리,
ap(attracting point): 끌림점, ep(empty point): 공점(空點)

끌림 회오리는 '가장-자리'의 끌림점(ap)과 '중심-자리'의 공점(ep)이 만든 극성에 의해 '자기-자리'의 에너지가 형성된다. 공점에서 끌림점의 폭은 소비자 주체의 몸채가 지니고 있는 기질(氣質)적 잉여복합체에 따라 다양한 크기로 형성되며, 깊이는 매 순간 끌림점의 에너지 형질에 따라 바뀌어 나타난다. 끌림체로서 몸채의 빛 에너지는 소비자 주체의 몸채에 의해 개성적인 소용돌이가 생긴다.

생활세계와 체계 속에 갇혀 있는 소비자 주체의 비물질적인 몸채에 의한 끌림 회오리는 주어진 환경에 의해 스스로 조작되거나 변하게 된다. 들뢰즈가 말한 몸채의 '체(Corps)'—비물체적인 변형들의 집합으로서 확산과 응축 그리고 퍼짐은 끌림 회오리의 '가장-자리(Ream-Seat)'—에 위치하고 있다. '가장-자리'는 원형(Round)에 가까운 나선형의 지향성을 지니고 있는 바깥의 끝자리를 의미하며, 회오리가 생성하는 끌림점(AP; Attracting Point)에서 빛 에너지의 몸채는 매 순간 다른 느낌의 가닥(Stranding)을 형성하도록 이끌어간다.

끌림에 의한 느낌의 가닥들에 의해 최종적으로 형성되는 비물질적인 역삼각형의 완벽한 끌림 회오리는 각 가닥이 지니고 있는 층위에 따라 동일한 몸채이거나 전혀 다른 몸채의 영향 속에서 끌림 회오리의 크기, 폭, 깊이, 질감 등이 다양하게 생성된다.

특히 대상 끌림에 대한 의미 생성은 끌림 회오리가 생성된 이후의 해석적인 차원의 끌림 회오리로 본래의 순수감각에 의한 끌림 회오리를 '품어-줌'으로써 구체화한다. 의미와 몸채의 또 다른 엮임(Weave)은 신체와 몸채의 '사이-나눔'과 '품어-줌'의 동일성과 차이에 의한 생기, 즉 빛 에너지의 몸채로 인해 거대한 '타자-자리'로 나아갈 수 있는 끌림체로 작용한다. 의미는 해석체의 정신 또는 신체적인 상태, 몸채에 의해 변형과 조작이 가능한 의식의 장이며,[5] 이 장에서 느껴지는 끌림은 늘 소비자 주체의 환경에 의해 조작적인 변환이 이뤄지는 환상적인 느낌이다. '가장-자리'는 몸채가 지니고 있는 빛의 종류에 의해 바뀌는 비정형의 끌림점이며, 조건화된 외부 에너지에 의해 변형되는 바깥 끌림의 교차점이다.

또한 몸채 내부의 '채'로서 빛 에너지(Lighting Energy)는 끌림점을 통제하는 끌림 회오리의 '중심-자리'에 위치한다. '중심-자리'는 끌림 회오리의 '가장-자리'가 대상 끌림체에 따라 다양한 형태의 중심점의 궤적을 만들어나간다. 소용돌이(Whirlwind)가 만들어낸 중심부는 텅 빈 상태가 되어 각 가닥이 만들어낸 공점(EP; Empty Point)의 연장에서 이뤄진다. '가장-자리'와 '중심-자리'는 스스로 동일성 또는 서로 다른 간극을 지니고 있는 가운데 서로 끌고 당기는 극성을 생성한다. 마치 태풍의 눈과 같이 아무런 끌림 에너지의 영향을 받지 않는 극성이라 할 수 있다. 두 가지 자리가 만들어낸 간극의 폭과 깊이에 따라 끌림 회오리의 다양한 유형은 소비자 주체의 개성적인 끌림 지향이 생성된다.

물질적인 신체가 물질적인 눈[肉眼]에 의해 직접 확인이 가능하다면, 비물질적인 신체로서 몸채는 가타리의 리좀에 의한 잉여복합체이며, '자기-자리'의 끌림 회오리는 '가장-자리'와 '중심-자리'의 리듬 형질로 인해 스스로의 개성적인 느낌을 주장하게 된다.

즉 시각디자이너는 소비자 주체의 신체환경이 만들어낸 문화, 도덕, 정치, 사회적 공간의 주변에서 생성된 '자기-자리'를 확산적인 차원으로 확장함으로써 끌림 이미지에 대한 차이의 간격을 좁히려고 자신의 끌림 회오리에 대한 리듬체계를 변형한다.[6] 연령별, 성별, 지역별, 업종별, 학력별 등 바깥리듬이 지니고 있는 차이에 의한 끌림 회오리의 리듬은 '중심-자리'의 텅 빈 점을 새로운 형질의 자리로 변용[7]시켜나간다. 리듬에 의해 형성된 굴곡의 음영짐은 '가장-자리'의 바깥리듬의 정점에서 늘 새롭게 변형되어 나타난다.

이러한 창의적인 '자기-자리'의 끌림 회오리는 광고디자이너와 소비자 주체의 끌림에 대한 공감각적인 변형, 융합으로 나아간다. 창의성은 곧 핵심소비자의 끌림에 의한 소비자 주체가 지니고 있는 개성적인 끌림 영토와 광고디자이너의 '자기-자리'에 대한 끊임없는 차이의 리듬에 집중함으로써 생성하는 또 다른 '변형-자리'이며, '융합-자리'다. 광고디자이너와 소비자 주체는 간주관적인 주체로서 늘 함께하는 '자기-자리'에서 커뮤니케이션에 필요한 모든 수단을 동원하여 끌림 이미지를 추출한다. 공점에서 새롭게 생성된 리듬 끌림의 지속적인 움직임은 끌림점(ap; attraction point)에서 마치 부딪히는 파도에서 생성된 하얀 포말방울의 표피인 외적 구성을 지니게 된다.

소비자 주체와 광고디자이너의 끝없는 공점의 주름지어짐은 끌림점을 지속적으로 변형시키며 대상 끌림에 대한 크기와 형태, 색채 등을 통해 새로운 '변형-자리'와 '융합-자리'로 바뀌어나간다. 즉 리듬 끌림이 갖는 순수, 시각, 지각, 인식의 모든 영역이 뒤섞이는 가운데 부풀어 오른 파도의 포말방울들은 소비자 주체의 개성적인 '변형-자리'와 '융합-자리'로 창발함과 동시에 허공 속으로 사라진다. 포말이 이뤄놓은 크기와 형태, 색채는 포말방울의 내부중심에 자리 잡고 있는 '중심-자리', 즉 공점의 구성적인 요소들의 뒤섞임 정도와 강도에 따라 질성의 차이를 지니며, 또 다른 포말방울과 합쳐지거나 포개질 때 다양한 모습을 지닌 포말의 '끌림 리듬'을 연출한다.

아직도 소비자 주체의 신체 주위를 유효하게 작용하고 있는 끌림 잉여성에 의한 주변적인 '자기-자리'는 정보전달의 핵심을 늘 약하게 만든다. 만약 언어적인 사고를 통한 헤드라인의 강한 임팩트가 있다고 한다면 우리는 문장구조와 성분을 통해 쉽게 분석할 수 있다. 여기서 자칫 소홀하기 쉬운 점은 언어가 지니고 있는 개념체라고 하는 거대한 해석적인 문화적 의미[8]의 자리를 추구하고 있다는 점이다. 언어적인 분절에 의한 사고가 깊어질수록 끌림 자체가 지니고 있는 생명 에너지의 몸채의 비언어적인 '자기-자리'는 의식의 장에서 차츰 소멸되어간다. 의식이 지니고 있는 이성적이며 과학적인 사고는 잉여성의 끌림이 지니고 있는 '자기-자리'를 매 순간 비과학의 영역으로 해석하는 것을 주저하지 않는다.

다만 물리적인 신체 주변을 맴돌고 있는 비물질적인 신체로서 끌림체는 단지 현상학적인 기술과 파악에 의해서만 끌림 자체를 드러내 보일 수 있는 과학적인 한계를 지니고 있다. 시각 이미지가 지니고 있는 언어적인 개념은 소비자 주체를 향한 메시지로 강력한 힘을 지니고 있지만, 정작 그것이 소비자 주체가 지니고 있는 비정형의 끌림체에 영향을 미칠 것이라는 단서는 되지 않는다. 오히려 상호교환매체로서 언어가 지니고 있는 강력한 힘에 의한 소통의 원활함은 끌림체가 지니고 있는 빛 에너지(몸채)를 더욱 약화시킬 수 있다.

언어적 사고인 '의미의 장'이 확장될수록 구조 혹은 구성에 의한 이성적 체계의 연장은 공점에서 출발한 '가장-자리'의 하얀 포말방울이 지니고 있는 끌림 장의 영역은 더 이상 힘을 쓸 수 없게 된다. '감각의 장', '지각의 장', '의식의 장'이 만들어놓은 이성적인 힘은 잠시나마 빛 에너지로서 침투·흡수되어 느낄 수 있지만 오랫동안 실존하지 못하는 것은 파도 포말이 바위에 부딪혀 사라지듯이 끌림이 지니고 있는 '자기-자리'의 투명성에 의해 쉽게 사라지고 만다.

물리적인 신체가 지니고 있는 과학적이며 이성적인 힘에 의해 힘없이 사라지고 마는 끌림의 순간적인 생명 에너지의 '자기-자리'는 물질적인 신체의 전면성에서 드러나는 시각, 후각, 미각, 촉각, 느낌으로 흡수되거나 확산되어 나타난다. 각 감각 장이 지니고 있는 '중심-자리'와 '가장-자리'의 끌림 회오리를 통해 거대한 전체성의 끌림 회오리는 간혹 끌림 대상을 휘감게 되는 순간을 포착하는 것에 경이로움을 느끼게 된다. 이것은 오직 창의성과 영감이 풍부한 소비자 주체에서 드러나는 빛 에너지의 춤사위라 할 수 있다.

만일 시각 이미지의 첫인상에서 아무런 끌림이 없는 경우는 끌림체가 지니고 있는 몸채의 빛 에너지가 상실된 과장에 의한 허구이거나 설득을 위한 형식적인 소구 유형의 시각 이미지라 할 수 있다. 소비자 주체는 전면성의 창의적인 끌림체로서 몸채와의 융합을 기대할 수 있는 시각 이미지를 추구한다.

따라서 광고디자이너의 간주관적인 몸채로서 시각 이미지의 '자기-자리'는 소비자 주체의 신체 전면에 드러나 있는 통감각의 영토 속에서 늘 비물질적인 독창성의 '변형-자리'와 '융합-자리'를 확인함으로써 소비자 주체의 끌림체로서 몸채의 지향성에 맞춘다. 이제 광고 이미지는 디자이너와 소비자 주체의 교차점 역할을 하는 끌림 회오리의 '중심-자리'이며 물질적인 신체가 지니고 있는 얼굴, 가슴, 배, 팔, 다리 등의 전면성을 대표하는 '가장-자리'의 역할을 하고 있다.

특히 얼굴에 있는 눈과 코, 입, 이마는 또 다른 전면성을 지니고 있는 끌림체의 감성적인 영토이며, 가슴은 신체 중간의 위치에서 끌림체의 사랑과 생명적인 리듬을 형성하는 주름의 끌림 회오리를 생성한다. 또한 아랫

부분의 복부 주위는 삶의 안정과 평화를 제공하는 안정적인 끌림을 요구하며, 양팔과 양다리가 지니고 있는 손과 발은 열정, 도전 등의 역동적인 끌림을 지닌 대상을 추구한다. 물질적인 신체부위에 따른 이러한 끌림 요구에 대한 차이를 통해 전면성의 거대한 끌림 회오리가 형성되어 '타자-자리'의 끌림체를 지향하게 된다. 광고 이미지는 이러한 신체부위에 따른 끌림체의 요구에 순종하여 창의적인 끌림 이미지를 추구한다. 각 신체부위에 따른 확산에 의한 끌림 이미지는 스스로 '자기-자리'라고 하는 영토적인 범주를 확보한다.

광고 이미지가 차지하고 있는 공간적·시간적·수적이라는 전체 생활 가운데 주어진 환경적인 장은 조작 가능하고 분석 가능한 단위들로 나눌 수 없다. 환경이 지니고 있는 물리학적인 공간에는 문화적 차원, 종교적 차원, 도덕적 차원, 정치적 차원 등 다양한 의식의 장이 서로 다른 몸채의 전면성에 따라 다양한 형태의 잉여성의 끌림 영토를 지니고 있다.

잉여성의 영토들은 소비자 주체, 광고디자이너, 광고 이미지에 따라 전혀 다른 해석적인 기호 삼각형[9]을 지니게 된다. 즉, 지시대상은 주어진 기호가 동일하다고 해도 전혀 다른 해석적인 의미로 전환할 수 있다. 왜냐하면 해석체의 신체가 지니고 있는 내적-바깥환경에 따라 '자기-자리'에 차이가 있기 때문이다.

이러한 간주관적인 '자기-자리'의 영토성은 언어학적인 측면에서 시각 이미지의 중심적인 메시지를 전달하는 데 전혀 영향을 미치지 않는 노이즈(Noise)로서 주변적인 것으로 간주했다. 신뢰를 통한 정보교환을 중시하는 커뮤니케이션 사회에서 광고 이미지가 오직 상품이 지니고 있는 특징 및 장점을 더욱 환상적인 차원으로 승화시켜 자사의 상품을 판매하기 위한 설득적인 면에 관심을 지니고 있는 것은 직면한 광고효과를 위해 필요한 조치라 할 수 있다.

하지만 최종적인 선택은 소비자 주체가 지니고 있는 느낌에 의한 모호한 부분, 즉 끌림에서 결정적인 구매가 이뤄짐을 간과할 수 없는 현실이 되었다. 첨단적인 기술과 테크닉은 이미 동종의 상품끼리는 서로 비교할 수 없을 만큼 우열을 가릴 수 없는 마케팅적 환경으로 치닫게 되어 나머지 주변적인 요인(광고디자인에 나타나는 이미지적인 요소. 여기서는 광고디자이너와 소비자 주체의 물리적인 신체 주위에 나타나는 비물질적인 몸채의 변형적인 상호감성에 의한 시각적인 요소의 총체적인 '자기-자리')에서 차이를 위한 창의성을 경주하고 있다.

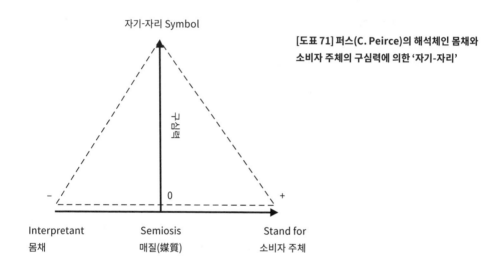

[도표 71] 퍼스(C. Peirce)의 해석체인 몸채와 소비자 주체의 구심력에 의한 '자기-자리'

이제 광고 이미지는 그 자체가 광고디자이너 혹은 소비자 주체와의 상호관계 속에서 생성하는 끌림 이미지이며,[10] 광고디자이너, 시각 이미지, 소비자 주체의 기호 삼각형이 지니고 있는 끌림 영토성의 잉여성 속에서 서로 다른 '자기-자리'의 전면성에 시선을 맞추고 있다.

물질적인 신체의 전면성은 서로 다른 비물질적인 몸채에 따라 새로운 '자기-자리'의 구심적 끌림 회오리가 나타난다. 끌림 회오리는 물질적인 신체가 지니고 있는 유한성의 영역에서 탈신체의 변형적인 비물질적인 몸채로 조작되어 나타난다. 끌림의 '자기-자리'는 늘 새로움에 대한 잉여성의 호기심에 의한 확산적인 퍼짐이며, 끌림 회오리가 지니고 있는 몸채의 '중심-자리'가 지향하는 것에 맞추어 '가장-자리'를 형성한다.

이러한 각 영역의 독특한 끌림 회오리의 잉여성에 대해 구조적인 의미를 만들어낸다는 것은 결과적으로 몸채의 고유한 생명 에너지 단위적인 입자를 발견해야 하는 오류를 범하게 한다. 이러한 과정적 해석은 구성과 구조주의로 환원시키는 과정에서 유기적인 끌림 에너지의 본질적인 회오리를 왜곡하는 오류를 제공하게 된다. 따라서 이를 최소화하기 위해 "끌림 그 자체는 개체적인 단위입자가 아닌 생명 에너지이며, 흩어지고 뭉치는 이합집산(離合集散)이 자유분방한 찰나라는 거대한 '자기-자리'의 잉여성 속에서 살아 숨 쉬는 무형(無形)의 빛 에너지"임을 전제한다. 언어학이 지니고 있는 의미의 개념적인 개체성에서 포착할 수 있는 정보전달을 위한 의미론적인 차성이 아닌 차연(Different)으로서 또 다른 '자기-자리'의 영토성이다.

또한 세계를 모호하게 표현하는 비정형의 끌림은 자신 안에 무한히 많은 미세한 공점인 '중심-자리'를 통해 매 순간 다가오는 '가장-자리'인 끌림점을 향해 열려 있다. 신체 전면성에 느껴지는 끌림이 서로 구분되는 것은 바로 특권화된 영토지대에 의한 것이며, 이러한 차이를 지니지 못하는 경우는 극단적으로 몸채의 끌림 에너지를 통해 움직일 수 없는 목적지향의 기계적인 신체로 전락하게 된다.

2) 타자-자리

'타자-자리'가 생성되는 층은 소비자 주체의 비물질적인 끌림체를 중심으로 내적·외적으로 지향하는 '자기-자리'의 끌림점(AP: Attractive Point)에 따라 변형(transfer)에서 생성된다. 주어진 물질로서 소비자 주체의 신체는 대상이라는 객체에 의해 '타자-자리'를 인식함과 동시에 '자기-자리'로 확장하여 변형하고자 한다. 이것은 대상에 대한 해석적 차원의 주관과 객관이 아닌 물질로서 소비자 주체의 내적 지향인 '자기-자리'를 제외한 신체 살갗의 외부적인 지향으로서 '타자-자리', 즉 총체적인 비물질로서 끌

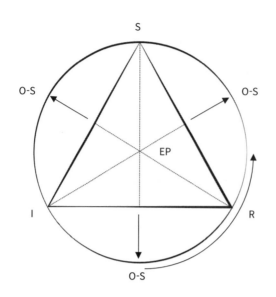

[도표 72] 몸채에서 생성하는 기호
삼각형의 원심적 '타자-자리'
I(Interpretant): 시각디자이너,
R(Referent): 소비자 주체, S(Sign): 시각
이미지, O-S(Other-Seat): 타자-자리,
EP(Empty Point): 텅 빈 점

림체를 의미한다. 광고디자이너, 소비자 주체, 광고 이미지는 대표적인 객체로서 '타자-자리'의 구성체임과 동시에 끌림체로서 '자기-자리'다. 3가지가 지니고 있는 입장의 견해는 '자기-자리'에서 잉태된 각자가 지니고 있는 주체적 가치판단에서 나타난다.

또한 '자기-자리'에서 '타자-자리'로의 변형은 언어 자체가 지니고 있는 의미의 내용과 표현의 분절이 갖는 구조적인 형식의 자리바꿈이 아닌 '자기-자리'와 '타자-자리'의 유기적 변형에 의해 느껴지는 끌림 강도의 차이를 의미한다. '자기-자리'에서 '타자-자리'로의 변형된 소비자 주체의 비물질적인 끌림체는 물질적 대상으로서 남아 있는 그대로 '거기-있음'의 '타자-자리'가 늘 '거기-있음'의 아쉬움과 동시에 소유적인 욕구 또는 동경의 대상으로 여운을 지니게 된다.

광고 이미지의 끌림 요소가 소비자 주체를 자연스럽게 수용할 수 있는 것은 바로 물질적인 신체를 소유하고 있는 소비자 주체의 내면에 도사리고 있는 끌림체의 '자기-자리'로부터 물질적인 상품 또는 광고 이미지에 나타난 모델이 직접적으로 마주 대하고 있는 상황이 아닌 충분히 떨어져 있는

'타자-자리'이므로 확장적인 끌림이 가능하다.

'타자-자리'는 절대적으로 소유하거나 인식할 수 없는 잉여성의 영토에 있는 비물질적인 차성의 층위에 자리 잡은 환상적인 끌림체의 차이가 지니고 있는 차연(Différance) 몸채다.

[그림 82] '타자-자리'에 의한 끌림: 'inner-moon'/ Illustrator, 전기순 作.
시각디자이너, 소비자 주체, 시각 이미지 자체가 제각기 비물질적인 몸채(body itself)의 전면성을 지니고 있는 가운데 빛 에너지로서 몸채는 순간적인 구심력을 통해 '타자-자리'를 만들어낸다. 또한 원심력에 의한 끌림 회오리는 '가장-자리'에 위치해서 구심력이 만들어낸 '중심-자리'와 함께 '자기-자리'와 갈등을 생성한다. 바깥 환경이 지니고 있는 문화적 · 종교적 · 정치적 · 도덕적 차원 등의 영향에서 탈영토화 가운데 생성된 창의의 '타자-자리'다.

이 차연에서 순간적으로 솟아나는 '타자-자리'는 더 이상 '타자-자리'가 아닌 관계의 가능성이 표현하는 흔적으로서 끝없는 깊이의 교차되는 '주름-리듬'을 만들어낸다.[11] 광고디자이너의 손을 통한 크리에이티브 행위는 그 자체가 몸채 바깥의 '타자-자리'를 지향하는 가운데 일어나는 '주름-리듬'의 교차점으로 창의적인 '자기-자리'의 '타자-자리'가 된다.

순수예술을 지향하는 예술인의 경우 자신의 내면적인 '타자-자리'를 향한 끝없는 예술혼의 향연이라면, 시각디자인의 경우 소비자 주체의 '타자-자리'를 지향하는 지극히 인간적인 끌림의 향유(享有)에 의한 손놀림이다. 이로써 '타자-자리'는 몸부림, 손놀림을 통해 끊임없이 끌림 에너지를 발산하게 하여 창의적인 '자기-자리'의 확장을 통해 만들어지는 끌림 회오리의 독창적인 자리라 할 수 있다.

광고, 시각디자인 행위는 그 자체가 손놀림을 통한 신체적인 확인과 시각적인 드로잉, 레이아웃, 편집, 일러스트 등을 통해 실제 보이지 않는 '타자-자리'의 끌림 회오리를 통해 신체적인 눈으로 체화하기를 주저하지 않는다. '타자-자리'는 일정한 범위의 시각디자이너 혹은 소비자 주체가 지니고 있는 '자기-자리'의 창의적인 잉여성의 영토이고, '타자-자리'가 지니고 있는 영토는 가타리가 언급한 자기영토에 대한 무의식적인 객체 자리이며,[12] 신체조건화에 의한 '타자-자리'의 객체로서 끌림 강도에 의한 위상 층위라고 할 수 있다.

감각하는 자와 감각적인 것의 공존재로서 '자기-자리'와 '타자-자리'는 늘 동시에 공간을 구성하므로 주어진 감각자리의 끌림 강도에 의해 층위가 서로 뒤틀리거나 역동적인 끌림 회오리로 바뀌게 된다. 주어진 공간이 없는 가운데 '타자-자리'는 그 자체가 언어적인 모순이며, 객체와 주체가 양분된 공간에서만 '타자-자리'의 층위를 파악할 수 있다. 비물질적인 성질을 지니고 있는 끌림체가 개개의 주체가 지니고 있는 공간에서 각자의 공간을 넘나들 수 있는 것은 끌림이 지니고 있는 투과성에 의한 접촉이며, 이 접촉이 만들어낸 '가장-자리'의 끌림점이 서로 동화 혹은 결합이 이뤄질 때 비로소 공감각의 새로운 끌림 공간으로 나아가게 된다.

하나하나의 끌림체가 존재하는 방식은 끌림이 지니고 있는 강도의 차이로 인해 어느 한쪽으로 귀속하거나 스스로의 자리를 공점으로 환원하게 된다. 또는 평행으로 치닫는 경우에는 서로 다른 끌림 감각으로 대상과 공유 또는 타협을 통해 통일성과 다양성의 끌림 지평을 만들어간다.[13] 끌림 강도는 리듬의 폭과 깊이를 조정하는 역할을 함과 동시에 함축된 주체의 성정(性情)을 반영한다. 리듬의 깊이는 바깥주름과 안주름을 통해 의식의 흐름을 통찰한 들뢰즈와 같이 끌림이 지니고 있는 리듬의 깊이는 대상에 대한 끌림 강도를 의미하며, '자기-자리'와 '타자-자리'가 지니고 있는 끌림 영토성의 범주에서 나타나는 비동등성의 차이에서 비롯된다.

‘타자-자리’는 비물질적인 끌림체에서 강도의 차이에 의해 생성하는 또 다른 차성의 끌림 자리이며, 이 자리들이 만들어놓은 깊이, 폭 그리고 공점과 끌림점의 회오리 장단, 고저의 리듬들은 매 순간 또 다른 ‘타자-자리’의 영역으로 받아들인다. 끌림 강도의 차이가 만들어낸 깊이에 대한 판단과 공점의 ‘중심자리’와 끌림점의 ‘가장-자리’, ‘자기-자리’와 ‘타자-자리’의 간격이 만들어낸 거리들에 대한 판단은 결과적으로 끌림 리듬에 의한 고저와 장단의 크기들 안에서 닫혀 있다. 강도와 깊이 그리고 거리는 서로 간의 상관관계를 통해 차이를 드러내며, ‘타자-자리’는 이러한 끌림 강도의 차이를 통해 ‘자기-자리’의 위치를 대별한다.

끌림 회오리의 끝자리에 있는 끌림점은 공점의 관점에서 볼 때는 지향성의 ‘타자-자리’이며, 추상적인 기계로서 끌림 회오리의 변형 가능한 조합들에 따라 끌림을 생산하는 ‘타자-자리’라고 볼 수 있다. 이 모든 ‘타자-자리’는 누구를 가리키는 것이 아니라 오직 ‘자기-자리’에 대한 상대적인 끌림 강도에 의해 주름지어져 끌림의 얼굴, 즉 개성적인 몸채의 리듬을 생산한다. 주체의 초월론적인 끌림 역시 끌림의 ‘중심-자리’로서 공점에 의한 ‘타자-자리’를 의미하며, 어떠한 신적인 존재 또는 물질적인 존재 역시 공점이 지니고 있는 ‘중심-자리’의 관점에서는 타자-자리로서 주체 자신의 블랙홀인 끌림 홀, 끝자리에 가느다란 빛과 같은 추상적인 ‘얼굴성’[14]을 지니게 한다.

따라서 ‘타자-자리’는 주체의 변형된 위치에 따라 ‘자기-자리’가 곧 ‘타자-자리’로 바뀌게 됨과 동시에 주체 자신이 대상이 되지 않고서는 ‘타자-자리’ 고유의 끌림 강도를 이해할 수 없게 된다. 이제 ‘타자-자리’는 저 멀리 만날 수 없는 절대자의 위치에 있는 신성불가침의 자리가 아닌 둘 이상의 주체 안에서 성립하는 끌림 강도에 의한 ‘타자-자리’에 대한 ‘자기-자리’이자 ‘자기-자리’에 의한 ‘타자-자리’다. 이런 ‘타자-자리’는 소비자 주체가 지니고 있는 끌림체와 대상객체 간의 상호관계에서 성립되는 어떤 결합관계다.

물리적인 현실 공간에서 만나는 모든 객체 자체가 주체와의 관계에서

'타자-자리'의 공간에 의해 크기와 부피가 결정되듯이 물질적인 신체와 비물질적인 끌림체는 서로 다른 '자기-자리'와 '타자-자리'로 서로가 지니고 있는 끌림 강도에 맞추어 자리가 바뀌게 된다. 선험적인 '타자-자리' 역시 표현된 신체의 '자기-자리'가 지니고 있는 체계 안에서 주체 자신의 표현의 가치, 깊이와 함축적인 끌림 이미지를 통해 깨닫게 한다.

예를 들면 시각 이미지 가운데 밝게 웃고 있는 얼굴(시각 이미지를 보고 있는 소비자 주체 자신은 이 웃음의 원인을 알지도, 파악하지도 못하는 순간의 조건 속에서)이 있다고 가정하자. 이 얼굴은 어떤 가능한 세계— 즐거움을 주는 행복한 세계—를 표현하고 있다. 표현이라는 말을 통해 알 수 있는 것은 표현하는 것과 표현되는 것 사이에서 성립하는 어떤 결합관계다. 그것은 본질적으로 어떤 왜곡된 끌림 리듬을 포함하는 관계라 할 수 있다. 왜냐하면 웃고 있는 얼굴을 표현하는 것이 마치 광고가 지니고 있는 상품에 대한 이점(benefit)을 자연스럽게 보여주고자 한 점에 초점을 맞추었다면, 최종적으로 표현되어진 웃는 얼굴에서 상품에 대한 이점이 아닌 전혀 다른 회상(Regression)의 메시지로 받아들일 때 나타나는 '끌림-리듬'이라 할 수 있다.

흔히 언어학적 측면에서는 표현과 내용, 형식과 실질, 체와 용, 기표와 기의의 차원이 지니고 있는 이항대립의 양태성으로 해석이 가능하다. 하지만 끌림의 잉여성이 지니고 있는 빛 에너지의 순간성에서는 언어적 사고로 해석할 수 없는 공허한 상태이며, 끌림의 '타자-자리'를 발견하기 위해서는 언어적 사고를 통한 '자기-자리'와의 이항적인 결합이라야 가능하다. 웃는 얼굴은 즐거운 양태적 끌림 자리를 펼쳐놓은 것이며, 끌림 이외의 또 다른 의미의 유사성을 지시하지는 않는다. 웃는 얼굴은 자신을 행복한 상태로 직접 빠뜨리지 않지만, 그것을 즐거운 세계의 상태로 지시하게 하는 것만은 확실하다.

광고디자이너는 소비자, 즉 '타자-자리'로서 웃는 얼굴을 구성하는 것은 불가능하다. 심지어 시각 이미지에 나타난 다양한 신체 동작과 배경이 지니고 있는 대상들도 시각디자이너의 모든 '타자-자리'의 표현성을 제거

할 수 없다. 사실적인 대상을 최대한 단순화시킨다 해도 표현하는 것과 표현되는 것 사이가 지니고 있는 '타자-자리'의 잉여성은 영원히 배제할 수 없다.

이처럼 과학적인 광고디자인의 어떠한 방법이 동원되더라도 끌림이 지니고 있는 '타자-자리'는 시각디자이너의 신체적인 전면성의 끌림체 가운데 '눈'이 지니고 있는 함축된 빛 에너지에 의해 표현된다. 신체적인 눈이 표현되는 모든 이미지는 빛의 깊이 있는 끌림에 의한 것이며, 귀는 어떤 가능한 소리의 표현이다. 마찬가지로 신체의 전면성이 지니고 있는 모든 감각체는 그 역할에 맞는 표현의 끌림 에너지를 지니고 있다.

그러나 이 모든 끌림 에너지의 가능성에는 그 실존적인 양태가 먼저 '타자-자리'라는 조건화된 환경에서 구축되는 이른바 제3의 성질[15]로서 '끌림-자리'다. 소비자 주체의 신체와 비물질적 구성요소에 의한 끌림체는 제3의 성질에 의해 구분되는 또 다른 '타자-자리' 바깥의 끌림 리듬이며, 이미 소비자 주체의 내면에 자리 잡고 있는 '중심-자리'와의 강도 차이에 의한 끌림 회오리로 연결되어 있다.

몸 밖의 바깥세계에서 체험되는 모든 표현된 시각 이미지는 시각디자이너의 제3의 성질인 끌림체의 연장이며, 객체에 의해 표현된 세계를—그 세계를 긍정, 부정하는 어떠한 시각이든— 설명하거나 주체로서 몸채의 빛 에너지를 강조하려 한다. 웃는 얼굴의 모습이 현실과 동떨어진 광고디자이너의 비실재성을 표현했다고 하더라도 비실재성이 지니고 있는 세계가 소비자 주체의 끌림체와 어떠한 결합관계를 강도 높게 이뤘다고 하면, 웃는 얼굴이 지니고 있는 일반적인 모습이 아닌 것이 오히려 끌림 강도에 커다란 반향을 일으키게 한다.

결국 '타자-자리'가 일반적인 객체의 자리가 아닌 광고디자이너와 소비자 주체가 전혀 모르는 새로운 창의의 끌림-자리로 변형되어 끌어올리게 된다. 즉 표현하는 것이 표현되는 것의 바깥에서는 아직까지 존재에 대한 실존적인 경험을 하지 않을 때, 그 자리는 바로 창의를 통한 '타자-자리'로서 가능한 세계의 끌림 표현에 해당한다. 따라서 시각디자이너와 소비자 주체의 끌림 강도에 의한 '타자-자리'의 변형 속에서 '타자-자리'는 감싸기, 가두기, 끌림 리듬의 주름짐을 통해 '중심-자리'를 향한 끌림 회오리가 지속적으로 발생한다. '타자-자리'는 끌림 회오리가 지향하는 상태를 표현하는 초언어적인 과정을 생성하는 촉매제다.[16]

하나의 유기적인 대상이 실제 눈으로 파악할 수 없는 미시적인 존재라도 인식이 가능하다면, 이미 그 대상은 또 다른 소비자 주체와의 끌림 강도에 의해 서로 자리 바꾸기를 통한 '타자-자리'의 변형성이 나타난다. 결국 주체의 공점인 '자기-자리'의 '중심-자리'는 늘 변형이 가능한 '타자-자리'에 머물러 있으며, '자기-자리'의 순수성은 점진적인 감소를 나타내게 된다.

세 개의 점은 퍼스의 해석체 이론에서 확인할 수 있듯이 어떠한 내적 혹은 외부대상(끌림 이미지)도 해석체에 따라 다르게 기호화되는 것을 의미한다. 즉, 지시대상인 의식에 따라 만들어지는 동일 대상의 끌림 이미지도 다르게 해석된다. 소비자 주체의 끌림체인 몸채는 그 자체가 이미 해석체로서 동일 끌림 이미지에 대한 '의식-자리'에 따라 의미 생성도 바뀌게 된다.

시지각은 의식의 장에 영향을 미치는 변용이 가능한 몸채로서 해석체이며, 이러한 삼부이론에 의한 삼각형은 선에 의한 의미 생성을 진행하는 과정에서 기호, 즉 상징적인 개념적 이미지가 생성된다. 삼각형의 각 꼭짓점은 선을 형성하기 위한 개념적인 단위의 점이며, 퍼스가 자신의 해석체에 따른 의미 생성과정을 삼각형으로 나타낸 것은 의미에 대한 확고한 위치를 점유하는 데 있지만 끌림 회오리가 구축한 삼각형이 지니고 있는 위상적인 위치에 따른 점과 주변 자리는 공간의 크기, 형태, 깊이가 지니고 있는 끌림 에너지의 '자기-자리'로서 영토의 몸채를 확인하는 데 초점을 맞춘다.

가타리는 자신의 철학적 체계인 기계적인 무의식에서 "리좀(Rhyzome)의 모든 개념적 사고 이전에는 관계성에 의해 모든 생명체가 연결되어 있다"라고 한다.[17] 이 연결은 직접적으로 눈에는 보이지 않는 가운데 생성하고 소멸하는 개념 이전의 연결망을 의미하며, 퍼스의 기호 삼각형이 의미하는 의미 생성과정 역시 다양한 리좀의 관계성 가운데 끄집어낸 하나의 관계망이며, 이 관계에 의한 개념이 의식에 자리를 잡게 되면 관계망이 지니고 있는 영토는 사라지게 되어 개념적인 의미로만 의식의 장에 떠오르게 된다. 이 개념적인 기호가 탄생하기 전의 모든 관계망은 해석체로서 소비자 주체의 끌림이 지니고 있는 몸채에 따라 서로 다른 형태, 크기, 깊이의 양태적인 성정(性情)을 지니게 되는 끌림체로서 '자기-자리'로 정립된다.

언어가 가진 한계는 화용론에서도 언어 자체가 지니고 있는 개념적인 의미가 성립되는 순간부터 분석이 가능한 과학적인 접근이라면, 그 주위를 맴돌고 있는 관계망의 리좀이 지니고 있는 유기체적인 생명에 관한 이성적인 접근은 불가능하다. 즉, 언어적인 개념이 형성되는 순간부터 사라지는 리좀의 관계성은 자리로 빠져나가 거대한 선험적이며 창의적인 '자기-자리'로 저장된다.[18]

리좀은 이항대립적인 언어구조에 의해 발전하는 서열적이고 초월적인 구조와 대비되는 내재적이면서도 배척하지 않은 관계들의 모델로서 사용되는 무작위의 끌림이다. 핵심 타깃으로서 소비자를 확정하는 순간부터 자리를 잡게 되는 광고 이미지는 우리 눈에 보이지 않는 리좀의 다양한 관계망을 또 다른 끌림으로 재해석한다. 광고 이미지의 도상적인 면과 조형적인 면들의 구성적인 배치는 또 다른 차성의 '자기-자리'를 제공하여 새로운 리좀의 양태적인 끌림 에너지로 나아간다.

해석체 자체가 언어로서 성립하기 위한 조건인 개념에서 출발하는 의미의 장이라면, 리좀이 의미하는 관계망은 개념 이전의 대상이 지니고 있는 형, 형태, 깊이, 크기, 재질, 색이 지니고 있는 순수 그 자체의 끌림의 장이라 할 수 있다. 삼부 이론에 나타난 삼각형의 내부는 기호를 만들어내는 과정에 있는 대상에 대한 소비자 주체의 내적 끌림을 의미하는 '자기-자리'이며, 외부는 이러한 개념형성과 관련이 없는 대립적인 차원의 '타자-자리'를 의미한다. 이 '자기-자리'와 '타자-자리'의 구성적인 차원을 어떻게 배치하느냐에 따라 광고가 지니고 있는 끌림 이미지는 동일한 이미지에서도 전혀 다른 층위로 나눠지게 된다.

즉 광고 이미지에서 '좋은 아침'이라는 타이포그래피를 예로 들면, 명조체 혹은 견고딕 등의 일반적인 서체를 통해 크기를 변형했을 때와 캘리그래피 혹은 타이포 아트의 형식을 지녀 시각적인 이미지에 좀 더 초점을 맞췄을 때 나타나는 경우, 전자는 기호학에 충실한 이미지라 할 수 있으며, 후자는 끌림이 지니고 있는 리좀의 '자기-자리'와 '타자-자리'의 생명적인 에너지를 끄집어낸 경우라 할 수 있다. 즉 언어 이전의 선험적인 끌림에 의한 움직임은 리좀에 의한 무작위 움직임을 의미하며, 이 움직임에서 끌림이 지니고 있는 생명적인 에너지를 느끼게 된다.

소비자 주체의 신체가 지니고 있는 눈은 이미 주어진 공간이라는 둘레에 싸여 있는 가운데 생성된 공감각에 의한 물질적인 눈이며, 이 눈에 보이는 대상적인 끌림은 물질적인 제한 가운데 생성하고 동시에 소멸한다. 동일한 시각 이미지도 소비자 주체에게 표면상 의미의 시각 이미지—이것은 일정한 공간적인 장소를 제공하고 하나의 광고 이미지를 주장하고 있다—를 나타내고, 아니면 분위기상의 이미지로 전락되어 그 대상의 주위에 전체적으로 펴져나간다.[19] 즉, 끌림 이미지가 지니고 있는 형태를 둘러싸고 있는 공간적인 자리는 어떻게 주어져 있느냐에 따라 전혀 다른 끌림 이미지를 전한다. 가령, 강가에 있는 조약돌과 화분 위의 조약돌이 동일한 조약돌임에도 전혀 다른 끌림을 주는 것은 조약돌이 지니고 있는 '자기-자리'가 다르기 때문이다.

마찬가지로 끌림의 빛 에너지를 지니고 있는 소비자 주체의 조건화된 환경에 따라 동일한 끌림도 서로 다른 끌림 이미지를 선택하는 것은 당연한 결과라고 볼 수 있다. '자기-자리'는 대상 자체에 있는 것과 주위 배경에 있는 두 가지가 있다. 대상 자체의 '자기-자리'가 소비자 주체의 내적 지평이 지니고 있는 에너지에 따라 다르게 나타나듯이 생명적인 의식 리듬을 지니고 있는 경우에 나타난다.

반면에 주위 배경에 의한 '자기-자리'는 무생물적인 대상 끌림의 경우

[도표 73] 해석체인 몸채와 소비자 주체의
원심력에 의한 '타자-자리'

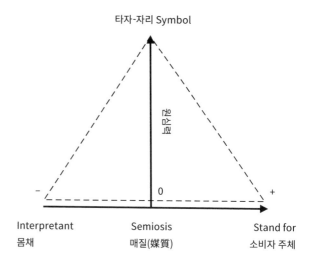

타자-자리 Symbol

원심력

−   0   +

Interpretant   Semiosis   Stand for
몸채   매질(媒質)   소비자 주체

에 해당한다고 볼 수 있다. 끌림 대상에 대한 '자기-자리'의 차이는 바로 생명체이냐, 아니냐에 달려 있다. 소비자 주체가 광고 이미지에 대한 끌림이 이뤄지는 순간은 어디까지나 일방적인 '자기-자리'에 의한 끌림이며, '자기-자리'가 어떠한 자리에 있느냐에 따라 선택적인 끌림에 차이를 지니게 된다.

광고 이미지는 소비자 주체에게 신선한 환경으로서 '타자-자리'로 지각된다. 광고 커뮤니케이션 가운데 보이는 끌림 이미지는 소비자 주체의 '자기-자리'로 전환되기까지 스쳐가는 과정적인 변화를 순수, 감각, 시각, 지각을 통해 파악하지 않을 수 없다. 신체 외적인 대상으로서 시각 이미지의 '타자-자리'는 경쟁시장이 지니고 있는 다양한 매체 속에 주어진 공인된 영토 속에서 군림하며, 그 가운데 끌림 요소가 자신의 신체 내적 지평으로 각인되어 흡수될 때는 신체가 지니고 있는 물질적인 조건화는 새롭게 변형이 이뤄진다.

소비자 주체의 신체적인 조건과 끌림 이미지의 진행은 매운 순간적이며, 동시에 일회적인 끌림으로 포착된다. 간혹 상품이 지니고 있는 속성이 당장 소비자와 아무런 연관이 없더라도 시각 이미지 자체만으로 끌림이 이뤄지는 경우는 소비자 주체가 지니고 있는 감성체로서 '끌림체'의 '자기-자리'의 영토적인 성정이 동등하거나 동경의 대상으로 드러날 때 나타난다.

자리는 공시적·통시적으로 늘 변형을 지니고 있지만, 자리가 지니고 있는 폭과 깊이는 소비자 주체의 끌림체와 연관된 무의식의 조건화에 진행하는 동태적인 성격을 지니고 있다.

광고 이미지에 나타나는 비주얼과 언어적인 구성작용은 스스로 '자기-자리'에 대한 영향력을 서로 다른 구성체에 대항 또는 병합·융합하며 배치되어 있다. 이를 아름답게 구성하고 배치하는 것은 전적으로 시각디자이너의 손길이라고 하지만, 그 역시 소비자 주체로서의 동일한 기질적인 자리를 품수한 가운데 분위기를 만들어나간다.

'자기-자리'는 크기도 중요하지만 자리가 지니고 있는 위치와 깊이 역시 간과할 수 없다. 사각형이 지니고 있는 프레임은 광고 표현을 하는 데 최상의 조건을 마련하는 최상의 '자기-자리'이며, 지금까지의 어떠한 시간과 공간이 만들어놓은 역사 가운데 가장 오랫동안 자연스럽게 사용된 '영토'다. 이 사각형의 프레임에서 자유로운 창의적인 배치는 광고디자이너의 '자기-자리'가 지니고 있는 질적 가치의 미적 끌림 선택 가운데 생성·소멸하는 유기적인 생명체의 장이다.

광고 이미지가 지니고 있는 갖가지 시각적인 요소와 언어적인 의미들의 '자기-자리'의 배치는 매 순간 긴장된 가운데 끌림 이미지를 생성한다. 색, 비주얼, 타이포그래피, 캡션, 일러스트, 심벌, 로고타이프 등의 긴장은 완벽한 의미 생성의 간결함이 이뤄질 때까지 지속적인 수정이 이뤄진다. 즉, 광고 이미지에서 나타나는 표현과 내용 측면의 위상적인 층위에서 확고한 끌림 이미지의 선택은 제작자로서 광고디자이너와 소비자 주체의 간주관적인 '자기-자리'의 내적 지평을 발견하기 위한 과정에서 이뤄진다.

흔히 광고 표현 분석은 눈에 띄는 광고 이미지를 통해 기호학적으로 이뤄진다. 문제는 분석자 자신이 지니고 있는 자리의 영토, 즉 '자기-자리'에 대한 확신이 없는 가운데 이뤄지는 분석은 어떠한 조직 혹은 집단이 만들어낸 분위기의 조건화 속에서 이뤄진 자기만족의 분석이며, '자기-자리'

가 지니고 있는 비영토화된 선험적인 자리에 대한 끌림 이미지를 발견한다는 것은 쉽지 않다.

자리는 신체가 느낄 수 있는 모든 감각자리 이외의 배경적인 요소로서 선험적인 자리가 있다. 이 선험적인 자리로서 '자기-자리'에 대한 통각적인 파악 없이 끌림 이미지에 대한 느낌을 소비자에게 소구한다는 것은 일회성의 시각 이미지를 의미한다. 선험적인 '자기-자리'는 소비자 주체의 내면에서 움직이는 끌림체라는 또 다른 몸채를 의미하며, 이 몸채에 의한 신체 감각을 통각 할 때 나타난다.

'타자-자리'가 생성되는 층은 소비자 주체의 신체를 중심으로 내적·외적으로 지향하는 '자기-자리'의 위치(spot)에 따라 변형(transfer)이 이뤄진다. 주어진 신체는 대상이라는 객체에 의해 '타자-자리'임과 동시에 '자기-자리'로 탈바꿈한다. 이것은 미메시스와 포이에시스 같은 대상에 대한 해석적 차원의 주관과 객관이 아닌 신체를 지니고 있는 '자기-자리'와 신체를 내면적인 몸채를 통해 대상으로서의 '타자-자리'를 지칭하는 총체적인 끌림이 형성하는 자리다.

또한 탈바꿈에는 언어 자체가 지니고 있는 의미의 내용과 표현의 분절에서 느끼는 딱딱한 형식적 차원의 단조로운 구분이 아닌 '자기-자리'와 '타자-자리'로 옮겨갈 때 느껴지는 빛 에너지로서 몸채의 회오리를 생성한다.

이때 '타자-자리'는 소비자 주체로서 자신의 신체가 또 다른 대상으로서 늘 동경과 신비의 자리로 남게 된다. 광고 이미지가 지니고 있는 끌림 요소가 소비자를 부담 없이 수용할 수 있는 것은 바로 신체에 대한 객관적인 투사가 소비자 주체의 내면적인 '순수-자리'로부터 충분히 떨어져 있는 '감각-자리'로서 타자이기 때문에 가능하다. 광고디자이너의 손을 통한 크리에이티브 행위는 그 자체가 '타자-자리'를 지향하는 가운데 일어나는 교량으로 '변형-자리'가 된다.

3) 변형-자리

'변형-자리'는 소비자 주체가 지니고 있는 '자기-자리'에서 '타자-자리'로서 광고 이미지를 하나의 '융합-자리'로 만들어가는 과정적인 자리를 의미한다. 또한 광고 이미지가 지니고 있는 그 자체의 끌림 이미지로서 '자기-자리'가 객체로서 소비자 주체의 '타자-자리'에 의해 조작되거나 변형이 이뤄질 때 생성한다.

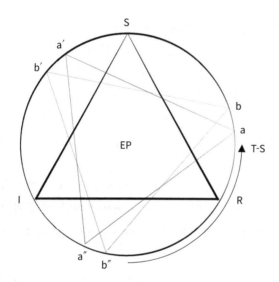

[도표 74] 몸채에서 생성하는 기호 삼각형의 회전에 의한 '변형-자리(T-S)'
I(Interpretant): 시각디자이너,
R(Referent): 소비자 주체, S(Sign): 시각이미지, EP(Empty Point): 텅 빈 점,
T-S(Transfer-Seat): 변형-자리

화이트헤드가 "변형은 기하학적 형식 이외의 질적 요소에서도 동일한 함의된 성질로서 나타날 때 형성된다."라고 언급했듯이 소비자 주체와 시각 이미지의 상호관계에서는 어떠한 끌림을 지니고 있느냐에 따라 변형이 지니고 있는 자리에 차이를 지니게 된다. 또한 광고 이미지의 기하학적 배치에 의한 형식들은 소비자 주체의 신체적인 끌림을 위한 객체적인 '타자-자리'를 형성하고 있는 결합체의 구성요소에 따라 변형이 조작된다. 즉 광고 이미지의 배치를 두 개의 끌림점으로 조작할 경우 완전한 끌림 직선을

결정하게 되고, 겹치지 않는 세 개의 끌림점으로 조작할 경우 완전한 '끌림-자리'의 변형을 결정하며, 서로 면이 부딪히지 않는 네 개의 끌림점일 경우에는 완전한 삼차원의 '변형-자리'로서 광고디자이너와 소비자 주체의 '자기-자리'와 '타자-자리'의 개성적인 자리를 연출한다.

따라서 '변형-자리'는 기하학적인 의미의 복합적인 분포를 갖게 된다. 일정한 끌림점이 지니고 있는 집합의 유한한 집합으로 구성된 모든 장소는 '변형-자리'로서 창의적인 의미로 새롭게 생성된다. '변형-자리'의 중심적인 역할을 하는 끌림점의 의미 강도의 축에 따라 끌림 회오리가 발생하게 되며, 이 회오리로 인해 광고디자이너와 소비자 주체의 신체가 지니고 있는 '변형-자리'는 끊임없이 몸채에너지에 의해 조작·변형 된다. 끌림점은 무형의 텅 빈 점이며, 이 텅 빈 점들은 소비자 주체마다 몸채에 의해 채색되어 끌림점의 형질과 크기, 넓이에 차이를 나타낸다.

[그림 83] '변형-자리'에 의한 끌림: 'inner-fish'/ Illustrator, 전기순 作.
시각디자이너, 소비자 주체, 시각 이미지 자체는 제각기 비물질적인 몸채(body itself)의 전면성을 통해 지니고 있다. 이 몸채에서 생성되는 '자기-자리'에서 '타자-자리'로 또는 '타자-자리'에서 '자기-자리'로 지향할 때 '변형-자리'가 생성한다.

끌림점들의 복합적인 통합에 의해 형성된 소비자 주체의 '자기-자리'는 광고 이미지를 느낌으로 포착하는 순간 끌림점들이 순식간에 '변형-자리'로 바뀐다. 광고디자이너와 소비자 주체의 절묘한 만남이 이뤄지는 장소로서 광고 이미지는 교차적인 '변형-자리'로 서로의 몸채를 휘감아 돈다. 변형의 자리에 한정되는 끌림 회오리의 선, 면 그리고 공간에 의한 평면적인 자리는 매우 중요한 끌림의 잉여성 영토로 간주된다. 데리다는 차이가 지니고 있는 의미 차원의 순수한 개념 차이 극복은 또 다른 차원의 메타적인 의미 공간을 통해 차이를 극복할 수 있다고 하여 차연을 제시했다.

또한 퍼스가 삼부 이론을 통해 "해석체는 대상에 대한 입장을 고집함으로써 서로 간의 차이를 극복할 수 없음을 인식하면서 어떠한 방식으로 해석하느냐에 따라 전혀 다른 상징 혹은 기호로 적용됨"을 주장했다. 실제 끌림이 일어날 때 나타나는 소비자 주체의 '자기-자리'가 끌림 대상에 포착되는 순간 '타자-자리'로 변화되는 과정 속에서 나타나는 차이의 극복을 통해 새롭게 융합되어 끌림 매질의 '변형-자리'가 되는 것은 차연과 해석체가 주장하는 차이의 극복에 의한 것임을 알 수 있다. 즉, 끌림 회오리의 폭과 깊이가 주는 정도에 따라 매질의 질성은 동일한 끌림 대상이더라도 전혀 다른 끌림을 갖게 된다.

'자기-자리'와 '타자-자리'가 '텅 빈 상태'에서는 서로가 지니고 있는 매질에 대한 어떠한 끌림이 없는 텅 빈 공간을 의미하며, 이 텅 빈 공간에

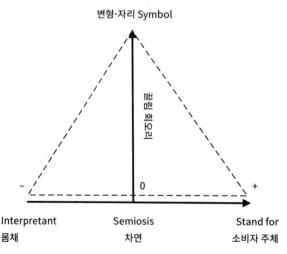

[도표 75] 퍼스(C. Peirce)의 해석체인
몸채와 소비자 주체의 '변형-자리'

서 새로운 매질인 '변형-자리'가 완벽하게 형성되어 끌림에 대한 강력한 몸채 에너지를 지니게 된다. '구심력'의 '자기-자리'로 기울인 상태에서는 끌림 대상에 대한 매력을 지니고 있지 않지만, '원심력'으로 가까이 가면 갈수록 소비자 주체가 감당할 수 없는 끌림이거나 이질적인 특징에 의해 끌림에 대한 감동이 없는 가운데 흡수되어버리는 현상을 의미한다.

따라서 기호화 과정에 의해 가운데의 '텅 빈 공간'에 가까이 가지 않은 상태에서의 끌림 현상은 소비자 주체로서는 아무런 감동이 없거나 혹은 흡수로 인해 소비자 주체의 개성적 끌림이 사라지게 된다. 자리의 변형은 매 순간 신체 살갗에서 새롭게 생성·소멸한다. 마치 신체가 지닌 세포가 4주 단위로 생성·소멸하는 것과 마찬가지로 끌림 에너지의 '자기-자리'와 '타자-자리'의 자기 관계적인 체계를 통한 교환 구조로 인해 지속적인 성장을 위해 변형한다.

이 두 자리 사이에서 또 다른 '변형-자리'가 생성되어 새로운 '자기-자리'와 '타자-자리'로 새롭게 정립해서 진화한다. 자신의 오래된 자리를 변형하여 환경에 맞도록 신체감각을 조작한다. 소비자 주체의 '자기-자리'가 지니고 있는 순수한 형, 형태, 질감 등은 '타자-자리'가 지니고 있는 매질(媒質)의 접근 경로에 따라 '변형-자리'는 제각기 부정(不定)한 차이로 현전한다. 순수예술을 지향하는 예술인의 경우는 자신의 내면적인 '타자-자리'를 향한 몸부림이라면, 시각디자인의 경우 소비자 주체의 '타자-자리'를 지향하는 지극히 현실적인 손놀림이다.

하지만 '타자-자리'가 지니고 있는 지향적 끌림 에너지는 몸부림, 손놀림에 의해 끊임없이 변형적인 자리를 만들어낸다. 광고, 시각디자인 행위는 그 자체가 손놀림이 지니고 있는 끌림 에너지의 표현이며, 실제 보이지 않는 '타자-자리'를 손놀림을 통한 신체적인 확인과 시각적인 드로잉, 레이아웃, 편집, 일러스트 등을 통해 눈으로 체험하기를 주저하지 않는다. 자리는 일정한 범위의 광고디자이너 혹은 소비자 주체의 주권적인 성격을 지니고 있는 정해진 영토이며, 이 영토 속에서 정신과 신체적인 안정을 원한다.

4) 융합-자리

‘자기-자리’가 지니고 있는 끌림 회오리의 에너지 형질에 따라 중심의 의미는 차이를 지닌다. 반면 주위 배경에 의한 ‘가장-자리’는 소비자 주체의 외적 지평이 지니고 있는 환경에 의한 끌림 에너지가 생성되는 끌림 회오리를 의미한다. 끌림 대상에 대한 ‘자기-자리’의 차이는 바로 전경의 ‘중심-자리’와 배경의 ‘가장-자리’에서 발견할 수 있다. 소비자 주체가 광고 이미지에 대한 끌림이 이뤄지는 순간은 어디까지나 일방적인 소비자 주체의 ‘자기-자리’에 의한 끌림이며, 대상으로서 광고 이미지의 어떠한 자리에서 끌리는가는 전적으로 소비자 주체의 선택적인 끌림에서 생성한다.

다품종 소량 생산이 다수를 이루고 있는 현대 소비시장에서 소비자 주체의 ‘자기-자리’가 지니고 있는 중심과 가장자리의 차이에 의한 끌림 에너지와 시각 이미지의 ‘타자-자리’와의 접점에서 이뤄지는 ‘변형-자리’는 전혀 다른 창의의 융합이 생성한다. 융합은 소비자 주체와 시각 이미지, 그리고 광고디자이너의 ‘자기-자리’와 ‘타자-자리’의 상관성에 의해 생성하

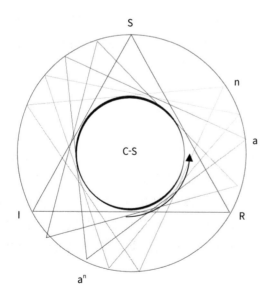

[도표 76] 몸채에서 생성하는 기호
삼각형의 회전에 의한 ‘융합-자리(C-S)’
I(Interpretant): 시각디자이너,
R(Referent): 소비자 주체, S(Sign):
시각 이미지, C-S(Convergence-Seat):
융합-자리

는 창의의 자리다. 이 '융합-자리'는 다양한 유형으로 결합이 이뤄져 나타난다. 서로 다른 잉여성의 영토 자리에서 두 가지, 3가지 결합이 이뤄질 때의 경우의 수는 다양하게 나타난다.

이것을 해석체의 삼부 이론을 통해 '융합-자리'의 위상학적인 양태를 좀 더 체계적으로 분석하면 해석체로서 '자기-자리'와 지시 대상인 '타자-자리'에 부여되는 소비자 주체의 끌림체에 따라 '융합-자리'의 소비자 주체의 상징적인 이미지는 바뀐다고 할 수 있다. 해석체로서 끌림체가 지니고 있는 자리는 '자기-자리'와 '타자-자리'를 어떻게 변형하여 배치하느냐에 따라 동일하게 조건화된 광고 이미지에서도 서로 다른 '융합-자리'의 끌림 이미지가 표출된다.

끌림체의 배치는 '자기-자리'와 '타자-자리'에 대한 무의식적인 상호 관계에 의한 견해적인 끌림 행위이며, 자유로운 자리의 교차에 의한 교환 형식이다. 예를 들면, 광고 제작을 할 때 나타나는 고관여 이성상품에 대한 광고 이미지의 자리 배치가 저관여 감성상품의 자리 배치와는 서로 일치하지 않는 광고디자이너의 '자기-자리'와 '타자-자리'가 공존하는 것과 같다.

동일한 환경에서도 주어진 상품의 특징에 따라 시각 이미지의 배치에 대한 끌림 감각이 다르게 공존하는 것은 배치 이전의 자리가 지니고 있는 양태적인 해석체로서 광고디자이너의 소비자 주체에 대한 확장성이 자리하고 있기 때문이다. 확장성은 '자기-자리'와 '타자-자리'의 이동 가운데 생성되는 몸부림과 손놀림의 '변형-자리'에서 생성한다. 이미 신체의 전면성이 지니고 있는 끌림체는 제각기 잉여성의 영토에 의해 배치된다.

'자기-자리'로서 끌림이 지니고 있는 4가지 끌림 자리, 즉 순수 끌림, 감각 끌림, 시각 끌림, 지각 끌림이 '타자-자리'로 이동할 때, 동종(同種)의 닫힌 끌림 자리로 이동하는 순수 변형이 아닌 틀에서 벗어난 확장성을 지닌 이종(異種) 변형으로 자리를 확보하게 된다. 끌림에서의 확장성은 자리에 대한 변형이 이뤄지는 가운데 나타나는 다양한 자리의 확장을 의미하며, 이 자리가 지니고 있는 기질(氣質)적인 양태에 따라 다양한 형태의 '융합-자리'의 끌림 회오리를 만들어낸다.

따라서 소비자 주체의 끌림체의 전면성에 놓여 있는 시각 이미지의 '타자-자리'는 새로운 끌림 과정의 '변형-자리'이며, 이 '변형-자리'의 완벽한 소화·흡수를 통해 또 다른 창의의 '융합-자리'로 새롭게 탄생한다.

자리(Seat)는 신체에서 생성된 비물질적인 체(體)로서 끌림체(몸채: Body Corps)와 용(用)의 몸채(BL; Body Lighting)인 끌림 에너지에 의해 생성된 잉여성의 '끌림-자리'다. 끌림은 언어학적인 문법구조에 생성된 체계적인 도구가 아닌 신체에서 발화되는 '어떤 느낌'과 유사한 유기체적 지향성을 지니고 있는 에너지이며, 이 에너지의 통합체를 끌림체라 한다. 끌림 지향은 끌림체를 형성하고 있는 에너지에 의한 몸채로 구성되어 운용된다.

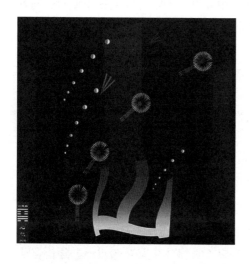

[그림 84] '융합-자리'에 의한 끌림: 'inner-mountain'/ Illustrator, 전기순 作.
시각디자이너, 소비자 주체, 시각 이미지 자체는 제각기 비물질적인 몸채(body itself)의 전면성을 통해 지니고 있다. 이 몸채에서 생성되는 '자기-자리'에서 '타자-자리'로 또는 '타자-자리'에서 '자기-자리'로 지향할 때 '변형-자리'가 생성한다.

지향성을 지니고 있는 몸채(BL)의 시작점은 엄밀히 말하면 꽉 채워진 점(點)이 아닌 공점(空點)으로서 '자기-자리'의 영토를 지니고 있다. 즉, 텅 비어 있는 공간을 지니고 있는 점의 영토는 지향이 지니고 있는 목적성의 잉여성을 지니고 있지 않은 순수한 자리다. 끌림의 지향성이 성립되는 순간 소비자 주체의 '자기-자리'가 잉태된다. 끌림의 환원적인 지향은 최초의 공점에 도달하는 것을 의미할 수 있다.

　그러나 소비자 주체는 일반적으로 물질적인 바깥세계를 지향하고 있기 때문에 '자기-자리'가 만족하는 대상적 끌림을 추구한다. 현상학적인 '타자-자리'를 '나-여기 있음'의 존재적인 위치에서 추구하는 늘 '거기-있음'의 선험적이고 초월론적인 대상이라고 한다면, 현대 첨단 소비시장에서의 '타자-자리'는 소비자 주체의 신체에 함의하고 있는 끌림체의 욕구대상으로 광고 이미지에 나타나는 상품이 곧 '타자-자리'로서 '끌림-자리'가 된다.

　하지만 간혹 나타나는 광고 이미지에서 '거기-있음'의 초월론적인 끌림체는 신체적인 욕구 끌림 이전의 소비자 주체가 지니고 있는 '타자-자리'의 체현(體現)이며, 소비자 주체의 끌림체가 요구하는 신체적인 욕구에 앞서는 초월론적인 층위의 '타자-자리'다. 즉 육화(肉化)된 신체의 공감각은 소비자 주체 스스로 환경에 의해 조건화된 '자기-자리'에서 끌려지는 물질적인 '타자-자리'이지만, 이 '타자-자리'의 원형은 선험적인 끌림체에 의해 생성된 비물질적인 세계의 공감각에서 확인할 수 있는 몸채로서 '타자-자리'라 할 수 있다.

　현대 소비생활 속에서 익숙해진 소비자 주체의 개성적인 라이프 스타일과 주어진 신체의 '시간-반복'에 의한 의식의 조건화된 기질(氣質)적 양태는 '타자-자리'를 광고 이미지에 나타난 물질적인 상품 또는 무형의 가치로 대신한다. 최근의 시각 이미지는 단순히 상품에 대한 새로운 정보를 알리는 커뮤니케이션 수단이 아닌 물질적인 이점(Benefit)을 비물질적인 가치로 승화시켜 또 다른 정신과 문화적인 끌림체로 조작하여 소비자에게 제공하는 방향으로 나아가고 있다.

　'타자-자리'가 지니고 있는 초월론적인 가치를 광고 이미지의 물질적인 구조, 구성적 체계의 전체성에 소비자 주체 자신의 '자기-자리'에 제공하고자 할 때, 즉 시각적 광고 이미지를 포착하기 전에 소비자 자신의 끌림체에 대해 물을 때, 또는 소비자 주체의 신체적인 양태와 지각과의 관계를 새롭게 인식하고 기술할 때 비로소 소비자 주체로서 자신의 공감각적인

'자기-자리'와 '타자-자리'의 융합을 체험하게 만든다.[20]

이렇듯 소비자 주체의 자리는 '자기-자리'에서 '타자-자리'로 옮겨가는 순간적인 과정의 '변형-자리'와 최종적인 '융합-자리'로 생성·소멸하는 '끌림-자리'에서 발견할 수 있는 끌림점(AP; Attracting Point)의 목적 지향에 의한 잉여성이라 할 수 있다.

공점(EP)과 끌림점(AP)에 의해 생성하는 '자기-자리'가 조건화된 환경에 고착될수록 광고디자이너 혹은 소비자 주체의 '끌림-자리'가 지니고 있는 공점인 '중심-자리'의 이동은 차츰 불가능하게 된다. 이 경우에는 '자기-자리'의 주변 환경이 지니고 있는 끌림점의 '가장-자리'가 '중심-자리'에 비해 빠르게 변화하는 것을 느끼게 되며, 반대의 경우에는 '중심-자리'가 '가장-자리'보다 느리게 변화하는 것을 느끼게 된다.

끌림에 의한 느낌의 가닥들에 의해 최종적으로 형성되는 비물질적인 역삼각형의 완벽한 끌림 회오리는 각 가닥이 지니고 있는 공점의 층위에 따라 동일한 몸채(BL)이거나 전혀 다른 몸채(BL)의 영향 속에서 끌림 회오리의 크기, 폭, 깊이, 질감 등이 다양하게 생성된다. 특히 대상 끌림에 대한 의미 생성은 끌림 회오리가 생성된 이후의 해석적인 차원의 끌림 회오리로 본래의 순수감각에 의한 끌림 회오리를 포장함으로써 구체화한다.[21]

의미와 몸채(BL)의 또 다른 엮임(Weave)은 끌림체와 몸채의 체용(體用)에 의한 이끌림을 거대한 '타자-자리'로 나아갈 수 있게 하는 교두보로 작용한다. 의미는 해석체로서 정신 또는 신체적인 상태, 몸채에 의해 변형과 조작이 가능한 의식의 장이며, 이 장에서 느껴지는 끌림은 늘 소비자 주체의 환경에 의해 조작적인 변환이 이뤄지는 환상적인 '중심-자리'로서 공점의 영향이다.

끌림점의 '가장-자리'는 외부의 조건화된 환경에 의해 변형이 쉽게 이뤄지는 반면, 공점의 '중심-자리'는 '가장-자리'의 대상 포착점의 변형에 따라 다양한 자리(자기-자리, 타자-자리, 변형-자리, 융합-자리)의 중심점의 궤적을 만들어나간다. 중심점의 궤적은 텅 빈 상태의 공점(空點)에서 '가장-자리'에 의해 형성된 끌림점의 연장에서 4가지 '중심-자리'가 수시로 변

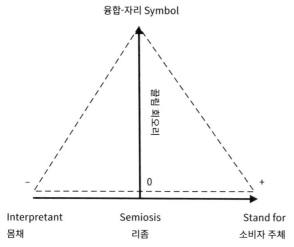

[도표 77] 퍼스(C. Peirce)의 해석체인
몸채와 소비자 주체의 '융합-자리'

융합-자리 Symbol

리좀의 화오리

Interpretant
몸채

Semiosis
리좀

Stand for
소비자 주체

형되어 공점의 연장으로서 선의 리듬을 수직으로 만들어나간다. 이로써 끌림점의 '가장-자리'와 공점의 '중심-자리'의 수평적인 변형과 수직적인 리듬의 상관관계 속에서 서로 끌고 당기는 에너지를 통해 끌림 회오리를 생성한다.

2   끌림 '장'

1) 순수의 장

광고디자이너와 소비자 주체의 간주관적인 순수의 장은 기호 사각형이 지니고 있는 비물질적인 신체인 끌림체의 발생에서 생성한다. 끌림체는 주체와 끌림을 생성하는 '이것', 두 개의 축인 '여기-있음'과 '거기-있음'의 이항 대립구조의 차연에서 만난다. 존재적 차원의 주체는 사유, 자아 등의 '여기-있음'에 한정되어 있어 '이것'이라는 '거기-있음'에 대한 자연과학적 규명이 아닌 재현(再現)이나 재인식(再認識)의 일반적인 형식에 국한한다.

하지만 주체의 형식이 지니고 있는 특질은 어떤 질료를 갖고, 게다가 이 질료는 어떤 순수한 요소다. 이 책에서는 이 질료가 현대 소비생활을 하고 있는 소비자 주체의 신체 주위를 감싸고 있는 비물질적인 신체인 끌림체이며, 이 끌림체는 매 순간 바뀌는 빛 에너지에 의해 몸채를 새롭게 구성하고 조직한다.

주체로서 '여기-있음'은 끌림체가 지니고 있는 몸채의 순수성에 대한 재현이며, 이를 통해 대상 혹은 타자로서 '이것'이 지니고 있는 '거기-있음'의 끌림체를 유추 혹은 재인한다. 유추나 재인은 끌림 생성이 지니고 있는 순간적인 끌림 회오리에 의한 뒤틀린 포착 결과이며, 언어 자체가 지니고 있는 분절로서 이항대립적인 차이의 의미 생성은 아니다.

이로써 끌림 생성은 서로 다른 극성의 순수 끌림 장에서 끌림 회오리의 몸채를 발견하게 한다. 광고 이미지는 시각디자이너와 소비자 주체의

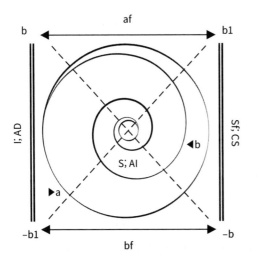

[도표 78] 퍼스(C. Peirce)의 해석체인 몸채와 소비자 주체의 '순수의 장'

◀━━━▶ 상반관계 또는 반대관계: 끌림 회오리에 의해 두 극성이 뒤틀어져 개성적으로 느끼게 됨

‑‑‑‑‑‑‑‑‑ 모순관계: 끌림 대상에 대한 '끌림 전면성'과 '끌림 배면성'을 동시에 느끼게 됨

━━━━━ 상보 또는 함축관계: 끌림 대상의 '중심-자리'에 따라 맞추어 끌림의 깊이를 연장하게 됨

b: 여기-있음, b1: 거기-있음, -b1: 탈-거기-있음, -b: 탈-여기-있음, I; AD: 해석체; 시각디자이너, Sf; CS: 지시체; 소비자 주체, S; AI: 상징; 끌림 이미지, af(attraction front): 끌림 전면성, bf(attraction back): 끌림 배면성; 해석체가 '중심-자리'의 끌림 대상을 바라보는 시점, ◀b; 소비자 주체가 '중심-자리'의 끌림 대상을 바라보는 시점, 따라서 ▶a, ◀b의 기울기는 대상 끌림에 대한 뒤틀리는 정도를 나타낸다.

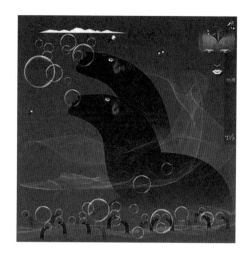

[그림 85] '순수의 장'에 의한 끌림; 'inner-voice'/ Illustrator, 전기순 作.
순수의 장은 기호 사각형이 지니고 있는 비물질적인 신체인 끌림체(몸채)의 축인 '여기-있음'과 '거기-있음'의 이항대립구조의 차연에서 만난다.

끌림 생성이 선행된 가운데 서로 다른(▶a, ◀b) 뒤틀린 자기동일성 끌림 이미지이며, '끌림 전면성'에서 나타나는 끌림 생성 이외에 광고 이미지의 배경이 지니고 있는 잉여성의 '끌림 배면성'에서 선험적인 순수 끌림의 깊이를 포착할 수 있다. '▶a'의 뒤틀림은 광고디자이너의 끌림 대상으로서 '중심-자리'에 대한 주관적인 끌림에 의한 기울기 현상이며, 시점에 의한 위치는 끌림 회오리가 지니고 있는 기호 사각형의 '끌림 전면성', '끌림 배면성'의 강도에 영향을 받게 된다.

마찬가지로 '◀b'의 뒤틀림은 소비자 주체의 끌림 대상으로서 '중심-자리'에 대한 주관적인 끌림에 의한 기울기 현상이며, 시점에 의한 위치는 끌림 회오리가 지니고 있는 기호 사각형의 '끌림 전면성', '끌림 배면성'의 강도에 영향을 받게 된다. 이와 같이 동일한 시각 이미지에서도 뒤틀림에 의한 끌림의 차이는 끌림 회오리의 회전 각도가 지니고 있는 회전력과 끌림체의 끌림 전면성과 배면성에 얼마만큼 치중되어 포착하는가에 따라 달라진다. 끌림 배면성은 끌림체의 끌림 전면성이 지니고 있는 현실적이고 지극히 주체의 개성적인 끌림에 충실한 잉여성의 특징과는 반대로 늘 숨어 있으며, 가려져서 보이지 않는 어떤 것에 대한 무한한 향유이며, 가능성을 위해 끝없이 배회하는 또 다른 끌림의 '순수 끌림 장'이다.

간주관적인 공간은 이미 존재적인 차원에서 '여기-있음'과 '거기-있음'의 물리적인 배경의식이 사라진 가운데 생성된 '끌림 전면성'과 '끌림 배면성'을 동시에 갖추고 있는 끌림 회오리의 장이며, 현실적인 공간을 떠난 또 다른 차원의 초월론적인 장이다. 즉자의 위치가 아닌 대자로서 서로의 존재적인 차원이 수용된 상태의 끌림 장을 의미하며, 이 장에서 나타나는 어떠한 뒤틀림에 의한 '차이'의 개념은 스스로 끌림 회오리의 강도 및 질료적 특성에 의해 용해되어 사라진다. 이 사라지는 전 과정에서 순수의식은 매 순간 뒤틀림에 의해 위치가 바뀌며 되살아난다.

예를 들면 이른 아침이슬을 '맑고 순수함'이라는 개념을 가지고 표현

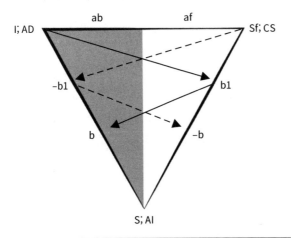

[도표 79] 끌림체의 전면성과 배면성에 의한 '주름-지음'

b: 여기-있음, b1: 거기-있음, -b1: 탈-거기-있음, -b: 탈-여기-있음, I; AD: 해석체; 시각디자이너, Sf; CS: 지시체; 소비자 주체, S; AI: 상징; 끌림 이미지, af(attraction front): 끌림 전면성, ab(attraction back): 끌림 배면성

'주름-지음'	af				ab			
	b	b1	-b	-b1	b	b1	-b	-b1
굴곡	○				○			
음영	○	○			○	○		
겹침	○	○	○		○	○	○	
리듬	○	○	○	○	○	○	○	○
형상	○	○	○	○	○	○	○	○
지도	○	○	○		○	○		
수축	○	○			○			
두께	○				○			

했을 때, 이를 본 소비자 주체의 끌림이 맑고 순수함 이전에 '영롱한 보석'으로 먼저 받아들였을 경우 광고디자이너의 의도와 완전히 빗나가지는 않았지만 서로의 순수한 의도가 살짝 뒤틀린 가운데 생성된 몸채의 차이를 나타내게 된다. 이 차이는 스스로 지속적인 끌림 회오리의 움직임에 의해 기울기가 바뀌게 되어 어느 순간 두 축의 차이가 없는 자기동일성의 위치에서 끌림 회오리의 '중심-자리'를 발견하게 된다.

이 뒤틀림에 의한 에너지는 간주관적인 자기동일성을 향해 끊임없이 끌림 회오리를 만듦과 동시에 끌림 회오리의 간주관적인 순수의 장을 창출하게 된다. 따라서 광고디자이너와 소비자 주체 간의 순수하게 느껴진 끌림 장이 '서로 다른 느낌으로 대상과 함께 지향성을 지니고 있는 발생적 끌림인가?' 아니면 '정적이면서 대상과는 아무런 관계가 없는 비물질적 신체인 '끌림체' 그 자체의 간주관적인 끌림인가?'에 대한 논의는 매우 중요한 대상일 수 있다.

만일 끌림 대상에 아무런 영향을 미치지 않는다면 순수의식이 지니고 있는 끌림 회오리는 오로지 자기동일성 대상으로서 지향성에 의한 발생적인 끌림이 아닌 아무런 물리적인 영향을 끼치지 않는 선험적인 끌림체로서 소비자 주체의 개성적인 판단이라 할 수 있다. 이러한 파악은 끌림 이미지의 배경이 지니고 있는 다양한 환경적인 차원의 의식에 앞선 순수지향의 장에 의한 몸채, 즉 빛 에너지다. 어떠한 시각적인 대상도 광고디자이너와 소비자 주체의 간주관적인 자기동일성이 이뤄지기 전의 각자가 지니고 있는 배경의식이며, 주체마다 지니고 있는 비물질적인 신체로서 끌림체의 전면성이 지니고 있는 순수성이라 할 수 있다.

전면성은 신체의 전면에 보이는 팔, 다리, 가슴, 목, 어깨, 얼굴 등을 포함하는 제각기 특징적인 끌림의 순수성을 함의하고 있으며, 그 자체로 잉여성의 배경을 장식하는 순수 끌림 장이다. 사실 주체마다의 배경의식은 즉자로서가 아닌 대자로 바뀌어 나타나지 않는 이상 모든 지향적인 끌림이 서로 다른 차이의 전면성에 따른 초월론적인 지향이 선행함을 알 수 있다. 주체마다의 서로 다른 초월론적인 지향의식은 끌림체가 지니고 있는 몸채의 전면성에서 나오는 순수의식에서 비롯된 끌림 회오리이며, 이 전면성의 배경의식이라는 거대한 발생적 차원의 초월론적인 끌림이 선행함을 알 수 있다.

이미 후설은 이러한 대상을 둘러싼 환경이 지니고 있는 의식을 지평[22]이라 하여 초월론적 현상학의 핵심적인 개념으로 자리를 차지하게 했다. 특히 대상이 해석적인 현상에 기초를 둔 실재로서 외적 지평이라면, 대상의 개념과 배경은 내적 지평으로서 초월론적인 현상에 기초를 두고 있다. 간주관적인 순수 지평은 대상과 주체가 서로 하나로 합일이 이뤄질 때 나타나는 상징이며, 이 상징 이미지를 통해 순수 끌림은 외적·내적 지평을 통한 배경과 대상이 동시에 주어진 가운데 이뤄지는 가장 자연스러운 끌림이다.

그레마스의 기호 사각형을 통해 끌림 회오리가 지니고 있는 순수의 장에 대한 의미를 더욱 확장하여 영역을 표시한 점은 광고디자이너와 소비자 주체가 만나는 순수 지평의 끌림 전면성과 끌림 배면성의 위치에 따라 서로 다른 끌림 회오리의 몸채에 대한 차이를 드러내기 위함이다. 'b'의 '여기-있음'이 'b1'의 '거기-있음'의 대상 끌림으로 지향할 때 생성하는 끌림 회오리는 광고디자이너와 소비자 주체가 지니고 있는 '전면성'과 '배면성'의 양극성에 의해 회전이 이뤄진다. 이 극성에 의한 움직임은 곧 'b1'에서 '-b'로 향하는, 마치 수직적 하강으로 움직이는 전면성의 뒤틀림을 갖게 된다.

마찬가지로 그 반대의 경우 '-b1'의 '탈-거기-있음'이 '-b'의 '탈-여기-있음'의 대상 끌림으로 지향할 때 생성하는 끌림 회오리는 광고디자이너와 소비자 주체가 지니고 있는 '전면성'과 '배면성'의 양극성의 반대편에서 회전이 이뤄진다. 이 극성에 의한 움직임은 곧 '-b1'에서 'b'로 향하는, 마치 수직적 하강으로 움직이는 배면성의 뒤틀림을 갖게 된다.

간주관적인 순수의 장이 지니고 있는 뒤틀림의 광고모델을 예를 들면, 산 정상에서 성공적인 산행을 마친 등산객의 환한 웃음(b1)이 있는 이미지가 있다고 하자. 마침 소비자 자신도 산행을 위해 여러 가지 준비를 하고 있다고 하면(b), 그 이미지의 순수 끌림은 나 자신이 행하고 있는 이 순간의 끌림 전면성(b1)이 지니고 있는 끌림체의 자기동일성(-b)의 배경의식이 광고 이미지에 둘러싸여 자연스럽게 끌리게 될 것이다.

또한 주위의 어떠한 시각적인 이미지보다 산 정상에서의 환한 웃음을 짓고 있는 모델에 시선을 빼앗기게 된다. 모델의 환한 표정에서 소비자 자신도 자기동일성인 끌림 전면성이 지니고 있는 배경의식으로 스스로를 끌리게끔 자극한다. 우연에 의한 순수 끌림은 다른 어떠한 사전적 지각을 통한 의식적인 끌림이 아닌 자연스러운 끌림체의 전면성이 지니고 있는 동일성인 배치가 지니고 있는 순수한 끌림이다.

또한 소비자 자신이 들고 있는 등산복 및 배낭 등을 지각하기 시작했으며(b), 이 등산복을 지각하는 초기 단계에 내가 이 등산복을 단순히 '검은색 등산복'으로 경험했다고 가정하자. 더 나아가 시간이 지나면서 이 등산복을 다시 살피고 난 뒤 소비자는 이 등산복이 '빨간 줄무늬가 있는 검은색'임을 확인하게 되었다고 가정하자. 이 빨간 줄무늬가 있는 검은색이 시간의 흐름 속에서 지각되는 끌림의 전면성은 광고 이미지에 나타난 모델의 등산복과 유사하거나 동일한 브랜드일 경우 소비자 주체와 광고디자이너의 간주관적인 순수성이 순간적으로 나타나게 된다(b1). 여기에서 순간의식에 의한 간주관적인 순수의 장으로서 끌림 회오리가 발생하게 된다('b'에서 'b1'으로, '-b'에서 '-b1'으로).

또한 빨간 줄무늬의 검은색 등산복이 소비자 주체가 입고 있는 옷과 동일하지만 배낭이 다를 경우에는 끌림 회오리의 전면성과 배면성이 지니고 있는 굴곡, 음영, 겹침, 리듬, 형상, 선(수직선, 수평선), 두께의 뒤틀림에 의한 차이로 진행한다('-b1'에서 'b'로, 또는 'b1'에서 '-b'로). 이때 일어나는 차이의 뒤틀림은 끌림 회오리의 '폭'과 '깊이' 그리고 '강도'로 소비자 주체마다 서로 다른 '주름-지음'이 이뤄지게 된다.

뒤틀림은 소비자 주체의 신체 주위를 둘러싸고 있는 비물질적인 끌림체의 현실적인 차원으로 나아가기 위한 순수한 대상 끌림과의 관계성에서 발생하는 것이며, 어떠한 사회·문화가 지배하고 있는 가치 범주 속에서 느껴지는 시지각에 의한 끌림 회오리가 형성되기 전 단계의 초월론적인 '순수-각'의 뒤틀림이다. 끌림체의 전면성과 배면성은 서로 다른 음영짐을 지고 있다. 마치 신체 전면의 얼굴, 가슴, 다리, 양팔이 서로의 기능을 지니고 있는 가운데 서로 다른 끌림 에너지를 지니고 있듯이, 끌림 회오리는 전면성이 지니고 있는 각자의 배치가 지니고 있는 음영과 굴곡에 의해 '주름-지음'의 반향이 형성된다.

끌림체는 신체를 둘러싸고 있는 에너지로서 감성체이며, 이 끌림체가 지니고 있는 강도는 전면성의 배치에 의한 '주름-지음'의 두께와 폭, 깊이 그리고 강도에 의해 다르게 나타난다. 특히, 광고디자이너와 소비자 주체 간의 전면성과 배면성은 간주관적인 주체로서의 위치가 누구냐에 따라 전면성과 배면성의 끌림 회오리가 바뀌게 된다. 전면성보다 배면성의 끌림이 강하게 드러나는 것은 대체로 고관여 감성상품이라 할 수 있는 화장품, 패션, 귀금속 등이라 할 수 있다. 즉 겉으로 드러내지 않는 가운데 숨겨져 있는 성질을 띠고 있으며, 그 자체로서 전혀 다른 끌림 회오리의 반향(反響)을 나타낸다.

2) 시지각의 장

◀━━━▶ 상반관계 또는 반대관계
-------- 모순관계
═══════ 상보 또는 함축관계

v: 응축-보임, v1: 퍼져-보임, -v1: 탈-퍼져-
보임, -v: 탈-응축-보임, I; AD: 해석체;
시각디자이너, Sf; CS: 지시체; 소비자 주체,
S; AI: 상징; 끌림 이미지, af(attraction
front): 끌림 전면성, ab(attraction
back): 끌림 배면성

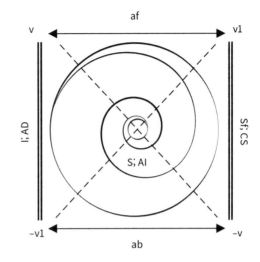

끌림의 신축성은 신체가 지니고 있는 눈에 의한 '바라봄'에서 시작한다. 눈이 지니고 있는 시각 활동은 모든 대상에 대한 취사선택이 가능하며, 물리적인 거리와 상관없이 대상을 클로즈업하거나 자신의 시야에서 멀어지게 한다. 따라서 눈의 초점은 수시로 바뀌며, 소비자 주체의 끌림 관여도에 따라 균형의 '많고-적음', 긴장의 '높고-낮음', 형태의 '복잡함-단순함', 색채의 '단조로움-화려함', 공간의 '깊고-얕음', 성장의 '지속-정지', 배치의 '간결함-우아함', 운동의 '느리고-빠름'으로 변형을 자연스럽게 조작한다.

이와 같은 눈의 행위는 곧 대상에서 느끼는 소비자 주체의 '끌림질'에 따라 변형되어 받아들인다.[23] 이때 비로소 끌림 대상에 대한 소비자의 시각이 개성적인 끌림질에 의해 채색된 시지각의 장이라 할 수 있다.

시지각은 단순히 대상 자체가 대상의 시지각으로 변형하는 것이 아니다. 소비자 주체의 비물질적인 신체인 끌림체를 통한 질적 변형을 의미하며, 시지각은 '바라봄'의 시각에 귀속하여 바깥세계와 내면세계의 이중적인 터널의 소통만을 강조하지 않는다.

시지각은 대상 자체가 또 다른 끌림질을 지니고 있는 끌림층의 기호들

[그림 86] '시지각 장'에 의한 끌림; 'inner-voice'/ Illustrator, 전기순 作.
시지각 장은 기호 사각형이 지니고 있는
비물질적인 신체인 끌림체(몸채)의 축인 '응축-
보임'과 '펴져-보임'의 이항대립구조의 차연에서
만난다.

을 엄밀하게 해독하는 사유다. 왜냐하면, 눈에 포착되는 '보여짐'의 유사성은 끌림질의 결과이지 대상 자체의 근본적인 유사성에 의한 차이가 아니다. 하물며 마음속의 이미지는 끌림체의 대상에 의한 육체적인 지향에 의한 것이지 신체를 떠난 초월론적인 상태에서 샘솟는 것이 아니다.

따라서 눈에 띄는 거대한 시지각의 장에서 튀어나온 개별적 끌림 대상은 끌림질에 의해 새롭게 지각된 것이지 선험적인 빛 에너지를 통해 통찰되어 나타난 것은 아니다. 결국 이 말은 보이는 세계가 엄밀한 의미에서 눈에 보이지 않는 끌림체의 끌림질을 가지고 있다는 뜻이요, 눈에 의한 초점에 의해 보이는 다양한 개별적인 끌림층의 세계는 곧 눈에 보이지 않는 끌림질을 끌림의 배면성에 의해 현존케 한다는 뜻이다.

매 순간 끌림질의 신축성이 많은 만큼 몸채는 다양하게 현전하며, 동시에 끌림 배면성과 끌림 전면성이 느껴지는 사각형의 공간에서 거대한 끌림 회오리가 형성된다. 정면, 좌우 측면, 상·하면이 지시하는 사각형은 단순한 방향성에 그치는 것이 아니라 눈과 신체의 움직임에 의한 중력과 무중력, 안정 등의 신체가 지니고 있는 근본적인 잠재성을 갖추고 있다.

이러한 끌림 회오리는 시각디자이너의 손을 통해 실제 제작하는 디자인에서 드러나며, 이러한 행위에서 전체성으로서의 창문에 대한 '타자-자

[도표 81] 기호 사각형을 통한 끌림 이미지의 간주관적 '시지각의 장' 체계

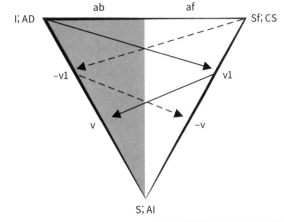

v: 응축-보임, v1: 퍼져-보임, -v1: 탈-퍼저-보임, -v: 탈-응축-보임, I; AD: 해석체; 시각디자이너, Sf; CS: 지시체; 소비자 주체, S; AI: 상징; 끌림 이미지, af(attraction front): 끌림 전면성, ab(attraction back): 끌림 배면성

'이미지-쓰기'	af				ab			
	v	v1	-v	-v1	v	v1	-v	-v1
균형	○	○	○		○		○	
긴장	○	○	○	○	○	○	○	○
형태	○	○	○	○	○		○	○
색채	○				○	○		
공간	○	○	○				○	
성장	○	○				○	○	
배치	○	○	○	○	○			○
운동	○							

리'에 대한 포괄적인 끌림에 대한 인상을 연출한다. 눈을 통한 디자인 행위는 그 자체가 크리에이티브라는 명목을 지니고 있는 환상적인 끌림이며, 데리다가 말한 '에크리튀르', 즉 글쓰기와 동일한 끌림 이미지의 원형을 발견하기 위한 '이미지-쓰기'다.

눈은 현실을 직시함과 동시에 메타적인 이미지를 만들어내는 언어적인 사고 이전의 스스로 생각하는 창문이다. '보여짐', '보임', '쳐다봄', '물끄러미 봄', '그윽하게 봄', '관찰', '내려다봄' 등은 그 자체가 눈으로 실제 보여지는 대상에 붙여진 이름과는 사뭇 다른 이미지를 발견하기 위해 눈의 신축적인 행동을 의미하며 수시로 나타난다.

또한 보이는 '끌림 대상'에 따라 바뀌어 나타나는 '눈길'의 깊이와 폭 그리고 강도는 신체 살갗이 지니고 있는 바깥과 내면의 끌림 세계를 '살 떨

림'에 의한 미미한 파장의 깊이와 진동으로 파악하듯이 생각하는 눈의 깊이를 결정한다.

특히, 광고디자이너의 생각하는 눈은 '바라봄'에 포착되는 물상(物象) 저 너머 내적 지평이 지니고 있는 끌림 동일성을 발견하기 위해 부단하게 순수의 장인 '이미지-그리기'가 아닌 시지각의 장으로서 '이미지-쓰기'에 몰입한다.

따라서 '이미지-쓰기'는 눈을 통한 시지각의 끌림 정도에 따라 균형의 '많고-적음', 긴장의 '높고-낮음', 형태의 '복잡함-단순함', 색채의 '단조로움-화려함', 공간의 '깊고-얕음', 성장의 '지속-정지', 배치의 '간결함-우아함', 운동의 '느림-빠름'에 대한 이항대립적인 순간 읽기를 한다. 이 눈에 의한 '이미지-읽기'는 곧장 '이미지-쓰기'의 손놀림으로 구성적인 끌림 이미지를 구축한다.

시지각의 장은 8가지 이항대립적인 구성요소가 조합, 융합 또는 역할로서 조화로운 제각각의 창의적인 끌림 회오리를 만들어낸다. 8가지 '이미지-쓰기' 이외에도 빛, 음영, 재질 등의 다른 시각적인 요소가 함께 작용하여 광고디자이너와 소비자 주체 간의 간주관적인 '끌림 전면성'과 '끌림 배면성'의 상호작용을 통해 현실적인 뒤틀림의 회오리를 변형시켜나간다. 광고디자이너의 창의적인 끌림의 뒤틀림은 눈 밖의 모든 시지각의 장에서 파악되는 '바라-봄'의 내적 순수성의 주체와 객체 간의 간주관적인 '이미지-그리기'가 아닌 외적 '이미지-읽기'에 의한 8가지 의미변형을 통해 '이미지-쓰기'로 재해석할 때 드러난다.

'이미지-그리기'의 뒤틀림이 끌림 회오리를 생성하기 위한 순수의 장에서 생성한 간주관적인 순수 끌림이라면, 시지각의 장에서 움직여지는 모든 창의적인 뒤틀림은 이미 '이미지-쓰기'를 진행하고 있는 광고디자이너의 끌림 강도가 지니고 있는 시각적 요소의 배치·조합·융합에서 변형된 선택적인 리듬이다. 끌림체가 함의하고 있는 몸채는 그 자체가 빛 에너지로서 순수의 '이미지-그리기'와 시지각의 '이미지-쓰기'의 극성에 의한 끌림 회오리 속에서 드러난다. 즉, 시지각의 장이 지니고 있는 모든 행위의 선택적인 과정은 순수의 장이 지니고 있는 끌림의 배면성에서 벗어나지 못하며, 시지각의 장이 요구하는 갖가지 시각적인 창의적 행위과정은 끌림의 전면성이 지니고 있는 끌림체의 비물질적인 신체가 지니고 있는 순수의 장과 뚜렷한 구별을 하지 못한 채 시지각의 장이 지니고 있는 '이미지-쓰기'의 의미변형에 빠져든다.

스마트폰, 컴퓨터, 동영상 제작 등의 창의적인 디자인 첨단도구가 대중화되어갈수록 모든 소비자 주체 스스로 시각디자이너의 수준을 능가하는 시지각적인 끌림이 강화되는 이유는 바로 '이미지-그리기'의 순수성에서 '이미지-쓰기'의 직접적인 손놀림에 의해 자신의 독자적인 조합, 융합과 해체를 통한 창의적인 활동이 많아지기 때문이다.

특히, 광고 이미지의 경우 '이미지-그리기'의 추상적인 회화 끌림이 아닌 '이미지-쓰기'의 구체적이고 정확한 끌림 이미지로서 소비자 주체는 쉽게 조작하거나 의미변형을 자유롭게 한다. 따라서 끌림이 있는 광고 이미지는 광고디자이너의 손놀림에 의한 '이미지-쓰기'의 변형공간임과 동시에 소비자 주체 자신의 변형공간이다.

시지각에 의한 'v: 응축-보임'과 'v1: 퍼져-보임'은 그 자체가 불확실한 시지각의 불안정한 상태에서 일어나는 동공의 '수축-팽창'에 의한 끌림의 '이미지-쓰기' 운동이다. 시지각 이론이 지니고 있는 시각의 명증성은 이미 소비자 주체에 대한 기계적이며 물질적 신체에 의한 동조와 기능적인 수단가치의 지향이라면, '이미지-쓰기'는 비물질적인 신체로서 '끌림체'를 지니고 있는 소비자 주체의 유기적인 생명체로서의 자유를 표방한 소비자 주체의 개성적인 끌림 지향이라 할 수 있다.

'v: 응축-보임'과 'v1: 퍼져-보임'에 의한 이항대립적인 구조는 끌림이 지니고 있는 시지각에서 가장 근간을 이루는 초점이며, 이 초점이 만들어지는 과정 속에서 간주관적인 끌림 이미지의 위치에 따른 변형에 의해 영토의 모형이 바뀌면서 '자기-자리'에 대한 영토범위를 조작한다. 빛에 의해 주어진 대자연은 그 자체로 판타지다.

하지만 생활세계에 갇혀 사는 사람은 반복된 라이프 스타일로 인해 빛을 통해 보여주는 자연의 무궁한 세계를 감상한다는 것이 불가능하다. 간혹 TV, 스마트폰 등의 매체를 통해 보이는 자연의 아름다운 모습은 그야말로 장관이다. 실제 자연이 주어진 공간에는 갈 수 없어도 자연의 장엄함을 느낄 수 있는 것은 첨단매체의 선물이 아닐 수 없다.

그러나 실제 눈을 통해 보이는 것은 컴퓨터 혹은 책 또는 도시 환경이라는 공간만 주어진다. 자신의 눈으로 볼 수 없는 대상은 상상을 통해 가능할 뿐 더 이상의 장엄한 광경은 직접 여행을 통해 보지 않고서는 경험하기 어려운 것이 소비자 주체로서의 단조로운 생활이다. 이러한 생활세계에서 주어진 눈의 역할은 필요한 대상에 시각을 돌리는 것일 뿐 그 이상의 어떠한 역할을 지니고 있지 않다.

여기에서 눈은 주어진 '시각-공간'이라는 프레임이 형성되어 소비자 주체로서 생활을 조건화한다. 차츰 눈앞에서 보이고 사라지는 대상은 엄연히 자신의 생활세계에 필요한 대상이 아니면 기억 저편으로 사라지거나 혹은 영원히 기억이라는 곳에 담겨지기를 거부한다. 이처럼 시각은 소비자 주체에게 필요한 대상에만 제한해서 생활한다.

끌림 역시 지금까지 주어진 자신의 공간에서 느껴지는 감각을 통해 반응하며, 그 이상의 대상에는 현실적인 느낌에 앞서 유토피아적인 이미지로 남게 된다. 이로 인해 소비자 주체의 시각은 자신의 조건화된 영역에서 벗어나지 않으려고 함과 동시에 시각적인 대상에 대한 엄정한 공간을 갖게된다.

예를 들면 주어진 생활공간이 좁은 아파트라면 그곳에 맞는 가전제품과 소파, 냉장고에 관심을 갖는 것은 지극히 당연한 욕구이며, 관심 대상이된다. 끌림이 지니고 있는 현실적인 시각은 늘 생활에서 필요로 하는 대상에 대한 소유적인 욕구에 의해 이뤄지며, 그 가운데 자신의 기호에 맞는 스타일에 초점을 맞춘다. 시각이 지니고 있는 다양한 영역에서 가장 원형적인 욕구라고 볼 수 있다. 이때 보이는 대상이 어떠한 형과 형태, 또는 크기와 색을 선호하는가는 절대적인 소비자 주체의 미적 관점에 의한 것이며, 그 이상의 어떠한 전제조건을 지니지 못한다.

다만 원하는 대상이 자신에게 필요한 경우 그것에 맞는 적절한 디자인을 선택한다는 점이다. 각종 소비상품의 등장은 이제 소비자 주체에게 선택적 의식을 우선적으로 생각하게 되어 자기 자신과 관련된 것에만 시선을 맞추게 되었다.

제품의 시선 맞춤은 곧 '바라봄'이라는 시각으로서의 역할이 자연스럽게 간결화·단순화로 치닫게 되는 단서를 제공받게 된다. 복잡한 생활에서 단순하고자 하는 소비자 주체의 생활은 이제 현실적인 요구로 나아가게 된 것이다. 화려한 장신구를 걸치고 거리를 누비는 것은 생활편의와 위배되는 행위이자 현대생활의 심플한 라이프 스타일에 거추장스러운 것이 되었다.

단순성은 또한 시각이 지니고 있는 다양한 끌림에 따라 제각기의 지속성을 지니고 있다. 고가상품의 경우 끌림은 오랫동안 신중하게 파악한 뒤 구매하며, 저가상품인 경우는 신경을 쓰지 않는 가운데 짧은 시간에 자연스러운 구매를 한다. 이러한 차이는 소비자 주체의 일반적인 시각의 합리적인 활용을 뜻하며, 그 이상의 의미를 두지 않는다.

소비자 주체가 지니고 있는 끌림의 빛 에너지, 몸채는 여러 가지 줄기를 지니고 있지 않으며, 매 순간 뻗어가는 끌림의 곁가지를 없애려고 한다. 곁가지의 풍만함은 대상 끌림을 지각하는 데 시각적으로 복잡하게 느끼게 하는 노이즈로 남게 되며, 그 순간 끌림이 지니고 있는 순간성은 사라지고 지속성에 의한 지루한 느낌만 남게 된다. 생활세계가 만들어놓은 도시공간은 제각기의 독특한 분위기를 통해 공간의 지루함을 덜 주려고 한다.

특히 시각 이미지가 끌림을 갖도록 만들기 위해서는 무엇보다 하나의 시각적인 내용이 있어야 하며, 어떠한 주변 요소로 하여금 하나의 메시지를 방해한다면 이것은 시각이 지니고 있는 간결한 끌림에 매력을 주지 못하는 결과를 낳게 된다.

3) 의식의 장

시각 이미지에서 어느 한 부분이 끌린 경우 그 끌려진 대상은 순식간에 시각적인 사고에서 언어적인 사고로 의식이 전이되어 끌림체의 '끌림질' 층위에 따라 소비자 주체와 시각디자이너 간의 간주관적인 확장의식의 장이 마련된다. 끌림질은 끌림체로서 소비자 주체의 생활세계에서 경험한 것을 토대로 구축된 아론 걸비치의 조직화된 구조 개념이 아닌 탈인식의 아프리오리이며, 의식의 장이 형성되기 전의 몸채로서 스스로 선행된 과거의 끌림 형상, 끌림 크기, 끌림 색채와 무관한 선험적인 아프리오리의 끌림 에너지다.

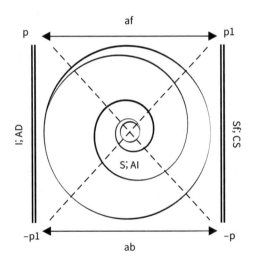

[도표 82] 기호 사각형을 통한 끌림
이미지의 간주관적 '의식의 장' 체계

◆━━━▶ 상반관계 또는 반대관계
‑‑‑‑‑‑‑ 모순관계
═══ 상보 또는 함축관계

p: 내면-지향, p1: 바깥-지향, -p1: 탈-바깥-
지향, -p: 탈-내면-지향, I; AD: 해석체;
시각디자이너, Sf; CS: 지시체; 소비자 주체,
S; AI: 상징; 끌림 이미지, af(attraction
front): 끌림 전면성, ab(attraction
back): 끌림 배면성

또한 스스로 끌림질을 수반할 수 있도록 끌림체의 거대한 '자기-자리'의 끌림 회오리는 매 순간 현실 속으로 빠져나가기 위해 순간적인 비틀림으로 신체-바깥의 '타자-자리'에 정착한다. 끌림 회오리에 의해 만들어진 끌림 에너지는 끌림질의 층위를 가로질러 실재 현존하는 대상 끌림에 대한 새로운 끌림 의식의 장을 잉태하게 된다. 즉, 의식은 끌림의 아프리오리에 의해 마련된 새로운 '자기-자리'의 끌림의 장이다. 끌림 과정으로서 주변의 또 다른 시각적인 요소도 먼저 끌려진 대상의식과 함께 흡수·동화되어 전체적인 '타자-자리'의 끌림 회오리로 확산된다.

이 끌림은 순간적인 확산적 퍼짐에 의한 주관적인 측면이 강하지만, 광고 디자이너와 소비자 주체 사이에서 성립되는 현실적인 의식의 확장에 의한 끌림으로 받아들인다. 왜냐하면 광고 표현에 나타난 일반적인 끌림 이미지는 상품과 핵심적인 연관이 있는 소비자 주체의 의식과 동일한 해석에 초점을 맞추기 때문이다.

즉, 광고디자이너의 간주관적인 의식은 소비자 주체와 광고디자이너의 확장적인 이미지에서 떠오르는 현실적 표층의 '자기-자리'다. 확장적인 퍼짐은 광고디자이너의 주관적인 해석에서 소비자 주체를 의식한 가운데 생성된 실재적인 의식의 퍼짐이며, 동시에 광고디자이너의 끌림체가 지니고 있는 주체적 해석이 아닌 광고 이미지에 직접 영향을 끼치는 소비자 주체를 의식한 순간의 얇은 끌림 표층의 '자기-자리'다.

따라서 매 순간 소비자 주체와 광고디자이너에 의해 형성된 의식의 장인 '자기-자리'는 끌림 회오리의 아프리오리한 세계가 만든 서로 다른 의식 층위의 간극을 채우기 위해 끌림이 지니고 있는 수많은 시지각과 언어적인 정보를 교환한다. 소비자는 이미 어떠한 상품도 구매할 능력을 지니고 있는 동적이며 '바깥-지향'의 주체다. 소비자 의식이 자신의 생활세계에서 소비할 수 있는 역동적인 힘을 갖춘 주체라고 한다면(p1) 광고디자이너는 클라이언트의 상품을 소비자가 구매하도록 만드는 정적이며 '내면-지향'의 주체다.

광고디자이너의 의식은 늘 창의적인 아이디어를 만들 수 있는 정적이며 직관력을 갖춘 주체(p)라고 할 수 있다. '내면-지향'과 '바깥-지향'의 양극성은 소비자 주체와 늘 함께하는 광고디자이너의 간주관적인 잉여성의 끌림 이미지를 생성하게 만든다. 지향성의 극성의 차이는 제작하고자 하는 광고 이미지의 깊이와 상품이 지니고 있는 관여도에 따라 끌림 회오리에 질적인 차이를 지니게 된다.

고관여 이성상품의 간주관적인 끌림 회오리는 깊고 좁게 나타나며, 저

관여 감성상품일 경우에는 넓고 얕은 끌림 회오리를 생성한다. 또한 상품 유형별로 서로 다른 끌림 홀을 발견할 수 있으며, 이 모든 회오리의 차이를 발견할 수 있는 것은 '끌림질'에 의한 결과라고 하겠다.

'끌림질'은 '순수의 장', '시지각의 장'에서와 동일하게 '의식의 장'에서 도 생성하며, 이 질의 동일성의 부피가 클수록 소비자 주체의 독특한 개성 적인 특질이 드러난다. 시각 이미지가 지니고 있는 모든 창의적인 아이디 어는 상품에 대한 문화적인 기반을 토대로 한 미학적인 특성을 강조한 가 치를 기저로 한 끌림 의식의 장이며, 소비자 주체의 상상 속에서 실제로 지 각된 아이디어도 창의적인 끌림 이미지로 변양(變樣)하게 만든다.

기호 사각형이 지니고 있는 조직화된 구조는 끌림 이미지가 생성되는 의식화된 끌림 회오리의 상호관계가 지니고 있는 역학적인 몸채 에너지를 보여준다. 의식을 통한 끌림의 '자기-자리'는 스스로 변형될 수 있는 유기 체적 구성체로서 끌림이 이뤄지는 순간 '자기-자리'가 펼쳐지다가 사라진 다. 아무런 형태가 없는 '자기-자리'의 변형성은 신체의 살갗에 매 순간 스 쳐 지나갈 때마다 생성·소멸되어 나타난다.

이 변형은 소비자 주체의 조건화된 신체에서 출현하여 '내면-지향'과 '바깥-지향'의 지향성이 지니고 있는 끌림 회오리에 따라 작용한다. 광고

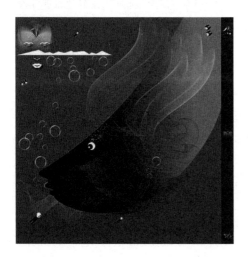

[그림 87] '의식의 장'에 의한 끌림; 'inner-voice'/ Illustrator, 전기순 作.
의식의 장은 기호 사각형이 지니고 있는 비물질적인 신체인 끌림체(몸채)의 축인 '내면-지향'과 '바깥-지향'의 이항대립구조의 차연에서 만난다.

이미지에서 끌려진 장의 사항들이 서로 간에 한계가 있고 따로 떨어져 있는 통일체로 나타나고 있으므로 제각기의 끌림 회오리를 생성하여 만들어 나감으로써 독립성을 드러내 보인다. 가령 광고 이미지가 지니고 있는 헤드라인과 비주얼은 서로 다른 의미구조 속에서 잉태된 끌림의 장이며, 이 장이 서로의 끌림 회오리를 지니고 있는 것은 독립적인 끌림 회오리를 인정하게 된다.

하지만 광고 이미지가 지니고 있는 콘셉트라는 거대한 의미의 장에서는 통일성의 끌림 회오리를 갖게 된다. 의식의 장에서의 끌림은 통일체와 독립성이 동시에 공존하며, 궁극적으로 광고 이미지가 의도한 결론에 주목할 때 비로소 모든 독립적인 끌림 요소들은 하나의 거대한 끌림 회오리

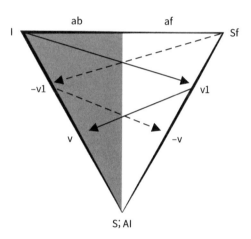

[도표 83] 기호 사각형을 통한 끌림 이미지의 간주관적 '의식의 장' 체계
p: 내면-지향, p1: 바깥-지향, -p1: 탈-바깥-지향, -p: 탈-내면-지향, I; AD: 해석체; 시각디자이너, Sf; CS: 지시체; 소비자 주체, S; AI: 상징; 끌림 이미지, af(attraction front): 끌림 전면성, ab(attraction back): 끌림 배면성

끌림 회오리	af				ab			
	v	v1	-v	-v1	v	v1	-v	-v1
안정	○				○			
평화		○				○		
만족			○				○	
행복				○				○
영원			○				○	
성장		○				○		
건강	○				○			
사랑		○				○		

로 귀속된다.

그러나 결론에 도달하기 위한 과정에서 생성·소멸하는 다양한 끌림 회오리는 의식의 장에서 자연스럽게 소비자 주체의 끌림체에 따라 의식적인 끌림으로 남아 있다. 의식의 파생적인 양상들은 소비자 주체 또는 광고 디자이너의 원형적인 끌림체 양상과 관계를 맺고 있다. 끌림질에 의한 끌림 회오리는 코키토의 양상에 의해 변형되어 소비자 주체의 지향성과 관계 맺고 있다.

위의 도표에서 확인할 수 있듯이 모든 소비자의 의식은 '안정', '평화', '만족', '행복', '영원', '성장', '건강', '사랑' 등의 끊임없는 끌림 회오리를 갈구한다. '내면-지향(p)'과 '바깥-지향(-p)'의 지향성은 감성체의 끌림질에 의해 끌림의 전면성(af)과 끌림의 배면성(ab)에 서로 다른 코키토의 양상을 만들어낸다.

이렇듯 끌림 대상은 끌림체의 몸채가 지니고 있는 순간성의 끌림 회오리 속에서 실질적인 끌림질을 만들어낸다. 이것은 눈으로 느끼는 어떤 것이 아니라 소비자 주체 스스로 끌림체를 통해 느껴야 할 어떤 것이다.

또한 이것은 어떤 느낌을 지니고 있는 소비자 주체가 아니라 오히려 느낌에 의한 소비양태를 의미한다. 이것은 소비자 신체와 함께 주어진 끌림체가 아니며, 오히려 그것을 통해 비로소 소비자 주체의 개성적인 끌림체가 주어진다. 따라서 이것은 의식의 장을 마련하는 코키토의 범주에서는 파악할 수 없는 것일 수 있다.

즉, 코키토의 '생각' 그 자체가 지니고 있는 어떤 경험적인 판단에서는 이것에 대한 개념을 정립한다는 것은 거의 불가능하기 때문이다. 위의 도표가 지니고 있는 끌림의 다양한 '질'은 이미 코키토가 진행되는 순간 수반되는 회오리의 소자(素子)들이며, 이것이 끌림 대상과 마주치는 순간부터 소비자 주체와의 어떠한 공통감에서 관계 혹은 작용에 의해 생성·소멸하게 된다. 코키토로서 '자기-자리'의 개념을 광고 이미지에서는 흔히 포지셔닝 혹은 콘셉트라는 전문용어로 해석하는 경우가 있지만, '자기-자리'는 언어적인 사유구조에서 생성하는 의미소(意味素)가 아닌 끌림이 지니고 있는 빛 에너지의 양태적인 '펼쳐짐'으로 대상 주위를 둘러싼다.

시지각이 지니고 있는 '보다'의 범주가 존재적 양태가 명철하게 확인된 가운데 보이는 대상이라면 시시각각으로 변하는 몸채의 빛 에너지 흐름을 포착하지 않는 가운데 이뤄지는 현존재에 의한 환상적인 착시라고 할 수 있다. 불완전한 현존재의 흐름 가운데 포지셔닝(positioning)이 언어학적인 차원의 성격적인 특징을 개념화하여 마케팅 차원에서 상품의 위치를 어디에 둘 것인가에 대한 체계적인 접근의 한계라면, '자기-자리'는 현존재의 불완전한 신체의 조건화에 더욱 감성적으로 접근하여 끌림의 원형이 지니고 있는 순간에 의한 빛 에너지를 포착하는 데 있다. 즉 끌림 회오리의 '안정', '평화', '만족', '행복', '영원', '성장', '건강', '사랑' 등의 추상적 몸채에 대한 차가운, 따뜻한, 온화한, 부드러운, 화려한, 활발한 등의 다채로운 질성(質性)을 발견하는 데 있다.

또한 포지셔닝이 이성적인 코키토의 범주에서 최대한 상품의 속성에 따라 소비자의 니즈에 접근하는 이성적인 방법이라면 '자기-자리'는 소비자 주체 혹은 광고디자이너의 의식적인 끌림체로서 끌림 회오리를 생성하는 순간적인 감성적인 방법이다. 즉 '자기-자리'는 광고디자이너 혹은 소비자 주체의 신체 내부 혹은 외부의 눈에 보이지 않는 대상의 변형적인 흐름을 매 순간 포착하기 위한 부정형의 형상이며, 몸채가 지니고 있는 끌림 에너지의 원형적인 느낌의 특징을 발견하기 위한 '끌림-포지셔닝'이다.

의식의 장은 시지각의 장과 대립되는 가운데 생성하는 또 다른 끌림 이미지의 의미공간이다. 대상 그 자체가 지니고 있는 단조로움에서 벗어난 인위적인 조작은 언어가 지니고 있는 화려한 메타를 생성하면서 풍부한 끌림 이미지를 생성하고 있다.

자연에 있는 어떠한 대상도 광고디자이너의 손에서 드로잉, 채색, 일러스트, 사진 등이 이뤄지는 순간 자연 그대로의 오브제는 사라지고 의미를 지닌 상징적인 대상으로 탈바꿈한다. 이 과정에서 일어나는 끌림 요소의 배열·조합·구성·구조의 행위는 순수공간에서 의미공간으로 전환하는 가운데 발생하는 '변형-자리'이며, 창의의 차연이라 할 수 있다. 데리다의 차연이 지니고 있는 대상과 주체의 끝없는 차이의 향연은 결국 혼돈공간과 동일한 또 다른 차원의 공간적인 세계를 드러낸다. 차이의 끝없는 간극을 채워나가는 동안 이뤄져나가는 끌림 회오리의 향연은 그 자체가 끌림의 메타로서 풍부한 창의의 공간을 제공한다.

광고디자이너의 손놀림에 의한 과정적인 드로잉은 다양한 차연의 세계가 마치 징검다리처럼 지나가는 숱한 과정적인 끌림 회오리를 생성·소멸하는 가운데 사각의 무한공간을 디자인하게 된다. 시각이 지니고 있는 감각세계 자체가 힘의 균형이라는 거대한 몸채 에너지가 조화를 이루고 있다면, 지각은 감성체를 지니고 있는 끌림질의 직관에 따라 서로 다른 끌림-해석체의 끌림 회오리를 지닌다. 동일한 대상도 받아들이는 직관적인 태도에 따라 차이의 끝없는 심연의 끌림 회오리를 생성하게 된다.

마찬가지로 시각이 지니고 있는 힘과 인식의 차이에 의한 간극의 실마리를 해결하려고 하는 순간부터 의식이라는 또 다른 거대한 '자기-자리'가 나타나 각 층위의 자리를 주름으로 해결하여 더욱 새로운 창의적인 상징이미지를 만들어낸다. 주름에 의해 생성된 다양한 결은 광고디자이너의 끌림 지향성에 의한 '질'이며, 동시에 실제적인 소비자 주체의 끌림-모나드라 할 수 있다.

4) 해체의 장

코키토의 '생각'은 끌림에 의해 해체된다. 생활세계와 사회체계가 구축한 구조와 구성적인 사고는 소비자 주체의 신체를 둘러싸고 있는 끌림체에 의해 순간 창의적인 '자기-자리'로 안착한다. 생각은 '생각함'으로 구성되고, 말로 표현되는 '생각함'은 언어로 구성된다.

또한 그림으로 표현되는 '생각함'은 그림도구로 구성된다. 따라서 '생각함'이 근본적으로 무엇인지를 고려해보면, 그리고 생각함과 연결된 언어와 그림도구가 무엇인가를 고려해보면, 생각이 언어 혹은 그림도구로 표현되

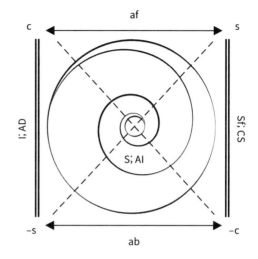

**[도표 84] 기호 사각형을 통한 끌림
이미지의 간주관적 '해체의 장' 체계**

◀━━━▶ 상반관계 또는 반대관계
-------- 모순관계
═══════ 상보 또는 함축관계

c: 구조, s: 체계, -c: 탈-구조, -s: 탈-체계, I;
AD: 해석체; 시각디자이너, Sf; CS: 지시체;
소비자 주체, S; AI: 상징; 끌림 이미지,
af(attraction front): 끌림 전면성,
ab(attraction back): 끌림 배면성

는 한 마음이 지니고 있는 이미지와 연관된다고 할 수 있다.

마음속의 이미지는 소비자 주체의 정신성을 의미하는 것이며, 곧 그것은 소비자 개성으로 귀결된다. 하지만 끌림체는 매 순간 소비자 주체의 신체 주위를 감싸는 비물질적인 신체로서 어떠한 이미지를 투영하는 것일 뿐 그 자체가 이미지를 지니고 있지 않다. 끌림 회오리가 생성되는 순간 소비자 주체의 생각이라는 거대한 물질적 신체에서 생성한 생각함의 체계와 구조는 순식간에 해체되어 새로운 끌림의 '자기-자리'로 전환된다.

언어적 사유는 그 자체가 이미 서로의 연결고리로 인해 유기적인 구조 및 구성으로 조직화되어 있으며, 시각적 사유는 그 자체가 이미지로 이어져 있는 스토리로 전개되어 이미지가 갖추고 있는 틀에서 새로운 틀로 구체화시켜간다. 마찬가지로 신체 감각이 지니고 있는 요소 역시 자신의 감각에 맞는 리듬과 맛, 균형 등의 다양한 지향성을 통해 지속적인 관계 의식을 유지·생성한다. 의식은 이 모든 분절에 의한 구조 및 구성적인 체계를 통합하는 총체성으로서 '자기-자리'이며, 이 의식 자리의 원형을 발견한다는 것은 미세한 감각, 언어, 시각 등 신체에서 일어나는 모든 원인과 결과에 대한 증명을 할 수 있어야 가능하다.

특히 의식 자리는 어떤 대상을 마주하거나 어떤 생명체와의 끌림에 의한 에너지의 출현으로 인해 그 자체가 새로운 '자기-자리'로 변형이 이뤄져 물질적인 신체의식과 떨어져 있는 또 다른 비물질적인 신체로서 늘 소비자 주체 가까이에서 해체된다. 해체에 의한 물질적인 신체와 비물질적인 신체의 분리의식은 서로가 떨어져 있음에 대한 회의적인 의식의 판단중지를 요구하며, 이때 생성된 텅 빈 몸채의 빛 에너지를 통해 주체 자신의 '끌림-자리'를 확인할 수 있다.

시각 이미지의 언어(문법론)와 말(구문론)의 해체, 이미지와 그림의 해체, 글쓰기와 구조의 해체는 곧 생각함이 지니고 있는 코키토의 의식 장이라는 거대한 구조의 해체를 의미하며, 이러한 의식의 해체는 광고디자이너와 소비자 주체의 간주관적인 공통감에 대한 구조적인 해체를 의미한다. 서로 간의 관계는 늘 밀접한 요철 같은 원인과 결과를 지닌 가운데 생성하며, 판단중지에 의한 모든 사고의 불협화음은 일시적으로 공허한 상태가 되고, 주체와 객체를 구분하기 위해 만들어놓은 과학적인 분석기제들의 역할은 한낱 설득을 위한 일시적인 도구로 전락하고 만다.

하지만 해체 속에서 끝까지 살아남는 것은 끌림이라는 빛 에너지의 몸채이며, 스스로 더 이상의 해체를 할 수 없는 최소 미립자이면서 어떠한 과학적인 도구로도 증명할 수 없는 몸채의 텅 빈 공간이라 할 수 있다. 몸채의 확장은 순간적으로 우주의 크기만큼 무한한 크기로 커지는가 하면, 동시에 현대과학으로 입증한 힉스 입자 같은 최소 크기로 작아지기도 한다.

생활세계에서 보이는 시각 이미지는 단순히 물질적인 구매 욕구를 일으키게 하는, 일차적인 소비자 주체의 신체적 본능을 자극하는 물리적이고 물질적인 광고 이미지이기도 하지만, 이것은 소비자 주체의 물질적 신체 감각을 훨씬 초월하는 끌림체로서 순수한 '자기-자리'이거나, 또는 의식에 의한 단순하고 복잡한 구조체로서 '자기-자리'를 드러낸다. 이 모든 차이의 현상은 마음이라는 '자기-자리'의 변형에 의한 '끌림-자리'의 몸채, 즉 빛 에너지와 물질적 신체에 통제를 받고 있는 '의식의 장'을 동시에 혼용함으로써 생기는 겹침의 모나드다.

광고 이미지를 통해 생성된 소비자 주체의 '끌림-자리'는 다채로운 네

[그림 88] '해체의 장'에 의한 끌림; 'inner-voice'/ Illustrator, 전기순 作.

해체의 장은 기호 사각형이 지니고 있는 비물질적인 신체인 끌림체(몸채)의 축인 '구조'와 '체계'의 이항대립구조의 차연에서 만난다.

온사인의 불빛과 같이 제각기 다른 층위의 겹침을 지니고 있으며, 이 겹침에 의한 서로 다른 의식의 장은 곧 대낮의 밝은 빛인 '근본-자리'에서 해체된 창의적인 몸채라 할 수 있다. 이 해체된 끌림 층위끼리의 관계는 겹친 주름이 지니고 있는 깊이와 폭 그리고 두께에 의해 재구성된다. 이것은 곧 끌림 겹침이 지니고 있는 모든 이미지의 끌림에 대한 해체를 의미하는 동시에 또 다른 텅 빈 모나드의 세계를 지향하게 한다.

체계로서 '의식의 장'과 해체로서 '끌림의 장'이 구축한 모든 끌림 회오리의 극성은 또 다른 창의적인 세계를 생성하는 원동력으로 작용하며, 이 모든 일련의 과정에서 끌림 회오리는 늘 신체 내면 혹은 신체 바깥에서 순간적으로 생성하여 빛을 발하게 된다. 광고 커뮤니케이션이 지니고 있는 상호주관적인 만남이라는 것은 이러한 끌림 회오리에 의해 움직이는 미세한 끌림 몸채의 결집된 양태로 파악할 수 있다.

몸채는 스스로 아무런 형상을 지니고 있지 않지만, 또한 스스로 형상을 만들어내는 신의 입자와 같은 순간성에 실재하는 끌림체의 빛 에너지다. 이 몸채의 '자기-자리'는 소비자 주체 자신이 지니고 있는 끌림질의 특징에 따라 통일된 확장성을 지닌다. 이 확장성이 지니고 있는 방향은 일정한 방향을 지니고 있는 선형적인 끌림에 의한 방향성이 아닌, 원형에 의한 부정형의 해체, 즉 '흩어짐'을 의미한다. '자기-자리'의 해체는 끌림이 지니고 있는 '자기-자리'의 몸채와 바깥의 끌림 대상과 끌림이 지니고 있는 힘의 형태와 상호관계 속에서 하나의 통일된 장으로 나아갈 때 생성된다.

이미 입자물리학에서 언급하고 있는 힘의 종류인 중력, 전자기력, 강한 핵력, 약한 핵력은 동일한 통일장에서 설명이 가능하듯이 소비자 주체마다 지니고 있는 끌림소들의 리듬을 하나의 통일장으로 해석하는 것은 자연스러운 현상이라 할 수 있다.

실제로 이러한 확산적인 끌림 장의 양태를 커뮤니케이션 사회에서 볼 수 있는 언어·비언어가 만들어낸 엄청난 양의 다양한 상품과 시각 이미지를 통해 확인할 수 있다. 최첨단 과학과 수많은 상품의 다양성은 소비자 주체의 개성적인 '자기-자리'의 끌림 장이 그만큼 다양함을 의미하며, 이 다양성이 소비자 주체 한 개인을 위한 것이 아닌 전체성을 지닌 공통감에 의한 문화적인 양태로 나아가게 하는 자연스러운 현상을 지니게 된다.

모든 의식의 출발점이 신체가 지니고 있는 양태, 즉 흔히 컨디션에 의해 바뀌어가듯이 끌림이 지니고 있는 '자기-자리'의 양태에 의해 바뀌거나 혹은 전혀 차이가 없는 가운데 존재한다. 소비자 주체의 나이에 따라 구매 형태가 바뀌는 것은 신체가 지니고 있는 끌림 장이 물질적인 신체에 영향을 미치고 있음을 알 수 있는 것과 같다.

마찬가지로 아무런 외부적인 환경에 영향을 받지 않는 경우의 끌림 장은 그 자체가 물질적인 신체와는 차성이 전혀 다른 순수한 '자기-자리'의 끌림 장이라 할 수 있다. 소비자 주체의 '자기-자리'의 양태에 따라 끌림 에너지의 양태적인 성격이 다르게 나타나는 것은 정신과 신체 간의 틈이 지니고 있는 공성(空性)에 의한 해체 에너지 때문임을 알 수 있다. 물질적인 신체에 전적으로 매달리는 경우는 공성에 의해 생성하는 에너지, 즉 카오스적 에너지 상태보다는 색성(色性)에 의한 물질적인 쾌에 의한 '자기-자리'가 더욱 강하게 끌려지기 때문이다.

그와는 반대로 정신적인 신체에 의한 '자기-자리'는 색성(色性)에 의한 물질적인 쾌에 앞서서 공성(空性)에 의한 카오스, 우주적인 쾌에 더 강한 집착을 지니게 되는 경우라 하겠다. 두 가지가 지니고 있는 '자기-자리'의 양태에 따라 소비자 주체가 지니고 있는 시각 이미지에 대한 끌림의 지향성은 서로 다르게 나타난다.

즉, 물질적인 쾌와 정신적인 쾌가 지니고 있는 차이는 새로운 소비 형태로서 세분화되어 다양한 끌림 이미지를 지니게 된다. 이 차이는 단순한 정신과 물질의 이원성을 지니고 있는 이항대립구조로서의 선형이 아닌 시간과 공간을 지니고 있는 확산형에 의한 차이를 의미한다. 끌림은 어떠한

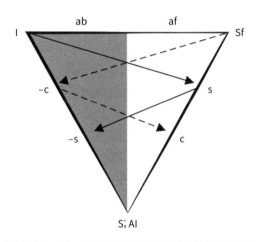

[도표 85] 기호 사각형을 통한 끌림 이미지의 간주관적 '해체의 장' 체계
c: 구조, s: 체계, -c: 탈구조, -s: 탈체계, I; AD: 해석체; 시각디자이너, Sf; CS: 지시체; 소비자 주체, S; AI: 상징; 끌림 이미지, af(attraction front): 끌림 전면성, ab(attraction back): 끌림 배면성

해체	af				ab			
	v	v1	-v	-v1	v	v1	-v	-v1
언어	○				○			
체계		○				○		
그림			○				○	
지각				○				○
의식			○				○	
감각		○				○		
의미	○				○			
구조		○				○		

언어, 체계, 그림, 지각, 의식, 감각, 의미, 구조에 결합되거나 구성되어 있지 않다. 주체와 대상 간의 접촉, 마주침, 보여짐 등에 의해 생성된 비물질적인 끌림체다. 이것이 오로지 느낌의 파악으로 가능한 것은 '끌림-자리'가 결코 소비자 주체의 신체에 감각될 수 있는 것이 아닌 신체 밖의 느낌으로 포착되기 때문이다.

끌림은 언어가 지니고 있는 문법이나 구조에 갇혀 있지 않으며, 말을 통한 대화 속에 갇혀 있지 않다. 설령 서로가 밀접하게 교착되어 있다 하더라도 끌림은 늘 또 다른 '자기-자리'의 지층을 통해 대상언어와 교착한다. 끌림이 없는 모든 문자는 과학적인 체계를 위한 구성 속에서 이뤄지는 기계적인 언어이며, 그 자체에 끌림이라는 단어는 아무런 생명적인 끌림 에너지를 지니지 못하는 것과 같다.

끌림이 지니고 있는 생명 에너지는 주체와 대상 간의 지금까지 느끼지 못한 것의 향연에 의해 잉태된 창의적인 가운데 생성하며, 이것이 마치 끌림 대상의 체계 속에 있는 것으로 끌림을 만들어내는 것처럼 착각한다. 끌림은 오직 대상 밖에 현존하는 또 다른 선험적인 공간의 감각되어야 할 것 혹은 감성적인 것의 존재다. 소비자 주체는 스스로 인식하는 중심의 위치에서 대상을 보는 것에 익숙해져 있다.

지각에 의한 모든 대상은 자아가 존재하는 것으로부터 보이는 것으로 경험한다. 이 경험 속에서 나타나는 끌림 현상은 어디까지나 소비자 주체와 대상 사이에서 눈길이 마주치는 순간 어떤 초월적인 지향성으로 고양된다. 광고 이미지에 나타나는 헤드라인은 문자로서 소비자 주체가 늘 사용하는 '말'을 언어적인 수사법을 통해 다양하게 표현하고 있다. 이 수사법은 은유, 제유, 환유 등의 다양한 수사기법을 통해 소비자 주체를 설득하기를 주저하지 않는다. 이때 설득이라는 것은 실제적인 욕구에 대한 만족을 주기 위한 것이며, 이것은 기호학이 지니고 있는 기표, 기의 등의 구조적인 체계를 통해 헤드라인이 지니고 있는 의미를 파악한다.

하지만 여기에서 간과할 수 없는 것은 말은 문자보다 먼저 있었다는 차원에서 문자에 대한 분석기제는 스스로 감성적이길 포기한다는 점이다.

분석이 강화되면 될수록 최초 '말'의 원형적인 감성체는 더욱더 만날 수 없는 영역으로 밀려나게 된다. 이론적인 접근을 주로 하는 과학자는 "일상생활을 하는 소비자 주체의 정감 어린 대화와는 거리가 멀게 되며, 스스로 고독을 자처하는 관찰자로서 남게 된다".

마찬가지로 광고디자이너와 소비자 주체의 간주관적인 만남을 요구하는 시각디자이너는 곧 이론적인 연구자와 생활세계의 소비자 주체와 동시에 왕래를 하는 가운데 생성하는 '끌림-자리'이며, 동시에 전혀 다른 극성의 만남으로 인해 생성되는 끌림 회오리의 창의적인 '해체-자리'로 남게 된다.

가령 말과 문자가 서로 상반되어 있으면서도 서로 보충과 모순 그리고 함축관계를 동시에 지니고 있는 것과 같은 상황이라 할 수 있다. 해체는 언어뿐만 아니라 개체, 그림, 지각, 의식, 감각, 의미, 구조의 모든 체계를 구성하고 있는 곳에서 끌림 회오리를 통해 이뤄진다. 끌림의 간주관적인 '자기-자리'는 모든 대상의 물질적인 요소에 의해 구성된 것을 순간적으로 해체함으로써 신체적인 느낌으로 남기지 않게 한다.

소비자 주체가 인식하는 가장 중요한 중심은 '자기-자리'다. 지각하는 세계에서 개인의 중심은 일반적으로 두 눈과 두 귀 사이에 존재하는 것으로 경험한다. 비물질적인 신체인 끌림체로 중심이 옮겨질 때 지금까지 보이는 모든 사물의 시점은 끌림 회오리가 지니고 있는 간주관적인 해체에 따라 다차원으로 옮겨지길 종용한다. 지각과 의식의 중심자리가 소비자 주체에서 끌림체로 이동이 이뤄질 때 모든 대상의 간주관적인 끌림 회오리는 서로 다른 순수, 감각, 시각, 지각, 의식의 장을 지니고 있는 끌림 전면성과 끌림 배면성의 수평·수직의 상승, 하강, 균형적인 끌림 역량에 따라 초월적인 지향으로 해체되어 바뀌어간다.

따라서 끌림체의 '중심-자리'를 차지하고 있는 빛 에너지로서의 몸채는 또 다른 차성의 '해체-자리'로서 '상상의 세계'를 확장시켜나간다. 이제 끌림체 자체의 초월적인 의식은 모든 물질적인 신체와 소비자 주체, 그리고 끌림 대상과는 동떨어진 또 다른 객체로서 파악되며, 동시에 비물질적인 신체인 끌림체를 수용할 수 있는 것은 이성적 사유에 의한 것이 아닌 감성적 차원의 포착에서 파악이 가능하다는 점을 강조한다.

빛 에너지에 대한 모든 이성적인 관점에서 결코 발견할 수 없는 끌림체의 몸채는 '자기-자리'의 끌림질에 따라 다채로운 감성적 빛 에너지를 발산하게 됨을 알 수 있다. 소비자 주체에게 일어나는 모든 코키토는 언제나 어떤 끌림의 강도에서 나타난다. 감성이 이성보다 우위에 있는 것은 오로지 코키토가 만들어낸 모든 기반은 곧 끌림이라는 강력한 질의 차이를 채워준다는 점이다.

가령, '세계의 모든 정보를 내 손 안에서 보고 싶다'는 강력한 감성적인 끌림에 의한 희망이 없었다면 지금의 스마트폰이 상품으로 등장할 수 없는 이유와 마찬가지로 눈에 보이는 모든 끌림 대상은 곧 끌림체가 지니고 있는 몸채의 차이를 채우는 과정에서 일어나는 강력한 끌림 회오리로서 드러나게 된다.

(1) 수직성의 확장

해체에 의한 끌림체의 '자기-자리'는 즉자 혹은 대자에 의한 끌림이 이뤄지는 순간 생성하는 순수의 장에서 감각, 시각, 지각, 의식의 장까지 이뤄져 초월론적인 수직성의 확장으로 고양된다. 수직적인 '끌림-자리'는 '과거-현

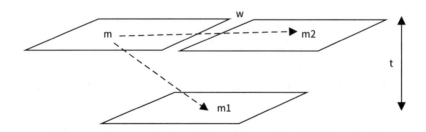

[도표 86] 끌림 회오리의 '자기-자리' 해체과정
m: 몸채, m1: m의 수평이동을 통한 '몸채-해체', m2: m의 수직이동을 통한 '몸채-해체', t: 두께, w: 폭
끌림 회오리가 지니고 있는 순수-자리, 감각-자리, 시각-자리, 지각-자리, 의식-자리의 폭과 깊이에 따라 순간성이라는 시간의식이 지니고 있는 과거 · 현재 · 미래에 따라 해체가 지속적으로 이뤄진다.

재-미래'의 시간의 깊이와 순수, 감각, 시각, 지각, 의식이 지니고 있는 두께에 따라 해체되는 끌림 회오리의 '공성-자리'를 의미한다.

'공성-자리'가 만들어낸 끌림 대상에 대한 회상은 곧 그 해체된 깊이의 정도에 따라 '자기-자리'의 폭이 달라지면서 끌림 대상에 포착된다. 이 포착된 대상은 소비자 주체의 두께에 의한 부정형의 해체적 끌림 회오리에 의해 형성된 끌림체의 빛 에너지로서 '수직-몸채'다.

(2) 수평성의 확장

마찬가지로, 수평적인 '끌림-자리'는 과거-현재-미래 시간의 수평적인 흐름과 순수, 감각, 시지각, 의식이 지니고 있는 지향성에 따라 해체되는 끌림 회오리의 '공성-자리'를 의미한다. '공성-자리'가 만들어낸 끌림 대상에 대한 회상은 곧 그 해체된 수평의 움직임 정도에 따라 '자기-자리'의 면적이 달라지면서 끌림 대상에 포착된다. 이 포착된 대상은 소비자 주체의 두께에 의한 부정형의 해체적 끌림 회오리에 의해 형성된 끌림체의 빛 에너지로서 '수평-몸채'다.

끌림 회오리의 수평과 수직의 확장에 의한 '몸채-해체'과정은 이제 소비자 주체의 물질적인 신체가 요구하는 것과 대상 간의 차이를 메우는 과정에서 발현된다. 소비자 주체는 생활 속에서 필요한 모든 상품을 광고 및 각종 정보를 통해 구매한다. 이 과정은 끌림이 지니고 있는 상호 간의 강도의 차이에 의해 생성되며, 결국 균형이 이뤄지는 정점에서 물질적인 구매 활동은 서서히 멈추게 된다.

반면 물질로 채워질 수 없는 정신적인 끌림 강도의 차이는 점차 끌림이 지니고 있는 몸채의 해체적인 활동을 통해 최소화한다. 즉 감성이 지니고 있는 순수, 감각, 시각, 지각, 의식의 영역에서 상상력으로, 상상력에서 회상으로, 회상에서 다시 순수의 감성으로 어떤 사유가 일어날 때—각각의 '끌림-자리'에 따라 또다시 차이의 지층의 폭과 두께를 확인하고, 이 차이를 통해 소비자 주체의 주된 끌림-자리에 대한 고유한 끌림체에 도달하게 될 때—소비자 주체 자신만의 끌림체의 특징을 발견하고 이 차이의 끌림소인 몸채를 해체한다. 끌림-자리의 차이에 따른 강도는 물질적 균형 속의 정신성의 차이, 환상적인 상상이 만든 불균형성, 순간의식이 지니고 있는 끌림의 비유사성, 끌림체 속의 몸채 미분 등이다.

차이가 만들어내는 대립과 대조, 유사성과 유비성, 동일성과 동률성, 그리고 이러한 여러 가지 끌림 작용에 의해 산출된 어떤 효과들에 불과할 뿐 차이로 인해 끌림이 일어나도록 하는 어떤 사태로 만드는 조건들이 아니다. 끌림체는 어떤 욕망, 어떤 선한 본성이나 선한 의지에 의해 증언되는 것이며, 이러한 인식능력의 강도를 통해 이르게 될 대상을 이미 소유하거나 그 대상을 향해 손을 내미는 것인지도 모른다.

하지만 이러한 모든 움직임이 소비자 주체가 지니고 있는 선한 의지, 즉 자발적 끌림에 의한 것이라면 끌림체 중심의 비자발적인 움직임에 대한 설명은 불가능하게 된다. 따라서 끌림체는 스스로 주체로서 중심이 되어 소비자 주체의 주위를 휘감고 있는 또 다른 생명체로 간주해야 할 객체로 확장되어야 한다.

제12장 간주관적 시각 커뮤니케이션의 체계

1 끌림 '터'

1) '중심-터'

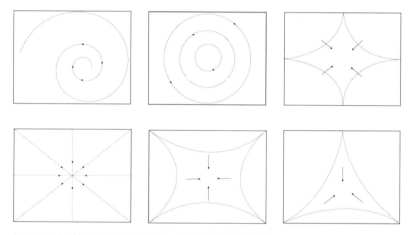

[도표 87] 사각형의 공간에서 만들어지는 끌림 이미지의 '중심-터'

시각 커뮤니케이션의 다양한 정의 가운데 여기서는 사진, 일러스트, 영상 등이 지니고 있는 점, 선, 면, 형상, 재질, 색상, 크기 등의 시각요소가 가지고 있는 비주얼언어와 신문, 스마트폰, 영화 등의 첨단매체가 지니고 있는 특징적인 요소의 융합을 통해 소비자 주체에게 의도하는 내용을 전달하는 일련의 통합이미지 활동이라 할 수 있다.

일반적으로 시각이 신체감각 가운데 대표적인 눈에 의한 시각 차원에서 쌍방 간 소통하는 것을 주된 영역이라고 한다면, 끌림체에 의한 끌림 이미지는 눈에 의한 시각 이외의 신체감각을 통해 이미지가 구현되는 모든 방식을 수용한다. 이항대립구조로서 눈에 보이는 세계와 눈에 보이지 않는 세계를 모두 수용하는 가운데 생성하는 끌림 이미지는 끌림체의 위치에 따른 끌림 '중심-터'의 차이로 받아들여진다.

모든 신체감각이 끌림 이미지로 표현하거나 혹은 말로 설명이 가능하면 그것은 이미 시각적인 통합 이미지로서 소통하는 것이며, 현대 시각 커뮤니케이션이 지향하는 통합 이미지의 소통이다. 반드시 눈을 통한 '보여짐'이 아니더라도 눈에 보이지 않는 마음속의 이미지는 육체가 지니고 있는 손, 피부, 코, 귀, 입을 통해 충분히 의사전달이 가능한 '보여짐'이다.

특히 시각 커뮤니케이션에서 발생하는 실제적인 끌림 이미지는 주체와 대상의 차이와 강도, 호감과 새로움의 정도에 따라 생성하는 끌림 이미지의 통합에 의한 통섭이라는 점에서 볼 때 각 감각체의 특징에 대한 신경생리적인 접근보다는 그로 인해 생성된 물질적 신체 바깥 혹은 내면의 비물질적인 끌림체의 '중심-터'의 변형에 초점을 맞추는 것이 심미적인 접근이라 할 수 있다. '중심-터'는 중심이 지니고 있는 의미파악이 선행되어야 한다.

중심은 모든 대상을 바라보는 끌림체의 층위, 질에 대한 확인이며, 이 층위의 이동에 따른 중심체는 늘 변형체로 진행한다. 변형체가 어떠한 중심의 층위에서 오랫동안 '터'를 잡느냐에 따라 끌림체는 중심과 함께 시간 영속성의 개념을 갖게 된다. 마찬가지로 눈에 들어오는 모든 대상은 소비자 주체의 비물질적인 신체로서 '중심-터'에 따라 깊게 혹은 얕고 가볍게 느껴지게 되며, 동시에 끌림의 강도에 영향을 미치게 된다.

끌림 강도에 의한 끌림체의 변형은 소비자 주체의 정신과 신체적 조건에 영향을 주게 되며, 영원성과 순간성을 다루는 시간의식의 특수성에 영향을 미친다. '중심-터'의 시간의식은 끌림 이미지의 시간의식에 따라 빠르

**[그림 89] '중심 터'에 의한 끌림; 'nothing'/
Illustrator, 전기순 作.**
해체의 장은 기호 사각형이 지니고 있는
비물질적인 신체인 끌림체의 축인 '구조'와
'체계'의 이항대립구조의 차연에서 만난다.

게 혹은 느리게 움직이며, 소비자 주체의 신체적인 역동성은 끌림 이미지의 시간의식을 느리게 한다. '중심-터'는 끌림 의식의 시간 속성에 따라 서로 다른 패턴으로 수시로 변형·조작되어 나타난다.

바깥 세상에서 마주 대하는 일반적인 쉼의 공간인 벤치, 의자, 소파 등은 장소라는 공간적인 범위를 제공하지만 끌림에 의해 생성된 '중심-터'로서 자리 잡기엔 짧은 시간만 주어진다. 그곳에 앉는 소비자 주체는 수시로 바뀌며, 단지 순간적인 끌림에 의해 '중심-터'로서 잠깐 생성함과 동시에 사라진다. 어떠한 일정한 크기, 형태, 질료 등 고정된 자리의 특징을 지니고 있지 않은 '중심-터'는 매 순간 확장과 축소가 가능한 부정형의 자리이며, 간혹 스스로 '중심-터'의 고정적인 체계를 벗어나기 위해 끊임없이 '변형-성장'하는 '끌림-자리'라 할 수 있다.

현대사회를 지탱하고 있는 모든 분야의 구조, 구성적인 체계는 시간과 더불어 존속하는 것에만 의존할 뿐 매 순간 생성·소멸하는 부정형의 '자기-자리'에 놓여 있다. 첨단과학의 변형된 체계로 인해 소비자 주체가 지니고 있는 끌림의 생태성 역시 동시에 성장하며 끌림체로서의 몸채는 '카오스의 띠'라고 하는 소비자 주체의 강화된 의식구조와 신체적인 조건에 의해 수시로 변형되어 발화한다.

카오스의 띠는 부정형의 빛 에너지를 함의하고 있는 가운데 마치 프랙털의 복잡한 중심 구조와 유사한 형태로 형성되어 '자기-자리'를 지탱한다. '자기-자리'의 중심이 지니고 있는 끌림 에너지의 강도와 색이 지닌 다양성은 소비자 주체의 생활환경이 만들어낸 패턴에 의해 교체되거나 변형이 이뤄진다. 부정형의 '중심-터'가 지름의 교차점으로서 기하학적으로 드러나듯이 저마다의 특징적인 요소에 의해 늘 중심점은 일정한 리듬을 갖춘 가운데 외부대상을 지향하게 된다.

시각 이미지가 지니고 있는 사각형의 프레임은 늘 가운데 중심점을 배경으로 하여 주변으로 퍼져나가는 끌림 회오리를 생성한다. 퍼져나가는 느낌은 시각 이미지에 따라 방사형, 나선형, 파도형 등 제각각의 끌림 형상을 지니고 있다. 단순히 시각적인 차원과 지각적인 차원에서 바라보는 이미지가 이러한 끌림 회오리를 감지한다는 것은 쉽지 않다. 끌림은 저마다의 이미지를 지니고 있는 가운데 생기는 기(氣)적인 생명 에너지다. 중심은 흰 여백과 전경이 지니고 있는 이미지와 광고 헤드라인에 의해 끌림의 강도가 달리 표현된다.

소비자 주체의 개성이 지니고 있는 끌림 이미지의 영토는 현실에 충실한 끌림 에너지에 의해 생성되는 '자기-자리'다. '자기-자리'가 지니고 있는 부정형은 점, 선, 면에 의해 복잡하고 현란한 끌림 회오리의 '자기-자리'의 양태를 통해 끌림 대상에 최종적으로 포착한다. 가타리의 리좀에 의한 생태적인 지향은 끌림이 일어나게 하는 근원적인 생명 에너지라 할 수 있으며, 이 지향이 지니고 있는 탈영토성은 끌림이 지니고 있는 창의적인 에너지와 동일하게 움직인다고 볼 수 있다. 순수 끌림은 현실이 추구하는 물질적인 쾌에 의해 생성하는 영토로서 '자기-자리'가 아닌 소비자 주체의 '자기-자리'의 천연적인 지성에 의한 생명 에너지의 순수한 '자기-자리'라 할 수 있다.

2) '주변-터'

끌채는 스스로 빛으로 이뤄진 얇은 층으로서 '자기-자리'의 개성적인 끌림 양태를 통제한다. 소비자 주체의 신체가 지니고 있는 끌채는 어디까지나 끌림에 대한 순수의식에 의해 이뤄진 양태이며, '자기-자리'의 개성적인 짜임이라 할 수 있다. 짜임이 지니고 있는 구성적인 성분은 점, 선, 사선, 곡선, 색, 요철 등에 의해 복잡하게 이뤄져 있는 카오스라 할 수 있다. 다만 끌채의 여과기능에 의해 다수의 복합적인 움직임을 통제하여 대상 끌림을 간소화한다.

즉, 신체가 지니고 있는 눈을 통해 외부대상을 바라보는 시각적 끌림에서는 '자기-자리'에 대한 순수 지평을 발견할 수 없다. 눈을 기준점으로 하여 바깥세계와 내면세계로 뻗어나가고자 하는 끌림 지향성은 일정한 '자기-자리'가 없는 가운데 불규칙한 양태의 몸채로 몸 주위를 둘러싸고 있다. 끌림 자체가 지니고 있는 순수 지평은 또 다른 지평, 즉 감각, 시각, 인식의 끌림 양태에 의해 가려져 있어 서로 분간하기 어려운 양태로 뒤섞여 있다.

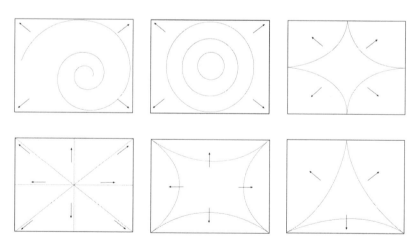

[도표 88] 사각형의 공간에서 만들어지는 끌림 이미지의 '주변-터'

흔히 개념이라고 하는 인식적 사고에 길들여져 있는 소비자 주체에게 끌림의 '자기-자리'를 발견한다는 것은 쉬운 일이 아니다. 오히려 가타리가 지적한 욕망에 의한 영토(嶺土)자리로 가득 차 있어서 끌림 자체가 지니고 있는 '순수-자리'의 원형적인 중심은 늘 영토에 의해 가려져 있다. 끌림의 영토가 리좀에 의한 생명체의 존속을 위한 배치와 분위기에 의해 드러난 화려함이라면, 순수한 끌림의 '자기-자리'는 자연이 만들어낸 리듬에 의해 생성된 순수함의 대지다.

[그림 90] '주변 터'에 의한 끌림; 'inner-fish'/ Illustrator, 전기순 作.

자연 리듬이 지니고 있는 순환적인 반복에 의한 리듬은 그 자체가 '자기-자리'를 제공하는 끌림 에너지라 할 수 있다. 끌림이 지니고 있는 방향성은 그 자체가 이미 선(직선, 곡선, 사선 등)의 리듬을 생성한다. 기하학적인 차원의 선은 두 개의 점에 의한 연결을 의미하며, 끌림에서 선은 또 다른 차성의 의미의 장을 형성한다. 소비자 주체가 지니고 있는 끌림체, 즉 몸채의 '자기-자리'는 두 개의 점이 아닌 세 개의 점이 만들어낸 최소단위에서 확인할 수 있다.

점은 면적을 지니고 있지 않은 가운데 놓여 있는 가상적인 점이며, '자기-자리'의 기본적인 요건인 세 개의 점이 갖춰져 있지 않은 순수 그 자체의 추상적인 점이다. 하나의 점은 늘 불안정한 가운데 머무르고 있는 운동점이며, 360° 어느 방향으로 매 순간마다 다르게 튀어나갈지 모르기 때문이다.

따라서 점은 어떠한 방향이든 움직임이 가능함과 동시에 내적인 지향성도 동시에 갖추고 있다. 중심은 늘 소비자 주체가 만들어놓은 라이프 스타일 가운데 발견할 수 있다. 하나의 점이 한 곳에 오랫동안 머무르고 있다면, 그 점은 외부지향적인 점이라기보다는 내부지향적인 점이라 할 수 있다.

다만 겉으로 드러나는 점의 크기, 색, 위치에 따라 서로 다른 점의 정위를 파악할 수 있을 뿐 내면의 깊이는 점 그 자체의 파악보다는 또 다른 형식을 요구한다. 즉, 두 개의 점은 각자의 정적인 측면에서 서로에 대한 방향성을 지니고 있는 가운데 동적인 선 에너지를 지니고 있다. 두 개의 점 가운데 어떠한 점이 더 강한 중심을 지니고 있는가에 따라 끌림 에너지의 지향이 바뀌게 되어 각자의 '자기-자리'에 예속 또는 흡수하려고 하는 에너지를 지니게 된다. 서로가 끌고 당기는 가운데 생성되는 중심은 끌림 에너지의 층위를 형성하는 끌채의 강력한 힘이 새롭게 생성하여 끌림 내부에 있는 끌채를 통해 '자기-자리'의 특징적인 질을 형성한다.

마지막으로 한 점은 두 개의 점이 구축한 균형점이며, 이 균형점이 새로운 끌림의 '자기-자리'를 생성하게 한다. 끌림에 의한 소비자 주체의 움직임이 눈에 보이지 않은 미세한 리듬에 의해 끌림 대상으로 나아간다고 보자. 끌림 리듬을 운반하게 하는 몸채는 빛 에너지로서 그 자체가 끌림소(素)를 운반하는 '자기-자리'라 할 수 있다. 소비자 주체의 '자기-자리'가 지니고 있는 질료(質料)에 따라 끌림의 양태적인 리듬이 바뀌게 된다.

대자연을 구성하는 최소단위를 끊임없이 진동하는 끈으로 보고 대자연의 유기체적인 움직임을 파악하고자 하는 '초끈 이론' 역시 소비자 주체가 느껴지는 '자기-자리'의 질료적 바탕에 의해 일정한 초끈이 지니고 있는 운동 리듬에 영향을 주게 된다.

[도표 89] 끌림 주변의 '텅 빈 점'
몸채의 빛 에너지를 지니고 있는 끌림점은 그
자체로 만족한 중심을 지니고 있다고 할 수 없다.
어디로 튕겨 나갈지 모르는 가운데 방향점으로서
머무르고 있다. '중심-터'가 없는 주변이다.

　　곧 소비자 주체의 '자기-자리'는 순수과학이 제시하는 빛의 원형을 왜
곡 또는 착시의 상태로 바뀌게 한다. 순수한 빛 에너지의 결집체로서 끌림
체, 즉 몸채는 소비자 주체의 바탕에 따라 변형이 일어남과 동시에 소비자
주체의 개성적인 끌림으로 대상을 포착한다.

　　이러한 현상은 신체가 지니고 있는 환경과 오랫동안의 유전적인 돌연
변이에 의한 자연스러운 변형으로서 '자기-자리'의 결집이며, 끌림, 이끌
림, 걸림에 의해 생성된 오랫동안의 신체의식과 선험적인 정신 에너지의 결
집체라 할 수 있다. '자기-자리'는 늘 부정형을 띠고 있는 가운데 소비자 자
신의 주체인 신체 내부와 외부의 경계영역인 살갗에 머물고 있다. 살갗은
끌림체인 몸채의 '자기-자리'를 갖가지 끌림소가 저장되어 필요 시 운반하
는 '끌림 질료의 장'으로서 역할을 한다. 신체의 내면과 바깥의 갖가지 정
보가 수시로 왕래하는 살갗 표면은 그야말로 끌림의 '자기-자리'이자 바탕
이다. 눈, 코, 입, 귀, 피부 등 외부와의 소통을 가능하게 하는 모든 통로는
그에 따른 끌림의 '자기-자리'를 통해 대상을 파악한다. 이러한 현상은 이
미 불교의 유식관과 갖가지 수행관에 의해 나타난 의식이며, 이 의식이 물
질적인 살갗에서 선험적인 살갗으로 나아갈 때 대상 끌림에 대한 차이를
지니게 된다.

　　또한 우주와 신체는 서로 양분할 수 없는 화이트헤드의 유기체적인 생
명체로서, 신체는 이미 소비자 주체가 지니고 있는 개성적인 '자기-자리'의
양태적인 질료에 의해 서로 다른 삶의 방식을 갖게 된다. 삶의 방식은 늘
고정되어 있지 않은 가운데 움직이는 변형체로서 '자기-자리'에 의해 진화
또는 확장한다. 확장은 소비자 주체의 끌림 에너지의 형질에 따라 전혀 다
른 방식으로 펴져나감을 의미한다.

가령, 물에 잉크 한 방울을 떨어뜨리고 난 뒤 나타나는 퍼지는 느낌을 그 누구도 예측하지 못하는 것과 같이 확장이 지니고 있는 퍼짐은 소비자 주체의 몸채의 질료적인 양상에 의해 전혀 다른 리듬을 만들어낸다. 부정형의 확장은 확산에 의한 퍼짐을 의미하며, 매 순간 물이라고 하는 매질을 통해 텅 빈 공간을 장악한다.

소비자 신체가 옮겨지는 장소에 따라 환경적인 공간에 차이를 지니고 있는 것은 단순한 라이프 스타일에 의한 움직임이 아닌 몸채가 지니고 있는 끌림에 의한 무의식적인 행동이다. 의식에 의한 선택적인 끌림은 수정이 가능하지만, 무의식이 만든 끌림의 부정형으로서 '자기-자리'의 변형은 스스로 확장하려고 하는 성질을 통해 성장한다.

베르그송의 지속에 의한 생명력은 그 자체가 지니고 있는 차이의 극복을 통해 창의적인 성장을 지속하는 것과 같이 지금까지의 끌림이 지니고 있는 낡은 '자기-자리'에 대한 변형을 통해 확장을 주도한다. 따라서 끌림 에너지는 늘 변형이라는 유기적인 움직임 가운데 살아있는 생명 에너지이며, 소비자 주체가 지니고 있는 '자기-자리'의 보편적인 기호적 수단의 범위 확장을 요구한다.

소비자 개성이 지니고 있는 끌림의 차이는 아리스토텔레스의 동일한 시각적인 배치에 의해 고정된 요소에 의한 것이 아니며, 헤겔의 일반적인 보편성에 의한 차이가 아니며, 들뢰즈의 체계 내에서의 구조적인 차이가 아닌 생명 에너지가 지니고 있는 유전자 돌연변이의 차이에 의한 끌림 에너지로서 몸채, 부정형의 '자기-자리'에 의한 것이다.

돌연변이는 '자기-자리'의 확장을 위한 몸부림에서 생성된 생물학적인 현상이며, 이러한 현상이 나타나기 전의 몸채가 지니고 있는 부정형의 끌림 에너지다. 우주에 산재하고 있는 무수한 에너지의 변형체들은 과학의 힘으로 파헤쳐왔지만, 아직 끌림이 지니고 있는 제반 현상의 에너지는 유기체인 소비자 주체의 생명체에 기생하여 진화했다.

덥거나 추운 환경이 인종의 피부색을 구분해주듯이 생활세계에서 주어지는 공간은 직접 혹은 간접적인 끌림 인자를 생성해주고 있다. 살갗이 지니고 있는 피부색에 의한 끌림의 차이는 순수한 선택의 자연스러운 끌림에 의한 몸채의 발현이다. 피부색은 몸채의 '자기-자리'가 지니고 있는 토양의 성분을 의미하며, 이것은 오랫동안 끌림의 일관성을 지니고 있음을 환기시켜준다.

'자기-자리'가 지니고 있는 시간성은 수직적인 층위를 형성하여 반복적인 관계를 통해 끌림의 역사성을 지니게 되며, 그 관계에 의해 구조적이며 구성적인 배치의 무의식적인 선택에 따라 소비자 주체로서의 개성적인 끌림을 이끌어낸다. 소비자 주체의 '자기-자리'는 개인의 상상력으로는 도무지 쫓아갈 수 없는 다양한 시각적인 끌림에 의해 수동적으로 맞추어 자아를 확립해가는 들뢰즈의 노마디적인 끌림에 노출되어 있다.

기존의 낡은 자아에 대한 끊임없는 변형적 노력은 끌림 에너지를 생성하기 위한 열정적인 힘에 의한 것이며, 이러한 노력이 없는 가운데의 '자기-자리'는 이미 낡아버린 채로 남겨지게 된다. 따라서 소비자 주체의 몸은 끊임없는 신체의 변화적인 욕구를 지향하기 위한 '자기-자리'로서 늘 변형 및 새롭게 태어나기를 갈구하고 있다.

3) '리듬-터'

소비자 신체의 조건에 따라 흡수·방사하는 '자기-자리'의 끌림 리듬에서 갑자기 '중심-터'의 끌림 회오리로 교체할 때, 지금까지 변형체로서 '자기-자리'가 만들어놓은 나선형 중심의 리듬에 의해 성장하여 끌림 대상에 강도를 높인다. 끌림 과정이 지니고 있는 리듬은 나선형, 직선형, 방사형, 소용돌이형, 불규칙한 곡선 등의 지향적 중심 에너지에 의해 서로 다른 양상으로 상이한 결과를 만들어낸다.

시각 이미지가 지니고 있는 사각형의 프레임 역시 소비자 주체의 '선험-자리'가 지니고 있는 양태적인 특징에 따라 흡수·방사하는 에너지를 느낄 수 있다. 시각 이미지와 전혀 관계없는 사각형의 프레임이 이렇게 다

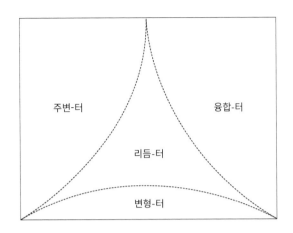

[도표 90] 시각 이미지에서 생기는 '선험-자리'의 리듬-터

주변-터

융합-터

리듬-터

변형-터

른 느낌으로 전달되는 것은 소비자 주체의 '자기-자리'의 끌림 과정이 만들어낸 중심 리듬에 의한 차이 때문이라고 할 수 있다. '선험-자리'는 거리, 관계, 위치에 의해 스스로 드러나지 않는데, 이는 사물들과의 상대적인 끌림의 중심관계를 통해서만 가시적으로 나타난다.

대상과 서로 다른 중심관계를 지니고 있을 경우 서로 가까이 지각하면서도 전혀 다른 지각을 할 수 있는 것은 끌림 중심의 차이에 의한 결과라고 볼 수 있다. 간혹 대상에 대한 끌림의 지속성을 위해 '선험-자리'가 지니고 있는 중심 리듬에 대한 점, 선 또는 다른 적절한 형태를 위해 대상이 지니고 있는 끌림의 원형적인 리듬과 교착하기도 한다.

끌림 이미지가 지니고 있는 의미는 중심의 공성과 리듬의 색상이 서로 떨어져 있지 않다는 점이며, 이 두 간극 사이에서 늘 소비자 주체의 끌림 장에 부정형의 융합된 끌림 회오리가 생성·소멸한다고 볼 수 있다. 소비자 주체의 끌림 에너지를 운반하는 매질은 두 가지 끌림 장이 지니고 있는 경계에서 드러나는 신체 바깥의 대상을 향한다. 정신적인 끌림 장과 육체적인 끌림 장에 있는 눈에 보이지 않는 끌림막의 교체에서 발생한다고 볼 수 있다.

결과적으로 매질은 소비자 주체가 상품을 구매할 때 나타나는 끌림 장 사이에서 발생하는 리듬이며, 이 리듬은 결과적으로 끌림이 지니고 있는 '자기-자리'의 특징을 대변하는 것이라 할 수 있다. '선험-자리'는 이와 같은 끌림 장의 두 가지 층위에 의해 발생하는 리듬의 교차라 할 수 있다. 소비자 주체는 평상시 신체의 바깥경계인 살갗을 통해 정신적인 면과 육체적인 면의 끌림에 대한 갈등을 끝없이 만들어가는 가운데 대상 끌림에 대한 리듬이 이뤄지며, 또한 자신의 리듬에 대한 성찰을 통해 끌림 이미지를 반복적으로 수정·보완한다.

신체 살갗은 공성과 색상이 지닌 두 가지 특징적인 양태의 부정형의 폭과 깊이에 따라 수시로 바뀌어가는 끌림체로서 매 순간 탄생하는 리듬에 끌림 에너지를 제공한다. 끌림 요소를 운반하는 매질은 몸채가 지니고 있는 빛 에너지를 생성하는 역할을 하는 의미과정이며, 이 과정이 사라지는 순간부터 리듬의 변화과정은 더디게 움직이게 되어 결국 대상에 대한 아무런 느낌이 없게 된다.

[그림 91] '리듬 터'에 의한 끌림; 'inner-bird'/ Illustrator, 전기순 作.

이제 끌림에는 위의 그림에서 알 수 있듯이 소비자 주체의 느낌 이전의 '선험-자리'에 의해 생성하는 매질로서 '리듬-터'를 공유한다는 점을 나타내야 한다. 객관성이 지니고 있는 상호주관적인 공주체성을 넘어선 '자리'

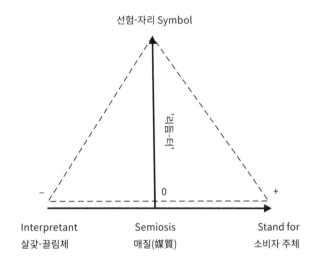

는 소비자 주체의 느낌에 앞서는 선험적 '리듬-터'의 지극히 주관적인 끌림에 주목해야 한다. 초월론적인 현상 차원의 끌림이 지니고 있는 '선험-자리'가 신체 외부대상으로 포착될 때까지 이뤄지는 과정적인 끌림 작용으로서 '선험-자리'가 지니고 있는 매질에 따라 잉여성의 영토 확장이 진행된다.

이러한 확장의 주체는 주어진 신체의 공감각을 지니고 있는 소비자 주체의 조건화에 익숙한 끌림 에너지이며, 이 에너지가 주기적으로 교체하여 생성할 때마다 '선험-자리'가 지니고 있는 빛 에너지의 양태적인 매질은 '리듬-터'의 개성적인 지향성으로 나타난다.

'리듬-터'에 대한 선험적인 파악은 살갗, 즉 물질적인 차원으로서 신체 내부를 보호하는 바깥 표피를 지칭하는 차원에서 벗어난 정신적인 차원의 경계에서 가능하며, 소비자 주체의 내적 지평과 바깥세계와의 절대적인 구분을 위한 실제 확인이 가능한 영토에서 느낄 수 있다. 끌림이 지니고 있는 신체적인 감각 가운데 가장 최전선에 위치한 영토인 '리듬-터'를 통해 바깥세계와 소통하게 한다.

이 살갗은 생물학적인 차원에서 벗어난 정신적인 차원의 끌림이 이뤄지는 생성층이자 '리듬-터'다. 이 층에서 이뤄지는 끌림체는 오감에 의한 몸채에 의해 선험적인 의식에 전달된다. 이 과정에서 살갗의 '리듬-터'는 비물질적 신체인 몸채를 체험하게 되어 실제적인 소비자 주체의 '선험-자리'를 확보하게 된다. 이 자리는 끌림이 이뤄지게 하는 '리듬-터'의 영토로 변형되는 순간 중심과 주변이 지니고 있는 갖가지 끌림 에너지는 하나의 리듬으로 외부대상을 지향하게 된다. 살갗이 지니고 있는 '리듬-터'의 물질적인 신체에서 비물질적인 신체로의 전환 속에서 리듬은 또다시 끌림 대상을 확장하여 '선험-자리'로 귀속한다.

실제 육안으로 확인이 가능한 '리듬-터'는 매질로서 빛이 지니고 있는 다양한 색으로 형성된다. 이 색은 고유한 소비자 주체로서의 개성을 나타낸다. 따라서 색은 '자기-자리'가 지니고 있는 매질로 형성된 '리듬-터'의 표상(Represention)[24]이다.

'리듬-터'를 운반하는 매질은 동일한 대상도 어떻게 끌림이 바뀌느냐에 따라 동일하게 변형[25]이 이뤄지는 무향, 무색, 무취, 무개성의 운반체다. 가령 빛 자체는 아무런 색상을 지니고 있지 않은 가운데 주변을 밝히지만, 실제 스펙트럼을 통해 빛이 여러 가지 색으로 분리되어 비치는 것을 알 수 있듯이, 빛 에너지의 몸채는 끌리는 대상에 따라 서로 다른 빛 에너지를 방사(放射)하는 것과 같다. 빛 의식이 나타나기 전의 초월론적인 신체에서 발현되는 '리듬-터'는 그 자체가 이미 의도와 상관없는 '선험-자리'의 잉여성의 '리듬-터'로서 빛의 색상을 지니게 된다.

몸채는 물질적인 신체를 둘러싸고 있는 살갗의 '리듬-터'를 또 다른 차성의 '끌림-영토'로서 생활 속에서 굳어진 소비자 주체의 개성적인 라이프 스타일과 스스로의 관점에 의해 생성하는 빛의 리듬으로 받아들인다. 주어진 신체의 공시성과 통시성의 한 끌림점에 마련된 '선험-자리'가 '시간-반복'에 의한 의식의 고착적인 질성(質性)에 의해 자연스럽게 조건화된 신체로 결정되는 순간 '리듬-터'가 지니고 있는 순수성은 사라지게 된다. 즉, 의식을 통한 끌림체로서 소비자 주체의 '선험-자리'가 물질적인 신체로 가라앉을[質料] 때까지 선험적 차원의 '리듬-터'로서 자리는 뚜렷한 경계를 지니고 있지 않은 가운데 신체 주변에 골고루 퍼져 있게 된다. 소비자 주체의 의식 활동이 시작되는 순간부터 기와 질로 구분되는 '자기-자리'의 경계가 뚜렷하게 나타나 이를 통해 신체가 지니고 있는 물질적인 성정(性情)의 '리듬-터'를 파악하는 분위기로 다시 관찰이 가능하게 된다.

간혹 소비자 주체 스스로 어떤 대상에 자신의 고정적인 시선을 멈추고자 하는 순간, 즉 시각적 느낌을 포착하기 전에 그 끌림에 대한 양태적인 '리듬-터'의 느낌을 파지하는 순간, 또는 소비자 주체의 존재적인 양태와 시각과의 관계를 새롭게 인식하고 기술할 때 비로소 "선험-자리"가 지니고 있는 성정(性情)의 경계가 사라지면서 대상이 지니고 있는 '리듬-터'의 새로운 영토적인 변용의 확장으로서 끌림을 체험하게 된다.

이러한 소비자의 태도에서 끌림이 지니고 있는 기질적인 성질 자체가 '리듬-터'의 또 다른 매질에 의해 통일적인 리듬으로 동화되고 있음을 알 때, 비로소 끌림이 느낌에 의한 시각적 장의 소비자 주체가 아닌 끌림 대상에 의한 또 다른 생성층의 '리듬-터'를 파악하지 않을 수 없다.

그러면 여기에서 '리듬-터'란 무엇인가? '리듬-터'는 몸채라는 거대한 끌림 에너지에서 생성하는 자기-영토의 토양적 성분을 의미함과 동시에 신체의 끌림 내부에서 외부 끌림 세계로 뻗어가는 확장 속에서 활동하는 끌림 매질이라 할 수 있다. 시각 이미지가 소비자 주체의 끌림 이미지로서 생성하기 전의 자리는 시각디자이너의 내적 '자기-자리'에서 머물고 있는 눈에 보이지 않는 '타자-자리'의 고유한 '리듬-터'의 영토이며, 이것이 소비자 주체의 끌림 이미지로 확장되어나가는 순간 '타자-자리'는 순식간에 소비자에게 새롭게 '자기-자리'의 확장된 영토로 수용되어 하나의 '리듬-터'로 자리를 바꾼다.[26]

즉 '자기-자리'와 '타자-자리'의 이원성이 하나의 '리듬-터'로 융합이 이뤄지는 순간을 의미하며, 이것은 지금까지의 선험적인 차성에 머물고 있던 시각디자이너의 신체 내적 '리듬-터'가 신체 바깥의 또 다른 소비자 주체의 '리듬-터'로 전이되는 간주관적인 공주체성을 의미한다. 시각 이미지가 지니고 있는 '리듬-터'의 영토는 소비자 주체의 신체적인 조건화에 의해 조작되어 과정에서 이뤄지는 융합의 자리다. 주어진 자리의 역할과 상황은 절대적으로 소비자 주체의 해석적인 끌림 선택에 의한 것이며, 시각디자이너의 내적 끌림에 의해 결정되지 않는다.

동일한 끌림이 서로 다른 끌림으로 재해석하고자 하는 것은 소비자 주체의 조건화된 '자기-자리'로 귀속시키려는 속성에 의한 리듬의 부조화를 의미한다. '리듬-터'의 영토성은 이러한 리듬의 부조화로 인한 기질적인 특성에 의해 구분되며, 이 구분된 자리에서 끌림이 지니고 있는 '리듬-터'의 독특한 리듬을 파악할 수 있다. 이제 '리듬-터'는 신체 또는 텅 빈 공간에 주어진 어떠한 물질, 비물질적인 인식이 생성과 동시에 융합하여 새롭게 변용되는 순간 발현되는 끌림의 영토이며, 이 영토가 지니고 있는 리듬의 주름진 성분에 의해 경계의 현란한 차이를 파악할 수 있다.

또한 시각 이미지는 표현 면에서 전경의 이미지와 배경의 텅 빈 공간에서 늘 서로 간의 '리듬-터'의 영토에 대한 경계를 나타내고 있음과 동시에 내용 면에서 또 다른 전경과 배경이 지니고 있는 '리듬-터'에 대한 침묵의 경계가 나타나고 있다. 시각 이미지의 순수 끌림의 '리듬-터'는 기표-기의, 표현-내용, 표현-실질의 해석적인 측면으로 분석이 이뤄지는 순간 사라지며, 또다시 몸채에 의한 끌림 이미지의 전체성으로 보일 때 나타난다.

'리듬-터'는 소비자 주체의 즉자와 대자의 교차가 이뤄지는 살갗의 비물질적인 몸채에 의해 생성하는 리듬이며, 이 리듬이 생성하는 순수, 감각, 시각, 지각, 의식의 터에 따라 제각기 질적 차이의 끌림을 만든다. 소비자 주체의 '자기-자리'와 '타자-자리'가 의미하는 터의 종류에 따라 '리듬-터'는 서로 다른 리듬을 만들어낸다.

즉자의 출발점이 신체 내부의 선험적인 '자기-자리'의 리듬이라면, 대자의 출발점은 신체 외부의 현실적인 '자기-자리'의 영토 확장을 위한 리듬이다. 각기 반대 방향을 지향하는 '자기-자리'의 원형적인 출발점은 그 자체가 '리듬-터'의 출발점이며, 이 '리듬-터'가 지니고 있는 속성, 강도, 재질, 형태에 따라 새로운 유형의 리듬 회오리를 만들어내어 물질적인 외부대상을 '자기-리듬'으로 변형하며 지속적인 멜로디로 뻗어나간다.

리듬의 특성에 의한 멜로디는 기존의 리듬이 지니고 있는 리듬 회오리의 선험적인 몸채를 바꿈으로써 소비자 주체가 매 순간 현재의 '리듬-터'에 대한 대상을 다시 파악하고 변형하여 그 리듬을 바꾸며 자신이 지니고 있는 '리듬-터'에 대한 부분을 새롭게 융합한 멜로디로 '리듬-터'를 조작한다.

소비자 주체의 인식 지평 가운데 '리듬-터'는 신체 살갗의 고유한 공간으로서 늘 유동적이다. 끌림이 지니고 있는 순간성은 '리듬-터'가 지니고 있는 매질에 의해 확장과 축소가 자유롭게 이뤄진다. 점, 선, 면은 그 자체로 고유한 '리듬-터'를 지니고 있으며, 이를 융합하여 하나의 완전한 멜로디로서 '리듬-터'로 만드는 과정은 전적으로 몸채의 매질에 영향을 받는다.

메를로퐁티는 "공간 속에 길을 내는 선은 다른 한편으로 일상적인 공간을 손상시키고 외적으로 관련된 부분들을 손상시키고 있음"을 강조하면서 선의 실제성을 부인했다. 이는 실제 시각디자인에서 파악할 수 있는 점, 선, 면의 형태적인 요소가 시각디자이너, 화가, 건축가들의 시각적인 형태를 만들기 위한 도구적인 요소이며, 그 이상의 실질적인 원형을 발견한다는 것은 쉽지 않다는 점을 강조한 점에서 알 수 있듯이 점, 선, 면이 나타나고 있는 어떠한 시각적인 형에는 반드시 리듬에 의한 '리듬-터'를 통해 원형적인 실질을 확보할 수 있다.

따라서 시각 이미지의 '리듬-터'는 리듬이 나타나는 순간 형성된 주위의 점, 선, 면의 확장에 의한 끌림 에너지이며, 눈에 들어오는 형, 형태의 주변에 나타나는 눈에 띄지 않는 '리듬-터'의 실질적인 확장이라 하겠다.

2 끌림 '몸채'

1) 배치

시각 이미지의 동일한 내용도 시각디자이너와 소비자 주체 간의 감각포지션인 p1, p2, p3, p4 등의 배치에 따라 끌림 이미지가 다르게 나타난다. 핵심소구에게 적확한 끌림 이미지를 표현하기 위해서는 시각디자이너의 몸채와 소비자 주체의 몸채에 대한 구성적인 배치(p)가 필요하다. 배치는 일정하게 응축된 끌림점의 '터'에 대한 위치와 높이 조작이며, 이 '터'에 대한 끌림체로서 몸채의 특이점을 발견해야 한다.

흔히 이것을 포지션(Positioning), 니즈(Needs), 욕구(Desire), 이점(Benefit), USP(Unique Selling Proposition) 등을 이용하여 핵심소비자의 욕구충족 부분[27]에 투자하지만, 실제적인 시각디자인의 영역에서 충분히 소화한다는 것은 거의 불가능하다.

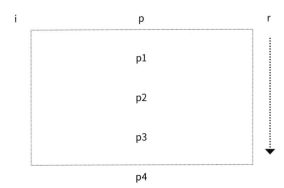

[도표 92] 끌림 회오리의 배치에 의한 '자기-자리'의 층위

i: 해석체, r: 지시체, p~p4: 배치점

배치점의 위치와 깊이에 따라 다양한 형태의 끌림 회오리를 만들어낸다. 배치점의 체계는 사회적, 정신적, 정서적, 문화적 등 수많은 층위를 통해 조작이 가능하며, 모든 물질과 생명체의 양극성을 통한 배치도 가능하다.

이유는 이성적인 사고에 의한 분석적인 사고[28]로 감성체인 몸채는 아무런 끌림을 지니지 못한 채 물거품처럼 사라지고 만다. 끌림 회오리에 의한 배치는 몸채라고 하는 비물질적인 신체를 기반으로 하는 가운데 생성하는 시각디자이너의 경험주체로서 핵심소비자의 끌림 범주를 한정하는 공간에 속해 있다. 느낌이 지니고 있는 다양성 가운데 시각디자이너의 배치는 소비자 주체와의 독자적인 끌림 범주에 대한 상호적인 확장성을 위해 염두에 두어야 할 구성적인 내용이다.

그래서 이러한 배치에 대한 명백한 구성범위를 통해 상품에 대한 욕구를 지니고 있는 소비자의 '자기-자리'를 발견할 수 있다. 소비자 주체는 다양한 개성적인 성격을 지니고 있으며, 상품 이점에 따라 소비자 자신의 '자기-자리'에 대한 구성이 바뀌게 된다. 이 '자기-자리'는 끌림 이미지를 생성하기 위한 상호 간의 '배치-자리'이며, 이 '배치-자리'에 대한 상호 간의 결합을 통해 하나의 끌림 이미지를 추출할 수 있다.

따라서 끌림이 지니고 있는 시지각적인 요소는 주체마다 동일한 요소도 다르게 해석하므로 '자기-자리'에 대한 폭넓은 인식이 필요하다. 먼저, '자기-자리'는 일정한 균형을 유지할 수 있어야 하며, 지속성이 있는 자리여야 한다. 시각디자이너가 자신이 만들어야 하는 광고 표현에 대한 의도적인 자리가 반드시 선행해야 하는 이유는 소비자 주체에 대한 의미를 파악하기 전에 '자기-자리'에 대한 이해가 있어야 더욱 확고한 끌림 이미지를 만들 수 있다.

[그림 92] '배치'에 의한 끌림; 'inner-change'/ Illustrator, 전기순 作.

예를 들면 동일한 조건에서 상품에 대한 끌림 이미지를 표현한다고 하더라도 시각디자이너가 지니고 있는 끌림체의 '자기-자리'가 어린이가 좋아하는 스타일을 잘 묘사하는 경우와 성숙한 남녀의 성적인 면을 잘 표현하는 재능을 지니고 있는 경우, 동일한 상품에 대한 콘셉트를 두고 시각디자인을 한다고 하면 전혀 다른 끌림 이미지를 만들게 되는 결과라고 볼 수 있다.

이처럼 시각디자이너의 '자기-자리'에 대한 끌림체의 간주관적인 발견은 시각 이미지를 끌림 이미지로 느끼게 하는 데 매우 중요한 포지셔닝이라 볼 수 있다. 따라서 '자기-자리'를 위한 균형적인 감각은 핵심사용자인 소비자 주체의 개성적인 면을 파악하는 데 중요한 감각이라 할 수 있다. 균형은 평소 시각디자이너가 좋아하는 크기, 색, 형태, 면, 공간, 배경에 대한 느낌을 파악할 때 나타나는 끌림 에너지이며 미적 감각이다.

특히 청소년이 지니고 있는 역동적인 에너지에 의한 끌림을 표현할 때에는 자신의 '자기-자리'와 비교해서 강하게 또는 약하게 표현을 조절할 수 있어야 한다. '자기-자리'는 위의 내용처럼 시각디자이너 자신뿐만 아니라 소비자 주체에게도 요구되는 몸채를 파악하는 데 필요하다. 끌림 에너지의 개체적인 중요성을 '자기-자리'를 통해 대신해주기도 하지만 끌림의 변형[29]을 위해 여러 가지 형태로 '자기-자리'가 의도적으로 바뀌기도 한다. 즉, 조건화된 환경에 의해 '자기-자리'는 시각디자이너의 조작에 의한 강한 끌림 회오리를 통해 배치점의 위치를 바꿀 수 있다. 이때 발생한 변형은 순수의 장에서의 변형이 아닌 의식의 장에서 일어나는 '배치-자리'라 할 수 있다.

최초 배치점의 '자기-자리'는 시각디자이너와 소비자 주체의 신체가 지니고 있는 순수 상태의 기호 삼각형을 의미하며, 이후에 일어나는 변형적인 자리의 이동은 타자로서 소비자 주체와의 확장을 통한 '배치-자리'의 새로운 '자리-터'의 형성을 위해 구축한 배치다. 응축된 점들의 집합체로서 '배치-자리'는 평면적이며, 배치에 의한 '자기-자리'의 층위에 따라 서로 간의 계층적인 구조를 갖게 된다. 즉 물질적 '자기-자리', 정신적 '자기-자리', 시각적 '자기-자리', 의미의 '자기-자리', 레이아웃의 '자기-자리', 배경과 전경의 '자기-자리' 등 다양한 끌림 회오리를 통해 시각디자이너의 층위적인 구조인 '배치-자리'의 의미를 파악하는 데 적용[30]할 수 있다.

시각 이미지가 지니고 있는 의미는 결국 '자기-자리'의 갖가지 층위에서 시작한다. 순수 층위, 감각 층위, 시각 층위, 지각 층위는 제각기 끌채에 의한 '타자-자리'의 위상이며, 이 위상의 흡수 또는 동화된 층위의 양태는 '자기-자리'와 함께 새로운 변형의 '배치-자리'를 갖게 된다. 시각 이미지가 지니고 있는 이미지의 배치, 내용의 배치, 색의 배치 등 시각적 표현의 배치는 시각디자이너의 '자기-자리'를 찾는 과정에서 형성되는 구성적인 배치이며, 결과적으로 '배치-자리'가 지니고 있는 시각디자이너의 간주관적인 몸채를 발견하는 과정이다.

또한 배치는 전경과 배경을 통해 양극성의 '배치-자리'를 발견한다. 즉 시각 이미지의 전경에 나타나는 시각적인 일러스트, 사진, 캐릭터의 배치가 간주관적인 '자기-자리'의 층위라면, 배경은 눈에는 보이지 않는 또 다른 층위의 '타자-자리'다. 배경이 지니고 있는 분위기는 전경이 갖는 배치에 따라 전혀 다른 '타자-자리'를 제공한다.

의미 있는 공간과 의미 없는 공간이 한데 어우러져 있을 때 나타나는 경계는 '자기-자리'와 '타자-자리'를 구분하여 표현하는 '배치-자리'의 '터전'에 대한 영역 표시다. 서양적 미의식은 배경에 대한 의식을 단순히 텅빈 공간으로 받아들이고 흰 바탕에 꽉 채우려고 하는 본능적인 몸채가 깊게 자리 잡고 있는 반면에, 동양적인 미의식은 배경에 대한 심미안(즉, 여백)이라 하여 절대적인 무심의 자리(즉, 초월론적인 현상)로서 인위적인 작위가 없는 기운생동(氣運生動)하는 충만한 자리로 여겨 여유로운 공간의 아름다움을 자아낸다.[31]

이러한 빈 공간에 대한 미적 차이는 소비자 주체가 지니고 있는 신체적인 '자기-자리'가 지니고 있는 끌림 층위의 양태적인 차이에 의한 직접적인 예라 할 수 있다. 동일 대상에 대한 양극적인 현상은 시각 이미지에서 쉽게 찾을 수 있으며, 소비자 주체에게 직접적인 영향을 미치는 것은 배치에 의한 자연스러운 현상이라 하겠다. 시각 이미지에서 전경에 대한 '자기-

자리' 배치를 강하게 나타낼수록 양성적인 끌림이 강하게 나타나는 현상
이 두드러지는 반면, '타자-자리'에 대한 배치를 강하게 나타낼수록 음성
적인 끌림이 강하게 나타나는 것도 빈 공간에 대한 미의식의 차이에서 비
롯된다.

여성용 화장품과 고관여 감성상품의 시각 이미지에서 여백의 활용이
강하게 나타나는 것은 이와 같은 빈 공간이 지니고 있는 '배치-자리'의 차
이가 갖는 특징적인 사례라 할 수 있다. 기호 삼각형에서 볼 수 있는 해석
체와 지시대상이 어떠한 양극성의 의미를 부여하느냐에 따라 배치의 위상
적인 구성이 바뀌며, 그에 따른 끌림 회오리의 형상이 다채롭게 형성되는
것을 알 수 있다.

'배치-자리'는 또다시 언어가 지니고 있는 어떠한 구조체계에서도 '터'
의 쉼터가 제공된다. 주체와 대상 간의 이성적인 분절에서도 배치에 의한
끌림 회오리는 곳곳에서 발생한다. 즉 언어 자체가 지니고 있는 구조적인
체계는 더 이상 끌림 회오리의 배치로 인해 독립적인 단어로 의미를 창출
할 수 없으며, 무한한 양극성의 창조적인 배치—무한한 구성요소, 무한한
지표, 무한한 표현과 내용, 무한한 기표와 기의, 무한한 시각요소—로 인
해 몸채는 단절적인 개체로서 존립할 수 없다.

모든 사물의 배치는 그것이 배치 내부, 배치 외부, 미시적, 거시적, 위
상학적, 공시적, 통시적으로 표현되어도 결국 하나의 양극성에 의한 끌림
회오리를 통해 몸채를 드러낸다. 소비자 주체의 즉자적 배치와 대자적 배
치 역시 시각 이미지를 끌림 회오리로 전환한 가운데 가능한 '배치-자리'
다. 끌림 이미지의 배치는 시각디자이너의 즉자로서 수직적인 존재에 대한
깊이 있는 질문과 대자로서 수평적인 소통에 의한 소비자 주체의 이해를
통해 성립한다.

시각 이미지를 대하는 소비자 주체의 내면적 배치는 시대적인 환경과
이데올로기, 정신적·사회적·문화적 체계의 융합에 의해 구성된다. 각 구
성요소의 질서적인 배치는 이미 양극화를 통한 끌림 회오리로 자신의 개
성적인 '몸채-자리'를 간직하고 있다. 내면에 구성된 사물들의 배치는 소비

자 자신의 통제를 통해 매 순간 배치를 바꾸며 끌림 회오리가 지니고 있는 구조체계를 최신의 '배치-자리'로 변형한다. 즉, 지금까지 배치로 구성된 모든 사물은 소비하지 않는 가운데 바깥에 구성된 갖가지 배치 구성요소를 받아들이는 가운데 자신의 몸채를 첨단화한다. 시각 이미지는 소비자 주체의 '배치-자리'를 현실적인 감각으로 재정립하는 데 일조한다.

특히 최첨단 상품, 가전제품 등이 지니고 있는 최신정보는 배치의 최전선에서 자리를 지키며, 기능적인 작용을 하는 일관적인 항목에 대해서는 최전선의 주위를 맴돌며 확보한다. 끌림은 소비자 주체의 최전선에 있는 사물들과 뒤섞이는 가운데 생성되는 '배치-자리'의 변형에서 순간 시작한다.

2) 분위기

분위기는 비물질적 신체로서 끌림체, 즉 몸채가 지니고 있는 배치 폭과 두께, 높이에 의해 다양한 끌림 회오리의 양태가 생성되어 나타난다. 분위기의 가치들—색, 재료, 형태, 빛깔 등—에 따른 해석체(i)의 자유로운 변형에 따라 지시대상(r)은 자연스럽게 교체가 이뤄지며, 시각 이미지에 나타나는 레이아웃, 타이포그래피, 모델, 일러스트 등 분위기의 형태를 만들어

[도표 93] 끌림 회오리의 분위기에 의한 '자기-자리'의 층위

i: 해석체, 시각디자이너, r: 지시체, m~m4: 분위기

분위기점의 폭과 두께, 높이에 따라 다양한 끌림 회오리의 양태가 생성되어 나타난다. 분위기점의 양태는 배치의 사회적, 정신적, 정서적, 문화적 등 수많은 층위를 통해 분출한다.

내는 모든 시각적인 요소는 수시로 변형된다.

분위기의 가치와 형태는 소비자 주체의 신체조건화에 의한 '배치-자리'의 층위로서 사회적·정신적·정서적·문화적·환경적 분위기에 영향을 받는다. 잉여성의 모든 분위기는 눈에 보이지 않는 가치 자리를 구성하며, 각 자리에 의한 층위에 따라 분위기의 계층적인 구조를 나타낸다.

따라서 '분위기-자리'는 시간과 공간이 부여되는 가운데 형성되는 주어진 기존의 '배치-자리'의 합법적인 잉여성의 계층적인 가치에 의해 구성된 영토이며, 이 영토가 지니고 있는 토양의 질적 성분은 '분위기-자리'에 직접적인 영향을 미치는 소비자 주체의 끌림 회오리로서 '배치-자리'의 가치에 의해 변형 및 조작된다.

가치의 다의적인 끌림 회오리를 바라볼 수 있는 통각은 소비자 주체 자신의 비물질적인 신체에서 비롯된 몸채를 통해 물질적 신체의 '분위기-자리'의 내적 지향을 총체적으로 직관(直觀)할 때 나온다. 이 통각이 강화될수록 신체의 공시적이고 통시적인 배치에 의한 분위기의 전 과정을 관철할 수 있는 몸채의 강력한 빛 에너지를 직접 체험하게 된다.

몸채가 지니고 있는 '분위기-자리'는 가치로서 해석체의 '자기-자리'와 형상으로서 지시체의 '타자-자리'를 어떻게 변형하여 배치하느냐에 따라 동일한 조건화된 신체에서도 서로 다른 끌림 회오리의 분위기를 생성한다. '분위기-자리'는 끌림 배치에 의한 무의식적인 행위에서 비롯되며, 끌림에 대한 자유로운 형식이다.

예를 들면, 고관여의 시각 이미지에 대한 '분위기-자리' 배치가 저관여의 '분위기-자리' 배치와는 일치하지 않는 가치로서 해석체의 '자기-자리'와 지시체의 '타자-자리'가 동시에 공존하는 것과 같다. 동일한 환경에서도 주어진 상품의 특징에 따라 끌림 이미지의 '분위기-자리'에 대한 감각이 다르게 공존하는 것은 배치 이전의 '분위기-자리'가 지니고 있는 양태적인 가치의 확장성이 지속되기 때문이다.

확장성은 사물에 대한 배치 이전의 '자기-자리'와 '타자-자리'의 이동 가운데 생성되는 시각디자이너의 몸부림과 손놀림의 변형된 '분위기-자

[그림 93] '분위기'에 의한 끌림; 'inner-nature'/ Illustrator, 전기순 作.

리'에서 변형된 가치의 확장성을 의미한다. 가치는 스스로 이미 끌림이 지니고 있는 잉여성 영토로서 '분위기-자리'에 의해 눈에 보이는 시각적인 요소로 배치된다. 소비자 주체 스스로 지니고 있는 비물질적인 신체로서 몸채의 가치는 '자기-자리'로서 끌림의 순수 끌림, 감각 끌림, 시각 끌림, 지각 끌림이 또 다른 끌림 대상의 '타자-자리'로 이동할 때, 순수 끌림에서 순수 끌림으로, 감각 끌림에서 감각 끌림으로 등 동종의 닫힌 끌림 자리로 이동하는 순수 변형이 아닌 순수 끌림에서 감각 끌림으로 등의 열린 자리로 이동하는 확장성의 변형 자리를 통해 바뀐다.

따라서 시각 이미지에서 느껴지는 끌림의 확장성은 '분위기-자리'에 대한 가치 변형을 의미하며, 이 자리가 지니고 있는 기질적인 양태에 따라 다양한 형태의 끌림 이미지를 만들어낸다. 특히 '자기-자리'의 신체 내적 지향의 음성적인 기질과 '타자-자리'의 신체 바깥지향의 양성적인 기질과의 만남은 거대한 끌림 에너지를 생성함과 아울러 끌림 변형에 의한 다채로운 가치를 새롭게 잉태한다.[32]

또한 소비자 주체의 신체 바깥에 있는 시각 이미지의 '끌림-자리'는 새로운 창의의 잉여성 영토이며, 이 영토의 소유를 통해 소비자 주체는 '자기-자리'를 '타자-자리'와의 변형에서 '분위기-자리'의 사회적·정서적·정신적·문화적 끌림층을 발견한다. 이제 끌림은 소비자 주체의 내적 지향의 '자기-자리'에서 바깥지향의 '타자-자리'에 의해 생성하는 선험적인 '분위기-자리'의 끌림층을 발견함으로써 또 다른 '타자-자리'로서 소비자 주체의 몸채에 앞서는 초월론적인 '분위기-구조'를 적극 파악해야 한다.

시각 이미지는 배치에 의한 기술적인 층위와 분위기에 의한 문화적인 층위의 결합을 통한 '분위기-구조'를 지니고 있다. 기술적인 면과 문화적인 면이 지니고 있는 두 가지 대립적인 시각에 의한 충돌은 분위기라는 다양한 층위를 설정하여 소비자 주체를 유혹한다. 흔히 레이아웃이라는 기능적인 측면과 색, 형태, 일러스트 등의 감각적인 측면이 서로에게 양극화된 대립에서 독특한 분위기의 층위를 연출하는 좋은 예라 할 수 있다.

특히 시각 이미지의 분위기에 적확하게 맞춘 핵심소비자는 자신의 끌림체와의 동일성을 통해 적극 수용하는 반면, 다른 소비자의 경우에는 변형적인 '분위기-자리'를 통해 자신의 분위기를 바꾸거나 혹은 단호히 거절한다. 소비자 주체로서 조건화된 '자기-자리'에서 끌려지는 '타자-자리'의 '분위기-자리'는 결국 시각 이미지의 이원화된 대립구조에서 잉태되는 잉여성이며, 이 잉여성의 분위기는 소비자 주체의 신체가 만들어놓은 주변의 식에 의해 생성된 현상학적인 순수차성에 나타난 층위, 신체 살갗 또는 외부의 공간에서 확인할 수 있는 순수차성의 '타자-자리'가 아닌 목적성의 의식차성에 의한 끌림 층위로 자리 잡는다.

생활 속에서 굳어진 소비자 주체의 개성적인 라이프 스타일과 주어진 신체의 '시간-반복'에 의한 의식의 조건적인 기질(氣質)적 양태[33]는 '타자-자리'를 시각 이미지에 나타난 물질적인 재화 또는 가치를 함의하고 있는 '분위기-자리'를 대신한다. 시각 이미지는 상품이 지니고 있는 물질적인 대상을 가치로 승화시켜 또 다른 캐치로서 소비자에게 정신적인 만족을 제공한다.[34]

이러한 정신적인 만족은 '타자-자리'에 있는 시각 이미지의 전체성을 동시에 소비자 주체 자신의 '자기-자리'에 제공하고자 할 때, 즉 시각적 시각 이미지를 포착하기 전에 소비자 자신의 끌림에 대해 물을 때, 또는 소비자 주체의 신체적인 양태와 지각과의 관계를 새롭게 인식하고 기술할 때 비로소 '타자-자리'에 대한 확고한 믿음의 틀이 소비자 주체 자신의 공감각적인 '타자-자리'로서 '분위기-자리'를 체험하게 된다.

이러한 소비자의 체험에서 '타자-자리'의 느낌이 지니고 있는 기질적인 성질이 스스로 선험적인 초월성을 자각하는 순간에 나타나는 '순수-차성'에 의한 끌림임을 알 수 있을 때, 비로소 끌림이 신체적인 느낌에 의한 시각적 장의 소비자 주체가 아닌 또 다른 층의 '타자-자리'의 차성을 파악하지 않을 수 없다. 이때 시각 이미지의 끌림이 이뤄지는 '분위기-자리'는 현실적인 만족을 넘어선 눈에 보이지 않는 끌림이며, 곧 소비자의 물질적 신체에는 없는 비물질적 신체인 몸채의 '타자-자리'로서 '분위기-자리'다.

소비자 주체의 신체가 지니고 있는 '자기-자리'가 또 다른 눈에 보이는 대상으로서 '타자-자리'를 소유하고자 하는 것은 물질적인 소유뿐만 아니라 신체 스스로 대신할 수 없는 몸채의 '타자-자리'에 대한 끊임없는 향연에 의한 끌림이다. 소비자 주체마다 동일한 시각 이미지도 서로 다른 끌림 이미지를 갖는 것은 내적 지향으로서 '타자-자리'의 배치와 외적 지향으로서 '타자-자리' 배치와의 동일성 차이에서 비롯되는 현상이다.

주변의식은 소비자 주체의 내적 지향의 '타자-자리'와 외적 지향의 '타자-자리'의 차이에서 오는 '분위기-자리'의 한 유형이다. '자기-자리'의 고정적인 시각이 자칫 소비자 주체의 '타자-자리'가 지니고 있는 '순수-차성'에 대한 차이로 인해 전혀 다른 느낌으로 파악할 개연성을 지니고 있기 때문이다. 시각 이미지는 주변의식의 대표적인 상징적 표현이라 할 수 있다. 광고 표현에서 가장 보편적인 공통감각을 기초로 하여 소비자 주체의 '타자-자리'를 지향하려고 하는 의도는 소비자 주체를 의식하는 간주관적인 해석에 기초를 두고 있기 때문이다.

간혹 시각 이미지가 소비자 주체와 동떨어진 느낌으로 해석되는 경우는 바깥지향의 '타자-자리'가 지니고 있는 생성층의 문화적인 차이로 인해 소비자 주체의 신체가 지니고 있는 '자기-자리'의 응축된 층의 교차에 의한 겹침의 결과라 할 수 있다. '교차-겹침'이 만들어낸 시각 이미지의 '분위기-자리'는 소비자 주체의 '타자-자리'에 따라 다르게 나타난다.

예를 들면, 따뜻하다는 느낌을 지니고 있는 빨간색은 소비자 주체의 오랜 반복에 의한 의미로서 생성된 '타자-자리'의 대상적인 끌림으로 신체에 각인된다. 반면 그 빨간색이 중국의 경우 따뜻함보다 황금의 의미가 더 강력하게 소비자 주체의 '타자-자리'의 대상적인 끌림으로 나타나는 것은 소비자 주체의 신체에 반복된 환경적인 조건화에 의해 소비자 신체에 공통적인 감각으로서 끌림이 이뤄지게 된다.

여기에서 알 수 있는 것은 소비자 주체의 비물질적인 신체는 '자기-자리'와 '타자-자리'를 마음대로 변형-조작할 수 있는 자리임과 동시에 '교차-겹침'이 빈번하게 일어나는 '변형-자리'다. 자연적인 대상, 인위적인 말과 시각적인 이미지가 지니고 있는 모든 대상에 의미를 부여하는 것은 소비자 주체가 아니며, 소비자 주체가 지니고 있는 '비물질적인 신체-몸채'에 의한 끌림이다.

특히, 신체 가운데 살갗이 지니고 있는 바깥과 내면의 경계에서 매 순간의 '살 떨림'에 의해 '끌림-자리'를 반복하는 것은 살갗의 지속적인 변화에 의한 몸채의 생명력이라 할 수 있다. 이미 신체는 소비자 주체가 머무르는 비물질적인 '자기-자리'임과 동시에 '타자-자리'다. 비물질적인 신체가 '자기-자리'의 물질적 신체로 수용한 경우 소비자 주체의 모든 움직임은 신체가 요구하는 본능적인 역할에 전적으로 동조하는 물질적 소유의 '배치-자리'에 의한 끌림 층위를 추구한다.

반면 초월론적 영원성의 '타자-자리'에 의한 비물질적 신체가 '자기-자리'의 물질적 신체를 통제할 경우 소비자 주체의 통각에 의한 바라봄에서 끌림 대상은 비물질적 가치의 '분위기-자리'를 지향한다.

신체가 요구하는 갖가지 끌림은 신체 바깥에 주어진 대상에 늘 반응하며 새로운 '분위기-자리'의 끌림 층위를 추구한다. 즉, 도시 생활에 익숙해진 소비자 주체는 첨단과학의 이점(benefit)으로 인해 시각 이미지를 물질지향의 '배치-자리'가 지니고 있는 기술적인 차원에 더 많은 비중을 두고 끌림 이미지를 찾게 된다. 따라서 소비자 자신의 초월론적인 영원성의 '타자-자리'가 지니고 있는 '분위기-자리'의 가치적인 영토에 대한 끌림 이미지를 동시에 수용하려면 더 많은 여유로운 내적 지향의 '타자-자리'에 대한 몸채를 지니고 있어야 한다.[35]

　이렇듯 현대시장의 과학화와 첨단화로 인해 소비자 주체는 내적 지향의 비물질적인 '자기-자리'와 물질적인 '자기-자리'로 양분된 양태적인 기질을 통해 초월론적인 '타자-자리'의 '분위기-자리'를 재구성한다. 물질과 비물질의 '타자-자리'는 양극성의 영토 자리를 지니고 있다.

　끌림 이미지는 '자기-자리'에서 어떤 미지의 비물질 가치와 물질의 기능을 동시에 지향한다. 이제 시각 이미지에서 떠오르는 모든 이미지는 소비자 주체의 내적 초월론적 지향의 타자를 지향하거나 혹은 신체 외부의 외부대상으로서 물질적 지향의 타자를 지향한다. 이제 끌림 그 자체는 늘 공허한 존재로 눈에 들어오는 모든 대상을 '타자-자리'의 양극성에 의해 끌림 회오리의 '분위기-자리'로 신체 바깥을 둘러싼다.

　이 '분위기-자리'는 소비자 주체의 눈에 의해 시시각각 변형이 이뤄져 자신만의 고유한 '타자-자리'로 조건화하여 확장한다. 시각 이미지는 또다시 양극성의 '타자-자리'라는 객관적인 절대성을 무시한 가운데 정서와 문화적인 환경에 의해 또 다른 끌림 층위의 '분위기-자리'를 만든다. 정서와 문화의 반복은 소비자 신체의 비물질적인 몸채가 만든 끌림 회오리의 개성으로 확장된다.

　나의 물질적인 신체는 문화성의 '타자-자리'로서 내적 지향의 초월론적인 영원성의 '자기-자리'와 끊임없이 왕래하면서 확인하는 끌림 층위로서 신체 바깥의 대상에 대한 통일된 문화성의 가치로서 '분위기-자리'를 요구한다. 메를로퐁티는 이러한 신체를 "모든 대상과의 공통적인 직접적인 물질"이라고 한 바와 같이 신체는 고유한 '타자-자리'를 발견하는 데 필요한 도구이자 '분위기-자리'다. 늘 물질적 신체를 통해 신체 바깥이 지니고 있는 빛의 끌림 대상과 함께하며 비물질적인 신체인 몸채와 함께하고 있다.

신체를 중심으로 이뤄진 바깥과 내면의 세계를 연결하는 가운데 생성하는 살 떨림은 주체와 객체, 즉자와 대자, 존재와 비존재, 어두움과 밝음, 침묵과 움직임, 자의식과 타의식, 정신과 물질, 의식과 시지각 등 상반된 의식구조에서 부딪치는 양극성의 끌림 회오리를 통한 생명감을 나타낸다. 살 떨림이 지니고 있는 진동은 그 자체가 자연적인 끌림 에너지의 '분위기-자리'이며, '자기-자리'와 '타자-자리'가 만나는 끌림 회오리다. 외부대상의 끌림은 끌림 회오리에 의한 순간적인 방사로 눈에 보이지 않는 빛 에너지의 포착이며, 몸채로서 '분위기-자리'다.

3) 융합

배치와 분위기는 또 다른 형태의 원형을 재생산한다. 이 과정에서 끌림은 새로운 형태의 끌림 회오리를 지니게 된다. 배치와 분위기의 혼합은 의미 재생산으로 확장되며, 이 확장이 만들어낸 끌림-자리는 다시금 의식의 끌림으로 전환된다. 배치와 분위기가 만들어낸 순수의식의 끌림은 의미의 장으로 융합(Sy)된다. 배치와 분위기는 서로 상보적인 역할을 함과 동시에 양자의 상호 침투와 관여를 통해 한쪽에 의한 다른 쪽의 통제를 강요하게 된다.

예를 들어 '동일한 대상물을 어디에 놓을 것인지를 먼저 생각할 것인가(In)', 아니면 '대상물을 놓기 전에 공간의 분위기를 우선 생각할 것인가(In)'에 따라 배치와 분위기는 달라진다. 두 가지 순서로 융합을 통한 결합이나 조합은 다양하게 존재하나 양자택일에 의한 선택적인 과정은 새로운 의미의 재생산에서 차이가 나타난다.

만일 배치가 어떠한 분위기에 따라갈 경우에는 의미의 재생산을 위한 융합방식이 아닌 기존의 끌림에 대한 '추종(Sf)'적인 융합이 된다. 이 추종적인 융합은 의미의 재생산적인 분위기의 창의성과는 다른 모방에 의한

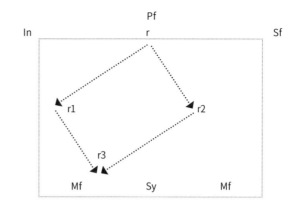

[도표 94] 끌림 회오리에 나타난 배치와 분위기의 '융합-터'로서 기호 사각형

In(Interpretant): 배치, Sf(Stand for): 분위기, Sy(Symbol): 융합, Pf(Pure field): 순수-터, Mf(Meaning field): 의미-터, r~r4(rhythm point): 리듬점

배치와 분위기는 기호 삼각형에서 보듯이 '터'에서 나타나는 끌림 리듬이며, 리듬이 지니고 있는 각도와 폭, 깊이에 따라 다양한 뒤틀림으로 대상을 파악하게 된다. 또한 r에서 r4까지 이어지는 기호 사각형은 각 리듬점에 의해 생성된 리듬의 음영진 '융합-터'가 된다. 이는 배치와 분위기가 순수에서 의미의 터로 융합이 이뤄질 때 새롭게 생성하는 창의의 몸채가 된다.

상호혼합이라 할 수 있다.

또한 반대의 경우도 생각해볼 수 있다. 분위기가 어떠한 배치에 따라갈 경우 역시 의미의 재생산을 위한 융합방식이 아닌 기존의 끌림에 대한 '추종'적인 융합이 된다. 즉, 따라가기의 '추종'은 결코 의미를 재생산하는 창의적인 융합과 동일한 것이 아니다. 재창조를 위한 추종적인 따라가기는 필요없는 융합이다. 배치와 분위기는 개별적으로 끌림이라는 강력한 힘을 지니고 있지만, 융합은 또 다른 의미의 장에 속하는 새로운 끌림 차성으로 분리되어 있다.

만일 배치와 분위기는 순수의 장(Pf)에서, 결합은 의미의 장(Mf)에서 만들어진 끌림이라면 추종에 의한 융합은 순수의 장으로의 환원적인 끌림 회오리의 양태(Pf→Pf)이고, 의미 재생산에 의한 의식 장으로의 선형적 이동의 끌림 회오리 양태(Pf→Mf)라 할 수 있다. 끌림리듬에 의해 생성된 주름진 굴곡의 깊이(r→r1, r1→r2, r1→r3, r2→r3)는 끌림체의 관점에서 출발하듯이 결합은 주름이 파인 홈의 공간 채움에서 출발한다. 즉, 지금까지의 배치와 분위기에 대한 주름진 몸채가 사라질 때 생성하는 또 다른 지

[그림 94] '융합'에 의한 끌림; 'inner-lighting'/ Illustrator, 전기순 作.

향성의 끌림이 구축된다.

리듬 주름이 만들어진 동일한 공간에서 동일한 분위기와 배치는 결합의 추종에 의한 머무름이 지속되는 시간의식의 영원성을 체험한다. 다만 주름진 곳에서 채워나감이라는 반복적인 행위에 의한 배치와 분위기의 재생산은 또 다른 변형체의 끌림을 만들어낸다. 의미 재생산의 융합은 반드시 재생산되는 주름진 외부에 위치하는 고정된 관점의 항상성을 요구하는데, 이것은 마치 시각디자이너의 독립적인 관점에서 소비자 주체의 니즈를 읽어내는 것과 흡사하다고 할 수 있다.

하지만 추종적인 끌림이 지니고 있는 결합은 과거의 분위기와 관습에 대한 회귀적인 지향이기 때문에 의미 재생산의 끌림과는 전혀 다른 것이다. 합리적이고 체계적인 규칙에 따르고자 하는 추종에 의한 끌림은 지금까지 불변적인 관계의 배치와 분위기에 따라 어떤 영역의 어느 한 가지 관점에 끝없이 끌림체의 '몸채-자기-터'를 구축하는가 하면, 지향에 의한 재창조를 구축하고자 하는 배치와 분위기의 재생산은 기존의 '몸채-자기-터'에 대한 '탈-끌림체'로 새롭게 구성하고 확장한다.

‘탈-몸채’는 r에서 r4까지 기호 사각형의 뒤틀린 터가 생성되는 가운데 나타나는 끌림 리듬이며, 리듬이 지니고 있는 각도와 폭, 깊이에 따라 다양한 의미공간의 뒤틀림으로 대상을 파악하게 된다. 또한 r에서 r4까지의 이어지는 기호 사각형은 각 리듬점에 의해 생성된 리듬의 음영진 ‘융합-터’로서 새롭게 탈몸채가 된다. 끌림 회오리의 공간에서 끌림 리듬의 다양한 겹침과 접힘으로 인해 끌림터의 기호 사각형은 그 자체가 끌림 융합의 조화로운 하모니로 뒤틀린다.

기호 삼각형이 지니고 있는 언어학적인 분절에 의한 분석과정에 늘 따라 붙는 ‘몸채-터’의 움직임은 창의적인 끌림으로 지향한다. 끌림 회오리에 의해 생성된 기호 사각형의 뒤틀림이 길수록 ‘탈-몸채’의 터로 나아가게 되어 마침내 새로운 터의 몸채를 구성하고 확대한다.

산속의 깊은 계곡물이 흐르는 것은 오랜 세월 속에서 음영진 리듬계곡을 파놓은 물의 양과 지속성에서 알 수 있듯이, 계곡을 따라가다 보면 계곡이 지니고 있는 물의 흐름과 양, 그리고 깨끗한 정도와 유속의 깊이를 알수 있다. 주변에 있는 바위와 나무에 의해 굴곡진 계곡에서 소(沼)를 발견할 수 있고, 바위를 뚫어서 흐르는 가파른 동굴폭포도 만날 수 있다. 평지에서 조용히 흐르는 실개천, 이끼로 가득한 축축한 음지의 계곡물도 만나게 된다.

계곡을 통해 물의 흐름을 관찰하다 보면 처음 생성되는 물줄기의 시원을 발견하게 된다. 물줄기의 시원에서 만나게 되는 두 개의 나무 사이에서 생성되는 물줄기는 줄곧 많은 나무와 생명체를 생성한다. 굳이 두 개의 나무가 아니더라도 물줄기가 생성되는 순간 좌우의 생명체가 무엇이든 간에 계곡은 물에 의해 의미가 생성되듯이 ‘좌우 받침’에 의해 물줄기가 생성된다. 이를테면 물줄기에 의해 생성된 모든 기울기의 계곡과 나무, 소 등은 끌림 회오리의 리듬 터를 장악하는 ‘몸채-끌림-점’이며, 생명적인 빛 에너지를 간직하고 있다.

배치와 분위기에 의한 끌림 회오리는 점차적으로 ‘탈-몸채’로서 끌림 리듬의 주름과 굴곡의 뒤틀림에 의해 새로운 융합의 터를 확장한다. 끌림의 시원으로서 두 나무의 우뚝 선 모습은 좌우의 선택적인 조건으로 귀결되는 '좋고-나쁨', '옳고-그름', '아름답고-추함', '높고-낮음', '크고-작음', '많고-적음', '강하고-약함', '하늘-땅', '남자-여자' 등의 이항대립에 의한 분절적인 사고가 아닌 두 굴곡 리듬 사이에서 생성하는 생명 에너지의 몸채를 만들어낸다.

지금까지의 모든 차이에 의한 세분화와 분석적인 사고는 점차 두 나무의 시원에 대한 거대한 생각을 하지 못한 가운데 생성한 끌림 리듬의 주름진 한쪽 면만 관찰한 오류라 할 수 있다. 뒤틀림의 왜곡은 한쪽으로 치중된 끌림 리듬을 창의의 끌림-터로 확장하여 몸채를 이동할 때 관찰할 수 있다.

배치와 분위기는 소비자 주체의 몸채의 빛 에너지를 따라 소의 머무름에서 탈피한 물줄기의 강력한 생명 에너지에서 '융합-터'로 나아가게 된다. 계곡 물의 흐름이 주변의 경관을 바꾸어나가듯이 빛의 흐름을 통해 명암의 굴곡을 파악할 수 있다. 명암이 지니고 있는 깊이에 의해 대상의 음영진 끌림 리듬을 읽을 수 있듯이 빛은 대상을 감싸고 있는 생명체의 물줄기로서 '융합-터'다. 시각 이미지의 배치와 분위기는 상품의 특징 및 장점에 맞추어 창의적인 끌림 이미지를 연출하고자 노력한다.

그러나 노력의 결실이 배치에 치중하거나 또는 분위기에 몰입된 나머지 지루한 시각 이미지로 남는 경우가 많다. 소비자 주체의 끌림 회오리의 '융합-터'는 '자기-자리'와 끌림 대상으로서 '타자-자리'를 통해 일어나기를 원한다. 자기와 타자의 끌림이 만들어내는 양극성의 깊은 골짜기를 통해 물줄기가 시원하게 흐르기를 원하기 때문이다.

따라서 외부의 경이로움, 신비감 속에서 타자는 늘 소비자 자신의 내면에 살아 숨 쉬고 있다. 즉, 외부대상과의 어떠한 이성 혹은 감성적인 만남도 신체 살갗의 살 떨림에 의해 조우하는 끌림 회오리의 비틀린 끌림 리듬에 의한 '융합-터'를 원한다. 보이는 대상은 신체가 지니고 있는 물질적인 눈과 감각에 의한 소통이며, 이 소통은 어디까지나 신체와의 교차에서 생성되는 신비감과 경이가 만든 살 떨림의 '타자-자리'다.

외부대상에 대한 이해는 전적으로 신체가 지니고 있는 갖가지 감각에 의해 이해되는 물질적인 '타자-자리'이며, 그 이상의 초월론적인 현상에 대한 살 떨림은 소비자 주체가 지니고 있는 내적 지평의 시원에 나타날 때 '융합-터'의 창의적 몸채가 새롭게 생성된다.

초월론적인 '타자-자리'는 소비자 주체의 내적 지평으로서 '자기-자리'와는 전혀 다른 영역의 선험적인 초월 자리로서 끌림의 지속성을 지니게 한다. 초월론적인 에너지에 대한 파악은 정신적인 차원의 깊이에 의한 체험으로 가능한 '자기-자리'의 독립적인 자유에서 가능하다. 자연적인 대상뿐만 아니라 말과 같은 문화적인 대상 역시 의미를 부여하는 것은 물질적인 신체에 의한 것이며,[36] 이 신체는 스스로 물질적 신체와 비물질적인 신체의 배치와 분위기를 통한 '융합-터'를 대신하는 전달자로서 역할을 한다. 몸의 배치는 바깥 환경의 자연적 '리듬 잡힘'의 폭과 소비자 주체의 내면적 양극성에 의한 '리듬 꾸밈'의 삶의 패턴에 따라 주어지며, 몸의 분위기는 배치에 의한 추종적인 따라가기 혹은 의미 재생산에 의한 창의적 지향으로 변형된다.[37]

소비자 신체에서 주어진 환경에 의한 '배치'와 '분위기'를 서로 교환하며, 서로 통일된 일관성을 '리듬 결'에 맞추기 위한 지속적인 끌림 회오리의 '융합-터'를 재생산하게 된다. 시각 이미지의 배치와 분위기의 상호관계, 즉 '의미를 생산'하거나 '추종적인 따라가기'에 대해 자신의 신체 주위를 감싸고 있는 끌림체의 기호 사각형의 뒤틀림의 깊이와 폭에서 판단한다.[38]

눈을 통한 직관적인 판단은 이러한 몸채의 기호 사각형의 사각점이 지니고 있는 순수의 장과 의미의 장의 뒤틀어진 정도에 의해 이뤄진다. 즉 순수의 장에서 느낄 수 있는 감성적인 끌림이 지극히 인간적인 계곡의 물줄기라면, 의미의 장에서 느끼는 감성적인 끌림은 소비자 주체의 욕구가 만들어놓은 다양한 계곡의 물줄기다.[39] 생명체를 위한 물줄기의 깨끗함과 욕구에 의한 물줄기의 왜곡된 뒤틀림은 기호 사각형이 지니고 있는 각 꼭짓점에 의해 다양하게 드러난다.

1 허버트 리드(2002), 김병익 옮김,『도상과 사상』, 열화당, pp. 88-89.

2 게오르크 루카치(2000), 임홍배 옮김,『미학』제2권, 미술문화, p. 84.

3 넬슨 굿맨(2002), 김혜숙 · 김혜련 옮김,『예술의 언어』, 이화여자대학교 출판부, p. 101.

4 엘리어트 허스트(1994), 원호택 외 옮김,『현대심리학사』, 교육과학사.

5 마르틴 하이데거(2000), 신상희 옮김,『동일성과 차이』, 민음사, pp. 195-200.

6 엘리아스(1996), 박미애 옮김,『문명화 과정』, 한길사.

7 앨런 뉴엘(2002), 차경호 옮김,『통합인지이론』, 아카넷.

8 앤드류 에드거(2003), 박영진 옮김,『문화이론사전』, 한나래.

9 움베르토 에코(2002), 김광현 옮김,『기호개념과 역사』, 열린책들, p. 44.

10 John Hartley (2002), *Communication, Cultural and Media Studies*, Routledge, pp. 19-26.

11 자크 데리다(1996), 김보연 편역,『해체』, 문예출판사, pp. 83-86.

12 한국기호학회(2006),『기억, 흔적, 그리고 기호』, 한국기호학회, pp. 105-111.

13 전기순(2005),「광고 표현의 '임팩트 성'에 관한 연구」, 한국디자인학회(겨울호).

14 Ibid., p. 323.

15 데카르트와 로크는 제1의 성질인 크기, 형태 등과 같은 양적 성질들을 사물 자체에 내재하는 객관적인 대상으로 했고, 제2의 성질인 맛, 색 등과 같은 질적 성질들을 의식에만 나타나는 주관적인 대상으로 했다. 제3의 성질은 신체의 전면성이 지니고 있는 다양한 감각체의 통합에 의한 끌림체이며, 이 끌림체는 '몸채-빛 에너지'에 의해 순간 나타났다가 사라지는 끌림 리듬을 지니고 있다. 이러한 성질에 대한 구분은 화이트헤드의 유기체 철학에서 강력하게 비판한 바 있다. 이

책에서는 제3의 성질로 단지 끌림이 지니고 있는 '타자-자리'의 잉여성을 설명하기 위한 차원에서 도입했다.

16 존 R. 설(2009), 심철호 올김,『지향성』, 나남, p. 253.

17 펠릭스 가타리(1979), 윤수종 옮김,『기계적 무의식』, 푸른숲, p. 36.

18 Ibid., p. 40.

19 전기순(2014),「광고 표현의 '스며듦'에 관한 연구」, 한국상품문화디자인학회.

20 김용선(2002),『감성지수와 이성』, 민중출판사.

21 김재희(2008),『물질과 기억』, 살림.

22 후설(1997), 카를 슈만 편집, 최경호 옮김,『순수 현상학과 현상학적 철학의 이념들』, 문학과 지성사, p. 147.

23 김재현 외(2001),『하버마스의 사상』, 나남출판.

24 김재현 외(2001),『하버마스의 사상』, 나남출판, pp. 182-188. 소비자 주체의 개성이 자리 잡고 있는 생활세계와 체계는 고정적인 실체가 아닌 몸채가 지니고 있는 '리듬-터'에 의해 변형되어 나타난다.

25 곽신환(1990),『주역의 이해』, 서광사, p. 137.

26 박재주(1999),『주역의 생성논리와 과정철학』, 청계, pp. 67-90.

27 이강수(1985),『매스커뮤니케이션 사회학』, 나남.

28 유재천 외(2001),『매스미디어조사방법론』, 나남출판.

29 미우라 구니오(2003), 이승연 옮김,『주자와 기 그리고 몸』, 예문서원, pp. 155-185.

30 박일우(1993),『글과 그림』, 한국현상학회.

31 미우라 구니오(2003), 이승연 옮김,『주자와 기 그리고 몸』, 예문서원, pp. 251-259.

32 M. 엘리아데(1992), 정위교 옮김,『요가』, 고려원, p. 191.

33 Ibid., pp. 35-39.

34 롤랑 바르트(2015), 변광배 옮김,『신화론』, 현대미학사, pp. 99-114. 캐치는 일종의 자유격투기

로서 비공식적으로 프랑스에서 오랫동안 이어져 온 전통 레슬링이라 할 수 있다. 시각 이미지가 지니고 있는 몸채 역시 시각디자이너와 소비자의 캐치의 결과에 의한 끌림체라 할 수 있다.

35 이남인(1976), 『후설과 메를로퐁티의 지각의 현상학』, 한길사.

36 피에르 레비(2002), 권수경 옮김, 『집단지성』, 문학과 지성사.

37 알리 르페브르(2013), 정기현 옮김, 『리듬분석』, 갈무리.

38 로버트 C. 홀럽(1999), 최상규 옮김, 『수용미학의 이론』, 예림기획.

39 임영호 편역(1996), 『스튜어트 홀의 문화이론』, 한나래.

제8부 결론

지금까지의 내용에서 물질문명의 모든 시각 및 광고 이미지는 크리에이터 (창의 주체), 상품(물질적 대상), 소비자(간주관적 대상)의 비물질적인 신체인 끌림체에 의해 배치와 분위기가 연출된다. 끌림 이미지 역시 배치와 분위기가 구축된 가운데 생성한 서로 다른 위치에서의 끌림체에 의한 행위이며, 초월적 선험 장과 해석적 의식 장의 과정적 양극성이 만들어낸 끌림회오리의 동태적 지향성에 의해 생성하는 소비자 주체의 개성적인 몸채라 할 수 있다.

소비자 주체마다 다채로운 끌림 홀의 강도에 따라 동일한 대상도 서로 다른 끌림 이미지로 받아들이게 된다. 지금까지의 모든 미학과 예술이 지향하는 아름다움의 원형은 소비자 주체의 비물질적인 신체인 끌림체의 빛 에너지에 있으며, 그 어떠한 원형적인 시각 이미지를 발견한다는 것 자체가 지금까지 절대적 권력이 만들어낸 원형적인 유산을 이어받아 거의 수동적으로 진행해온 크리에이터의 기계적 무의식이 만들어낸 습관적인 생각이라 할 수 있다.

언어 및 대상의 해체를 통한 의미의 재해석은 이러한 원형적 미적 이론의 가치에 철저히 반기를 드는 행위이며, 소비자 주체마다 지니고 있는 끌림체 그 자체는 어떠한 형상과 색, 향기를 갖고 있지 않은 순수 초월적 미적 감각의 원형으로서 재정립되어야 한다. 현대 광고 및 시각 커뮤니케이션에서 끌림체의 확고한 정립을 새로운 미적 관점의 출발점으로 받아들여야 하는 당위성이 바로 여기에 있다.

지금까지의 종교, 문화, 기타 가치가 만들어놓은 가운데 생성된 모든 시각적인 대상은 이제 원형을 발견하는 대상이 현대 소비생활의 편익을 위한 보충자료일 뿐 더 이상의 미적 끌림의 원형적인 토대가 아님을 강조한다. 따라서 광고 크리에이터는 소비자 주체에게 그 자체가 살아있는 끌림체의 미적 원형으로서 모든 광고 및 시각 커뮤니케이션의 일방적이며 정언적인 메시지가 아닌 사용자 중심의 끌림 이미지를 제공해야 한다.

소비자 주체를 위한 동일 목적 혹은 필요에 의한 기능적인 차원의 사회, 기업 등 배치에 비중을 둔 행위라면, 끌림의 원형이 살아있는 미적 커뮤니케이션이라 할 수 있으며, 정신적, 문화적, 종교적 등 과거의 수직적인 가치에 선행하는 수평적 지향의 간주관적인 행위라 할 수 있다.

이처럼 광고 및 시각 이미지에 초점을 맞추어 미적 끌림에 대한 범주를 제한하는 것은 소비자 주체 스스로 지니고 있는 끌림체의 원형임을 발견하고자 했다는 점이다. 즉 현대사회의 과학과 첨단산업에서 소비자는 생활세계와 사회체계를 함께 공조하는 끌림의 중심자리에 있으며, 나아가 물질적·비물질적 신체의 욕구 주체로서 '끌림 미학'의 원형이 되는 대표성을 지니고 있기 때문이다.

끌림은 물질적 신체에서 느끼는 느낌 이전의 비물질적 신체인 끌림체가 생성되는 순간 살아 숨 쉬는 빛 에너지(몸채)이며, 창의적인 행위 또는 창의적인 대상에 따라 서로 다른 끌림 홀을 만들어 대상체와 동일적 조건을 지향한다. 이를 메를로퐁티는 신체 살갗이라는 구체적인 위치를 제시하면서 자신의 지각에 대한 선험적인 감각을 설명했듯이 끌림체 역시 신체 바깥 혹은 내부의 바깥 살, 안쪽 살에 자리하고 있는 초월적인 순수 장에 자리를 확보하고 있다고 가정할 수 있다.

하지만 끌림체가 단정적으로 어디에 있을 것이라고 확답할 수 없는 점은 메를로퐁티의 지각의 현상이 어디까지나 이성적인 사유를 통한 지각의 제반 행위에 대한 관심이라면, 끌림 자체는 이성적인 사유를 통한 파악이 이뤄질 수 없는 감성체로서 늘 한 곳에 머물지 않기 때문이다. 왜냐하면 끌림이 지니고 있는 찰나의 감성은 마치 힉스 입자의 발견과 같이 현실 속에서도 순간 나타났다가 사라지는 미세한 낌새로 포착이 가능하며,[1] 미세한 낌새를 파악했다고 하더라도 그것이 물질적 신체감각에 의한 직관적인 판단이라는 해석학적인 의식의 장에서 파악한 느낌일 뿐 끌림의 초월론적인 선험에 의한 포착과는 다른 차성에 속하기 때문이다.[2]

끌림체는 창의적 행위를 하는 크리에이터와 대상체, 그리고 소비자 주체의 어쩔 수 없이 등장하는 간주관적인 초월로서 끌림 이미지에 대해 객관적인 설명을 할 수 있는 실질적인 대상이다. 지금까지의 모든 미학적인 사고의 출발점이 주체와 객체 그리고 대상이라는 3가지 범주에 머물렀다면, 끌림체에 의한 미의식은 소비자 주체 스스로 독립적으로 내적 또는 외적 지향의 객관적인 끌림 홀에서 파악했다.

또한 '자기-자리'와 '타자-자리'라고 하는 잉여성의 영토를 끌림체에 포함함으로써 개체적인 성격에서 탈피한 영토자리의 '끌림 장'을 확보했다는 점이다.[3] 비물질적인 신체로서 '끌림체'로 인해 모든 주체적 관점에 의한 이론적인 접근이 주장해온 주체와 객체의 이분법적인 사고보다는 오히려 차연에 의한 '융합-자리'임을 강조하고자 한다.[4]

끌림체는 생명체 혹은 물질적인 대상이든 상관없이 공존하는 빛 에너지이며, 대상이 지니고 있는 기질적인 특성에 따라 서로 다른 몸채로서 끌림 홀을 생성하고 있다.[5] 이로써 끌림은 소비자 주체의 주관적인 해석이 자신의 정체성에서 출발한 것이 아닌 창의 주체와 소비자, 대상과의 간주관적인 '자기-자리'에서 생성한 선험적 시뮬라크르다.[6]

특히 현대사회의 기조를 이루고 있는 첨단과학의 도입과 모든 커뮤니케이션 매체들의 첨단적인 기능들은 이제 '의미'라는 내용에 앞서는 시각적인 표현, 기표적 끌림에 중심자리를 내놓고 있다. 기표와 기표들의 결합과 융합에 의한 메타적 끌림은 이미 그 자체로 초월적 선험 장의 '순수-자리'[7]를 지향하고 있다. 끌림은 이처럼 도시의 첨단 환경이 만들어놓은 가운데 생성된 새롭게 재인식되어야 할 순수감각 언어이며, 또한 끌림의 원형이 지니고 있는 초월론적인 선험에서부터 의식의 영역에 이르기까지 재조명이 이뤄져야 하는 감성체다.

끌림 이미지가 이제 초월론적인 현상적 차원에서부터 의식의 차원까지 동시에 다뤄져야 한다는 당위성은 시간의식이라는 순간성[8]이 지니고 있는 깊이에서 찾을 수 있다. 시간의식은 후설의 현상학에서 강조한 바와 같이 순간성에서 미래, 현재, 과거의 모든 사건을 확인할 수 있는 '시간의 실재성'과 아울러 시간의 흐름을 의식하지 못하는 차원의 '시간의 영원성'을 주장하고 있듯이 끌림의 순간성은 현실적인 공간에서 느끼는 '시간의 실재성' 층위와 시간의 흐름이 없는 '시간의 영원성'의 층위와의 교차에서 서로 다른 끌림 차성을 느낄 수 있다. 두 가지 시간이 지니고 있는 차성은 공시성과 통시성이라는 공간의식으로 펼쳐져 또 다른 잉여성의 끌림 차성을 갖게 된다.

이것을 이 책에서는 '잉여성의 영토'라고 하여 시간차성에 따른 잉여성의 자리는 스스로 변형하면서 끌림 대상을 지향하게 된다. 일련의 이러한 끌림 과정이 만들어낸 다양한 끌림은 소비자 주체마다 고유한 끌림 리듬을 통해 대상을 수용하거나 대상이 지니고 있는 배치에 따른 분위기의 가치를 자신의 몸채인 '자기-자리'에 융합하여 새로운 리듬의 주름을 만들어나간다.[9]

이처럼 끌림은 스스로 새로운 리듬의 끌림체로 변형이 가능하며, 늘 소비자 주체의 살갗에 머물면서 즉자로서의 존재감과 대자로서의 커뮤니케이터로 균형을 갖출 수 있도록 끌림 회오리를 만들어낸다. 끌림은 주체와는 독립적이며, 무형·무색·무취의 아무런 개체를 지니고 있지 않은 에너지 그 자체로서 생명체 혹은 대상체에 머물러 있거나 공간에 흩어져 있다.

동양철학에서 언급하는 기와 같은 실체로 오인할 수 있으나 끌림은 전적으로 음양오행에 근거하는 이론적 준거를 지니고 있지 않은 빛 에너지 그 자체의 닮은 모습을 지니고 있다. 순간 나타났다가 사라지는 것은 주체의 인식능력 가운데 이뤄지는 초월론적인 차성에서 현실적인 끌림으로 다시 나타나는 것이며, 이것의 움직임은 주체 의지와는 절대적으로 관계없이 독립적으로 움직이는 에너지 자체로서의 끌림체, 몸채다.

소비자 주체의 물질적인 신체를 중심으로 볼 때 몸채는 스스로 신체 내부와 신체 바깥을 자유롭게 왕래가 가능하며, 또한 어느 순간부터 소비자 주체의 의식을 사로잡기도 한다. 이처럼 몸채는 실재 파악이 가능한 실체이며, 주변 어느 곳에서도 접할 수 있는 강력한 에너지를 지니고 있다. 혹자는 이러한 끌림을 단순한 자연현상 또는 소비자 주체의 비현실적인 사고에 의한 착시 혹은 착란에 의한 환상으로 파악할 수 있지만, 현실적인 물질적이며 이성과학[10]에 빠져 있는 한 이러한 끌림이 지니고 있는 순간성에 의한 오고감을 파악한다는 것은 좀처럼 쉽지 않다.

시각 이미지에서 끌림 이미지는 소비자 주체에게는 위의 순간성에 의한 선험적인 끌림에 앞서 물질적인 신체적 욕구가 원하는 편익에 더욱 끌려지며, 시각 이미지가 지니고 있는 가치로서의 분위기[11]보다 기능으로서의 배치에 더 끌리는 것은 지극히 당연하다고 할 수 있다.

이 책은 끌림에 대한 물질적인 측면과 소비자의 생리적인 욕구[12]에 초점을 맞춘 내용이 주된 내용이라면, 일반적인 마케팅이론에 근간을 둔 광고 혹은 디자인 서적과는 아무런 독창적인 차별성을 확인할 수 없을 것이다. 성적 욕구, 소유 욕구, 대화하려는 욕구, 먹는 욕구 등 소비자 주체가 지니고 있는 물질적 욕구충족[13]을 위한 끌림은 의식의 장에서 이뤄지는 물질적 신체가 지니고 있는 제반적인 욕구를 의미한다. 비물질적인 신체로서 몸채가 지니고 있는 끌림은 물질적인 의식의 장은 물론 선험적인 초월론적인 욕구를 소비자 주체가 엄연히 매 순간 지니고 있음을 강조한 책이라 할 수 있다.

이 책에서 강조한 비물질적 신체로서 끌림체인 몸채는 지금까지의 미적 관점에 대한 새로운 접근방법이다. 인간중심의 미적인 구조를 통한 인식론을 토대로 한 정적인 사변구조를 '몸채'라고 하는 새로운 동태적이고 탈주체의 심미적인 접근이라 할 수 있다. 동양철학은 오랫동안 자연의 섭리를 관찰하여 이를 인간생활에 도입하여 '기(氣)'철학을 집대성하여 그림에도 이를 담고자 했다.

이는 인간 역시 자연의 일부이며, 자연이 지니고 있는 기운을 품수할 때 기(氣)가 지니고 있는 에너지를 통해 그림에 담을 수 있었다. 서양철학은 인간 이성에 대한 성찰을 통해 이성과 감성이 지니고 있는 자리에 대한 성찰을 넘어 초월론적인 현상학의 영역까지 범위를 확장하여 물질적인 신체적 사유에 대한 모든 현상을 성찰할 수 있게 되었다. 서양철학과 동양철학이 지니고 있는 공통점은 즉자로서 존재성에 대한 성찰을 깊이 있게 통찰했다는 점이다.

즉자와 대자에 대한 성찰과 더불어 이를 이론적으로 집대성하는 것은 늘 미천한 자신의 내면에 대한 탐구이자 또 다른 수행방식이라 할 수 있다. 물질적인 신체에서 일어나는 모든 개연성을 열어놓고 볼 때 현대과학과 산업의 눈부신 발전은 물질적인 신체가 지니고 있는 선험적인 통찰력과 초월론적인 인식을 차츰 소멸시켜가고 있다. 즉, 인간생활의 편익과 쾌락이라는 물질적 욕구를 향한 행복추구는 주체로서의 존재적 존엄성과 차츰 거리가 먼 세계로 치닫고 있다.

특히, 이 책에서 강조하고 있는 끌림은 이러한 물질적이며 쾌락적인 향유를 위한 방향으로 차츰 퇴색되어가고 있는 현실에서 벗어나 끌림이 지니고 있는 원형적인 순수성을 통한 몸채가 아직까지 소비자 주체의 신체 주위를 둘러싸고 있는 비물질적 신체로서 살아있음을 강조하고자 했다. 또한 인간 이성을 통해 성찰할 수 있는 초월론적인 범주에 진정한 끌림체로서 몸채가 살아 숨 쉬고 있으며, 이것은 매 순간 물질적인 신체 살갗을 통해 소비자 주체마다의 끌림체에 따라 끌림 이미지를 전달하고 있다.

흔히 끌림에 빠져 있는 곳이 물질적인 신체의 비중이 높을 경우에는 차츰 자신의 비물질적인 신체인 몸채의 발견을 위한 새로운 순수차성의 끌림을 위해 빠져보는 것도 바람직한 생활이라 하겠다. 시각 이미지가 지니고 있는 끌림 이미지가 과연 소비자 주체로서 어느 부분에 빠져 있는가를 통해 확인할 수 있다. 모델의 화려한 미모, 최첨단의 가전제품, 컴퓨터, 자동차 등의 어떠한 상품에 대한 끌림이 과연 강력한가는 소비자 주체 스스로 알 수 있는 내용이다.

시각디자이너로서 상품이 지니고 있는 가치를 물질적 첨단에 우선할 것인가, 아니면 고유한 장인정신이 깃든 가치에 우선할 것인가는 끌림에 대한 물질과 정신에 대한 가치비중의 차이를 표명하는 것임과 동시에 소비자 주체와의 간주관적인 끌림체의 끌림 이미지를 창출하는 사회에서 책임 있는 역할을 지니고 있다. 단순히 팔기 위한 시각 이미지가 아닌 가치와 의미를 통한 끌림 이미지를 구축함으로써 더 나은 소비자 주체의 끌림체를 형성해나가는 것도 매우 중요하다.

소비자 개성에 따른 추구는 현대생활에서 없어서는 안 될 자유에 대한 표출이며, 동시에 소비자 주체마다 끌림체가 다르다는 것을 의미한다.

> "몸채는 대자연의 기를 품수하는 가운데, 또는 인간 이성을 통한 깊이 있는 성찰을 통해 직접 접할 수 있는 순간적으로 나타났다가 사라지는 빛 에너지다. 또한 이 몸채는 소비자 주체의 물질적인 신체구조에 따라 다양하게 발현되는 끌림 회오리로서 매순간 살갗 주위를 맴돌고 있는 생명체다."

소비자 주체의 개성적인 끌림은 바로 몸채에 의한 순간 끌림에 의해 지속적으로 이어지는 것이며, 이것이 친숙한 자신의 끌림으로 구체화되면 비로소 가치로서 문화적인 양식으로 정착된다. 최초 몸채에 의한 끌림 이미지가 무엇이냐에 대한 질문은 전적으로 소비자 주체의 내부에 도사리고 있는 끌림체에 대한 강력한 끌림 회오리의 구현에서 설명할 수 있다. 소비자 주체의 삶은 즐길 가치가 있다. 반복을 통한 지속적인 소비에 의한 쾌락추구는 일시적인 즐거움이다.

쾌감에 적응한 인간은 시간이 지나면서 더 강한 자극을 원하게 되고, 다시 적응되면서 쾌락에 대한 추구과정은 계속 반복된다. 더 큰 자극을 얻기 위해 과한 소비를 한다면 즐거움을 추구하다가 어느새 불행이라는 거대한 늪으로 빠져들게 되는 것은 오랜 인류의 역사 속에서 밝혀진 사실이다. 물질적인 신체의 욕구에 부응하는 끌림 이미지의 쾌락추구로 인해 차츰 비물질적인 신체로서 끌림체는 서서히 빛을 잃어버리고 물질적인 소유에 의한 가치 속에서 대상을 바라보게 된다.

이와는 반대로 정신적이며 이성적인 성찰을 통해 삶의 행복과 안녕을 최고의 가치로 여기는 소비자 주체의 끌림은 비물질적인 신체의 발달로 인해 정신성의 응축과 확장이 발달하게 되어 점차 강력한 끌림 홀을 생성하게 된다. 끌림 홀의 역동적인 빛 에너지는 곧장 소비자 주체 자신의 신체 주위를 감싸고 맴돌며 영롱하고 초월적인 빛 에너지인 몸채를 발산하게 된다. 순수/초월차성의 몸채, 감각/의미차성의 몸채, 시각/의식차성의 몸채, 지각/관념차성 등의 강력한 에너지 몸채를 소비자 주체의 초월론적인 선험성과 해석학적인 실제성 가운데 어느 쪽에 강도를 높였는가에 따라 끌림 회오리는 서로 다른 모양과 색을 지니며 끌림 대상을 포착한다.

1 프랑크 하르트만(2009), 이상엽 · 강웅경 옮김, 『미디어 철학』, 북코리아.

2 숀 갤러거 · 단 자하비(2008), 박인성 옮김, 『현상학적 마음』, 도서출판b.

3 알리 르페브르(2013), 정기현 옮김, 『리듬분석』, 갈무리.

4 비트겐슈타인(2010), 이영철 옮김, 『철학적 탐구』, 책세상.

5 바렐라 · 톰슨 · 로쉬(1997), 석봉래 옮김, 『인지과학의 철학적 이해』, 옥토, pp. 120-132.

6 미셸 푸코(1990), 신경자 옮김, 『성의 역사』 제2권, 나남.

7 루돌프 아른하임(1995), 정용도 옮김, 『중심의 힘』, 눈빛.

8 F. W. 폰 헤르만(1997), 신상희 옮김, 『하이데거의 존재와 시간』, 한길사.

9 마샬 맥루한(2003), 임상원 옮김, 『구텐베르크의 은하계』, 커뮤니케이션북스.

10 레슬리 화이트(2002), 이문웅 옮김, 『문화과학』, 아카넷.

11 루돌프 아른하임(1995), 김재은 옮김, 『예술심리학』, 이화여대 출판부.

12 N. 칼슨(1998), 김현택 외 옮김, 『생리심리학의 기초』, 시그마프레스.

13 나지오(2000), 임진수 옮김, 『자크 라캉 이론에 대한 다섯 편의 강의』, 교문사.

참고문헌

국내 논저(번역서 포함)

곽신환(1990), 『주역의 이해』, 서광사.

금장태(1994), 『유교사상과 종교문화』, 서울대학교 출판부.

_____(2002), 『한국현대의 유교문화』, 서울대학교 출판부.

_____(2003), 『한국유학의 심설』, 서울대학교 출판부.

김경용(1994), 『기호학이란 무엇인가』, 민음사.

_____(2001), 『기호학의 즐거움』, 민음사.

김경희(2000), 『게슈탈트 심리학』, 학지사.

김광수(2002), 『광고학』, 한나래.

김성도(2007), 『기호·리듬·우주』, 인간사랑.

김성재(1998), 『매체미학』, 나남출판.

_____(2001), 『체계이론과 커뮤니케이션』, 커뮤니케이션북스.

김용선(2002), 『감성지수와 이성』, 민중출판사.

김용옥(1986), 『동양학 어떻게 할 것인가』, 통나무.

김재현 외(2001), 『하버마스의 사상』, 나남출판.

김재희(2008), 『물질과 기억』, 살림.

김치수 외 3인(2002), 『현대 기호학의 발전』, 서울대학교 출판부.

박일우(1993), 『글과 그림』, 한국현상학회.

박재주(1999), 『주역의 생성논리와 과정철학』, 청계.

박정순(1997), 『대중매체의 기호학』, 나남출판.

백선기(2010), 『광고기호학』, 커뮤니케이션북스.

소두영(1996), 『기호학』, 인간사랑.

송효섭(1996), 『문화기호학』, 아르케.

신동준(2007), 『주역론』, 인간사랑.

심혜련(2012), 『20세기의 매체철학』, 그린비.

오세철(1979), 『문화와 사회심리이론』, 박영사.

유재천 외(2001), 『매스미디어조사방법론』, 나남출판.

유평근 · 진형준(2002), 『이미지』, 살림.

이강수(1985), 『매스커뮤니케이션사회학』, 나남.

_____(2002), 『수용자론』, 한울.

이남인(1976), 『후설과 메를로퐁티의 지각의 현상학』, 한길사.

_____(2004), 『현상학과 해석학』, 서울대학교 출판부.

_____(2014), 『현상학과 질적 연구』, 한길사.

이두희(2004), 『광고론』, 박영사.

이상우(1999), 『동양미학론』, 시공사.

이정우(2003), 『사건의 철학』, 철학아카데미.

임영호 편역(1996), 『스튜어트 홀의 문화이론』, 한나래.

장춘익 외(2001), 『하버마스의 사상』, 나남출판.

전기순(2000), 〈광고 표현의 '여백디자인에 관한 연구'〉(코바코 공모논문), 광고연구.

_____(2002), 〈광고 표현의 '끌림'〉, 한국광고학회.

_____(2005), 〈광고 표현의 '임팩트 성'에 관한 연구〉, 한국디자인학회(겨울호).

_____(2007), 〈광고제작과정의 '순간체계(The Moment System)'〉, 한국상품학회.

_____(2014), 〈광고 표현의 '스며듦'에 관한 연구〉, 한국상품문화디자인학회.

조광제(2004),『몸의 세계 세계의 몸』, 이학사.

철학아카데미(2002),『기호학과 철학 그리고 예술』, 소명출판.

최상진 외(2001),『동양심리학』, 지식산업사.

최재성(2003),『루만의 체계이론과 교육학적인 문제』, 한국교육철학, Feb,
　　　　Vol. 29.

피종호(1996),『문학으로서 체계이론』, 한국사회학 27집.

한국기호학회(2006),『기억, 흔적, 그리고 기호』, 한국기호학회.

韓國周易學會(1996),『周易과 韓國易學』, 범양사.

한국현상학회 편(2001),『예술과 현상학』, 철학과 현실사.

한국도교사상연구회 편(1988),『도교와 한국사상』, 범양사.

한규성(1996),『역학원리강좌』, 예문지.

번역서

게오르크 루카치(2000), 임홍배 옮김,『미학』제2권, 미술문화.

그레마스(2002), 김성도 옮김,『의미에 관하여』, 인간사랑.

나가다 히사시(1991), 심우성 옮김,『옮김과 점의 과학』, 동문선.

나지오(2000),『자크 라캉 이론에 대한 다섯 편의 강의』, 교문사.

넬슨 굿맨(2002), 김혜숙·김혜련 옮김,『예술의 언어』, 이화여자대학교 출
　　　　판부.

다나카 히로시(2002), 이수범·강지연 옮김,『신광고 심리』, 엘지애드 출
　　　　판부.

다카사키 지키도(1992), 이지수 옮김,『유식입문』, 시공사.

대니얼 챈들러(2006), 강인규 옮김,『미디어 기호학』, 소명출판.

레슬리 화이트(2002), 이문웅 옮김,『문화과학』, 아카넷.

로버트 C. 홀럽(1999), 최상규 옮김,『수용미학의 이론』, 예림기획.

롤랑 바르트(2015), 변광배 옮김,『신화론』, 현대미학사.

＿＿＿＿(2015), 정현 옮김,『롤랑 바르트, 마지막 강의』, 민음사.

루돌프 아른하임(1995), 정용도 옮김,『중심의 힘』, 눈빛.

_____(1995), 김재은 옮김,『예술심리학』, 이화여대 출판부.

리오샤오간(1987), 최진석 옮김,『장자철학』, 소나무.

리차드 M. 자너(1993), 최경호 옮김,『신체의 현상학』, 인간사랑.

리차드 레니건(1988), 박기순·이두원 공역,『커뮤니케이션 현상학』, 나남
　　출판.

마르틴 하이데거(2000), 신상희 옮김,『동일성과 차이』, 민음사.

마셜 매클루언(2003), 임상원 옮김,『구텐베르크의 은하계』, 커뮤니케이션
　　북스.

마크 고베(2000), 안장원 옮김,『감성디자인 감성브랜드 뉴트렌드』, 김앤김
　　북스.

메를로퐁티(2003), 류의근 옮김,『지각의 현상학』, 문학과 지성사.

_____(2004), 남수인·최의영 옮김,『보이는 것과 보이지 않는 것』, 동
　　문선.

_____(2008), 김정아 옮김,『눈과 마음』, 마음산책.

미셸 푸코(1990), 신경자 옮김,『성의 역사』제2권, 나남.

미우라 구니오(2003), 이승연 옮김,『주자와 기 그리고 몸』, 예문서원.

바렐라·톰슨·로쉬(1997), 석봉래 옮김,『인지과학의 철학적 이해』, 옥토.

비트겐슈타인(2006), 이영철 옮김,『논리철학 논고』, 책세상.

_____(2010), 이영철 옮김,『철학적 탐구』, 책세상.

빌헬름(1997), 신상희 옮김,『하이데거의 존재와 시간』, 한길사.

숀 갤러거·단 자하비(2008), 박인성 옮김,『현상학적 마음』, 도서출판b.

수잰 커닝햄(1995), 이종훈 옮김,『언어와 현상학』, 철학과 현실사.

아론 걸비치(1994), 최경호 옮김,『의식의 장』, 인간사랑.

안느 에노(2000), 홍정표 옮김,『기호학으로의 초대』, 어문학사.

알리 르페브르(2013), 정기현 옮김,『리듬분석』, 갈무리.

앤드류 에드거(2003), 박영진 옮김,『문화이론사전』, 한나래.

앨런 뉴엘(2002), 차경호 옮김,『통합인지이론』, 아카넷.

앨런 윌리스(2007), 황학구 옮김, 『아티사의 명상요결』, 청년사.

야마다 리에이(1999), 유진형 옮김, 『광고 표현의 과학화』, 한언.

에드문트 후설(1997), 이종훈 옮김, 『시간의식』, 한길사.

엘리아스(1996), 박미애 옮김, 『문명화 과정』, 한길사.

엘리어트 허스트(1994), 원호택 외 옮김, 『현대심리학사』, 교육과학사.

_____(1992), 정위교 옮김, 『요가』, 고려원.

呂洞賓(1992), 이윤희 옮김, 『太乙金花宗旨』, 여강출판사.

요하네스 피셜(1988), 백승균 편역, 『생철학』, 서광사.

움베르토 에코(2002), 김광현 옮김, 『기호개념과 역사』, 열린책들.

魏伯陽(1992), 이윤희 옮김, 『參同契 闡幽』, 여강출판사.

柳華陽(1991), 이윤희 옮김, 『慧命經』, 여강출판사.

일레인 볼드윈·브라이언 롱허스트·스콧 매크라켄·마일스 오그본·그레
    그 스미스(2008), 조애리 외 7인, 『문화코드』, 한울.

자크 데리다(1996), 김보연 편역, 『해체』, 문예출판사.

장 마리 플로슈(1994), 박인철 옮김, 『조형기호학』, 한길사.

장 보드리야르(2000), 배영달 옮김, 『사물의 체계』, 백의.

_____(2001), 하태환 옮김, 『시뮬라시옹』, 민음사.

조나단 밀러(1997), 이종인 옮김, 『맥루안』, 시공사.

조셉 J. 코켈만스(2000), 임헌규 옮김, 『후설의 현상학』, 청계.

조지 딕키(1995), 오병남 옮김, 『현대미학』, 시공사.

존 R. 설(2009), 심철호 옮김, 『지향성』, 나남.

존 에를스(1998), 박찬용 옮김, 『뇌의 진화』, 대우학술총서.

존 피스크(2009), 강태완·김선남 옮김, 『커뮤니케이션학이란 무엇인가』,
    커뮤니케이션북스.

질 들뢰즈(2004), 김상환 옮김, 『차이와 반복』, 민음사.

_____(2004), 이찬웅 옮김, 『주름/라이프니츠와 바로크』, 문학과 지성사.

질베르 뒤랑(1998), 진형준 옮김, 『상징적 상상력』, 문학과 지성사.

철학아카데미(2002), 『기호학과 철학 그리고 예술』, 소명출판.

칸딘스키(1963), 차봉희 옮김, 『점 선 면』, 열화당.

_____(1999), 權寧弼 옮김, 『예술에 있어서 정신적인 것에 대하여』, 열화당.

칸트(2002), 최재희 옮김, 『순수이성비판』, 박영사.

_____(2003), 이석윤 옮김, 『판단력비판』, 박영사.

클레어 콜브룩(2008), 정유경 옮김, 『이미지와 생명, 들뢰즈의 예술철학』, 그린비.

펠릭스 가타리(2003), 윤수종 옮김, 『기계적 무의식』, 푸른숲.

폴 코블리(2002), 조성택·변진경 옮김, 『기호학』, 김영사.

프랑크 하르트만(2009), 이상엽·강웅경 옮김, 『미디어 철학』, 북코리아.

프로이트(1985), 설영환 옮김, 『프로이트의 심리학 해설』, 선영사.

_____(1992), 서석인 옮김, 『정신분석학 입문』, 범우사.

_____(1996), 김정일 옮김, 『성욕에 관한 세 편의 에세이』, 열린책들.

피에르 레비(2002), 권수경 옮김, 『집단지성』, 문학과 지성사.

허버트 리드(2002), 김병익 옮김, 『도상과 사상』, 열화당.

헤르만 파레트(1995), 김성도 옮김, 『현대기호학의 흐름』, 이론과 실천.

_____(2002), 〈문화와 기호/기호학의 현단계: 감성적 소통; 기호학과 미학의 만남〉, 한국기호학회, 문학과 지성사.

화이트헤드(1991), 오영환 옮김, 『과정과 실제』, 민음사.

_____(2001), 정영홍 옮김, 『상징작용』, 서광사.

후설(1997), 카를 슈만 편집, 최경호 옮김, 『순수현상학과 현상학적 철학의 이념들』, 문학과 지성사.

M. 엘리아데(2005), 박규태 옮김, 『상징 신성 예술』, 서광사.

N. 칼슨(1998), 김현택 외 옮김, 『생리심리학의 기초』, 시그마프레스.

W. J. T. 미첼(2005), 임산 옮김, 『아이코놀로지』, 시지락.

Charles Sanders Peirce (1991), *Peirce on SIGNS*, The University of North Carolina Press.

Charles R. Taylor (2007), *Cross-Cultural Buyer Behavior*, Elsevier Jai.

Charles R. Taylor (2007), *New Directions in International Advertising Research*, JAI.

David Sless (1986), *In Search of Semiotics*, Croom Helm London & Sydney.

Duane R. 5 Edition (2002), *Applied Social Research*, Harcourt College.

Dyer, G. (1982), *Advertising as Communication*, London, Methuen.

Eckhart Tolle (2004), *The Power of NOW*, Namaste Publishing.

Edell, J. & Burke, M. (1984), "The Moderating Effect of Attitude toward an Ad on Ad Effectiveness Under Different Processing Conditions," in *Advances in Consumer Research*, T. C. Kinner (ed.), Provo, UT: Association for Consumer Research.

F. Brentano (2014), *Psychology from an Empirical Standpoint*, London and New York.

F. R. Kilpatrik (1961), *Explorations in transactional psychology*, NY Univ. Press, New York.

Fishbein, Martin (1967), "A Behavior Theory Approach to the Relations Between Beliefs about an Object and the Attitude toward the Object," in *Readings in Attitude Theory and Measurement*, M. Fishbein, ed., New York: John Wiley & Sons.

Fishbein, Martin and Icek Aizen (1975), *Belief, Attitude, Intention, and Behavior, Reading*, MA: Addison-Wesley.

_____(1980), "A Theory of Reasoned Action: Some Applications and Implications," in Nebraska Symposium on Motivation 1979: Beliefs,

Attitudes and Values, H. E. Howe, Jr. and M. M. Page, eds., Lincoln: University of Nebraska Press.

Gerard Deledalle (2000), *Charles Peirce's Philosophy of Sign*, Indiana Press.

Geert Hofstede (1980), Culture consequences, Sage.

Greenfield, L. (1989), *Differents Worlds: A Socialogical Study of Taste*, Cambridge: Cambridge University Press.

Greenwald, A. G. (1968), "Cognitive Learning, Cognitive Response to Persuasion, and Attitude Change," in A. G. Greenwald, T. C. Brock & T. M. Ostrom (Eds.), *Psychological Foundation of Attitudes*, New York: Academic Press.

Harbermas J. (1984), *The Theory of Communication Action*, Vol. I. Beacon Press.

Harold D. Lasswell (1978), *The Communication of Ideas*, New York: Harger Bargerers.

Herbert E. Krugman (2000), "Memory without recall, Exposure without perception," *Journal of Advertising Research*.

Hirshhorn L. (1986), *Beyond Mechanization*, Cambridge: MIT Press; Deming, W. E. (2000), Out of Crisis, Cambridge: MIT Press; Chermyerff, I. (2003), Designing, New York: Graphic Inc.

Holbrook. Morris B. Frank, George R, Donthu, Naveen, Gardner, Meryl P. (2003), "How Customer Think," *Journal of Marketing Research*, Vol. 40(November) Issue 4.

H. D. Lasswell (1971), "The structure and function of Communication in Society," in W. Schramm and D. F. Roberts ets, The Process and Effects of Mass Communication (Urbana: University of Illinois Press).

Hall S. (1980). "Encoding/Decoding," *in Culture, Media, Language,*

London: Hutchinson Univ. Press.

Hovland C. (1953), *Communication and Persuasion*, New Heaven: Yale Univ. Press.

Jean-Marie Floch (2001), *Semiotics, Marketing and Communication*, Palgrave

Jean Umiker-Sebeok (1987), *Marketing and Semiotics*, Mouton de Gruyter: Berlin · New York · Amsterdam.

John Hartley (2002), *Communication, Cultural and Media Studies*, Routledge.

J. J. Gibson (1950), *The perception of the visual world*, Houghton Mifflin, Boston.

Ken Friedman (2002), "Theory constrution in design," *design studies* 24, No. 6.

Krugman, Herbert E. (1966/67), *The measurement of advertising involvement*, Public Opinion Quarterly, 30(4).

Lewis H. Lapham (1994), *Understanding Media*, The MITMedia.

Langholz & Leymore V. (1975). *Hidden Myth: Structure and Symbolism in Advertising*, New York: Basic Books.

Marieke de Mooij (2005), *Global Marketing and Advertising*, Sage.

Martin Heidegger (2001), *Being and Time*, Translated by John Macquarrie & Edward Robinson (Oxford UK & Cambridge USA Blackwell Press).

M. Merleau-Ponty (1945), Phenomenologie de la Perception.

Mcluhan, Herbert Marshall (1961), "Inside the Five Sense Sensorium," in Canadian Architect, Vol. 6, No. 6, June.

Mcluhan, Herbert Marshall (1960), (ed.), with E. S. Carpenter, *Explorations in Communication* (Boston: Bescon Press).

Michael J. Spivey, Michael K. Tanenhaus (2002), "Eye movements and spoken language comprehension: Effects of visual context on syntactic ambiguity resolution," Cognitive Psychology 45.

Mulvey L. (1975). "Visual Pleasure and Narrative Cinema," *Screen*, Vol. 16/3, London; J. Burger (1972), *Ways of seeing*, London: BBC & Penguin; Goffman, E. (1979), *Gender Advertisement*, New York: Harpers & Law.

Nader T. Tavassoli & Yin Hwai Lee (2003), "The Differential Interaction of Auditory and Visual Advertising Elements with Chinese and English," *Journal of Marketing Research*, Vol. XL(November).

Peirce (1931~1935), Charles Sanders, *Collected Papers of Charles Sanders Peirce*, Cambridge: Harvard University Press.

Ray Grasse (2002), *Sign of the Times*, Hampton Roads.

R. G. Collingwood (1977), *Philosophical Method*, Clarendon.

Rudolf Arnheim (1954), *Art and Visual Perception*, California Press.

Rodrigo Magalhaes (2009), *Autopoiesis in Organization Theory and Practice*, Emerald.

Russell I. Haley and Allan L. Baldinger (2000), "The ARF Copy research validity project," *Journal of Advertising Research*.

Scott Koslow, Shella L. Sasser (2003), "What is creative to Whom an Why? Perceptions in Advertising Agencies," *Journal of Advertising Research*.

Prasad A. Naik and Kalyan Raman (2003), "Understanding the Impact of Synergy in Multimedia Communications," *Journal of Marketing Research*, Vol. XL (November).

R. N. Shepard (1988), "Mental rotation," *Journal of Experimental Psychology*, No. 1467.

Rivka Oxman (2002), "Thinking Eye," *design studies* 23, No. 2 Adam Kupper, The Chosen Primate, Harvard Univ. Press: Cambridge,

1994.

Tomas A. Sebeok, Jean Umiker-Sebeok (1995), *Advances in Visual Semiotics The Semiotic Web 1992-93*, Mounton de Gruyter.

Wright J. S. & Warner, D. S. (1963), *Speaking of Advertising*, New York: McGraw-Hill.

W. Lawrence Neuman (2003), *Social Research Method*, University of Wisconsin at white water print.

[네이버 지식백과] 자크 데리다[Jacques Derrida] (두산백과)

찾아보기

전기순(全基舜, Joun Gi Soon)
현 강원대학교 교수

[학 력]
1986 서울대(미술학사-시각) / 2000 국민대(미술석사-시각)
2006 홍익대(문학박사-광고영상미학)

[주요경력]
2010~2011 인도 델리대학교 예술대학 교환교수
한국 일러스트학회 부회장 / 한국 상품문화디자인학회 부회장 /
한국디자인학회 학술이사 / 한국기초조형학회 이사 / 한국광고학회 이사
한국미술협회 운영위원 및 추천작가(디자인)
2000~2004 동양대학교 전임강사/1998~2000 (주)가람커뮤니케이션 국장
1988~1997 광고대행사 (주)오리콤 CD

[연구분야]
영상미학 / 광고디자인 / 영상디자인 / 시각디자인

[주요활동]
논문, <끌림디자인의 현상학적 고찰> 외 21편
국제 개인전, 10회
회원전 및 초대전, 110회
한국 학술상 수상(2016. 2, (사)한국일러스아트학회)
기타 평가원·기관·공공단체 심의활동 및 평가